Quellen
zur historischen Didaktik
und Methodik

Quellen zur historischen Didaktik und Methodik

von
Prof. Dr. phil. Udo Müllges †
Technische Hochschule Aachen

Herausgegeben von
Dr. phil. Jürgen J. Justin
Technische Hochschule Aachen

Bibliographisches Institut Mannheim/Wien/Zürich
B.I.-Wissenschaftsverlag

CIP-Kurztitelaufnahme der Deutschen Bibliothek

Müllges, Udo:
Quellen zur historischen Didaktik und Methodik /
von Udo Müllges. hrsg. von Jürgen J. Justin. –
Mannheim; Wien; Zürich: Bibliographisches
Institut, 1986.
   ISBN 3-411-03143-3
NE: Justin, Jürgen J. [Hrsg.]

© Bibliographisches Institut, Zürich 1986
Druck: Druckerei Krembel, Speyer
Bindearbeit: Pilger-Druckerei GmbH, Speyer
Printed in Germany
ISBN 3-411-03143-3

Vorwort

Dieser Quellenband zur "Historischen Didaktik und Methodik", den ich hiermit im Auftrage der Witwe des verstorbenen Verfassers der wissenschaftlichen Öffentlichkeit übergebe, stammt zu einem großen Teil noch unmittelbar aus seiner Feder. Die Arbeit an dem Band nahm Udo Müllges ein Jahr vor seinem Tode auf. Das angefangene Werk zu vollenden und in das wissenschaftliche Fachgespräch einzubringen, war ihm nicht mehr vergönnt. Als sein langjähriger Mitarbeiter habe ich die Weiterführung des Begonnenen gerne übernommen. Dies nicht nur allein aus Dankbarkeit und dem Wunsch, das Andenken meines Lehrers zu bewahren. Ein Zweites kommt noch hinzu, was mich nicht weniger stark zur Übernahme dieser Aufgabe bewog; es geht mir auch um die Pflege und Fortentwicklung seines literarischen Erbes im gegenwärtigen pädagogischen Denken und Tun.

Für die Veröffentlichung dieses Quellenbandes war die Frage zu prüfen, ob die vom Verfasser vorgenommene Textzusammenstellung in der ursprünglichen Fassung bleiben oder ob sie etwa durch neuere Autoren ergänzt und erweitert werden solle. Wenn ich mich für den ersten Weg entschieden habe, dann vor allem aus folgenden Gründen. Der Verfasser hat sich zwar nicht näher darüber ausgesprochen, in welchem Rahmen er die Weiterführung des Begonnenen wünsche, aber einige Hinweise im Manuskript deuten doch den Gang der noch zu erledigenden Arbeiten an. Deshalb werden auch seine einleitenden Ausführungen, in denen die Verweise auf die (beigefügte) Bezugsliteratur fehlen, ebenso belassen wie an der chronologisch angeordneten Zusammenstellung der Textabschnitte und ihrer Kennzeichnung für die Drucklegung festgehalten wird. Ausserdem ist die Auswahl der Texte aus der Überfülle des vorliegenden Materials zum Thema schon relativ weitgespannt, so daß die (subjektive) Aufnahme weiterer Autoren den üblichen Umfang eines Quellenbandes weit überschritten und seinen systematischen Zusammenhang zerstört hätte.

Anregungen zu diesem Quellenband hat Udo Müllges seiner akademischen Lehrtätigkeit zu danken. Das Buch fügt sich zeitlich und thematisch in seine Bemühungen um eine wissenschaftliche Grundlegung der Historischen Didaktik und Methodik ein. In der Einleitung folgt der Verfasser einem schon durchgeführten Gedankengang, der in besonderer Weise dazu beiträgt, seinen Ansatz das methodische Fundament für die Erörterung des Themas zu sichern. Dieser findet sich bei Friedrich Schiller, der dem Problem der Universalgeschichte und ihrer akademischen Präsentation prinzipielle Betrachtungen gewidmet und es überdies (ganz im Interesse der Fragestellung des Verfassers) in einen Theorie-Praxis Zusammenhang gebracht hat. An diesem "Leitfaden" wird dann das Erkenntniskonzept in seinen grundlegenden Momenten entwickelt, das für die Historische Didaktik und Methodik konstitutiv ist.

Nachdem Wesen und Aufgabe der Historischen Didaktik und Methodik bestimmt sind, werden die geschichtlichen Materialien zusammengestellt, die noch in ihren Aussagegehalten für die Fragestellung zu erschliessen und auf die Linie einer fortschreitenden systematischen Problembehandlung zu bringen sind, "was nicht geringe Mühe und Zeit kosten wird" (Müllges). Der Verfasser ist bemüht, die Texte so stringent wie irgend möglich auf das thematische Problem zu konzentrieren; alles und jedes ist deshalb sinnvollerweise nicht zu erwarten. Die Autoren und Texte sind so ausgewählt, daß sie das Thema in seinen vielseitigen Gedankengängen und epochalgeschichtlichen Beziehungen widerspiegeln. Die Zeugnisse der Denküberlieferung ermöglichen eine Einsichtnahme in die historische Entfaltung und einen Einblick in die Weite, Fülle und Vielfalt der Fragestellungen und Probleme der Historischen Didaktik und Methodik und machen zugleich, auch durch die streng chronologische Folge, die seit Platon nicht abbrechende Kontinuität der Diskussion sichtbar. In dieser Hinsicht ordnet sich diese Arbeit den Versuchen zu, mit den bedeutenden Quellen der pädagogischen Denktradition in direkten "Kontakt zu kommen und sie für das lebendige Problembewußtsein der Gegenwart über jedes bloß antiquarische Interesse hinaus zurückzugewinnen" (Derbolav).

Eben dies will der vorliegende Quellenband ermöglichen. Die Texte bieten den an Fragen der Historischen Didaktik und Methodik Interessierten und den mit ihrer gegenwärtigen Situation im Studium Konfrontierten eine anregende Orientierungshilfe. Für diesen Zweck werden beim Leser keine speziellen Kenntnisse der einschlägigen Literatur vorausgesetzt, vielmehr wird er unmittelbar an die Probleme herangeführt und aufgefordert, ihre Lösungen selber zu erproben; er wird zum Weiterdenken und genaueren Bedenken aufgefordert. Deshalb bleiben die Texte auch im ganzen unverbunden und im einzelnen ohne das Filter überlagernder Auslegungen, "weil sie zur unvoreingenommenen hermeneutisch-systematischen Beschäftigung einladen sollen" (Müllges). Die Auswahl der (Sekundär-)Literatur ist an dem Bedürfnis nach allgemeiner und besonderer Erläuterung bemessen.

Was die Reproduktion der Quellen betrifft, so wird bewußt auf eine fotomechanische Wiedergabe verzichtet und ein Neusatz gewählt, bei dem aber Orthographie und Interpunktion unverändert bleiben. Dadurch wird zwar die Lektüre oft etwas erschwert, zugleich bleibt aber noch ein gewisser Originaleindruck von den Quellen erhalten. Diese werden aus thematischen und verlegerischen Gründen nur in Auszügen wiedergegeben, zumal sie größtenteils aus Büchern oder umfangreicheren Abhandlungen herausgenommen sind; die Seitenzahlen in den Quellenhinweisen zeigen die ausgedruckten Partien an. Sofern im laufenden Text Stellen ausgelassen werden, ist die geläufige Kennzeichnung angebracht. Generell gestrichen sind sämtliche zweckgebundenen Wendungen und Fußnoten in den ausgewählten Quellentexten. Als Titel der Beiträge werden möglichst die Originalüberschriften übernommen. Wo dies - etwa bei Auszügen aus größeren Werken - nicht möglich ist, werden eigene, sinnentsprechende Titel gesetzt.

Abschließend bleibt mir noch die angenehme Pflicht, allen denjenigen zu danken, die an diesem Quellenband mitarbeiteten und seine Herausgabe unterstützten. In erster Linie richtet sich der Dank an Frau Professor Dr. rer. nat. Gisela Engeln-Müllges, die die Herausgabe des vorliegenden Buches mit dem Verlag regelte und die Mittel für sein Zustandekommen zur Verfügung stellte. Ebenso gilt er auch den Mitarbeitern des Lehrstuhls für Erziehungswissenschaft I - besonders Herrn Dieter Stüttgen - für ihre Bereitschaft, mich bei der Anfertigung der Quellenhinweise zu unterstützen. Die sehr mühevolle Korrektur der Dokumentation besorgten Frau Dipl. - Bibl. Charlotte Engeln,

Frau Dr. phil. Maria Schon und Frau Andrea Weiden-
haupt. Ihnen sehr herzlichen Dank. Ebenfalls ist Herrn Dr.
Albert Becker für die Übersetzung der Quelldateien in das
Satzsystem TEX zu danken, sowie Herrn Walter Gast für
die sorgfältige Erstellung des Manuskripts. Nicht zuletzt
gilt der Dank dem Wissenschaftsverlag für die freundliche
Bereitschaft zur Veröffentlichung des Quellenbandes.

Aachen, 1986   Jürgen J. Justin

Udo Müllges - Biographische Notiz

Am 25. April 1926 in Duisburg geboren, studierte Udo Müllges, nach Gymnasialjahren und Militärdienst sowie einer handwerklichen Berufsausbildung, von 1949 bis 1952 am Staatlichen Berufspädagogischen Institut in Frankfurt am Main. Der wissenschaftlichen Prüfung für das Gewerbelehramt folgte eine über sechs Jahre währende Phase praktischer Tätigkeit, vornehmlich in Neuwied, als haupt- und nebenamtlicher Lehrer an Berufs-, Fach- und Ingenieurschulen. Ab 1955 setzte Udo Müllges seine wissenschaftliche Ausbildung in den Fächern Pädagogik, Philosophie und Geschichte an der Universität Bonn fort und erwarb dort den akademischen Grad Dr. phil. Nach vorangegangener Assistententätigkeit in Frankfurt am Main und Marburg kam er 1963 an die Rheinisch-Westfälische Technische Hochschule (RWTH) Aachen, wo er sich 1965 bei der Philosophischen Fakultät habilitierte. An die Ernennung zum Dozenten und Wissenschaftlichen Rat und Professor schloß sich 1970 die Berufung als ordentlicher Professor auf den Lehrstuhl für Pädagogik II (heute: Erziehungswissenschaft I) unter gleichzeitiger Bestellung zum Direktor des Instituts für Erziehungswissenschaft der RWTH Aachen an.

Als akademischer Lehrer und Forscher war Udo Müllges stets bemüht, die aufgegriffenen und durchdachten Fragenzusammenhänge von unhaltbaren und vordergründigen Auffassungen zu befreien und in die grundsätzliche Problemstellung hinüberzulenken. Sein Grundverständnis von pädagogischem Denken und vom Denken über Pädagogik wurzelte insbesondere in der kompromißlosen Forderung, den pädagogischen Sachverhalt auf den "einheimischen" Begriff zu bringen. Jeden unangemessenen erziehungswissenschaftlichen Erkenntnisanspruch unterwarf er mit kritisch-rationaler Distanz und wissenschaftstheoretischer Klarheit der systematischen Kritik, in der stets auch die historische Dimension mitgedacht war. In der inhaltlichen Ausfaltung dieses Standpunktes vollzog er seine Forschung und ihre Vermittlung.

Die Vielseitigkeit des Werkes von Udo Müllges kann innerhalb des engen zur Verfügung stehenden Rahmens nur angedeutet werden; deshalb hebe ich stellvertretend einige wenige der behandelten Themen heraus. In seiner von Josef Derbolav in Bonn angeregten Dissertation über "Das Verhältnis von Selbst und Sache in der Erziehung"

1

beschäftigte er sich mit vier verschiedenen Bildungstheorien (Basedow, Humboldt, Herbart, Hegel). Diese Arbeit hat eine starke Wirkung auf die Diskussion des didaktischen Problems ausgeübt und zugleich wesentlich zur Wiederaneignung des pädagogisch belangbaren Gedankengutes Hegels beigetragen. Sodann ist die während der Assistentenzeit in Aachen bei Johannes Zielinski abgeschlossene Habilitationsschrift "Bildung und Berufsbildung" zu nennen, in der er die theoretische Grundlegung des Berufserziehungsproblems durch vier maßgebliche Pädagogen (Kerschensteiner, Spranger, Fischer, Litt) untersucht und die aktuelle Erörterung des Themas noch anhand neuerer Beiträge verfolgt. Die Weite und Tiefe seiner grundsätzlichen Überlegungen zum Fragenzusammenhang von Beruf und Bildung ist nicht ohne Einfluß auf das berufserzieherische Denken und Handeln der Gegenwart geblieben. Außerdem galt sein besonderes wissenschaftliches Interesse der Pädagogischen Anthropologie, der Erziehungs- und Bildungsphilosophie, der Erziehungsgeschichte und Schulreform, der Didaktik und Methodik sowie der Geschichte der Berufserziehung. Die hierzu verfaßten umfangreichen Beiträge und größeren Aufsätze sind in Sammelbänden und Fachzeitschriften erschienen.

Neben seiner Lehr- und Forschungstätigkeit hat Udo Müllges zahlreiche Funktionen in Staatlichen Prüfungsämtern und in der akademischen Selbstverwaltung übernommen. Besondere Aufmerksamkeit und unendliche Akribie widmete er der Arbeit an mancher Studien- und Prüfungsordnung, die unter seinem Vorsitz als Senatsbeauftragten für Lehre und Studium entstand. Er wirkte als Leiter der Fachabteilung für Philosophisch-Historische Wissenschaften und Dekan wesentlich am Auf- und Ausbau der Philosophischen Fakultät mit. Als Prorektor und Wahlsenator der Professoren setzte er sich mit hochschulpolitischem Geschick für die Belange der RWTH Aachen ein und trug mit seinem pragmatischen Sachverstand in hohem Maß zur Ausarbeitung der neuen Grundordnung unserer Alma mater bei, deren Wirksamwerden er nicht mehr hat erleben dürfen. Udo Müllges verstarb in Aachen am 10. November 1985.

UDO MÜLLGES
25. 4. 1926 – 10. 11. 1985

Inhaltsverzeichnis

EINLEITUNG

Was heißt und zu welchem Ende studiert man

Historische Didaktik und Methodik?

(1) Die vorstehende Formulierung ist der Jenenser Antrittsrede Friedrich Schillers entlehnt, der sie allerdings auf "Universalgeschichte" bezog. Dennoch wollen wir zur Einleitung in unser Thema daran anknüpfen, und zwar nicht nur deshalb, weil es auch ein geschichtliches ist oder ebenfalls einer Einführung bedarf. Als wesentlicher sehen wir die systematische Eröffnung seines Wissenschaftsgebietes, die Schiller hier vorträgt, an. Es geht ihm dabei um den Begriff der Universalgeschichte (Was heißt...) und den Zweck ihres Studiums (... zu welchem Ende). Beide Gesichtspunkte sind bei der Erarbeitung wissenschaftlicher Gegenstände nicht voneinander zu trennen: man muß lernen, sie sowohl hinsichtlich ihrer bestimmten Erkenntnisleistung zu begreifen, als sich auch auf ihre Verwendbarkeit für den "künftigen Beruf" zu besinnen. Schiller definiert also wissenschaftliches Studium allgemein als Zusammenhang von Verständnis und Verwendung, zeitgemäß gesagt von Theorie und Praxis, was er hier an der Universalgeschichte und ihrer akademischen Präsentation ausführt. Eine solche Prinzipienerörterung erstreckt sich grundsätzlich auch auf die Erziehungswissenschaft, wie diese ihrerseits aus eigenem Selbstverständnis jener entgegenkommt (daß am Theorie-Praxis-Zusammenhang erziehungswissenschaftlicher Gegenstände und ihrer Erkenntnis kein Zweifel besteht, braucht wohl nicht weiter ausgeführt zu werden). Daher versprechen Schillers einleitende Überlegungen auch dem Thema "Historische Didaktik und Methodik" grundlegende Aufschlüsse. Folgen wir ihnen deswegen so weit, wie sich Näherungen bieten.

Der Theorie-Praxis-Zusammenhang der Wissenschaft stellt sich laut Schiller aus der Sicht eines "Brotgelehrten" völlig anders dar als aus derjenigen eines "philosophischen Kopfes". Nach dieser Unterscheidung ist es dem ersteren "allein darum zu tun", "seinen Kursus (zu) durchlaufen und das Ziel seiner Wünsche" ohne Umweg zu erreichen, nämlich "zu einem Amte fähig und der Vorteile desselben teilhaftig (zu) werden". Der einzige Zweck seiner

7

Bemühungen um die Wissenschaft liegt darin, später einmal die "zusammengehäuften Gedächtnisschätze zur Schau zu tragen", d.h. sie vor anderen praktisch so zu verwenden, daß dadurch "Versorgung" und "Anerkennung" gesichert sind. Er schätzt die Wissenschaft ausschließlich als "Berufswissenschaft", die er sich als Praktiker zu Nutze machen kann - ohne daß er sich überhaupt auf die Wahrheitsfrage, die Forschungsprobleme, die Theoriebildung in seinem Fach einläßt. Einer derartigen Distanzierung der Theorie hält Schiller die Einstellung des philosophischen Kopfes zu Wissenschaft und Studium entgegen: er "findet in seinem Gegenstand, in seinem Fleiße selbst Reiz und Belohnung". Nicht künftigen "Berufsgeschäften" gelten seine Bestrebungen, vielmehr sind sie "auf Vollendung seines Wissens gerichtet". Das Studium dient also dem Zweck, den eigenen "Geist zu höherer Vortrefflichkeit" zu entwickeln; das wissenschaftlich gelehrte Subjekt ist das "Ende" der Studien in dieser Sicht. Kenntnisreich in den Gegenständen des Faches, geschult in ihrer Abstraktion und Reflexion, befreit von Vorurteil und Naivität, erhoben über jeden engen und niederen Theoriestandpunkt steht der philosophische Kopf "im Mittelpunkt...seiner Wissenschaft" - allerdings auch fern ihrer beruflichen Verwendung "in der bürgerlichen Gesellschaft", die ihn erwartet. So sehr er sich im Studienzweck vom Brotgelehrten unterscheidet, so wenig doch im Studium "ende": der Theorie-Praxis-Zusammenhang der Wissenschaft bleibt ihm gleich jenem verborgen, nur umgekehrt wegen Distanzierung der Praxis.

(2) Schillers "Gemälde" des aus beiden Sichtweisen aufgelösten Zusammenhangs der Wissenschaft erhält zutreffende Aktualität, wenn man daran denkt, wie angehende Lehrer gewöhnlich auf das Unterrichtsverhalten vorbereitet werden. Die hierzu verfügbare Didaktik und Methodik wird ihnen nämlich ebenfalls in zweifacher und getrennter Weise zugänglich gemacht: während des wissenschaftlichen Studiums in Form einschlägiger Theorien, innerhalb der beruflichen Einarbeitung (Vorbereitungsdienst) dann in praktischen Verwendungsformen. Selbst wenn Wert gelegt werden sollte einerseits auf die Praktikabilität der Theorien, andererseits auf die Theoretisierung der unterrichtlichen Praktiken, so wird doch ihr Zusammenhang von keiner Seite her gefördert. Die Theoriebildungen

zur Didaktik und Methodik problematisieren ihre sowieso natürliche Praxisdistanz noch nicht einmal, und die erübten Unterrichtspraktiken verdanken ihre unbestreitbare Verwendbarkeit nicht zuletzt der Theoriedistanz. So findet sich also - durchaus vergleichbar Schillers studiertem Universalhistoriker - auch beim ausgebildeten Didaktiker und Methodiker des Unterrichts Theorie und Praxis, nur eben voneinander getrennt aus der einen wie der anderen Sicht, in jedem Fall aber ohne Zusammenhang.

Daß diese Charakterisierung zutrifft, mag eine kurze Ergründung des jeweiligen Selbstverständnisses belegen. Die heute gängigen Theorien der Didaktik (und Methodik) geben sich selber als "Modelle" oder auch als "Konzepte" aus. Sie sind um ihre szientifische Grundlegung bemüht, indem sie sich aus ihrer jeweiligen wissenschaftlichen Herkunft interpretieren, demgemäß ihre eigentümlichen Systembegriffe und Denkkategorien reflektieren sowie ihre didaktische Relevanz und Funktionalität legitimieren. Die inzwischen entwickelte Bezeichnungsvielfalt von der normativ-ideologischen bis zur emanzipatorisch-kritischen Didaktik (um nur die extremen Gegensätze zu nennen) wird als Reichtum an "Ansätzen" oder "Aspekten" gesehen, die unterschiedlichen Positionen werden als fruchtbare Pluralität für die nachfolgende Diskussion gewertet, der Modellcharakter zur heuristischen Notwendigkeit weiterführender Forschungen erklärt. Diese Selbstauslegung läßt überdeutlich erkennen, daß die ganze "Neue Didaktik" zwar zur Klassifikation und Reflexion ihres Themas auf differenzierte Weise beiträgt, daß sie aber im Zirkel abstrakter Szientifität eingeschlossen bleibt. Die Praxis des Lehrers wird höchstens "impliziert" und dann auch nur als Unterrichtsvorbereitung bzw. Unterrichtsplanung, d.h. in ebensolcher Distanz zu unterrichtlichen Handlungen, die von keinem gedanklichen Vorausentwurf je eingeholt werden können.

Wenn schon die Theoriebildungen sich dieses Problem der Grenze zur didaktisch-methodischen Praxis erlassen, so wird es aus deren Warte in umgekehrter Richtung noch schlechter bewußt zu machen sein. Üblicherweise beginnen die Anleitungen zum Unterrichtsgeschäft mit der Aufforderung, der Lehramtsanwärter möge alle zuvor studierten Theorien vergessen, da sie in der Praxis doch

A   9

nichts nützen würden. Die Theoriedistanz wird also von vornherein zur Einstiegsbedingung in die Praxis bzw. diese nur unter jener überhaupt als zugänglich erklärt. Auch wenn dies ein längst erkanntes Mißverständnis des Theorie-Praxis-Zusammenhangs gerade bezüglich der Erziehungs- und Unterrichtswirklichkeit ist, so lebt es doch unbeirrt weiter. Vor dem Berufsanfänger wird sogleich die Autorität nützlicher Ratgeberliteratur, erprobter Handlungsmuster, anerkannter Kollegialgewohnheiten, ideologisch verfestigter Berufserfahrungen u.a.m. errichtet. Je mehr er sich den eingeredeten Theorieverzicht zu eigen macht, desto glaubwürdiger, erfolgversprechender und nachahmenswerter kommen ihm die Lehren der Praxis vor. Sie verdichten sich schließlich zur persönlichen Überzeugung einer Überlegenheit der Praxis, die sich gegen sowieso unbrauchbare Theorien abzuschirmen versteht. Was sollte ein Berufsanfänger einem so eindruckstiefen und wirksamen "Selbstverständnis" schon entgegensetzen können? Wie es angeblich sui generis, d.h. ohne, ja wider theoretische Reflexionen zugänglich geworden ist, so wird es das ganze Berufsleben lang einen in sich geschlossenen Praktizismus nähren, dem die gewußte Theoriedistanz nicht als abzustellender Mangel, sondern ausdrücklich als notwendig zur Handlungskompetenz erscheint.

(3) Über die Behebungsmöglichkeit des angezeigten Dilemmas hat bereits Schiller bei seinem Thema nachgedacht; wir greifen deshalb seine Überlegungen wieder zu diesem Punkt auf. Wie dem Didaktiker und Methodiker erwächst auch dem Universalhistoriker eine Aufgabe theoretisch-praktischen Zusammenhangs, nämlich die Fragen der Gegenwart "mit der ganzen Vergangenheit zusammenzufassen" und die daraus erschließbaren Antworten dann "als Mittel und Absicht" zur Zukunftsgestaltung zu verwenden. Aus "dem Ursprung der Dinge" ist im Verlauf der Zeiten "die heutige Gestalt der Welt" geworden, die wir um unseren "Beitrag" vermehrt "an die Folgewelt wieder abgeben". So dient die Theoriebildung dem Historiker letzten Endes dazu, "mit seinen Schlüssen in die ferne Zukunft vorauszueilen". Die verstandene Geschichte ist also die theoretische Bedingung, die jeder geschichtlichen Handlungsverwendung im voraus zu Grunde liegt; und soviel wissenschaftliche Vernunft der ersteren "System" ver-

leiht, so "vernunftmäßig" wird die Praxis der letzteren sein. Dieser Zusammenhang ist allerdings selber abhängig "von dem Reichtum und der Armut an Quellen", also vom jeweiligen Stand der Geschichtsforschung und -schreibung. Was an der "Tradition" (noch) nicht erkannt ist, kann nicht in Theorie gefaßt werden, und was theoretisch nicht gesichert ist, kann nicht zu wissenschaftlich geleiteter Praxis werden. Vielmehr steht oder fällt der Zusammenhang geschichtlichen Verstehens und Verwendens damit, daß es dem Historiker gelingt, "vom Anfang der Denkmäler bis zu dem neuesten Zeitalter herunterzusteigen".

Hier wird eine Lösung vorgelegt, die auch dem Theorie-Praxis-Zerfall der Didaktik und Methodik entgegengehalten werden könnte. Und zwar nicht nur wegen Strukturähnlichkeit der beiden hier aneinander gehaltenen Wissenschaften, sondern aus der vergleichbaren Problemlage der Didaktik und Methodik heute zur Universalgeschichte damals, wie sie sich in Schillers Sicht darbot. Weil eben die "Neue Didaktik" sich in rein szientifischen Bemühungen mit der Folge einer selber nicht mehr überbrückbaren Distanz zur unterrichtlichen Praxis ergeht, diese ihrerseits gemeinhin den Theorieverzicht von vornherein ansinnt und bei der Berufsausbildung den Lehrern habituell werden läßt, ist eine Erneuerung des Theorie-Praxis-Zusammenhangs von beiden Seiten nicht zu erwarten. Hier kann nur ein neuer und andersartiger Anfang weiterhelfen, buchstäblich: ein Anfangen mit der "Tradition" der Didaktik und Methodik, das deren gegenwärtige Entwicklungen zum getrennten Szientismus bzw. Praktizismus grundlegend zu revidieren versucht. Ihrer eigenen "Quellen" also wird sich die Didaktik und Methodik vergewissern müssen, um auf neue Weise den Theorie-Praxis-Zusammenhang zugänglich zu machen, ihre bedeutsamen "Denkmäler" wird sie dem theoretischen Verstehen zu erschließen haben, um entsprechende Verwendungsüberlegungen für die Unterrichtspraxis anschließen zu können. Kurz gesagt: Didaktik und Methodik ist als theoretisch-praktischer Zusammenhang dadurch herstellbar, daß sie als "Historische Didaktik und Methodik" hergestellt wird (und so auch dem wissenschaftlichen Studium die geeignete Grundlage liefert).

Daß die Didaktik und Methodik historisch leisten kann,

was sie szientifisch und praktizistisch verloren hat, bedarf der Erklärung. Diese beruft sich auf die bestimmte Eigentümlichkeit, die geschichtlichen Quellen und literarischen Denkmälern (noch) zukommt, gerade weil sie den Bezeugungen der "Neuen Didaktik" zeitlich vorausgehen. Deshalb unterliegen sie nämlich nicht deren "Selbstverständnis" mitsamt den bekannten Konsequenzen, sondern vermögen frei davon den Unterricht theoretischpraktisch ungetrennt zu verzeichnen. Die abhebende Eigenart des historischen Schrifttums zur Didaktik und Methodik liegt demnach darin, der unverstellte wissenschaftliche Reflex des unterrichtlichen Theorie-Praxis-Zusammenhangs zu sein, was ihm zugleich die besondere Eignung zum Studienmaterial verleiht. An ihm läßt sich mehr oder weniger deutlich verfolgen, wie eine Unterrichtspraxis bewußt aufgenommen und direkt in theoretische Klärungsschritte übergeleitet wird. Dieser eigentümliche Duktus wohnt allen Texten Historischer Didaktik und Methodik ein, wovon freilich erst ihre Lektüre überzeugen wird. Hier sei nur auf drei Musterbeispiele verwiesen, wie etwa Platon aus der sokratischen Dialogpraxis seine Theorie des Lernens als Wiedererinnerung beweiskräftig macht, oder Pestalozzi an der Reihe seiner unbefriedigenden Unterrichtsversuche das ABC der Anschauung aufgeht, oder Kerschensteiner die Anfertigung eines Starenkastens im Unterricht zum pädagogischen Paradigma für arbeitendes Lernen auswertet. An diesen und zahlreichen weiteren schriftlichen Zeugnissen läßt sich die Historische Didaktik und Methodik unschwer repräsentieren, sowohl in der grundsätzlichen Gemeinsamkeit des Reflexes auf den unterrichtlichen Theorie-Praxis-Zusammenhang, als auch in seinen die zeitlichen Wandlungen aufgreifenden reichen Nuancierungen.

(4) Von daher können noch einige Rückfragen, die sich bei der Bezeichnung "Historische" Didaktik und Methodik leicht einstellen, vorab beantwortet werden. Sicher ist unter diesem Titel nicht die "Geschichte der Didaktik und Methodik" zu verstehen, also nicht jene aufgeschriebenen Kapitel didaktisch-methodischen Denkens und Handelns, die seiner Gegenwart zeitlich vorangehen. "Historisch" bezeichnet hier nicht wie üblich nur die zurückliegende Dimension innerhalb des Kontinuums von Vergangenheit-

Gegenwart-Zukunft, die zwar von den Zeitläufen ständig
überholt wird, aber - einmal eingelassen in sie - auch
ständig mit ihnen überkommt. "Historisch" dient vielmehr zum Trennungswort gegenüber der "Neuen Didaktik", insofern es jene prinzipiell andere Didaktik und Methodik anzeigt, die den unterrichtlichen Theorie-Praxis-
Zusammenhang in seinem wissenschaftlichen Reflex unbedingt wahrt. Historische Didaktik und Methodik kann
deswegen nicht bloß als Vorgeschichte der Gegenwarts-
didaktik und -methodik und schon gar nicht als Konti-
nuitätsspur gelten. Im Gegenteil bricht sie mit der heutigen "Neuen Didaktik" als deren Revisionsgrund, wie sie zugleich über einen endgültig festen Ort im Zeitkontinuum
hinaus ist wegen jederzeit möglicher Aktualisierbarkeit (wie
Beispiele zeigen). Daß diese Abhebung durchaus gegenseitig ist, bestätigt das durchgehende wissenschaftliche
Desinteresse der heute gängigen Didaktik und Methodik an
ihrer geschichtlichen Dimension.

Ebensowenig ist die Historische Didaktik und Methodik
einfach eine weitere Position, zumal nicht im Rahmen
der "Neuen Didaktik", womöglich als deren Ergänzung
um geschichtliche Bezüge. Solche Subsumtion verbietet
sich allein schon wegen der widersprechenden Denkungsart,
wie sie oben prinzipienwissenschaftlich erörtert wurde.
Eine schlicht vergleichende Betrachtung hätte noch weitere Unvereinbarkeiten anzumerken, wovon wir hier nur den
hauptsächlichen Unterscheidungspunkt hervorheben: Historische Didaktik und Methodik ist keine aus pädagogikin-
neren oder -äußeren Wissenschaftskonstruktionen abzulei-
tende und so szientifisch zu legitimierende Disziplin, sondern umgekehrt: sie hat ihre Legitimation sui generis an der
undistanzierbaren Unterrichtspraxis, der sie reflektorisch
direkt in ihren Gründen und Folgen nachgeht, um sie so
theoretisch zu potenzieren. Der Historischen Didaktik und
Methodik liegen daher die "modell"-bildende Abstraktion
vom Unterricht ebenso fern wie auf nichts verpflichtete
"Konzepte" für seine Gestaltung. Sie verwirklicht sich
vielmehr in der Repräsentanz des immer schon gestalteten Unterrichts (Praxis) samt der darauf gerichteten
Denkreflexe (Theorie), wobei das wissenschaftlich erarbeitete Verständnis der unterrichtlichen Thematik und Pro-
blematik in überdachte (und möglichst auch ausprobierte)

Verwendungen umzusetzen ist.

Nicht nur die letzte Überlegung weist darauf hin,
daß es mit einer Zusammenstellung von Quellen, einer
bloßen Dokumentation der literarischen Zeugnisse noch
nicht getan ist, wenn die Historische Didaktik und
Methodik Gestalt und Anerkennung erlangen soll. Selbstverständlich kann auf Sammlung, Sichtung, Ordnung der
geschichtlichen Materialien nicht verzichtet werden; darin
liegt der unerläßliche "antiquarische" Anfang jeder historischen Arbeit - keineswegs jedoch ihr Ende. Folgen
gen wir ein letztes Mal Schiller, so ist es das Erforder-
nis der "vernünftigen Natur" des Historikers, "jede ihm
vorkommende Erscheinung zu der höchsten Wirkung, die
er erkannt, zum Gedanken zu erheben". Nur so vermag
er sie "dem blinden Ohngefähr, der gesetzlosen Freiheit
zu entziehen" und "einem übereinstimmenden Ganzen als
ein passendes Glied anzureihen". Damit historische Zeugnisse Wirkung erlangen können, müssen sie für die Erkenntnis ausgewertet, näherhin: einer Theoriebildung in
systematischer Absicht unterzogen werden. Innerhalb der
Historischen Didaktik und Methodik bedeutet dies, die
geschichtlichen Bezeugungen des Unterrichts in ihren Pro-
blemgehalten zu erschließen und zu einem ausgefalteten Bestand möglichst perenner unterrichtlicher Probleme zu systematisieren. Eine solche historisch-systematische Theorie
könnte nicht nur dem Studium der Didaktik und Methodik
den erforderlichen Themenrahmen und einen Grundstock
des Wissens bieten zu unausweichlichen Fragen jeglichen
Unterrichtsverhaltens, z.B. der Dominanz des Lehrens oder
Lernens, der Beziehungen zwischen Sache und Wort bzw.
Anschauung und Begriff, der Affinität der Geistesfunktio-
nen zu Inhalten, deren Auswahlkriterien sowie Aneignungs-
und Befestigungsschritte, der Reichweite des Gelernten
für die Lebensbewältigung u.a.m. Sie könnte darüber hinaus dem didaktisch-methodischen Urteilen und Entscheiden des Lehrers jene Vergewisserung und Verpflichtung
ermöglichen, die er bei seiner alltäglichen Berufsausübung
benötigt.

(5) Von diesem Stand einer voll entwickelten Historischen Didaktik und Methodik ist noch sehr entfernt,
was dieses Buch dazu beitragen kann. Die prinzipi-
enwissenschaftlichen Überlegungen zu ihren theoretisch-

praktischen Möglichkeiten und Grenzen vermögen nicht mehr zu sein als eine Einleitung, der die Fortführung als Zusammenbringen der einschlägigen historischen Materialien und die Ausführung als daraus zu bildende systematische Theorie erst noch zu folgen haben, was nicht geringe Mühe und Zeit kosten wird. Um aber wenigstens in erster Konkretion die Vergegenständlichung auf den Weg zu bringen, zugleich damit einen Überblick über die geschichtliche Erstreckung und einen Einblick in wichtige Themen und Probleme der Historischen Didaktik und Methodik zu ermöglichen, fügen wir eine Reihe von Quellentexten bei. Ihre Auswahl erfolgt nach den Gesichtspunkten (erstens) erwiesener Gewichtigkeit für die fachwissenschaftliche Rezeption und wirkliche Unterrichtsgestaltung; (zweitens) möglichster Allgemeinheit und Komplexität der behandelten didaktisch-methodischen Sachverhalte; (drittens) der Repräsentanz für die jeweilige unterrichtsgeschichtliche Epoche. Die Texte bleiben im einzelnen uninterpretiert und im ganzen unverbunden, weil sie zur unvoreingenommenen hermeneutisch-systematischen Beschäftigung einladen sollen.

Bezugsliteratur

Adl-Amini, B., Künzli, R. (Hrsg.):
Didaktische Modelle und Unterrichtsplanung. München 1980.

Ballauff, Th.:
Skeptische Didaktik. Heidelberg 1970.

Blankertz, H.:
Theorien und Modelle der Didaktik. Grundfragen der Erziehungswissenschaft. Hrsg. von K. Mollenhauer. Bd. 6. München 1969.

Bönsch, M.:
Beiträge zu einer kritischen und instrumentellen Didaktik. München 1975.

Dohmen, G., Maurer, F., Popp, W.:
Unterrichtsforschung und didaktische Theorie. München 1970.

Hausmann, G.:
Didaktik als Dramaturgie des Unterrichts. Anthropologie und Erziehung. Hrsg. von O.F. Bollnow u.a. Heidelberg 1959.

Heimann, P., Otto, G., Schulz, W.:
Unterricht - Analyse und Planung. Hannover 1965.

Hiller, G.:
Konstruktive Didaktik. Düsseldorf 1973.

Klafki, W.:
Studien zur Bildungstheorie und Didaktik. Weinheim 1963.

König, E., Riedel, H.:
Systemtheoretische Didaktik. Weinheim und Basel 1973.

Ruprecht, H., Beckmann, H.-K., von Cube, F., Schulz, W.:
Modelle grundlegender didaktischer Theorien. Beiträge zu einer neuen Didaktik. Reihe A: Allgemeine Didaktik. Hannover 1972.

Schäfer, K.-H., Schaller, K.:
Kritische Erziehungswissenschaft und kommunikative Didaktik. Heidelberg 1971.

Schiller, F.:
Was heißt und zu welchem Ende studiert man Universalgeschichte? (1789). - In: Fricke, G., Göpfert, H.G. (Hrsg.): Friedrich Schiller. Sämtliche Werke. 4. Bd. (Historische Schriften). München 1960 (2. Aufl.).

Schwerdt, Th.:
Kritische Didaktik in klassischen Unterrichtsbeispielen. Paderborn 1952 (9. Aufl.).

Weniger, E.:
Theorie und Praxis in der Erziehung. In: Die Eigenständigkeit der Erziehung in Theorie und Praxis. Weinheim 1952.

Menon

Platon

...**Sokrates:** Die es sagen, sind Priester und Priesterin-
nen, so viele es deren gibt, denen daran gelegen ist, von
dem, was sie verwalten, Rechenschaft geben zu können.
Es sagt es auch Pindaros und viele andere Dichter, welche
göttlicher Art sind. Und was sie sagen, ist folgendes - erwä-
ge aber wohl, ob dich dünkt, daß sie wahr reden - : Sie sagen
nämlich, die Seele des Menschen sei unsterblich, so daß sie
zu einer Zeit zwar ende, was man Sterben nennt, zu anderer
Zeit jedoch wieder werde, untergehe aber niemals. Und
deshalb müsse man aufs heiligste sein Leben verbringen.
Denn von welchen "Persephone schon die Strafen des alten
Elends genommen, deren Seelen gibt sie der obern Sonne im
neunten Jahre zurück, aus welchen dann ruhmvolle taten-
reiche Könige und an Weisheit die vorzüglichsten Männer
hervorgehn, und von da an als heilige Heroen unter den
Menschen genannt werden."

15. *Überwindung des Einwands durch die Lehre der Wieder-* *erinnerung*

Weil nun die Seele unsterblich ist und oftmals geboren
und, was hier ist und in der Unterwelt, alles erblickt hat:
so ist auch nichts, was sie nicht in Erfahrung gebracht
hätte, so daß nicht zu verwundern ist, wenn sie auch
von der Tugend und allem andern vermag, sich dessen
zu erinnern, was sie ja auch früher gewußt hat. Denn
da die ganze Natur unter sich verwandt ist und die Seele
alles innegehabt hat: so hindert nichts, daß, wer nun an
ein einziges erinnert wird, was bei den Menschen Lernen
heißt, alles übrige selbst auffinde, wenn er nur tapfer ist
und nicht ermüdet im Suchen. Denn das Suchen und
Lernen ist demnach ganz und gar Erinnerung. Keineswegs
also darf man jenem streitsüchtigen Satze folgen; denn
er würde uns träge machen und ist nur den weichlichen
Menschen angenehm zu hören; dieser aber macht uns tätig
und forschend, welchem vertrauend, daß er wahr sei, ich
eben Lust habe, mit dir zu untersuchen, was die Tugend
ist.
Menon: Ja, Sokrates, aber meinst du dies so schlechthin,
daß wir nicht lernen, sondern daß, was wir so nennen, nur

ein Erinnern ist? Kannst du mich wohl belehren, daß sich dieses so verhält?

Sokrates: Schon eben sagte ich, daß du schlau bist, Menon; auch jetzt fragst du, ob ich dich lehren kann, der ich doch behaupte, es gebe keine Belehrung, sondern nur Erinnerung, damit ich nur gleich mit mir selbst im Widerspruch erscheine.

Menon: Nein wahrlich, Sokrates, nicht in solcher Absicht sagte ich es, sondern aus Gewohnheit. Wenn du mir also irgendwie zeigen kannst, daß es sich so verhält, wie du sagst, so tue es.

Sokrates: Freilich ist dies nicht leicht, ich will es aber doch unternehmen, dir zuliebe. Rufe mir also von den vielen Dienern hier, welche dich begleiten, irgendeinen her, welchen du willst, damit ich es dir an diesem zeige.

Menon: Sehr gern. Du da, komm her.

Sokrates: Er ist doch Hellene und spricht hellenisch?

Menon: Sehr gut; er ist im Hause aufgezogen.

Sokrates: Merke also wohl auf, wie er dir erscheinen wird, ob, als erinnerte er sich oder als lernte er von mir.

Menon: Das will ich tun.

16. *Beweis dieser Lehre durch Befragung eines Sklaven*

Sokrates: Sage mir also, Knabe, weißt du wohl, daß ein Viereck eine solche Figur ist?

Knabe: Das weiß ich.

Sokrates: Gibt es also ein Viereck, welches alle diese Seiten, deren vier sind, gleich hat?

Knabe: Allerdings.

Sokrates: Hat es nicht auch diese beiden, welche durch die Mitte hindurchgehen, gleich?

Knabe: Ja.

Sokrates: Ein solcher Raum nun kann doch größer und kleiner sein.

Knabe: Freilich.

Sokrates. Wenn nun diese Seite zwei Fuß hätte und diese auch zwei; wieviel Fuß enthielte das Ganze? - Überlege es dir so: Wenn es hier zwei Fuß hätte, hier aber nur einen, enthielte dann nicht der ganze Raum einmal zwei Fuß?

Knabe: Ja.

Sokrates: Da er nun aber auch hier zwei Fuß hat, wird er nicht von zweimal zwei Fuß?

18

Knabe: Das wird er.

Sokrates: Zweimal zwei Fuß ist er also?

Knabe: Ja.

Sokrates: Wieviel nun zweimal zwei Fuß sind, das rechne aus und sage es.

Knabe: Vier, o Sokrates.

Sokrates: Kann es nun nicht einen andern Raum geben, der das doppelte von diesem wäre, sonst aber ein ebensolcher, in dem alle Seiten gleich sind, wie in diesem?

Knabe: O ja.

Sokrates: Wieviel Fuß muß er enthalten?

Knabe: Acht Fuß.

Sokrates. Gut! Nun versuche auch, mir zu sagen, wie groß jede Seite in diesem Viereck sein wird. Nämlich die des ersten ist von zwei Fuß; die aber jenes doppelten?

Knabe: Offenbar, o Sokrates, zweimal so groß.

Sokrates: Siehst du wohl, Menon, wie ich diesen nichts lehre, sondern alles nur frage? Und jetzt glaubt er zu wissen, wie groß die Seite ist, aus der das achtfüßige Viereck entstehen wird. Oder denkst du nicht, daß er es glaubt?

Menon: Allerdings.

Sokrates: Weiß er es aber wohl?

Menon: Wohl nicht.

Sokrates: Er glaubt aber doch, es entstehe aus der doppelten?

Menon: Ja.

17. *Dessen unvollkommene Lösungsversuche des geometrischen Problems*

Sokrates: Sieh nun zu, wie er sich weiter so erinnern wird, wie man sich erinnern muß. - Du aber sage mir, aus der doppelten Seite, sagst du, entstehe das doppelte Viereck? Ich meine aber ein solches, nicht etwa eins, das hier lang ist, dort aber kurz; sondern es soll nach allen Seiten gleich sein, wie dieses hier, aber das Zwiefache von diesem, also achtfüßig. Sieh nun zu, ob du noch meinst, dies werde aus der zwiefachen Seite entstehen?

Knabe: So meine ich.

Sokrates: Wohl! Dies wird doch die zwiefache von dieser, wenn wir hier noch eine ebenso große hinzusetzen?

Knabe: Allerdings.

Sokrates: Und aus dieser, glaubst du, werde das achtfüßige Viereck entstehen, wenn wir vier solche nehmen?

Knabe: Ja.

Sokrates: So laß uns von ihr vier gleiche aufzeichnen. Nicht wahr also, dies wäre, was du für das achtfüßige hältst?

Knabe: Allerdings.

Sokrates: Sind nun nicht in ihm diese vier, deren jedes diesem Vierfüßigen gleich ist?

Knabe: Ja.

Sokrates: Wie groß ist es also? Nicht viermal so groß?

Knabe: Nicht anders.

Sokrates: Ist nun das viermal so große das zwiefache?

Knabe: Nein, beim Zeus.

Sokrates: Sondern das wievielfache?

Knabe: Das vierfache.

Sokrates: Aus der zwiefachen Seite also entsteht uns nicht das zwiefache, sondern das vierfache Viereck.

Knabe: Du hast recht.

Sokrates: Denn von vier ist das Vierfache sechzehn. Nicht?

Knabe: Ja.

Sokrates: Das achtfüßige aber, von welcher Seite entsteht das? Nicht wahr, aus dieser entsteht das vierfache?

Knabe: Das sage ich auch.

Sokrates: Und das vierfüßige entsteht aus dieser halben?

Knabe: Ja.

Sokrates: Wohl. Das achtfüßige aber, ist es nicht von diesem hier das Zwiefache, von diesem aber die Hälfte?

Knabe: Allerdings.

Sokrates: Muß es also nicht aus einer größeren Seite entstehen als diese und aus einer kleineren als diese? Oder nicht?

Knabe: Ich wenigstens denke so.

Sokrates: Schön! Denn immer nur, was du denkst, mußt du antworten. Und sage mir, hatte nicht diese zwei Fuß, diese aber vier?

Knabe: Ja.

Sokrates: Also muß des achtfüßigen Vierecks Seite größer sein als diese zweifüßige und kleiner als die vierfüßige?

Knabe: Das muß sie.

Sokrates: So versuche denn zu sagen, wie groß du meinst, daß sie sei.

Knabe: Dreifüßig.

Sokrates: Gut. Wenn sie dreifüßig sein soll, so wollen wir von dieser noch die Hälfte dazunehmen, so wird sie dreifüßig; denn dies sind zwei Fuß, und dies ist ein Fuß, und auf dieser Seite ebenso sind dies zwei, dies einer. Und dies wird nun das Viereck, welches du meinst.

Knabe: Ja.

Sokrates: Wenn es nun hier drei Fuß hat und hier auch drei Fuß; so wird das ganze Viereck von dreimal drei Fuß.

Knabe: Offenbar.

Sokrates: Dreimal drei aber, wieviel Fuß sind das?

Knabe: Neun.

Sokrates: Wieviel Fuß aber sollte das zwiefache enthalten?

Knabe: Acht.

Sokrates: Auch nicht aus der dreifüßigen Seite also wird uns das achtfüßige Viereck.

Knabe: Freilich nicht.

Sokrates: Von welcher also, das versuche doch uns genau zu bestimmen; und wenn du es nicht durch Zählen willst, so zeige uns nur, von welcher.

Knabe: Aber beim Zeus, Sokrates, ich weiß es nicht.

18. *Nutzen der im Sklaven erzeugten Verwirrung*

Sokrates: Siehst du wohl, Menon, wie weit er schon fortgeht im Erinnern? Denn zuerst wußte er zwar auch keineswegs, welches die Seite des achtfüßigen Vierecks ist, wie er es auch jetzt noch nicht weiß; allein er glaubte damals, es zu wissen, und antwortete dreist fort als ein Wissender und glaubte nicht, in Verlegenheit zu kommen. Nun aber glaubt er schon in Verlegenheit zu sein, und wie er es nicht weiß, so glaubt er es auch nicht zu wissen.

Menon: Du hast recht.

Sokrates: Steht es also nun nicht besser mit ihm in Bezug auf die Sache, die er nicht wußte?

Menon: Auch das dünkt mich.

Sokrates: Indem wir ihn also in Verlegenheit brachten und zum Erstarren, wie der Zitterrochen, haben wir ihm dadurch etwa Schaden getan?

Menon: Mich dünkt nicht.

Sokrates: Vielmehr haben wir vorläufig etwas ausgerichtet, wie es scheint, damit er herausfinden kann, wie sich die Sache verhält. Denn jetzt möchte er es wohl gern suchen, da er es nicht weiß; damals aber glaubte er, ohne Schwierigkeit vor vielen oftmals gut zu reden über das zwiefache Viereck, daß es auch eine zwiefach so lange Seite haben müsse.

Menon: So mag es wohl sein.

Sokrates: Glaubst du nun, er würde sich vorher bemüht haben, das zu suchen oder zu lernen, was er nichtwissend glaubte zu wissen, ehe er, überzeugt, er wisse nicht, in Verwirrung geriet und sich nach dem Wissen sehnte?

Menon: Nein, dünkt mich, Sokrates.

Sokrates: Nutzen hat ihm also das Erstarren gebracht?

Menon: So dünkt mich.

Sokrates: Sieh nun aber auch zu, was er von dieser Verlegenheit aus mit mir suchend auch finden wird, indem ich ihn immer nur frage und niemals lehre. Und gib wohl acht, ob du mich je darauf betriffst, daß ich ihn belehre und ihm vortrage und nicht seine eigenen Gedanken nur ihm abfrage.

19. *Sein Finden der Lösung*

Sage mir du, ist dies nicht unser vierfüßiges Viereck? Verstehst du?

Knabe: Ja.

Sokrates: Können wir nun nicht hier noch ein gleiches daran setzen?

Knabe: Ja.

Sokrates: Und auch dies dritte, das jedem von den beiden gleich ist?

Knabe: Ja.

Sokrates: Können wir nun nicht auch das noch hier in der Ecke ausfüllen?

Knabe: Allerdings.

Sokrates: Sind dies nun nicht vier gleiche Vierecke?

Knabe: Ja.

Sokrates: Wie nun? Das wievielfache ist wohl dies Ganze von diesen?

Knabe: Das vierfache.

Sokrates: Wir sollten aber ein zweifaches bekommen; oder erinnerst du dich nicht?

Knabe: Allerdings.

Sokrates: Schneidet nun nicht diese Linie, welche aus einem Winkel in den anderen geht, jedes von diesen Vierecken in zwei gleiche Teile?

Knabe: Ja.

Sokrates: Und werden nicht dieses vier gleiche Linien, welche dieses Viereck einschließen?

Knabe: Allerdings.

Sokrates: So betrachte nun, wie groß wohl dieses Viereck ist?

Knabe: Das verstehe ich nicht.

Sokrates: Hat nicht von diesen vieren von je einem jede Seite die Hälfte nach innen zu abgeschnitten? Oder nicht?

Knabe: Ja.

Sokrates: Wieviel solche sind nun in diesem?

Knabe: Vier.

Sokrates: Wieviel aber in diesem?

Knabe: Zwei.

Sokrates: Vier aber ist von zwei was doch?

Knabe: Das Zweifache.

Sokrates: Wievielfüßig ist also dieses?

Knabe: Achtfüßig.

Sokrates: Von welcher Linie?

Knabe: Von dieser.

Sokrates: Von der, welche aus einem Winkel in den andern das vierfüßige schneidet?

Knabe: Ja.

Sokrates: Diese nun nennen die Gelehrten die Diagonale; so daß, wenn diese die Diagonale heißt, alsdann aus der Diagonale, wie du behauptest, das zwiefache Viereck entsteht.

Knabe: Allerdings, Sokrates.

20. *Folgerung: Der Ursprung der Erkenntnis liegt im Lernenden selbst*

Sokrates: Was dünkt dich nun, Menon? Hat dieser irgendeine Vorstellung, die nicht sein war, zur Antwort gegeben?

Menon: Nein, nur seine eignen.

Sokrates: Und doch wußte er es vor kurzem noch nicht, wie wir gestanden?

Menon: Ganz recht.

Sokrates: Es waren aber doch diese Vorstellungen in ihm. Oder nicht?

Menon: Ja.

Sokrates: In dem Nichtwissenden also sind von dem, was er nicht weiß, dennoch richtige Vorstellungen.

Menon: Das zeigt sich.

Sokrates: Und jetzt sind ihm nur wie im Traume diese Vorstellungen eben aufgeregt. Wenn ihn aber jemand oftmals um dies nämliche befragt und auf vielfache Art: so wisse nur, daß er am Ende nicht minder genau als irgendein anderer um diese Dinge wissen wird.

Menon: Das scheint wohl.

Sokrates: Indem ihn also niemand belehrt, sondern nur ausfragt, wird er wissen und wird die Erkenntnis nur aus sich selbst hervorgeholt haben?

Menon: Ja.

Sokrates: Dieses nun, selbst aus sich eine Erkenntnis hervorholen, heißt das nicht sich erinnern?

Menon: Allerdings.

Sokrates: Und hat etwa nicht dieser die Erkenntnis, die er jetzt hat, entweder einmal erlangt oder immer gehabt?

Menon: Ja.

Sokrates: Hat er sie nun immer gehabt, so ist er auch immer wissend gewesen. Hat er sie aber einmal erlangt, so hat er sie wenigstens nicht in diesem Leben erlangt. Oder hat jemand diesen die Geometrie gelehrt? Denn gewiß wird er mit der ganzen Geometrie ebenso verfahren und mit allen andern Wissenschaften auch. Hat nun jemand diesen dies alles gelehrt? Denn du mußt es ja wohl wissen, da er in deinem Hause geboren und erzogen ist.

Menon: Ich weiß sehr gut, daß niemand sie ihn jemals gelehrt hat.

Sokrates: Er hat aber diese Vorstellungen; oder nicht?

Menon: Notwendig, wie man ja sieht.

21. Rückschluß daraus auf die Unsterblichkeit

Sokrates: Wenn er sie aber in diesem Leben nicht erlangt hat und daher nicht wußte; so hat er sie ja offenbar in einer andern Zeit gehabt und gelernt.

Menon: Offenbar.

Sokrates: Ist nun nicht dieses die Zeit, wo er kein Mensch war?

Menon: Offenbar.

Sokrates: Wenn also in der ganzen Zeit, wo der Mensch ist, oder auch, wo er es nicht ist, richtige Vorstellungen in ihm sein sollen, welche, durch Fragen aufgeregt, Erkenntnisse werden, muß dann nicht seine Seele von jeher in dem Zustande des Gelernthabens sein? Denn offenbar ist er durch alle Zeit entweder Mensch oder nicht.

Menon: Das ist einleuchtend.

Sokrates: Wenn nun von jeher immer die Wahrheit von allem, was ist, der Seele einwohnt, so wäre ja die Seele unsterblich, so daß du getrost, was du jetzt nicht weißt, das heißt aber, dessen du dich nicht erinnerst, trachten kannst zu suchen und dir zurückzurufen.

Menon: Du scheinst mir, ich weiß nicht wie, vortrefflich zu reden, Sokrates.

Sokrates: Auch mir selbst scheine ich es, o Menon. Und das übrige freilich möchte ich nicht eben ganz verfechten für diese Rede; daß wir aber, wenn wir glauben, das suchen zu müssen, was wir nicht wissen, besser werden und mannhafter und weniger träge, als wenn wir glauben, was man nicht wisse, sei nicht möglich zu finden, und man müsse es also auch nicht erst suchen, dafür möchte ich allerdings streiten, wenn ich es könnte, mit Wort und Tat.

Menon: Auch dies dünkt mich sehr richtig gesagt, Sokrates...

Theaitetos
Platon

...Sokrates: Von meiner Hebammenkunst nun gilt im übrigen alles, was von der ihrigen; sie unterscheidet sich aber dadurch, daß sie Männern die Geburtshilfe leistet und nicht Frauen, und daß sie für ihre gebärenden Seelen Sorge trägt und nicht für Leiber. Das Größte aber an unserer Kunst ist dieses, daß sie imstande ist zu prüfen, ob die Seele des Jünglings ein Trugbild und Falschheit zu gebären im Begriff ist oder Fruchtbares und Echtes. Ja, auch hierin geht es mir eben wie den Hebammen: Ich gebäre nichts von Weisheit, und was mir bereits viele vorgeworfen, daß ich andere zwar fragte, selbst aber nichts über irgend etwas antwortete, weil ich nämlich nichts Kluges wüßte zu antworten, darin haben sie recht. Die Ursache davon aber ist diese: Geburtshilfe leisten nötigt mich der Gott, erzeugen aber hat er mir verwehrt. Daher bin ich selbst keineswegs etwa weise, habe auch nichts dergleichen aufzuzeigen als Ausgeburt meiner eigenen Seele. Die aber mit mir umgehen, zeigen sich zuerst zwar zum Teil als gar sehr ungelehrig; hernach aber, bei fortgesetztem Umgang, alle, denen es der Gott vergönnt, als wunderbar schnell fortschreitend, wie es ihnen selbst und andern scheint; und dieses ganz offenbar ohne jemals irgend etwas von mir gelernt zu haben, sondern nur selbst aus sich selbst entdecken sie viel Schönes und halten es fest; die Geburtshilfe indes leisten dabei der Gott und ich. Dies erhellt hieraus: Viele schon haben, dies verkennend und sich selbst alles zuschreibend, mich aber verachtend, oder auch selbst von andern überredet, sich früher, als recht war, von mir getrennt und nach dieser Trennung dann teils infolge schlechter Gesellschaft nur Fehlgeburten getan, teils auch das, wovon sie durch mich entbunden worden, durch Verwahrlosung wieder verloren, weil sie die falschen und trügerischen Geburten höher achteten als die rechten; zuletzt aber sind sie sich selbst und andern gar unverständig vorgekommen, von welchen einer Aristides, der Sohn des Lysimachos war, und viele andere mehr. Wenn solche dann wiederkommen, meinen Umgang begehrend, und wunder was darum tun, hindert mich doch das Göttliche, was mir zu widerfahren pflegt, mit einigen wieder umzugehen; bei andern dagegen läßt es das zu, und diese schreiten wieder fort. Auch darin ergeht es denen, die mit mir umgehen, wie den Gebährenden: sie haben nämlich Wehen und wissen sich nicht zu lassen bei Tag und Nacht, weit ärger als jene. Und diese Wehen kann meine Kunst erregen sowohl als stillen. So ist es demnach mit diesen beschaffen. Bisweilen aber, o Theaitetos, wenn einige mir gar nicht recht schwanger zu sein scheinen, solchen, weil ich weiß, daß sie meiner gar nicht bedürfen, bin ich ein bereitwilliger Freiwerber, und mit Gott sei es gesprochen, ich treffe es zur Genüge, wessen Umgang ihnen vorteilhaft sein wird, wie ich denn ihrer schon viele dem Prodikos zugeführt habe, viele auch andern weisen und gottbegabten Männern. Dieses habe ich dir, Bester, deshalb so ausführlich vorgetragen, weil ich die Vermutung habe, daß du, wie du es auch selbst meinst, etwas in dir trägst und Geburtsschmerzen hast. So übergib dich also mir, als dem Sohn einer Geburtshelferin und auch selbst der Geburtshilfe kundigen, und was ich dich frage, das beeifere dich so gut du nur kannst zu beantworten. Und wenn ich bei der Untersuchung etwas, was du sagst, für ein Mondkalb und nichts Echtes befunden habe, also es ablöse und wegwerfe, so erzürne dich darüber nicht, wie die Frauen es bei der ersten Geburt zu tun pflegen. Denn schon viele, mein Guter, sind so gegen mich aufgebracht gewesen, wenn ich ihnen eine Posse abgelöst habe, daß sie mich ordentlich hätten beißen mögen, und wollten nicht glauben, daß ich das aus Wohlmeinen tue, weil sie weit entfernt sind einzusehen, daß kein Gott jemals den Menschen mißgünstig ist, und daß auch ich nichts dergleichen aus Übelwollen tue, sondern mir nur eben keineswegs verstattet ist, Falsches gelten zu lassen und Wahres zu unterschlagen...

Politik

Aristoteles

...Gut und tugendhaft wird man durch drei Dinge, nämlich Anlage, Gewöhnung und Einsicht. Zuerst muß man geboren sein, als Mensch nämlich und nicht als irgendein anderes Lebewesen, und dann auch mit bestimmten Eigenschaften des Körpers und der Seele. In einigen Dingen nützt die Anlage nichts, denn die Gewöhnung verändert sie. Denn es gibt einige, von Natur ambivalente Eigenschaften, die sich durch die Gewöhnung zum schlechtern oder zum bessern wenden können. Die andern Lebewesen leben zur Hauptsache von der Naturanlage, einige auch teilweise durch Gewohnheit, der Mensch aber auch mit der Vernunft. Nur er besitzt sie. So muß dieses alles miteinander übereinstimmen. Denn die Menschen machen vieles gegen die Gewohnheit und gegen die Anlage durch die Vernunft, wenn sie sich davon überzeugen, daß es anders besser sei. Wie nun jene, die das geeignete Material für den Gesetzgeber darstellen sollen, ihrer Natur nach beschaffen zu sein haben, wurde früher gesagt. Das übrige ist die Aufgabe der Erziehung. Denn das eine lernen die Menschen durch Gewöhnung, das andere durch Hören...

Nach den fünf Jahren sollen sie in den zwei weiteren bis zum siebenten schon lernen, was es für sie zu lernen gibt. Sodann gibt es zwei Lebensalter, nach denen die Erziehung abgeteilt werden muß, einmal vom siebenten Jahre bis zur Pubertät und dann von der Pubertät bis zum einundzwanzigsten Jahre. Denn jene, die das Leben in Hebdomaden einteilen, machen es im allgemeinen nicht unrichtig, doch muß man der natürlichen Gliederung folgen. Denn jede Kunst und Erziehung will ja nur die Natur ergänzen.

Man muß also zuerst prüfen, ob es überhaupt eine bestimmte Ordnung für die Erziehung geben soll, ferner, ob man lieber gemeinsam oder jeden einzelnen für sich (wie es jetzt in den meisten Staaten der Fall ist) erziehen soll, und drittens, wie die Erziehung selbst beschaffen sein muß.

1. Daß sich der Gesetzgeber in erster Linie um die Erziehung der Jungen kümmern muß, wird wohl niemand bestreiten. Wo es in einem Staat nicht geschieht, da erwächst auch ein Schaden für die Verfassung. Die Menschen müssen ja im Hinblick auf die jeweilige Verfassung erzogen werden. Denn der eigentümliche Charakter jeder Verfassung erhält diese und begründet sie auch von Anfang an, so der demokratische die Demokratie und der oligarchische die Oligarchie. Und immer ist der beste Charakter auch Grund der besseren Verfassung.

Ferner muß man in jeder Fähigkeit und Kunst zur Ausübung vorgebildet und vorher geübt worden sein, und so offenbar auch auf das tugendhafte Verhalten. Und da das Ziel jedes Staates eines ist, so muß auch die Erziehung für alle eine und dieselbe sein; die Fürsorge dafür muß staatlich und nicht privat geregelt werden und nicht so wie jetzt, wo ein jeder privat sich um seine Kinder kümmert und ihnen privat eben das beibringt, was ihm gerade gut scheint. Denn gemeinsame Tätigkeiten sollen auch gemeinsam eingeübt werden. Man darf nicht meinen, daß irgendeiner der Bürger sich selbst angehöre, sondern alle gehören dem Staate; jeder ist ja ein Teil des Staates, und die Fürsorge für den einzelnen Teil geschieht naturgemäß im Hinblick auf die Fürsorge für das Ganze.

In diesem Punkte wird man die Spartaner loben. Denn sie bemühen sich am meisten um die Kinder, und dies von Staats wegen.

2. Daß man also Gesetze über die Erziehung erlassen und diese öffentlich regeln soll, ist klar. Was aber die Erziehung ist, und wie man erzogen werden soll, das muß man auch wissen. Faktisch ist man über die Gegenstände uneinig. Denn nicht alle wollen den jungen Menschen dasselbe beibringen im Hinblick auf die Tugend und auf das vollkommene Leben, und es ist auch nicht klar, ob die Erziehung mehr den Intellekt als den Charakter betreffen soll. Die gegenwärtige Erziehungsweise verwirrt noch das Problem, und es ist nicht klar, ob man eher üben soll, was zum Leben nützlich ist, oder was vielmehr auf die Tugend zielt, oder eher das Erlesene; denn jede dieser Möglichkeiten hat ihren Vertreter gefunden. Was nun die Erziehung zur Tugend betrifft, so ist nichts allgemein anerkannt: denn schon darüber sind die Meinungen durchwegs verschieden,

welche Tugend man am höchsten schätzen soll, und so ist man dann natürlich auch uneins in der Frage nach ihrer Einübung.

Daß man vom Nützlichen das Unentbehrliche lernen soll, ist evident. Daß man aber nicht alles lernen soll, zeigt die Zweiteilung in edle und unedle Tätigkeiten, so daß man an solchen Dingen nur so weit sich beteiligen soll, daß man durch sie nicht zum Banausen wird. Als eine banausische Arbeit, Kunst und Unterweisung hat man jene aufzufassen, die den Körper oder die Seele oder den Intellekt der Freigeborenen zum Umgang mit der Tugend und deren Ausübung untauglich macht. Darum nennen wir alle Handwerke banausisch, die den Körper in eine schlechte Verfassung bringen, und ebenso die Lohnarbeit. Denn sie machen das Denken unruhig und niedrig.

Unedel ist es nicht, die vornehmen Wissenschaften teilweise und bis zu einem gewissen Grade kennenzulernen, aber sich allzu intensiv mit ihnen beschäftigen, führt zu den eben genannten Schädigungen. Es macht auch einen großen Unterschied, wozu einer etwas tut oder lernt. Denn um der Sache selbst oder um der Freunde oder der Tugend willen es zu tun, ist nicht unedel, aber einer, der dieselben Sachen auf Anweisung anderer tut, wirkt oftmals knechtisch und sklavisch.

3. Die gegenwärtig üblichen Lehrgegenstände schwanken nun, wie gesagt, hin und her. Es sind im wesentlichen vier Dinge, in denen man zu unterrichten pflegt: Grammatik, Turnen, Musik und gelegentlich das Zeichnen; die Grammatik und das Zeichnen als nützlich fürs Leben und vielfältig anwendbar, die Gymnastik als Übung zur Tapferkeit. Bei der Musik erheben sich Fragen: die meisten interessieren sich für sie um des Vergnügens willen, ursprünglich aber galt sie als ein Stück Erziehung, weil die Natur selbst danach strebt, wie oftmals gesagt, nicht nur richtig tätig zu sein, sondern auch in edler Weise Muße üben zu können.

Denn dies ist der Ursprung von allem, um einmal mehr davon zu reden. Wenn man nämlich beides braucht, so ist doch die Muße wünschenswerter als die Arbeit; sie ist das Ziel, und man muß sich fragen, was man in der Muße tun soll. Spielen soll man nicht, denn dann müßte das Spiel das Ziel unseres Lebens sein. Wenn dies ausgeschlossen ist und man eher bei der Arbeit zuweilen spielen soll (denn der

Arbeitende bedarf der Erholung, das Spiel dient eben dazu, und bekanntlich ist die Arbeit mit Mühe und Anspannung verknüpft), so muß man die Spiele gestatten, aber den Gebrauch genau kontrollieren, um sie als eine Art von Arznei anzuwenden. Denn eine solche Bewegung der Seele ist eine Lockerung und eine lustvolle Erholung.

Die Muße scheint aber ihre Lust und die Glückseligkeit und das selige Leben in sich selbst zu haben. Dies kommt nicht den Arbeitenden zu, sondern jenen, die Muße haben. Denn der Arbeitende arbeitet auf ein Ziel hin, das noch nicht erreicht ist, die Glückseligkeit ist aber ein Ziel und ist nach allgemeiner Ansicht nicht mit Schmerz, sondern mit Lust verbunden.

Freilich fassen nicht alle diese Lust in derselben Weise auf, sondern jeder für sich nach seiner Art, der Beste aber wählt die beste und die vom Schönsten her entspringende. So ist klar, daß man auch für das Leben in der Muße bestimmte Dinge lernen und sich aneignen muß, und daß diese Lehr- und Bildungsgegenstände selbstzwecklich sind; jene dagegen, die mit der Arbeit zu tun haben, dienen der Notdurft und einem fremden Zweck.

So haben denn auch die Früheren die Musik zur Bildung gerechnet, aber nicht als notwendig (denn das ist sie nicht), noch als nützlich, wie die Grammatik für den Geschäftsverkehr, für die Hausverwaltung, zur weitern Ausbildung und zu vielen politischen Aufgaben; auch das Zeichnen scheint ja nützlich zu sein, um die Arbeiten der Handwerker besser beurteilen zu können; ebenso ist die Gymnastik nützlich für Gesundheit und Kraft. Aber keins von beiden entsteht doch aus der Musik. Es bleibt also, daß sie für das Leben in der Muße bestimmt ist, und darauf pflegt sie auch bezogen zu werden. Denn man ordnet sie dort ein, wo man das Leben der Edlen vermutet. So hat Homer gedichtet: "sondern wen man zum festlichen Mahle laden soll", und dann nennt er andere, "die den Sänger rufen", der "alle ergötzt". Und anderswo nennt Odysseus jenes das beste Leben, wenn die Menschen sich erfreuen und "die speisenden Gäste im Haus den Sänger hören, der Reihe nach hingelagert".

Daß dies also eine Ausbildung ist, die man seinen Söhnen nicht als nützlich verschafft und nicht als notwendig, sondern als edel und schön, ist offensichtlich.

Ob es aber von ihr eine oder mehrere Arten gibt, und welches diese sind und inwiefern, das ist nachher zu behandeln. Jetzt ist uns soviel klar geworden, daß wir bei den Früheren ein Zeugnis von den feststehenden Bildungsgegenständen her haben. Denn offenbar ist dies bei der Musik so.

Auch beim Nützlichen soll man die Kinder nicht nur eben um des Nutzens willen unterrichten, etwa in der Grammatik, sondern weil sich daraus noch viele andere Lehrgegenstände entwickeln können; ebenso ist das Zeichnen nicht nur dazu da, damit man beim Verkauf eigener Waren nicht betrogen werde, oder überhaupt im Kauf und Verkauf von Gegenständen sich nicht täusche lasse, sondern eher, damit man einen Blick für die Schönheit der Körper erhalte. Denn überall bloß den Nutzen zu suchen, gehört sich für die Großgesinnten und die Edlen am allerwenigsten.

Da es weiterhin klar ist, daß man zuerst durch Angewöhnung und erst nachher durch Belehrung erzogen werden soll und eher körperlich als intellektuell, so muß man offenbar zuerst die Knaben dem Turnlehrer anvertrauen und dem Ringlehrer. Der eine verschafft eine gute Körperverfassung, der andere führt zu Leistungen.

4. Freilich zielen heute diejenigen Staaten, die sich am meisten um Erziehung zu kümmern scheinen, auf eine athletische Verfassung und gefährden das Aussehen und das Wachstum des Körpers. Die Spartaner haben diesen Fehler nicht gemacht, aber sie machten sie durch Anstrengungen wie zu Tieren, da dies der Tapferkeit am meisten dienlich sei. Und doch, wie schon oft gesagt, darf man als Erzieher nicht auf eine einzige Tugend und nicht zuerst gerade auf diese schauen. Selbst wenn man das dürfte, so erreichen sie ihr Ziel doch nicht. Denn auch bei andern Lebewesen und andern Völkern folgt, wie wir sehen, die Tapferkeit keineswegs der Wildheit, sondern vielmehr einem ruhigen und löwenhaften Charakter.

Es gibt viele Völker, die zum Töten und Menschenfressen leicht bereit sind, wie am Pontos die Achaier und Heniochen und einige Binnenlandvölker, teils mehr, teils weniger und soweit sie Räuber sind, aber Tapferkeit haben sie keine. Wir wissen auch von den Spartanern, daß sie allen andern überlegen waren, als sie sich auf die Ausdauer in Anstrengungen konzentrierten, daß sie aber jetzt in den gymnischen Wettkämpfen so gut wie im Kriege hinter anderen zurückstehen. Denn ihre Überlegenheit kam nicht daher, daß sie die Jungen auf diese Weise trainierten, sondern nur daher, daß sie als Geübte gegen Ungeübte kämpften. So muß man denn nach dem Edlen und nicht nach dem Tierartigen streben. Denn auch ein Wolf oder sonst ein wildes Tier würde nicht einen edlen Kampf wagen, sondern nur der tüchtige Mann. Wer aber die Kinder zu sehr mit dergleichen beschäftigt und sie im Notwendigen unerzogen läßt, macht sie in Wahrheit zu Banausen, einzig und allein zum Kriegführen brauchbar und auch da noch, wie wir zeigten, schlechter als andere. Man muß also <die Spartaner> nicht nach den früheren Leistungen beurteilen, sondern nach den gegenwärtigen: jetzt haben sie Konkurrenten in ihrer Art der Erziehung, früher hatten sie keine.

Daß man also die Gymnastik braucht, und wie man sie brauchen soll, ist anerkannt. Bis zur Pubertät soll man leichtere Übungen wählen und allzu harte Diät und schwere Anstrengungen meiden, damit das Wachstum nicht gehindert werde. Daß eine vorzeitige Überanstrengung dazu führt, beweist deutlich das Folgende: unter den Olympioniken gibt es kaum zwei oder drei, die als Knaben und auch als Männer gesiegt haben, da sie durch ihr hartes Training in der Jugend ihre Kraft aufgebraucht haben. Wenn sie sich aber nach dem Eintritt der Pubertät noch drei Jahre lang mit andern Gegenständen beschäftigt haben, dann kann man das nachfolgende Alter auch zu Anstrengungen und Zwangsdiäten heranziehen. Aber man soll sich nicht gleichzeitig mit dem Körper und dem Geiste anstrengen. Denn jede der Anstrengungen wirkt in gegensätzlicher Richtung: die Anstrengung des Körpers hindert den Intellekt und umgekehrt.

5.   Hinsichtlich der Musik haben wir schon vorher einige Fragen aufgeworfen, die wir nun zu Ende führen wollen, um zu den Erwägungen, die man etwa hier anstellen möchte, einige Voraussetzungen zu liefern. Denn es ist nicht leicht zu sagen, welches ihre Wirkung ist, noch wozu man sie üben soll, ob des Spiels und der Erholung wegen wie den Schlaf oder das Trinken (dies ist an sich nichts Ernsthaftes, aber angenehm und vertreibt die Sorgen, wie Euripides sagt. Darum nimmt man diese Dinge gerne

zusammen und betreibt sie zusammen: den Schlaf, das Trinken und die Musik, und auch den Tanz rechnet man hierher). Oder soll man meinen, daß die Musik es eher mit der Tugend zu tun habe, sofern sie, wie die Gymnastik eine bestimmte Körperverfassung erzeugt, ihrerseits eine bestimmte Verfassung des Charakters hervorbringt und den Menschen gewöhnt, sich an rechten Dingen zu erfreuen, oder daß sie zur Lebensart beiträgt und zur Erkenntnis (dies wäre als drittes noch einmal zu nennen).

Daß man nun die Jungen nicht auf das Spiel hin unterrichten soll, ist klar. Denn beim Lernen spielt man nicht, sondern es ist vielmehr eine beschwerliche Angelegenheit. Aber auch zur Lebensart gehört es bei dem Alter der Kinder noch nicht, denn was noch nicht entwickelt ist, hat mit dem Ziel des Lebens nichts zu tun.

Aber vielleicht könnte das, was die Kinder im Ernst treiben, den erwachsenen Männern dann zum Spiele dienen. Aber wenn dies zuträfe, wozu sollten sie dann lernen und nicht vielmehr wie die Könige der Perser und Meder andere dies ausüben lassen und deren Ausbildung sich zum Genusse werden lassen? Denn offenbar leisten jene Besseres, die darin berufsmäßig ausgebildet sind, als jene, die sich nur eine Weile im Rahmen der allgemeinen Bildung damit beschäftigt haben. Allerdings, wenn man sich selbst beruflich damit beschäftigen müßte, so wäre das gleich, wie wenn man sich persönlich mit der Zubereitung der Speisen zu befassen hätte, was unsinnig ist.

Dieselbe Schwierigkeit macht es, wenn die Musik den Charakter besser machen soll. Denn wozu soll man auch dann lernen und nicht vielmehr beim Zuhören anderer sich in richtiger Weise freuen und recht urteilen lernen wie die Spartaner? Denn sie lernen das nicht, haben aber doch ein richtiges Urteil über, wie sie sagen, die brauchbaren und die unbrauchbaren Lieder.

Dasselbe gilt endlich, wenn sie zum Lebensgenuß und zu edler Lebensweise gebraucht werden soll. Wozu soll man da lernen oder nicht eher genießen, wenn andere sich betätigen? Man kann an die Vorstellung denken, die wir von den Göttern haben: auch Zeus selbst singt und spielt nicht bei den Dichtern, sondern wir halten solche vielmehr für Banausen und finden, ein Mann tue das nicht, außer im Rausche oder im Spiel.

Aber darüber vielleicht später. Die erste Frage ist hier, ob die Musik zu den Lehrgegenständen gehört oder nicht, und was sie von den drei genannten Dingen leistet, Erziehung, Spiel oder Lebensart. Mit guten Gründen kann man sie auf all das beziehen und von allem etwas bei ihr finden ...

Es ergibt sich daraus, daß in der Tat die Musik den Charakter der Seele zu beeinflussen vermag. Kann sie dies, so muß man auch die jungen Leute zu ihr hinführen und in ihr erziehen. Auch paßt die Unterweisung in der Musik sehr in die Natur dieser Altersstufe. Denn die jungen Leute können bei ihrem Alter nichts freiwillig aushalten, wenn es nicht versüßt wird, und die Musik gehört ihrem Wesen nach zum Angenehmen. Es scheint auch eine Verwandtschaft der Harmonien und Rhythmen zu der Seele zu bestehen. So meinen denn auch manche der Weisen, die Seele sei eine Harmonie, andere, sie besäße eine Harmonie.

6. Ob man nun so lernen muß, daß man selbst singt und spielt oder nicht, wie wir früher fragten, das sei jetzt untersucht.

Offensichtlich macht es einen großen Unterschied, wenn man etwas werden will, ob man selbst arbeitet. Denn es gehört zu den unmöglichen oder doch schwierigsten Dingen, eine Sache gut zu beurteilen, in der man nicht selbst gearbeitet hat ...

Wir lehnen also die spezialistische Ausbildung in den Instrumenten und der Ausübung ab. Dabei nenne ich spezialistisch jene, die für die Wettkämpfe geschieht. Da arbeitet man nicht zu seiner eigenen Vervollkommnung, sondern zum Vergnügen der Zuhörer, und zwar zu einem ordinären Vergnügen, da wir eine solche Ausbildung nicht als edel, sondern als knechtisch ansehen; und bei ihr wird man Banause. Denn das Ziel, worauf sie hinstreben, ist schlecht. Der Hörer ist ordinär und beeinflußt die Musik, so daß er auch die Künstler so werden läßt, wie er es wünscht, und ebenso werden die Körper durch die Bewegungen ...

...II 20 Das Gefühl selbst, das man Gemeinschaftsgeist nennt, wie soll er das lernen, wenn er sich von der Gemeinschaft abgesondert hat, die nicht nur den Menschen, sondern auch den Tieren, denen die Sprache versagt ist, von Natur eigen ist? 21 Nimm hinzu, daß er zu Hause nur das lernen kann, was ihm selbst an Vorschriften erteilt wird, in der Schule auch das, was anderen gesagt wird. Er wird täglich vieles loben, vieles verbessern hören, es wird ihm nützlich sein, wenn die Nachlässigkeit des einen getadelt, die Sorgfalt eines anderen gelobt wird, 22 sein Ehrgeiz wird durch Lob angefeuert werden, er wird es für beschämend halten, einem Gleichaltrigen nachzustehen, für herrlich, selbst Ältere geschlagen zu haben. All das feuert den Geist an und, mag auch der Ehrgeiz selbst ein Laster sein, häufig ist er doch der Grund der Tugenden. 23 Als sehr nützlich habe ich die Sitte befunden, die meine Lehrer noch beibehalten hatten, innerhalb der Klassen, in die die Knaben eingeteilt waren, nach der Leistung eine Rangordnung für den Vortrag zu bestimmen; so kam man um so früher beim Deklamieren daran, je größere Fortschritte man zeigte. 24 Hierfür gab es Ausscheidungskämpfe. Diese waren uns eine gewaltige Auszeichnung, Klassenerster zu sein aber das Allerschönste. Doch war dies ja keine einmalige Entscheidung: der dreißigste Tag bot dem Unterlegenen wieder die Gelegenheit zum Wettkampf. So ließ einerseits der Überlegene nach seinem Erfolg nicht in der Sorgfalt nach, andererseits aber stachelte der Schmerz den Unterlegenen auf, die Schmach wiedergutzumachen. 25 Daß dieses Verfahren unseren Eifer zur Beschäftigung mit den Reden mächtiger geschürt hat als alle Ermahnung der Lehrer, die Überwachung der Pädagogen und die Versprechungen der Eltern, möchte ich, soweit ich meinem Schluß meine eigenen Erinnerungen zugrunde legen kann, entschieden bejahen. 26 So, wie die bereits in der Wissenschaft Fortgeschrittenen der Wetteifer fördert, ist auch für die Anfänger und das zartere Alter der Wetteifer mit den Mitschülern beliebter als der mit dem Lehrer - eben deshalb, weil es den Schülern untereinander leichter ist, sich gleichzukommen. Denn schwerlich werden die Anfänger sich zutrauen, sie könnten es von ihren Anfangsgründen aus so weit bringen, die eigentliche Redekunst, die ihnen als hohes Ziel vorschwebt, zu meistern: an das Nächststehende werden sie sich eher anklammern, wie die Reben, die sich um die Bäume schlingen, dadurch, daß sie zunächst noch niedrigere Zweige erklimmen, bis zum Gipfel empordringen. 27 Das gilt in dem Maße, daß sogar auch der Lehrer, falls er denn wirklich das Nützliche über sein Geltungsbedürfnis stellen will, darauf achten muß, wenn er es mit noch unerfahrenen Begabungen zu tun hat, nicht gleich die Schwäche der Schüler mit voller Last zu befrachten, sondern seine Kräfte zu zügeln und sich zu der Fassungskraft des Hörers herabzulassen. 28 Denn wie kleine Krüge mit engem Hals, wenn man die Flüssigkeit zu reichlich darauf gießt, das meiste vorbeilaufen lassen, wenn man dagegen langsam gießt oder gar träufelt, sich ganz füllen, so gilt es auch, zuzuschauen, wieviel der Geist der Knaben fassen kann: denn was über ihre Fassungskraft geht, kommt nicht an den zum Aufnehmen gewissermaßen nicht genug geöffneten Geist heran. 29 Es ist also nützlich, noch Mitschüler zu haben, die der Knabe erst erreicht, dann auch übertreffen will: so wird sich allmählich auch die Hoffnung auf höhere Ziele einstellen. Ich möchte noch hinzufügen, daß auch die Lehrer selbst nicht so viel Geist und Feuer für ihren Vortrag gewinnen können, wenn immer nur ein Schüler da ist, wie wenn der reichliche Hörerkreis sie begeistert. 30 Denn die Redekunst hängt zum größten Teil von der Verfassung unseres Geistes ab. Er muß sich ergreifen lassen, die Bilder der Dinge in sich aufnehmen und sich gewissermaßen verwandeln in das Wesen dessen, wovon er spricht. Ja, je edler und hochstrebender er ist, desto mächtiger sind gleichsam die Werkzeuge, die ihn packen, und deshalb wächst er durch Beifall, steigert sich durch den Schwung und freut sich, etwas Großes zu leisten. 31 Es ist, als wehrte sich etwas in uns dagegen, die ganze Redekraft, die uns so viel Mühe gekostet hat, für einen einzigen Hörer aufzubieten: wir scheuen uns dann, uns über den Gesprächston zu erheben. Es stelle sich doch jemand nur die Haltung beim Deklamieren vor oder die Stimme, das Auftreten und den Ton eines Redners, überhaupt die geistige und körperliche Erregung, sein Schwitzen, von anderem nicht zu reden, und sein Ermatten und das alles vor einem Zuhörer: sähe das nicht fast so aus, als wäre er verrückt geworden? Es gäbe im menschlichen Dasein überhaupt keine Redekunst, wenn wir nur zu einzelnen redeten.

III 1 Ein erfahrener Lehrer wird, wenn ihm ein Knabe anvertraut wird, vor allem seine Begabung und Wesensart genau betrachten. Das Hauptkennzeichen für die Begabung ist bei den Kleinen das Gedächtnis, das zweierlei zu leisten hat: leicht aufzunehmen und getreulich zu behalten. Das nächste sodann ist der Nachahmungstrieb; denn auch er ist Kennzeichen einer guten Lernveranlagung, allerdings in der Form, daß er das nachbilden möchte, was er lernt - nicht etwa die äußere Haltung oder den Gang und was etwa als mangelhaft auffällt. 2 Bei einem Jungen, der seinen Nachahmungseifer nur darauf richtet, andere zum Lachen zu bringen, habe ich keine Hoffnung, daß etwas aus ihm wird. Denn ein wirklich zum Redner begabter Junge wird vor allem auch von gutartigem Wesen sein - andernfalls hielte ich es für weniger schlimm, wenn der Geist träge wäre als schlecht. Der gutartige Junge aber wird bei weitem kein müßiger Kopfhänger sein. 3 Der Knabe, wie ich ihn mir wünsche, nimmt mühelos auf, was man ihm beibringt, fragt auch manchmal zwischendurch, läßt sich aber mehr leiten, als daß er vorauseilt. Jene gleichsam übereilte Art von Begabungen kommt kaum je zur wirklichen Reife. 4 Das sind die, denen die kleinen Aufgaben leichtfallen, die durch ihre Dreistigkeit vorankommen, indem sie alles, was sie können, sogleich vorführen. Sie können aber nur das Nächstliegende: sie hängen Wort an Wort und tragen es dann mit unerschrockener Miene, von keiner Scheu gehemmt, vor: 5 nicht viel leisten sie, aber schnell; eigentliche Kraft steckt nicht dahinter, nirgends reichen die Wurzeln bis zum gediegenen Grund, so wie Samen, die ganz oben auf den Boden gestreut werden, schneller aufgehen, wie richtiges Gras aussehen, aber vor der Ernte mit leeren Rispen gilben. Für ihr Alter findet man gut, was sie leisten; dann aber kommt ihr Fortschritt zum Stehen, die Bewunderung nimmt ab. 6 Hat der Lehrer darauf sein Augenmerk gerichtet, so hat er als Nächstes zu betrachten, wie der Schüler anzupacken ist. Manche sind, wenn man sie nicht antreibt, nachlässig, manche lassen sich nicht gern befehlen, einige hält die Angst in Zucht, einige macht sie unsicher, bei den einen stumpft die Regelmäßigkeit ab, bei den anderen verstärkt sie den Schwung. Den Knaben, den ich mir wünsche, soll Lob anspornen, Ruhm erfreuen, eine Niederlage zum Weinen bringen. 7 Ihn wird man bei seinem Ehrgeiz packen können, ihn wird ein Vorwurf treffen, Ehre anspornen, Trägheit werde ich bei ihm nie zu befürchten haben. 8 Doch soll man auch allen Schülern einige Zeit zur Entspannung gönnen, nicht nur, weil es nichts gibt, was dauernde Arbeitslast ertragen könnte, und selbst Gegenstände, die kein Gefühl und Leben haben, damit ihre Leistungsfähigkeit erhalten bleibt, durch regelmäßige Ruhepausen gleichsam entspannt werden, 9 sondern weil der Lerneifer auf dem freien Willen beruht, den man nicht erzwingen kann. Deshalb bringen die Schüler dann zum Lernen sowohl mehr Kraft mit, weil sie sich neu gestärkt haben und frisch sind, wie auch mehr eigene geistige Initiative, die ja gewöhnlich jedem Zwang widerstrebt. 10 Auch würde mich das Spielen bei Knaben nicht stören - denn auch dies ist ein Zeichen von aufgewecktem Geist -, und bei einem Jungen, der trübe und immer mit hängendem Kopf dasitzt, könnte ich nicht erwarten, daß er seinen Geist aufrafft, wenn es ans Studieren geht, falls ihm selbst zum Spiel, das doch in diesem Alter das Natürlichste ist, der Schwung fehlt. 11 Maßzuhalten heißt es allerdings auch mit der Freizeit, damit sie keine Abneigung gegen das Studium weckt, wenn man sie verweigert, oder aber Gewöhnung an Müßiggang, wenn man sie übertreibt. Es gibt indessen sogar einige Spiele, die keineswegs unnütz sind, den Geist der Knaben zu schärfen, wenn sie sich etwa gegenseitig um die Wette kleine Fragen aller Art aufgeben. 12 Auch enthüllen sich beim Spielen in harmloserer Form die einzelnen sittlichen Veranlagungen - nur halte man keine Altersstufe für so schwach, daß sie nicht gleich lernen könnte, welches Verhalten richtig und verkehrt ist; vielmehr ist das Kind gerade dann am bildsamsten, wenn es sich noch nicht zu verstellen weiß und den Vorschriften der Erzieher am leichtesten folgt: denn es läßt sich schneller brechen als wieder einrenken, was sich erst zur Unart verhärtet hat. 13 So soll der Knabe also gleich die Mahnung hören, nichts gierig, nichts unartig, nichts unbeherrscht zu tun, und immer beherzige man das Wort des Vergil: 'Soviel bedeutet im zarten Alter Gewöhnung.' 14 Daß aber die Schüler beim Lernen geprügelt werden, wie sehr es auch üblich ist und auch die Billigung des Chrysipp hat, möchte ich keineswegs, erstens, weil es häßlich und sklavenmäßig ist und jedenfalls ein Unrecht - was sich ja, wenn man ein anderes Alter einsetzt, von selbst versteht; zweitens, weil jemand, der so niedriger Gesinnung ist, daß Vorwürfe ihn nicht bessern, sich auch gegen Schläge verhärten wird wie die allerschlechtesten Sklaven; schließlich, weil diese Züchtigung gar nicht nötig sein wird, wenn eine ständige Aufsicht die Studien überwacht ...

IV 1 Zunächst gehört der Knabe, wenn er geläufig schreiben und lesen gelernt hat, den Grammatikern. Dabei macht es keinen Unterschied, ob ich von griechischen oder lateinischen spreche, obwohl ich dafür bin, mit dem griechischen anzufangen: beide schlagen denselben Weg ein. 2 Das Gebiet nun, das diese vertreten, birgt, obwohl es, kurz gesagt, nur in zwei Teile sich gliedert, Sprachlehre und Dichtererklärung, mehr in sich, als es von außen verspricht. 3 Denn einmal ist die Rechtschreibung mit der Sprachlehre verbunden, sodann setzt die Dichtererklärung fehlerfreies Lesen voraus, und zu alldem gesellt sich die kritische Urteilskraft. Und gerade hierin verfuhren die alten Grammatiker so streng, daß sie es sich nicht nur gestatteten, einzelne Verse mit einer Art Zensorstrich zu brandmarken und Bücher, die falsche Titel zu tragen schienen, wie untergeschobene Kinder aus der Familie auszustoßen, sondern daß sie auch manche Schriftsteller in die Reihe der Musterautoren aufnahmen, andere völlig ausschlossen. 4 Auch ist es nicht genug, die Dichter gelesen zu haben: jede Art von Schriftstellern muß man durcharbeiten, nicht nur wegen ihrer Wissensschätze, sondern auch wegen der Wörter, die häufig ihre Rechtfertigung von den anerkannten Schriftstellern gewinnen. Dann kann auch ohne die Musik die Grammatik nicht vollkommen sein, da sie über Metren und Rhythmen sprechen muß; auch kann sie, wenn sie nichts von Sternkunde weiß, die Dichter nicht verstehen, die, um von anderem zu schweigen, so oft Auf- und Untergang der Sternzeichen verwenden, um ihre Zeitangaben zu machen; auch nicht ohne Kenntnis der Philosophie, schon weil fast in allen Gedichten so viele Stellen vorkommen, die aus engster Vertrautheit mit den Feinheiten naturwissenschaftlicher Probleme stammen, vor allem aber, weil Empedokles bei den Griechen, Varro und Lukrez bei den

Römern ihre philosophischen Lehren in Versen überliefert haben. 5 Auch ist eine keineswegs durchschnittliche Redegabe nötig, um über jedes der Gebiete, die wir bezeichnet haben, treffend und ausreichend zu reden. Um so weniger also kann man es hinnehmen, wenn manche diese Kunst als dürftig und nüchtern hänseln: hat sie nicht getreulich die Grundlagen des künftigen Redners geschaffen, so wird alles, was man darauf aufbaut, zusammenfallen: unentbehrlich für die Jugend, erfreulich für das Alter, ist sie ein lieber Begleiter in stillen Stunden und ist wohl die einzige unter allen Arten von Studien, die mehr leistet als vorstellt. 6 So möge niemand die Grundlagen der Grammatik als Kleinigkeiten verschmähen - nicht weil es eine große Sache wäre, Konsonanten von Vokalen zu unterscheiden und sie wieder in Halbvokale und stumme zu gliedern, sondern weil, wenn man gleichsam in das Innere dieses Tempels eintritt, die ganze Fülle und Feinheit ihrer Gegenstände erst in Erscheinung tritt, die nicht nur den Geist der Jungen zu schärfen, sondern auch den, der schon auf der Höhe der Bildung und des Wissens steht, zu üben vermag ...

VIII 5 Deshalb ist es aufs beste eingerichtet, daß die Lektüre mit Homer und Vergil beginne, wenn auch zum Verständnis ihrer Vorzüge reifere Urteilskraft nötig ist. Doch dafür bleibt noch Zeit genug; denn diese Dichter werden ja nicht nur einmal gelesen. Einstweilen soll der Geist sich durch die Erhabenheit des Heldenliedes erheben, den Hauch der Größe, der sein Geschehen durchweht, in sich aufnehmen und sich vom Edelsten durchdringen lassen. 6 Nützlich ist auch die Tragödie; förderlich auch die Lyrik, falls man in ihr eine Auswahl nicht nur der Dichter, sondern auch innerhalb ihres Werkes vornimmt; denn in der griechischen gibt es viel Lockeres, und auch den Horaz möchte ich an manchen Stellen nicht erklären. Die Elegie indessen, in der ja alles um die Liebe geht, und die Elfsilbler, die ja nur Stücke von Sotadeen sind - denn für die Sotadeen selbst bedarf es nicht erst der Vorschrift -, sollten, wenn möglich, beiseite bleiben, jedenfalls jedoch der reiferen Jugend vorbehalten bleiben. 7 Welche Rolle ich bei dem Knabenunterricht der Komödie zuweise, die ja für die Beredsamkeit soviel bieten kann, da sie alle menschlichen Typen und Gefühlsregungen durchläuft, werde ich bald am geeigneten Ort sagen: sind nämlich erst die Sitten nicht mehr gefährdet, so wird sie zur wichtigsten Lektüre gehören. 8 Ich denke an Menander, möchte aber die anderen damit nicht ausschließen; denn auch die lateinische Komödie kann Nützliches bieten. Doch müssen die Knaben in der gemeinsamen Lektüre lesen, was vor allem den Geist nährt und das Gemüt kräftigt; für alles andere, was nur der Wissensbildung dient, findet sich später noch Zeit genug. Viel bietet aber auch die ältere lateinische Dichtung, wenn auch die meisten Dichter ihre Stärke mehr im natürlichen Talent als in der Kunst der Form haben, vor allem für die Wortwahl, wofür man in den Tragödien den würdigen, in den Komödien den geschmackvollen Ausdruck und so etwas wie $\alpha\tau\tau\iota\chi\iota\sigma\mu\delta\varsigma$ finden kann. 9 Auch ist der Gesamtplan bei ihnen sorgfältiger als bei den meisten Modernen, die den einzigen Vorzug aller ihrer Werke in den Pointen gesehen haben. Feierlichkeit jedenfalls und Männlichkeit - um diesen Ausdruck zu gebrauchen - hat man bei ihnen zu suchen, da wir ja nun auch in unserem Verhältnis zur Sprache allen Unarten des Genußlebens freien Lauf gelassen haben. 10 Schließlich sollten wir den bedeutendsten Rednern Glauben schenken, die die Dichtungen der Alten heranziehen, um für ihre Sache Vertrauen und für ihre Beredsamkeit Schmuck zu gewinnen. 11 Denn vor allem bei Cicero, häufig aber auch bei Asinius und anderen, die ihnen am nächsten stehen, finden wir Verse des Ennius, Pacuvius, Lucilius, Terentius, Caecilius und anderer eingeflochten, die nicht nur ihren hohen Bildungsstand bezeugen, sondern auch den Genuß der Rede steigern, wenn das Ohr durch die Schönheiten des Dichterwortes sich von der spröden Gerichtssprache entspannt. 12 Hinzu kommt ein nicht unerheblicher praktischer Nutzen, da die Gedanken der Dichter wie Zeugenaussagen die Thesen des Redners bekräftigen. Jedoch wird das zuerst Genannte mehr für die Knaben in Frage kommen, das anschließend (über die Zitate) Bemerkte mehr für das reifere Alter, da ja der Liebe zur Grammatik und dem Gewinn der Lektüre nicht die Schulzeit, sondern nur die Lebensdauer ein Ende setzt ...

X 1 Soviel, so kurz es sich machen ließ, über die Grammatik - nicht in dem Bestreben, alles zu behandeln, einem Bemühen, das ohne Ende wäre, sondern das Notwendigste. Nun will ich knappe Bemerkungen über die übrigen Fächer hinzufügen, in denen meines Erachtens die Kna-

ben, ehe sie zum Redelehrer gegeben werden, unterwiesen
werden sollen, damit der Kreis des Wissens sich schließe,
den die Griechen $\epsilon\gamma\chi\nu\chi\lambda\iota\sigma\varsigma\ \pi\alpha\iota\delta\epsilon\iota\alpha$ nennen. 2 Denn in etwa
denselben Lebensjahren muß auch noch mit dem Studium
anderer Fächer begonnen werden. Da diese nun auch eigene
Wissenschaften sind und auch ohne das wissenschaftliche
Studium der Beredsamkeit beherrscht werden können, sie
andererseits auch allein nicht die ausreichende Kraft haben,
jemanden zum Redner zu machen, ergibt sich die Frage, ob
sie für unser Vorhaben notwendig sind. 3 Denn inwiefern,
sagt man, gehört es zur Führung eines Prozesses oder zur
Darlegung einer Stellungnahme im Rat, zu wissen, wie man
auf einer gegeben Linie ein gleichseitiges Dreieck errichten
kann? Oder inwiefern wird jemand einen Angeklagten
besser verteidigen oder seine Ansicht in der politischen Beratung durchsetzen, der die Töne der Kithara nach Namen
und Intervallen unterscheiden kann? 4 Vielleicht könnte
man auch viele Anwälte aufzählen, die sich vor Gericht
äußerst brauchbar zeigten, ohne je eine Lehre der Geometrie gehört zu haben oder von Musik mehr zu verstehen,
als man im allgemeinen mit seinen Ohren davon zu genießen
hat. Diesen Zweiflern antworte ich zunächst, was M. Cicero
in seinem dem Brutus gewidmeten Buch (dem ”Redner”)
immer wieder bezeugt: daß wir nämlich nicht einen Redner unterweisen, wie es ihn gibt oder gegeben hat, sondern
wir im Geist eine Art Bild empfangen haben, das ihn vollkommen und auf keinem Gebiet weniger meisterhaft zeigt.
5 Denn auch wenn sie einen Weisen heranbilden, glauben
die Lehrer, ihren Schüler, der allseitig vollkommen und,
wie sie sagen, eine Art sterblicher Gott werden soll, nicht
nur in der Kenntnis der Erscheinungen am Himmel und
der vergänglichen Menschenwelt unterrichten zu müssen,
sondern führen ihn durch bestimmte, an und für sich betrachtet eigentlich recht geringfügige Stoffe sowie bisweilen
durch ausgeklügelte Zweifelsfragen: nicht, weil die Hörner-
oder Krokodilschlüsse zum Philosophen machen könnten,
sondern weil er selbst nicht in den geringsten Kleinigkeiten
sich täuschen lassen darf. 6 Entsprechend wird den Redner, der ein Weiser sein muß, nicht der Geometrielehrer
oder Musiklehrer und was ich zu diesen Fächern sonst noch
hinzufügen will, zuwege bringen, aber auch diese Künste
werden mithelfen, ihn vollkommen zu machen. Es sei denn,

wir sehen nicht auch, daß die αντιδστα (Gegengifte) und andere Mittel, die Augen oder Wunden zu heilen, sich aus vielen, bisweilen sogar untereinander entgegengesetzten Wirkungen zusammensetzen, aus deren verschiedener Art die eine bekannte Mischung wird, die keinem einzelnen der Mittel ähnlich ist, aus denen sie besteht, sondern ihre eigentümlichen Kräfte aus allen zieht. 7 Bringen doch gar stumme Lebewesen den Honiggeschmack, den die Menschen mit all ihrem Verstand nicht nachahmen können, durch die mannigfache Art der Blüten und Säfte hervor: können wir uns da wundern, wenn die Rede, die die Vorsehung dem Menschen als das Vortrefflichste geschenkt hat, einer Vielzahl von Künsten bedarf, die, auch wenn sie sich nicht beim Reden zur Schau stellen und vordrängen, doch eine verborgene Kraft einflößen und auch schweigend ihre Wirkung verspüren lassen? ...

XI 4 Was hat also hier der Lehrer zu leisten? Vor allem hat er gegebenenfalls Fehler in der Aussprache zu verbessern, daß die Worte deutlich geformt und jeder Buchstabe mit seinem richtigen Klang ausgesprochen werde. Denn einige von ihnen machen uns zu schaffen, weil sie zu schwach oder zu breit herauskommen, manche bilden wir gleichsam nicht scharf genug und vertauschen sie mit anderen Lauten, die ganz ähnlich, aber gleichsam dumpfer klingen ... 8 Der Lehrer wird auch dafür sorgen, daß die Endsilben nicht wegfallen, ferner, daß die Sprache gleichmäßig klingt, daß, wenn ein Ausruf erklingen soll, dies mit Bruststimme, nicht mit Kopfstimme geschieht sowie daß die Gebärde zur Stimme und das Mienenspiel zur Gebärde paßt. 9 Es gilt auch darauf zu achten, daß das Gesicht des Sprechenden natürlich wirkt, die Lippen sich nicht verzerren, keine unmäßige Mundöffnung aufklafft, weder das Gesicht nach oben, noch die Augen zur Erde gerichtet werden und sich der Nacken nicht beliebig nach einer Seite biegt. 10 Denn mit der Stirnpartie werden verschiedene Arten von Fehlern begangen: ich habe viele Redner gesehen, die die Brauen bei jeder Artikulation hochzogen, andere, die sie zusammenzogen, wieder andere, die sie sogar getrennt behandelten, die eine zum Scheitel hoch, die andere fast über das Auge herabgezogen. 11 Wie wir später zeigen werden, liegt auch in diesen Dingen eine kaum recht abschätzbare Wichtigkeit, und nichts kann gefallen, was sich nicht in den Grenzen des Schicklichen hält. 12 Auch muß der Schauspieler lehren, wie man erzählen, wie man der Überredung das Gewicht persönlicher Überzeugung geben soll, wie in der Erregung der Zorn ausbrechen, wie der Ton sich beim Klagen schmiegen soll. Das wird am besten geschehen, wenn der Lehrer aus den Komödien bestimmte, hierfür besonders geeignete Stellen auswählt, Stellen also, die Prozeßreden ähnlich sind. 13 Diese Stellen werden nicht nur für den Vortrag sehr nützlich sein, sondern auch sehr geeignet, die Beredsamkeit zu steigern - 14 und das schon dann, wenn das Jugendalter die höheren rhetorischen Gesichtspunkte noch nicht erfassen kann. Wenn der Schüler aber erst Reden lesen kann, wenn er schon ein Gefühl für ihre Qualität hat, dann wünsche ich mir für ihn einen sorgfältigen, erfahrenen Helfer, der nicht nur das Lesen überwacht, sondern ihn auch zwingt, ausgewählte Stellen auswendig zu lernen und sie stehend klar und deutlich wie beim wirklichen Vortrag zu sprechen, so daß er gleich Vortrag, Stimme und Gedächtnis übt. 15 Ich habe auch durchaus nichts daran auszusetzen, wenn man ein wenig Zeit für die Lehrer in der Ringschule frei gehalten hat. Ich meine freilich nicht Leute, deren Leben sich zur Hälfte in Öl (beim Sport), zur Hälfte in Wein verzehrt, die durch die Sorge um den Leib den Geist erstickt haben - denn solche Leute sollten dem Knaben, den wir heranbilden, so fern wie möglich bleiben. 16 Jedoch heißen so ja auch die Lehrer, die die Gebärden und Bewegungen des Körpers ausbilden, daß man die Arme richtig hält, die Hände nicht plump und bäuerisch bewegt, sich in schöner Haltung hinstellt, wohl weiß, wie man die Füße vorzusetzen hat und wie Kopf und Augen von der Neigung des übrigen Körpers nicht abweichen. 17 Denn niemand könnte bestreiten, daß dies zum Gebiet des Vortrags gehört, der Vortrag selbst läßt sich vom Redner nicht trennen; jedenfalls darf man es sich nicht verdrießen lassen zu lernen, was hierzu gehört, zumal diese *Chironomie* als Gebärdenregelung, wie es das Wort besagt, schon seit der Heroenzeit besteht, den Beifall der bedeutendsten Männer Griechenlands und selbst eines Sokrates gefunden hat, auch von Plato zum Bereich der Tugenden des rechten Bürgers gerechnet und von Chrysipp in seine Anweisungen zur Kindererziehung nicht übergangen worden ist. 18 Haben doch, wie wir hören, die Spartaner sogar eine Form des Tanzes als eine auch zur kriegerischen Ertüchtigung nützliche Betätigung in ihre Übungen einbezogen. Auch den alten Römern galt es nicht als Schande. Beweis hierfür ist der bis zu unserer Zeit erhaltene Tanz, nach dem die betreffende Priesterschaft mit ihrem Kult heißt, sowie auch die Worte des Crassus im dritten Buch von Ciceros "De oratore", wo er die Vorschrift gibt, der Redner solle 'seinen Rumpf kräftig und männlich vorwärts beugen - nicht wie es auf der Bühne und bei den Schauspielern, sondern wie es beim Fechten und auch in der Ringschule sich findet'. Die Übung in dieser Zucht geht, ohne je Anstoß zu erregen, bis in unsere Zeit. 19 Dennoch möchte ich den Knaben dabei nicht über die Kinderjahre hinaus festhalten, und auch in diesen nicht lang. Denn ich will ja nicht, daß die Gebärde des Redners sich zu einer Art Tanz gestaltet, sondern nur, daß aus dieser Kinderübung noch etwas erhalten bleibt, was uns, auch wenn wir es nicht bewußt betreiben, unvermerkt als Spur jener damals erworbenen tänzerischen Anmut begleitet ...

XII 17 Mögen viele ohne diese Bildungsgüter auf dem Forum reden und vorankommen, da ja auch reicher wird, wer mit schmutziger Ware seine Geschäfte macht, und der Ausrufer mehr von seiner Stimme profitiert. Nicht einmal als Leser wünsche ich mir einen Menschen, der nachrechnet, was ihm seine Studien einbringen werden. 18 Wer aber das eigentliche Bild der Beredsamkeit gleichsam in seiner ganzen Göttlichkeit im Geiste erfaßt hat und es, wie ein bekannter Dichter in einer Tragödie es ausgesprochen, 'als Rede, Königin der Welt' vor Augen stellen und nicht in dem Advokatenlohn, sondern in seinem Geist, seiner Einsicht und Weisheit den dauernden und vom Glück unabhängigen Gewinn suchen will, der wird sich leicht überzeugen, daß er seine Zeit, die er mit Schauspielen, Sport, Spielwürfeln und müßigen Unterhaltungen - nicht zu gedenken des Schlafes und der zeitraubenden Gastmähler - vergeudet, eher dem Geometrie- und Musiklehrer widmet und dabei einen weit höheren Genuß haben wird als bei jenen ungebildeten Vergnügungen. Denn die Vorsehung hat es den Menschen zum Geschenk gemacht, daß edles Tun auch größere Freude in sich trägt. 19 Doch das Thema ist so verlockend, daß es mich zu weit geführt hat. Soviel also nur von den Studien, die der Knabe betreiben soll, ehe er die eigentliche

Lehre fassen kann. Das nächste Buch wird gleichsam neu beginnen und zu den Aufgaben des Rhetors übergehen ...

...I 4 Wir nun wollen jedem Beruf seine angemessene Grenze geben: einerseits soll die Grammatik, die man ins Lateinische als 'litteratura' übertragen hat, ihre Grenzen kennen, zumal sie über die Armut, die sich noch in ihrem Namen ('Buchstabierkunst') zeigt, und über den engen Rahmen, innerhalb dessen sich ihre ersten Vertreter noch gehalten haben, so weit hinausgewachsen ist; denn, von ihrer Quelle her nur ein dünnes Rinnsal, fließt sie, durch die Dichter und Historiker, die sie in sich aufgenommen hat, kraftvoll angewachsen, nunmehr in einem hinreichend angefüllten Flußbett dahin, da sie außer der Kunst, richtig zu sprechen, die ja schon hinreichend Stoff enthält, ein Wissen auf fast allen wichtigen Gebieten der Wissenschaft einschließt. 5 Andererseits soll die Rhetorik, der die Kraft der Rede ihren Namen gegeben hat, ihre Aufgaben nicht verkleinern und sich nicht freuen, daß eine Anstrengung, die zu ihr gehört, ihr von anderer Seite abgenommen wird. Ist sie ja doch, während sie der Mühe ausweicht, schon fast aus ihrem Besitzstand vertriebn worden. 6 Ich will keineswegs leugnen, daß unter den Lehrern, die Grammatik als Fach vertreten, einer so weit in der Wissenschaft kommen kann, daß er imstande ist, auch Gegenstände unseres Faches zu übermitteln. Doch wenn er das tut, wirkt er im Gebiet des Rhetors, nicht im eigenen. 7 Wir fragen weiter, wann denn ein Knabe für die Aufnahme dessen, was die Rhetorik verlangt, reif erscheint. Hierbei kann freilich nicht die Frage als Richtlinie gelten, in welchem Lebensjahr er steht, sondern nur die: was er in seinen Studien schon erreicht hat. Und ohne daß man auf eine längere Erörterung darüber, wann der Knabe in die Hand des Rhetors kommen soll, einzugehen braucht, läßt sich der Zeitpunkt, glaube ich, am besten so bestimmen: 'sobald er es vermag!' Aber gerade dies hängt von der vorhergehenden Frage ab. 8 Denn wenn die Aufgabe der Grammatik bis zu den Suasorien erweitert wird, ist der Rhetor erst später nötig. Wenn aber der Rhetor sich den ersten Aufgaben seines Berufes nicht versagt, wird seine Betreuung schon gleich von den Erzählübungen und kleinen Übungsaufgaben im Loben und Tadeln an verlangt. 9 Wissen wir etwa nicht, daß bei den Alten dies die Art der Übung war zur Steigerung der Beredsamkeit: über allgemeine Themen, Gemeinplätze und all das zu reden, was außerhalb des bestimmten Sach- und Personenzusammenhangs liegt, worauf ja die wirklichen und auch die erfundenen Kontroversien beruhen? Hiernach liegt es doch auf der Hand, welche Schande es für eine Anleitung zur Rhetorik ist, den Teil preiszugeben, der ihr erster und lange Zeit ihr einziger war. 10 Welche Übung aber unter den oben genannten betrifft nicht andere Bereiche, die der Rhetorik angehören, zumal aber doch gewiß die Gattung der Gerichtsreden? Oder gibt es vor Gericht nichts zu erzählen? Hierauf kommt es doch wohl sogar vor allem an. 11 Wird nicht häufig Lob und Tadel in solche Kämpfe vor Gericht eingeflochten? Gehören nicht Gemeinplätze, solche, die sich gegen Laster richten, wie wir sie bei Cicero lesen, oder solche, in denen Fragen allgemein behandelt werden, wie sie auch Quintus Hortensius veröffentlicht hat, etwa 'ob schwache Argumente Glauben verdienen' oder 'für die Zeugen' sowie 'gegen die Zeugen' mitten ins eigentliche Mark der Prozesse? 12 Waffen sind dies in gewisser Weise, die immer bereit sein müssen, damit man sie, wenn es die Sachlage erfordert, gebrauchen kann. Wenn jemand nicht glaubt, daß dies zur Rede gehört, dann wird er es wohl auch nicht einmal dann glauben, daß mit dem Guß eines Standbildes begonnen wird, wenn seine Glieder schon gegossen werden. Auch möge niemand die von mir empfohlene Hast - wofür es manche halten werden - absichtlich so mißdeuten, als glaubte ich, wer in die Hand des Rhetors komme, solle damit gleich den Lehrern der Grammatik entzogen werden. 13 Auch diese werden dann noch ihre Stunden zum Unterrichten erhalten, und es wird nicht zu befürchten sein, daß der Knabe durch zwei Lehrmeister überlastet würde. Denn nicht wachsen wird die Arbeit, die unter einem Lehrer durcheinanderging, sondern geteilt werden, und jeder Lehrer wird so in seinem Fach mehr nützen können. So halten es noch heutzutage die Griechen. Von den lateinischen Rhetoren ist es aufgegeben worden, und eine Entschuldigung hierfür liegt offenbar darin, daß es andere Lehrer gibt, die in dieser Arbeit an ihre Stelle getreten sind ...

IV 2 Da es nun - abgesehen von der Verwendung vor Gericht - nach der gewöhnlichen Einteilung drei Arten von Erzählung gibt: den *Mythos,* der in Tragödien und

Gedichten erscheint - nicht nur im Inhalt, sondern auch in der Form der historischen Wirklichkeit fern -, die *Handlung* , die die Komödien bieten - zwar erfunden, aber wirklichkeitsnah -, die *Geschichtserzählung*, in der geschichtliche Ereignisse dargestellt werden, wir aber die poetischen Erzählungen dem Grammatikunterricht gegeben haben, so mache im rhetorischen Unterricht den Anfang die Geschichtserzählung, die um so kräftiger wirkt, je wahrheitsgetreuer sie ist. 3 Doch was uns als die beste Methode bei der Erzählung erscheint, werden wir dann darlegen, wenn wir über die Erzählung vor Gericht sprechen. Einstweilen mag die Mahnung genügen, sie solle zwar nicht völlig trocken und nüchtern sein - denn warum sollte man so viel Studienarbeit aufwenden, wenn es genügend schiene, die Ereignisse nackt und schmucklos anzuzeigen -, andererseits aber auch nicht in vielen Windungen wuchern mit gesuchten Beschreibungen, zu denen sich viele durch die Nachahmung dichterischer Freiheit verführen lassen. 4 Beides ist fehlerhaft, schlimmer aber doch der Fehler, der aus der Armut als der, der aus dem Reichtum entspringt; denn bei Knaben kann man eine vollkommene Rede weder fordern noch erwarten. Besser aber ist eine reiche Natur, ein großzügiger Ansatz und ein geistiger Schwung, der zuweilen auch mehr als das ausreichende Maß zu bieten hat. 5 In dieser Altersstufe soll es mich an dem Schüler nie stören, wenn Überflüssiges erscheint. Ja, ich möchte, daß auch die Lehrer es sich angelegen sein lassen, den noch zarten Geist nach Ammenart schön prall zu nähren und ihn sich gleichsam an der süßen Muttermilch unseres Faches satt trinken zu lassen. So kommt bisweilen ein etwas fülliger Körper zustande, den dann das Wachstum straffen mag. 6 Hier liegt die Aussicht auf kräftigen Wuchs; denn Magerkeit und Schwächlichkeit für die Zukunft pflegen zu drohen, wenn schon an dem kleinen Kind gleich alle Glieder voll ausgeprägt sind. Dieses Alter soll ruhig etwas über seine Kraft wagen, sich etwas ausdenken und seine Freude daran haben, auch wenn es manchmal nicht trocken und streng genug ist. 7 Denn leicht ist das üppige Wachstum zu beschneiden, Unfruchtbarkeit aber läßt sich durch keine Mühe überwinden. Bei Knaben würde mir eine Naturanlage nur wenig Hoffnung erwecken, in der das Urteilen dem Gestaltungstalent vorauseilt. Der Rohstoff soll zunächst noch reichlicher vorhanden sein und sich weiter als nötig ergieße. Vieles werden davon die Jahre verarbeiten, vieles der Verstand abfeilen, manches sich gleichsam durch den Gebrauch selbst abscheuern, nur muß etwas da sein, aus dem sich etwas herausschlagen und herausmeißeln läßt; das wird aber der Fall sein, wenn wir von Anfang an die Metallplatte nicht so dünn genommen haben, daß der Ziseleur durch sie hindurchbricht, wenn er etwas tiefer geht. 8 Was ich über diese Knabenjahre denke, wird den weniger verwundern, der bei Cicero gelesen hat: 'Ich möchte nämlich, daß in dem Jüngling die Fruchtbarkeit überschäume.' Deshalb muß man es vor allem - und zumal im Knabenalter - vermeiden, daß der Lehrer trocken ist - nicht weniger, als man bei noch zarten Pflanzen dürren, völlig saftlosen Boden meidet. 9 Dann kommt es, daß der Zögling gleich eine verkümmerte Gesinnung erhält, die gleichsam nur die Erde sieht, und daß er sich in der Rede nie über den Alltagston zu erheben wagt. Magerkeit gilt solchen Zöglingen als Gesundheit, und ihre Schwäche nimmt die Stelle des Urteils ein, und indem sie es für ausreichend halten, keine Fehler zu haben, liegt der Fehler, in den sie verfallen, gerade darin, keine Vorzüge zu haben. Deshalb soll sich nur die Reife auch nicht übereilen und der Most nicht in der Bütte gleich herb und streng sein: so wird er zu Jahren kommen und im Alter Reife gewinnen ...

VIII 1 Man pflegt eine Tugend des Lehrers darin zu sehen - und das ganz mit Recht -, daß er bei den Schülern, deren Erziehung er übernommen hat, sorgfältig auf die Begabungsunterschiede achte, um zu wissen, wohin jeden seine Wesensart vor allem führt. Denn auch dabei gibt es eine schier unglaubliche Vielfalt, und die geistigen Typen sind kaum weniger zahlreich als die körperlichen. 2 Schon an den Rednern selbst läßt sich dies feststellen, die in ihrer Art zu reden so verschieden sind, daß keiner dem anderen gleicht, obwohl die meisten sich nach den anerkannten Vorbildern richten. 3 So hielten es die meisten für nützlich, jeden so zu unterrichten, daß der Unterricht das Gute, das ihm von Natur eigen war, förderte und die Begabung vor allem in der Richtung, die ihr besonders lag, entwickelte: wie wenn ein erfahrener Sportlehrer, wenn er in ein Gymnasium komme, das mit Knaben voll besetzt sei, nach allseitiger Prüfung ihres Körpers und Geistes entscheide, wer für jede Kampfart trainiert werden solle, 4 so werde auch der Redner, wenn er mit Kennerblick gesehen habe, wessen Begabung mehr die knappe und gefeilte Art zu reden, wem dagegen mehr die energische, würdevolle, liebliche, rauhe, strahlende und elegante Art liege, sich auf die einzelnen einstellen, 5 daß er ihn darin, worin er am meisten leistet, voranbringt, weil einmal die natürliche Anlage, wenn sie gepflegt werde, noch mehr zur Geltung komme, andererseits jemand, der gegen seine Natur gelenkt werde, nicht nur in dem, wofür er weniger geeignet ist, nichts Befriedigendes zustande bringe, sondern auch durch den Verrat an seiner natürlichen Bestimmung die guten Anlagen verkümmere. 6 Dies scheint mir - um freimütig auch dann die eigene Meinung zu sagen, wenn die wissenschaftliche Einsicht sich gegen allgemein anerkannte Überzeugungen richtet - zum Teil richtig; denn die Eigentümlichkeiten der Begabungen zu unterscheiden, ist unbedingt nötig. 7 Auch könnte niemand es widerraten, bei den einzelnen Begabungen eine bestimmte Auswahl der Studien zu treffen; denn einer ist mehr für Geschichtsschreibung geeignet, ein anderer für Dichtung begabt, ein dritter brauchbar für das Rechtsstudium so wie mancher vielleicht in die Landwirtschaft gehört. Das wird der Redelehrer so entscheiden, wie der Sportlehrer einen zum Wettlauf bestimmt oder zum Faustkampf, zum Ringkampf oder einer anderen Kampfart, die zu den heiligen Wettkämpfen (in Olympia) gehört. 8 Jedoch wer für das Forum bestimmt ist, darf nicht nur auf einem Teilgebiet, sondern muß in allem, was zu seiner Aufgabe gehört, auch wenn ihm etwas beim Lernen schwerfallen sollte, gründlich gearbeitet haben; denn der Unterricht wäre ja überhaupt überflüssig, wenn die Naturbegabung genügte. 9 Oder werden wir einen Menschen mit einem formlosen schwülstigen Redefluß, wie er heute so oft sich findet, wenn er uns unter die Finger kommt, so lassen, wie er ist? Werden wir nicht einen dürren, nüchternen Stil auffüttern und sozusagen seine Blöße decken; denn wenn es nötig ist, manches zu entfernen, warum sollte es nicht erlaubt sein, auch etwas hinzuzutun? 10 Auch kämpfe ich ja nicht gegen die Natur; denn ich meine ja nicht, man solle an dem angeborenen Talent Verrat üben, sondern da steigern und hinzutun, wo es fehlt. 11 Hat etwa nicht der berühmteste aller Lehrer, Isokrates, von dem nicht besser seine Werke es bezeugen, wie gut er gesprochen, als seine Schüler, wie gut er gelehrt habe, als er über Ephoros und Theopomp urteilte, dem einen täte der Zügel not, dem anderen der Sporn, damit seiner Anschauung Ausdruck gegeben, das Lehren müsse in dem Langsameren die Trägheit, in dem sich geradezu Überstürzenden aber die Hast mildern, indem er glaubte, zwischen der Wesensart der beiden eine Vermischung erzielen zu müssen? 12 Schwachen Begabungen freilich wird man indessen entgegenkommen müssen, damit sie nur in die Richtung, wohin ihre Natur sie weist, geleitet werden; denn so werden sie das, was sie lediglich können, besser zustande bringen. Wenn man aber auf edleren Rohstoff gestoßen ist und seine Formung zum Redner mit berechtigter Erfolgsaussicht angepackt hat, dann darf keine Aufgabe, die der Redner zu meistern hat, übergangen werden. 13 Denn mag auch eine natürliche Begabung für ein Gebiet stärker sein, wie es notwendigerweise der Fall ist, so wird der Begabte doch den übrigen Aufgaben sich nicht widersetzen und sie durch Arbeit dem gleichmachen, worin seine Stärke lag, sowie - um noch bei demselben Beispiel zu bleiben - der in der Körperertüchtigung Erfahrene, wenn er einen Mehrkämpfer (Pankratiasten) zur Ausbildung erhalten hat, ihm nicht nur den Faustschlag oder Fersenschlag oder die Ringergriffe und unter diesen wieder nur bestimmte beibringen wird, sondern alles, was zu diesem Wettkampf gehört. Auch da wird es manchen geben, der das eine oder andere nicht kann: der wird sich vor allem bei dem ins Zeug legen, was er kann. Denn zwei Gefahren sind durchaus zu vermeiden: 14 erstens darf man nicht versuchen, was man nicht erreichen kann. Sodann darf man niemanden von dem, was er aufs beste beherrscht, zu etwas anderem versetzen, für das er weniger geeignet ist. Handelt es sich dagegen bei dem künftigen Schüler um einen Nikostratus von der Art, wie wir als junge Leute ihn im hohen Alter noch gesehen haben, so wird er alle Teile der Lehre in gleicher Weise anpacken und wird aus ihm einen Mann von der Art machen, wie er selber war: im Ringen und Kämpfen, worin er an denselben Tagen die beiden Siegerkränze erwarb, unbesiegbar! 15 Und wieviel mehr wird der Lehrer eines künftigen Redners dafür vorsorgen müssen, denn es genügt nicht, nur knapp oder genau oder rauh zu reden - so wenig wie für einen Stimmbildner nur in der hohen, mittleren oder tiefen Stimmlage oder gar Teilen von diesen sich auszuzeichnen. Denn wie die Kithara ist keine Rede vollkommen, wenn sie nicht vom tiefsten bis zum höchsten Ton auf allen Saiten zusammenstimmt ...

XVI 11 Jedoch könnte vielleicht die Frage nach dem Nutzen bei denen etwas bedeuten, die den Inbegriff der Rhetorik in der Kunst der Überredung gesehen haben. Wenn er aber die Wissenschaft, gut zu reden, ist, was wir als ihr Ziel betrachten, so daß der Redner vor allem ein guter Mensch ist, so wird man gewiß auch zugeben müssen, sie sei nützlich. 12 Und - wahrhaftig - der Gott, der zuerst als Schöpfer aller Dinge und Erbauer des Alls am Werke war, hat durch nichts den Menschen stärker von den anderen Lebewesen, sofern sie auch Sterbliche sind, geschieden als durch die Gabe der Rede. 13 Denn wir sehen bei jenen stummen Wesen zwar Körper, die uns an Größe, Kraft, Festigkeit, Ausdauer und Schnelligkeit überlegen sind und weniger der Hilfe von außen bedürfen: verstehen sie doch ohne Lehrer von Natur aus schneller zu laufen, zu weiden und die Ströme zu überqueren - 14 die meisten erhalten gegen die Kälte die Kleidung aus dem eigenen Leibe, auch bestimmte Waffen sind ihnen angeboren, und der Lebensunterhalt stellt sich fast von selbst ein, alles Dinge, worum die Menschen sich hart mühen. Die Vernunft also hat der Schöpfer uns vorzüglich verliehen und gewollt, daß sie uns verbinde mit den unsterblichen Göttern. 15 Doch würde uns die Vernunft allein weder eine solche Hilfe, noch täte sie sich uns so deutlich kund, könnten wir nicht, was wir im Geiste erfaßt haben, auch im Reden von uns geben, woran es, wie wir sehen, den übrigen Lebewesen mehr fehlt als an einer Art von Verstandes- und Denkbegabung. 16 Denn sich ein weiches Lager zu bereiten, Nester zu flechten, Junge aufzuziehen und auszustoßen, ja selbst Nahrung für den Winter zu sammeln und manche Arbeit, mit der wir nicht wetteifern können, etwa die Herstellung von Honig, Waben und Wachs, zeugt vielleicht von einigem Verstand, aber weil die Wesen, die das tun, der Sprache ermangeln, heißen sie stumm und unvernünftig. 17 Wie wenig hilft schließlich den Menschen, denen die Stimme versagt ist, jene Himmelskraft des Geistes? Was wollen wir deshalb, wenn wir von den Göttern nichts Besseres als die Rede erhalten haben, so sehr der Pflege und der Mühe wert erachten, oder worin sollten wir uns lieber vor den Mitmenschen hervortun als darin, worin die Menschen selbst es den übrigen Wesen zuvortun, und das um so eher, weil in keiner Kunst die Mühe reichlicher sich lohnt? 18 Das wird erst ganz deutlich, wenn wir bedenken, aus welchen Anfängen die Redegabe stammt und wie weit sie es schon gebracht hat. Und noch kann sie gesteigert werden. 19 Denn, um nicht zu erwähnen, wie nützlich und passend es für einen rechtschaffenen Mann ist, seine Freunde zu verteidigen, Senat und Volk durch seinen Rat zu lenken, ein Heer dahin zu führen, wohin man es haben möchte: ist nicht schon dies schön, mit den allen gemeinsamen Gedanken und mit Worten, die alle gebrauchen, es zu solchem Ruhm und Glanz zu bringen, daß man nicht zu sprechen oder zu reden, sondern wie es Perikles gelang, zu blitzen und zu donnern scheint? ...

XX 8 Jedoch will ich dieselbe Einsicht noch vollständiger und deutlicher aus den Leistungen der Rhetorik selbst gewinnen. Denn was wird der Redner bei einer Lobrede machen, ohne sich auszukennen in dem, was ehrenhaft und schimpflich ist? Oder bei einer Beratungsrede ohne den klaren Blick für das Nützliche? Oder vor Gericht, wenn er von Gerechtigkeit nichts weiß? Ja, verlangt nicht seine Lage auch Tapferkeit, wenn er oft gegen die wilden Drohungen der Menge, oft mit der Gefahr, bei den Mächtigen Anstoß zu erregen, manchmal, wie im Prozeß des Milo, mitten unter den Waffen der Soldaten, die ihn umringen, sprechen muß, so daß, wenn keine Tugend vorhanden wäre, es eine vollkommene Rede gar nicht geben könnte. 9 Wenn aber bei jedem Lebewesen das die Tugend ist, wodurch es den übrigen oder den meisten andern überlegen ist, wie beim Löwen das Ungestüm, beim Pferd die Schnelligkeit, so ist es beim Menschen ganz gewiß, daß er durch seine Vernunft und Redegabe vor den andern sich auszeichnet. Warum sollten wir nicht glauben, daß seine Tugend nicht ebenso in der Beredsamkeit wie in seiner Vernunft bestehe und Crassus recht hat, wenn er bei Cicero sagt, 'die Beredsamkeit hat ihren festen Platz unter den höchsten Tugenden', und Cicero selbst in eigener Person sie sowohl in den Briefen an Brutus wie auch an anderen Stellen eine Tugend nennt? ...

Der Lehrer

Aurelius Augustinus

AUGUSTIN Was wollen wir deiner Meinung nach, wenn wir sprechen?

ADEODAT Ich denke, wir wollen entweder belehren oder lernen.

AUGUSTIN Das erste scheint mir klar, und ich stimme zu, denn es liegt auf der Hand, daß wir die Sprache brauchen, wenn wir belehren wollen; aber wieso brauchen wir sie zum Lernen?

ADEODAT Wie willst du sonst Aufschluß geben, wenn man dich nicht fragt?

AUGUSTIN Auch in diesem Falle glaube ich, daß wir nichts andres tun wollen als belehren. Denn sag selbst, ob du eine Frage aus einem andern Grund stellst, als um den von dir Befragten zu belehren, was du wissen willst?

ADEODAT Das ist schon richtig.

AUGUSTIN Nun also, daraus siehst du, daß wir mit dem Sprechen einzig und allein belehren wollen.

ADEODAT So ohne weiteres sehe ich das nicht; denn wenn Sprechen nur darin besteht, Worte zu äußern, meine ich, daß wir dasselbe auch tun, wenn wir singen. Und wie oft singen wir allein für uns, und keiner ist dabei, um zu lernen: da glaube ich nicht, daß wir belehren wollen.

AUGUSTIN Ich aber glaube, daß es eine gewisse Art des Lehrens durch ein Insgedächtnisrufen gibt, und das ist sogar eine ausgezeichnete Methode, wie sich bei unsrer Unterhaltung zeigen wird. Wenn du dich aber auf den Standpunkt stellst, wir lernten nichts durch Erinnerung und man könne auch nicht auf diese Weise belehren, will ich dir nicht widersprechen. Jedenfalls stelle ich aber zwei Gründe für die Sprache fest: Wir sprechen, entweder um zu belehren oder um uns oder anderen etwas ins Gedächtnis zurückzurufen. Und das letztere tun wir auch, wenn wir singen. Oder bist du andrer Ansicht?

ADEODAT Eigentlich ja, denn es kommt zumindest selten vor, daß ich der Erinnerung zuliebe singe; meist singt man doch nur zum Vergnügen.

AUGUSTIN Ich verstehe, was du meinst. Aber du mußt doch zugeben, was dich am Gesang ergötzt, ist eine bestimmte Melodie von Tönen, während man es beim

Sprechen mit mehr oder weniger Worten zu tun hat. Sprechen also ist etwas andres als Singen. Außerdem gibt es ja auch einen Gesang der Flöte und Kithara, und so wie die Vögel singen, so musizieren auch wir zuweilen, ohne daß wir Worte dabei brauchen, und das kann man sicher Gesang nennen, aber nicht Sprache. Oder hast du dagegen etwas einzuwenden?

ADEODAT Nein, keineswegs.

2

AUGUSTIN Du gibst also zu, daß die Sprache zu nichts anderm da ist als zur Belehrung oder zum Insgedächtnisrufen? ...

31

AUGUSTIN Es steht also fest, daß nichts ohne Zeichen gelehrt wird und daß uns die Erkenntnis selbst wertvoller sein muß als die Zeichen, durch die wir sie erlangen, obwohl nicht jedes bezeichnete Objekt unbedingt besser sein muß als sein Zeichen.

ADEODAT Ja, so scheint es mir.

AUGUSTIN Nun überlege dir nur, welch großen Umweges es bedurft hatte, um zu diesem geringen Ergebnis zu gelangen! Seitdem wir dieses lange Gespräch miteinander führen, bemühen wir uns lediglich um die Lösung der drei Fragen: Läßt sich nichts ohne Zeichen lehren? Gibt es Zeichen, die den bezeichneten Objekten vorzuziehen sind? Und ist die Kenntnis der Dinge an sich besser als ihre Zeichen? Nun gibt es aber noch eine vierte Frage, über die ich eine kurze Antwort von dir hören möchte: Hältst du unsere bisherigen Lösungen für so schlüssig, daß du über diese Dinge nicht mehr zweifeln kannst?

ADEODAT Ach, nichts wäre mir lieber, als nach all den Umwegen und Abschweifungen endlich zur Gewißheit gekommen zu sein! Aber diese Frage nun, die du mir stellst, erschüttert mich, ich weiß nicht wie, ja sie schreckt mich geradezu von einer Zustimmung ab. Denn ich merke sehr wohl, daß du mir die Frage nicht gestellt hättest, wenn du nicht selbst Bedenken hegtest. Und die Kompliziertheit der Dinge selbst gestattet mir nicht, den Blick auf das Ganze zu richten, um in Sicherheit zu antworten, zumal ich fürchte, daß sich in der großen Dunkelheit ein Punkt verbirgt, wohin die Eindringung meines Verstandes nicht gelangen kann.

AUGUSTIN Dein Zögern ist mir nur recht, denn es ist der Beweis für deine Besonnenheit, die die beste Wächterin der geistigen Ruhe ist. Die Hauptschwierigkeit ist ja immer wieder die, sich nicht verwirren zu lassen, wenn die Meinungen, deren man sich mit solcher Leidenschaft versichert hat, unter dem Eindruck von derartigen Zwiegesprächen ins Wanken geraten und sich gewissermaßen unseren Händen entwinden. So richtig es ist, sich gut überlegten und erprobten Argumenten zu fügen, so gefährlich ist es anderseits, Unbekanntes für bekannt hinzunehmen. Wenn man immer wieder sieht, wie eine Anschauung, die man für felsenfest und dauerhaft gehalten hat, untergraben werden kann, muß man ja fürchten, einen so großen Widerwillen oder eine solche Verstandesangst zu bekommen, daß man sich überhaupt nicht mehr getraut, sich auch nur auf die allerdurchsichtigste Wahrheit zu verlassen.

32

Aber wir wollen doch, ohne Umschweife, zusehen, ob dein Zögern wirklich berechtigt ist. Darum stelle ich jetzt folgende Frage: Wenn jemand, der gar keine Erfahrung in der Vogeljagd hat, die sich der Leimruten und des Vogelleims bedient, einem Vogeljäger begegnet, der sein Jagdgerät trägt, ohne bereits auf der Jagd zu sein, sondern erst auf dem Wege; wenn er ihn also bloß sieht und sich ihm zugesellt und sich, was ja begreiflich ist, verwundert fragt, was diese Ausrüstung zu bedeuten habe; wenn nun der Vogelsteller sich beobachtet sieht, sein Handwerk zeigen will, seine Ruten bereit macht, sich mit Stab und Falken ganz nah an das Vöglein heranschleicht, es umstellt und unbeweglich macht: ob der nicht ohne jedes Zeichen, aber dafür mit seinem Tun seinen Zuschauer über das belehrt, was jener wissen wollte?

ADEODAT Ich fürchte, daß es hier genauso zugeht wie bei dem, von dem ich gesagt habe, er habe gefragt, was "Gehen" sei. Denn ich glaube nicht, daß damit die Kunst des Vogelstellers in ihrer Gesamtheit dargestellt ist.

AUGUSTIN Nun diese Sorge ist leicht zu zerstreuen. Denn ich erkläre, unser Zuschauer muß genügend Verstand besitzen, um aus dem, was er sieht, die ganze Kenntnis dieser Kunst zu folgern. Dann genügt es für unsern Fall, daß man gewisse, wenn auch nicht alle Dinge zumindest gewissen Menschen auch ohne Zeichen beibringen kann.

ADEODAT Dann kann ich von mir aus nur hinzufügen: Wenn ein Mensch wirklich verständig ist, wird er auch, wenn man ihm nur mit ein paar Schritten das Gehen zeigen wird, sicher ohne weiteres erfassen, was Gehen ist.

AUGUSTIN Hierzu gebe ich dir mein Einverständnis, und zwar nicht bloß ohne Bedenken, sondern freudig, denn nun hast du erkannt, wie jeder von uns festgestellt hat, daß manche Menschen auch ohne Verwendung von Zeichen unterwiesen werden können, so daß, was uns eben noch als wahr erschien, falsch ist, nämlich daß es unmöglich sei, etwas ohne Zeichen zu lehren. Auf Grund dieser Beobachtungen nun sind wir in der Lage zu behaupten, daß es nicht nur die eine oder die andre Sache, sondern daß es tausend Dinge gibt, die sich dem Geist als möglich darbieten, um ohne Zeichen dargestellt zu werden. Ich bitte dich, warum zweifeln wir dann immer noch daran? Wir wollen gar nicht von den unzählbaren Schaustellungen in all den Theatern sprechen, wo sich die Menschen ohne Zeichen, nur mit den Dingen selbst hervortun, sondern sieh dir doch bloß die Sonne mit ihrem überschwemmenden und alles zur Erscheinung bringenden Licht an, sieh dir den Mond und die übrigen Sterne, die Erde und das Meer und die unzähligen Lebewesen, die darin geboren werden, an: zeigen und offenbaren sich nicht Gott und die Natur durch sie den Blicken?

33

Wenn du die Sache aber noch sorgfältiger betrachtest, wirst du vielleicht daraufkommen, daß überhaupt nichts durch sein Zeichen gelehrt wird. Denn wenn mir ein Zeichen gegeben wird, und ich nicht weiß, welchem Ding dieses Zeichen gilt, kann es mich auch nichts lehren. Wenn ich das betreffende Ding aber kenne, was lerne ich dann schon durch das Zeichen? Wenn ich zum Beispiel bei Daniel (III,94) lese: "Ihre Saraballen wurden nicht beschädigt", erfahre ich durch das Wort nicht, worum es sich handelt. Sollte man damit gewisse Kopfbedeckungen meinen, sagt mir dieses Wort weder etwas über den Kopf noch über seine Bedeckung. Das habe ich beides schon vorher gewußt und habe davon Kenntnis gehabt nicht erst, als ich von anderen es nennen hörte, sondern durch meine eigene Anschauung. Es ist doch sicher so: Als ich zum erstenmal die Silbe "Kopf" hörte, drang dieses Wort an mein Ohr, ohne daß ich

seine Bedeutung erfaßte, genausowenig, wie wenn ich zum
erstenmal das Wort *saraballa* gelesen oder gehört hätte.
Als ich aber oftmals "Kopf" sagen hörte und achtgab, in
welchem Zusammenhang dieses Wort gesprochen wurde,
erfaßte ich mit der Zeit, daß es sich um die Benennung
eines Gegenstandes handelte, der mir vom Sehen her bereits
genau bekannt war. Bevor ich freilich diese Erfahrung
gemacht hatte, war dieses Wort für mich nur ein Klang,
seine Rolle als Zeichen kam mir erst zum Bewußtsein, als
ich fand, welche Sache es bezeichnete. Und, wie gesagt,
diese Sache war mir zum Bewußtsein gekommen nicht durch
Zeichen, sondern durch ihre Selbstdarstellung. Kurz, es
ist das Zeichen, das ich mit Hilfe der mir bekannten Sache
erlerne, und nicht umgekehrt die Sache durch ihr Zeichen.

34

Damit du mich noch besser verstehst, stelle dir vor, wir
hörten jetzt zum erstenmal das Wort: "Kopf". Ohne
zu wissen, ob dieses Wort nur ein leerer Klang sei oder
eine Bedeutung besitze, suchen wir zu ergründen, was
"Kopf" ist. (Du erinnerst dich ja, daß es uns nicht um
die Kenntnis der bezeichneten Sache zu tun war, sondern
um die des Zeichens, also um eine Kenntnis, die uns so
lange fehlen muß, bis wir wissen, wovon es das Zeichen
ist.) Erst wenn man uns also, während wir suchen, mit
dem Finger das zu ergründende Objekt zeigt, erlernen
wir durch seinen Anblick den Sinn des Zeichens, das
wir bis dahin bloß gehört, aber noch nicht verstanden
haben. Nun besteht dieses Zeichen aus zweierlei, dem Ton
und seiner Bedeutung. Der Ton hinwiederum ist nicht
vernehmbar auf Grund des Zeichens selbst, sondern durch
die Tatsache, daß die Stimme die Luft in Schwingung
versetzt. Die Bedeutung jedoch wird erst mit Hilfe der
bezeichneten Sache erkannt. Denn der hinweisende Finger
kann nur das Objekt bezeichnen, auf das er gerichtet ist,
das heißt, er weist nicht auf das Zeichen hin, sondern auf
jenen "Kopf" genannten Körperteil. So macht mich diese
Fingerbewegung nicht mit einer Sache bekannt, die ich
ohnedies schon kenne, aber noch viel weniger mit einem
Zeichen, auf das man mit dem Finger ja gar nicht hinweisen
kann.
Im übrigen ist dieser Zeigefinger gar nicht so wichtig, denn,
wie mir scheint, dient er eher dazu, nur ein Merkmal zu

sein, als ein bestimmtes Ding zu bezeichnen; darin gleicht er dem Adverb "siehe". Nicht umsonst pflegt man, wenn man sich dieses Adverbs bedient, den Finger auszustrecken und unterstützt damit den Hinweis und bekräftigt ihn. Mit all dem versuche ich, so gut ich kann, dich zu überzeugen, daß wir mit Hilfe der Zeichen, die wir Wörter nennen, nichts erlernen, denn, wie schon gesagt, wir lernen eine bestimmte Sache niemals durch ihre wörtliche Bezeichnung kennen, sondern erfassen den Wert eines Wortes, das heißt die im Ton der Stimme verborgene Bedeutung erst dann, wenn die dadurch bezeichnete Sache bereits bekannt ist.

35

Was ich da vom Kopf gesagt habe, gilt ebenso für das, was dazu dient, ihn zu bedecken, ja es gilt für tausend andere Dinge, die ich gut zu kennen vermag, ohne etwas von den Saraballen zu wissen, über die wir hier sprechen. Und wenn mir sie einer durch Gesten erklären würde, sie aufzeichnete oder mir ähnliche Dinge zeigte, möchte ich nicht sagen, er habe mich nichts gelehrt, was sich leicht feststellen ließe, wenn ich etwas ausführlicher darüber sprechen wollte, sondern ich sage bloß, das Nächstliegende hat er mich nicht mit Worten gelehrt. Gesetzt den Fall, es kommt einer zu mir und sagt: "Da schau, das sind Saraballen", und ich habe sie tatsächlich vor Augen: in einem solchen Falle würde ich eine Sache erkennen, die ich vorher nicht gekannt habe; aber diese Erkenntnis verdankte ich nicht seinen Worten, sondern meinen Augen, die die Sache sahen, wodurch es sich erst ergab, daß ich jenes Nennwort selbst in seiner Bedeutung erfaßte und nun behalten kann. Auf diese Weise habe ich das betreffende Ding erlernt, aber als Wichtigstes war hierbei, daß ich meinen eigenen Augen Glauben schenkte, nicht den Worten eines andern, die höchstens vielleicht dazu dienten, meine Aufmerksamkeit zu erwecken, das heißt mich anzuleiten, mit rechtem Blick die Dinge zu sehen.

36

Der Wert des Wortes, wenn wir das Beste annehmen wollen, besteht höchstens darin, daß es uns einlädt, eine Sache zu suchen, aber Worte an sich bieten uns niemals ein Ding so dar, daß wir es erkennen. Der belehrt mich vielmehr, der den Augen oder einem andern Körpersinn oder gar meinem

Verstand das, was ich erkennen möchte, vorstellt. Durch Worte also lernen wir immer nur wieder Worte, ja weniger als das: wir lernen bloß einen Klang, ein Stimmgeräusch. Denn da die Dinge, die keine Zeichen sind, nicht Wörter sein können, weiß ich, wenn ich ein Wort vernommen habe, trotzdem nicht, ob es überhaupt ein Wort ist, solange ich seine Bedeutung nicht kenne.

Erst aus der Kenntnis der Dinge ergibt sich also die Kenntnis der Worte; durch bloßes Hören erfaßt man die Worte noch nicht. Denn Worte, die wir kennen, brauchen wir nicht zu erlernen; wenn sie uns aber nicht bekannt sind, können wir nur dann gestehen, sie erlernt zu haben, wenn wir erst einmal ihre Bedeutung erfaßt haben, und die ergibt sich nicht aus dem Gehörseindruck, der von einer Sprechstimme ausgeht, sondern aus der Kenntnis der durch die Worte bezeichneten Dinge.

Es gibt also ganz entschieden die unfehlbare Erkenntnis, deren volle Wahrheit so lautet: Wenn Worte verlautet werden, wissen wir entweder, was sie bedeuten, oder wir wissen es nicht. Sofern wir es wissen, beruht das eher auf Erinnerung als auf empfangener Belehrung. Wenn wir es nicht wissen, fehlt jedenfalls eine Erinnerung, aber unter Umständen erwächst daraus eine Aufforderung, nach ihrer Bedeutung zu suchen ...

38

Über die Dinge in ihrer Gesamtheit aber, die wir verstehen sollen, befragen wir nicht eine von außen her zu uns dringende, sondern die von innen her unsern Geist regierende Wahrheit, und Worte können uns höchstens zu dieser Befragung anleiten. Jener aber, der da befragt wird, lehrt, und das ist der, von dem es heißt, daß er im inneren Menschen wohnt (Eph III, 16f.), ist Christus, das ist die unwandelbare Kraft Gottes und die ewige Weisheit. Befragt wird sie freilich von jeder vernünftigen Seele, aber sie enthüllt sich jeweils nur so weit, als der Mensch imstande ist, sie mit seinem eigenen Willen zu erfassen, gleichviel ob es sein guter oder böser Wille ist. Und sollte einer etwa sich in ihr täuschen, ist das mit nichten die Schuld der befragten Wahrheit, so wie es nicht die Schuld des äußeren Lichtes ist, wenn sich, was oft geschieht, unsere körperlichen Augen täuschen. Auch das Licht befragen wir, damit es uns die sichtbaren Dinge zeigt, und wir wissen nur zu gut, daß es sie uns stets nur in dem Maße zeigt, wie wir zu sehen fähig sind.

39

Wir befragen über die Farben das Licht, und über alles übrige, was wir körperlich empfinden, befragen wir die Elemente dieser Welt, die ebenfalls körperlich empfindbar sind. Wir befragen unsere eigenen Sinne, deren sich der Geist als Vermittler bedient, um diese Art von Dingen zu erkennen. Und über das, was wir geistig verstehen wollen, befragt unsre Vernunft die innere Wahrheit. Bedarf es da noch eines Beweises, daß wir durch Worte nichts andres erfahren als ihren Laut, der unsere Ohren trifft? Alles und jedes, was immer wir erfahren, nehmen wir wahr entweder durch den Körpersinn oder durch den Verstand. Das eine nennen wir sinnlich, das andre übersinnlich, oder in der Sprache unserer Autoren: fleischlich und geistig.

Wenn man uns um das erstere befragt, wenn es sich also um Dinge handelt, die vorhanden sind, antworten wir nach unserm Dafürhalten. So zum Beispiel, wenn man uns nach dem Neumond, seiner Phase, seiner Stellung befragt, sofern wir ihn sehen. Wenn nun der Fragesteller selbst den Mond nicht sieht, glaubt er unseren Worten, und oft glaubt er ihnen nicht; lernen aber wird er dabei nur, wenn er das, was ihm gesagt wird, sieht, und in einem solchen Fall wird er nicht durch die gesprochenen Worte belehrt, sondern bloß durch das Objekt selbst und durch seine Sinne. Denn die Worte haben für den, der sieht, denselben Klang wie für den Nichtsehenden.

Fragt man uns aber nicht mehr über die vor unsere Sinne gestellten Dinge, sondern über solche, die wir früher einmal sinnlich erfahren haben, dann sprechen wir schon nicht mehr von den Dingen selbst, sondern von ihren Bildern, die sie uns eingeprägt und unserm Gedächtnis anvertraut haben, und ich weiß wirklich nicht, wie wir da etwas Wahres aussagen sollen, da wir doch etwas Unwahres betrachten, es sei denn, wir geben zu, sie weder zu sehen, noch von ihnen zu wissen, sondern nur, sie gesehen und gewußt zu haben. Auf solche Weise tragen wir diese Bilder in den verborgenen Falten unsres Gedächtnisses wie Dokumente ehemaliger Eindrücke, und wenn wir sie geistig mit rechtem Bewußtsein überdenken, werden wir auch nicht lügen, wenn wir über sie sprechen. Aber für uns haben solche Bilder nur dokumentarischen Wert, denn wer mir zuhört und das, was ich ihm sage, bereits einmal selbst empfunden und erfahren hat, der erlernt nichts durch meine Worte, sondern er erkennt nur dank den Bildern, die auch er in sich trägt, die Dinge wieder. Fehlt ihm aber die Erfahrung, wird der nicht eher den Worten glauben, als daß er durch sie Belehrung empfangen wird?

40

Handelt es sich jedoch um Dinge, die wir geistig, das heißt mit Einsicht und Verstand betrachten, drücken unsere Worte allerdings etwas aus, das wir als etwas Gegenwärtiges in jenem inneren Licht der Wahrheit erblicken, das den sogenannten "inneren Menschen" mit seiner Helligkeit und seinem Genuß durchdringt. Aber auch in diesem Falle gewinnt unser Hörer die Erkenntnis solcher Dinge bloß durch sein in der Seele verborgenes Auge, und was ich ihm sage, erfährt er durch seine vergeistigte Anschauung und nicht durch meine Worte. Wenn ich ihm also Wahres sage, lehre ich ihn schon nicht mehr die Wahrheit, denn er betrachtet sie ja selbst; er wird daher nicht durch meine Worte zu belehren sein, sondern durch die Dinge selbst, die er sieht, weil sie ihm Gott innerlich enthüllt hat. Nach ihrem Wesen befragt, wird er freilich imstande sein, eine Antwort zu geben, aber es wäre doch abwegig, hierbei von einer Belehrung durch mein Sprechen zu reden, da er ja, wenn ich ihn fragen würde, noch bevor ich selbst spräche, das, was ich ihm sagen will, von sich aus erklären kann.
Gewiß kommt es oft vor, daß man eine Frage zuerst einmal verneint, um sie dann doch auf Grund anderer Fragen bejahen zu müssen. Das ist aber die Folge der Schwäche des geistigen Blicks, der nicht imstande ist, jenes innere Licht der Seele nach der Gesamtheit einer Sache zu befragen. Wenn ihm indes die Worte des Fragers in etwa dazu verhelfen konnten, haben sie das dennoch nicht durch ihre Belehrung vermocht, sondern sie haben nur in entsprechender Form seine Fassungskraft angesprochen, so daß er die innere Belehrung empfängt.
Nehmen wir an, ich frage dich, weil wir gerade davon sprechen, ob es in der Tat nicht möglich sei, durch Worte etwas zu lehren. Fürs erste kommt es dir unsinnig vor, das zuzugeben, weil du nicht imstande bist, das Problem in seiner Gesamtheit zu überschauen. Ich werde dich also

anders fragen müssen, wie es deinen Kräften entspricht, die dir zur Verfügung stehen, um auf jenen inneren Lehrer zu hören, und ich werde daher so fragen: "Wenn du zugibst, daß das, was ich dir sage, wahr ist, wenn du dir dessen sicher bist und erklärst, es zu wissen: wo hast du das gelernt?" Darauf würdest du vielleicht zur Antwort geben, ich hätte es dich gelehrt. So frage ich denn weiter: "Wenn ich behaupten würde, ich hätte einen Menschen fliegen gesehen, würdest du da aus meinen Worten dieselbe Gewißheit schöpfen, wie wenn du mich sagen hörtest: Die Weisen sind besser als die törichten Menschen?" Du würdest sicherlich verneinen und erklären, die erste Behauptung nicht zu glauben oder, selbst wenn du sie glaubtest, nicht zu verstehen, die zweite Behauptung hingegen restlos zu begreifen. Daraus dürftest du ohne weiteres erkennen, daß meine Worte dich nichts lehren, weder im ersten Fall, da dich meine Behauptung unwissend läßt, noch im zweiten, über den du bereits volles Wissen besitzest. Über jeden der beiden Punkte einzeln befragt, wärst du bereit, dein Unwissen in dem ersten, dein Wissen in dem zweiten zu bezeugen.

Was aber das ganze Problem betrifft, das du verneint hast, wirst du es doch bejahen müssen, sobald du dich vergewissert hast, daß dir jeder seiner Teile, aus denen es besteht, klar ist und sicher erscheint. Es setzt sich nämlich aus dreierlei zusammen: Entweder weiß der Hörer nicht, ob das, was man ihm sagt, wahr ist, oder er nimmt als sicher an, daß es falsch ist, oder, schließlich, er ist davon überzeugt, daß es wahr ist. Im ersten dieser drei Fälle stellt sich für den Hörer der Glaube, die Vermutung oder der Zweifel ein; im zweiten der Widerspruch und die Verneinung, im dritten die Bejahung. Es kommt also niemals zu einer Belehrung: Der eine bleibt auf jeden Fall nach unseren Worten unwissend, der andre erkennt, daß er Falsches vernommen hat, der dritte wird, wenn man ihn fragt, von sich aus dasselbe antworten, was man ihm gesagt hat, und alle sind davon überzeugt, daß sie durch meine Worte nicht das geringste gelernt haben.

41

So steht es denn auch mit jenen Wahrheiten, die durch den Geist erfaßt werden. Wer sie nicht sehen kann, hört dem, der sie sieht, vergebens zu, wenn er nicht die Überzeugung gewinnt, daß es von Nutzen ist, Dinge dieser Art zu glauben, solange als man sie nicht weiß. Derjenige aber, der sie sehen kann, ist in seinem Inneren Schüler der Wahrheit und im Äußeren Richter dessen, der spricht, oder vielmehr Richter des Gesprochenen. Denn in den meisten Fällen hat gerade er das Wissen um die gesagten Dinge, während der Sprecher selbst es nicht hat. Denken wir uns zum Beispiel einen Anhänger der Epikureer, der die Seele bekanntlich für sterblich hält; der formuliert nun die Beweisgründe für die Unsterblichkeit der Seele, wie sie von Weiseren, als er einer ist, aufgestellt worden sind, und trägt sie einem Hörer vor, der die Fähigkeit besitzt, die geistige Welt zu betrachten. Dieser wird die Ausführungen als wahr beurteilen, während jener von ihrer Wahrheit durchaus nicht überzeugt ist, sondern sie vielmehr für grundfalsch hält. Muß man da nicht annehmen, daß er etwas lehrt, was er nicht weiß? Dabei bedient er sich derselben Worte, die auch der Wissende gebrauchen müßte.

42

So kann man den Worten nicht einmal die Rolle zugestehen, den Gedanken des Sprechenden wiederzugeben, denn der ist sich ja gar nicht sicher, ob er das, was er sagt, auch weiß. Nimm hinzu alle Lügner und Täuscher, und du wirst leicht verstehen, daß Worte den Inhalt eines Gedankens nicht nur nicht enthüllen, sondern ihn sogar verbergen können. Freilich bemühen sich die Worte von wahrheitsliebenden Menschen, daran zweifle ich nicht im geringsten, die Seele des Sprechenden zu offenbaren, ja sie machen sich das geradezu zu ihrer Aufgabe; und alle Welt gibt zu, daß sie das auch erreichen würden, wenn den Lügnern nicht das Reden gestattet wäre.

Und trotzdem haben wir wie bei den anderen so auch bei uns nur zu oft die Erfahrung gemacht, daß die geäußerten Worte nicht mit den gedachten Dingen übereinstimmen. Meiner Ansicht nach kann das auf zweierlei Art vorkommen: Manchmal handelt es sich um einen Gedankengang, den wir im Gedächtnis aufbewahrt und oftmals auch schon wiederholt haben mögen, und den wir äußern, während wir dabei an etwas ganz andres denken; so etwas geschieht zum Beispiel oft, wenn wir einen Hymnus singen. Und ein andermal entschlüpfen uns, gegen unsern Willen, Worte, durch einen Irrtum der Zunge, wir versprechen uns, und man hört

Zeichen, die nicht dem gelten, was wir im Sinne haben. Die Lügner freilich denken sich die Dinge sicher so, wie sie von ihnen sprechen, so daß wir, wenn wir nicht wissen, ob sie die Wahrheit sagen, dennoch überzeugt sein können, daß sie das im Sinn haben, was sie äußern, vorausgesetzt, daß ihnen nicht eine der beiden eben genannten Abwegigkeiten zustößt. Im übrigen will ich gar nicht der Ansicht widersprechen, daß solche Fehlleistungen eigentlich nur selten vorkommen und man sie erst wahrnimmt, wenn sie schon eingetreten sind; oftmals bleiben sie auch verborgen, und nicht selten haben sie auch mich als Hörer täuschen können.

43

Zu dieser selben Gattung gehört eine andre, sicher sehr weitverbreitete Erscheinung, die eine Quelle unzähliger Meinungsverschiedenheiten und Streite darstellt. Manchmal bedient sich ein Sprecher einer Redeweise, die sicher das bezeichnet, was er sich denkt, aber so, daß nur er selbst und etliche andere verstehen, was er meint; für seinen Gesprächspartner und wieder andere bezeichnen aber die Worte nicht das gleiche. Ein Beispiel nur: Es kommt einer und behauptet, der Mensch werde in bezug auf Tüchtigkeit von manchen wilden Tieren übertroffen. Da wir so etwas nicht hinnehmen können, weisen wir sofort mit aller Heftigkeit diese ebenso falsche wie gefährliche Ansicht zurück. Nun versteht er aber unter "Tüchtigkeit" lediglich einen Zustand der leiblichen Kräfte, und mit diesem Wort drückt er nur aus, was er denkt, und lügt nicht, verfällt auch keinem Irrtum und hat im übrigen gar nichts andres im Sinn; er hat die in seinem Gedächtnis aufbewahrten Worte richtig geordnet, und er hat sich weder versprochen, noch etwas andres gesagt, als was er sich gedacht hat. Er nennt bloß das, was er sich denkt, mit einem andern Wort, und wir würden ihm sofort zustimmen, wenn wir seinen Gedanken sehen könnten. Den aber hat er uns, wenn erst die Worte seine Meinung geäußert haben, mit nichten enthüllen können.

Man soll, wie es heißt, diesem Irrtum durch Definition begegnen können, in unserm Fall also, indem man die Tüchtigkeit definiert. Da würde, wie man annimmt, sich herausstellen, daß sich die Meinungen über das Wort, nicht über die Sache widersprechen. Aber bevor ich mich einer solchen Ansicht anschließe, stelle ich die Frage: Wie selten trifft man einen, der wirklich definieren kann? Außerdem wird so viel über die Lehre des Definierens herumgestritten, daß ich es nicht für angebracht halte, mich jetzt dazu zu äußern, ganz abgesehen davon, daß ich von einer solchen Maßnahme sehr wenig halte.

44

Ich übergehe die Tatsache, daß wir vieles nicht richtig hören und uns doch über sozusagen Gehörtes lang und breit herumstreiten. Du entsinnst dich, was uns erst jüngst mit einem punischen Wort widerfahren ist: Ich übersetzte es mit "Barmherzigkeit", und du sagtest, du hättest von besseren Kennern des Punischen gehört, daß es soviel wie "Frömmigkeit" bedeute. Ich wiederum widersprach und erklärte, du habest völlig vergessen, was du gehört hattest, denn mir schien, als habest du nicht "Frömmigkeit" sondern "Glaube" gesagt. Da du damals ganz in meiner Nähe gesessen hast, hätte ich keinesfalls diese beiden so verschieden klingenden Worte verwechseln können. Trotzdem habe ich lange geglaubt, du wüßtest nicht, was man dir gesagt hat, während ich selbst es war, der nicht wußte, was du gesagt hast. Denn hätte ich dich richtig verstanden, wäre es mir niemals sonderbar erschienen, daß im Punischen Frömmigkeit und Barmherzigkeit ein und dasselbe Wort sind.

So etwas kommt sehr oft vor, aber wir wollen es, wie gesagt, übergehen, weil wir nicht die Worte verleumden wollen, zumal es sich ja hier meist um die Nachlässigkeit der Hörer, oder besser gesagt, um die Taubheit der Menschen handelt. Mehr Grund zur Beunruhigung bietet wohl der früher angeführte Umstand, daß wir bei ganz scharfem Ohr sogar die lateinischen Worte, also unsre eigene Sprache nicht so aufzunehmen imstande sind, daß wir das erkennen, was sich der Sprecher gedacht hat.

45

Immerhin will ich zugeben und feststellen, daß ein Hörer, wenn er Worte vernimmt, die ihm bekannt sind, ungefähr wissen kann, was sich sein Gesprächspartner über das, was in Rede steht, gedacht hat. Folgt aber daraus, was uns ja hier allein beschäftigt, daß er dadurch erfährt, ob man ihm die Wahrheit gesagt hat?

67

Ist es nun nicht einzig und allein das Geschäft der Lehrer, daß sie ihre eigenen Gedanken hören und aufnehmen lassen, nicht aber die Lehren selbst, die sie uns im Sprechen zu übermitteln glauben? Wer würde indes so töricht sein, daß er seinen Sohn zur Schule schicken möchte, damit er bloß das lernt, was sich der Lehrer denkt? Nichtsdestoweniger befleißigen sich die Lehrer, mit Worten sämtliche Lehren darzustellen, so wie es ihr Beruf ihnen aufträgt, selbst solche der Tugend und Weisheit. Also bleibt denen, die sich ihre Schüler nennen, nichts andres übrig, als bei sich selbst zu prüfen, ob das, was man ihnen gesagt hat, wahr ist, das heißt, sie müssen, soweit ihre Kräfte reichen, jene innere Wahrheit betrachten. So erst werden sie lernen. Und wenn sie innerlich erkannt haben, daß man ihnen die Wahrheit gesagt hat, werden sie Lob spenden, ohne zu wissen, daß ihr Lob eher den Lernenden als den Lehrenden gilt, selbst wenn die Lehrer das, was sie sagten, auch wissen sollten.

Aber es täuschen sich die Menschen, wenn sie Lehrer nennen, die keine sind, weil Rede und Erkenntnis meist durch keinen Zeitraum voneinander getrennt sind; und da sie, durch die äußere Rede unterrichtet, sogleich die innere Belehrung empfangen, bilden sie sich ein, von dem zu lernen, der sie nur von außen her unterrichtet hat.

46

Was aber den Nutzen der Worte ganz im allgemeinen betrifft, der, wenn man ihn richtig erwägt, kein geringer ist, so wollen wir ihn, wenn es Gott zuläßt, ein andermal erforschen. Für diesmal wollte ich dich nur darauf hinweisen, ihnen nicht mehr, als nötig ist, an Wert zuzubilligen. Auf diese Weise sollen wir nicht nur glauben, sondern auch zu verstehen beginnen, wie wahr durch göttliche Autorität das Verbot ausgesprochen wurde, irgend jemand auf Erden unsern Lehrer zu nennen, da es nur einen einzigen Lehrer von allen gibt, der im Himmel ist (Mt 23, 8-10).

Der da aber im Himmel ist, der ist es selbst, der lehren wird, er, der uns durch die Menschen die Unterweisung mit Hilfe der äußeren Zeichen zuteil werden läßt, damit wir, nach innen zu ihm zurückgekehrt, uns seine Lehren erwerben. Ihn zu lieben und zu erkennen begründet das glückliche Leben, von dem alle beteuern, daß sie es suchen, das gefunden zu haben sich aber nur wenige wahrhaft erfreuen. Nun aber möchte ich, daß du mir sagst, was du über dieses ganze Gespräch denkst. Denn wenn du für wahr erkennst, was gesagt worden ist, wirst du, wenn man dich über jeden einzelnen Gedanken befragt, auch von deiner Seite her überzeugt sein, ihn zu wissen. Du siehst also, von wem du das gelernt hast: auf keinen Fall von mir, dem du alles nur, weil du gefragt wurdest, beantwortet hast. Konntest du aber keine Wahrheit feststellen, dann hat dich auch niemand belehrt, weder ich, noch ER; ich deshalb nicht, weil ich niemals lehren kann, und ER nicht, weil du noch unfähig bist, belehrt zu werden.

ADEODAT Ich habe jedenfalls durch das, was mir deine Worte zu verstehen gaben, gelernt, daß der Mensch durch Worte allein nur die Anleitung empfängt, wie er sich belehren soll, und daß es nur ein kleiner Teil ist, den die Sprache zu enthüllen vermag von dem, was sich ein Sprechender denkt. Klar geworden ist mir aber, daß, wenn ein Lehrer etwas Wahres sagt, DER allein uns lehrt, der uns durch die äußeren Worte von Seinem Wohnen in unserm Inneren benachrichtigt. Er ist es, den ich, wenn mir seine Gnade hilft, lieben will mit einer um so heißeren Glut, als ich Fortschritte machen werde in der Lehre ...

Über die Methode des Studiums (1511)

Desiderius Erasmus

Zunächst ist festzuhalten, daß alle Kenntnis zweifacher Art ist, nämlich *Wort-* und *Sachkenntnis.* Die Wortkenntnis muß vorangehen, die Sachkenntnis ist die wichtigere. Aber manche vernachlässigen, indem sie mit ungewaschenen Füßen, wie es im Sprichwort heißt, an die Erlernung der Sachen herantreten, die Aneignung der sprachlichen Kenntnisse, und indem sie in unverständiger Weise einen Richtweg einzuschlagen vermeinen, geraten sie auf die größten Abwege. Denn da die Sachen nur mittels der Wortbezeichnungen erkannt werden können, so muß notwendigerweise derjenige, welcher keine Sprachkenntnisse besitzt, auch in der Beurteilung der Sachen auf Schritt und Tritt im Finstern tappen, herumraten und fehlgreifen. So kann man denn auch sehen, daß gerade diejenigen am meisten über Worte streiten, die sich rühmen, sie bekümmerten sich nicht um die Worte, es sei ihnen vielmehr um die Sache selbst zu thun.

Darum soll man in beiden Beziehungen von vornherein die besten Kenntnisse, und zwar von den besten Lehrern, lernen. Denn was ist thörichter, als mit großer Mühe Dinge zu erlernen, die man später mit noch größerer Mühe wieder verlernen muß? Nichts lernt sich aber leichter als das Richtige und Wahre. Hat aber einmal Verkehrtes sich im Geiste festgesetzt, so kann es nur mit außerordentlicher Mühe wieder ausgerottet werden.

Die erste Stelle nimmt nun die *Grammatik* für sich in Anspruch, und zwar sollen die Knaben gleich beide, die *griechische* und die *lateinische,* lernen, nicht bloß, weil in diesen beiden Sprachen fast alles Wissenswerte überliefert ist, sondern auch, weil zwischen beiden ein so enges Verwandtschaftsverhältnis besteht, daß sie miteinander schneller erlernt werden können als jede für sich, jedenfalls schneller als Latein ohne Griechisch. Mit dem Griechischen den Anfang zu machen, schlägt *Quintilian* vor, jedoch so, daß darauf in nicht zu langem Zwischenraume das Latein folgt; unter allen Umständen will er beide Sprachen mit gleicher Sorgfalt behandelt wissen, und zwar in der Weise, daß keine der andern hinderlich ist.

Demnach sind die Elemente beider Sprachen frühzeitig

und von den besten Lehrern zu erlernen. Und falls man dieselben nicht miteinander verbinden will, dann soll man wenigstens, was das Nächste ist, die besten Sprachlehren zu Grunde legen, und diese müssen nach meiner Ansicht nur ganz wenige, aber ausgewählte sein. Unter den griechischen Grammatikern weist man allgemein dem *Theodorus Gaza* den ersten Platz an, den zweiten nimmt meines Erachtens *Constantinus Lascaris* mit Recht in Anspruch. Unter den ältern lateinischen Grammatikern steht obenan *Diomedes;* bei den neuern finde ich keinen großen Unterschied, jedoch scheint mir *Nikolaus Perottus* der sorgfältigste von allen zu sein, was ich übrigens ohne Voreingenommenheit sage.

Wenn ich nun aber grammatische Regeln für unentbehrlich erachte, so soll man sich doch, soweit das eben geschehen kann, auf *sehr wenige,* und zwar die *allerwichtigsten* beschränken. So habe ich es niemals billigen können, wenn die Schulmeister, wie das gewöhnlich geschieht, die Knaben mit dem Einpauken derselben mehrere Jahre lang hinhalten. Denn eigentliche Sprachfertigkeit erwirbt man sich am besten durch Unterhaltung und Verkehr mit richtig Sprechenden, namentlich aber durch fleißiges *Lesen guter Schriftsteller,* von denen solche zunächst heranzuziehen sind, die neben einem durchaus fehlerfreien Stil einen die Schüler anziehenden Inhalt bieten.

In dieser Beziehung nun möchte ich dem *Lucian* die erste Stelle anweisen, die zweite dem *Demosthenes,* die dritte dem *Herodot;* von den Dichtern aber die erste dem *Aristophanes,* die zweite dem *Homer,* die dritte dem *Euripides;* denn *Menander,* den ich sogar an die Spitze stellen würde, ist leider nicht auf uns gekommen. Unter den Lateinern hingegen, wo findet man da einen nützlichern Autor für die Sprachkenntnis als den *Terenz?* Rein, gewählt und dabei den Volkston am besten treffend, spricht er besonders auch durch seinen Inhalt die Jugend an. Wenn man diesem einige ausgewählte Lustspiele des *Plautus,* sofern sie frei von Zoten sind, hinzufügen zu sollen glaubt, so habe ich dagegen nichts einzuwenden. Die nächste Stelle wird *Vergil* gebühren, die dritte *Horaz,* die vierte *Cicero,* die fünfte *Cäsar.* Glaubt jemand den *Sallust* hinzunehmen zu sollen, so möchte ich mit ihm nicht sonderlich streiten. Diese Schriftsteller aber halte ich hinsichtlich der Ausbildung in den beiden Sprachen für ausreichend. Denn ich kann es nicht billigen, wenn man mit den zu diesem Zwecke zu lesenden Autoren, sie seien, wer sie wollen, sein ganzes Leben hinbringt und denjenigen geradezu für einen Neuling ansieht, welchem irgend eine Schrift entgangen ist.

Hat man sich also, wenn auch nicht umfassende, so doch sichere Sprachkenntnisse angeeignet, so muß der Geist alsbald zum Verständnis der *Realien* geführt werden. Wenngleich nun auch aus den Schriftstellern, welche wir des Stils wegen lesen, nebenbei eine nicht geringe Sachkenntnis gewonnen wird, so ist doch, der Überlieferung entsprechend, fast die ganze Kenntnis der Realien aus den *griechischen* Autoren zu entnehmen. Denn woraus könnte man wohl reiner und schneller und angenehmer schöpfen als aus den Quellen selbst? In welcher Reihenfolge aber die einzelnen Unterrichtsgegenstände erlernt werden sollen und im besondern von welchen Lehrern, das werden wir vielleicht an anderer Stelle eingehender erörtern. Vorderhand wenden wir uns wieder dem Studium des jugendlichen Alters zu.

Um also die Schriftsteller, aus denen nach unserer Angabe der sprachliche Stoff zu entnehmen ist, frühzeitiger und mit größerem Nutzen lesen zu können, soll man meines Erachtens den *Laurentius Valla* fleißig studieren, der über "die Feinheiten der lateinischen Sprache" sehr fein geschrieben hat. An der Hand seiner Vorschriften soll man dann manches aus eigener Beobachtung hinzufügen; denn ich möchte nicht, daß man sich in allem und jedem sklavisch an die Laurentianischen Anweisungen bindet. Auch wird es von Vorteil sein, wenn man sich mit den *grammatischen Figuren,* wie sie *Donat* und *Diomedes* gelehrt haben, bekannt gemacht hat, wenn man die *metrischen Gesetze* und die verschiedenen Dichtungsarten kennt, sowie die Hauptsachen aus der *Rhetorik,* d.h. Einleitungssätze, Beweisstellen, Ausschmückungen, Erweiterungen, Übergangsformeln, in Bereitschaft hat; denn das ist nicht bloß für die Schärfung des Urteils, sondern auch für die Nachahmung von Vorteil.

So ausgerüstet, wird man nun beim Lesen der Schriftsteller sorgfältig darauf achten, ob irgend ein altertümliches oder neugebildetes Wort, ein scharfsinnig erfundener oder geschickt angewendeter Ausspruch, eine schmuckvolle Redewendung oder eine bemerkenswerte Sentenz, ein Beispiel, ein Sprichwort vorkommt. *Eine solche Stelle wird dann* mit einem bezüglichen Zeichen zu versehen sein; man soll nämlich hierbei nicht bloß verschiedene, sondern vor allem zweckentsprechende Zeichen in Anwendung bringen, aus denen sogleich ersichtlich ist, um was es sich handelt. Wenn man hiermit die *Dialektik* verbinden will, so habe ich dagegen nicht viel einzuwenden; nur soll man sie von *Aristoteles* lernen, nicht von jener geschwätzigen Sippschaft der Sophisten, und man soll anderseits dabei nicht ewig verharren und gleichwie bei den sirenischen Felsen, wie *Gellius* sich ausdrückt, alt und grau werden. Bei alledem darf man jedoch nicht vergessen, daß die beste Lehrmeisterin der Beredsamkeit die *Übung* im *Schreiben* ist. Diese wird also in gebundener wie ungebundener Rede und in jeglicher Schriftgattung fleißig angestellt werden müssen. Jedoch soll man dabei auch auf die Ausbildung des *Gedächtnisses,* der Schatzkammer der Lektüre, Bedacht nehmen. Obwohl ich nicht in Abrede stellen will, daß dasselbe durch Stellen und Bilder unterstützt wird, so beruht doch ein gutes Gedächtnis hauptsächlich auf drei Stücken, auf *Verständnis, Ordnung* und *Sorgfalt.* Eine wesentliche Bedingung für das Behalten einer Sache ist es nämlich, daß man sie allseitig verstanden hat; die Ordnung bewirkt sodann, daß wir auch das, was uns einmal entfallen ist, gleichsam als heimatberechtigt wieder ins Gedächtnis zurückrufen; die Sorgfalt endlich ist, wie in allen Dingen, so auch hier von höchster Wichtigkeit. Daher muß man das, was man behalten will, aufmerksam und wiederholt durchlesen, alsdann dasselbe öfter im Geiste wiederholen, damit, was etwa entfallen ist, wieder eingefügt werden kann. Hierbei sind folgende Mittel, mögen sie auch etwas geringfügig erscheinen, immerhin erwähnenswert: Es ist eine keineswegs unerhebliche Stütze, wenn man solche Sachen, die notwendig, aber etwas schwierig zu behalten sind, z.B. die geographische Lage der Örtlichkeiten, die Versfüße, die grammatischen Figuren, die Stammbäume von Geschlechtern u. dgl., in möglichster Kürze und Übersichtlichkeit auf *Tabellen zeichnet und diese dann an den Wänden des Schlafzimmers aufhängt,* so daß man sie auch bei anderweitiger Beschäftigung beständig vor Augen hat. Ebenso schreibe man kurze und bemerkenswerte Sätze, wie Kernsprüche, Sprichwörter, Sentenzen, in *besondern Heften* am Eingange oder am Schlusse auf, gewisse Sachen graviere man in *Ringe* oder *Becher* ein, andere schreibe man auf die *Thüren* und *Wände* oder auch auf die *Fensterscheiben,* damit sich den Augen überall etwas bietet, was die Bildung fördert. Denn mögen solche Dinge auch an und für sich kleinlich erscheinen, so bereichern sie doch, zusammengenommen, den Schatz des Wissens mit einem Gewinne, den derjenige nicht unterschätzen soll, der an solchen Gütern schnell reich werden will. *Endlich wird es nicht in einer Beziehung, sondern nach allen Richtungen hin von außerordentlichem Vorteil sein, wenn man häufig auch andere unterrichtet.* Denn nirgends kann man besser merken, was man versteht und was nicht; zudem stößt man beim Erklären und Vortragen auf manches Neue, und alles prägt sich dem Geiste tiefer ein.

Ich sehe, daß du wünschest, ich möchte auch bezüglich der *Lehrmethode* einige Angaben machen. Nun wohl, ich will diesem Wunsche willfahren, obwohl ich sehe, daß *Quintilian* in dieser Beziehung so genaue Vorschriften gegeben hat, daß es geradezu als Anmaßung erscheint, wenn man nach ihm über dasselbe Thema schreibt.

Wer also jemanden unterrichten will, der soll sich bestreben, von vornherein das Beste zu lehren. Wer aber das Beste auf die angemessenste Weise lehren will, der muß eben alles wissen oder, insofern dies dem menschlichen Geiste versagt ist, wenigstens in jedem Fache das Hauptsächlichste. *In diesem Falle begnüge ich mich nicht mit den vorhin genannten zehn oder zwölf Schriftstellern, sondern ich verlange von demjenigen, der auch nur das Geringste zu lehren unternimmt, einen solchen Umfang des Wissens, daß er auf allen Gebieten bewandert ist.* Es wird demnach ein solcher mit Schriftstellern jeder Art sich befassen müssen, und zwar in der Weise, daß er die besten zuerst liest, aber keinen Autor unberücksichtigt läßt, auch wenn derselbe weniger gut ist. Um nun aus ihnen desto größern Nutzen zu ziehen, soll er vorher *Stellensammlungen* und bestimmte *Rubriken* und *Formulare* anlegen, in welche er alles, was ihm irgendwo Bemerkenswertes aufstößt, ordnungsmäßig einträgt. In welcher Weise aber solche Sammlungen anzulegen sind, werden wir in einer weitern Abhandlung ”Über den Reichtum im Ausdruck” darlegen. Wem es indessen an Zeit oder an dem nötigen Büchervorrat fehlt, dem wird schon allein *Plinius* sehr vieles bieten, vieles auch

Macrobius und *Athenäus*, mancherlei *Gellius*. Aber vor
allem muß man zu den Quellen selbst eilen, d.h. zu den
Griechen und den Alten überhaupt.

Die Philosophie wird man am besten aus *Plato, Aristoteles* und *Theophrast,* dem Schüler des letztern, sowie
aus dem Eklektiker *Plotinus* lernen. Die Theologie lehrt
nächst der Heiligen Schrift niemand besser als *Origenes,*
niemand scharfsinniger und ansprechender als *Chrysosto-
mus,* niemand reiner als *Basilius.* Unter den lateinischen
Kirchenschriftstellern sind, genau genommen, nur zwei in
ihrer Art ausgezeichnet: *Ambrosius,* großartig in seinen
Vergleichen, und *Hieronymus,* ein Meister in der Darstellung der Geheimnislehren. Wenn man nun auch nicht die
Zeit findet, alle theologischen Schriftsteller eingehend zu
studieren, so soll man sich doch von allen wenigstens eine
allgemeine Kenntnis verschaffen; dieselben hier der Reihe
nach aufzuzählen, ist nicht meine Aufgabe. Unbedingt hat
man sich wegen der Erzählungen der Dichter, welche aus
jedem Wissensgebiete ihre Stoffe zu entnehmen pflegen,
mit der *Mythologie* bekannt zu machen. Und woraus sollte
man diese Kenntnisse eher schöpfen als aus *Homer,* dem
Vater der gesamten Mythologie? Indessen werden auch die
Metamorphosen und die Fasten *Ovids* nicht wenig Nutzen
bringen, obwohl sie lateinisch geschrieben sind. Man muß
die *Erdbeschreibung* kennen, die auch für die Geschichte
wichtig ist, insbesondere aber für die Poesie. Dieselbe lehrt
ganz kurz *Pomponius Mela,* sehr gelehrt *Ptolemäus,* äußerst
sorgfältig *Plinius;* denn *Strabo* behandelt nebenbei noch andere Dinge. Hier ist es nun eine Hauptaufgabe, bei den
jetzt gebräuchlichen Namen der Berge, Flüsse, Gegenden,
Städte sich die entsprechenden Bezeichnungen der Alten zu
merken. Dasselbe gilt von den Namen der Bäume, Kräuter,
Tiere, Geräte, Kleider, Edelsteine, in welcher Beziehung die
Schulmeister gewöhnlichen Schlages eine ganz unglaubliche
Unwissenheit an den Tag legen. Derartige Kenntnisse
können teils aus den verschiedenen Werken über den Acker-
bau, das Kriegswesen, die Baukunst, die Kochkunst, die
Edelsteine, das Pflanzen- und Tierreich geschöpft werden -
eine besondere Schrift über die Bezeichnungen der Dinge
hat *Julius Pollux* geliefert, die jedoch bei aller Reich-
haltigkeit eine genaue Unterscheidung der Einzelheiten ver-
missen läßt -, teils aus den etymologischen Wörterbüchern

oder aus denjenigen Sprachen, welche von der alten und unverfälschten Redeweise noch deutliche Spuren bis auf unsere Zeit aufzuweisen haben, wie die Sprache der Konstantinopolitaner, der Italiener und Spanier; die französische Sprache hat jedoch eine zu weit gehende Entartung erfahren. Man muß *Altertumskenntnisse* besitzen, und diese erwirbt man sich nicht bloß aus den alten Schriftstellern, sondern auch aus den Münzen, den Inschriften und Statuen der Alten. Die Mythologie ist gründlich einzuprägen, da hiermit die Sagen überall angefüllt sind. Dieselbe hat mit einem für seine Zeit ungewöhnlichen Geschick *Boccaccio* dargestellt. Man darf auch in der *Astrologie* nicht unbewandert sein, weil die Dichter damit nicht selten ihre Erzeugnisse ausschmücken, namentlich *Hyginus*. Man muß in den verschiedenen Zweigen der *Naturwissenschaft* Bescheid wissen, weil daraus die Dichter Beispiele, Beiwörter, Vergleiche, Bilder, Metaphern und andere rhetorische Figuren zu entlehnen pflegen. Vor allem aber muß man das *ganze Gebiet der Geschichte* beherrschen, da diese bekanntlich eine sehr weitgehende Verwendung findet, und zwar nicht bloß bei den Dichtern. Und wer vollends den *Prudentius,* den einzig wirklich beredten unter den christlichen Dichtern, erklären will, der muß sich auch mit der *mystischen* Literatur bekannt gemacht haben. Kurz, es giebt kein Wissen, weder im Kriegswesen, noch in der Landwirtschaft, noch in der Musik, noch in der Baukunst, das nicht denen zum Nutzen gereicht, welche sich mit der Erklärung der alten Dichter oder Redner befassen. Doch ich sehe, du runzelst schon längst die Stirn. Fürwahr, so rufst du aus, da bürdest du ja sogar dem einfachen Schullehrer eine gewaltige Last auf! Ich belaste freilich, aber doch nur einen, um möglichst viele zu entlasten. *Ich will, daß einer alles durchstudiert, damit nicht jeder Einzelne alles durchzustudieren braucht.*

Wie das *Sprachorgan* der Knaben zu bilden ist, und wie denselben gleichsam spielend und scherzend die Schriftzeichen des Alphabets beizubringen sind, darüber hat *Quintilian* bereits das Nötige gesagt. Ich für meinen Teil möchte das Verfahren empfehlen, nach Unterweisung in den ersten Anfangsgründen den Knaben sogleich zum eigenen Gebrauch der Sprache zu führen. Denn da man in jenem Alter innerhalb weniger Monate jede beliebige barbarische Sprache sich aneignet, was hindert da, daß das Gleiche bezüglich der griechischen oder lateinischen geschieht? Das ist nun freilich in einer von Schülern überfüllten Klasse nicht leicht zu bewerkstelligen, sondern geschieht am besten durch *Privatunterricht.* Immerhin soll der Lehrer aber auch in der Schule, mag er nun zu mehreren oder zu einem Einzelnen reden, auf möglichst sprachrichtigen Ausdruck achten; er soll gelegentlich manches erklären und die Schüler zur Nachahmung anhalten; wenn sie angemessen sich ausdrücken, sie mitunter loben, und sie verbessern, wenn sie Fehler machen. Auf diese Weise werden sich auch die Schüler an eine sorgfältigere und gewähltere Ausdrucksweise gewöhnen und auf die Sprache des Lehrers besser achten. Es wird auch eine gute Übung sein, wenn dieselben unter Aussetzung von kleinen Belohnungen oder Ankündigung von Strafen gewissermaßen gezwungen werden, sich *untereinander zu verbessern.* Dann wird der Lehrer einige vorgerücktere Schüler bestimmen, die die Streitsache zum Austrag bringen. Es dürfte sich auch empfehlen, für die Knaben *bestimmte Redewendungen,* deren sie sich beim Spielen, beim Begegnen sowie bei Tische zu bedienen haben, als verbindliche Normen festzusetzen. Solche Musterbeispiele müssen durchaus sprachrichtig, zugleich aber auch leicht und ansprechend sein.

Weiterhin wird der umsichtige, kenntnisreiche und urteilsfähige Lehrer sich die Mühe nicht verdrießen lassen, aus dem gesamten Material der Grammatiker bestimmte Regeln, und zwar, soweit das eben geschehen kann, die einfachsten und kürzesten, auszuziehen und in möglichster Übersichtlichkeit zusammenzustellen. Nachdem er diese vorgetragen, sollen die Schüler sogleich an einen hierfür am besten geeigneten Schriftsteller herangehen und zum mündlichen und schriftlichen Gebrauch der Sprache angehalten werden. Hierbei wird dann der Lehrer die vorher mitgeteilten Regeln, je nachdem sie vorkommen, samt den Beispielen tüchtig einprägen, auch wohl einiges hinzufügen, als ob er schon jetzt für Höheres vorbereiten wollte. Alsdann müssen sie schon zu *schriftlichen Ausarbeitungen* angeleitet werden. In dieser Beziehung soll man vor allem darauf sehen, daß die Aufgaben nicht, wie das so häufig der Fall ist, sinn- und geschmacklos sind, sondern vielmehr irgend einen scharfsinnigen oder gefälligen Ausspruch enthalten, der jedoch nicht zu weit über das kindliche Fassungsvermögen hinausgehen darf, so daß die Schüler, die derartige Übungen zunächst zu einem andern Zwecke betreiben, zugleich auch etwas lernen, was ihnen später bei den höhern Studien von Nutzen sein wird...

Ist der Knabe auf solche Weise zu einiger Sprachkenntnis vorgeschritten, dann mag er, wenn man es für gut findet, zu den höhern grammatischen Regeln zurückgeführt werden, welche an *bestimmten Musterbeispielen* und in *gehöriger Ordnung* so zu lehren sind, daß zuerst immer die *einfachsten* vorgelegt werden, und zwar in *kürzester* Fassung. Je nachdem dann der Geist der Schüler sich entwickelt, wird man die schwierigern Regeln an den entsprechenden Stellen einfügen. Ein Muster solcher Anordnung kann man aus der Grammatik des *Theodorus Gaza* entnehmen.

Doch auch hiermit soll man die Schüler nicht allzu lange hinhalten, sondern sie alsbald zu wichtigern Schriftstellern führen, besonders wenn sie sich vorher mit den oben erwähnten Hauptlehren der Rhetorik, mit den Figuren und den Versarten bekannt gemacht haben. Alsdann müssen sie auch mit schwierigern Aufgaben beschäftigt werden, bei deren Auswahl ich einen umsichtigen und gelehrten Lehrer wünschen möchte. Ist er nur ein mittelmäßiger, so wird er, falls er bescheiden ist, es sich nicht verdrießen lassen, in dieser Beziehung bei einem kenntnisreichern sich Rats zu erholen. Die Aufgaben aber könnten etwa folgender Art sein. Bald gebe man von einem kurzen *Briefe* den Inhalt, aber einen sinnreichen, in der Landessprache an, der dann in *lateinischer* oder *griechischer* oder in *beiden* Sprachen zu behandeln ist; bald eine *Fabel* oder eine kurze, nur nicht läppische *Erzählung,* bald eine *Sentenz,* aus vier Unterabteilungen bestehend, von denen je zwei sich entsprechen oder einander untergeordnet sind; bald eine *Begründung,* die in fünf Teilen zu geben ist; bald eine sogen. *Ausschmükkung* in sieben Teilen. Ab und zu mögen die Schüler gewissermaßen als Vorspiel zur Rhetorik irgend eines der Glieder getrennt behandeln. Solche *Progymnasmata* hat *Aphthonius* geschrieben. Mitunter gebe man als Thema einen *Lobspruch,* einen *Tadel,* eine *Fabel,* ein *Gleichnis,* eine *vergleichende Zusammenstellung,* zuweilen eine *Redefigur,* eine *Beschreibung,* eine *Einteilung,* ein *Zwiegespräch,* eine *Entgegnung,* eine *Schilderung.* Manchmal lasse man ein *Gedicht* in *Prosa* auflösen oder umgekehrt ein prosaisches Stück in *Verse* bringen, ein anderes Mal einen Brief des *Plinius* oder des *Cicero* in den Worten und Figuren nachahmen, bisweilen einen und denselben Gedanken mit Abwechslung in den Worten und Bildern wiedergeben, bisweilen denselben in *griechischer* und *lateinischer* Sprache zugleich, in *Versen* und *Prosa* behandeln, oder ihn in fünf bis sechs von dem Lehrer vorgeschriebenen Versarten ausdrücken, mitunter denselben Gedanken durch eine ganze Reihe von Sätzen und Wendungen variieren. Den meisten Nutzen aber gewähren *Übertragungen* aus dem *Griechischen* in das *Lateinische*. Daher müssen hierin die Schüler sehr häufig und fleißig geübt werden; denn dadurch wird einerseits der Geist in der Auffassung der Gedanken geübt, andererseits ein tieferer Einblick in das Wesen und die Eigentümlichkeit beider Sprachen gewonnen und das Gemeinsame und Abweichende derselben erkannt. Um aber das Griechische in seiner vollen Bedeutung wiederzugeben, muß der *gesamte lateinische Sprachschatz* herangezogen werden. Wenn dies anfangs den Knaben schwierig erscheint, durch fortgesetzte Übung wird es schon leichter werden, und daneben wird die Kunst und Hingabe des Lehrers den Knaben einen guten Teil der Arbeit abnehmen, indem er ihnen das angiebt, was nach seiner Ansicht deren Kräfte übersteigt. Und dann müssen solche Übungen mit dem fleißigen Lesen der Schriftsteller Hand in Hand gehen, damit sie so Stoff zum Nachahmen bekommen. *Gleichwohl soll der Lehrer mit dem Thema anfänglich auch den nötigen Vorrat an Wörtern und Redewendungen geben.* Später müssen sie dann allerdings zu eigener Auffindung angeregt werden, indem man bloß das Thema stellt und es jedem überläßt, das zur Abhandlung, Ausschmückung und nähern Ausführung Geeignete selbst zu finden. Auch in dieser Beziehung erwarte ich Auswahl und Mannigfaltigkeit von der Umsicht eines durchgebildeten Lehrers; einige kurze Andeutungen mögen jedoch hier gegeben werden.

Vielfach stelle er die Aufgabe zur Abfassung eines *anratenden, abratenden, aufmunternden, abmahnenden, erzählenden Briefes,* eines *Glückwunsch-, Aufforderungs-, Empfehlungs-* und *Trostschreibens,* und gebe von einer jeden Gattung das unterscheidende Merkmal, gewisse gemeinsame Wendungen und Formeln und je nach der Aufgabe auch die besondern an. Ab und zu lasse er ein *dekla-*

matorisches Thema in seinen verschiedenen Arten behandeln, indem er beispielsweise die Aufgabe stellt, den *Julius Cäsar zu tadeln oder den Sokrates zu loben* - eine epideiktische Ausführung. Desgleichen: *Man soll immer sogleich das Beste lernen. Im Reichtum liegt nicht das wahre Glück. Die Mutter soll ihr Kind selbst nähren. Soll man Griechisch lernen oder nicht? Soll man eine Frau nehmen oder nicht? Soll man reisen oder nicht?* in an- oder abratender Weise. Ebenso: *M. Horatius verdiente nicht die Todesstrafe* - eine juristische Ausführung. Aber wenn die Schüler diesen Ringplatz zuerst betreten, so soll der, welcher das Lehramt übernommen hat, nicht unterlassen, zuvor anzugeben, nach wie vielen Hauptpunkten das betreffende Thema abgehandelt werden kann. Außerdem soll er die Aufeinanderfolge dieser Hauptsätze und deren gegenseitiges Abhängigkeitsverhältnis darlegen; ferner die verschiedenen Schlüsse, worauf sich ein jeder Satz, und die einzelnen Gründe, worauf sich ein jeder Schluß stützt; dazu die Umstände und Beweisquellen, aus denen solche zu entnehmen sind; weiterhin, mit welchen Gleichnissen, Gegensätzen, Beispielen, Wechselbeziehungen, Sentenzen, Sprichwörtern, Fabeln, Allegorien ein jeder Abschnitt ausgeschmückt werden kann. Er gebe auch die etwa besonders hierher passenden Redefiguren an, welche der Darstellung mehr Ausdruck, Schmuck, Klarheit oder Anmut verleihen können. Wenn einige Punkte näher ausgeführt werden sollen, gebe er die Anleitung dazu, sei es durch Gemeinplätze oder an der Hand jener Entwicklungssätze, welche *Quintilian* in vier Klassen eingeteilt hat. Kommen etwaige Gemütserregungen vor, so zeige er auch, auf welche Weise diese darzustellen sind. Ja selbst die Verbindungsarten schreibe er vor und die jeweilig passendsten Übergänge von der Einleitung zur Darlegung des Themas, vom Thema zur Einteilung, von der Einteilung zur Beweisführung, von einem Vordersatz zum andern, von einem Schlußsatz zum andern, von der Beweisführung zum Epilog oder Schluß. Er gebe auch gewisse passende Redewendungen für die Einleitung oder den Schluß an. Endlich weise er, wo es angeht, auf bestimmte Stellen bei den Schriftstellern hin, aus denen sie wegen der sachlichen Beziehungen Stoff zum Nachahmen entnehmen können. Ist das sieben- bis achtmal geschehen, so werden sie schon nach dem Ausdruck des *Horaz* anfangen, ohne Kork zu schwimmen. Dann wird eine bloße Angabe des Themas genügen, und man braucht ihnen nicht mehr, wie die Ammen den kleinen Kindern, alles vollständig vorzukauen. Auch mißfällt mir nicht jene Art von Übung, die, wie ich finde, bei den Alten im Gebrauch gewesen ist, daß man nämlich die Aufgaben hin und wieder aus *Homer, Sophokles, Euripides* oder auch aus den Geschichtschreibern entnimmt, z.B.: *Menelaus fordert vor der trojanischen Ratsversammlung die Helena zurück;* oder: *Phönix rät dem Achill, in den Kampf zurückzukehren;* oder: *Odysseus giebt den Trojanern den Rat, die Helena lieber herauszugeben, als es auf einen Krieg ankommen zu lassen.* Solcher Art sind mehrere der von *Libanius* und *Aristides* auf uns gekommenen Redeübungen. Ferner: *Ein Freund rät dem Cicero, den Vorschlag des Antonius nicht anzunehmen -* ein Thema, das *Seneca* behandelt. *Phalaris schlägt den Delphiern vor, den ehernen Stier ihrem Gotte zu weihen.* Hierauf beziehen sich die Briefe, welche unter dem Namen des *Phalaris* und *Brutus* bekannt sind.

Bei der *Korrektur* soll der Lehrer das in der Erfindung, Ausführung oder Nachahmung besonders Gelungene lobend hervorheben, das Verfehlte oder an unrichtiger Stelle Angebrachte, Übertreibungen, nachlässige, unklare oder auch zu wenig stilgerechte Ausführungen mit einer tadelnden Bemerkung versehen, *dabei aber auch die Art und Weise der Verbesserung zeigen und öfter darauf dringen, daß letztere vollzogen wird.* Namentlich aber soll er die Schüler durch gegenseitige Vergleichung ihrer Leistungen aufmuntern und so einen gewissen Wetteifer unter denselben erregen.

Was nun die *Erklärung der Schriftsteller* betrifft, so soll man dabei nicht das heutzutage von den meisten Lehrern aus falschem Ehrgeiz eingeschlagene Verfahren nachmachen, nämlich bei jeder Stelle alles Mögliche vorzubringen, sondern sich *lediglich auf das beschränken, was zur Erklärung der vorliegenden Stelle dienlich ist,* es sei denn, daß man einmal der Abwechslung halber eine Abschweifung für angezeigt hält. Wenn du nun auch hierin eine Anleitung von mir wünschest, so scheint mir folgendes Verfahren am zweckmäßigsten zu sein. Zunächst gebe man, um die Aufmerksamkeit der Zuhörer zu erregen, eine kurze *Charakteristik* des vorzulegenden Schriftstellers; alsdann spreche man von der *Annehmlichkeit* und dem *Nutzen* des von ihm behandelten Gegenstandes; darauf erkläre und unterscheide man den *Wortbegriff* des Themas, wenn derselbe, wie das meistens der Fall ist, verschiedene Anwendung findet. Will man also, um dies an einem Beispiele zu zeigen, ein Lustspiel des *Terenz* erklären, so gebe man zuerst eine kurze Darstellung der Lebensumstände, des Dichtertalentes und der gewählten Schreibweise des Autors; alsdann spreche man von dem Vergnügen und Nutzen, welchen das Lesen der Lustspiele gewährt; weiterhin weise man auf die Bedeutung des Wortes "Komödie", auf die verschiedenen Arten von Komödien und deren notwendige Eigenschaften hin. Hierauf gebe man eine möglichst kurze und klare Übersicht über den Inhalt des Stückes, zeige genau den Charakter der Dichtung, gebe eine allgemeine Einteilung derselben und gehe dann zu einer nähern Besprechung des Einzelnen über. Hierbei mache man auf besonders schöne Stellen, auf altertümliche, neugebildete, dem Griechischen entlehnte, dunkle oder weitschweifige Wörter und Redensarten, bemerkenswerte Ableitungen und Zusammensetzungen, orthographische Eigentümlichkeiten, grammatische und rhetorische Figuren, Ausschmückungen und verderbte Stellen sorgfältig aufmerksam. Dann ziehe man ähnliche Stellen aus andern Schriftstellern zum Vergleich heran, um auf etwaige Abweichungen, verwandtschaftliche Beziehungen, Nachahmungen, Anspielungen, Übertragungen aus andern Sprachen oder wörtliche Entlehnungen hinzuweisen, da ja bekanntlich die literarischen Erzeugnisse der Lateiner größtenteils auf denen der Griechen beruhen. Endlich gehe man zur philosophischen Betrachtung des Ganzen über und lege die *moralische Bedeutung* der dichterischen Erzählung dar oder stelle sie als Muster hin, z.B.: die Sage von *Pylades* und *Orestes* zur Empfehlung der Freundschaft, die des *Tantalus* zur Verabscheuung der Habsucht. In dieser Hinsicht wird dem Lehrer *Eustathius,* der Erklärer *Homers,* gute Dienste leisten. Auf solche Weise werden, wofern der Lehrer es nur einigermaßen geschickt anzufangen weiß, selbst etwaige Stellen, die auf die Jugend einen schädlichen Einfluß ausüben könnten, nicht nur keinen Nachteil in sittlicher Beziehung, sondern sogar Nutzen bringen, indem der Geist teils auf die Erklärung gerichtet, teils auf höhere Gedanken gelenkt wird...

Dieses Beispiel habe ich ausführlicher dargelegt, damit

sich danach ein jeder um so leichter in den übrigen Dingen ein ähnliches Verfahren zurechtlegen kann. Bei der Vorlage eines jeden Schriftstückes wird es ja von Nutzen sein, an der Schriftgattung zu zeigen, welches die charakteristische Eigentümlichkeit der Darstellung sei, und worauf bei derselben das Hauptaugenmerk gerichtet werden müsse. So weise man z.B. bei den *Epigrammen* auf die treffende Kürze hin. Ferner mache man auf die verschiedenen Arten der Anspielung aufmerksam, wie sie bei *Cicero* und *Quintilian* vorkommen, und bemerke, daß diese Gattung besonders Ausrufe liebt, die passend am Schluß angebracht werden, um den Gedanken gleichsam zugespitzt im Geiste des Lesers zurückzulassen. Beim *Trauerspiele,* sage man, sei es hauptsächlich auf Erregung der Gemütsstimmungen, und zwar im allgemeinen der heftigern, abgesehen. Wodurch diese hervorgerufen werden, gebe man in kurzen Worten an, ferner die Darstellungen der auftretenden Persönlichkeiten, endlich die vorkommenden Orts-, Zeit- und Sachbeschreibungen, sowie die scharfsinnigen Wortwechsel, die sich bald in Distichen, bald in einzelnen Versen, bald in Halbversen bewegen. Beim *Lustspiele,* erinnere man, sei vor allem das Schickliche und die Widerspiegelung des alltäglichen Lebens zu beachten; die Gemütsbewegungen seien sanfterer Art und mehr angenehm als erregt. In erster Linie aber komme es auf das Schickliche an, nicht bloß auf die allgemeine Eigenschaft, daß die Jünglinge lieben, die Kuppler lügen, die Buhlerin schmeichelt, der Greis schilt, der Sklave betrügt, der Soldat sich brüstet und dergleichen, sondern auch auf den besondern Charakter, den der Dichter nach seinem Ermessen den einzelnen Personen beilegt. So führt er uns beispielsweise in der *Andria* zwei Greise von ganz verschiedenem Naturell vor: hier den heftigen und etwas mürrischen, aber im Grunde nicht thörichten und schlechten *Simon;* dort den höflichen und stets gefälligen *Chremes,* der überall bei der Hand ist und, wo er nur kann, den Vermittler spielt, bei aller Unterwürfigkeit jedoch kein Dummkopf ist. Ebenso bringt er zwei junge Leute von ungleicher Sinnesart auf die Bühne: hier den für sein Alter recht verständigen und umsichtigen *Pamphilus,* der aber etwas heftig ist, so daß man in ihm leicht den Sohn des Simon erkennt; anderseits den kindischen, einfältigen und geistig beschränkten *Charinus.* Hinwiederum treffen wir zwei ganz verschieden geartete Sklaven an: den schlauen und verschmitzten, seinen Herrn hartnäckig zur Hoffnung aufmunternden *Davus;* daneben den ratlosen, seinen Herrn fortwährend zur Verzweiflung treibenden *Byrria.* Auf gleiche Weise in den *Adelphen:* hier *Mitio,* der auch beim Schelten milde und gutmütig bleibt, dort *Demea,* der selbst beim Schmeicheln bitter ist. Dann *Äschinus,* der wegen seiner Gewöhnung an das Stadtleben und im Vertrauen auf Mitio sich an alles heranwagt, dabei jedoch einen biedern Charakter zeigt, gefällig gegen den Bruder, treu der Geliebten gegenüber ist; anderseits *Klesiphon,* der sich halb bäuerisch und blöde benimmt, weil ihm solche Verhältnisse fremd sind. Hier der schlaue und kecke *Syrus,* der alles heuchelt und verheimlicht, so daß nur die Trunkenheit seine Verstellung aufdecken konnte; dort der dämische und stumpfsinnige *Dromo.* Indessen, solches weiter zu verfolgen, ist hier nicht meine Aufgabe; ich begnüge mich fürs erste damit, den Weg angegeben zu haben.

Bei den *Eklogen* erinnere man daran, daß dieselben ein Bild von dem goldenen Zeitalter und dem Leben der Vorzeit geben, daß demgemäß alles, was darin an Sentenzen, Gleichnissen und Gegenüberstellungen vorkommt, aus dem Hirtenleben entnommen wird. Die Affekte sind einfacher Art; sie bewegen sich mit Vorliebe in Gesängen, Sentenzen und Sprichwörtern und lassen sich von Aberglauben und Wahrsagerei leiten. In gleicher Weise wird man auf das Charakteristische des *Heldengedichtes,* der *Geschichtserzählung,* des *Dialogs,* des *Apologs,* der *Satire,* der *Ode* und der übrigen *Schriftgattungen* sorgfältig hinweisen.

Ferner wird man nicht unterlassen dürfen, die Vorzüge der einzelnen Schriftsteller in den betreffenden Darstellungsarten oder auch deren Fehler zu zeigen, damit sich die jungen Leute frühzeitig an das gewöhnen, was bei allen Dingen die Hauptsache ist, an ein *selbständiges Urteil.* Zu dem Ende werden dem Lehrer außer seiner Befähigung und seinem Talente auch das Schriftchen *Ciceros* "Über berühmte Redner", die Abschnitte über die Schriftsteller bei *Quintilian, Seneca* und *Antonius Campanus,* sowie die alten Erklärer, namentlich *Donat,* der sich hiermit besonders beschäftigt hat, eine gute Anleitung geben. Hierher gehört auch der Nachweis des mit einem bestimmten Verfahren verfolgten Zweckes, z.B. *warum Cicero bei der Vertei-*

*digung des Milo sich furchtsam gestellt hat; warum Vergil
den Turnus, des Äneas Freund, so sehr mit Lobsprüchen
überhäuft; warum der fortgejagte Arzt bei Lucian auf die
Stiefmutter nicht schimpft, sondern sie um so mehr lobt und
gegen den Vater sich erbitterter zeigt als gegen jene.* Doch
auch dies würde uns hier viel zu weit führen.

Aber, wird man einwenden, eine derartige Unterrichtsmethode erfordert doch gar zu große Anstrengung. Ich verlange einen gründlich gebildeten und durch
langjährige Praxis erprobten Lehrer. Hat man den gefunden, so werden die Knaben auch solche Dinge sich mühelos
aneignen. Und sollte das anfangs auch etwas schwer fallen,
mit der Zeit und durch Gewöhnung wird es schon leichter gehen. Jedenfalls sind es die wissenswertesten Dinge,
und mit den wissenswertesten soll man sich frühzeitig
bekannt machen. Gleichwohl dürfen auch diese Sachen
nicht überall eingepaukt werden, damit sie nicht bei den
Schülern Überdruß erregen, sondern in der Weise, daß sie
zwischendurch als die bedeutendern vorkommen. *Dabei
muß aber der Lehrer eine ebenso große Sorgfalt auf die
Wiederholung des Vorgekommenen als auf den Vortrag selbst
verwenden.* Es ist allerdings diese Arbeit für den Lehrer
die lästigste, zugleich aber für die Schüler die nützlichste.
Er soll nicht lediglich die Sachen der Reihe nach abfra-
gen, sondern die Schüler daran gewöhnen, alles, was ihm
wichtig erscheint, getreu wiederzugeben. Und hiervon soll
ihn nicht die Schwierigkeit abschrecken, die bereits nach
Verlauf eines Monats überwunden sein wird. *Das Verfahren, die jungen Leute alles Vorgetragene aufschreiben zu
lassen, hat mir nie gefallen; denn auf diese Weise wird die
Pflege des Gedächtnisses vernachlässigt.* Nur einiges wenige
mögen sie sich notieren, und zwar nur zeitweilig, bis das
Gedächtnis durch fortgesetzte Übung erstarkt ist und der
Unterstützung durch die Schrift nicht mehr bedarf.

Kurz, einer zweckmäßigen Unterrichtsmethode messe
ich eine so hohe Wichtigkeit bei, vorausgesetzt, daß ein
gewissenhafter und gründlich gebildeter Lehrer zur Hand
ist, daß ich mich unbedenklich und auf meine Gefahr hin
anheischig mache, die jungen Leute mit geringerer Mühe
und in weniger Jahren zu einer gewissen Beherrschung
beider Sprachen zu führen - falls mir nur nicht ganz
talentlose Schüler gegeben werden -, als jene Schulmeister

die ihrigen zu ihrer wie immer gearteten Stümperei oder, besser gesagt, Kinderei bringen.

Ist der Knabe in diesen Anfangsgründen von früh auf unterrichtet, dann mag er sich getrost zu den höhern Studien wenden, und er wird in jedem Fache, dem er sich widmen mag, bald erkennen lassen, wie wichtig es ist, auf der besten Grundlage aufgebaut zu haben.

An die Bürgermeister und Ratsherrn aller Städte in deutschen Landen, daß sie christliche Schulen aufrichten und halten sollen (1524)

Martin Luther

...Aufs erste erfahren wir jetzt in deutschen Landen durch und durch, wie man allenthalben die Schulen zergehen läßt: Die hohen Schulen werden schwach, Klöster nehmen ab, und will solches Gras dürr werden, und die Blume fällt dahin, wie Jesaias sagt, weil der Geist Gottes durch sein Wort drein webet und scheinet so heiß darauf durch das Evangelium. Denn nun durch das Wort Gottes kund wird, wie solch Wesen unchristlich und nur auf den Bauch gerichtet sei. Ja, weil der fleischliche Haufe sieht, daß sie ihre Söhne, Töchter und Freunde nicht mehr sollen oder mögen in Klöster und Stifter verstoßen und aus dem Hause und Gut weisen und auf fremde Güter setzen, will niemand mehr lassen Kinder lehren noch studieren. "Ja", sagen sie, "was soll man lernen lassen, die nicht Pfaffen, Mönch und Nonnen werden sollen? - Man lasse sie so mehr lernen, womit sie sich ernähren." Was aber solche Leute für Andacht und im Sinn haben, zeigt genugsam solch ihr eigen Bekenntnis. Denn wo sie hätten nicht allein den Bauch und zeitliche Nahrung für ihre Kinder gesucht in Klöstern und Stiften oder im geistlichen Stand und wäre ihr Ernst gewesen, der Kinder Heil und Seligkeit zu suchen, so würden sie nicht die Hände ablassen und hinfallen und sagen: Soll der geistliche Stand nicht sein, so wollen wir auch das Lehren lassen anstehen und nichts dazu tun, sondern würden also sagen: Ist's wahr, wie das Evangelium lehret, daß solcher Stand unsern Kindern fährlich ist, ach Lieber, so lehret uns doch eine andere Weise, die Gott gefällig und unsern Kindern seliglich sei; denn wir wollten ja gerne unsern lieben Kindern nicht allein den Bauch, sondern auch die Seele versorgen. Das werden freilich rechte christliche, treue Eltern von solchen Sachen reden.

Daß aber der böse Teufel sich also zur Sache stellet und gibt solches ein den fleischlichen Weltherzen, die Kinder und das junge Volk so zu verlassen, ist nicht Wunder. Und wer will's ihm verdenken? Er ist ein Fürst und Gott der Welt. Daß er nun des sollte ein Gefallen tragen, daß ihm seine Nester, die Klöster und geistlichen Rotten verstöret werden durch's Evangelium, in welchen er allermeist das junge Volk verderbet, an welchem ihm gar viel, ja ganz und gar gelegen ist, wie ist's möglich? Wie sollte er das zugeben oder anregen, daß man junges Volk recht aufziehe? Ja, ein Narr wäre er, daß er in seinem Reich sollte das lassen und helfen aufrichten, dadurch es auf's allergeschwindeste müßte zu Boden gehen; wie denn geschähe, wo er das niedliche Bißlein, die liebe Jugend, verlöre und leiden müßte, daß sie mit seinen Kosten und Gütern erhalten würde zu Gottes Dienst.

Darum hat er sehr weislich getan zu der Zeit, da die Christen ihre Kinder christlich aufzogen und lehren ließen. Es wollte ihm der junge Haufe zu gern entlaufen und in seinem Reiche ein Unleidliches aufrichten: da fuhr er zu und breitete seine Netze aus, richtete solche Klöster, Schulen und Stände an, daß es nicht möglich war, daß ihm ein Knabe hätte sollen entlaufen ohne sonderlich Gotteswunder. Nun er aber siehet, daß diese Stricke durchs Gotteswort verraten werden, fährt er auf die andere Seite und nun gar nichts lässet lernen. Recht und weislich tut er abermal für sein Reich zu erhalten, daß ihm der junge Haufe ja bleibe. Wenn er denselben hat, so wächst er unter ihm auf und bleibt sein; wer will ihm etwas nehmen? Er behält die Welt dann wohl mit Frieden inne. Denn wo ihm soll ein Schaden geschehen, der da recht beiße, der muß durchs junge Volk geschehen, das in Gottes Erkenntnis aufwächst und Gottes Wort ausbreitet und anderen lehret.

Niemand, niemand glaubt, welch ein schädliches, teuflisch Vornehmen das sei, und gehet doch so still daher, daß es niemand merkt, und will den Schaden getan haben, ehe man raten, wehren und helfen kann. Man fürchtet sich vor Türken und Kriegen und Wassern; denn da verstehet man, was Schaden und Frommen sei. Aber was hie der Teufel im Sinn hat, siehet niemand, fürchtet auch niemand, gehet still herein. So doch hie billig wäre, daß, wo man einen Gulden gäbe wider die Türken zu streiten, wenn sie uns gleich auf dem Halse lägen, hie hundert Gulden gegeben würden, ob man gleich nur einen Knaben könnte damit auferziehen, daß ein rechter Christenmann würde; sintemal ein rechter Christenmensch besser ist und mehr Nutzes vermag denn alle Menschen auf Erden...

Ja, sprichst du abermal, ob man gleich sollte und müßte Schulen haben, was ist uns aber nütze, lateinische, griechische und hebräische Zungen und andere freie Künste zu lehren? Könnten wir doch wohl deutsch die Bibel und Gottes Wort lehren, die uns genugsam ist zur Seligkeit? Antwort: Ja, ich weiß leider wohl, daß wir Deutschen müssen immer Bestien und tolle Tiere sein und bleiben, wie uns denn die umliegenden Länder nennen und wir auch wohl verdienen. Mich wundert aber, warum wir nicht auch einmal sagen: Was sollen uns Seide, Wein, Würze und die fremde, ausländische Ware, so wir doch selbst Wein, Korn, Wolle, Flachs, Holz und Steine in deutschen Landen nicht allein die Fülle haben zur Nahrung, sondern auch die Kür und Wahl zu Ehren und Schmuck? Die Künste und Sprachen, die uns ohne Schaden, ja größerer Schmuck, Nutz, Ehre und Frommen sind, nämlich: die Heilige Schrift zu verstehen und weltlich Regiment zu führen, wollen wir verachten, und der ausländischen Waren, die uns weder not noch nütze sind, dazu uns schinden bis auf den Grat, deren wollen wir nicht entraten. Heißen das nicht billig deutsche Narren und Bestien?

Zwar, wenn kein anderer Nutzen an den Sprachen wäre, sollte doch uns das billig erfreuen und anzünden, daß es so eine edle, feine Gabe Gottes ist, damit uns Deutschen Gott jetzt so reichlich, hoch über alle Länder heimsucht und begnadet. Man sieht nicht viel, daß der Teufel dieselben hätte lassen durch die hohen Schulen und Klöster aufkommen. Ja, sie haben allzeit aufs höchste dawider getobt und toben auch noch. Denn der Teufel roch den Braten wohl: wo die Sprachen hervorkämen, würde sein Reich ein Fach gewinnen, das er nicht könnte leicht wieder zustopfen. Weil er nun nicht hat mögen wehren, daß sie hervorkämen, denket er doch, sie nun also schmal zu halten, daß sie von selbst wieder sollen vergehen und fallen. Es ist ihm nicht ein lieber Gast damit ins Haus gekommen, darum will er ihn auch also speisen, daß er nicht lange solle bleiben. Diese böse Tücke des Teufels sehen unser gar wenig, liebe Herren.

Darum, lieben Deutschen, laßt uns hier die Augen auftun, Gott danken für das edle Kleinod und fest darob halten, daß es uns nicht wieder entzogen werde und der Teufel nicht seinen Mutwillen büße. Denn das können wir nicht leugnen, daß, wiewohl das Evangelium allein durch den heiligen Geist gekommen ist und täglich kommt, so ist's doch durch Mittel der Sprachen gekommen und hat auch dadurch zugenommen, muß auch dadurch behalten werden. Denn gleich wie da Gott durch die Apostel wollte in alle Welt das Evangelium lassen kommen, gab er die Zungen dazu. Und hatte auch zuvor durch der Römer Regiment die griechische und lateinische Sprache so weit in alle Lande ausgebreitet, auf daß sein Evangelium ja bald fern und weit Frucht brächte. Also hat er jetzt auch getan. Niemand hat gewußt, warum Gott die Sprachen hervor ließ kommen, bis daß man nun allererst sieht, daß es um des Evangelium willen geschehen ist, welches er hernach hat wollen offenbaren und dadurch des Endchrists Regiment aufdecken und zerstören. Darum hat er auch Griechenland dem Türken gegeben, auf daß die Griechen, verjagt und zerstreut, die griechische Sprache ausbrächten und ein Anfang würden, auch andere Sprachen mit zu lernen.

So lieb nun, wie uns das Evangelium ist, so hart laßt uns über den Sprachen halten. Denn Gott hat seine Schrift nicht umsonst allein in die zwei Sprachen schreiben lassen, das Alte Testament in die hebräische, das Neue in die griechische. Welche nun Gott nicht verachtet, sondern zu seinem Wort erwählt hat vor allen andern, sollen auch wir dieselben vor allen andern ehren. Denn S. Paulus rühmte das für eine sonderliche Ehre und Vorteil der hebräischen Sprache, daß Gottes Wort drinnen gegeben ist, da er sprach (Röm. 3, 1f.): "Was hat die Beschneidung Vorteil oder Nutzen? Gar viel. Aufs erste, so sind ihnen Gottes Reden befohlen." Das rühmt auch der König David (Ps.147, 19): "Er verkündigt sein Wort Jakob und seine Gebote und Rechte Israel." Er hat keinem Volk also getan, noch seine Rechte ihnen offenbart. Daher auch die hebräische Sprache heilig heißet. Also mag auch die griechische Sprache wohl heilig heißen, daß dieselbe vor andern dazu erwählt ist, daß das Neue Testament drinnen geschrieben würde und aus derselben, wie aus einem Brunnen, in andere Sprache durchs Dolmetschen geflossen ist und sie auch geheiligt hat.

Und laßt uns das gesagt sein, daß wir das Evangelium nicht wohl werden erhalten ohne die Sprachen. Die Sprachen sind die Scheiden, darin dies Messer des Geistes steckt. Sie sind der Schrein, darinnen man dies Kleinod trägt. Sie sind das Gefäß, darinnen man diesen Trank fasset. Sie sind die Kemnat, darinnen diese Speise liegt. Und wie das Evangelium selbst zeigt, sie sind die Körbe, darinnen man Brote und Fische und Brocken behält. Ja, wo wir's versehen, daß wir (da Gott vor sei) die Sprachen fahren lassen, so werden wir nicht allein das Evangelium verlieren, sondern es wird auch endlich dahin geraten, daß wir weder Lateinisch noch Deutsch recht reden oder schreiben könnten. Des laßt uns das elend, greulich Exempel zur Beweisung und Warnung nehmen in den hohen Schulen und Klöstern, darinnen man nicht allein das Evangelium verlernt, sondern auch lateinische und deutsche Sprache verderbt hat, daß die elenden Leute schier zu lauter Bestien geworden sind, weder Deutsch noch Lateinisch recht reden oder schreiben können und beinahe auch die natürliche Vernunft verloren haben.

Darum haben's die Apostel auch selbst für nötig angesehen, daß sie das Neue Testament in die griechische Sprache faßten und anbanden; ohne Zweifel, daß sie es uns daselbst sicher und gewiß verwahrten, wie in einer heiligen Lade. Denn sie haben gesehen all dasjenige, das zukünftig war und nun also ergangen ist: wo es allein in die Köpfe gefaßt würde, wie manche wilde, wüste Unordnung und Gemenge, so mancherlei Sinne, Dünkel und Lehren sich erheben würden in der Christenheit; welchen in keinem Weg zu wehren, noch die Einfältigen zu schützen wären, wo nicht das Neue Testament gewiß in Schrift und Sprache gefaßt wäre. Darum ist's gewiß, wo nicht die Sprachen bleiben, da muß zuletzt das Evangelium untergehen...

Nun, das sei gesagt von Nutz und Not der Sprachen und christlichen Schulen für das geistlich Wesen und zu der Seelen Heil. Nun laßt uns auch den Leib vornehmen und setzen, als ob schon keine Seele noch Himmel oder Hölle wäre: so sollten wir allein das zeitliche Regiment ansehen nach der Welt, ob dasselbe nicht bedürfe viel mehr guter Schulen und gelehrter Leute, denn das geistliche? Denn bisher haben sich desselben die Sophisten so gar nichts angenommen und die Schulen so gar auf den geistlichen Stand gerichtet, daß es gleich eine Schande gewesen ist, so ein Gelehrter ist ehelich geworden, und hat müssen sagen hören: "Siehe, der wird weltlich und will nicht geistlich werden"; gerade als wäre allein ihr geistlicher Stand Gott angenehm und der weltliche (wie sie ihn nennen) gar des Teufels und unchristlich. So doch dieweil vor Gott sie selbst des Teufels eigen werden, und allein dieser arme Pöbel (wie in dem babylonischen Gefängnis dem Volk Israel geschah) im Land und rechten Stand geblieben ist, und die Besten und Obersten zum Teufel gen Babylon geführt sind mit Platten und Kappen.

Nun hier ist nicht not zu sagen, wie das weltliche Regiment eine göttliche Ordnung und Stand ist (davon ich sonst so viel gesagt habe, daß ich hoffe, es zweifele niemand daran), sondern ist zu behandeln, wie man feine, geschickte Leute darein kriege. Und hier bieten uns die Heiden einen großen Trotz und Schmach an, die vorzeiten, sonderlich die Römer und Griechen, gar nicht gewußt haben, ob solcher Stand Gott gefiele oder nicht, und haben doch mit solchem Ernst und Fleiß die jungen Knaben und Maidlein lassen lernen und aufziehen, daß sie dazu geschickt wurden, daß ich mich unsrer Christen schämen muß, wenn ich daran denke, und sonderlich unsrer Deutschen, die wir sogar Stöcke und Tiere sind und sagen dürfen: "Ja, was sollen die Schulen, so man nicht soll geistlich werden?" Die wir doch wissen, oder jedenfalls wissen sollen, wie ein nötiges und nützliches Ding es ist und Gott so angenehm, wo ein Fürst, Herr, Ratsmann, oder was regieren soll, gelehret und geschickt ist, denselben Stand christlich zu führen.

Wenn nun gleich (wie ich gesagt habe) keine Seele wäre, und man der Schulen und Sprachen gar nicht bedürfte um der Schrift und Gottes willen, so wäre doch allein diese Ursache genugsam, die allerbesten Schulen, beide für Knaben und Maidlein, an allen Orten aufzurichten, daß die Welt, auch ihren weltlichen Stand äußerlich zu halten, doch bedarf feiner, geschickter Männer und Frauen, daß die Männer wohl regieren könnten Land und Leute, die Frauen wohl ziehen und halten könnten Haus, Kinder und Gesinde. Nun solche Männer müssen aus Knaben werden, und solche Frauen müssen aus Maidlein werden. Darum ist's zu tun, daß man Knäblein und Maidlein dazu recht lehre und aufziehe. Nun hab' ich droben gesagt, der gemeine Mann tut hier nichts zu, kann's auch nicht, will's auch nicht, weiß es auch nicht. Fürsten und Herren sollten's tun, aber sie haben auf dem Schlitten zu fahren, zu trinken und in der Mummerei zu laufen, und sind beladen mit hohen, merklichen Geschäften des Kellers, der Küche und der Kammer. Und ob's etliche gern täten, müssen sie die anderen scheuen, daß sie nicht für Narren oder Ketzer gehalten werden. Darum will's euch, liebe Ratsherren, allein in der Hand bleiben: ihr habt auch Raum und Fug dazu, besser denn Fürsten und Herren.

Ja, sprichst du, ein jeglicher mag seine Töchter und Söhne wohl selber lehren oder ziehen mit Zucht. Antwort: Ja, man sieht wohl, wie sich's lehret und zieht. Und wenn die Zucht aufs Höchste getrieben wird und wohl gerät, so kommt's nicht ferner, denn daß ein wenig eine eingezwungene und ehrbare Gebärde da ist, sonst bleiben's gleichwohl eitel Holzböcke, die weder hiervon noch davon wissen zu sagen, niemand weder raten noch helfen können. Wo man sie aber lehrte und zöge in Schulen oder sonst, da gelehrte und züchtige Meister und Meisterinnen wären, da die Sprachen und andere Künste und Historien lehrten, da würden sie hören die Geschichte und Sprüche aller Welt, wie es dieser Stadt, diesem Reich, diesem Fürsten, diesem Mann, diesem Weibe gegangen wäre, und könnten also in kurzer Zeit gleichsam der ganzen Welt von Anbeginn Wesen, Leben, Rat und Anschläge, Gelingen und Ungelingen für sich fassen, wie in einem Spiegel, daraus sie dann ihren Sinn schicken und sich in der Welt Lauf richten könnten mit Gottesfurcht, dazu witzig und klug werden aus denselben Historien, was zu suchen und zu meiden wäre in diesem äußerlichen Leben, und andern auch darnach raten und regieren. Die Zucht aber, die man daheim ohne solche Schulen vornimmt, die will uns weise machen durch eigene Erfahrung. Ehe das geschieht, so sind wir hundertmal tot und haben unser Lebenlang alles unbedacht gehandelt: denn zu eigener Erfahrung gehört viel Zeit.

Weil denn das junge Volk muß lecken und springen oder ja was zu schaffen haben, da es Lust innen hat, und ihm darin nicht zu wehren ist, auch nicht gut wäre, daß man's alles wehrte: warum sollte man dann ihm nicht solche Schulen zurichten und solche Kunst vorlegen? Sintemal es jetzt von Gottes Gnaden alles also zugerichtet ist, daß die Kinder mit Lust und Spiel lernen könnten, es seien Sprachen oder andere Künste oder Historien. Und ist unsere Schule jetzt nicht mehr die Hölle und das Fegfeuer, da wir innen gemartert sind über den Casualibus und Temporalibus, da wir doch nichts denn eitel nichts gelernt haben durch so viel Stäupen, Zittern, Angst und Jammer. Nimmt man so viel Zeit und Mühe, daß man die Kinder Kartenspielen, Singen und Tanzen lehret: warum nimmt man nicht auch so viel Zeit, daß man sie Lesen und andere Künste lehret, weil sie jung und müßig, geschickt und lustig dazu sind? Ich rede für mich: wenn ich Kinder hätte und vermöcht's, sie müßten mir nicht allein die Sprachen und Historien hören, sondern auch singen und die Musica mit der ganzen Mathematica lernen. Denn was ist dies alles, denn eitel Kinderspiel, darinnen die Griechen ihre Kinder vorzeiten zogen, dadurch doch wundergeschickte Leute aus geworden, zu allerlei hernach tüchtig. Ja, wie leid ist mir's jetzt, daß ich nicht mehr Poeten und Historien gelesen habe und mich auch dieselben niemand gelehrt hat. Habe dafür müssen lesen des Teufels Dreck, die Philosophen und Sophisten, mit großen Kosten, Arbeit und Schaden, daß ich genug habe daran auszufegen.

So sprichst du: "Ja, wer kann seiner Kinder so entbehren und alle zu Junkern ziehen? Sie müssen im Hause der Arbeit warten usw.?" Antwort: Ist's doch auch nicht meine Meinung, daß man solche Schulen einrichte, wie sie bisher gewesen sind, da ein Knabe zwanzig oder dreißig Jahre hat über dem Donat und Alexander gelernt und dennoch nichts gelernt. Es jetzt ist eine andere Welt und gehet anders zu. Meine Meinung ist, daß man die Knaben des Tages eine Stunde oder zwei lasse zu solcher Schule gehen, und nichtsdestoweniger die andere Zeit im Hause schaffen, Handwerk lernen und wozu man sie haben will, das beides miteinander gehe, weil das Volk jung ist und warten kann. Bringen sie doch sonst wohl zehnmal soviel Zeit zu mit Käulchen schießen, Ballspielen, Laufen und Rammeln!

Also kann ein Maidlein ja soviel Zeit haben, daß es des Tages eine Stunde zur Schule gehe, und dennoch seines Geschäftes im Hause wohl warte: verschläft's und vertanzet und verspielet es doch wohl mehr Zeit. Es fehlet allein daran, daß man nicht Lust noch Ernst dazu hat, das junge Volk zu ziehen, noch der Welt zu helfen und zu raten mit feinen Leuten. Der Teufel hat viel lieber grobe Blöcke und unnütze Leute, daß es den Menschen ja nicht zu wohl gehe auf Erden.

Welche aber der Ausbund darunter wären, deren man sich verhoffte, daß es geschickte Leute sollen werden zu Lehrern und Lehrerinnen, zu Predigern und andern geistlichen Ämtern, die soll man desto mehr und länger dabei lassen oder ganz daselbst zu verordnen. So müssen wir ja Leute haben, die uns Gottes Wort und Sakramente reichen und Seelwärter seien im Volk. Wo wollen wir sie aber nehmen, so man die Schulen zergehen läßt und nicht andere christlichere aufrichtet? Sintemal die Schulen, bisher gehalten, ob sie gleich nicht vergingen, doch nichts geben können, denn eitel verlorene, schädliche Verführer.

Darum es hohe Not ist, nicht allein der jungen Leute halber, sondern auch beide unsere Stände, geistliche und weltliche zu erhalten, daß man in dieser Sache mit Ernst und in der Zeit dazu tue, auf daß wir's nicht hintennach, wenn wir's versäumt haben, vielleicht müssen lassen, ob wir's dann gern tun wollten, und umsonst den Reuling uns mit Schaden beißen lassen ewiglich. Denn Gott erbietet sich reichlich und reicht die Hand dar und gibt dazu, was dazu gehöret...

Unterricht der Visitatoren an die Pfarrherrn
im Kurfürstentum Sachsen (1528)

Philipp Melanchthon

Von Schulen

...Nun sind viele Mißbräuche in der Kinderschule. Damit nun die Jugend recht gelehrt werde, haben wir diese Form aufgestellt.

Erstlich sollen die Schulmeister fleißig danach streben, daß sie die Kinder allein lateinisch lehren, nicht deutsch oder griechisch oder hebräisch, wie etliche bisher getan haben; die armen Kinder mit solcher Mannigfaltigkeit beschweren, ist nicht nur unfruchtbar, sondern auch schädlich. Man sieht auch, daß solche Schulmeister nicht der Kinder Nutzen bedenken, sondern um ihres eigenen Ruhmes willen soviele Sprachen vornehmen.

Zum andern sollen sie auch sonst die Kinder nicht viel mit Büchern beschweren, sondern überall Mannigfaltigkeit vermeiden.

Zum dritten ist's notwendig, daß man die Kinder einteile in Haufen.

Vom ersten Haufen

Der erste Haufe sind die Kinder, die lesen lernen. Mit denselben soll diese Ordnung gehalten werden. Sie sollen erstlich lesen der Kinder Handbüchlein, darin das Alphabet, Vaterunser, der Glaube und andere Gebete stehen.

Wenn sie dies können, soll man ihnen den Donat und Cato zusammen geben, den Donat zu lesen, den Cato zu exponieren, so, daß der Schulmeister einen Vers oder zwei darlege, welche die Kinder danach zu einer anderen Stunde aufsagen, daß sie dadurch einen Haufen lateinischer Wörter lernen und sich einen Vorrat schaffen zum Reden. Darin sollen sie so lange geübt werden, bis sie gut lesen können; und wir halten dafür, es soll nicht unfruchtbar sein, daß die schwachen Kinder, die nicht einen sonderlich schnellen Verstand haben, den Cato und Donat nicht nur einmal, sondern noch ein zweites Mal lernen.

Daneben soll man sie lehren schreiben und antreiben, daß sie täglich ihre Schrift dem Schulmeister zeigen.

Damit sie auch viele lateinische Wörter lernen, soll man ihnen täglich am Abend etliche Wörter zu lernen geben, wie vor alter Zeit die Weise in der Schule gewesen ist.

Diese Kinder sollen auch zur Musik gehalten werden und mit den anderen singen, wie wir unten, will Gott, anzeigen wollen.

Von dem andern Haufen

Der andere zweite Haufe sind die Kinder, die lesen können; sie sollen nun die Grammatik lernen. Mit denselben soll es so gehalten werden.

Die erste Stunde nachmittag täglich sollen die Kinder in der Musik geübt werden, alle, klein und groß.

Danach soll der Schulmeister dem andern Haufen auslegen die Fabeln von Äsop erstlich. Nach dem Vesper soll man ihnen die Pädologie des Mosellanus exponieren, und wenn diese Bücher gelernt sind, soll man etwas aus den Kolloquien des Erasmus wählen, die den Kindern nützlich und züchtig sind.

Dies mag man auf den andern Abend repetieren.

Abends, wenn die Kinder nach Hause gehen, soll man ihnen eine Sentenz aus einem Poeten oder etwas anderem vorschreiben, die sie morgens wieder aufsagen, wie z.B. Amicus certus in re inverta cernitur; ein gewisser Freund wird im Unglück erkannt. Oder: Fortuna quem nimium fovet, stultum facit; Wen das Glück zu sehr verwöhnt, den macht es zum Narren. Ebenso Ovid: Vulgus amicitias utilitate probat; der Pöbel beurteilt Freundschaften nur nach dem Nutzen.

Morgens sollen die Kinder den Äsop wieder exponieren.

Dabei soll der Lehrer etliche Nomina und Verba deklinieren, je nach Art der Kinder viele oder wenige, leichte oder schwere, und die Kinder auch nach Regel und Ursache solcher Deklinationen fragen.

Wenn die Kinder auch die Konstruktionsregeln gelernt haben, soll man auf diese Stunde fordern, daß sie, wie man's nennt, konstruieren, welches sehr fruchtbar ist und doch nur von wenigen geübt wird.

Wenn die Kinder den Äsop auf diese Weise gelernt haben, soll man ihnen Terenz geben, welchen sie auch auswendig lernen sollen, da sie nun gewachsen sind und mehr Arbeit zu tragen vermögen. Doch soll der Schulmeister sich befleißigen, daß die Kinder nicht überladen werden.

Nach dem Terenz soll der Schulmeister den Kindern etliche Fabeln von Plautus, die rein sind, geben, wie Aululariam, Trinummum, Pseudolum und dgl.

Die Stunde vor Mittag soll stets so angelegt werden, daß man da nichts anderes als die Grammatik lehrt. Erstlich die Etymologie, danach die Syntax, darauf folgend die Prosodie. Und wenn man zu Ende ist, soll man immer wieder vorn anfangen und die Grammatik den Kindern wohl einbilden. Denn wo solches nicht geschieht, ist alles Lernen verloren und vergeblich. Es sollen auch die Kinder solche grammatischen Regeln auswendig aufsagen, daß sie gedrungen und getrieben werden, die Grammatik wohl zu lernen.

Wo den Schulmeister solche Arbeit verdrießt, wie man viel findet, soll man denselben laufen lassen und den Kindern einen andern suchen, der sich dieser Arbeit annehme, die Kinder zur Grammatik zu halten. Denn es kann allen Künsten kein größerer Schaden zugefügt werden als der, daß die Jugend nicht wohl geübt wird in der Grammatik.

Dies soll so die ganze Woche gehalten werden, und man soll den Kindern nicht jeden Tag ein neues Buch vorlegen.

Einen Tag aber, wie Sonnabend oder Mittwoch, soll man vorsehen, wo die Kinder christliche Unterweisung lernen.

Denn etliche lehren gar nichts aus der Heiligen Schrift; etliche wieder lehren die Kinder gar nichts anderes als die Heilige Schrift. Beides kann nicht gelitten werden. Denn es ist vonnöten, die Kinder den Anfang eines christlichen und gottseligen Lebens zu lehren. Doch ist auch viel Ursache gegeben dafür, daß ihnen daneben auch andere Bücher vorgelegt werden sollen, aus denen sie reden lernen. Und es soll darin so gehalten werden: Es soll der Schulmeister den ganzen Haufen so abhören, daß einer nach dem andern das Vaterunser, den Glauben und die zehn Gebote aufsage. Und wenn der Haufe zu groß ist, mag man eine Woche einen Teil und die andere auch einen Teil hören. Danach soll der Schulmeister auf eine Zeit das Vaterunser einfältig und richtig auslegen; auf eine andere Zeit den Glauben; auf eine andere Zeit die zehn Gebote. Und er soll den Kindern die Stücke einbilden, die notwendig sind, recht zu leben, wie Gottesfurcht, Glauben, gute Werke. Er soll nichts von Hadersachen sagen, soll auch die Kinder nicht gewöhnen, Mönche oder andere zu schmähen, wie es viele ungeschickte Schulmeister zu tun pflegen.

Daneben soll der Schulmeister den Knaben etliche leichte Psalmen zum Auswendiglernen geben, in welchen begriffen ist eine Summe eines christlichen Lebens, wie in denen, die von Gottesfurcht, von Glauben und von guten Werken lehren. Wie der 112. Psalm: wohl dem Mann, der Gott fürchtet. Der 34.: ich will den Herrn loben allezeit. Der 128.: wohl dem, der den Herrn fürchtet und auf seinen Wegen geht. Der 125. Psalm: die auf den Herrn hoffen, werden nicht umfallen, sondern ewig bleiben wie der Berg Zion. Der 127. Psalm: wo der Herr nicht das Haus baut, so arbeiten umsonst, die daran bauen. Der 133. Psalm: siehe, wie fein und lieblich ist's, daß Brüder miteinander wohnen. Und etlich dergleichen leichte und klare Psalmen, welche auch aufs kürzeste und richtigste ausgelegt werden sollen, damit die Kinder wissen, was sie daraus lernen und da suchen sollen.

Auf diesen Tag auch soll man den Matthäus exponieren. Und wenn dieser vollendet ist, soll man ihn wieder anfangen. Doch mag man, wo die Knaben weitergekommen sind, die zwei Episteln des Paulus an Timotheus oder die ersten Episteln des Johannes oder die Sprüche Salomos auslegen.

Sonst sollen die Schulmeister kein Buch vornehmen zum Lesen. Denn es ist nicht fruchtbar, die Jugend mit schweren und hohen Büchern zu beladen, wie etliche den Hesaja, Paulus' Römerbrief, das S. Johannesevangelium und anderes dgl., um ihres Ruhmes willen lesen.

Vom dritten Haufen

Wenn die Kinder in der Grammatik wohl geübt sind, mag man die geschicktesten auswählen und den dritten Haufen machen.

Die Stunde nach Mittag sollen sie mit den andern in der Musik geübt werden. Danach soll man ihnen den Virgil exponieren. Wenn der Virgil aus ist, mag man ihnen Ovids Metamorphosen lesen. Abends Ciceros De officiis oder seine Briefe.

Morgens sol Virgil repetiert werden, und man soll zur Übung der Grammatik die Konstruktionen fordern, deklinieren und die besonderen Redefiguren anzeigen.

Die Stunde vor Mittag soll man bei der Grammatik bleiben, damit sie darin sehr geübt werden.und wenn sie die Etymologie und die Syntax wohl können, soll man ihnen die Metrik vorlegen, durch die sie gewöhnt werden, Verse zu machen; denn diese Übung ist sehr fruchtbar, um anderer Schrift zu verstehen, macht auch die Knaben reich an Worten und zu vielen Sachen geschickt.

Danach, wenn sie in der Grammatik genugsam geübt sind, soll man dieselbe Stunde zur Dialektik und Rhetorik gebrauchen.

Von dem zweiten und dritten Haufen sollen alle Woche einmal Schrift, z.B. Episteln und Verse, gefordert werden.

Es sollen auch die Knaben dazu gehalten werden, daß sie lateinisch reden, und die Schulmeister sollen selbst, soviel möglich, nichts denn lateinisch mit den Knaben reden, wodurch sie auch zu solcher Übung gewöhnt und gereizt werden.

DIE DREI STUFEN DER VORBEREITUNG AUF DIE EWIGKEIT:
SICH SELBST (und damit alles andere) ERKENNEN, BEHERRSCHEN UND ZU GOTT HINLENKEN

Die weiteren Bestimmungen des Menschen (1/2). Der Mensch soll Vernunftwesen sein (3), Herr über alle Geschöpfe (4), Ebenbild Gottes (5). Darum braucht er gelehrte Bildung, Sittlichkeit und Frömmigkeit (6); alle anderen Gaben sind Beiwerk (7). Erläuterung durch Bilder und Schluß (8/9).

1. Die letzte Bestimmung des Menschen ist also offensichtlich die ewige Seligkeit in der Gemeinschaft mit Gott. Dieser aber sind andere Bestimmungen untergeordnet, welche diesem vergänglichen Leben gelten. Das zeigt sich in den Worten Gottes, der bei der Erschaffung des Menschen sprach: Laßt uns Menschen machen nach unserm Bilde, uns ähnlich; die sollen herrschen über die Fische im Meer und die Vögel des Himmels und über alles Getier, das auf der Erde sich regt (1.Mos.1,26).

2. Daraus geht nämlich hervor, daß der Mensch unter die anderen leiblichen Geschöpfe gestellt wurde als das Geschöpf, welches 1. Vernunft besitzen, 2. die anderen Geschöpfe beherrschen und 3. das Ebenbild und die Freude seines Schöpfers sein soll. Diese drei Bestimmungen sind so unter sich verknüpft, daß sie nicht voneinander getrennt werden dürfen; sie bilden die Grundlage dieses und des künftigen Lebens.

3. Ein vernünftiges Geschöpf sein heißt, sich der Erforschung, der Benennung und dem Durchdenken aller Dinge widmen, d.h. fähig sein, alles zu erkennen, zu benennen und zu verstehen, was es auf der Welt gibt (vgl.1.Mos.2,19); oder - wie Salomo bestimmt - den Bau des Weltalls und das Wirken der Elemente verstehen, Anfang, Ende und Mitte der Zeiten, den Wechsel der Sonnenwenden und den Wandel der Jahreszeiten, den Kreislauf der Jahre und die Stellung der Gestirne, die Natur der Lebewesen und die Triebe der wilden Tiere, die Macht der Geister und

die Gedanken der Menschen, die Unterschiede der Pflanzen und die Kräfte der Wurzeln, alles, was es nur Verborgenes und Sichtbares gibt (Weish.7,17ff.). Dahin gehört auch die Kenntnis der Handwerke und die Kunst der Rede, damit uns nirgends im Kleinen wie im Großen etwas unbekannt bleibe (J.Sir.5,15 bzw. 5,18). So erst wird der Mensch wahrhaftig den Titel eines vernünftigen (rationalis) Wesens behaupten können, wenn er die Gründe (rationes) von allem kennt.

4. Herr über alle Geschöpfe sein heißt, alles seiner eigentlichen Bestimmung gemäß und zugleich sich selbst zum Nutzen und Vorteil ordnen; unter den Geschöpfen überall königlich, nämlich ernst und heilig walten, indem man den einen zu verehrenden Schöpfer über sich, die Engel als seine Mitknechte neben sich, alles andre tief unter sich stehen sieht; die Würde, die uns zugestanden ist, wahren; sich keinem Geschöpfe - und auch der eigenen Fleischlichkeit nicht - preisgeben; alles frei zu seinem Dienste benutzen; und wissen, wo, wann, wie und wieweit man ein jedes Ding klug anwenden, - wo, wann, wie und wieweit man dem Körper nachgeben, - wo, wann, wie und wieweit man dem Nächsten willfahren muß; mit einem Worte: die äußeren und inneren, die eigenen und fremden Regungen und Taten klug zu lenken wissen.

5. Ebenbild Gottes sein endlich heißt, die Vollkommenheit seines Urbilds wirklich nachahmen; so wie Gott selbst sagt: Ihr sollt heilig sein, denn ich bin heilig, ich, euer Gott (3.Mos.10,2).

6. Daraus ergeben sich die angestammten Bedürfnisse des Menschen, nämlich daß er 1. aller Dinge kundig sei, 2. die Dinge und sich selbst beherrsche, 3. sich und alles auf Gott als den Ursprung aller Dinge zurückführe. Diese drei Bedürfnisse bezeichnen wir mit allgemein bekannnten Worten als

1. gelehrte Bildung (eruditio),
2. Tugend oder Sittlichkeit (mores),
3. Frömmigkeit oder Religiosität (religio).

Dabei verstehen wir unter *gelehrter Bildung* die Kenntnis aller Dinge, Künste und Sprachen; unter *Sittlichkeit* nicht nur den äußeren Anstand, sondern das ganze innere und äußere Verhalten; unter *Religiosität* jene innere Verehrung, durch welche der Geist des Menschen mit der höchsten Gottheit sich verknüpft und vereinigt.

7. In diesen drei Bedürfnissen liegt die ganze Würde des Menschen beschlossen, sie allein sind die Grundlage des gegenwärtigen und des künftigen Lebens. Alles andere, Gesundheit, Kraft, Schönheit, Reichtum, Würde, Freundschaft, Glückserfolg und langes Leben ist nichts als Zugabe und äußerliche Verschönerung des Lebens, wenn es von Gott kommt, oder aber Nichtigkeit, nutzlose Last und böses Hindernis, wenn man es sich selbst in gierigem Streben anhäuft und sich, unter Vernachlässigung jener höheren Güter, nur damit beschäftigt und darein vergräbt...

DER MENSCH BESITZT VON NATUR AUS DIE ANLAGE ZU DIESEN DREI DINGEN: ZU GELEHRTER BILDUNG, ZUR SITTLICHKEIT UND ZUR RELIGIOSITÄT

Zu unsrer ursprünglich guten Natur müssen wir aus unsrer Verderbtheit (1) mit Hilfe der Vorsehung zurückgeführt werden (2), Weisheit, Sittlichkeit und Religion liegen in uns (3). I. Das **Wissen** *ist uns gegeben als Ebenbildern Gottes (4), als Abbildern der Schöpfung (5), durch unsre Sinne (6) und durch unsern Wissensdrang (7). Selbst ohne Anleitung kann der Mensch viel Wissen erwerben (8). Vergleiche für den Verstand (9-12). II. Die Grundlage der* **Sittlichkeit** *im Menschen: die Harmonie (13), die ihn überall erfreut (14), die er auch an sich selbst findet sowohl in seinem Körper (15) als in seiner Seele (16). Die sündengestörte Harmonie kann wieder hergestellt werden (17). III. Grundlagen der* **Religiosität** *im Menschen: seine Ebenbildlichkeit (18), die ihm angeborene Gottesverehrung (19) und sein Streben nach dem höchsten Gut (20), das auch durch den Sündenfall nicht erloschen ist (21). Gegen unsre Verderbnis (22) steht die Wiedergeburt (23) und die Gottesgnade (24) [und helfen uns, weise, rechtschaffen und heilig zu werden] (25).*

...5. Der Mensch ist von den Philosophen ein Mikrokosmos genannt worden, ein Universum im Kleinen, das im Verborgenen alles enthält, was im Mikrokosmos des langen und breiten aufgedeckt zu sehen ist. Daß dem so ist, wird an andrer Stelle nachgewiesen. Der Verstand des in die Welt tretenden Menschen läßt sich deshalb am besten mit einem Samenkorn oder einem Kern vergleichen.

Wenn darin auch die Gestalt der Pflanze oder des Baumes noch nicht tatsächlich (actu) vorhanden ist, so liegen doch Pflanze oder Baum in Wirklichkeit (revera) schon darin beschlossen. Dies wird offenbar, wenn das Samenkorn in die Erde gelegt unter sich feine Wurzeln und über sich Schößlinge treibt, die dann durch natürliche Kraft zu Ästen und Zweiglein werden, sich mit Blättern bedecken und mit Blüten und Früchten zieren. Es ist also nicht nötig, in den Menschen etwas von außen hineinzutragen. Man muß nur das, was in ihm beschlossen liegt, herausschälen, entfalten und im einzelnen aufzeigen. Pythagoras pflegte angeblich zu sagen, es liege so sehr in der Natur des Menschen, alles zu wissen, daß ein siebenjähriger Junge alle Fragen der gesamten Philosophie mit Sicherheit beantworten könne, wenn man sie nur gescheit stelle; deshalb nämlich, weil schon das Licht der Vernunft allein ein hinreichendes Bild und Maß (forma et norma) aller Dinge gebe. Nur daß sie jetzt nach dem Sündenfall sich verdunkelt und verhüllt hat und sich selbst nicht zu befreien vermag. Die aber, welche sie befreien sollten, bringen sie nur in noch größere Verwirrung.

6. Zudem wurden der vernünftigen Seele (anima rationalis), die in uns wohnt, Werkzeuge gegeben, gleichsam als Kundschafter und Späher: das Gesicht, das Gehör, der Geruch, der Geschmack und der Tastsinn. Mit ihrer Hilfe geht sie allem, was außen liegt, nach. Und nichts Erschaffenes kann ihr verborgen bleiben. Denn es gibt nichts in der sichtbaren Welt, das sich nicht sehen, hören, riechen, schmecken oder ertasten und dadurch in seinem Wesen und seiner Beschaffenheit erkennen ließe. Folglich gibt es nichts in der Welt, das der Mensch, der mit Sinnen und Vernunft begabt ist, nicht zu fassen vermöchte.

7. Dem Menschen ist ferner der Wissensdrang eingepflanzt und die Fähigkeit, Arbeit nicht nur geduldig auf sich zu nehmen, sondern zu begehren. Das tritt schon im frühesten Kindesalter zutage und begleitet uns durchs ganze Leben. Denn wer begehrte nicht stets etwas Neues zu hören, zu sehen und zu treiben? Wer ist nicht darauf bedacht, täglich irgendwohin zu gelangen, sich mit jemandem zu unterhalten, sich nach etwas zu erkundigen oder etwas weiter zu erzählen? Die Sache verhält sich nämlich so: Augen, Ohren, Tastsinn und Verstand sind

ständig auf der Suche nach Nahrung und gehen ständig aus sich heraus. Nichts ist der lebendigen Natur so unerträglich wie Müßiggang und Trägheit. Und daß selbst die Dummen die Gelehrten bewundern, ist doch wohl ein Beweis dafür, daß auch sie den Reiz dieses natürlichen Verlangens verspüren. Gern würden sie ihn teilen, wenn sie dies auch nur hoffen dürften. Weil sie jedoch ohne Hoffnung sind, seufzen sie und schauen auf zu denen, die sie über sich sehen.

8. Die Autodidakten geben deutliche Beispiele dafür, daß der Mensch, nur durch die Natur geführt, zu allem durchdringen kann. Manche nämlich, die nur sich selbst oder, wie Bernhard sagt, nur Eichen und Buchen als Lehrer hatten - indem sie nämlich in den Wäldern einhergingen und meditierten - sind weiter vorangekommen als andere durch den mühevollen Unterricht ihrer Lehrer. Zeigt das nicht, daß wirklich alles im Menschen liegt? Lampe, Docht, Öl, Feuerzeug und alles Zubehör stehen bereit: verstünde er nur, Funken zu schlagen und aufzufangen und den Docht zu entzünden, so würde er sogleich der wunderbaren Schätze der göttlichen Weisheit in sich selbst wie in der großen Welt (in der alles nach Maß, Zahl und Gewicht geordnet ist) gewahr werden. Welch ein herrlicher Anblick! Da ihm nun aber dies innere Licht nicht angezündet wird, sondern außen die Lampen fremder Ansichten herumgetragen werden, kann es nicht anders ausgehen als bisher: wie ein Gefangener sitzt er in einem finsteren Kerker, an dem Fackeln vorübergetragen werden; die Strahlen dringen durch die Ritzen herein, das volle Licht aber kann nicht einfallen. Es ist so, wie Seneca sagt: In uns liegen die Samen zu allen Künsten, und Gott führt als Lehrmeister diese Geistesgaben aus der Verborgenheit hervor.

9. Das gleiche lehren die Dinge, denen sich unser Verstand vergleichen läßt. Nimmt denn nicht die *Erde,* mit der die Schrift oft unser Herz vergleicht, Samen jeglicher Art auf? Läßt sich nicht ein und derselbe *Garten* mit Gräsern, Blumen und Gewürzen aller Art bepflanzen? Jawohl, wenn es dem Gärtner nicht an Klugheit und Fleiß gebricht! Und je größer die Vielfalt, umso angenehmer ist dem Auge der Anblick, umso süßer der Nase der Duft, umso kräftiger dem Herzen die Erquickung. Aristoteles

hat den Geist des Menschen einer *leeren Tafel* verglichen, auf welcher noch nichts geschrieben steht, auf die aber alles geschrieben werden kann. Wie ein sachverständiger Schreiber auf eine leere Tafel schreiben oder ein Maler darauf malen kann, was er will, so kann der, welcher die Kunst des Lehrens beherrscht, mit Leichtigkeit dem menschlichen Geiste alles einprägen. Gelingt das nicht, so ist es nur zu gewiß, daß nicht die Tafel schuld ist, die allenfalls etwas rauh sein mag, sondern allein die Unfähigkeit des Schreibers oder Malers. Ein Unterschied besteht nur darin, daß man auf der Tafel die Striche nur bis zum Rande führen kann. Im menschlichen Geiste kann man weiter und weiter schreiben und modellieren und wird an kein Ende kommen, da er, wie schon gesagt, ohne Grenzen ist.

10. Gut läßt sich auch unser Gehirn (cerebrum), die Werkstatt unsrer Gedanken, mit dem *Wachs* vergleichen, auf das ein Siegel gedrückt oder das zu kleinen Figuren geknetet wird. So wie nämlich das Wachs jede Form annimmt und sich, so wie man will, gestalten und umgestalten läßt, so nimmt auch das Gehirn die Bilder aller Dinge, welche die Welt enthält, in sich auf. Dieses Beispiel zeigt zugleich hübsch, worin unser Denken und Wissen besteht: Alles, was mein Gesicht oder Gehör, meinen Geruchs-, Geschmacks- oder Tastsinn berührt, gleicht einem Petschaft, mit dessen Hilfe Abbilder der Dinge dem Gehirn eingedrückt werden; und das so deutlich, daß das Abbild auch dann noch bestehen bleibt, wenn der Gegenstand von den Augen, den Ohren, der Nase oder der Hand wieder entfernt wird. Es *muß* erhalten bleiben, falls nicht aus Unaufmerksamkeit nur ein schwacher Eindruck zustande kam. Wenn ich z.B. irgendeinen Menschen getroffen und angeredet habe, wenn ich auf einer Reise einen Berg, einen Fluß, ein Feld, einen Wald, eine Stadt o.ä. gesehen, wenn ich einen Donner, ein Musikstück, irgendwelche Reden gehört, wenn ich aufmerksam bei einem Autor etwas gelesen habe, so prägt sich alles dieses dem Verstande ein. Und so oft die Erinnerung darauf kommt, ist es gerade so, als ob die Sache jetzt vor Augen stände, in den Ohren klänge, geschmeckt oder berührt würde. Wenn auch das Gehirn manche Eindrücke deutlicher als andere aufnimmt, klarer vergegenwärtigt und beständiger festhält,

so nimmt es doch jeden einzeln auf irgendeine Weise auf, vergegenwärtigt ihn und hält ihn fest.

11. Bringt uns das nicht wunderbar die göttliche Weisheit vor Augen, die dafür gesorgt hat, daß diese wirklich nicht große Masse des Gehirns ausreicht, jene tausend und abertausend Bilder aufzunehmen? Denn was ein jeder von uns, zumal der wissenschaftlich Gebildete, in so vielen Jahren gesehen, gehört, geschmeckt, gelesen, durch Erfahrung und Nachdenken gesammelt hat und wessen er sich je nach den Umständen erinnern kann, das trägt er doch alles offenbar in seinem Gehirn mit sich herum. Die Bilder nämlich dessen, was er einst gesehen, gehört oder gelesen hat, von denen tausend und abertausend vorhanden sind und die sich tausendfach und bis ins Unendliche vermehren durch das, was man täglich Neues sieht, hört, liest oder erfährt, finden doch alle darin Raum. Welch unerforschliche Weisheit des allmächtigen Gottes! Salomo wunderte sich darüber, daß alle Flüsse zum Meere fließen und doch das Meer nicht voll werde (Pred.1,7); wer sollte sich da nicht wundern über den Abgrund unsres Gedächtnisses, welches alles aufnimmt und alles wiedergibt, nie aber ganz voll oder ganz leer wird. So ist in der Tat unser Verstand größer als die Welt, da ja das Umfassende größer sein muß als das Umfaßte.

12. Unser Verstand ist schließlich einem Auge oder einem Spiegel zu vergleichen. Wenn man irgendetwas vor ihn stellt, gleichgültig welcher Gestalt und welcher Farbe, so zeigt er alsbald ein höchst ähnliches Abbild davon - es sei denn, man bringt es im Dunkeln heran oder von der Rückseite her oder stellt es in allzuweite Entfernung oder verhindert oder stört den Eindruck. Dann allerdings kann es nicht gelingen, das muß man zugeben. Ich spreche aber von dem, was bei rechtem Licht und geeigneter Annäherung zu geschehen pflegt - wie man ja auch das Auge nicht zwingen muß, sich zu öffnen und ein Ding anzusehen. Denn es dürstet von Natur aus nach dem Licht, weidet sich mit Freuden an dem Anblick, reicht aus für alles (wenn es nicht von einem Übermaß gleichzeitiger Eindrücke verwirrt wird) und kann sich nicht sattsehen. Ganz so dürstet unser Verstand nach Gegenständen, schließt stets sich selber auf, wünscht selbst zu denken und zu schauen, greift selbst nach allem und erfaßt alles ganz unermüdlich, wenn er nicht

überladen wird, sondern eins nach dem anderen in gehöriger
Reihenfolge sich seiner Schau darbietet...

DER MENSCH MUSS ZUM MENSCHEN
ERST GEBILDET WERDEN

*Die Natur schafft die Anlagen, aber erst die Zucht macht
daraus den wirklichen Menschen (1/2). Alles Geschaffene
muß zur rechten Funktion erst zugerichtet werden (3), ebenso
der Mensch, schon seinem Körper nach (4). Schon vor
dem Sündenfall mußte er lernen, wievielmehr jetzt in der
Verderbnis (5). Beispiele von Menschen, die ohne Zucht
aufgewachsen sind [Wolfskinder] (6). Solcher Zucht bedürfen
Dumme und Kluge (7), Reiche und Arme (8), Hohe und
Niedrige (9), kurz: alle ausnahmslos (10).*

1. Die *Samen* des Wissens, der Tugend und des
Glaubens legt, wie wir sahen, die Natur. Wissen, Tugend
und Glauben selbst aber schafft sie nicht - die werden
durch Beten, durch Lernen und durch Tätigkeit erworben.
Darum hat einmal jemand den Menschen nicht unzutreffend
gekennzeichnet als "ein der Zucht zugängliches Lebewesen"
(animal disciplinabile), da er ja ohne Zucht nicht zum
Menschen werden kann.

2. Betrachten wir das *Wissen* (scienta rerum) näher:
Ohne Anfang, ohne Fortgang, ohne Ende, in der einen,
ungeteilten Schau alles zu wissen ist Gott vorbehalten. Den
Menschen und den Engeln konnte das nicht zuteil werden,
da ihnen Unendlichkeit und Ewigkeit, d.h. Göttlichkeit,
nicht zukam. Groß genug ist schon die Auszeichnung, die
Menschen und Engel in der Gabe eines scharfen Verstandes
empfangen haben, mit dem sie die Werke Gottes durch-
forschen und sich einen Schatz von Erkenntnissen zusam-
mentragen können. Von den Engeln ist ja bekannt, daß sie
durch Schauen lernen (1.Petr.1,12; Eph.3,10; 1.Kön.22,19;
Hiob.1,6); ihre Erkenntnis ist, wie die unsrige, auf Erfahrung gegründet.

3. Niemand glaube also, daß wirklich Mensch sein kann,
wer sich nicht als Mensch zu verhalten gelernt hat, d.h. zu
dem, was den Menschen ausmacht, herangebildet worden
ist. Das wird an allen Dingen der Schöpfung deutlich, die
doch dazu bestimmt sind, dem Menschen zu dienen, aber
doch zu ihrer Bestimmung nicht gelangen, wenn sie nicht

durch unsre Hand dafür zubereitet werden. Die *Steine* z.B. sind geschaffen, um für den Bau von Häusern, Türmen, Mauern, Säulen u.ä. zu dienen. Sie leisten diesen Dienst aber nicht, wenn sie nicht von unsrer Hand gebrochen, behauen und zusammengefügt werden. *Perlen* und *Edelsteine,* die doch für den Schmuck des Menschen bestimmt sind, müssen erst geschnitten, geschliffen und poliert, und die für ganz besondere Bedürfnisse unsres Lebens geschaffenen *Metalle* müssen ausgegraben, geschmolzen, gereinigt, mehrmals umgegossen und geschmiedet werden. Ohne das sind sie uns nicht mehr wert als Erdenstaub. Aus den *Pflanzen* gewinnen wir Speise, Trank und Heilmittel, aber nur dadurch, daß wir die Kräuter und das Korn säen, behacken, mähen, dreschen, mahlen, stampfen, die Bäume pflanzen, beschneiden und düngen, die Früchte pflücken und trocknen. Noch viel gründlicher und auf alle mögliche Weise muß etwas bearbeitet werden, wenn es als Heilmittel oder als Baumaterial verwendet werden soll. Die *Tiere* mit ihrem Leben und ihrer Bewegung scheinen sich selbst zu genügen. Will man sich aber ihre Arbeitskraft nutzbar machen, um derentwillen sie uns gegeben sind, so muß man sie dazu durch Übung erst vorbereiten. Das Pferd ist seiner Beschaffenheit nach brauchbar für den Krieg, der Ochse für den Wagen, der Esel für Lasten, der Hund zum Wachen und zum Jagen, der Falke für die Vogeljagd usf. Doch alle taugen nur wenig, wenn man sie nicht durch Übung an ihre Arbeit gewöhnt.

4.   Der Mensch ist seinem Körper nach zur Arbeit bestimmt. Wir sehen jedoch, daß nur die nackte *Fähigkeit* dazu ihm angeboren ist; schrittweise muß er *gelehrt* werden zu sitzen, zu stehen, zu gehen und die Hände zum Schaffen zu rühren.   Warum sollte denn gerade unser Geist so bevorzugt sein, daß er ohne vorangehende Vorbereitung durch sich und aus sich selbst vollendet wäre?   Es ist doch ein Gesetz aller Geschöpfe, aus dem Nichts ihren Anfang zu nehmen und sich in ihrem Wesen wie in ihrem Handeln stufenweise zu entwickeln. Denn auch die Engel, die an Vollkommenheit Gott am nächsten stehen, wissen sicherlich nicht alles, sondern schreiten stufenweise voran in der Erkenntnis der wunderbaren Weisheit Gottes. Das haben wir oben schon angedeutet.

5. Offensichtlich ist dem Menschen auch schon vor dem

Sündenfall im Paradiesesgarten eine Schule errichtet worden, in der er allmählich vorwärtskommen sollte. Zwar fehlte den ersten Menschen unmittelbar nach ihrer Erschaffung weder der Gang noch die Sprache noch das vernünftige Denken; aber die Kenntnisse, welche aus der Erfahrung erwachsen, fehlten noch. Das zeigt sich im Gespräch Evas mit der Schlange: hätte sie eine reichere Erfahrung gehabt, so hätte sie nicht so einfach beigegeben, sondern gewußt, daß dieser Kreatur das Sprechen nicht zukomme, daß also ein Betrug dahinter stecken müsse. Wieviel mehr wird das nun in unsrer Verderbnis gelten, daß alles, was gewußt werden soll, gelernt werden muß. Denn wir bringen unsern Verstand nackt mit, wie eine *tabula rasa*, und können weder etwas tun noch reden noch verstehen: alles muß erst von Grund her erweckt werden. Und das ist allerdings viel schwieriger für uns, als es im Stande der Sündlosigkeit und Vollkommenheit gewesen wäre. Denn die Dinge sind uns dunkel und die Sprachen verwirrt worden: statt einer einzigen muß man nun etliche lernen, wenn man sich um der Lehre willen mit lebenden oder verstorbenen [Autoren] auseinandersetzen will. Ja, auch die Volkssprachen sind komplizierter geworden, und nichts wird uns in die Wiege gelegt...

10. Es zeigt sich also, daß alle, die als Menschen geboren worden sind, der Unterweisung bedürfen, eben weil sie Menschen sein sollen und nicht wilde Tiere, rohe Bestien oder unbehauene Blöcke. Daraus ergibt sich auch, daß einer um soviel mehr die anderen überragt, als er besser geübt ist als die anderen. Schließen wir also dieses Kapitel mit einem Worte aus dem Buch der Weisheit: Die Weisheit und Zucht gering achten, sind unglücklich, und eitel ist ihre Hoffnung (nämlich darauf, ihr Ziel zu erreichen), ihre Mühen nutzlos und vergeblich ihre Werke (Weish.3,11)...

DIE JUGEND MUSS GEMEINSCHAFTLICH IN SCHULEN GEBILDET WERDEN

Die Pflege der Kinder kommt eigentlich den Eltern zu (1), doch sind ihnen die Schullehrer zur Seite gestellt (2). Ursprung und Entwicklung der Schulen (3). Überall müssen Schulen eröffnet werden (4), da das Unterrichten Spezialkenntnisse verlangt (5), da die Eltern dafür auch keine Zeit hätten (6) und da die Gemeinsamkeit des Unterrichts große

Vorteile bietet (7). Beispiele für ähnliche Arbeitsteilung in der Natur (8) und in den Künsten (9).

1. Nachdem wir gezeigt haben, daß die christliche Jugend, diese Paradiespflanzung, nicht wild aufwachsen soll, sondern der Pflege (cura) bedarf, müssen wir nun sehen, wem diese obliegt. Am meisten geht sie naturgemäß die Eltern an: sie sollen denjenigen, denen sie das Leben gegeben haben, nun auch ein vernünftiges, ein ehrenhaftes, ein frommes Leben geben. Daß Abraham es so hielt, bezeugt Gott mit den Worten: Denn ich habe ihn erkoren, daß er seinen Söhnen und seinem Hause nach ihm befehle, den Weg Jahwes zu beobachten und Gerechtigkeit und Recht zu üben (1.Mos.18,19). Dasselbe verlangt Gott allgemein von den Eltern, wenn er befiehlt: Du sollst meine Worte deinen Kindern einschärfen und sollst davon reden, wenn du in deinem Hause sitzest und wenn du auf dem Wege gehst, wenn du dich niederlegst und wenn du aufstehst (5.Mos.6,7). Und durch den Apostel sagt er: Ihr Väter, reizet eure Kinder nicht zum Zorn, sondern ziehet sie auf in der Zucht und Ermahnung zum Herrn (Eph.6,4).

2. Weil jedoch bei der Zunahme der Menschen und der menschlichen Geschäfte die Eltern selten geworden, welche so gescheit und fähig sind und von ihrer Tätigkeit genügend Zeit erübrigen können, sich dem Unterricht ihrer Kinder zu widmen, war man schon vor Zeiten so wohlberaten, es so einzurichten, daß auserwählten Persönlichkeiten, die durch Verständigkeit und sittlichen Ernst hervorragen, die Kinder vieler Eltern gleichzeitig zur wissenschaftlichen Bildung anvertraut werden. Solche Bildner der Jugend nennt man Lehrer, Magister, Schulmeister oder Professoren, und die Stätten, die für solche gemeinsamen Übungen bestimmt sind: Schulen, Lehranstalten, Auditorien, Kollegien, Gymnasien, Universitäten u.ä.

3. Die erste Schule hat bald nach der Sintflut der Patriarch Sem eröffnet und sie Hebräa genannt, wie Josephus berichtet. Daß in Chaldäa, besonders in Babylon, die Schulen zahlreich gewesen sind, in denen neben anderen Künsten besonders die Astronomie entwickelt wurde, ist allbekannt, wurden doch in dieser Weisheit der Chaldäer später, zu Nebukadnezars Zeiten, Daniel und seine Gefährten unterwiesen (Dan.1,20). So auch in Ägypten, wo Moses seinen Unterricht erhielt (Apg.7,22).

Und in Israel vollends waren auf Gottes Befehl Schulen errichtet, Synagogen genannt, in denen die Leviten das Gesetz lehrten. Bis zur Zeit Christi haben sie bestanden und wurden durch seine und der Apostel Predigten berühmt. Von den Ägyptern haben die Griechen und von denen die Römer den Brauch übernommen, Schulen aufzutun. Und von den Römern hat sich diese löbliche Gewohnheit der Schulgründung über das ganze Reich verbreitet, besonders bei Vordringen der christlichen Religion durch die Sorge frommer Fürsten und Bischöfe. Von Karl dem Großen bezeugen die Geschichtsbücher, daß er, wo immer er einen heidnischen Stamm unterworfen, alsbald Bischöfe und Lehrer eingesetzt und Kirchen und Schulen errichtet habe. Ihm folgten darin andere Kaiser, Könige, Fürsten und Stadtbehörden und vermehrten die Schulen so, daß sie nicht mehr zu zählen sind.

4. Es liegt im Interesse der gesamten Christenheit, daß diese heilige Gewohnheit sich nicht nur erhalte, sondern sich noch ausbreite, daß nämlich überall dort, wo Menschen geordnet zusammenleben, in jeder Stadt, jedem Flecken und jedem Dorf als gemeinschaftliche Erziehungsstätte der Jugend eine Schule errichtet werde...

DIE GESAMTE JUGEND BEIDERLEI GESCHLECHTS MUSS DEN SCHULEN ANVERTRAUT WERDEN

Die Schulen müssen alle Kinder aufnehmen (1), denn alle sollen dem Bilde Gottes ähnlich werden (2), alle für ihren künftigen Beruf vorbereitet sein (3), und alle, gerade auch die Trägen und Schwachen, bedürfen der Hilfe (4). Auch das schwache Geschlecht soll Zugang zu den Wissenschaften haben (5), wenngleich dabei Vorsicht nötig ist (6). Widerlegung von Einwänden dagegen (7/8).

1. Nicht nur die Kinder der Reichen und Vornehmen sollen zum Schulbesuch angehalten werden, sondern alle in gleicher Weise, Adlige und Nichtadlige, Reiche und Arme, Knaben und Mädchen aus allen Städten, Flecken, Dörfern und Gehöften. Das wird im folgenden deutlich.

2. Zunächst sind alle als Menschen Geborene zu dem Hauptzwecke geboren, Mensch zu sein, d.h. vernünftiges Geschöpf, Herr der [anderen] Geschöpfe und genaues Abbild seines Schöpfers. Darum sind alle so zu fördern und in

Wissenschaft, Sittlichkeit und Religion recht einzuführen, daß sie das gegenwärtige Leben nützlich zubringen und sich auf das künftige angemessen vorbereiten können. Daß bei Gott kein Ansehen der Person gilt, hat er selbst oft kundgetan. Wenn wir also zu solcher Wartung des Geistes nur einige zulassen, andere aber ausschließen, sind wir ungerecht nicht nur gegen die, welche an der gleichen Natur wie wir teilhaben, sondern gegen Gott selbst, der von *allen,* denen er sein Bild aufgeprägt hat, erkannt, geliebt und gepriesen sein will. Und das wird er umso inbrünstiger, je heller das Licht der Erkenntnis entzündet wird. Denn wir lieben in dem Maße, in dem wir erkennen.

3. Zudem wissen wir nicht, zu welchem Nutzen die göttliche Vorsehung diesen oder jenen bestimmt hat. Soviel nur ist gewiß, daß Gott zuweilen die Ärmsten, Niedrigsten und Unbekanntesten als die wichtigsten Werkzeuge seines Ruhms verwendet. Laßt es uns also der Sonne am Himmel gleichtun, welche die *ganze* Erde erleuchtet, durchwärmt und belebt, so daß alles, was leben, grünen, blühen und Frucht tragen kann, wirklich lebt, grünt, blüht und Frucht trägt.

4. Dem widerspricht nicht, daß manche Menschen von Natur aus träge und dumm erscheinen. Gerade das empfiehlt und fordert eine solche Wartung der Geister nur noch mehr. Denn je träger und schwächlicher einer von Natur aus ist, umso mehr bedarf er der Hilfe, um von seiner schwerfälligen Stumpfheit und Dummheit so weit wie möglich befreit zu werden. Und man findet keine so unglückliche Geistesanlage, daß sie durch Pflege nicht verbessert werden könnte. So wie ein undichtes Gefäß durch häufiges Ausscheuern wenn auch nicht wasserdicht, so doch glatter und reiner wird, so werden die Stumpfen und Dummen wenn auch nicht gerade in der Wissenschaft weit kommen, so doch in ihrem Verhalten gesitteter werden, so daß sie den Staatsbehörden und den Dienern der Kirche zu gehorchen wissen. Die Erfahrung lehrt sogar, daß von Natur aus äußerst Schwerfällige doch eine solche wissenschaftliche Bildung erwarben, daß sie selbst Begabte überholt haben. So wahr ist also der Ausspruch des Poeten ″Maßlose Arbeit siegt über alles″. Mancher ist in seiner Kindheit körperlich besonders kräftig, wird dann aber krank und nimmt ab, ein andrer dagegen schleppt

als Knabe einen kranken Körper umher, wird dann aber gesund und wächst kräftig empor. Ganz gleich verhält es sich mit den geistigen Anlagen: einige sind frühreif, erschöpfen sich aber rasch und stumpfen ab, während andere anfangs schwerfällig sind, sich dann aber anregen lassen und gut vorwärts kommen. Zudem möchten wir ja in unseren Gärten nicht nur Bäume haben, die früh Früchte tragen, sondern auch mittlere und späte, denn ein jedes ist zu seiner Zeit vortrefflich, wie Jesus Sirach sagt, und zeigt schließlich doch, wenn auch erst spät, daß es nicht vergeblich war. Wollen wir also in dem Garten der Wissenschaft nur Geistesanlagen einer Art, nur frühreife und lebhafte zulassen? Nein, niemand, dem Gott Sinn und Verstand gegeben hat, soll ausgeschlossen werden.

5. Auch ließe sich keine ausreichende Begründung dafür geben - um das im besonderen zu erwähnen -, das schwächere Geschlecht von den Studien der Weisheit, weder von den in lateinischer noch von den in der Mutter-Sprache vermittelten, insgesamt auszuschließen. Denn sie sind in gleicher Weise Gottes Ebenbilder, in gleicher Weise der Gnade und des Reiches künftiger Zeiten teilhaftig, in gleicher Weise, ja oft mehr als unser Geschlecht mit einem lebhaften und für die Weisheit empfänglichen Geiste begabt; ihnen steht gleichermaßen der Zugang zu Höchstem offen, denn Gott selbst hat sie oft herangezogen zur Herrschaft über Völker, zu heilsamer Beratung von Königen und Fürsten, zur Heilkunde und zu anderen der Menschheit heilsamen Zwecken, auch zum prophetischen Amte und zur Ermahnung von Priestern und Bischöfen. Warum sollten wir sie zum ABC zulassen und von den Büchern hernach fortjagen? Fürchten wir etwa die weibliche Unbedachtsamkeit? Je mehr wir doch den Gedanken Beschäftigung geben, umso weniger Raum wird solche Unbedachtsamkeit finden, die doch nur im unausgefüllten Verstande entsteht...

DER UNTERRICHT IN DEN SCHULEN
MUSS ALLES UMFASSEN

In den Schulen muß alles gelehrt und gelernt werden (1), um die Veredelung des ganzen Menschen zu bewirken (2). Die Hauptlehrgebiete: Weisheit, Sittlichkeit und Frömmigkeit (3) dürfen nicht auseinandergerissen werden (4). Beweis dafür aus der Ordnung der Dinge (5), aus der

Beschaffenheit unsrer Seele (6/7) und aus dem Zweck uns-
res Lebens (8), nämlich: Gott, dem Nächsten und uns selbst
zu dienen (9) und uns der Freude hinzugeben (10/11), die
uns aus der Welt (12), aus uns selbst (13) und von Gott
her kommt (14). Auch das Vorbild Christi beweist (15/ 16),
daß die drei Dinge nicht voneinander getrennt (17) und nur
gemeinsam gelehrt werden dürfen (18).

1. Wir müssen nunmehr zeigen, daß in den Schulen
alle alles gelehrt werden müssen. Das ist jedoch nicht so
zu verstehen, daß wir von allen die Kenntnisse aller Wissenschaften und Künste (und gar eine genaue und tiefe
Kenntnis) verlangten. Das ist weder an sich nützlich noch
bei der Kürze unsres Lebens irgendjemandem überhaupt
möglich. Sehen wir doch, daß jede Kunst so weit und so
fein verzweigt ist - man denke nur an die Physik, die Arithmetik, die Geometrie, die Astronomie oder auch an Acker-
bau, Baumzucht usw. - daß sie von jemandem auch mit
besten Anlagen das ganze Leben in Anspruch nehmen kann,
wenn er sie mit Theorie und Experiment ergründen will. So
ist es dem Pythagoras mit der Arithmetik, dem Archimedes
mit der Mechanik, dem Agricola mit dem Bergbau und dem
Longolius, - der doch nur das eine Ziel hatte, ein vollkom-
mener Ciceronianer zu werden - mit der Rhetorik ergangen.
Aber über Grundlagen, Ursachen und Zwecke der wichtigsten Tatsachen und Ereignisse müssen *alle* belehrt werden,
die nicht nur als Zuschauer, sondern auch als künftig Han-
delnde in die Welt eintreten. Daß ihnen in dieser Weltbe-
hausung nichts so unbekanntes begegne, daß sie es nicht
mit Bescheidenheit beurteilen und ohne mißlichen Irrtum
zu dem ihm bestimmten Gebrauch klug verwenden können:
dafür muß gesorgt und das muß wirklich erreicht werden.

2. Deshalb ist unbedingt und nichts andres als das
zu erstreben, daß in den Schulen und hernach im ganzen
Leben durch die gute Wirkung der Schulen 1. durch Wissenschaften und Künste die geistigen Anlagen gepflegt, 2.
die Sprachen vervollkommnet, 3. die Sitten zu vollkom-
mener Ehrbarkeit gebildet werden und 4. Gott aufrichtige
Verehrung erwiesen wird.

3. Denn weise hat der gesprochen, welcher sagte, die
Schulen seien Werkstätten der Menschlichkeit, indem sie
eben bewirken, daß der Mensch wirklich Mensch werde, das
heißt gemäß unseren obengenannten Zielen: I. vernünftiges

Geschöpf, II. Geschöpf, das die anderen Geschöpfe und sich selbst beherrscht, III. Geschöpf, das die Wonne seines Schöpfers ist. Das wird erreicht, wenn die Schulen sich bemühen, die Menschen weise an Verstand, umsichtig im Handeln und fromm im Herzen zu machen.

4. Diese drei Dinge müssen also der gesamten Jugend in allen Schulen eingepflanzt werden. Das läßt sich nachweisen, indem man es begründet 1. in den Dingen, die uns hier umgeben, 2. in uns selbst, 3. im Gottmenschen Christus, dem vollkommensten Vorbilde unsrer Vollkommenheit.

5. Die Dinge für sich, soweit sie uns angehen, können nicht anders als in drei Gruppen unterteilt werden: Einige sind Gegenstand unserer denkenden Betrachtung (speculatio), wie der Himmel und die Erde und was darinnen ist. Andere sind da zu unserer Nachahmung (imitatio), so die wunderbare und über alles sich breitende Ordnung, die der Mensch in seinen Handlungen nachbilden soll. Andere schließlich sind uns zur Erquickung (fruitio) da, wie die Gunst des Göttlichen und sein vielfacher Segen hier und in Ewigkeit. Wenn der Mensch für all dieses bereit sein soll, so muß er belehrt werden, einmal das zu erkennen, was in diesem wunderbaren Theater zur Schau vor ihm ausgebreitet liegt, zum anderen das zu tun, was ihm zu tun auferlegt wird, und schließlich das zu genießen, was der gütige Schöpfer ihm wie einem Gast in seinem Hause mit offener Hand zum Genusse darreicht.

6. Das gleiche bemerken wir, wenn wir uns selbst betrachten, daß nämlich alle in gleicher Weise auf gelehrte Bildung, Sittlichkeit und Frömmigkeit Anspruch haben, mögen wir nun auf das Wesen unsrer Seele sehen oder auf den Zweck unsrer Erschaffung und unsrer Stellung in der Welt.

7. Die Seele setzt sich ihrem Wesen nach - in Analogie zur unerschaffenen Dreieinigkeit - aus drei Kräften zusammen: aus Verstand, Willen und Gedächtnis. Der Verstand (intellectus) unterscheidet die Dinge voneinander, bis in die kleinsten Einzelheiten hinein. Der Wille (voluntas) richtet sich auf die Wahl der Dinge, nämlich auf die Auswahl des Nützlichen und die Verwerfung des Schädlichen. Das Gedächtnis (memoria) endlich bewahrt das, womit Verstand und Wille sich je beschäftigt haben, zu künftigem Ge-

brauch und mahnt die Seele an ihre Abhängigkeit von Gott und an ihre Pflicht - im Hinblick darauf wird es auch Gewissen (conscientia) genannt. Diese Anlagen nun müssen, um ihre Aufgaben recht lösen zu können, ausgerüstet werden mit allem, was den Verstand erleuchtet, den Willen lenkt und das Gewissen weckt, damit auf diese Weise der Verstand scharf eindringt, der Wille ohne Irrtum auswählt und das Gewissen unermüdlich alles auf Gott hinwendet. Wie also diese Fähigkeiten, Verstand, Wille und Gewissen, nicht auseinandergerissen werden können, weil sie eine und dieselbe Seele bilden, so dürfen auch die drei Zierden der Seele, Bildung, Tugend und Frömmigkeit nicht auseinandergerissen werden.

8. Wenn wir überlegen, warum wir in die Welt gestellt worden sind, so eröffnet sich uns zweimal ein dreifaches Ziel, nämlich daß wir *Gott,* den *Geschöpfen* und *uns* dienen, und daß wir uns der Freude hingeben, welche von Gott, von den Geschöpfen und von uns selbst ausgeht.

9. Wollen wir Gott, dem Nächsten und uns selbst dienen, so müssen wir im Hinblick auf Gott *Frömmigkeit,* im Hinblick auf den Nächsten *Sittlichkeit,* im Hinblick auf uns selbst *Wissen* besitzen. Dennoch ist das alles miteinander verquickt: ein Mensch muß auch um seiner selbst willen nicht nur klug, sondern auch sittlich und fromm sein; ebenso kommt ihm für den Dienst am Nächsten nicht nur Sittlichkeit, sondern auch Wissen und Frömmigkeit zugute; und zum Lobe Gottes muß nicht nur die Frömmigkeit, sondern auch Wissen und Sittlichkeit beitragen...

GRUNDSÄTZE ZU SICHEREM LEHREN UND LERNEN, BEI DEM DER ERFOLG NICHT AUSBLEIBEN KANN

Die natürlichen Dinge wachsen von selbst (1), die künstlichen sollen ebenso wachsen (2). Wie sich die Pflanzkunst an die Natur anlehnt (3), so soll es auch die Unterrichtsmethode tun (4). Deren Grundsätze werden im Folgenden der Natur und den naturgemäßen Künsten analog entwickelt (5/6).

I. Alles zu seiner Zeit unternehmen (7). Beachtung dieses Grundsatzes durch Gärtner und Architekten (8). Verstoß gegen diesen Grundsatz in den Schulen (9). Vorschläge zur Abhilfe (10). - II. Den Stoff zunächst vorbereiten (11). Anwendung dieses Grundsatzes (12), Verstoß dagegen

1. Schön ist das Gleichnis unseres Herrn Jesus Christus, wie es der Evangelist erzählt: Mit dem Reiche Gottes ist es so, wie wenn ein Mensch den Samen in die Erde wirft und schläft und aufsteht Nacht und Tag, und der Same sproßt und wird groß, er weiß selbst nicht wie. Von selbst bringt die Erde Frucht, zuerst den Halm, dann die Ähre, dann den vollen Weizen in der Ähre. Wenn aber die Frucht gekommen ist, schickt er alsbald die Schnitter usw. (Mark.4,26).

2. Hier zeigt der Heiland, daß es Gott ist, der in allen Dingen alles wirkt, und daß dem Menschen nichts zu tun bleibt, als die Samen der Lehre mit treuem Herzen aufzunehmen. Dann werden sie im verborgenen keimen, zur Reife emporwachsen, ohne daß er selbst es merkt. Die, welche die Jugend unterweisen, haben also keine andere Aufgabe, als die Samen richtig in die Geister zu senken und die Pflänzchen Gottes vorsichtig zu begießen. Gedeihen und Wachstum werden von oben kommen.

3. Wer wüßte nicht, daß zum Pflanzen eine gewisse Kunst und Erfahrung erforderlich ist. Einem unerfahrenen Baumgärtner, der seinen Garten bepflanzt, pflegt der größte Teil der Pflanzen zugrunde zu gehen, und wenn einige glücklich gedeihen, hat er es mehr dem Zufall als seiner Kunst zu verdanken. Ein Kundiger aber geht geschickt vor, wohl wissend, was er wo und wann und wie tun oder lassen muß, sodaß ihm eigentlich nichts mißlingen kann. Freilich bleibt auch beim Erfahrenen der Erfolg manchmal aus (weil ein Mensch kaum alles so vorsichtig

beachten kann, daß ihm nicht das eine oder andere Versehen dabei passierte). Wir wollen hier aber nicht von Vorsicht und Unfällen sprechen, sondern von der Kunst, mit Vorsicht Unfälle zu verhüten.

4. Bisher nun war die Unterrichtsmethode so unsicher, daß kaum einer zu sagen wagte: ich werde den Jüngling in so und so viel Jahren dorthin führen, ihn so und so weit bilden usw. Wir müssen deshalb sehen, ob diese Kunst der geistigen Pflanzung auf eine so feste Grundlage gestellt werden kann, daß sie sicheren, untrüglichen Erfolg verspricht.

5. Da aber jene Grundlage nur darin bestehen kann, daß wir diese Kunsttätigkeit möglichst genau den Normen der Naturvorgänge anpassen (wie wir im Kap. 14 gesehen haben), so wollen wir die Wege der Natur erforschen am Beispiel des Vogels, der seine Jungen ausbrütet. Wenn wir dann sehen, wie erfolgreich Gärtner, Maler und Baumeister seinen Spuren folgen, werden wir leicht begreifen, welche Wege auch die Bildner der Jugend einschlagen müssen...

7. Erster Grundsatz: *Die Natur unternimmt alles zu seiner Zeit.*

...10. Daraus schließen wir: I. Die Bildung des Menschen muß im Frühling des Lebens begonnen werden, d. h. im Knabenalter (das Knabenalter setzen wir dem Frühling gleich, die Jugend dem Sommer, das Mannesalter dem Herbst und das Greisenalter dem Winter). II. Die Morgenstunden sind für das Studium am geeignetsten (weil wieder der frühe Morgen dem Frühling entspricht, der Mittag dem Sommer, der Abend dem Herbst und die Nacht dem Winter). III. Aller Lehrstoff muß den Altersstufen gemäß so verteilt werden, daß nichts zu lernen aufgegeben wird, was das jeweilige Fassungsvermögen übersteigt.

11. Zweiter Grundsatz: *Die Natur bereitet den Stoff* (materia) *zu, bevor sie ihm Form* (forma) *gibt.*

...19. Daraus ergibt sich, daß zu einer gründlichen Verbesserung der Lehrmethode Folgendes erforderlich ist: I. Bücher und alle andern Lehrmittel müssen bereit stehen. II. Das Erkenntnisvermögen muß vor der Sprache ausgebildet werden. III. Die Sprachen sind nicht aus der Grammatik, sondern aus den geeigneten Autoren zu lernen. IV. Die realen Wissenschaften müssen den ordnenden, logischen, und V. die Beispiele den Regeln vorausgeschickt werden.

20. Dritter Grundsatz: *Die Natur wählt für ihre Bearbeitung einen tauglichen Stoff* oder bereitet ihn doch sicher zuerst so vor, daß er tauglich wird.

...25. Deshalb soll also I. jeder, der zur Schule kommt, darin ausharren; II. der Geist der Schüler auf alles, was behandelt werden soll, vorbereitet werden (darüber mehr im 2. Grundsatz des folgenden Kapitels), und III. alles, was den Schülern [beim Lernen] hinderlich sein könnte, weggeschafft werden. Es ist nämlich nutzlos, Vorschriften zu erlassen, wenn man nicht vorher beseitigt, was ihnen im Wege steht, sagt Seneca. Doch auch davon im nächsten Kapitel...

33. Fünfter Grundsatz: *Die Natur beginnt mit all ihrer Tätigkeit von innen her.*

...37. Deshalb soll künftig I. zuerst das Vermögen, die Dinge zu erkennen, ausgebildet werden, danach das Gedächtnis und an dritter Stelle Sprache und Handfertigkeit; II. soll der Lehrer alle Mittel und Wege zur Erschließung der Erkenntnis beachten und in passender Weise anwenden (was wir im nächsten Kapitel abhandeln werden).

38. Sechster Grundsatz: *Die Natur beginnt bei allem, was sie bildet, mit dem Allgemeinsten und hört mit dem Besondersten auf.*

...45. Folgendermaßen wird diese Unordnung zu heilen sein: I. Dem Verstande der Knaben, die sich den Studien widmen, sollen schon von der ersten Zeit ihres Bildungsganges an die Grundlagen einer Allgemeinbildung (universalis eruditio) vermittelt werden. D.h. der Stoff ist so anzuordnen, daß alle späteren Studien nichts Neues hinzufügen, sondern nur eine besondere Ausgestaltung des Früheren sind; so wie an einem Baum, auch wenn er hundert Jahre wächst, keine neuen Äste mehr entstehen, sondern nur die anfangs entstandenen sich in immer neuen Zweiglein ausbreiten. II. Jede Sprache, Wissenschaft oder Kunst muß von den einfachsten Anfangsgründen aus geboten werden, damit ihre ganze Idee begriffen wird. Daran soll sich die Vervollständigung durch Regeln und Beispiele, durch systematische Zusammenstellungen unter Einschluß der Abweichungen und schließlich, wenn nötig, die Erklärung durch Kommentare anschließen. Wer eine Sache von Grund aus erfaßt hat, benötigt Kommentare nicht so sehr, er wird vielmehr bald selbst kommentieren können.

46. Siebter Grundsatz: *Die Natur macht keinen Sprung, sie geht schrittweise vor* .

...50. Deshalb soll künftig I. der gesamte Unterrichtsstoff genau auf Klassen verteilt werden, so daß das Vorangegangene überall dem Nachfolgenden den Weg bereitet und das Licht anzündet; II. soll die Zeit sorgfältig eingeteilt werden, so daß jedes Jahr, jeder Monat, jeder Tag und jede Stunde ein eigenes Pensum hat; III. muß diese Zeit- und Arbeitseinteilung strikte innegehalten werden, damit nichts übergangen und nichts verkehrt wird.

51. Achter Grundsatz: *Wenn die Natur etwas beginnt, hört sie nicht wieder auf, bevor sie es vollendet hat.*

...56. Deshalb soll I. wer der Schule übergeben ist, solange darin bleiben, bis er zu einem gelehrten, gesitteten, frommen Menschen geworden ist; II. die Schule an einem ruhigen Ort, fern von Lärm und Störungen liegen; III. alles, was dem Plane gemäß getrieben werden muß, ohne Unterbrechung getrieben werden; IV. Schulversäumnis und Herumstreicherei den Schülern unter keinem Vorwand gestattet sein.

57. Neunter Grundsatz: *Die Natur meidet sorgfältig, was ihr entgegenwirkt oder schadet.*

... 62. Man sorge also dafür I. daß die Schüler nur die für ihre Klasse bestimmten Bücher besitzen; II. daß diese Bücher so beschaffen sind, daß sie mit Recht nichts anderes als Trichter der Weisheit, Sittlichkeit und Frömmigkeit genannt werden können; III. daß in der Schule und ihrer Umgebung kein leichtfertiger Umgang gestattet werde.

63. Wird alles dies genau beachtet, so können die Schulen schwerlich ihr Ziel verfehlen.

GRUNDSÄTZE ZU LEICHTEM LEHREN UND LERNEN

Nicht nur sicher, sondern auch leicht muß das Lernen sein (1). Zehn Grundsätze dafür (2). - 1. Auf freiem Grunde beginnen (3). Anwendung dieses Grundsatzes (4-7). Verstoß dagegen in den Schulen (8), Abhilfe (9). - II. Den Stoff so zubereiten, daß er nach der Form verlangt (10 - 13). Wie der Lerneifer bei den Kindern erweckt und erhalten werden kann (14) durch die Eltern (15), die Lehrer (16), die Einrichtung der Schule (17), die Lehrgegenstände

(18), die Methode (19) und die Behörden (20). - III. Alles aus Kleinem und Allgemeinem entwickeln (21 - 24). - IV. Vom Leichten zum Schweren vorgehen (25 - 28). - V. Nichts überladen (29 - 30). - VI. Nichts überstürzen (31 - 35). - VII. Nichts wider Willen aufnötigen, sondern die Reife abwarten (36 - 38). - VIII. Alle Hilfsmittel, besonders die sinnliche Anschauung heranziehen (39 - 42). - IX. Den Nutzen aufzeigen (43 - 45). - X. Stets die gleiche Methode verwenden (46 - 48).

1. Nachdem wir gesehen haben, mit welchen Mitteln der Jugendbildner sein Ziel *sicher* erreichen könne, wollen wir untersuchen, wie jene Mittel den geistigen Anlagen anzupassen sind, damit sie *leicht* und *angenehm* angewandt werden können.

2. Indem wir dem von der Natur vorgezeichneten Wege folgen, finden wir, daß die Jugend leicht zu erziehen ist, wenn

I. frühzeitig, bevor der Verstand verdorben ist, damit begonnen wird,

II. die nötige Vorbereitung des Geistes vorangeht,

III. der Unterricht vom Allgemeinen zum Besonderen und

IV. vom Leichten zum Schwereren fortschreitet;

V. wenn niemand durch die Menge des zu Lernenden überladen wird, und man

VI. stets langsam vorgeht;

VII. wenn man dem Geiste nichts aufzwingt, wonach er nicht aus freien Stücken - der Altersstufe und dem Ausbildungsgang entsprechend - verlangt;

VIII. wenn alles durch sinnliche Anschauung und

IX. zu gegenwärtigem Nutzen gelehrt wird;

X. wenn man immer bei derselben Methode bleibt...

GRUNDSÄTZE ZU DAUERHAFTEM LEHREN UND LERNEN

Die gewöhnliche Bildung ist oberflächlich (1). Ursachen davon (2). Die natürliche Methode kann abhelfen (3). Zehn Grundsätze (4): I. Nichts Unnützes unternehmen (5-9). II. Nichts Nützliches auslassen (10-12). III. Alles auf festem Grunde aufführen (13-16). IV. Den Grund tief legen (17/18). V. Alles nur aus den Wurzeln hervortreiben (19-23). - Über oberflächliche Bildung (24), deren Anlaß

*in einer falschen Methode (25/26), den Schaden, den sie
anrichtet (27) und Abhilfe (28). - VI. Alles klar unterteilen
(29/30). VII. Stetig voranschreiten (31/32), vor allem das
Gedächtnis schon in frühster Jugend üben und festigen (33).
VIII. Alles miteinander verknüpfen (34/35) durch Erklärung
der Kausalzusammenhänge (36/37). IX. Immer das rechte
Verhältnis von Innerem und Äußerem wahren (38-40). X.
Alles ständig üben (41-43) durch Fragen, Einprägen und
Lehren (44/45). Nutzen dieser Übungen (46). Gegenseitige
Belehrung auch außerhalb der Schule (47).*

1. Viele klagen darüber und der Sachverhalt bestätigt
es, daß nur wenige aus der Schule eine dauerhafte gelehrte
Bildung (solida eruditio) mitbringen, die meisten aber
kaum eine oberflächliche oder auch nur einen Schatten
davon.

2. Sucht man die Ursache davon, so stößt man
auf eine doppelte: Einerseits geben die Schulen sich mit
Nebensächlichem und Wertlosem ab und vernachlässigen
das Dauerhafte, anderseits verlernen die Schüler wieder,
was sie gelernt haben, da die meisten Kenntnisse nur durch
die Geister hindurchfließen, ohne haften zu bleiben. Und
dieser spätere Schwund [der Kenntnisse] ist so häufig, daß
nur wenige nicht darüber zu klagen haben. Denn wenn
wir alles prompt im Gedächtnis hätten, was wir je gelesen, gehört und begriffen haben, für wie gelehrt müßten
wir gelten - hat es uns doch an der Gelegenheit, mancherlei zu erfahren, nicht gefehlt! Dem aber ist nicht so, und
offenbar schöpfen wir Wasser mit einem Siebe.

3. Gibt es aber für dieses Übel ein Heilmittel? Allerdings, wenn wir wieder von der Natur lernen und den Wegen nachgehen, die sie bei der Erzeugung der zu längerer
Lebensdauer bestimmten Geschöpfe einschlägt. Ich behaupte, es wird sich eine Weise finden lassen, nach der
einer nicht nur was er gelernt hat, sondern mehr als das
wissen kann, indem er nämlich nicht nur das, was er von
Lehrern empfangen oder aus Schriftstellern geschöpft hat,
leicht wiederzugeben, sondern selbst über die Dinge von
Grund auf zu urteilen vermag.

4. Dies wird erreicht, wenn

I. nur Dinge von dauerndem Nutzen getrieben werden,

II. die aber vollständig, ohne Auslassung;

III. wenn für alle ein fester Grund und

IV. dieser Grund tief genug gelegt wird;

V. wenn sich alles Spätere nur auf diese Grundlage stützt;

VI. wenn alles Unterscheidbare genauestens geschieden wird;

VII. wenn alles Neue auf dem Vorhergehenden aufgebaut und

VIII. alles Zusammenhängende ständig verknüpft wird;

IX. wenn Verstehen, im-Gedächtnis-Behalten und Wiedergeben stets in rechtem Verhältnis zueinander stehen und

X. alles durch fortwährende Übungen befestigt wird...

GRUNDSÄTZE FÜR DIE SCHNELLIGKEIT UND ABKÜRZUNG BEIM LERNEN

Das bisher Vorgeschlagene wäre zu weitläufig, wenn sich nicht Abkürzungswege finden ließen (1). Was hat bisher rasche Fortschritte verhindert (2)? Acht Gründe für die bisherige Langsamkeit (3-10). Wie die Natur Verzögerungen vermeidet (11-13). Anwendung dieser Naturlehren auf die Schule (14/15). I. Problem: Wie kann ein Lehrer für etwa hundert Schüler ausreichen (16)? Die Lehre der Natur (17) und ihre Anwendung: Gruppeneinteilung und Kollektivunterricht (18). Erhaltung der Aufmerksamkeit (19): acht Regeln dafür (20).Nutzen solcher Aufmerksamkeitsübungen (22). Wird bei so großen Klassen auch für den einzelnen hinreichend gesorgt (23)? Überwachung durch Lehrer und Gruppenälteste, gegenseitige Kontrolle der Schüler (24-27). Nutzen dieser Methode (28-30). II. Problem: Wie kann man alle aus denselben Büchern unterrichten? Keine Nebenlektüre gestatten (31); genügend Bücher von der Schule aus zur Verfügung stellen (32); richtige Verwendung der Bücher durch die Lehrer (33); Grundsätze für Inhalt und Ausgabe der Bücher (34-36); Zusammenfassungen an den Klassenwänden (37). III. Problem: Wie können alle in der Schule gleichzeitig dasselbe treiben (38/39)? IV. Problem: Wie kann alles nach ein und derselben Methode gelehrt werden (40)? V. Problem: Wie kann mit wenigen Worten das Verständnis vieler Dinge erschlossen werden

*(41)? VI. Problem: Wie können in einem Arbeitsgang zwei
bis drei Aufgaben erfüllt werden (42-44)? Fünf Regeln dafür:
Verbindung von Wörtern und Sachen (45/46), von Lesen
und Schreiben (47), von Stil und Geist (48), von Lehren und
Lernen (49), von Scherz und Ernst (50). VII. Problem: Wie
kann man alles schrittweise erreichen (51)? VIII. Problem:
Wie kann man Hindernisse beseitigen und vermeiden (52)?
Durch Übergehen von allem Unnötigen (53), Fremdartigen
(54) und allzu Speziellen (55)*

1. All das aber ist mühsam und gar zu weitläufig,
könnte jemand einwenden. Wieviele Lehrer, wieviele
Büchereien, wieviele Mühen werden für einen solchen allgemeinen Unterricht erforderlich sein? Freilich, wenn es keine
Abkürzungswege gäbe, so wäre es eine unendlich umfang-
reiche und mühevolle Aufgabe. Denn die Kunst ist so lang,
breit und tief wie die Welt selbst, die dem Geiste unterworfen werden soll. Aber wer weiß nicht, daß Langes zusam-
mengezogen, Mühsames verkürzt werden kann? Wer wüßte
nicht, daß die Weber tausende von Fäden sehr geschwind
ineinander wirken und Muster von bewunderungswürdiger
Mannigfaltigkeit hervorbringen? Wer wüßte nicht, daß die
Müller tausende von Körner leicht zermahlen und mühelos
die Kleie vom Mehl reinlich scheiden? Wer weiß nicht,
daß die Handwerker mit keineswegs großen Maschinen fast
mühelos ungeheure Lasten heben und fortschaffen und
das die Wiegemeister mit einem kleinen, exzentrisch ange-
brachten Gewicht mehreren Pfunden das Gleichgewicht halten? So ist es oft nicht dank der Kräfte, daß etwas Großes
geleistet wird, sondern dank der Kunst. Sollten nun ausgerechnet die wissenschaftlich Gebildeten die Kunst, ihre
Aufgabe scharfsinnig (ingeniose) zu meistern, entbehren?
Aus Scham allein schon müßten wir bestrebt sein, die Fin-
digkeit jener nachzuahmen und für die Schwierigkeiten, mit
denen das Schulwesen bisher zu kämpfen hatte, Heilmittel
zu suchen.

2. Solche Heilmittel aber werden wir nicht finden,
ehe wir nicht die Krankheit und ihre Ursachen aufgedeckt
haben. Was hat denn eigentlich die Arbeiten und Fortschritte in den Schulen so verzögert, daß die meisten, selbst
wenn sie ein Menschenalter in der Schule zubrachten, noch
nicht alle Wissenschaften und Künste durchforscht, ja eini-

gen nicht einmal auf der Schwelle "Guten Tag" gesagt haben?

3. Folgende Ursachen stellen sich als die wichtigsten heraus: Es waren keine Ziele gesetzt, zu denen die Lernenden in einem bestimmten Jahr, einem Monat, einem Tag hätten geführt werden müssen. Alles plätscherte so dahin.

4. Es waren keine Wege angegeben, die unfehlbar zu diesen Zielen hinführten.

5. Was von Natur aus verbunden ist, wurde nicht zusammen, sondern getrennt behandelt. Man lehrte z.B. die Erstklässler zunächst bloß Lesen, das Schreiben wurde um einige Monate verschoben. In der Lateinschule mußten die Knaben jahrlang mit den Wörtern kämpfen, ohne die Sachen zu kennen, so daß das Jugendalter völlig mit grammatischen Studien verstrich - die philosophischen erst dem reiferen Alter vorbehalten waren. Ebenso ließ man sie nur immer lernen, nie lehren. Dabei hätte doch all dies (Lesen und Schreiben, Wörter und Sachen, Lernen und Lehren) ebenso zusammen gehört, wie beim Laufen das Heben und Aufsetzen der Füße, im Gespräch das Zuhören und Antworten, beim Ballspiel das Werfen und Fangen, wie wir das an seinem Orte schon besprochen haben.

6. Die Künste und Wissenschaften wurden kaum irgendwo wirklich enzyklopädisch, sondern nur brockenweise gelehrt. So türmte sich vor den Augen des Lernenden gleichsam ein Haufen Holz oder Reisig auf, von dem niemand sehen konnte, wo und warum es zusammenhängt. Infolgedessen griff der eine dies, der andere jenes auf, und niemand eignete sich eine umfassende und deshalb gründliche Bildung an.

7. Man wandte vielerlei verschiedenartige Methoden an, in jeder Schule andere. Ja, auch die einzelnen Lehrer hatten verschiedene, zuweilen lehrte sogar ein und derselbe Lehrer in einem Fach so, im andern anders, und was am schlimmsten ist: nicht einmal innerhalb eines Faches blieben sie einer Methode treu, so daß die Schüler kaum je wirklich verstehen konnten, was eigentlich vorging. So verzögerte man sich, blieb zurück, und bevor man noch zur Behandlung anderer Disziplinen geschritten war, hatte man schon Abscheu davor oder Mutlosigkeit erregt, so daß viele davon nicht einmal nur zu kosten wünschten.

8. Es fehlte eine Methode, alle Schüler derselben

Klasse zugleich zu unterrichten, man mühte sich mit jedem einzeln ab. Waren nun mehrere Schüler da, so hatten die Lehrer davon Arbeit wie Lastesel, die Schüler aber entweder Gelegenheit zu unnützer Muße, oder, wenn ihnen inzwischen etwas zu arbeiten aufgegeben wurde, verdrießliche Quälerei.

9. Waren mehrere Lehrer da, so entstand daraus nur neue Verwirrung, da fast in jeder Stunde Neues vorgelegt und durchgenommen wurde; ganz zu schweigen davon, daß die Vielzahl der Lehrer, ebenso wie die der Bücher, die Gemüter zerstreute.

10. Endlich war es den Schülern erlaubt, ohne daß die Lehrer etwas dagegen gehabt hätten, in und außerhalb der Schule auch andere Bücher zu brauchen, und man glaubte, je mehr Schriftsteller sie läsen, desto mehr Gelegenheit zum Fortschritt hätten sie, während dies die Geister nur noch mehr zerstreute. Und deshalb ist es nicht so verwunderlich, daß nur wenige sämtliche Disziplinen durchgearbeitet haben, als vielmehr, daß überhaupt irgendeiner aus jenen Labyrinthen hat herauskommen können, was übrigens nur den hervorragend Veranlagten gelang.

11. In Zukunft sind alle diese Hindernisse und Verzögerungen zu beseitigen und ohne Umschweife nur das zu ergreifen, was geradeswegs zum Ziele führt, wie die Volksregel sagt: was sich mit wenigem erreichen läßt, dazu soll man nicht viel verwenden...

14. In der Nachfolge dieses Beispiels soll I. nur *ein* Lehrer einer Schule oder wenigstens einer Klasse vorstehen, II. nur *ein* Autor für jeden Lehrgegenstand gebraucht, III. ein und dieselbe Arbeit der ganzen Klasse gemeinsam aufgegeben und IV. nach ein und derselben Methode alle Disziplinen und Sprachen gelehrt werden. V. Alles soll von Grund auf kurz und bündig behandelt werden, damit der Verstand wie mit einem Schlüssel erschlossen werde und die Dinge sich vor ihm von selbst entfalten. VI. Was unter sich verbunden ist, werde zusammen vorgenommen, VII. und alles folge unerschütterlich schrittweise aufeinander, so daß das heute Gelernte das gestrige festigt und dem morgigen den Weg ebnet. VIII. Das Unnütze schließlich werde überall ausgeschieden.

15. Ich behaupte, wenn dies alles in den Schulen eingeführt wird, so darf ebensowenig bezweifelt werden,

daß der Kreislauf der Wissenschaften über Erwarten leicht und bequem sich werde vollenden lassen, als daß die Sonne jährlich ihren Lauf um die ganze Welt vollendet. Gehen wir nun zur Sache selbst über, um zu untersuchen, ob und wie leicht sich diese Ratschläge ausführen lassen...

Emil oder Über die Erziehung

Jean-Jacques Rousseau

...Ich behaupte aber keineswegs, daß Kinder niemals vernünftig denken können. Ich sehe im Gegenteil, daß sie in allem, was sie kennen und was sich auf ihr augenblickliches und greifbares Interesse bezieht, sehr richtig beurteilen. Man täuscht sich aber vor allem über ihre Kenntnisse, wenn man ihnen welche zutraut, die sie nicht haben und wenn man sie über Dinge urteilen läßt, die sie nicht begreifen können. Ebenso täuscht man sich, wenn man ihre Aufmerksamkeit auf Betrachtungen lenkt, die sie nicht berühren, wie ihr zukünftiges Schicksal, ihr Lebensglück, die Achtung, die sie als Erwachsene haben werden. All das ist völlig sinnlos für sie, weil sie noch Wesen ohne Voraussicht sind. Der Unterricht aber, den man diesen Unglücklichen aufzwingt, zielt auf diese Gegenstände ab, die ihrem Geist völlig fremd sind. Daraus läßt sich auf die Aufmerksamkeit schließen, die sie darauf verwenden.

Die Erzieher, die mit großem Getue die Unterweisungen, die sie ihren Schülern geben, vor uns ausbreiten, werden bezahlt, um anders zu reden. An ihrem Verhalten jedoch sieht man, daß sie genau so denken wie ich. Denn was bringen sie ihnen schließlich bei? Wörter, Wörter und immer wieder Wörter. Sie hüten sich, unter den verschiedenen Wissenschaften, die sie sich zu lehren rühmen, diejenigen zu wählen, die den Kindern wirklich nützlich wären, denn das wären Sachkenntnisse, und die zu lehren gelänge ihnen nicht. So wählen sie solche, die man zu kennen scheint, wenn man die Fachausdrücke beherrscht: Heraldik, Geographie, Chronologie, Sprachen, usw. - lauter Studien, die dem Menschen und vor allem dem Kind so fern liegen, daß es ein Wunder wäre, wenn irgend etwas davon irgend jemandem auch nur einmal im Leben nützte.

Man wird erstaunt sein, daß ich das Sprachstudium für unsinnig halte. Allein man möge sich erinnern, daß ich hier vom Unterricht im ersten Lebensalter spreche. Und was man auch sagen mag, ich glaube nicht, daß jemals ein Kind von zwölf bis fünfzehn Jahren - Wunderkinder ausgenommen - zwei Sprachen wirklich erlernt hat.

Ich gebe zu: Das Erlernen von Sprachen wäre den Kindern angemessen, wenn es weiter nichts wäre als das

Lernen von Wörtern, d.h. von Formen und Lauten, die sie ausdrücken. Allein die Sprachen verändern mit den Zeichen auch die Begriffe, die sie darstellen. Der Geist bildet sich nach der Sprache, die Gedanken nehmen die Färbung der Sprache an. Die Vernunft allein ist allen gemeinsam. Der Geist hat in jeder Sprache seine besondere Form: ein Unterschied, der sehr wohl zum Teil Ursache oder Wirkung des Nationalcharakters sein könnte. Was diese Vermutung zu bestätigen scheint, ist, daß sich die Sprache bei allen Nationen der Welt mit den Sitten verändert, erhält oder zersetzt.

Eine dieser Formen gewöhnt sich das Kind an und behält sie bis ins Alter der Vernunft. Um zwei zu beherrschen, müßte es die Begriffe vergleichen können. Wie kann es sie vergleichen, da es kaum in der Lage ist, sie zu erfassen? Jedes Ding kann für das Kind tausend verschiedene Zeichen, aber jeder Begriff kann nur eine Form haben. Es kann daher nur eine Sprache erlernen. Aber es lernt doch mehrere, wird man sagen. Ich leugne das. Ich habe solche Wunderkinder gesehen, die fünf oder sechs Sprachen zu sprechen glaubten. Ich habe gehört, wie sie deutsch mit lateinischen, französischen, italienischen Wendungen sprachen. Tatsächlich bedienten sie sich der Wörter aus fünf oder sechs Wörterbüchern, aber sie sprachen immer nur deutsch. Mit einem Wort: gebt den Kindern so viele Synonyme, wie ihr wollt, ihr ändert nur die Wörter, nicht die Sprache. Sie werden nur eine einzige sprechen können.

Um diese Unfähigkeit zu verbergen, übt man sie vorzugsweise in den toten Sprachen, bei denen man jeden Richter ablehnen kann. Da diese Sprachen seit langem keine Verkehrssprachen mehr sind, begnügt man sich mit der Nachahmung dessen, was man in Büchern findet, und das nennt man: die Sprache sprechen. Vom Griechisch und Lateinisch der Lehrer kann man auf das der Schüler schließen! Kaum haben sie die Anfangsgründe gelernt, von denen sie absolut nichts verstehen, so läßt man sie eine französische Rede mit lateinischen Wörtern wiedergeben. Sind sie weitergekommen, lehrt man sie, Prosa aus Cicero und Verse aus Vergil zusammenzustoppeln. Dann glauben sie, lateinisch zu reden. Wer will ihnen widersprechen?

In welchem Fach auch immer, ein Zeichen bedeutet

nichts ohne den Begriff der bezeichneten Dinge. Trotzdem beschränkt man sich darauf, dem Kind die Zeichen zu geben, ohne ihm jemals das Verständnis für die Dinge selbst zu vermitteln. Will man ihm die Erde beschreiben, lehrt man es die Karten kennen. Es lernt die Namen von Städten, Ländern und Flüssen, deren Existenz es sich nur auf dem Papier, worauf man sie ihnen zeigt, vorstellen kann. Ich erinnere mich, eine Erdbeschreibung gelesen zu haben, die so begann: *Was ist die Welt? Sie ist ein Globus aus Pappe.* So sieht die Geographie der Kinder aus! Ich bin überzeugt, daß kein zehnjähriges Kind, das man zwei Jahre in sphärischer und kosmographischer Geographie unterrichtet hat, imstande ist, den Weg von Paris nach Saint Denis zu finden. Ebenso bin ich überzeugt, daß sich jedes Kind im Garten seines Vaters verirrt, wenn es sich nur nach dem Plan orientieren müßte. Das sind dann die Gelehrten, die haargenau wissen, wo Peking, Isfahan, Mexiko und alle Länder der Erde liegen!

Man behauptet zwar immer, daß man Kinder nur zu Studien anhalten müsse, zu denen sie nur die Augen brauchen. Das könnte stimmen, wenn es ein Studium gäbe, zu dem man nur die Augen brauchte. Ich kenne aber keines.

Noch lächerlicher ist der Irrtum, sie Geschichte studieren zu lassen. Man glaubt, die Geschichte sei ihrer Auffassung angemessen, weil sie nur eine Sammlung von Tatsachen ist. Was versteht man aber unter Tatsachen? Glaubt man, die Zusammenhänge, durch die geschichtliche Tatsachen bestimmt werden, seien so leicht zu erfassen, daß sie ein Kindergeist mühelos begreifen kann? Glaubt man, daß die wirkliche Kenntnis der Ereignisse von der Kenntnis ihrer Ursachen und Wirkungen zu trennen sei? Meint ihr, daß die Geschichte so wenig mit der Moral zu tun habe, daß man das eine ohne das andere wissen könne? Wenn ihr in den menschlichen Handlungen nichts als die äußeren und rein physischen Bewegungen seht, was lernt ihr dann aus der Geschichte? Gar nichts! Solch ein interesseloses Studium ist weder reizvoll noch lehrreich. Wollt ihr aber geschichtliche Vorgänge moralisch werten, so versucht diese Beziehung euren Schülern beizubringen und ihr werdet sehen, ob Geschichte ihrem Alter entspricht...

Da man aus Worten keine Wissenschaft machen kann, so gibt es auch für Kinder kein geeignetes Studium. Haben sie keine wirklichen Vorstellungen, so haben sie auch kein echtes Gedächtnis, denn das Behalten von Sinneseindrücken nenne ich noch nicht Gedächtnis. Was nützt es, wenn sie sich eine Sammlung von Zeichen einprägen, die ihnen nichts bedeuten? Werden sie nicht mit den Dingen auch die Zeichen lernen? Warum sollten sie mühevoll alles zweimal lernen? Zu welchen gefährlichen Vorurteilen erzieht man sie, wenn man sie Worte, die keinen Sinn für sie haben, für Wissenschaft halten läßt. Mit dem ersten Wort, mit dem ein Kind sich abspeisen läßt, mit der ersten Tatsache, die es auf das Wort eines anderen hin annimmt, ohne den Nutzen selber einzusehen, ist es um sein eigenes Urteil geschehen. Lange kann es damit in den Augen der Toren glänzen, ehe es diesen Verlust wettmacht.

Nein, wenn die Natur dem kindlichen Gehirn diese Geschmeidigkeit gibt, alle Arten von Eindrücken aufzunehmen, so tut sie das nicht, damit man ihm den Namen von Königen, Daten, Ausdrücke der Wappen- und Himmelskunde, der Geographie und alle die Wörter einprägt, die für sein und für jedes Alter sinn- und nutzlos sind. Man überlastet damit seine traurige und unfruchtbare Kindheit. Diese Fähigkeit soll ihm vielmehr dazu dienen, alle jene Ideen in sich aufzunehmen, die es begreifen kann und die ihm nützlich sind, die zu seinem Glück dienen und es eines Tages über seine Pflichten aufklären. Sie müssen sich ihm mit unauslöschlichen Zügen einprägen und dazu dienen, seinem Wesen und seinen Fähigkeiten entsprechend zu leben.

Auch ohne Bücherstudium bleibt das kindliche Gedächtnis keineswegs müßig. Alles, was es sieht und hört, fällt ihm auf, und es erinnert sich daran. Es vermerkt alle Handlungen und Gespräche der Erwachsenen: Seine ganze Umgebung ist das Buch, aus dem es ohne nachzudenken immerfort sein Gedächtnis bereichert, bis es eines Tages seine Vernunft verwerten kann. Die wahre Kunst, diese seine erste Fähigkeit zu pflegen, besteht darin, nur die Dinge auszuwählen, die es begreifen kann, und ihm die Dinge fernzuhalten, die es nicht zu wissen braucht. So muß man versuchen, ihm einen Vorrat von Kenntnissen zu vermitteln, der in seiner Jugend seiner Erziehung und im Alter seinem Benehmen dient. Diese Methode bildet gewiß keine Wunderkinder und gibt Gouvernanten und

Erziehern keine Möglichkeit zu glänzen, aber sie erzieht vernünftige, an Leib und Seele gesunde Menschen, die zwar in der Jugend nicht bewundert, dafür aber als Erwachsene geachtet werden.

Emil soll nie etwas auswendig lernen, auch keine Fabeln, selbst die von La Fontaine nicht, so harmlos und reizend sie auch sind. Denn die Worte der Fabeln sind ebensowenig die Fabeln selbst, wie die Worte der Geschichte die Geschichte selber sind. Wie kann man so blind sein und die Fabeln die Morallehre der Kinder nennen, ohne zu bedenken, daß die Fabel, während sie unterhält, die Kinder täuscht. Während die Lüge sie verführt, entgeht ihnen die Wahrheit. Die Mittel, mit denen man ihnen den Unterricht angenehm macht, hindern sie, Nutzen daraus zu ziehen. Fabeln können Erwachsene belehren. Den Kindern aber muß man die nackte Wahrheit sagen: sobald man sie mit einem Schleier verhüllt, geben sie sich nicht mehr die Mühe, ihn zu heben.

Man läßt alle Kinder die Fabeln von La Fontaine lernen, aber keines versteht sie. Wenn sie sie verstünden, wäre es noch schlimmer. Denn die Moral ist so hineinverwoben und ihrem Alter so unangemessen, daß sie sie eher zum Laster als zur Tugend führen würde...

Wie ich alle Pflichten von den Kindern fernhalte, so nehme ich ihnen die Werkzeuge ihres größten Unglücks: die Bücher. Die Lektüre ist die Geißel der Kindheit und dabei fast die einzige Beschäftigung, die man ihnen zu geben versteht. Erst mit zwölf Jahren wird Emil wissen, was ein Buch ist. Aber er muß doch wenigstens lesen können, wird man sagen. Gewiß soll er lesen können, wenn ihm die Lektüre nützt. Bis dahin langweilt sie ihn nur.

Wenn man von den Kindern nichts aus bloßem Gehorsam verlangen darf, so folgt daraus, daß sie nichts lernen dürfen, dessen wirklichen und augenblicklichen Vorteil, sei es Vergnügen oder Nutzen, sie nicht spüren. Was sollte sie denn sonst zum Lernen bewegen? Die Kunst, mit Abwesenden zu reden, ihnen zuzuhören und ihnen in die Ferne unsere Gefühle, unseren Willen und unsere Wünsche ohne Vermittler mitzuteilen, kann man jedem Alter wünschenswert machen. Durch welche Zauberei ist diese nützliche und angenehme Kunst eine Qual für die Kinder geworden? Weil man sie zwingt, sie gegen ihren Willen zu lernen, und weil man sie für Zwecke gebraucht, mit denen sie nichts anzufangen wissen. Ein Kind hat keine große Lust, das Werkzeug zu vervollkommnen, mit dem man es quält. Sorgt dafür, daß es ihm Vergnügen macht, und alsbald wird es sich auch gegen euren Willen damit beschäftigen.

Man bemüht sich eifrigst um bessere Lesemethoden. Man erfindet Lesekästen und Karten. Man macht aus der Kinderstube eine Druckerei. Locke empfiehlt Würfel zum Lesenlernen. Wahrlich, eine geniale Erfindung! Es ist ein Jammer! Das sicherste Mittel, das man aber immer wieder vergißt, ist natürlich der Wunsch, lesen zu lernen! Erweckt diesen Wunsch im Kinde; laßt dann eure Kästen und Würfel sein, und jede Methode ist ihm recht!

Das unmittelbare Interesse ist die große und einzige Triebfeder, die sicher und weit führt. Emil erhält manchmal von seinem Vater, von seinen Verwandten und Freunden Einladungen zum Essen, zum Spaziergang, zu einer Bootsfahrt oder zu einem Fest. Die Briefe sind kurz, deutlich, sauber und schön geschrieben. Er braucht jemanden, der sie ihm vorliest. Er findet nicht gleich jemanden, oder der Betreffende will dem Kind eine Unart vom Vortag heimzahlen. So wird die Gelegenheit verpaßt. Schließlich wird ihm der Brief vorgelesen, aber es ist zu spät. Ach, hätte man doch selber lesen können! Man erhält wieder Briefe. Sie sind so kurz! Der Inhalt erregt die Neugier. Man möchte sie gerne entziffern. Manchmal findet man jemanden, der einem hilft, manchmal keinen. Man strengt sich an, man entziffert die Hälfte des Briefes: es handelt sich um ein Sahneessen, morgen ... man weiß nicht wo und nicht mit wem ... Man strengt sich an, auch den Rest zu lesen! Ich glaube nicht, daß Emil den Lesekasten braucht. Muß ich noch vom Schreiben reden? Nein! Ich schäme mich, mich in einer Erziehungslehre mit solchen Kleinigkeiten aufzuhalten.

Noch ein grundsätzliches Wort möchte ich anfügen: gewöhnlich erreicht man sicher und rasch, was man nicht übereilt. Ich bin überzeugt, daß Emil vor dem zehnten Jahr vollkommen lesen und schreiben kann, weil ich so wenig Wert darauf lege, daß er es vor dem fünfzehnten kann. Mir wäre aber lieber, er lernte es niemals, als diese Fähigkeit mit allem, was sie nützt, erkaufen zu müssen: denn was nützt ihm das Lesen, wenn man es ihm für immer verleidet hat?...

Was soll das Kind also jetzt mit dem Überfluß an Kräften und Fähigkeiten tun, die ihm später fehlen werden? Es wird versuchen, sie für etwas zu verwenden, das ihm im Bedarfsfall nützen kann. Es soll also sozusagen den Überschuß seines gegenwärtigen Seins in die Zukunft werfen. Das starke Kind speichert Vorräte für den schwachen Mann; aber nicht in Kisten, die man stehlen kann, noch in fremden Scheunen, sondern in sich selbst, in seinen Armen und in seinem Kopf. Das ist also die Zeit der Arbeit, des Unterrichts, der Studien. Man sieht, daß nicht ich diese Wahl willkürlich getroffen habe: die Natur selbst zeigt sie an.

Der Verstand hat seine Grenzen. Ein Mensch kann nicht alles wissen. Er kann nicht einmal das ganz wenige wissen, was die anderen wissen. Da das Gegenteil eines falschen Satzes eine Wahrheit ist, ist die Zahl der Wahrheiten ebenso unerschöpflich wie die der Irrtümer. Man muß also unter den Dingen, die man lernen muß, eine Auswahl treffen, ebenso wie im Zeitpunkt. Von den Kenntnissen, die wir erfassen können, sind die einen falsch, die anderen unnütz, die dritten dienen nur dem Ehrgeiz. Nur die geringe Zahl derer, die wirklich unserem Wohl dienen, ist der Bemühungen eines Weisen würdig und folglich eines Kindes, das weise werden soll. Es handelt sich nicht darum, alles zu wissen, sondern nur zu wissen, was nützlich ist.

Aus dieser kleinen Anzahl müssen wir noch die Wahrheiten ausscheiden, deren Verständnis ein bereits gebildetes Urteil verlangt. Ferner jene, die die Kenntnis menschlicher Beziehungen voraussetzen, die ein Kind noch nicht haben kann; und schließlich solche, die, obwohl an sich wahr, ein unerfahrenes Gemüt verleiten, andere Dinge falsch zu beurteilen.

Ein wahrlich kleiner Kreis im Verhältnis zu den Dingen der Welt! Aber selbst dieser bildet noch ein unermeßliches Feld, gemessen am Geist des Kindes! Welche verwegene Hand wagte es, den Schleier vor der Nacht menschlicher Erkenntnis wegzuziehen? Welche Abgründe sehe ich, die unsere eitlen Wissenschaften rund um diesen unglücklichen Jungen graben! Du wirst ihn auf diesen gefährlichen Pfaden führen und die heiligen Schleier der Natur vor seinen Augen lüften. Aber du solltest erzittern. Paß zuerst auf seinen Kopf und dann auf deinen auf und sieh dich vor, daß nicht der eine oder der andere, oder vielleicht beide schwindlig werden! Hüte dich vor dem flimmernden Reiz der Lüge und dem berauschenden Nebel des Hochmuts! Erinnere dich, erinnere dich unaufhörlich daran, daß Unwissenheit noch nie Unheil angerichtet hat, daß nur der Irrtum verhängnisvoll ist, und daß man nicht dadurch irregeht, was man nicht weiß, sondern durch das, was man zu wissen glaubt!

Emils Fortschritte in der Geometrie könnten als Beweis und sicheres Maß für die Entwicklung seines Verstandes dienen. Sobald er aber Nützliches vom Unnützen unterscheiden kann, muß man ihn behutsam und geschickt in die spekulativen Studien einführen. Soll er z.B. die mittlere Proportionale zwischen zwei Linien suchen, so laßt ihn zuerst ein Quadrat konstruieren, das einem gegebenen Rechteck gleich ist. Handelt es sich darum, zwei Proportionale zu suchen, so müßte ihm zunächst das Problem der Verdoppelung des Würfels nahegebracht werden; usw. Ihr seht, wie wir uns schrittweise den Moralbegriffen nähern und Gut und Böse unterscheiden. Bisher kannten wir nur das Gesetz der Notwendigkeit: jetzt beachten wir auch das Nützliche. Bald gelangen wir zu dem, was schicklich und gut ist.

Es ist derselbe Naturtrieb, der die verschiedenen Fähigkeiten des Menschen belebt. Dem Drang des Körpers, sich zu entwickeln, folgt der Drang des Geistes, sich zu bilden. Zuerst sind die Kinder nur in Bewegung, dann werden sie neugierig. Wird diese Neugier gut geleitet, ist sie die Triebfeder in dem Alter, bei dem wir jetzt angelangt sind. Wir müssen nur immer die natürlichen Neigungen von denen unterscheiden, die aus einer Mode kommen. Es gibt einen Wissenseifer, der nur dem Wunsch entspringt, als Gelehrter zu gelten. Es gibt einen anderen, der der menschlichen Wißbegier entspringt, alles Nahe und Ferne kennenzulernen. Das angeborene Verlangen nach Wohlbefinden und die Unmöglichkeit, diesen Wunsch vollkommen zu befriedigen, lassen ihn ständig nach neuen Mitteln suchen, diesen Wunsch zu befriedigen. Das ist das Urprinzip der Wißbegier: ein natürliches Prinzip, das sich nur im Verhältnis zu unseren Leidenschaften und unseren Einsichten entwickelt. Man stelle sich einen Gelehrten vor, der mit seinen Instrumenten und Büchern auf einer einsamen Insel gestrandet ist und weiß, daß er den Rest seiner Tage hier verbringen muß. Er wird sich kaum noch um das Weltsystem, die Gesetze der Anziehungskraft oder die Differentialrechnung kümmern. Er wird vielleicht kein einziges Buch mehr aufschlagen, aber er wird die Insel unablässig bis in den letzten Winkel absuchen, wie groß sie auch sein möge. Schließen wir also aus unseren Studien noch alle jene Erkenntnisse aus, an denen der Mensch keinen natürlichen Geschmack findet, und beschränken wir uns auf jene, die der Instinkt uns zu suchen treibt.

Die Erde ist unsere Insel. Was uns am stärksten auffällt, ist die Sonne. Sobald wir nicht mehr mit uns selber beschäftigt sind, gelten diesen beiden unsere ersten Beobachtungen. Die Philosophie fast aller wilden Völker beschäftigt sich daher ausnahmslos mit erfundenen Aufteilungen der Erde und mit der Vergöttlichung der Sonne.

Welch ein Sprung, wird man vielleicht sagen! Eben waren wir mit dem beschäftigt, was uns berührt und unmittelbar umgibt, und nun durcheilen wir den Erdkreis und dringen bis an die Grenzen des Weltalls vor. Dieser Sprung ist das Ergebnis unserer fortschreitenden Kräfte und der Neigung unseres Geistes. Sind wir schwach und unvermögend, so konzentriert sich unser Selbsterhaltungstrieb auf uns selbst. Sind wir stark und mächtig, treibt uns der Wunsch, unser Wesen auszuweiten, über uns hinaus, so weit es uns nur möglich ist. Da uns die geistige Welt aber noch unbekannt ist, reichen unsere Gedanken nicht weiter als unsere Augen, und unsere Einsicht erweitert sich nur um den Raum, den sie durchmißt.

Verwandeln wir unsere Sinneswahrnehmungen in Begriffe, aber springen wir nicht plötzlich von sinnlichen auf geistige Gegenstände über. Nur über die ersten kommen wir zu den anderen. Schon bei den ersten geistigen Operationen müssen die Sinne unsere Führer sein. Kein anderes Buch als die Welt, kein anderer Unterricht als die Tatsachen. Ein Kind, das liest, denkt nicht; es liest nur. Es unterrichtet sich nicht, es lernt nur Worte.

Macht euren Schüler auf die Naturerscheinungen aufmerksam, dann wird er neugierig. Aber um seine Neugier zu nähren, beeilt euch niemals, sie zu befriedigen. Stellt

ihm Fragen, die seiner Fassungskraft entsprechen; laßt sie
ihn selber lösen. Er darf nichts wissen, weil ihr es ihm
gesagt habt, sondern weil er es selbst verstanden hat. Er
soll die Naturwissenschaften nicht lernen, sondern erfinden.
Setzt ihr aber jemals die Autorität an die Stelle des Verstandes, so wird er nicht mehr selber überlegen. Er wird
der Spielball fremder Meinungen werden.

Ihr wollt z.B. diesem Kind die Geographie beibringen
und holt Erd- und Himmelsgloben und -karten herbei:
welcher Apparat! Wozu alle diese Abbildungen? Warum
zeigt ihr ihm nicht von Anfang an den Gegenstand selbst,
damit er wenigstens weiß, wovon ihr mit ihm redet?

Geht lieber an einem schönen Abend auf ein freies Feld,
wo man den Sonnenuntergang ganz beobachten kann. Man
merke sich die Gegenstände, die den Untergang ortsfest
machen. Am nächsten Morgen kommt man, um die frische
Luft zu genießen, noch vor dem Sonnenaufgang an denselben Ort. Von weitem kündet sich die Sonne mit feurigen
Strahlen an. Die Glut wächst. Der ganze Osten scheint in
Flammen zu stehen. In diesem Glanz erwartet man lange
das Gestirn, ehe es erscheint. Jeden Augenblick glaubt
man, es zu sehen - endlich ist es da. Wie ein Blitz tritt ein
strahlender Punkt hervor, und erfüllt sogleich den ganzen
Raum. Der Schleier der Finsternis zerreißt. Der Mensch
erkennt seine Heimat und findet sie verschönt. Das Grün
ist über Nacht kräftiger geworden. Der junge Tag, der
es beleuchtet, die ersten Sonnenstrahlen, die es vergolden,
zeigen es mit einem Netz funkelnden Taues bedeckt, der
in Licht und Farben erstrahlt. Die Vögel vereinen sich zu
Chören und grüßen in Wettgesängen die Mutter des Lebens.
Keiner schweigt in diesem Augenblick. Ihr noch schwaches
Gezwitscher ist sanfter und süßer als am Tag; es gleicht
dem Seufzer des friedlichen Erwachens. Das alles beein-
druckt und erfrischt uns bis in die Seele hinein. Diese halbe
Stunde übt einen Zauber aus, dem niemand widerstehen
kann. Dieses große, schöne und liebliche Schauspiel läßt
niemanden kalt.

Begeistert will der Lehrer dem Kinde mitteilen, was
er empfindet; er glaubt, es zu rühren, indem er es auf
seine eigene Begeisterung hinweist. Reine Torheit! Dieses
Naturschauspiel lebt nur im Herzen des Mannes. Um es
zu sehen, muß man es empfinden. Das Kind sieht die

Dinge, aber es kann die Zusammenhänge nicht erfassen. Es kann die süße Harmonie ihrer Musik nicht hören. Um alle Eindrücke dieser Wahrnehmungen zu empfinden, braucht es Erfahrungen, die es noch nicht erworben, und Gefühle, die es noch nicht empfunden hat. Wie soll es einen frischen Morgen genießen können, wenn es nie durch dürre Ebenen gewandert ist, wenn der glühende Sand noch nie seine Füße verbrannt und ihn die Hitze sonnenbestrahlter Felsen niemals erstickt hat? Wie soll der Duft der Blumen, der Reiz des Grün, der feuchte Dampf des Taus, der weiche und sanfte Gang über einen Rasen seine Sinne entzücken? Wie kann ihn der Gesang der Vögel erschauern lassen, wenn ihm die Sprache der Liebe und der Lust noch unbekannt ist? Wie soll ihn ein neuer Tagesanbruch hinreißen, wenn seine Phantasie ihn noch nicht auszumalen vermag, wie lustvoll man ihn verbringen kann? Wie soll ihn die Schönheit des Naturschauspiels rühren, wenn es die Hand nicht kennt, die die Natur so sorglich geschmückt hat?

Haltet dem Kind also keine Reden, die es nicht versteht! Keine Beschreibungen, keine Beredsamkeit, keine bilderreiche und poetische Ausdrucksweise! Noch handelt es sich nicht um Gefühl und Geschmack. Bleibt klar, einfach und nüchtern! Die Zeit, eine andere Sprache zu sprechen, kommt nur zu bald.

Im Geist unserer Grundsätze erzogen, und gewöhnt, sich immer selbst zu helfen und nicht an andere zu wenden, bevor es seine eigene Unzulänglichkeit eingesehen hat, prüft unser Schüler lange jedes neue Ding, das er sieht, ohne etwas zu sagen. Er ist nachdenklich und fragt nicht viel. Begnügt euch also, ihm die Dinge zur rechten Zeit zu zeigen, und wenn ihr dann seine Neugier genügend erregt habt, richtet irgendeine kurze Frage an ihn, die ihn auf den Weg zur Lösung bringt.

Wenn ihr also den Sonnenaufgang lange genug betrachtet und ihn angehalten habt, die Berge und andere naheliegende Dinge auf dieser Seite zu beobachten, dann laßt ihn ruhig plaudern. Dann schweigt einen Augenblick, wie ein Mann, der in Nachdenken versunken ist, und sagt: Wenn ich daran denke, daß die Sonne gestern dort untergegangen ist und heute morgen sich hier erhoben hat, wie mag das gekommen sein! Nichts weiter! Wenn er fragt, antwortet nicht. Sprecht von etwas anderem. Überlaßt ihn sich selbst, und ihr könnt sicher sein, daß er darüber nachdenken wird.

Damit ein Kind sich an Aufmerksamkeit gewöhnt und von einer sinnfälligen Wahrheit wirklich erfaßt wird, muß es einige Tage davon beunruhigt werden, ehe man es aufklärt. Begreift es auf diese Weise nicht recht, so kann man es ihm noch sinnfälliger machen, indem man die Frage umkehrt. Wenn es nicht einsieht, welchen Weg die Sonne von ihrem Untergang bis zu ihrem Aufgang nimmt, so weiß es wenigstens, wie sie vom Aufgang zum Untergang läuft. Die Augen allein belehren es schon. Erläutert die erste Frage durch die zweite. Entweder ist euer Schüler zu dumm, oder die Analogie ist so deutlich, daß sie ihm nicht entgehen kann. Das wäre also seine erste Stunde in Himmelskunde.

Da wir immer langsam von einer sinnenhaften Vorstellung zur anderen schreiten und uns lange mit ihr vertraut machen, ehe wir zur nächsten übergehen; da wir ferner unseren Schüler niemals zwingen, aufmerksam zu sein, so ist der Weg von dieser ersten Lektion bis zur Kenntnis des Sonnenlaufes und der Gestalt der Erde noch weit. Da aber alle scheinbaren Bewegungen der Himmelskörper auf dasselbe Prinzip zurückgehen und die erste Beobachtung zu allen anderen hinführt, so bedarf es geringerer Mühe, wenn auch längerer Zeit, um vom täglichen Umlauf der Sonne zur Beobachtung von Verfinsterungen zu kommen, als um Tag und Nacht richtig zu begreifen.

Weil sich die Sonne um die Erde dreht, beschreibt sie einen Kreis. Jeder Kreis muß aber, wie wir schon wissen, einen Mittelpunkt haben. Diesen Mittelpunkt können wir nicht sehen, denn er liegt in der Mitte der Erde. Aber wir können auf der Oberfläche zwei Punkte bestimmen, die ihm entsprechen. Ein Bratspieß, der durch diese drei Punkte geht und auf beiden Seiten bis an den Himmel verlängert wird, wäre die Achse der Welt und der täglichen Sonnenbahn. Ein Kreisel, der sich auf seiner Spitze dreht, stellt den Himmel dar, der sich um seine Achse dreht, während die beiden Spitzen des Kreisels die beiden Pole sind. Das Kind will gerne einen davon kennenlernen. Ich zeige ihn ihm am Schwanz des Kleinen Bären. Da haben wir eine Unterhaltung für die Nacht. Nach und nach werden wir mit den Sternen vertraut und daraus folgt der Wunsch, die Planeten kennenzulernen und den Stand der Gestirne zu beobachten.

Wir haben die Sonne am Johannistag aufgehen sehen; wir werden sie auch zu Weihnachten oder an einem anderen schönen Wintertag beobachten, denn wir sind ja nicht faul und es macht uns Spaß, Kälte zu ertragen. Ich sorge dafür, daß wir diese zweite Beobachtung am selben Ort machen wie die erste, und wenn man sie nur einigermaßen geschickt vorbereitet, wird der eine oder der andere von uns ausrufen: Oho! Wie spaßig! Die Sonne geht ja nicht am gleichen Punkt auf! Hier sind meine alten Ortsmarken, und jetzt geht sie dort auf! Usw. Es gibt also einen Sommer- und einen Winteraufgang; usw. Jetzt bist du auf dem rechten Weg, junger Lehrer! Diese Beispiele müssen genügen, um zu zeigen, wie man Himmelskunde richtig unterrichtet, indem man die Erde als Erde und die Sonne als Sonne gelten läßt.

Setzt überhaupt niemals das Zeichen an die Stelle der Sache, außer es ist unmöglich, sie zu zeigen. Denn das Zeichen verschlingt die Aufmerksamkeit des Kindes und läßt es die dargestellte Sache selbst vergessen.

Ich glaube, daß die Armillarsphäre schlecht gebaut und in ihren Proportionen falsch gestaltet ist. Dieses Durcheinander von Kreisen und diese wunderlichen Figuren geben ihr ein phantastisches Aussehen, das den kindlichen Geist erschreckt. Die Erde ist zu klein, die Kreise sind zu groß und zu zahlreich. Einige von ihnen, wie die Koluren, sind völlig unnütz. Jeder Kreis ist breiter als die Erde. Wegen der Dicke der Pappe sehen sie wie etwas körperlich Festes aus, wenn ihr dann dem Kind sagt, daß es nur gedachte Kreise sind, versteht es nicht, was es sieht und begreift überhaupt nichts mehr.

Wir können uns niemals in ein Kind hineinversetzen. Wir versuchen nicht, seine Gedanken zu denken; wir unterstellen ihm unsere. Wir folgen immer unseren eigenen Überlegungen und füllen ihre Köpfe trotz ganzen Ketten von Wahrheiten nur mit Ungereimtheiten und Irrtümern.

Man streitet sich, ob man die Analyse oder die Synthese beim Studium der Wissenschaften wählen soll. Man braucht nicht immer zu wählen. Manchmal kann man bei den gleichen Untersuchungen zergliedern und zusammenfassen und das Kind synthetisch lenken, während es selbst zu analysieren glaubt. Wendet man beide Methoden gleichzeitig an, so können sie sich gegenseitig als Beweis dienen.

Wenn das Kind von zwei entgegengesetzten Punkten ausgeht und nicht ahnt, daß es ein und denselben Weg macht,
wird es überrascht sein, sich selbst zu begegnen. Aber
diese Überraschung kann nur sehr erfreulich sein. Ich würde
z.B. die Geographie von ihren beiden Enden anfassen und
mit dem Studium der Erdumdrehung die Maße der einzelnen Erdteile verbinden und dabei vom Wohnort ausgehen.
Während das Kind Himmelskunde studiert und sich dabei
in den Himmelsraum versetzt, soll man ihm die Erdeinteilung klarmachen und seinen eigenen Wohnort zeigen.

Seine beiden ersten geographischen Anhaltspunkte werden die Stadt sein, in der es wohnt, und das Landhaus
seines Vaters. Dann die dazwischenliegenden Orte. Hierauf die Flüsse der Umgebung. Dann der Stand der Sonne
und die Art und Weise, sich zu orientieren. Das ist der
Treffpunkt. Von all dem muß es sich selbst eine Karte
machen, die natürlich ganz einfach ist und anfangs nur zwei
Gegenstände enthält, zu denen es aber nach und nach die
anderen nach ihrer Lage und Entfernung hinzufügt oder abschätzt. Ihr seht schon, welchen Vorteil wir ihm dabei mit
der Ausbildung seines Augenmaßes verschafft haben.

Trotzdem werden wir ohne Zweifel das Kind ein wenig
leiten müssen, aber wenig und ohne daß es sich dessen
bewußt wird. Wenn es sich irrt, laßt es gewähren
und berichtigt seine Irrtümer nicht. Wartet in Ruhe
ab, bis es imstande ist, sie selbst zu erkennen und zu
verbessern. Bringt höchstens bei einer günstigen Gelegenheit ein Beispiel, das ihm seine Irrtümer bewußt macht.
Wenn es sich niemals irrte, könnte es nicht so gut lernen.
Übrigens geht es nicht darum, daß es die genaue Topographie seiner Heimat kennt, sondern um die Mittel, sie kennenzulernen. Ob es die Landkarten im Kopf hat, ist unwichtig, wenn es nur richtig begreift, was sie darstellen,
und wenn es einen deutlichen Begriff von der Kunst hat,
wie man sie herstellt. Daraus allein seht ihr den Unterschied zwischen dem Wissen eurer Schüler und der Unwissenheit meines Schülers. Sie kennen die Landkarten, aber
meiner macht sie. Damit haben wir auch einen neuen Zimmerschmuck.

Erinnert euch, daß der Sinn meiner Erziehung nicht ist,
dem Kind vieles beizubringen, sondern ihm niemals andere
als richtige und deutliche Begriffe zu vermitteln. Wenn es

gar nichts wüßte, läge mir wenig daran, wenn es sich nur nicht täuscht. Ich vermittle ihm die Wahrheit nur deshalb, um es vor Irrtümern zu bewahren, die sonst ihren Platz einnähmen. Vernunft und Urteilskraft entwickeln sich langsam. Vorurteile strömen herbei: vor ihnen muß man das Kind bewahren. Faßt ihr aber die Wissenschaft an sich ins Auge, so begebt ihr euch auf ein unergründliches, uferloses Meer voller Klippen, aus dem ihr nie herausfindet. Wenn ich einen Menschen sehe, der von Liebe zur Wissenschaft entflammt und durch ihre Reize verführt, rastlos von der einen zur anderen eilt, so glaube ich ein Kind zu sehen, das am Ufer Muscheln sammelt. Es bepackt sich mit der Last, sieht andere, die es reizen und wirft einige fort, um diese aufzulesen, bis es von ihrer Menge erdrückt wird. Zuletzt weiß es nicht mehr, welche es wählen soll, wirft alle fort und geht mit leeren Händen nach Hause.

Während der ersten Jahre unseres Lebens hatten wir viel Zeit. Aus Furcht, sie schlecht anzuwenden, haben wir uns bemüht, Zeit zu verlieren. Jetzt haben wir im Gegenteil nicht Zeit genug, um alles zu tun, was nützlich wäre. Bedenkt, daß die Leidenschaften nahen. Sobald sie an die Türe klopfen, beachtet unser Zögling nur mehr sie. Das friedliche Verstandesalter ist so kurz, es geht so schnell vorüber, es ist mit so viel anderen nützlichen Beschäftigungen ausgefüllt, daß es töricht ist, in dieser Zeit aus dem Kind einen Gelehrten machen zu wollen. Es handelt sich nicht darum, ihm die Wissenschaften beizubringen, sondern darum, daß es Gefallen an ihnen finde, um sie zu lieben, und ihm die Methoden zu vermitteln, um sie lernen zu können, wenn diese Vorliebe besser entwickelt ist. Das ist bestimmt ein Erzgrundsatz einer jeden guten Erziehung.

Jetzt ist auch die Zeit gekommen, unseren Schüler nach und nach daran zu gewöhnen, einem und demselben Gegenstand eine anhaltende Aufmerksamkeit zu widmen. Doch soll sie sich nie auf Zwang, sondern immer auf Lust und Liebe stützen. Man muß auch nachdrücklich dafür sorgen, daß sie ihn nicht ermüdet oder langweilt. Haltet also immer die Augen offen und legt, was auch geschähe, lieber alles beiseite, als daß es ihn langweilt. Denn es kommt nicht so sehr darauf an, daß er lernt, als darauf, daß er es nicht gegen seinen Willen tut.

Fragt es euch, so antwortet nur soviel, wie nötig ist, seine Neugier wachzuhalten, nicht aber, um sie zu befriedigen. Hört auf, wenn es nicht mehr zum Gegenstand fragt, sondern umherschweift und euch mit albernen Fragen quält. Ihr könnt dann sicher sein, daß es ihm nicht um die Sache geht, sondern darum, euch mit seinen Fragereien zu plagen. Man muß weniger auf seine Worte achten als auf das Motiv, das ihn zum Reden treibt. Diese Warnung war bisher weniger nötig. Sie gewinnt aber die größte Bedeutung, sobald das Kind anfängt, logisch zu denken.

Es gibt eine Kette von allgemeinen Wahrheiten, durch die alle Wissenschaften mit den letzten, allen gemeinsamen Grundsätzen zusammenhängen, aus denen sie sich nach und nach entwickeln. Die Methode der Philosophie stellt diese Kette dar. Um sie geht es hier nicht. Es gibt auch eine Kette anderer Art, durch die jeder Gegenstand einen anderen nach sich zieht und auf den folgenden hinweist. Dieser Zusammenhang hält bei ständiger Neugier die Aufmerksamkeit wach, die alle Dinge erheischen. Ihm folgen die meisten Menschen; er ist für Kinder besonders geeignet. Als wir uns orientiert haben, um die Karten zu entwerfen, mußten wir die Meridiane ziehen. Zwei Schnittpunkte zwischen gleich langen Morgen- und Abendschatten ergeben eine ausgezeichnete Mittagslinie für einen Astronomen von 13 Jahren. Aber diese Meridiane verwischen sich, und man braucht Zeit, um sie wieder zu ziehen. Sie nötigen uns auch, immer am gleichen Ort zu arbeiten: so viel Mühe und Zwang langweilt uns schließlich. Wir haben das vorausgesehen und kommen dem zuvor...

Ich will, daß wir alle unsere Geräte selbst machen; ich will nicht, daß man sie vor dem Versuch herstellt. Ich will, daß wir nach und nach das Gerät erfinden, nachdem wir wie durch Zufall auf den Versuch gestoßen sind. Es ist mir lieber, unsere Geräte sind nicht so vollkommen und genau, wenn wir nur klare Begriffe von dem haben, was sie zu bedeuten und welche Beweise sie zu liefern haben. Für meine erste Statikstunde hole ich keine Waage, sondern lege einen Stock über die Lehne eines Stuhles und messe die Länge der beiden Teile im Gleichgewicht ab. Dann hänge ich an jedes Ende bald das gleiche bald ungleiche Gewichte und ziehe oder stoße den Stab so weit, wie es jeweils zur Herstellung des Gleichgewichtes notwendig ist. Dabei finde ich schließlich, daß das Gleichgewicht vorhanden ist, wenn die Größe der Gewichte und die Länge der Stockarme im umgekehrten Verhältnis stehen. So ist mein kleiner Physiker schon imstande, Waagen zu regeln, bevor er eine gesehen hat.

Unstreitig sind die Kenntnisse von Dingen, die man auf diese Weise selbst erwirbt, viel klarer und sicherer als diejenigen, die man aus Belehrungen durch Dritte bekommt. Außerdem gewöhnt man sich nicht daran, seine Vernunft sklavisch einer Autorität unterzuordnen. Man lernt, Beziehungen zu entdecken, Vorstellungen zu verknüpfen, Geräte zu erfinden. Nimmt man hingegen fertige Geräte, dann wird unser Geist träge wie der Körper eines Menschen, der immer bekleidet, beschuht, bedient und gefahren wird und schließlich die Kraft und den Gebrauch seiner Glieder verliert. Boileau rühmt sich, Racine gelehrt zu haben, wie man Reime auf schwierige Weise macht. Bei so vielen wunderbaren Methoden, das Studium der Wissenschaften abzukürzen, brauchen wir dringend jemanden, der uns zeigt, wie man sie mit Mühe lernt.

Der spürbarste Vorteil dieser langsamen und mühevollen Untersuchungen ist der, daß bei allen spekulativen Studien der Körper tätig und die Glieder biegsam bleiben; und daß die Hände zu Arbeiten und Tätigkeiten ausgebildet werden, die auch dem Mann noch nützlich sind. So viele Instrumente sind erfunden worden, um uns bei unseren Beobachtungen zu leiten und die Genauigkeit der Sinne zu ergänzen, daß dadurch deren Gebrauch vernachlässigt wird. Der Winkelmesser erspart uns das Winkelabschätzen. Das Auge, das Entfernungen genau geschätzt hat, verläßt sich nun auf das Bandmaß, das an seiner Stelle mißt. Die Schnellwage überhebt mich der Mühe, das Gewicht mit der Hand zu schätzen. Je sinnreicher unsere Werkzeuge werden, desto grober und ungeschickter werden unsere Organe. Weil wir so viele Hilfsmittel um uns anhäufen, finden wir keine mehr in uns selber.

Wenn wir aber auf die Herstellung der Maschinen die Geschicklichkeit verwenden, die sie uns bisher ersetzt haben, und den Scharfsinn, den wir nötig hatten, um ohne sie auszukommen, so gewinnen wir, ohne etwas zu verlieren. Wir fügen zur Natur die Kunst und werden erfinderischer, ohne ungeschickter zu werden. Statt das Kind an das Buch zu fesseln, beschäftige ich es in einer Werkstatt. Seine Hände arbeiten zum Vorteil seines Geistes: es wird Philosoph, während es glaubt, Arbeiter zu sein. Schließlich hat diese Übung auch noch andere Nutzanwendungen, von denen ich später sprechen werde. Wir werden sehen, wie man sich von diesen philosophischen Spielen zum wahren menschlichen Wirken erheben kann.

Ich habe schon gesagt, daß rein spekulative Erkenntnisse sich auch dann noch nicht für Kinder eignen, wenn sie sich schon dem Jünglingsalter nähern. Aber ohne sie zu weit in die systematische Physik einzuführen, sorge man dafür, daß sich alle ihre Erfahrungen in einer Art Deduktion miteinander verknüpfen, damit sie sie im Geist mit Hilfe dieser Kette einordnen und sich ihrer nach Bedarf erinnern können. Denn es ist sehr schwer, einzelne Tatsachen und selbst vereinzelte Schlüsse im Gedächtnis zu behalten, wenn man keinen Anhaltspunkt hat, um sich ihrer wieder zu erinnern.

Bei der Erforschung der Naturgesetze gehe man immer von den gewöhnlichsten und am deutlichsten sinnlich-wahrnehmbaren Erscheinungen aus und gewöhne seine Schüler daran, diese Erscheinungen nicht als Gründe, sondern als Tatsachen anzusehen. Ich nehme einen Stein und tue so, als ob ich ihn in die Luft legte. Dann öffne ich die Hand und der Stein fällt. Ich sehe, daß Emil mein Tun aufmerksam verfolgt und frage ihn: Warum ist der Stein gefallen?

Welches Kind kann da nicht antworten? Jedes kann antworten, selbst Emil - wenn ich ihn nicht sorgfältig darauf vorbereitet hätte, daß er darauf nicht antworten kann. Alle werden sagen, daß der Stein fällt, weil er schwer ist. Was ist schwer? Das, was fällt. Der Stein fällt also, weil er fällt? Hier bleibt mein kleiner Philosoph stecken. Das ist seine erste Lektion in systematischer Physik. Ob sie ihm auf diese Weise etwas genützt hat oder nicht, es bleibt eine Lektion in gesundem Menschenverstand.

In dem Maß, wie das Kind intelligenter wird, müssen wir seine Beschäftigungen auch aus anderen Überlegungen sorgfältiger auswählen. Sobald es sich selbst hinreichend kennt, um einzusehen, worauf sein Wohlbefinden beruht, sobald es ziemlich weitreichende Zusammenhänge überschaut und beurteilen kann, was ihm angemessen oder nicht angemessen ist, kann es den Unterschied zwischen Arbeit und Spiel erfassen und im Spiel eine Erholung von der Arbeit sehen. Dann kann es in seinen Studien wirklich Nützliches lernen, das es treibt, sich ihnen mit größerer Beständigkeit zu widmen als bisher seinen einfachen Vergnügen. Lebensnotwendigkeiten, die sich immer erneuern, lehren den Menschen schon früh, auch das zu tun, was ihm nicht gefällt, um Übeln vorzubeugen, die ihm noch weniger gefallen würden. Das ist der Nutzen der Voraussicht. Von dieser gut oder schlecht angewandten Voraussicht hängt alle Weisheit und alles Elend des Menschen ab.

Jeder Mensch will glücklich sein. Aber um glücklich zu sein, müßte man zuerst wissen, was Glück ist. Das Glück des natürlichen Menschen ist so einfach wie sein Leben. Es besteht darin, nicht zu leiden: Gesundheit, Freiheit, der Lebensunterhalt machen es aus. Das Glück des moralischen Menschen ist etwas anderes. Aber davon reden wir hier nicht. Ich kann nicht oft genug wiederholen, daß sich Kinder nur für physische Dinge interessieren, besonders solche Kinder, deren Eitelkeit nicht geweckt wurde und die man nicht von vornherein durch das Gift der öffentlichen Meinung verdorben hat.

Wenn Kinder ihre Bedürfnisse früher voraussehen, als sie sie fühlen, ist ihr Verstand schon weit vorgeschritten. Sie fangen an, den Wert der Zeit zu erkennen. Dann muß man sie daran gewöhnen, ihre Zeit nützlich anzuwenden. Aber der Nutzen muß ihrem Alter angemessen und ihnen auch verständlich sein. Alles, was sich auf die moralische Ordnung und auf den Nutzen der Gemeinschaft bezieht, soll ihnen nicht zu früh geboten werden, denn sie können es nicht verstehen. Es ist eine Torheit, von ihnen zu verlangen, sich mit Dingen zu beschäftigen, von denen man andeutet, sie seien zu ihrem Besten, ohne daß sie wissen, was ihr Bestes eigentlich ist; von denen man ihnen versichert, sie würden als Erwachsene großen Nutzen daraus ziehen, ohne daß sie jetzt Interesse an diesem angeblichen Nutzen haben, da sie ihn doch nicht verstehen können.

Das Kind soll nichts aufs bloße Wort hin tun: Nichts ist für das Kind gut, was es nicht als gut empfindet. Indem man immer seine Einsicht überfordert, glaubt man Vorsicht zu üben, aber gerade sie hat gefehlt. Um es mit einigen nichtigen Hilfsmitteln auszustatten, deren es sich vielleicht niemals bedienen wird, nehmt ihr ihm das allgemeinste Rüstzeug des Menschen, nämlich den gesunden Menschenverstand. Man gewöhnt es daran, sich immer führen zu lassen und immer nur ein Werkzeug in der Hand anderer zu sein. Man will, daß es als Kind folgsam sei; das heißt wollen, daß es als Erwachsener leichtgläubig werde und sich an der Nase herumführen lasse. Man sagt ihm immer wieder: "Alles, was ich von dir verlange, ist zu deinem Besten, aber du kannst es noch nicht einsehen. Was liegt mir daran, ob du tust, was ich sage, oder nicht! Du tust es nur für dich allein." Mit allen diesen schönen Reden, die man ihm jetzt hält, um es brav zu machen, bereitet man nur den Erfolg der Reden vor, die ihm eines Tages ein Phantast, ein Ohrenbläser, ein Marktschreier, ein Betrüger oder ein durchtriebener Narr halten werden, um es in ihre Falle zu locken oder zum Anhänger ihrer Narrheit zu machen.

Ein Erwachsener muß vieles wissen, dessen Nutzen ein Kind noch nicht einsehen kann. Ist es aber nötig und möglich, daß ein Kind alles lernt, was ein Erwachsener wissen muß? Bemüht euch, das Kind zu lehren, was seinem Alter nützlich ist, und ihr werdet sehen, daß seine Zeit mehr als ausgefüllt ist. Warum wollt ihr es zum Schaden der Studien, die ihm heute angemessen sind, mit den Studien eines Alters beschäftigen, das es mit so wenig Gewißheit erreichen wird? Aber, werdet ihr sagen, wird dann noch Zeit sein, das zu lernen, was man wissen muß, wenn der Augenblick gekommen ist, sein Wissen auch anzuwenden? Ich weiß es nicht. Was ich aber weiß, ist, daß es unmöglich ist, es früher zu lernen. Denn unsere wahren Lehrmeister sind die Erfahrung und das Gefühl, und niemals fühlt der Mensch so gut, was ihm angemessen ist, als unter Umständen, in denen er sich bereits befunden hat. Ein Kind weiß, daß es ein Erwachsener werden soll. Alle Vorstellungen, die es sich über den Zustand eines Erwachsenen machen kann, dienen zu seiner Belehrung. Aber über solche Vorstellungen, die seine Fassungskraft übersteigen, muß es in völliger Unwissenheit gehalten werden. Mein ganzes Buch ist ein einziger Beweis für dieses Erziehungsprinzip.

Sobald wir unserem Zögling den Begriff des Wortes *nützlich* vermittelt haben, haben wir ein weiteres, bedeutendes Mittel, um ihn zu erziehen. Denn das Wort macht einen starken Eindruck auf ihn, vorausgesetzt, daß es einen seinem jetzigen Alter verständlichen Sinn erhält und die Beziehung zu seinem jetzigen Wohlbefinden deutlich einsieht. Auf eure Kinder macht das Wort keinen Eindruck, da ihr es versäumt habt, ihnen davon eine Vorstellung zu geben, die ihrer Fassungskraft entspricht, und weil sich immer andere bereit finden, ihnen zu reichen, was sie brauchen. Sie brauchen sich also niemals selbst darum zu kümmern und wissen also nicht, was Nützlichkeit ist.

Wozu nützt das? Das ist von nun an das geheiligte Wort, das zwischen ihm und mir über alles Tun in unserem Leben entscheidet. Das ist die Frage, die ich unfehlbar auf alle seine Fragen stelle, und die die Masse dummer und überflüssiger Fragen bremst, mit denen Kinder unaufhörlich und nutzlos ihre ganze Umgebung ermüden, mehr um eine Art Herrschaft über sie auszuüben, als um etwas zu lernen. Wer als wichtigste Lehre gelernt hat, nur Nützliches wissen zu wollen, der fragt wie Sokrates. Er stellt keine Frage mehr, ohne sich vorher über ihren Grund Rechenschaft gegeben zu haben, nach dem man ihn, wie er weiß, fragen wird, ehe man ihm antwortet.

Seht, welch mächtiges Instrument ich in eure Hände lege, um auf euren Schüler einzuwirken! Da er für nichts die Gründe kennt, könnt ihr ihn, wann es euch beliebt, fast immer zum Schweigen bringen. Welchen Vorteil bieten euch dagegen eure Kenntnisse und Erfahrungen, um ihm den Nutzen alles dessen zeigen zu können, was ihr ihm unterbreitet! Denn täuscht euch nicht, diese Frage an ihn zu richten, heißt ihn lehren, sie seinerseits auch an euch zu richten! Und ihr müßt damit rechnen, daß er bei allem, was ihr ihm in Zukunft vorschlagt, nach eurem Beispiel sagen wird: *Wo nützt das?*

Dies ist vielleicht die größte Schwierigkeit für einen Erzieher. Wenn ihr, um euch aus der Schlinge zu ziehen, dem Kinde auf seine Frage nur eine Antwort gebt, die es nicht zu verstehen imstande ist, dann sieht es, daß ihr euren Gedankengängen folgt und nicht seinen, und glaubt, daß eure Antwort für euer Alter und nicht für seines gut ist. Es vertraut euch nicht mehr, und alles ist verloren. Aber wo ist der Lehrer, der seinem Schüler eingesteht, daß er nicht weiterweiß und unrecht hat? Alle handeln, als ob sie, wie auf Befehl, keinen Fehler zugeben dürften. Ich aber würde mein Unrecht selbst dann zugeben, wenn ich recht hätte, mich ihm aber nicht verständlich machen könnte. So wäre mein Verhalten immer klar und unverdächtig und ich hätte mir mehr Vertrauen erworben, indem ich scheinbare Fehler eingestehe, als jene, die ihre wirklichen Fehler verbergen.

Denkt auch an erster Stelle daran, daß ihr ihm nur selten vorschreiben solltet, was er lernen soll. Er selbst muß es wünschen, suchen, finden. An euch liegt es, es seinem Verständnis nahezubringen, geschickt den Wunsch in ihm zu wecken und ihm die Mittel zu geben, ihn zu befriedigen. Daraus folgt, daß ihr ihm nur wenige, aber gut durchdachte Fragen stellen dürft. Da er aber viel mehr Fragen an euch als ihr an ihn stellen wird, könnt ihr euch nur vor Blößen schützen, indem ihr ihm die Gegenfrage stellt: *Worin besteht der Nutzen dessen, was du mich fragst?*

Da es ferner ziemlich gleichgültig ist, ob er dies oder jenes lernt, wenn er nur das, was er lernt, auch richtig begreift und dessen Nutzen einsieht, gebt ihm für das, was ihr ihm zu sagen habt, lieber gar keine Erklärung, als eine unzulängliche. Erklärt ihm ohne Bedenken: "Ich weiß keine passende Antwort für dich. Lassen wir das, ich hatte unrecht." War eure Belehrung wirklich fehl am Platz, so schadet es nichts, sie ganz fallenzulassen. War sie es nicht, werdet ihr mit einigem Geschick eine Gelegenheit finden, ihm ihren Nutzen begreiflich zu machen.

Erklärungen in Form von Vorträgen liebe ich nicht. Junge Leute geben wenig darauf acht und behalten sie kaum. Dinge und Sachen! Ich kann es nicht genug wiederholen, daß wir den Worten zuviel Bedeutung beimessen. Mit unserer schwatzhaften Erziehung schaffen wir nur Schwätzer.

Angenommen, mein Schüler unterbräche mich plötzlich mit der Frage, wozu dies alles diene, während ich mit ihm den Lauf der Sonne und die Art studiere, wie man sich orientiert. Welch schönen Vortrag könnte ich ihm halten! Über wie viele Dinge könnte ich ihn bei dieser Gelegenheit unterrichten, besonders wenn wir noch Zuhörer dabei haben. Ich würde ihm also von der Nützlichkeit der Reisen erzählen, von den Vorteilen des Handels, von den Erzeugnissen der einzelnen klimatischen Zonen, von den Sitten der verschiedenen Völker, vom Gebrauch des

Kalenders, von der Berechnung der Jahreszeiten für die Landwirtschaft, von der Navigation, von der Art und Weise, wie man auf dem Meer den Kurs hält, ohne zu wissen, wo man ist. Die Politik, die Naturgeschichte, die Astronomie, selbst die Moral und das Völkerrecht kann ich in meinen Vortrag einfließen lassen, derart, daß ich meinem Zögling einen hohen Begriff von all diesen Wissenschaften gebe und in ihm den Wunsch erwecke, sie auch kennenzulernen. Wenn ich dann alles gesagt habe, habe ich gezeigt, daß ich ein wahrer Pedant bin, und daß er davon keinen Deut begriffen hat. Am liebsten würde er, wie schon vorher, noch einmal fragen, wozu es nötig ist, sich zu orientieren. Aber er wagt es nicht aus Angst, ich könnte böse werden. Er kommt besser auf seine Kosten, so zu tun, als habe er verstanden, was man ihn anzuhören gezwungen hat. So geht es bei der feinen Erziehung zu.

Aber unser Emil ist derber erzogen. Wir haben uns so viel Mühe gegeben, ihn schwer von Begriff zu machen, daß er all dem gar nicht zuhört. Beim ersten Wort, das er nicht versteht, läuft er fort, spielt im Zimmer herum und läßt mich reden. Wir müssen also eine gröbere Lösung suchen. Mein wissenschaftlicher Aufwand taugt nichts für ihn.

Wir stellen gerade die Lage des Waldes nördlich von Montmorency fest, als er mich wieder mit seiner lästigen Frage unterbrach: *Wozu nützt das?* Du hast recht, sagte ich, wir müssen in Ruhe darüber nachdenken. Und wenn wir finden, daß diese Arbeit zu nichts nütze ist, werden wir sie nicht mehr fortsetzen. Es fehlt uns ja nicht an anderem nützlichen Zeitvertreib. Wir beschäftigen uns also mit etwas anderem und von der Geographie ist an diesem Tag keine Rede mehr.

Am nächsten Morgen schlage ich ihm einen Spaziergang vor dem Mittagessen vor. Nichts ist ihm lieber, denn Jungen laufen immer gerne, und dieser hat gute Beine. Wir steigen zum Wald hinauf, wir streifen durch die Champeaux, wir verirren uns und wissen nicht mehr, wo wir sind. Als wir umkehren wollen, können wir unseren Weg nicht mehr finden. Die Zeit vergeht, es wird heiß, wir haben Hunger. Wir beeilen uns. Wir irren vergeblich hier- und dorthin, finden nichts als Wald, Steinbrüche, Wiesen, aber keine Zeichen, um uns zurechtzufinden. Ganz erhitzt, ermattet und ausgehungert erreichen wir mit unserem

Laufen nichts, als uns noch mehr zu verirren. Endlich setzen wir uns, um auszuruhen und zu überlegen. Ich nehme nun an, Emil wäre wie jedes andere Kind erzogen: statt zu überlegen würde er also weinen. Er weiß nicht, daß wir vor den Toren von Montmorency sind und daß sie uns ein kleines Dickicht verbirgt. Aber dieses Dickicht ist ein Wald für ihn, denn ein Kind seiner Größe ist schon im Gebüsch wie begraben.

Nach kurzem Schweigen sage ich beunruhigt: Mein lieber Emil, wie machen wir es, um hier herauszukommen?

Emil schwitzend und in Tränen: Ich weiß nicht, ich bin müde. Ich habe Hunger. Ich habe Durst. Ich kann nicht mehr!

Jean-Jacques: Glaubst du, es ginge mir besser? Ich würde gerne weinen, wenn ich davon essen könnte. Weinen nützt nichts, wir müssen uns zurechtfinden. Sieh auf die Uhr! Wie spät ist es?

Emil: Es ist Mittag, und ich habe noch nichts gegessen.

Jean-Jacques: Richtig! Es ist Mittag, und ich habe auch noch nichts gegessen.

Emil: Was müssen Sie für einen Hunger haben!

Jean-Jacques: Das Unglück ist, daß mir mein Essen nicht hierher nachläuft. Es ist Mittag. Gestern um dieselbe Zeit haben wir die Lage des Waldes von Montmorency untersucht. Wenn wir von dem Wald aus die Lage von Montmorency aus feststellen könnten...

Emil: Ja, aber gestern haben wir den Wald gesehen und von hier aus können wir die Stadt nicht sehen.

Jean-Jacques: Das ist natürlich schlimm ... Aber wenn wir sie gar nicht sehen brauchen, um sie zu finden...

Emil: Oh, mein lieber Freund!

Jean-Jacques: Wir sagten doch gestern, der Wald wäre...

Emil: ...nördlich von Montmorency.

Jean-Jacques: Folglich liegt Montmorency...

Emil: Südlich vom Wald.

Jean-Jacques: Wir haben doch zur Mittagszeit ein Mittel, um Norden festzustellen?

Emil: Ja, durch die Richtung des Schattens.

Jean-Jacques: Aber wo liegt Süden?

Emil: Wie findet man ihn?

Jean-Jacques: Der Süden liegt doch dem Norden gegenüber.

Emil: Das stimmt. Man braucht nur die Richtung zu suchen, die dem Schatten gegenübersteht. Oh, da ist Süden! Bestimmt liegt Montmorency in dieser Richtung. Suchen wir!

Jean-Jacques: Du kannst recht haben. Gehen wir diesen Fußweg durch das Gehölz.

Emil schlägt in die Hände und ruft vor Freude: Ich sehe Montmorency! Da liegt es ganz nah. Gehen wir essen, laufen wir schnell! Die Astronomie ist doch zu etwas gut.

Merkt euch, daß er, selbst wenn er den letzten Satz nicht ausspricht, ihn doch denkt. Hauptsache, daß ich es nicht ausspreche. Und seid überzeugt, daß er die Lektion dieses Tages sein Leben lang nicht vergißt. Hätte ich ihm statt dessen alles in seinem Zimmer auseinandergesetzt, er hätte meine Rede am nächsten Morgen schon vergessen. Man muß soviel wie möglich durch Handlungen reden, und nur sagen, was man nicht machen kann...

Wenn wir die Beziehungen zwischen Ursache und Wirkung nicht wahrnehmen, wenn wir von Gut und Böse keine Vorstellung und niemals Bedürfnisse gefühlt haben, so bestehen sie nicht für uns. Wir können durch sie unmöglich angeregt werden, etwas zu tun, was sich auf sie bezieht. Mit fünfzehn Jahren schaut man auf das Glück eines Weisen mit denselben Augen wie mit dreißig auf die Herrlichkeit des Paradieses. Wenn man weder das eine noch das andere richtig begreift, strengt man sich auch nicht an, sie zu erwerben. Selbst wenn man sie sich genau vorstellen könnte, wäre nicht viel gewonnen, wenn man sie nicht auch begehrte und fühlte, daß sie einem zuträglich sind. Ein Kind ist leicht zu überreden, daß das, was man es lehren will, auch nützlich ist. Aber überreden nützt nichts, wenn man es nicht überzeugt. Vergebens billigen oder tadeln wir etwas mit kaltem Blut. Erst die Hingabe treibt uns zum Handeln. Wie kann man sich für etwas begeistern, das man noch gar nicht kennt?

Zeigt dem Kind nie etwas, das es nicht auch einsehen kann. Die Menschheit ist ihm fast fremd: wir können es nicht auf die Stufe des Erwachsenen heben. Also müssen wir den Erwachsenen auf die Stufe des Kindes herunterholen. Während ihr daran denkt, was ihm später nützen kann, sprecht mit ihm nur von dem, dessen Nutzen es im Augenblick einsieht. Im übrigen keine Vergleiche mit anderen Kindern, keine Rivalen, keine Konkurrenten, selbst beim Wettlauf nicht, sobald es anfängt, selbständig zu denken. Hundertmal lieber wäre mir, es lernte gar nichts als aus Eifersucht oder Eitelkeit. Nur werde ich jedes Jahr seine Fortschritte vermerken und mit denen vergleichen, die es im nächsten Jahr machen wird. Ich werde ihm sagen: Du bist um soviel Zentimeter gewachsen; über den Graben bist du gesprungen; diese Last hast du getragen; so weit hast du den Stein geworfen; so weit bist du in einem Atem gelaufen, usw. Nun wollen wir sehen, was du jetzt kannst. So sporne ich ihn an, ohne ihn auf jemanden eifersüchtig zu machen. Emil will und soll sich übertreffen. Ich sehe keinen Hinderungsgrund, sein eigener Rivale zu sein...

Ich denke, diese Erklärungen werden genügen, um den geistigen Fortschritt meines Schülers zu verdeutlichen und den Weg zu zeigen, den er zu diesem Fortschritt verfolgt hat. Aber ihr seid vielleicht erschrocken über die Menge der Dinge, die ich ihm geboten habe und fürchtet, daß ich seinen Geist unter der Vielfalt der Kenntnisse erdrücke. Das Gegenteil ist der Fall: ich lehre ihn eher, sie nicht zu kennen, als sie zu kennen. Ich zeige ihm den Weg der Wissenschaft, der in der Tat leicht ist, aber lang, unendlich lang und langsam zu durchlaufen. Ich lasse ihn die ersten Schritte tun, damit er den Eingang findet, aber ich erlaube ihm nicht, weiterzugehen.

Da er also gezwungen ist, selbst zu lernen, gebraucht er seinen eigenen Verstand und nicht den anderer. Denn wenn man nichts von der fremden Meinung hält, darf man auch nichts auf die Autorität geben. Die meisten Irrtümer rühren weniger von uns als von anderen her. Durch diese fortgesetzte Übung wird der Geist ähnlich gestärkt wie der Körper durch Arbeit und Müdigkeit. Ein anderer Vorteil liegt darin, daß man nur nach dem Maß seiner Kräfte fortschreitet, denn der Geist trägt wie der Körper nur das, was er zu tragen vermag. Wenn der Verstand sich Dinge aneignet, ehe er sie dem Gedächtnis einprägt, so ist alles, was er daraus schöpft, sein eigen. Wenn man dagegen das Gedächtnis gegen seinen Willen überlastet, läuft man Gefahr, niemals etwas eigenes hervorbringen zu können.

Emil hat wenige Kenntnisse, aber diejenigen, die er hat, sind wirklich sein eigen. Er weiß nichts halb. Von den Dingen, die er weiß, die er gründlich weiß, ist das wichtigste, daß es vieles gibt, was er nicht weiß, aber eines Tages wissen kann; vieles, das andere wissen und das er niemals wissen wird, und unendlich vieles, was keiner jemals wissen wird. Er hat einen universellen Geist, nicht durch seine Kenntnisse, sondern durch die Fähigkeit, sie zu erwerben. Er hat einen offenen, klugen, für alles empfänglichen Kopf, oder wie Montaigne sagt, keinen gelehrten, sondern einen belehrbaren Kopf. Mir genügt es, wenn es das "Wozu ist das gut?" bei allem findet, was er tut, und das "Warum?" bei allem, was er glaubt. Ich sage es noch einmal: Mein Ziel ist nicht, ihm Wissen zu vermitteln, sondern ihn zu lehren, wie man es bei Bedarf erwirbt, wie man es nach seinem wahren Wert einschätzt; ihn zu lehren, die Wahrheit über alles zu lieben. Mit dieser Methode kommt man langsam voran, aber man macht keinen unnützen Schritt und braucht niemals umzukehren.

Emil hat nur natürliche, rein physische Kenntnisse. Er kennt nicht einmal das Wort Geschichte und weiß nicht, was Metaphysik oder Moral bedeutet. Er kennt die wesentlichen Bezüge zwischen den Menschen und den Dingen, weiß aber nichts über die moralischen Beziehungen von Mensch zu Mensch. Er kann kaum Begriffe verallgemeinern; er kann kaum abstrahieren. Er sieht, daß gewisse Körper gemeinsame Eigenschaften haben, kann sich aber über die Eigenschaften selbst kein Bild machen. Er kennt den abstrakten Raum von den geometrischen Figuren und die abstrakte Größe von den algebraischen Zeichen. Diese Figuren und Zeichen sind die Träger dieser Abstraktionen, auf die sich die Sinne stützen. Er versucht nicht, die Dinge nach ihrer Essenz zu kennen, sondern nur in den Beziehungen, die ihn angehen. Was ihm fremd ist, schätzt er nur nach der Beziehung, die es zu ihm hat, aber diese Einschätzung ist genau und sicher. Phantasie und herkömmliche Urteile spielen dabei keine Rolle. Ihn beschäftigt am meisten, was ihm nützlich ist. Und da er von dieser Art der Wertung nicht abgeht, gibt er nichts auf fremde Meinungen.

Emil ist fleißig, mäßig, geduldig, entschlossen und mutig. Seine Phantasie ist nicht erhitzt und vergrößert ihm daher niemals die Gefahren. Er ist nicht wehleidig und kann geduldig leiden, weil er gelernt hat, nicht mit dem Schicksal zu hadern. Vom Tod weiß er nicht genau, was das ist. Aber, da er gewohnt ist, sich widerstandslos dem Gesetz der Notwendigkeit zu beugen, so wird er ohne Klagen und Widerstand sterben. Das ist alles, was die Natur in diesem, von jedermann verabscheuten Augenblick gestattet. Frei zu leben und wenig an menschlichen Dingen zu hängen, ist das beste Mittel, sterben zu lernen.

Mit einem Wort: Emil hat von den Tugenden alles, was sich auf ihn bezieht. Für die gesellschaftlichen Tugenden jedoch fehlen ihm nur die Kenntnisse der Beziehungen, die ihnen zugrunde liegen. Es fehlen ihm also nur Einsichten, für deren Aufnahme sein Geist bereit ist.

Er betrachtet sich selbst, ohne an andere zu denken, und findet es richtig, wenn andere nicht an ihn denken. Er verlangt von niemandem etwas und glaubt, niemandem etwas schuldig zu sein. Er steht allein in der menschlichen Gesellschaft und vertraut nur auf sich selbst. Er hat auch mehr Recht dazu als ein anderer, denn er ist alles, was man in seinem Alter sein kann. Er hat keine falschen Meinungen oder nur die, die für uns unvermeidlich sind. Er hat keine Fehler oder nur die, vor denen sich keiner schützen kann. Er ist gesund, gelenkig; er hat einen geraden und vorurteilsfreien Geist, ein freies und leidenschaftsloses Herz. Selbst die Eigenliebe, die erste und natürlichste Liebe, ist darin noch kaum entwickelt. Ohne jemandes Frieden zu stören, hat er zufrieden, frei und glücklich gelebt, soweit es die Natur erlaubt. Findet ihr, daß ein Kind, das auf solche Weise sein fünfzehntes Lebensjahr erreicht hat, die vorhergehenden Jahre verloren habe?...

Vom Unterricht überhaupt

Ernst Christian Trapp

Einleitung

Wenn von einem mit natürlicher Anlage und Lust zum
Lehramt begabten, im Unterrichten hinlänglich geübten,
durch sattsame Belohnung oder reizende Aussicht aufge-
munterten, an Leib und Seele gesunden, mit Arbeit nicht
überhäuften, mit den nöthigen Hülfsmitteln versehenen,
von Vorurtheilen der Eltern oder des Publikums unabhängigen, unter einer zweckmäßigen öffentlichen Aufsicht und Leitung stehenden Lehrer, wenn von einem
solchen Lehrer gesunde Kinder, von guten Fähigkeiten,
voll Wißbegierde, in dem gehörigen Alter, wenn von einem
solchen Lehrer solche Kinder in nicht zu großer Anzahl,
in den ihrem Alter und ihren Fähigkeiten angemessenen
Kenntnissen, die erfoderliche Zeit, ununterbrochen, nach
den Regeln einer vernünftigen Methode, wenn von einem
solchen Lehrer solche Kinder unter solchen Umständen unterwiesen würden: so ginge der Unterricht ganz - wie eine
Reise auf den vortreflichen Landstraßen Englands, in einem
leichten Wagen, mit raschen Pferden bespannt, die ein
nüchterner und vernünftiger Kutscher regiert...

Mit zwei Arten von Lesern hab ichs in gegenwärtiger
Abhandlung nicht zu thun.

Erstlich mit denen nicht, für die es nicht weltkundig ist,
oder die es geradezu läugnen, daß der Unterricht der Jugend mancher Verbesserungen bedürfe und fähig sey. Ich
müßte ein besonders Buch schreiben, um sie zu widerlegen.
Oder vielmehr, ich müßte mit ihnen von Schule zu Schule,
von Haus zu Haus gehn, und ihnen das Unzweckmäßige,
Unmethodische, Zeit und Kraft Raubende und Lehr- und
Lernlust Erstickende mancher Lehrarten augenscheinlich zu
zeigen. Auf der andern Seite müßte ich sie auch hinführen
können, wo nach bessern Methoden mit glücklicherm Erfolg verfahren wird. Erfahrungssätze glaubt man nicht
eher, bis man die Erfahrungen, worauf sie sich gründen,
selbst macht; am wenigsten solche Erfahrungssätze, denen man andere entgegensetzen kann, die sich auch auf
lange vermeinte Erfahrungen gründen sollen. Kann ich
meine Gegner hinführen, wo sie die nöthigen Erfahrungen in hinlänglicher Anzahl machen? Wenn ichs könnte,

würden sie mir folgen wollen? ...

Zweitens kann ich mich mit denen hier nicht einlassen, gegen die ich erst zu beweisen hätte, daß Kenntnisse, Künste und Wissenschaften das Geschlecht der Menschen überhaupt vollkommner und beglückter machen, und daß man also jedem Menschen so viel Kenntnisse mitzutheilen suchen müsse, als seine Bestimmung, seine Fähigkeiten und andere Umstände erlauben, nicht allein darum, jeden einzelnen Menschen besser und glücklicher zu machen - denn diese Absicht mislingt oft; die Gelehrtesten sind manchmal die Verkehrtesten, und Tugend, Ruhe und Glück sind bei weitem nicht immer im Gefolge großer und feiner Kenntnisse - sondern auch hauptsächlich darum, daß der Vorrath von Kenntnissen, der einmal in kultivirten Ländern da ist, erhalten und vermehrt, und dadurch, nach und nach, eine grössere Summe von Glückseligkeit im Ganzen bewirkt werde... Die Vollkommenheit der Aufklärung hängt aber großentheils von der Vollkommenheit des Unterrichts der Jugend ab. Also laßt uns auf die Verbesserung desselben mit Ernst bedacht seyn...

I.
Welches ist der Zweck des Unterrichts?

Und die natürlichste Antwort auf diese Frage scheint mir zu seyn: Vervollkommnung der Erkenntniß und des Erkenntnißvermögens.

Unterricht - den man nicht mit Erziehung verwechseln muß, von welcher er nur ein Theil ist - hat es unmittelbar nur mit dem menschlichen Geiste zu thun. Mittelbar hat er auch Einfluß aufs Herz und die Gesinnungen; und sehr genau hängt mit ihm zusammen das Abrichten zu gewissen nützlichen mechanischen Fertigkeiten, als kalligraphisch schreiben u.d.gl. welches man auch Uebung in mechanischen Künsten nennen kann. Ich werde in der Folge dieses Abrichten vom Unterrichten nicht immer unterscheiden, sondern beides, dem gemeinen Sprachgebrauch gemäß, Unterricht nennen.

Man kann sich bei der Vervollkommnung des menschlichen Geistes den Menschen entweder überhaupt als Mensch, oder als Glied einer gesellschaftlichen Kette denken. Aber auch nur denken; denn in der Anwendung mögte sich jener von diesem schwerlich absondern lassen. Wo ist der unter uns lebende Mensch, der nicht irgendwo eingreife, nicht irgendwohin wirke, wenn er gleich weder zum Lehr-, Wehr- und Nähr- sondern blos zum Zehrstande gehört? Die Vollkommenheit oder Unvollkommenheit seiner Erkenntniß wird auf irgend eine Art in die Gesellschaft Einfluß haben, wenn er sich gleich nicht um sie, und sie sich nicht um ihn zu bekümmern scheint. Gesetzt also, ich hätte - welches wol schwerlich jemals der Fall eines Erziehers seyn wird - einen Zögling zu unterrichten, der weiter nichts als Mensch werden sollte: müßte ich nicht dennoch Rücksicht nehmen auf irgend ein Land, wo er wohnen, auf irgend ein Geschäft, das er treiben soll, auf Verbindungen und Verhältnisse, worein er wahrscheinlich kommen wird? Und wenn ich das müßte, wo wäre die Grenzlinie zwischen dem, was er als Mensch, und was er als Glied der Gesellschaft zu lernen hätte? Sie ist mir zu fein. Dafür will ich eine andere zu ziehen suchen, die freilich auch ihre Schwierigkeiten hat.

Man kann den Menschen als Glied der menschlichen Gesellschaft überhaupt, und auch als Theilnehmer an derselben durch den Stand, die Lebensart, die er wählt, oder die für ihn gewählt werden, ansehn. In beiden Rücksichten braucht er Unterricht. Was aber sein besonderer künftiger Stand ihn lernen heißt, scheint mir nur theils eine Erweiterung, theils eine nähere Bestimmung dessen zu seyn, was er als Glied der menschlichen Gesellschaft überhaupt wissen muß. Dieses geht also natürlicherweise vor jenem her, und ist die Grundlage, worauf, bei der Vorbereitung zu einem besondern Stande, weiter fortgebaut wird. So lange man noch nicht weiß, wozu dieser oder der künftig in der Gesellschaft bestimmt ist: so lange unterrichtet man ihn bloß als Glied der Gesellschaft überhaupt, man entwickelt alle seine Fähigkeiten, man übt alle seine Kräfte. Es versteht sich, daß man das Materielle dieses Unterrichts immer mit einem Rückblick auf die Bedürfnisse und Foderungen der Gesellschaft, der Gegend, der Zeit, worin man lebt, zu wählen habe. Aber wenn man dis nun gleich thut: so entsteht doch noch die Frage: Von welchem Umfang ist, oder wie lange dauert der Unterricht des Menschen als Gliedes der Gesellschaft überhaupt, ehe man zu der Vorbereitung auf die besondern Stände schreiten darf? Zulange darf es nicht seyn, damit nicht dieser oder der zum Gelehrten zu herkulisch, zum Herkules zu gelehrt, zum Sol-

daten zu fein, oder zum Hofmann zu grob werde. Aber
wie lange kann und muß es denn seyn? Ich will versuchen,
wie weit ich mich der Auflösung dieses Problems im folgenden Abschnitt nähern kann. Habe ich Zahl und Maaß
der Kenntnisse richtig angegeben, so läßt sich daraus, und
mit den Kräften der Jugend die Zeit finden, die zu ihrer
Erlernung, und also zum Unterricht des Menschen ohne
Rücksicht auf eine besondere Bestimmung erfodert wird.

II.
Von den Gegenständen
oder dem Materiellen des Unterrichts

Einige Kenntnisse, Fertigkeiten, Künste, Wissenschaften, oder wie man die zu erlernenden Dinge sonst
nennen mag, sind allgemein nützlich, nöthig, und gewissermaßen unentbehrlich. Alle Stände müssen sie lernen,
und müssen den Anfang des Lernens von ihnen machen, weil
sie theils der Grund sind, worauf nachher fortgebaut werden muß, theils aber auch ohne Rücksicht auf Fortbauen,
in spätern Jahren und hinter andern Kenntnissen her, nicht
so leicht und gut erlernt werden. Ich rechne dahin:
1) mechanische Fertigkeiten:
Lesen, Schreiben, Zeichnen, Uebung in den vier Rech-
nungsarten, Auswendiglernen dessen, was hergebrachte
Bedürfnisse, Gewohnheiten oder Vorurtheile erfodern.
2) Vernunft- und Verstandesübungen:
Alles, was den Kindern von Ursach und Wirkung, Zweck
und Mittel, Unterschied und Aehnlichkeit, und dann von
relativen Begriffen, als gut und schlecht, groß und klein
u.d.gl. durch die sie umgebenden oder leicht in ihren Gesichtskreis zu bringenden Gegenstände begreiflich gemacht
werden kann. Auch das Rechnen läßt sich zu einer sehr
nützlichen Verstandesübung machen.
3) Was zur Bildung des Herzens und der Gesinnungen
beiträgt:
Religion, Moral und Manches aus der Geschichte.
4) Was zur Erhaltung der Gesundheit dient:
Kenntniß des menschlichen Körpers, und Diätetik
5) Was zur Klugheit, zum äußern Wohlverhalten, zum
Umgang mit Menschen und zur Erwerbung und Erhaltung
des äußern Glücks dient:

Kenntniß der Landesgesetze; der Klugheits- und Höflich-
keitsregeln im Umgang; der Natur- und Kunstprodukte des
Landes, wenigstens der Provinz, wo man wohnt, und der
ausländischen, die man täglich braucht; der verschiedenen
Stände und Beschäftigungen der Menschen; eines Theils der
Geschichte und Geographie.

Dis wäre es ungefähr, was mir zur Bildung des in
Gesellschaft lebenden Menschen, als Menschen, vorgängig
vor seiner Bestimmung zu irgend einem Stande, nöthig
scheint. Unter diesem Allen scheint mir nichts zu seyn,
was für irgend eine Lebensart, die der Lehrling nachher
wählt, überflüßig, oder auch nur entbehrlich wäre, wenn er
als Mensch unter Menschen vernünftig und glücklich leben
soll. Ferner braucht dieses Alles nur hier eingeschränkt,
dort erweitert, überhaupt näher bestimmt und modificirt zu
werden, um theils, in Land- Soldaten- und Bürgerschulen,
den ganzen Unterricht zu erschöpfen; theils, in den untern
Klassen der Schulen für feinere Stände als Vorbereitung
auf die höhern Klassen zu dienen. Ich bemerke noch, daß
fremde Sprachen mir nicht in dieses allgemein Nützliche
und Nöthige zu gehören scheinen, weil ihre Erlernung schon
eine besondere Bestimmung voraussetzt...

In welcher Ordnung müssen die der Jugend mitzuthei-
lenden Kenntnisse auf und neben einander folgen; mit
andern Worten: wie sind die Lehrbücher zu wählen und
einzurichten?

Hier die genaue Stufenfolge vom Leichtern zum Schwerern zu finden, und die einzige, oder doch die vornehm-
ste Rücksicht die man hier zu nehmen hat - ist, wo nicht
ganz unmöglich, doch unendlich schwer, theils weil wir noch
nicht Beobachtungen genug über den menschlichen Geist in
pädagischer Rücksicht angestellt haben, theils weil die Na-
turen und Fähigkeiten der Kinder, die Jahre, wo der Unterricht angefangen wird, und die Gelegenheiten, zufällig,
sowol vor als während der Zeit des Unterrichts, Ideen
einzusammeln, so verschieden und mannigfaltig sind, daß
dem Einen das Schweiß kostet, was der Andere ohne Mühe
faßt und behält, daß Dieser in Einer Stunde weiter, als
Jener in zehn Stunden kömmt; endlich weil die Verschiedenheit der Methode das Leichte schwer und das Schwere leicht
machen kann. Und doch scheint mir die Grundidee eines
brauchbaren Elementarwerks noch immer die zu seyn, daß

man die Materialien desselben nach der Stufenfolge des Leichtern und Schwerern ordne. Darum ist es aber auch so schwer ein gutes Elementarwerk zu schreiben, und nur der kann bald damit fertig werden, der die Schwierigkeiten nicht kennt...

III.
Erleichterung und Gründlichkeit des Unterrichts

Diese beiden Begriffe fliehen einander, wie es Vielen vorkömmt; wie es mir deucht, vertragen sie sich recht gut, wenn man nur nicht durch eine unzulängliche Erklärung Feindschaft zwischen ihnen stiftet.

Soll man der Jugend den Unterricht so schwer als möglich machen? Das wird niemand behaupten, der nicht zugleich fodern will, daß man mit sechsjährigen Kindern Baumgartens Metaphysik, Kästners Mathematik u.d.gl. treiben müsse. Gibt er zu, daß man der Jugend viele Vorkenntnisse beibringen müsse, ehe man zu diesen Wissenschaften und Büchern schreiten dürfe: so gibt er zugleich Erleichterung in Ansehung des Materiellen beim Unterricht zu. Er räumt dadurch ein, daß es eine Stufenfolge vom Leichtern zum Schwerern, eine Treppe von der Erde bis zum Giebel gibt; die man die Jugend nicht bei den Haren in einem Zuge von unten bis oben hinauf ziehn, sondern Stufe vor Stufe, und langsam, wenn die Treppe hoch ist, hinaufsteigen lassen müsse; denn zum Hinaufziehn brauchte es ja gar keiner Treppe.

Bleiben wir noch eine Weile bei dem Bilde von Treppe und Stufen. Gesetzt die lange Treppe wäre bisher äußerst dunkel, dabei voll Kopfzerstoßender Dinge, und ohne Ruheplätze; die Stufen wären weit auseinander und dazu schmutzig und schlüpfrig; die Treppe außerdem noch im Ruf, daß sie überall mit Gespenstern und Nachtgeistern besetzt sey; und diese so übelbeschaffene und so verschriene Treppe solle nun tagtäglich von schwachen und furchtsamen Leuten oft bestiegen werden, die sich für das, was oben zu holen ist, gar nicht interessiren: was hat hier ein kluger Hausvater zu thun? ...

Was heißt nun aber gründlich unterrichten? Genau genommen ist dis von dem Unterrichten in den sogenannten gründlichern Wissenschaften verschieden und kann eigentlich wol nichts anders bedeuten, als: durch den

Unterricht bewirken, daß der Schüler seine Kenntnisse gründlich bekomme, daß er in dem, was er lernt, regelrecht werde. Ist denn das nicht etwas Gutes? O ja! Aber alles Gute ist relativ, d.h. es ist nur gut, wenn Personen, Zeit, Ort, Umstände es fodern.

Die Gründlichkeit oder das Regelrechte der formellen Erkenntniß ist

1) vielen Menschen, auch den praktischen Gelehrten, in manchen Stücken ganz entbehrlich. So braucht z.B. der Landmann, der Künstler, der Kaufmann, als solcher, keine gründliche Kenntniß in Sprachen, Philosophie u.d.gl. Der Volkslehrer braucht keine gründliche Kenntniß der scholastischen Theologie und Philosophie.

2) Da, wo Gründlichkeit, regelrechte Kenntniß nöthig ist, muß man doch nicht von ihr den Anfang des Lernens machen. Meine Gründe sind diese:

a) Man kann, wenn man dis nicht thut, diejenigen, die nicht regelrecht werden sollen und können, in den ersten Jahren und in den untern Klassen mit denen zugleich nützlich unterrichten, die regelrecht werden sollen und können.

b) Die Jugend sammelt so einen weit größern Vorrath von nützlichen Kenntnissen ein; und der große Umfang, nicht das Regelrechte der Kenntnisse, ist das, was die Grundlage zum verständigen und überall brauchbaren Manne macht.

c) Es ist überhaupt schon überflüßig, auf die formelle Erkenntniß, auf das Studium der Form und Regel des Denkens, Sprechens etc. viel Zeit zu verwenden, denn die Form ist uns von Natur und wird uns noch mehr durch Uebung habituel, wird uns mit der Materie des Denkens und Sprechens zugleich, wenn gleich unvermerkt, mitgetheilt. Von hundert falschen Schlüssen fehlen, wie ich glaube, neun und neunzig in der Materie gegen einen, der in der Form falsch ist. Die rechten Mittelbegriffe zu finden, das ist die Hauptsache, wenn wir richtig denken wollen; dazu aber braucht man ausgebreitete, mannigfaltige, nicht grade regelrechte, d.i. solche Kenntnisse, wobei man sich der Regeln bewußt ist und sie zu nennen weiß. - Ist es nun schon überhaupt überflüßig, den größern Theil der Lernenden auf das Studium der Form, auf Kenntniß der

Regeln, viel Zeit verwenden zu lassen: so ist es noch überflüßiger, dis bei Anfängern zu thun.

d) Es ist aber nicht nur überflüßig, sondern auch unnatürlich und schädlich es bei Anfängern zu thun. Daß es unnatürlich seyn müsse, kann man schon daraus schließen, daß es der kleinern Jugend so sehr zuwider ist, und daß sie außerhalb der Schule mehr und mit mehr Vergnügen lernt, als in der Schule. Dann folgt es auch noch daraus, daß das Studium der Form zu wenig Sinnliches hat, als daß es in der frühern Jugend gefaßt werden könne. Schädlich ist es darum, weil es theils die Zeit hinnimmt, die auf das Einsammeln eines großen Vorraths gemeinnütziger Kenntnisse verwandt werden sollte; theils den größern Theil der Jugend dem Lernen abgeneigt macht; theils Lehrern und Schülern ihre Mühe unnötigerweise erschwert; endlich den abgezielten Zweck gründliche Leute zu ziehen, theils gar nicht, theils nur sehr unvollkommen erreicht, d.i. wenn es ihn erreicht, regelrechte Leute bildet, die weiter nichts sind als regelrecht, und wenn sie mehr seyn wollen, es durch eignen Fleiß in und nach den Schuljahren werden müssen...

Wann macht mans der Jugend zu leicht? Wann man sie weniger Kraft brauchen läßt, als sie hat, und als sie anzuwenden geneigt ist. Wann macht mans ihr zu schwer? Wann man sie mehr Kraft zu äußern zwingt, als sie hat oder zu brauchen geneigt ist. (Es versteht sich, daß hier von Seelenkraft, besonders vom Fassen und Behalten die Rede ist.) Was hat das Erstere für Folgen? Einmal die, daß die Jugend nicht alle ihre Kraft kennen und üben lernt, und sich weniger zutraut, als sie hat. Dis ist eine schlimme Folge. Zweitens die, das sie immer Lust behält zu dem, was ihr so wenig Mühe kostet. (Man vergesse nicht, daß ich immer von gewöhnlichen, wenigstens nicht von ausserordentlichen Köpfen rede.) Dis ist eine gute Folge. Drittens die, daß der Körper nicht nur nicht dabei leidet, sondern dabei gewinnt. Dis ist wieder eine gute Folge.

Was sind hingegen die Folgen der zu großen Anstrengung? Einmal die, daß die Kraft ganz erschöpft wird, und die Sehnen der Seele erschlaffen. Zweitens die, daß die Jugend allem Arbeiten abgeneigt und allem Spiel, aller Zerstreuung geneigt wird. Drittens die, daß der Körper dabei leidet. Außer diesen Folgen weiß ich keine, und keine von diesen ist gut. Ich sehe also bei der zu großen Anstrengung Drei schlimme Folgen und keine gute; bei der nicht genugsamen Anstrengung hingegen nur Eine schlimme und zwei gute. Und diese Eine schlimme ist lange so schlimm nicht, als eine der drei, die aus der zu großen Anstrengung entstehn. Mag doch die Jugend immerhin nicht alle ihre Kraft kennen, üben und brauchen lernen, wenn sie nur Kraft, Lust und Gesundheit zu den Geschäften ihres künftigen Lebens mitbringt. Es gibt nicht leicht einen Stand, ein Geschäft des Lebens, wo der Mensch nöthig hätte, seine ganze Kraft anzustrengen. Aber es gibt keins, wo er nicht, Lust und Gesundheit braucht. Wer wird nun diese drei wichtigen und unentbehrlichen Dinge aufs Spiel setzen wollen, um einen Verlust an Kraft zu verhüten, der nicht groß, weder an sich noch in seinen Folgen ist? ...

Eh ich diese Materie verlasse, muß ich noch untersuchen, ob es Mittel gebe, ungefähr das Maaß der Kraft zu bestimmen, das man bei der zu unterweisenden Jugend voraussetzen darf. Diese Bestimmung oder Messung der jugendlichen Kraft bleibt immer auch dann noch nöthig, wann man anfänglich an die Stelle des bisher gewöhnlichen gründlichen Unterrichts den mir besser scheinenden sogenannten ungründlichen setzt; denn auch so könnte man von der Jugend noch zu viel oder zu wenig fodern; und beides wäre ihr immer in gewissem Grade nachtheilig.

Ich habe zwei Merkmale, woraus ich bei meiner Jugend abnehme, ob ich den Mittelweg zwischen zu viel und zu wenig halte. Das eine ist der Fortgang, den sie im Lernen macht; das andere ist die Lust, mit der sie lernt. Wo ich beide Merkmale vereint finde, da bin ich meiner Sache gewiß, wo ich nur eins von beiden wahrnehme, da glaube ichs noch nicht recht getroffen zu haben, sondern vermuthe irgend einen Fehler in meiner Methode. Dieser bestehe nun, worin er wolle, so wirds am Ende fast immer darauf hinauslaufen, daß ichs entweder zu schwer oder zu leicht gemacht habe.

Ist der Fortgang von Tag zu Tag merklich sichtbar, so kann ich sicher schließen, daß ichs meiner Jugend nicht zu schwer gemacht habe. Aber freilich gibts Kinder, denen mans nicht gleich, sondern erst nach geraumer Zeit, und oft nur bei besondern Anlässen, abmerkt, wie viel sie, besonders in Ansehung der Aufklärung des Verstandes durch den Unterricht gewonnen haben. Ueberhaupt ist es unter den Seelenkräften eigentlich nur das Gedächtniß, dem man täglich und genau wieder abfodern kann, was man ihm gegeben hat, worüber sich also auch nur eigentlich Gericht halten und Rechnung führen läßt. Außerdem geht dis nur noch an bei den mechanischen Uebungen und Fertigkeiten des Schreibens, Zeichnens, Lesens, u.d.gl. Der Gewinn des Verstandes und der Vernunft läßt sich nicht eigentlich und täglich messen und zählen, und nicht von Jedem, denn es gehört ein geübtes Auge und eine feine Hand dazu. Was Vernunft und Verstand durch den Unterricht gewinnen, besteht vor der Hand nur in Urbarmachung und Bestellung des Ackers. Der Saame geht oft erst lange nachher auf, und vollends Frucht tragen kann er erst in einem reifern Alter. Daher haben - daß ich diß hier beiläufig sage - diejenigen Jugendlehrer oft einen harten Stand, welche die zu häufig und verkehrt getriebenen Gedächtnißübungen einschränken und mehr den Verstand der Jugend bearbeiten. Was ist denn nun gethan worden? fragen Eltern, Vorgesetzte und die beym Schlendrian bleibenden Schullehrer. Nichts, antworten sie sich selbst; und der bessere Schulmann kann sie nicht widerlegen, weil er ihnen keinen Maßstab des Guten geben kann, das er wirklich und vielleicht in reichlichem Maaße an seinen Schülern gethan hat. Daher gehen auch die öffentlichen Prüfungen der Jugend nur hauptsächlich auf Auskramung dessen, was mit dem Gedächtniß von ihr gefaßt ist, und wir wollen und können durch diese Prüfungen nicht erfahren, wie verständig, sondern nur wie gelehrt sie ist. Die alte Regel gilt noch und wird noch lange gelten: tantum scimus, quantum memoria nostra tenemus...

Ist die Lust zu lernen bei den Kindern immer rege - einzelne Tage und Stunden, wo sie von Unpäßlichkeit, Freude, Erwartung u.s.w. unterdrückt wird, kommen nicht in Anschlag - sind sie beim Schluß einer Lection noch fast so aufmerksam und wißbegierig als beim Anfang derselben: so bin ich wieder gewiß, daß ichs ihnen wenigstens nicht zu schwer gemacht habe. Ob nicht etwa zu leicht, das kann ich so genau nicht wissen. Aber, wie schon gesagt, ich will lieber dieser vermeinten Skylla, als jener Charybdis zu nahe kommen. Es liegt mir unglaublich viel, und gewissermaßen Alles daran, daß die Kinder immer Lust zum Lernen behalten. Lust und Liebe zum Dinge, sagt ein schon altes und ewig wahres Sprichwort, macht Müh und Arbeit geringe. Je mehr Lust die Kinder haben, desto mehr Kraft haben oder äußern sie auch; und ich kann nie genau erfahren, wie viel Kraft sie eigentlich haben, als bis ich ihre Lust auf dem höchsten Grad spanne. Dadurch werden sie sich auch erst ihrer Kraft bewußt; und dis Gefühl ihrer Kraft vermehrt wieder ihre Lust am Lernen, so daß, wenn die Lust einmal erweckt ist, und immer rege erhalten wird, Kraft und Lust einander gegenseitig zum Maaßstabe dienen; ich kann aus der angewandten Kraft auf die Lust, und aus der Lust auf den Grad der Kraft schließen, der von den Kindern angewandt werden wird; und von beiden schließe ich wieder sicher auf den guten Erfolg, der ihre und meine Bemühung krönt...

Wen man nun erleichtern darf und muß: so ist die Frage, wie hat man dis bei **Kindern** anzufangen, besonders bei Kindern, die dem Lernen abgeneigt sind, d.i. bei den meisten, die uns zum Unterricht übergeben werden?

Es ist eine in vielen alten und neuern Büchern zu lesende psychologische Bemerkung, daß man das Herz und die Liebe desjenigen gewinnen müsse, den man von etwas ab- und zu dem Entgegengesetzten bringen, den man einer Person, Sache, Beschäftigung, gegen die er gleichgültig oder abgeneigt ist, geneigt machen will. Man gewinnt aber Liebe nur durch Liebe, durch wirkliche oder scheinbare Aeußerungen derselben.

Zu diesem liebevollen Bezeigen gehört vorzüglich, daß man oft die Gesellschaft dessen suche, den man zur Liebe gegn sich erwärmen will, daß man an seinen Leiden oder Freuden, an seinem Thun und Lassen, scheinbaren oder wirklichen Antheil nehme, daß man nur für ihn lebe oder zu leben scheine, besonders daß man sich seiner Schoosneigung, seiner Lieblingsbeschäftigung füge, wären sie auch gerade das Gegentheil von denen, zu welchen man ihn zu bewegen bemüht ist. So machts der Verführer, der den tugendhaften Jüngling oder das sittsame Mädchen auf die Bahn des Lasters hin verleiten will. So machts der wackre junge Mann der seinen verirrten Freund der Tugend wieder zu gewinnen sucht. Das Mittel ist probat, und ganz der menschlichen Natur angemessen. Wenn nun nicht geläugnet werden kann, daß Kinder auch Menschen sind; und wenn sogar die ernsthaften Leute, die nichts mit ihnen zu thun haben mögen, weil sie gar zu weit über sie erhaben sind, und sich also zu tief herablassen müßten, wenn selbst diese nicht werden umhin können, mir einzuräumen, daß es sich wol der Mühe verlohne die Kinderseelen für Weisheit, Wissenschaft und Tugend zu gewinnen: so fragt sichs nun, ob ein Kinderfreund nicht weislich handle, wenn er sich auf die ebengedachte Art um das Herz und die Liebe der Kinder bewirbt? Ob er nicht wohl thue, sich oft unter sie zu mischen, sich soweit es zweckmäßig ist, nach ihren Neigungen zu bequemen, an ihren Beschäftigungen Theil zu nehmen, mit einem Wort - erschrecken sie nicht, meine Leser - mit ihnen zu spielen?

Kinder mögen nun einmal nichts lieber, als spielen, d.i. sie mögen gern auf eine Art thätig seyn, die den Körper in Bewegung setzt; ihrem Geiste nicht zuviel unangenehme Anstrengung kostet, vorhandene Ideen leicht wieder hervorruft, und sie unvermerkt erweitert oder mit neuen vermehrt; wobei ein Kreis von Abwechslungen und Mannigfaltigkeiten, deren zwar oft nur wenig sind, einförmig zu wiederholten Malen durchlaufen wird, und wobei kein Zwang Statt findet, als den sie sich, weil er zum Spiel gehört, selbst anlegen, keine Mühe, als die sie sich freiwillig machen; und dieses Zwangs, dieser Mühe ist bei manchen Spielen nicht wenig; und der Aufmerksamkeit wird bei einigen ziemlich viel erfodert.

Wirklich wenn man das Spielen der Kinder aus dem eben angegebenen Gesichtspunkte, den ich für den richtigsten halte, so recht ins Auge faßt: so scheint es, daß diejenigen sich wol irren könnten, die den Hang der Kinder zum Spielen auf Rechnung des natürlichen Verderben oder der Einblasungen des bösen Feindes setzen; ferner daß diejenigen Moralisten wol zu weit gehen mögten, die die Kinder versprechen lassen, daß sie bald gar nicht mehr spielen wollen; endlich daß diejenigen Philosophen wol fruchtlos arbeiten, welche die Natur des Menschen so zu vergeistigen suchen, daß auch sogar Kinder die Tugend um der Tugend, den Fleiß um des Fleißes willen, ohne Rückblick auf sinnliche Lust, mit der reinsten Engelliebe und mit katonischer Standhaftigkeit umfassen sollen. Es scheint vielmehr, daß der Vater der Natur, der eben so gütig als weise ist, Kindern den Spieltrieb darum so reichlich gegeben habe, damit die Kräfte und Anlagen ihres Geistes und Körpers sich desto leichter und schneller entwickeln, und sie dabei zugleich das für sie mögliche Maaß von Freuden genießen mögten. Wenn dis in der That so seyn sollte - und der Gedanke hat so viel Reiz für mich, und scheint der Gottheit so würdig zu seyn, daß ich nicht umhin kann, ihn für wahr zu halten - so deucht mir, könnte der Pädagoge nichts vernünftigers thun, als die Winke der Natur verstehn zu lernen, ihr zu folgen, und ihr auf ihrem eignen Wege ihr Werk vollenden zu helfen, besonders wenn dieser Weg dem Schulwege - zwar nicht wie dieser gewöhnlich ist, aber doch so, wie er nach den Vorschlägen der Locke, Resewitze u.s.w. sein sollte - nicht so entgegengesetzt ist, wie es anfänglich scheint, und wenn sich vermittelst einer guten Brücke ein bequemer Uebergang von jenem zu diesem, wann Zeit und Umstände es fodern, machen ließe, und so beide Wege mit einander verbunden werden könnten...

IV.
Allgemeine Methoden und Grundsätze

Was man die Jugend lehrt, das soll sie behalten, verstehn, und zum Reden, Schreiben und Handeln brauchen oder anwenden. Der Lehrer muß also das Gedächtniß, den Verstand und die übrigen Seelenvermögen seiner Schüler so zu beschäftigen und zu üben wissen, daß diese Zwecke gehörig erreicht werden. Damit ihm dis gelinge muß er Regeln befolgen, die aus der menschlichen Natur und aus der Gesellschaft, worin wir leben, hergenommen sind. Diese letztere zeigt vorzüglich was? jene hauptsächlich wie? gelehrt werden müsse. Von dem Was oder dem Materiellen ist in den vorigen Abschnitten geredet worden; von dem Wie bloß und unvollständig, im dritten. Man kann diesen vierten Abschnitt als eine Fortsetzung des dritten und gewissermaaßen als einen Kommentar über den dritten ansehn.

Die Regeln, welche des Lehrers Schritte in der Behandlung seiner Schüler leiten, sind theils ganz allgemeine, die auf keinen von den eben genannten Zwecken besonders, auf kein Seelenvermögen ausschließend gehn, sondern das Ganze des Unterrichts umfassen. Theils sind es solche, die zwar noch immer allgemeine heißen, weil sie keine besondere Klasse der Schüler und keine einzelne

Abtheilung der zu lernenden Dinge, als diese Sprache, jene Wissenschaft allein angehen; die aber doch nur die Kultur eines besondern Seelenvermögens, z.B. des Gedächtnisses zur Absicht haben. Diese beiden Arten von Regeln könnten hier ihren Platz finden, wenn nicht für die Uebung der Seelenfähigkeiten eine besondere Abhandlung bestimmt wäre. Hingegen die Anwendung von ihnen auf besondere Wissenschaften, d.i. spezielle Regeln gehören nicht hieher; und das Sprachenlernen hat ebenfalls seine besondere Abhandlung. Also wird hier von dem, was nicht, in obigem ersten Sinn des Worts, allgemein ist, nichts, oder doch nur beiläufig und zur Erläuterung etwas vorkommen.

Die nothwendigsten allgemeinen Regeln wären nun etwa folgende:

A) Hilf deinem Schüler recht viel Ideen und Begriffe sammeln. Dis sey der Anfang und die Grundlage jedes Unterrichts. Aus Nichts wird nichts. In einem leeren Kopf läßt sich nichts aufklären, nichts ordnen. Die vielen zum Theil sehr schädlichen Irrtümer unter den Menschen kommen nicht bloß von verkehrten Begriffen, sondern noch mehr von Mangel an Begriffen her. Ja selbst die verkehrten Begriffe entstehn aus diesem Mangel. Wir fehlen weit mehr in der Materie, als der Form unserer Schlüsse. Wir halten ein Ding nicht für das, was es ist, oder halten es für Etwas, das es nicht ist. Solchen Irrtümern kann nur ein großer Vorrath von Begriffen zuvorkommen oder abhelfen.

Hier kömmt es also zuvörderst nicht sowol auf die Beschaffenheit der Ideen, als auf ihre Zahl, mehr auf Klarheit als auf Deutlichkeit und Vollständigkeit an, obgleich die letztern nicht ausgeschlossen werden. Man kann nur nicht Alles auf einmal thun. Das zarte Alter ist auch der Verdeutlichung und Vollständigkeit der Ideen noch nicht so fähig, als eines großen Vorraths von klaren Ideen.

Damit du deinem Schüler zu diesem letztern helfest, so besuche mit ihm fleißig die Natur, die Werkstätte der Künstler und Handwerker u.s.w. und lehre ihn auf Alles merken, Alles wahrnehmen, Alles anschauend erkennen. Was du ihm nicht im Original zeigen kannst, das laß ihn so viel möglich in Nachbildungen von aller Art sehen. Die, welche dem Original am nächsten kommen, sind die besten; ein ausgestopfter Löwe ist besser als ein in Kupfer gestochener.

Es versteht sich von selbst, daß man nicht bloß den Sinn des Gesichts, ob er gleich am meisten einträgt, sondern alle übrigen auch an diesem Einsammeln Theil nehmen läßt.

Aber nicht bloß mit sinnlichen Ideen muß man die junge Seele füllen, sondern auch mit moralischen. Jene sind immer ein gutes Vehikel für diese, und geben häufigen Anlaß auf diese zu kommen, wenn man ihn nur zu benutzen weiß. Die äsopische Fabel weist uns den Weg dahin.

Auch Vorübungen des Verstandes kann man mit diesem Einsammeln verbinden. Das Berlinsche Buch: Vorübungen zur Erweckung der Aufmerksamkeit und des Nachdenkens, gibt hierinn Lehre und Beispiel zugleich.

Mache dir eine Sammlung von Naturprodukten besonders deines Landes, so viel du ihrer haben, und von Kunstprodukten aller Art, so viel du bezahlen kannst; noch besser, laß deinen Schüler diese Sammlung machen; die Ideen drücken sich so tiefer ein. Auch können sie oft, mit Hülfe der Sammlung, erneuert werden. Er lernt dabei unterscheiden, vergleichen, ordnen und klaßifiziren: lauter Verstandesübungen! Und wäre es nur Spiel, so ist es doch ein solches, gegen welches die eifrigsten Feinde der Spielmethode schwerlich etwas einwenden können. Es ist Vorbereitung zur Geschichte, Geographie und Naturgeschichte, wenn mans recht anfängt. Es dient, bei Erlernung fremder Sprachen, den Anfang durch Sprechübungen zu machen. Es gibt Stoff und Anlaß zum Buchstabiren, Lesen, Schreiben, Rechnen. Eine große Menge Ideen werden dadurch anschaulich gemacht.

So lange dieses Einsammeln von Ideen Hauptbeschäftigung ist - und dis kann und muß es einige Jahre seyn, wenn man es mit kleinen Kindern schon anfängt - braucht man den Unterricht eben nicht nach Stunden abzutheilen, noch weniger für jede Stunde eine bestimmte Arbeit, eine besondere Wissenschaft zu wählen. Man geht vielmehr immer aus einer in die andere über nach einer natürlichen, leichten Verbindung der Ideen. So kömmt man z.B. vom Papagei (Naturgeschichte) auf Alexander den Großen (Geschichte) der sie zuerst nach Europa (Geographie) brachte. Hier kann man den Begrif Groß entwickeln (praktische Logik) und den Unterschied zwischen physischer und moralischer Größe, zwischen Goliath (Geschichte) und Alexander zeigen. Man kann das Vaterland von beiden auf der Karte zeigen, (Geographie) und hat man ein Stückchen Zederholz in seiner Sammlung (Naturgeschichte) so sagt man, daß dis in Goliaths Vaterlande auf dem Berge Libanon (Geographie) wachse. Hiebei kann man erzählen, was für Kunstsachen (Technologie) aus dem Zederholz gemacht werden, und von wem; für wen, welches Gelegenheit gibt vom Luxus (Moral) zu reden, ohne eben das Wort zu nennen, und davon, daß man nicht mehr ausgeben müsse, als man einnimt. Man kann ausrechnen lassen (Arithmetik) was das Holz zu einem Kleiderschrank koste, wenn der Fuß soviel kostet. Man kann die Namen, die hier vorkommen, aufschreiben und buchstabiren lassen (Schreib- und Lesekunst:) und bei Gelegenheit des Alexanders kann man aus Weißens Kinderliedern auswendig lernen lassen (Gedächtnißübung): Der Krieger dürstet nach Ehre im blutigen Feld etc. und die figürlichen Ausdrücke darin erklären (Hermeneutik) auch das Lied schreiben lassen, um die orthographischen Fehler zu corrigiren...

B) Um besonders den Vorrath von moralischen Ideen jeder Art zu vermehren, erzähle deinem Zögling viel. (Diese Regel ist im Grunde nur ein Zusatz zu der vorigen.) Geschichte ist die beste Lehrerin der Menschen, nicht sowol durch die Wahrheit der Begebenheiten, die sie erzählt, als durch die Darstellung des Abstrakten im Conkreten, durch die Veranschaulichung der Begriffe, die sie gewährt. Alle Volkslehrer, die ihre Kunst verstanden, kleideten ihre Lehren in Erzählung ein, um sie faßlich und annehmlich zu machen. Das Volk und die Kinder müssen auf einerlei Art behandelt werden. Man kann beide nicht besser gewinnen, als wenn man ihnen recht viel und auf eine für sie recht interessante Art erzählt. Kinder lassen oft ihr liebstes Spiel fahren, um einer Erzählung zuzuhören. Und wie viele Kenntnisse kann man ihnen nicht hier beiläufig beibringen, wie viel Ideen in ihnen entwickeln, auf wie vieles, das sie lernen müssen, vorbereiten, sie begierig darnach machen! Schade, daß wir, außer den Campischen Schriften, die Muster in ihrer Art, so wenig gute Erzählungen für die Jugend, besonders für die reifere, haben. Dis ist um desto mehr zu bedauern, da solche Geschichten, die dieser reifern Jugend angemessen sind, zugleich eine sehr nützliche Lektüre für solche Erwachsene seyn würden, die der Jugend an Kenntnissen und Fähigkeiten gleich sind;

und ihrer gibt es nicht wenige...

C) Wann man lange genug gesammelt hat, so wird es auch Zeit zu ordnen. Ich meine dis nicht so, daß man während dem Sammeln gar nicht ordnen müsse; man kann dis vielmehr bei manchen Kenntnissen, unter gewissen Umständen, und in gewissen Graden schon früh anfangen. Es muß nur nicht zu früh Hauptsache, und zum Nachtheil des Sammelns betrieben werden.

Das Ordnen kann theils nach den verschiednen Zwekken des Unterrichts, theils nach den verschiedenen Gegenständen desselben, theils nach den Progressen der Schüler, auf mehr als eine Art geschehn...

D) Es wird uns nie gelingen, dem Unterricht das nöthige Interesse zu geben, ihn faßlich für den Verstand und behaltbar für das Gedächtniß zu machen, wenn wir es uns nicht zur Regel setzen, vom Gegenwärtigen auszugehn.

Das Gegenwärtige hat einen doppelten Gegensatz, einmal das, was der Zeit nach entfernt (oder abwesend) dann, was es dem Orte nach ist. Nur das Gegenwärtige in beiderlei Bedeutung des Wortes zieht den Menschen, besonders den jungen Menschen stark an sich, das Abwesende und Entfernte nur, entweder wenn man es ihm durch lebhafte Schilderung vergegenwärtigt, wie die Dichter thun, oder wenn mans ihm zur Ehrensache macht; oder wenn er des Gegenwärtigen nicht genug haben kann, wie der einsam sitzende Gefangne, der manchmal aus langer Weile eifrig zu studiren anfängt; oder wenn er des Gegenwärtigen satt hat, und um was Neues zu erfahren, sich an das Alte macht oder sich nach fremden Ländern umsieht. Kinder sind nicht leicht in einem von diesen Fällen; und daher haben sie wenigstens beim Anfang des Unterrichts, wenig oder gar keinen Sinn für das Alte, das Entfernte, überhaupt nicht für den Inhalt und die Sprache der Bücher, weil beides entweder gar nicht oder nicht geradezu sinnlich ist; und das Sinnliche ist den Kindern immer das Nächste, das Gegenwärtigste...

E) Eine Haupteigenschaft des guten Unterrichts ist, daß er Abwechslung und Mannigfaltigkeit mit Einförmigkeit gehörig zu verbinden wisse.

Das Sprüchwort: Veränderung ist angenehm, ist in Jedermanns Munde. Der Pädagoge kann viel daraus lernen. Er muß auf mehr als eine Art Abwechslung in den Unterricht zu bringen wissen. Er muß z.B. bei Einerlei Gegenstand des Unterrichts nicht mehrere Stunden verweilen; muß manche bei gewissen Altern und andern Umständen nur in halben oder Viertelstunden treiben; muß nicht zwei verwandte Lehrgegenstände, z.B. zwei Sprachen unmittelbar hinter einander nehmen; nicht mit zwei Sprachen auf einmal in demselben halben Jahr oder Jahr anfangen, denn auch dabei ist für Kinder noch immer der drückenden und fruchtlosen Einförmigkeit zu viel. Er muß die Lectionen so ordnen, daß eine blos mechanische Uebung, z.B. in der Kalligraphie, mit einer Verstandes- oder Gedächtnißübung, und diese beiden wieder unter sich abwechseln; und wenn er seinen Schülern körperliche Uebungen verschaffen kann, muß er diese zwischen die Uebungen der Geisteskräfte einschieben.

Zwischen jeder Lehrstunde pflegt man den Kindern einige Minuten zur Erholung frei zu lassen; das ist sehr billig. Aber es ist nicht gut, daß sich der Lehrer alsdann ihrer Gesellschaft entzieht, weil sie, sich selbst gelassen, Unfug treiben, der Strafen nöthig macht; Strafen machen gewöhnlich Kinder und Lehrer einander abgeneigt. Wenn doch die Lehrer sich herablassen, sich überwinden wollten, wenigstens Zuschauer, wo nicht Theilnehmer der jugendlichen Munterkeit in jenen Freiminuten zu seyn.

Auch in eine einzelne Stunde kann der Lehrer Abwechslung und Mannigfaltigkeit bringen, wenn er z.B. beim Sprachunterricht sich kleine Abschweifungen in Sachkenntnisse erlaubt, worauf ihn die Materie des Buchs das gelesen wird, und die Einfälle und Fragen der Kinder oft genug natürlich leiten; wenn er dem Realunterricht manchmal Bemerkungen über die Sprache einwebt, wozu sich die Gelegenheiten dem, der sie zu nutzen weiß, oft genug darbieten; wenn er bald selbst an die Tafel schreibt, bald die Kinder an die Tafel oder in ihre Bücher schreiben läßt; wenn er für jede Wissenschaft und Sprache gewisse Uebungen des Sammelns, Ordnens, Wiederholens hat, von denen er in jeder Stunde einige anzubringen weiß; wenn er überhaupt den Unterricht der gesellschaftlichen Unterhaltung so nahe als möglich bringt, ohne dabei das Ziel aus den Augen zu verlieren, das er in jeder Stunde erreichen will.

So sehr ich indessen dem Pädagogen Abwechslung und Veränderung anrathe, eben so sehr muß ich ihm die

Einförmigkeit empfehlen, die, bei aller Abwechslung in den Theilen doch im Ganzen denselben Weg immer wieder rück- und vorwärts, hinauf und hinunter geht, so lange bis nichts mehr auf demselben zu holen ist, und eine andere Bahn betreten werden muß; die Einförmigkeit, die oft wieder auf denselben Fleck hinkömmt, oft wieder, daß ich so sage, in dieselbe Spalte haut, kurz unaufhörlich dasselbe wiederholt - versteht sich, mit der Abwechslung und Veränderung, die dabei statt findet - bis es mit dem Verstande oder dem Gedächtniß gefaßt ist...

F) Eile langsam, ist eine Regel, die auch dem Pädagogen gegeben ist, und beim Unterricht mehr als Eine Anwendung findet.

Erstlich wird dawider gefehlt, wann man frühern Jahren und schwachen Kräften das zu behalten und zu fassen zumuthet, womit ein reiferes Alter und gestärkte Seelenvermögen genug zu thun haben.

Zweitens, wann man Alles auf Einmal thun will, wann man Stunden auf Stunden, Wissenschaften auf Wissenschaften, Sprachen auf Sprachen häuft, kurz wann man auf Vielwisserei, in einem zu engen Zeitraum und bei zu schwachen Kräften der Jugend, losarbeitet.

Drittens, wenn man in einer Sprache oder Wissenschaft zu schnell forteilt, nicht den Grund gehörig legt, nicht jeden Schritt vorwärts mit beständiger Rücksicht auf den bisherigen Fortgang thut. Was hilft es, sich am Ende eines halben Jahrs rühmen zu können: Wir haben soviel Wissenschaften absolviert, soviel Bücher in dieser oder jener Sprache gelesen! Wenn die Jugend nun von den besagten Wissenschaften wenig oder nichts weiß, und in der Sprachkenntniß wenig oder gar nicht fortgerückt ist.

Viertens, wann man, in einer einzelnen Lehrstunde, die Ungeduld der Jugend und seine eigne nicht in Schranken zu halten weiß, wann man daher zu schnell von einer Idee, von einem Satz wegeilt, nicht oft genug darauf zurückkömmt, sie nicht in das gehörige Licht stellt, dem Gedächtniß nicht die nöthigen Hülfen darbietet...

G) Also kann man auch mechanische Uebungen des Geistes zulassen? Ja, und man muß es wol thun. Es gibt Seelenkräfte, die früher da sind, früher Stärke und Wirksamkeit äußern, als Verstand und Vernunft; die theils das Magazin sind, woraus man, bei Bearbeitung und

Aufklärung dieser letztern, den Stof hernehmen muß, theils - wenn man mir den Ausdruck erlauben will - die ersten Bestandtheile, Ingredienzien, Anfänge des Verstandes und der Vernunft sind, woraus sie nach und nach erwachsen. Ich rechne dahin Gedächtniß, Einbildungskraft, Witz und Scharfsinn mit ihren Unterabtheilungen und Arten...

H) Vom ABC bis zur Universität, oder wohin sonst die Reise gehn mag, ist ein sehr langer Weg. Soll die Jugend auf demselben nicht ermüden, so muß man ihn durch viele Zwischenziele verkürzen und angenehm machen. Auch ohne Rücksicht auf Erleichterung für die Jugend hat dieses Zielsetzen seinen großen Nutzen. Es verdient also, daß wir etwas dabei verweilen.

1) Die Ziele müssen nach kürzern oder längern Zwischenräumen gesteckt werden, je nachdem die Jugend kleiner oder größer ist. Bei der ganz kleinen darf man wol nicht über eine Woche hinausgehn, und man kann sehr bequem den Sonntag zum Tag der Freude über das erreichte Ziel machen. So wie die Jugend heranwächst, kann man die Hauptziele nach Monaten, viertel- und halben Jahren stecken. Was für Arten von Freuden und Belohnungen man der Jugend bei solchen Gelegenheiten geben wolle und dürfe, das werden schon die Umstände lehren. Man hüte sich nur, solche zu geben, die das Herz verderben.

2) Es muß der Jugend möglich seyn, das jedesmalige Ziel zu erreichen, und zugleich muß die Erreichung alle ihre Kraft anstrengen. Es ist nicht leicht hier den rechten Mittelweg zu treffen, weil die Kräfte der Jugend so verschieden sind, und weil die Verschiedenheit der Methode auch großen Einfluß hat. Wäre die beste einmal gefunden, und nach ihren Theilen sehr genau bestimmt: so hätten wir freilich schon vieles gewonnen. Aber dann würde doch die Verschiedenheit der Köpfe uns noch manches Hinderniß in den Weg legen. Denn die bessern Köpfe eilen immer mit schnellern Schritten als die schlechtern, dem Ziele zu, und die ganz schlechten erreichen es gar nicht in der bestimmten Zeit. Man muß also den bessern noch Nebenarbeiten geben, und den schlechtern mehr Zeit...

I) Diese Ziele wären eine Art des Zwangs, der beim Unterricht nöthig ist. Ich denke, die Jugend wird ihn unter dieser Gestalt nicht ungern ertragen. Eine andere Art wäre die, wenn man die Schulzimmer für die untern Klassen so einrichtete, daß kein Knabe mit dem andern sprechen oder ihn berühren könnte. Wieviel Ordnung und Stille dadurch unvermerkt erzwungen, und wie viel Hindernisse der Aufmerksamkeit also dadurch weggeräumt würden, das hab ich in meinem Versuch einer Pädagogik ausführlich gezeigt, worauf ich mich hier, der Kürze wegen, beziehe. Alle übrige Arten des Zwangs, als hungern lassen, schlagen u.d.gl. scheinen mir da entbehrlich zu seyn, wo jene beiden eingeführt werden. Das Loos eines Schulmanns wäre in der That gar zu traurig, wenn sich in den Schulen keine Einrichtungen treffen ließen, wodurch er jener thierischen Behandlung seiner Schüler überhoben würde.

K) Wiederholen und Vorbereiten empfielt jeder Lehrer seinem Schüler als den sichersten Weg, Nutzen aus den Lectionen zu ziehen. Sicher genug ist auch dieser Weg; das kann man nicht läugnen. Nur schade, daß ihn die Jugend so selten betritt, entweder weil sie nicht kann, oder weil sie nicht mag. Sie kan nicht wiederholen, wenn sie die Lection, durch ihre oder durch des Lehrers Schuld nicht gehörig gefaßt hat; oder wenn der Lectionen den Tag über so viel sind, daß sie nicht durchfinden kann. Sie mag nicht wiederholen und sich vorbereiten, so lange sie kein Bedürfniß zu lernen fühlt; und das ist nicht selten der Fall. Also muß eine gute Methode dafür sorgen, daß Wiederholung und Vorbereitung, hauptsächlich in den untern Klassen, Theile des Unterrichts selbst werden...

L) Die Sokratische Methode ist unter allen diejenige, wobei das Wachsthum des Verstandes und der Vernunft am besten gedeit. Sie läßt sie durch eigne Säfte und Kräfte des Lehrlings hervorgehn, und theilt nur immer so viel Sonnenschein und Regen mit, als zur Befruchtung der vorhandenen Keime nöthig ist. Nach der gewöhnlichen Ueberlieferungs Methode (Tradition) die man auch die Professormethode nennen könnte, schüttet der Lehrer aus seinen vollen Magazinen immer in den leeren Kopf des Schülers hinein, unbekümmert, ob die Saat dem Boden angemessen, ob der Samenkörner auch zu viel, ob auch gerade jetzt die rechte Saezeit sey. Nicht so Sokrates. Er säete nicht sowohl, sondern er begoß was im Boden schon schlummerte, und dazu wählte er die schicklichste Zeit, die, wo ihm die Lernbegierde des Schülers zuvor, oder ein günstiger Anlaß zu Hülfe kam. So unterstützt, wußte er, gewöhnlich unter dem angenommenen Schein der Unwissenheit und der Begierde sich belehren zu lassen, so viel aus der Seele seines Zuhörers heraus, und nebenher auch wieder so viel in sie hineinzufragen, daß dieser sich über sich selbst wunderte, und nicht wußte, wie ihm geschah.

Freilich ist es wahr, daß sich von Sokrates Methode nicht bei jedem Unterricht Gebrauch machen läßt. Sie hat es eigentlich nur mit der Kultur des gesunden Menschensinnes zu thun. Sie lehrt denken nicht wissen. Sie ist also nicht anwendbar auf alles, was blos Gedächtnißwerk ist, auf die Mittheilung historischer und convenzioneller Kenntnisse. Ferner läßt sie sich, da die Unterredung mit den Schülern ihr wesentlich ist, nur sehr unvollkommen da anwenden, wo diese, wegen ihrer zu großen Menge oder aus andern Ursachen, still sitzen und schweigen müssen, wie z.B. die Studenten in den Hörsälen der Professoren...

N) Man pflegt die Lectionen in cursorische und statarische abzutheilen. Die erstern dienen zum Einsammeln der Ideen, wovon ich oben geredt habe; ihrer müssen also, bei Anfängern, weit mehr seyn, als der letztern. Die statarischen verweilen bei der Entwickelung, Erweiterung, Berichtigung einzelner Ideen, und finden also mehr da statt, wo man schon bedacht ist, den gesammelten Vorrath zu ordnen, und aus den Magazinen des Gedächtnisses und der Einbildungskraft Stoff zum Anbau des Verstandes und der Vernunft herzunehmen. Was sich sonst noch hierüber sagen ließe, ist, so viel ich sehen kan, unter den bisherigen Rubriken theils schon begriffen; theils gehört es in die Abhandlung von der Uebung der besondern Seelenkräfte.

O) Um mit Einem Blick Alles übersehn zu können, was zum Unterricht gehört, pflege ich mir seinen Zweck vierfach zu denken, weil, wie mir deucht, sein ganzer Umfang sich unter diese vier Abtheilungen bringen läßt:

1) **Behalten.** Dis bezieht sich auf das Gedächtniß, und auf Alles, wobei das Gedächtniß entweder allein oder doch vorzüglich Dienste leisten muß. Dahin gehört Alles, was nicht eigentliche und nothwendige Vernunftwahrheiten sind, alle willkührliche und conventionelle Kentnisse, als Kenntniß der Buchstaben und Zifern, Orthographie; Münze, Maaß, Gewichte; die Sprachen; Geschichte von aller Art mit allen ihren Hülfswissenschaften.

2) **Verstehen und Empfinden.** Hieher gehören Uebungen in der Logik, Mathematik, Physik; das Lesen der Dichter und anderer Schriftsteller, die zur Bildung des Herzens geschrieben haben.

3) **Finden und Erfinden.** Hierauf scheint man es bisher beim Unterricht am wenigsten angelegt zu haben, und doch scheint dieses so wie das feinste also auch das wichtigste Stück des ganzen Unterrichts zu seyn. Denn, den jugendlichen Geist zum eignen Denken aufzuregen, und dieses Denken auf Gegenstände zu lenken, deren Erfindung oder Verbesserung für die menschliche Gesellschaft von großem Nutzen wäre: das kann doch wol von keiner andern Schulbeschäftigung, am wenigsten von Gedächtnißübungen aufgewogen werden. Und doch sind es hauptsächlich Gedächtnißsachen, die dieser Erhöhung und Erweiterung des jugendlichen Geistes, und dadurch auch der schnellern Vermehrung des Menschenwohls im Wege stehn.

4) **Anwenden.** Hierunter versteh ich jeden mündlichen und schriftlichen Vortrag, von welchem Inhalt und von welcher Form er auch sey. Obgleich dis Stück des Unterrichts hier zuletzt steht, so ist doch die Meinung nicht, daß man es nicht eher als am Schluß des gesammten Unterrichts vornehmen müsse. Vielmehr bin ich der Meinung, daß mans nicht leicht zu früh anfangen könne, die Jugend im mündlichen und schriftlichen Vortrag des Gelesenen, Gehörten, Gesehenen, Gedachten zu üben, wenns nur auf die rechte Art geschieht. Diese rechte Art möchte aber von der gewöhnlichen wohl sehr verschieden sein. Doch hievon mehr an seinem Ort...

Q) Wenn auch der vollkommenste Lehrer nach der vernünftigsten Methode verfährt: so wird er doch nie einen großen Haufen von Schülern mit merklichem Nutzen unterrichten können. Denn je größer die Anzahl, desto mehr Ungleichheiten an Alter, Fähigkeiten und Progressen; und je mehr Ungleichheiten dieser Art, desto mehr Lücken hat der Lehrer auszufüllen; und indem er am einen Ende ausfüllt, entstehn am andern Ende neue. Wenn sich, bei einer genauen Untersuchung finden sollte, daß etwa zwölf bis zwanzig die höchste Anzahl wäre, die Ein Lehrer zu Einer Zeit gehörig besorgen könnte: so würde dis der schwierigste Punkt bei der im Jahre 2440 zu erwartenden reellen Schulverbesserung seyn.

Die Lage und Einrichtung der Schulgebäude, Schulzimmer; Schulbibliothek und anderer Lehrmittel würde dann auch eine besondere Aufmerksamkeit erfodern. Jetzt ists noch viel zu früh von allen diesen Dingen zu reden, da die Kräfte der Großen dieser Erde, selbst die Kräfte Friedrichs des Größten (man sehe seine Antwort an Herrn D.C. Gedicke, als dieser ein neues Schulgebäude von ihm verlangte) zu ganz andern Zwecken verwandt werden müssen...

Der Streit des Philanthropinismus und des Humanismus in der Theorie des Erziehungs-Unterrichts unsrer Zeit

Friedrich Immanuel Niethammer

...Hier treffen wir den Punkt, in welchem der Gegensatz der beiden Unterrichtssysteme in unsern Tagen am schärfsten hervorgetreten ist. Es war von Anbeginn an und ist noch das Feldgeschrei der Philanthropinisten: "nicht *Worte* sondern *Sachen!*" Man wollte gefunden haben, daß der Humanismus Menschen bilde, denen der Buchstabe alles gelte, die nicht die *Sachen* sondern, die Zeichen derselben, die *Worte* für das Wichtigste halten, und die eben darum in den *Sachen* meist unwissend bleiben. Ganz ungegründet war auch die Beschuldigung nicht. Der Humanismus hatte in seiner Ausartung nicht nur den höheren Unterricht großentheils auf *Philologie,* und diese auf *Wort-* und *Buchstabenstudium* reducirt, sondern auch den niederen Unterricht, außer den mechanischen Beschäftigungen des Lesens, Schreibens und Rechnens, meist auf eine trockne *Worterklärung* des Katechismus beschränkt, und dadurch in beiden Arten des Unterrichts den Geist zur Beschäftigung mit lauter leeren Formeln und Zeichen ohne alle Lebendigkeit der Anschauung gewöhnt. Daß ein solcher Unterricht den Geist in der That verbilde, und es eine Wohlthat für die Menschheit sey, diesen unverantwortlichen Mißbrauch auszurotten, kann kein Unbefangner einen Augenblick läugnen. Allein, einestheils hat der Philanthropinismus diesen Vorwurf offenbar übertrieben, anderntheils den Humanismus in seiner richtigeren Ansicht darüber nicht einmal begriffen und eben deshalb eine im Ganzen in der That irrige und ungegründete Beschuldigung vorgebracht. Ueberdies, indem er eben davon Veranlassung nahm, im Gegensatz von *Worten* jetzt vielmehr *Sachen* als Gegenstände des Erziehungsunterrichts zu fordern, ist damit nur ein anderer, nicht weniger nachtheiliger, Mißbrauch an die Stelle getreten, und jenem Uebel doch nicht abgeholfen.

Es muß vor allen Dingen das Mißverständniß aufgelöst werden, wodurch der Philanthropinismus zu jenem Irrthum verleitet worden, und welches auf der verworrenen Entgegensetzung von *Sachen* und *Worten* beruht.

Geht man auf die Eintheilung der *Gegenstände* über-

haupt zurück, so zeigt sich zunächst die Unterscheidung derselben in die der *Außenwelt* und die der *Innenwelt,* die mit einer bekannten Benennung als *reale* und *ideale* einander entgegengesetzt werden. Allein die Unvollständigkeit dieser Eintheilung und Benennung macht sich schon dadurch kenntlich, daß man, den einen Theil des Gegensatzes *Sachen* nennend, für den andern Theil keine andre Bezeichnung kennt, als die der *Worte.* Zwar giebt es eine Ansicht, von welcher aus auch selbst dieser Entgegensetzung etwas Wahres zugestanden werden kann: wiefern nämlich die höchsten *idealen Gegenstände* (die Ideen) in dem *Worte* ihre eigenthümlichste Erscheinungsweise für uns haben. Dann aber wird dem Ausdruck *Wort* eine Ausdehnung der Bedeutung gegeben, die ihm in dem Sprachgebrauche überall nicht zukömmt, und die eben deshalb nur Verwirrung anrichten kann. Aber der eigentliche Grund der Verwirrung, die sich in dem pädagogischen Streite über die Unterrichtsgegenstände findet, liegt weit tiefer in dem Mangel richtiger Unterscheidung der *Gegenstände überhaupt,* und in dem Ueberspringen und Verwechseln der *Eintheilungsgründe,* das durch *unbestimmte Benennungen* der Gegensätze veranlaßt und unterhalten wird. Da diese von den Meisten vernachlässigte schärfere Unterscheidung in der Pädagogik überhaupt so vielfältige Verwirrung zur Folge hat, und bei der gegenwärtigen Frage unerläßlich ist, so wird eine ausführlichere Auseinandersetzung derselben hier selbst von denen nicht als überflüssig erklärt werden, die für sich nichts Neues darinn finden.

Halten wir uns zunächst an die Haupteintheilung, die der Philanthropinismus im Auge hat, indem er den Humanismus des bloßen *Wortkrams* im Erziehungsunterricht beschuldiget, und dagegen *Sachen* oder, wie er es auch nennt, *Realien* als die einzigen wahren Unterrichtsgegenstände mit solchem Ungestüm fordert. Er läßt es keinen Augenblick zweifelhaft, was er unter diesen sogenannten *Realien* verstehe, nämlich *die materiellen Gegenstände der Außenwelt*: was er also aus dem Erziehungsunterricht entweder ganz oder doch großentheils ausgeschlossen haben will, müssen wir, den Gesetzen des Gegensatzes zufolge, als *die geistigen Gegenstände der Innenwelt* bezeichnen, welche wir, der Sprachanalogie gemäß, *Idealien* nennen können. So schiene nicht nur an sich in dieser Entgegensetzung kein sonderlicher Mißverstand statt zu finden, sondern auch die zu untersuchende Frage, nach der einfachen Eintheilung, leicht so zu stellen: sollen zu Gegenständen des Erziehungsunterrichts bloß *Realien* oder bloß *Idealien* oder beides zugleich gebraucht werden?

Allein in Rücksicht auf beide bezeichnete Zweige des Unterrichtsmaterials sind bedeutende Mißverständnisse verborgen, die auf Theorie und Praxis des Unterrichts einen nachtheiligen Einfluß haben, wenn sie unaufgedeckt umgangen werden.

Selbst in Absicht auf die *Realien,* deren Bestimmung keiner großen Vieldeutigkeit oder Unbestimmtheit zu unterliegen scheint, wenn man sie, im reinen Gegensatz gegen das *Geistige,* als das *Ausgedehnte, Räumliche, Materielle* betrachtet, findet doch eine verkehrte Ansicht und Anwendung im Unterricht statt, indem (durch den Gegensatz) die Gegenstände der materiellen Welt bloß atomistisch als eine zertheilte Masse vorgestellt, und weder von dem innern Leben der einzelnen Körper, von ihrem dynamischen Seyn, noch von ihrem vereinigten Seyn durch Wechselwirkung die rechte Ansicht gefaßt, und noch viel weniger auf die höhere Bedeutung der *materiellen Natur* Rücksicht genommen wird, daß sie als eine Erscheinungsart der Idee betrachtet werden kann, in welcher eben so, wie in der *geistigen Natur,* das diesen beiden gemeinschaftliche Dritte Höhere geoffenbart ist. In dieser letztern Rücksicht gefaßt und behandelt, wäre auch die *materielle Welt* ein zur *Vernunftbildung* ganz geeigneter Gegenstand. Aber, nimmt der Philanthropinismus wohl diese Ansicht von den *Realien,* die er fordert? Und wären sie dann für den Erziehungsunterricht zu gebrauchen?

Bei weitem größer aber ist die Unbestimmtheit in Absicht auf die *Idealien* im Unterricht, indem sich unter der allgemeinen Ansicht von dem *Reiche des Geistes* leichter mehrere unaufgelöste Gegensätze verstecken. Man begnügt sich meistens, das Gebiet der *geistigen Gegenstände* durch den Gegensatz bloß negativ bestimmt zu denken, und begreift darunter in einem unbestimmten Gedanken *alles was nicht Sache,* nicht dem materiellen räumlichen Object angehörig ist. Allein die Negation an sich giebt überhaupt keine Bestimmung, und das durch diese Negation abgesonderte *geistige Gebiet* enthält eine verwirrende Mannichfaltigkeit von Gegenständen, die überdies nichts Stehendes sind und für die Betrachtung sich schwer fixiren lassen, es bedarf also hier der sorgfältigsten Unterscheidung derselben, um eine klare Uebersicht zu gewinnen und festzuhalten.

Nehmen wir den *Geist* überhaupt in seiner gänzlichen Absonderung von allem *Körperlichen* und *Materiellen,* so bleibt uns gar nichts übrig, als sein freies *Thun* und *Denken* und das *Gesetz* von beiden: darauf beschränkte sich das *rein geistige Gebiet.* Aber eben dieses rein geistige Gebiet ist völlig inhaltleer, und wir können dabei gar nichts Bestimmtes und - da ein unbestimmtes Denken kein Denken ist - überall gar nichts denken. Wir müssen also, um irgend einen sogenannten *geistigen Gegenstand* denken zu können, jene Absonderung zum Theil wieder aufheben, und den in der Abstraction abgesonderten *Geist* in seiner Beziehung zu einem *Objectiven* denken. Nähmen wir nun dieses Objective nur als die *Körperwelt,* und den Geist als Denkendes bloß in seiner Beziehung zu dieser, so müßten wir das ganze *Gebiet des Geistes* auf *Begriffe* und *Empfindungen* von der Körperwelt und seinem *Thun* und *Leiden* in derselben reduciren; dann wäre die ganze *geistige Welt* nichts anderes als der *Begriff der körperlichen,* das durch die Abstractionskraft des Geistes zu Stande gebrachte *ideale Gegenbild der körperlichen Welt.* Dann gäbe es auch keinen andern Unterschied zwischen *materiellen* und *geistigen Gegenständen,* als den zwischen *Sache* und *Begriff, Gegenstand* und *Abstractum.*

Auf dieser unvollkommnen Unterscheidung beruht jener Vorwurf, den der Philanthropinismus dem Humanismus macht, daß er gänzlich verabsäume, die Lehrlinge mit *Sachen* zu beschäftigen oder - wie es die Pestalozzische Schule ausdrückt - sie zur *Anschauung* zu führen, durch welches Versäumniß alle Lebendigkeit der Erkenntniß verloren gehe und sich in eine bloß formelle Einsicht verwandle. Insofern die ältere Pädagogik in der That den Fehler begangen hätte, im Unterricht über *materielle Gegenstände* anstatt der *anschaulichen Belehrung* sich bloß *abstracter Beschreibungen* solcher Gegenstände zu bedienen, wäre jener Vorwurf nicht ungegründet, und die Zurückführung auf *Anschauung* eine wesentliche Verbesserung des Unterrichts über *materielle Gegenstände.* Aber es besteht weder der eigentliche Fehler des Humanismus darinn, noch ist der Vorschlag des Philanthropinismus das rechte Mittel gegen den eigentlichen Fehler des Humanismus. Nicht die bloß *abstracte Behandlung materieller Gegenstände* ist dem Unterricht des Humanismus vorzuwerfen, sondern das *Ausschließen materieller Gegenstände* überhaupt aus dem Unterricht, und das Beschränken desselben auf *bloß geistige Gegenstände*. Um die Bedeutung dieses Gegensatzes vollständig zu fassen, muß man auf einen ganz andern Eintheilungsgrund zurückgehen.

Die *Körperwelt* ist nur ein Theil des *Objectiven,* mit welchem wir den *Geist* als Denkendes in Beziehung zu denken haben: der Geist, als Denkendes, bezieht sich auf das *ganze Object,* in welchem *Geisterwelt* und *Körperwelt* vereiniget ist. In der erstern Beziehung hat der *Geist* sich selbst zum *Object,* und eben deshalb nicht bloß *Begriffe* und *Empfindungen* von *materiellen Gegenständen* und ihrem *Wirken* und ihren *Gesetzen,* sondern auch *Vorstellungen* und *Gefühle* von *geistigen Gegenständen,* von seinem eignen *Denken, Handeln* und *Leiden* und den *Gesetzen* desselben. Dieser Unterschied zwischen *materiellen und geistigen Gegenständen* ist ein ganz andrer als der oben angedeutete, in welchem das *Geistige* bloß als das abstrahirte *Bild des Materiellen* gefunden wurde. In dem hier aufgezeigten letzteren Gegensatz ist das *Geistige* von dem *Materiellen* ganz unabhängig, eine von allem Körperlichen, Räumlichen ganz verschiedne Art.

Aber auch selbst in dieser höheren Bedeutung ist der Gegensatz noch nicht erschöpft. Der *Geist* ist nicht bloß der *Materie,* sondern diese beiden zugleich sind einem gemeinschaftlichen Dritten *Höheren* entgegenzusetzen. Indem wir den Geist als Denkendes auch auf dieses Höhere beziehen, finden wir den höchsten Kreis *geistiger Gegenstände.* Wir können dieses Höchste , von dem *Geist und Körper* gemeinschaftlich ausgehen oder abstammen, *das Absolute,* zwar nicht unter den *Begriff* bringen, aber doch als *Idee* fassen, und in der zweifachen Reihe seiner individuellen sowohl *geistigen* als *körperlichen* Erscheinungen zum Gegenstand unsrer Betrachtung, Bewunderung, auch wohl unsrer dynamischen oder atomistischen Erklärung machen.

Diese Gegenstände alle zusammengenommen begreift man unter der Classe von *geistigen Gegenständen,* wenn man sie den *materiellen* entgegensetzt. Diese also, nicht jene Abstractionen von körperlichen Gegenständen und deren Einwirkungen auf den Geist, (obgleich auch diese Abstractionen nur möglich sind durch die Ideen, die ihnen zu Grunde liegen,) machen, im Gegensatze von den *Realien* des Unterrichtsmaterials, die *Idealien* desselben aus, und sollen hier ausschließend durch die Benennung von *geistigen Unterrichtsgegenständen,* wie die Realien durch die Benennung *materieller Gegenstände* bezeichnet werden.

Ein wesentliches Mißverständniß aber in Absicht auf die *geistigen Gegenstände,* welches den Streit des Philanthropinismus gegen den Humanismus am meisten verwirrt hat, ruht noch auf einer andern irrigen Ansicht und bedarf noch einer besondern Auflösung. Die *geistigen Gegenstände* überhaupt, die höchsten Ideen selbst wie ihr leisester Abdruck in Gefühlen und Ahnungen des Höchsten, Ewigen, welche nicht in den Raum hervortreten und dem leiblichen Auge erscheinen können, gestalten sich in dem Schema der *Sprache,* und erscheinen, indem sie - wie ein glücklich gefundner, obschon durch unverständige Nachbeterei fast widerlich gewordner Ausdruck trefflich bezeichnet - *sich aussprechen.* So ist das *Wort* die natürliche Erscheinungsform der Ideer. und reingeistigen Gegenstände.

Aber eben daraus, daß diese *Form* der geistigen Gegenstände öfters theils nicht tief genug erwogen, theils nicht genau genug von der *Sache* unterschieden wird, entstehen die sonderbarsten Mißgriffe. Erstens, indem eine *Idee,* ein *Gefühl* etc. in einem einzelnen *Wort* ausgesprochen ist, und folglich mit dem *Wort,* wenn es verstanden werden soll, die *Idee,* das Gefühl etc. vollständig verbunden werden muß, bleibt das *Wort* für Alle, denen die damit bezeichnete *Idee* etc. fremd ist, ein *leerer Schall,* mit welchem sie gleichwohl irgend ein verworrnes Etwas von Gedanken vielleicht verbinden. Zweitens, indem von einem solchen *Wort* eine *Erklärung in Worten* gegeben wird, bildet man sich oft ein, den *geistigen Gegenstand* durch die *Erklärung des Wortes* erfassen zu können, täuscht sich aber oft nur durch eine etymologische Ableitung, die nur zufällig den rechten Sinn andeutet, häufig aber von demselben abführt; oder die zur Erklärung gebrauchten *Worte* werden selbst nicht verstanden, weil die *Ideen,* die sie enthalten, dem Lernenden ebenfalls fremd sind. Drittens kann allerdings eben diese Art von Belehrung, durch Erklärung von *Worten,* welche bei *geistigen Gegenständen* angewendet wird, auch zu dem Mißbrauch verleiten, sie auf die *materiellen Gegenstände* auszudehnen, die ja auch an bestimmte *Worte,* als ihre Zeichen, gebunden sind: es scheint nämlich, daß man ein *Sachwort* eben so gut als ein *Ideenwort* durch Erklärung oder Beschreibung deutlich machen, und sonach die *Anschauung* umgehen könne. Dies Letztere nun ist durchaus fehlerhaft, indem die *Sache* ganz verschieden ist von der *Idee;* diese, als der Vernunft eigenthümlich, kann von jedem vernünftigen Individuum unmittelbar *construirt* und eben dadurch auch verstanden werden; jene, als von dem Individuum unabhängig vorhanden, kann nur durch wirkliche *Anschauung* verstanden werden, und aller Aufwand von Worten, der zu Beschreibung derselben gemacht wird, ist nur Verschwendung von Zeit und Mühe, und in der That ein bloßer *Wortkram,* den man mit Recht aus dem Unterrichte verbannt wissen will. Viertens, in Absicht auf die Darstellung der *geistigen Gegenstände* durch *Wort* und *Rede,* ist vorzüglich der Unterschied wohl zu beherzigen, ob die Darstellung unmittelbar das Aussprechen der Ideen, der Gefühle etc. zur Mittheilung an Andre, und insofern gleichsam die Erscheinung derselben selbst, oder ob sie nur mittelbar die Beschreibung dieser Erscheinung seyn solle. Die Darstellungen der erstern Art gehören der *Kunst,* die der letztern Art der *Wissenschaft* an.

Diese Unterscheidung ist für den Erziehungsunterricht um so mehr von Wichtigkeit, weil die Vernachlässigung derselben ohne Zweifel Schuld ist, daß man das eigentliche Object des Unterrichts in *geistigen Gegenständen* so häufig verkannt hat, nämlich die Darstellungen derselben *in der Kunst der Rede,* in denen sie nicht nur die Seele durch Aufregung der innersten Tiefen des Geistes ergreifen, sondern sich auch in einer festen Gestaltung gleichsam für die Betrachtung fixiren. Die höchsten Ideen, die zwar in allen vernünftigen Individuen liegen, aber nicht in allen zu bestimmten Gedanken hervortreten, lassen sich in solchen Darstellungen begeisterter Männer zum Eigenthum Aller erheben, und insbesondre auch zum allgemeinen Object des Unterrichts machen.

Man sieht deutlich, daß die Pädagogen eben dadurch,

weil sie diesen letzteren Unterschied nicht scharf genug gefaßt hatten, mit dem Erziehungsunterricht über die *geistigen Gegenstände* in Verlegenheit kamen. Die Schwierigkeit, diese Gegenstände für die Betrachtung des Lehrlings zu fixiren, schien ihnen fast unüberwindlich, und da sie eigentlich keine andre Darstellung von *geistigen Gegenständen* kannten, als die Beschreibung derselben in schulgerechten Definitionen, so waren sie nicht ohne Grund besorgt, daß diese den Horizont der Kinder übersteigen, und die beschriebenen Gegenstände selbst ihrer Einsicht verschlossen bleiben möchten: wodurch abermals eine wahre Seite des Vorwurfs gegen den Humanismus der älteren Pädagogik hervorgeht: daß er nicht *Sachen* sondern nur *Worte* gelehrt habe; denn zu bloßen *Worten* - der leeren Form der geistigen Gegenstände - arten alle Darstellungen von Ideen in der Rede allerdings aus, sobald die Ideen selbst, die hier die *Sachen* sind, nicht verstanden werden.

Eben damit aber hebt sich auch die geringschätzige Meinung von selbst auf, die der Philanthropinismus über *Wort und Sprache,* als Gegenstände des Erziehungsunterrichts, laut gemacht und verbreitet hat, und es zeigt sich vielmehr, welche hohe noch immer nicht genug beachtete Bedeutung *Wort und Sprache* nicht nur an und für sich sondern auch als Unterrichtsgegenstand haben. Die *Sprache* ist die Erscheinungsform des Geistes, sein unmittelbarer Leib; in ihr spricht er aus und stellt dar für sich selbst und Andere seines gleichen nicht nur sich selbst und sein eignes innerstes Wesen, sondern auch was höher und was niedriger ist, als er. Durch das *Wort* wird die körperlose *Idee* verkörpert und für die Betrachtung fixirt, die geistlose *Sache* vergeistiget und für die Beobachtung beweglich gemacht. Der Unterricht knüpft sich deshalb nicht nur nothwendig an das *Wort* an, selbst da wo die *Sache* vorgezeigt werden kann, sondern es ist auch, wenn man das *Wort* selbst und seine Form zum *Gegenstand* des Unterrichts erhebt, so wenig ein leerer *Wortkram* zu fürchten, daß man vielmehr umgekehrt behaupten darf: der schlechteste *Wortunterricht* (da vom *Worte* einerseits die *Idee*, das *Gefühl* etc. andrerseits die *Sache* nie so getrennt seyn kann, daß der Geist nicht wenigstens bestrebt wäre, dem *Schalle* ein geistiges *Bild* oder *Schema* unterzulegen,) rege noch im-

mer *mehr Geist* auf, als ein nicht ganz guter *Sachunterricht*.
- In der That vertheidigen die den Humanismus über seine
Liebe zum Wort und Wortstudium gar ungeschickt, die zu
verstehen geben, daß ja das *Wortstudium* ein nothwendiges
Uebel sey, wenn man der *Sachen* und *Genüsse*, die das Al-
terthum anbiete, theilhaftig werden wolle!

Mit dieser, freilich nur unvollkommnen, Unterscheidung der verwickelten Gegensätze, (die nur in der höchsten
Wissenschaft mit vollständiger Bestimmtheit auseinander gesetzt werden können,) ist gleichwohl die Verwech-
selung und verworrne Ansicht von *Begriff und Gegenstand,
geistigen und materiellen Gegenständen, Wort und Sache,
Idealem und Realem*, wenigstens so weit aufgelöst, daß
wir theils die mißverstandne Anklage des Philanthropinismus gegen den Humanismus über diesen Gegenstand
zur Entscheidung bringen, theils die Frage selbst, auf die
es hier vornehmlich ankömmt: *ob materielle oder geistige
Gegenstände den Hauptinhalt des Erziehungsunterrichts
ausmachen sollen?* mit der erforderlichen Bestimmtheit
beantworten können.

Wenn der Philanthropinismus dem älteren Unterrichtssysteme Mangel an Rücksicht auf Sachkenntniß vorwirft, so
gewinnt diese Beschuldigung dadurch vorzüglich den Schein
von großer Wichtigkeit, weil man *Begriff* und *Sache* mit *Abstraction* und *Anschauung* verwechselt und deshalb als aus-
gemacht annimmt, daß der Humanismus, der die *Sachen*
vom Erziehungsunterricht ausschließe, eine Beschäftigung
mit bloßen *Abstractionen* sey, und dem Lehrling anstatt
des lebendigen Baumes der Erkenntniß ein ausgedörrtes
Gerippe logischer Abstractionen, Definitionen und Descrip-
tionen gebe.

Aber, man vergesse nur ja nicht, daß erstens dem *Begriffe* nicht bloß *Sachen* sondern auch *Ideen* gegenüberstehen und sowohl *Sachen* als *Ideen* durch die *Anschauung* mit dem *Begriffe* vermittelt seyn müssen, wenn dieser
nicht eine bloße hohle Form seyn soll; daß zweitens der *Begriff* eben so wie er *bei materiellen Gegenständen* durch die
äußere Anschauung auf die *Sache* bezogen werden müsse,
um zu einer wahren lebendigen Erkenntniß erhoben zu werden, *bei geistigen Gegenständen* durch die innere Anschauung auf die *Idee* und ihre Construction im Gedanken oder
ihre Erscheinung im Gefühl bezogen werden müsse, um eine

wahre Erkenntniß zu seyn. Wo diese Belebung des *Begriffes* durch Anschauung und Beziehung auf seinen Gegenstand, dieser sey nun *Sache oder Idee,* unterlassen wird, da ist er selbst nichts anderes als ein *bloßes Abstractum,* und die Beschäftigung mit solchen Abstracten führt allerdings zu dem Fehler - den man dem Humanismus vorgeworfen hat - einer todten Erkenntniß bloßer Formeln, die in der That nichts weiter sind als ein seelenloser *Wortkram.*

Allein, derselbe Fehler, der allerdings ein großer Fehler ist, kann bei beiden Arten von Gegenständen, bei den *materiellen* wie bei den *geistigen,* bei den *Sachen* wie bei den *Ideen,* statt finden, und wird dadurch nicht verbessert, daß man die Gegenstände wechselt. In dem *Gebiete der Sachen,* wie in dem *Gebiete der Ideen,* kann derselbe geistlose Mechanismus einreißen, daß man sich und Andere gewöhnt, Begriffe in ihrer gänzlichen Abstraction von der Sache zu denken, das Zeichen anstatt des Bezeichneten festzuhalten, die lebendige Anschauung über der todten Formel ganz zu vergessen. Aber diesen Fehler dadurch verbessern wollen, daß man, anstatt in beiden Arten von Gegenständen die *Anschauung* selbst mit dem *Begriffe* zu verbinden, neben todte Formeln und Zeichen von *Gegenständen der innern Anschauung* todte Beschauung von *Gegenständen der äußeren Anschauung* stellt, heißt aus übel nur ärger machen. Wird denn z.B. der, den wir mit einer geistlosen Buchstabengelehrsamkeit und trocknen grammatischen Wortkrämerei zu einer lateinischen oder griechischen Sprachmaschine gebildet haben, dadurch Geist und Leben bekommen, daß wir ihn mit allen Steinen, Pflanzen und Thieren der Erde bekannt machen lassen? Es bleibt ewig wahr: was vom Fleische geboren ist, das ist Fleisch, und was vom Geiste geboren wird, das ist Geist. Dem Geiste wird auch die Materie Geist, während dem Mechanismus auch sogar der Geist verknöchert; und so kann eure mechanische *Sachkenntniß* das Gebrechen der leeren *Wortkenntniß* nicht heilen, sondern wird vielmehr die Zahl der Gebrechen nur vermehren, und beide sind in gleicher Verdammniß. Die wahre Lösung des Räthsels ist, daß man im Gebiete der äußeren, wie in dem der inneren Anschauung weder den *Gegenstand allein* noch dessen *Begriff allein* in seiner Abstraction auffasse und verfolge, sondern in beiden Gebieten *Gegenstand und Begriff in ihrer Vereini-*

gung behandle, beide zwar unterscheide, aber auch beide wieder verbinde. Aber im *Gebiete der innern Anschauung* nur mit *Abstractionen,* im *Gebiete der äußeren Anschauung* nur mit *Sachen* sich beschäftigen, bringt so wenig die intendirte Vereinigung hervor, daß es vielmehr die Trennung nur vermehrt. - Wo aber die Beschäftigung mit *geistigen Gegenständen* jene Forderung schon erfüllt, das Innere des Geistes mit lebendiger Anschauung auffaßt und dadurch die Beziehung sowohl als die Erklärung der *Gefühle, Ideen* etc. selbst belebt: da findet erstens der Vorwurf nicht statt, daß es den Begriffen an *Sachen* fehle; denn hier sind die *Ideen und Gefühle* selbst die *Sachen* d.h. der *Innhalt* der Begriffe; und zweitens bedarf es keines Uebersprungs in das Gebiet der *materiellen Gegenstände,* um zu jenen (entweder wirklich oder nur vermeintlich) *leeren Begriffen Sachen* zu finden, die auf diesem Gebiete gar nicht zu suchen sind.

Ob aber, wenn auch jener richtig bemerkte Fehler in der Behandlung der *geistigen Unterrichtsgegenstände* auf die bezeichnete Weise vermieden oder verbessert wird, es nicht gleichwohl nothwendig bleibe, auch *materielle Gegenstände* in den Erziehungsunterricht aufzunehmen? - ist eine andere Frage, die, nach der obigen Berichtigung bestimmter gestellt, allerdings näher erwogen werden muß. Bedürfen wir auch nicht der Beschäftigung des Lehrlings mit materiellen Gegenständen als eines Correctivs gegen die fehlerhafte Beschäftigung desselben mit geistigen Gegenständen, so kann sie doch in andern Rücksichten nöthig, und vielleicht sogar nöthiger, als die Beschäftigung mit geistigen Gegenständen seyn. Dies führt uns denn auf unsre Hauptfrage zurück, mit deren Entscheidung auch dieser Zweifel sich von selbst löst...

Der Grundsatz des Philanthropinismus, *das Lernen dem Lehrling auf jede mögliche Weise zu erleichtern und zu versüßen,* hat vorzüglich folgende zwei scheinbare Gründe für sich anzuführen:

1) frühe allzugroße Anstrengung sey für die Gesundheit nachtheilig; 2) nach einer bekannten psychologischen Beobachtung habe die Schwierigkeit der Arbeit etwas Abschreckendes, und im Gegentheil mache *Lust und Lieb zu einem Ding alle Müh und Arbeit gering.*

Allein, ohne noch an den schimpflichen Mißbrauch zu erinnern, der die Maxime des *Versüßens* der Arbeit für die

Kinder bis zu der Albernheit, das *Alphabet in Zucker* zu backen, ausgedehnt hat, ist diese methodische Maßregel, als in sich verwerflich, selbst bei mäßigerem Gebrauche doch nicht zu vertheidigen. Es wird hinreichend seyn, den angegebnen Gründen nur die wichtigsten Einwendungen entgegenzustellen...

Fürs zweite aber, was die psychologische Bemerkung betrifft, daß man dem Kinde die Arbeit versüßen müsse, um ihm Lust zur Arbeit zu machen: so gehört sie zu den schielenden Ansichten, die ihre Oberflächlichkeit durch einen gewissen Glanz der Neuheit zu verbergen wissen, indem sie sich einem wahren Mißbrauch gegenüber stellen, gegen den sie allerdings recht haben. Freilich kann man einem Kinde den Unterricht zum Eckel machen, wenn der Lehrer aus Ungeschick den Gegenstand falsch angreift und den Lehrling nur martert; und es fehlt auch nicht an Beispielen von Einzelnen, denen gewisse Lehrgegenstände durch ihre Lehrer verhaßt geworden sind. Allein welcher schiefe Schluß ist es, der von diesem Datum auf Verleidung der Arbeit durch Anstrengung überhaupt gemacht wird. Nicht die Anstrengung, sondern die verkehrte und fruchtlose Anstrengung macht eine Arbeit verhaßt. Im Gegentheil die Anstrengung selbst macht die Arbeit zur Lust, sobald sie nur gedeiht. Das ist eine ganz bekannte und unläugbare Erfahrung, daß dem Kinde gerade das die meiste Freude macht, was es mit Mühe errungen hat. Die Mühe, wenn sie nur gelingt, hat ihren Lohn in sich selbst: das Kind fühlt sich in dem, was es geleistet hat, und schöpft aus dem Gelungnen selbst den Muth zu neuem Unternehmen.

Ich muß hier noch eine andre Bemerkung machen, die damit in Verbindung steht. Die dem Kinde alles zur Lust machen wollen, wählen auch das höchst verwerfliche Mittel, das Kind für alles zu bezahlen. "Daß du verdammt seyest mit deinem Gelde", möchte man eifernd mit dem Apostel ausrufen! Soll denn alles in der Welt nur um des Geldes willen geschehen? und was für ein anderes Interesse will man denn von Menschen in der Folge fordern, denen man schon als Kindern dies als das einzige Motiv einprägt, in denen man dadurch selbst alles bessere und wahre Interesse tödtet? Will man denn recht mit Gewalt den schönen Sinn vernichten, der die Arbeit um der Arbeit willen thut, und sich belohnt findet, wenn sie gelungen ist? Und, wenn man diesen Lohn nicht belebend genug für das Kind hält (obgleich eine richtige Beobachtung das Gegentheil sicher entdecken wird), wenn man eine äußere Belohnung nöthig glaubt: soll denn des Lehrers und der Aeltern Beifall ganz und gar nichts gelten, - er, dessen Gewicht alles Gold der Welt für ein nicht verbildetes Kind aufwiegen muß?

Noch weit verkehrter aber wird jene Ansicht, wenn man die Natur des Menschen selbst genauer auffaßt. Die Kraft der Trägheit in dem Menschen ist nicht bloß eine Negation von Kraft, sie ist vielmehr eine widerstrebende Kraft. Eigentliche Lust zur Arbeit ist eben darum von Natur nicht in ihm; vielmehr dem nämlichen Geschäft, das er spielend thut, wenn ers aus Laune und aus freiem Willen gewählt hat, widerstrebt seyn Trieb, sobald er es als Arbeit, die ihm auferlegt ist, betrachtet. Dies kann man täglich an den Kindern sehen, und sieht es auch zu seinem Aerger an Alten, die wie Kinder in dieser Rücksicht geblieben sind. Das nämlich kömmt heraus bei jener Zucht, die alle Arbeit nur auf Lust des Kindes will ankommen lassen: alte Kinder, die zu jeder Arbeit eine eigne Laune abwarten wollen, und immer von der Stimmung reden, die erst kommen müsse, ehe sie etwas zu thun vermöchten, die nur dann arbeiten, wenn sie die Arbeit zum Bedürfniß, zum Vertreiben der Langenweile nöthig haben.

Ob das Menschen sind, wie man sie in der Welt braucht, will ich hier gar nicht fragen. Die Welt hat darinn eine eigne Zucht; die Noth lehrt nicht bloß beten, sie lehrt auch arbeiten, und wers nicht in seiner Jugend gelernt hat, der muß es doch noch oft in spätern Jahren lernen: er verliert dabei am meisten, durch den Schmerz, den ihm der Druck der Noth nun doppelt fühlbar macht. Aber davon müssen wir doch reden, daß die Erziehung ihre Pflicht sehr schlecht erfüllt, wenn sie die Noth zum Supplement erst nöthig hat!

Dann aber, wie wenig ist es doch des Menschen würdig, nicht Herr seiner selbst zu seyn! Herr seiner selbst ist der Mensch nur durch die Kraft seines Entschlusses; dieser muß auch für das Unerfreuliche ihm zu Gebote stehen. Arbeitsamkeit ist eine Tugend des Willens, eine Gewöhnung des Entschlusses, eine zweite Natur durch Uebung. Ohne eine solche Umwandlung zu einer andern Natur findet keine eigentliche Arbeitsamkeit statt, keine Festigkeit noch Stätigkeit im Thun. Wie aber soll diese andre Natur, die nur durch Gewöhnung werden kann, entstehen, wo die Gewöhnung ganz versäumt, und sogar die entgegengesetzte Gewöhnung (der Arbeitsscheue, des sich selber Nachsehens, des unentschloßnen Umgehens) zur zweiten Natur erzogen wird? Nur wer seines Entschlusses Herr ist, wird jede Arbeit auch entschlossen angreifen; und nur wer im entschloßnen Angreifen seiner Arbeit eine lange Uebung bis zur Fertigkeit hat, wird ohne Scheu und ohne Widerwillen an seine Arbeit denken.

Dahin muß die Erziehung es bringen, die Natur des Menschen darinn umzuändern; und dazu ist der einzig wahre Weg, das Kind schon früh zu abgemeßner Arbeit anzuhalten. Deshalb ist es schon von Wichtigkeit, frühzeitig eine Zahl von Stunden täglich festzusetzen, die dem Geschäft gewidmet sind, und in ununterbrochner Ordnung eingehalten werden. Dies aber ist es nicht allein. Vorzüglich ist das *Lernen* (die geistige Beschäftigung) ein durchgreifendes Mittel zu jenem Zweck. Denn Trägheit zur Reflexion, Scheue vor Anstrengung des Kopfes, hauptsächlich ist es, was den Menschen in tausend Fällen am Handeln hindert. Und dies zeigt sich selbst auch schon am Kinde. Noch immer leichter wird ein Kind zu körperlicher Arbeit sich anhalten lassen, als zu geistiger; und man kann wohl sehen, daß ein Kind der Schule zu entgehen jede körperliche Arbeit willig übernimmt, nicht aber umgekehrt, daß es, um körperlicher Arbeit zu entfliehen, sich zur Schule flüchtet. Gerade dies ist der Beweis, daß man das rechte Mittel getroffen hat, das Kind zur Arbeit zu gewöhnen, wenn man damit anfängt, was es am wenigsten thun mag. Das übt die Kraft des Willens, die Trägheit überall zu überwinden. Und, wie es des Menschen Loos ist, nichts rechtes ohne Kampf zu seyn und zu besitzen, so ist ihm eben diese Uebung, die ihm einen ernsten Kampf mit sich selbst auflegt, vor allen andern nöthig.

Der Humanismus hat auch hierinn also in doppelter Hinsicht das Rechte getroffen. Der Grundsatz, den er über diesen Punkt aufstellt, ist ohne Zweifel richtig, und zeugt von einer weit unbefangneren und tieferen Beobachtung der Natur des Menschen, als der entgegengesetzte Grundsatz des Philanthropinismus. Ueberdies aber ist auch selbst das Mittel, das der Humanismus vorzieht, in der That vorzüglich für den Zweck geeignet. Gerade weil der Mensch die geistige Beschäftigung am meisten scheut, und diese also den stärksten Entschluß fordert, ist es zweckmäßig, nicht nur überhaupt mit dem Lernen, und sonach mit geistiger Beschäftigung, die Gewöhnung zum Geschäft anzufangen, sondern mit dem Schwereren des geistigen Geschäfts, indem der Geist von allem Sachwerk, das die Trägheit und Passivität des Geistes nährt, ganz entfernt, und in das Gebiet der geistigen Objecte selbst gleich eingeführt wird. Dadurch kömmt in das Geschäft der rechte Ernst; die Spielerei, die an das Sachobject sich immer leicht anhängt, fällt weg, der Lehrling muß zu ernster Arbeit sich bequemen, und wenn darinn der Geist erst recht erstarkt ist, geht er mit voller Kraft zu jeder andern Arbeit über, jede andre im Vergleich mit jener leicht findend, und durch Uebung in dem Schwereren jedem andern Geschäfte ganz gewachsen.

Eben so verhält es sich von einer andern Seite. Die Arbeitsamkeit ist nämlich auch noch in einer andern Rücksicht Gewöhnung, und muß in der Erziehung mit gebildet werden. Wer die Arbeit nur als Uebergang zur Ruhe betrachtet, und nur arbeitet, um auszuruhen, verdient nicht den Namen eines Arbeiters. Das Leben des Menschen ist Thun, und Erhohlung ist nur Mittel zur Arbeit; jenes also heißt die Ordnung der Vernunft verkehren. Dahin aber führt auch jene Maxime des Philanthropinismus, die den Lehrling nicht will anstrengen lassen. Soll das Kind nur arbeiten, so lange es Lust hat, so tritt unausbleiblich jene verkehrte Ordnung ein; der Lehrling ermüdet bald, und um so eher, wenn er weiß, daß er der Arbeit los wird, sobald er sich derselben überdrüssig zeigt. So wird man nie ihn dahin bringen, daß der größere Theil seiner Zeit der Arbeit gewidmet werde; unvermeidlich wird die Zeit des Spielens und des Müssigganges sich verlängern, und die Stundenzahl für das Geschäft der kleinere Theil des Lebens werden. Wo soll dann der Lehrling rechte Arbeitsamkeit lernen, wenn man ihm schon von der frühsten Jugend an seinen Hang zur Trägheit auch zur zweiten Natur angebildet hat? Wird ihm nicht jede Eintheilung seiner Zeit, die mehr der Arbeit als dem Nichtsthun zuweisen will, eine Last seyn, der er auf jede mögliche Weise sich zu entziehen sucht? Wie viel darinn die Gewöhnung thue, beweisen die vielen Beispiele der entgegengesetzten Art, von

Männern, denen es unerträglich und das Leben selbst eine Last ist, wenn sie nicht bestimmte Arbeit zu thun haben. - Lasse man nur nicht solche Erfahrungen ungenutzt, und erwarte das Unmögliche! Soll die Erziehung etwas seyn und leisten, so kann sies nur, wenn sie den Menschen zu dem Bessern führt, die Tugenden ihm giebt, zu denen eigner Trieb durch Neigung nicht in ihm ist, weil ihn vielmehr der entgegengesetzte Trieb zu etwas anderm treibt. Erziehung überhaupt, was ist sie, wenn sie nicht die Erschaffung einer andern Natur des Menschen ist? Nicht einer ihm fremden Natur - welches abermals eine Unmöglichkeit fordern hieße - aber der bessern Natur, die nur durch den Willen, und den Entschluß, und die Gewohnheit des Entschlusses zum Durchbruch und zum Stehen kömmt. *Jung gewohnt, alt gethan!* ist ein altes Sprichwort, das durch sein Alter nichts an seinem Respect verloren haben sollte. Gewöhne man das Kind zur Spielerei, versüße ihm die Arbeit, um sie ihm zum Spiel zu machen - es wird nicht fehlen, daß es durch sein ganzes Leben mit der Arbeit spiele. Die schlechte Natur früh durch Gewöhnung üben, heißt, sie unausrottbar machen! Gewöhne man das Kind zum Ernst und Fleiß, erschwere ihm zwar nicht die Arbeit, aber beharre dabei unerbittlich, als auf einer unumstößlichen Ordnung der Natur, daß geschehe, was geschehen soll, daß es thue, was aufgegeben ist, und regelmäßig und mit Fleiß es thue: das Kind wird bald die *Arbeit lernen,* und endlich selbst mit Freude thun, und ein Bedürfniß zu der Arbeit fühlen. Ist so bei ihm die zweite bessere Natur zur Reife gelangt, dann ist der Mensch er selbst geworden, dann kann man ruhig ihn sich selbst überlassen...

Wie Gertrud ihre Kinder lehrt

Johann Heinrich Pestalozzi

...So fing ich jetzt auch, ohne daß ich mir des Grundsatzes, von dem ich ausging, bewußt war, an, in den Gegenständen, die ich den Kindern erklärte, mich an die Nähe, mit welcher diese Gegenstände ihre Sinne zu berühren pflegen, zu halten, und so wie ich die Anfangsmittel des Unterrichts bis auf ihre äußersten Punkte verfolgte, suchte ich jetzt auch die Anfangszeit des unterrichteten Kindes bis auf seinen ersten Punkt zu erforschen und ward bald überzeugt: die erste Stunde seines Unterrichts ist die Stunde seiner Geburt. Von dem Augenblicke, in dem seine Sinne für die Eindrücke der Natur empfänglich werden, von diesem Augenblicke an unterrichtet es die Natur. Die Neuheit des Lebens selbst ist nichts anders als die eben erwachende Fähigkeit, diese Eindrücke zu empfangen; sie ist nichts anders als das Erwachen der vollendeten, physischen Keime, die jetzt mit allen ihren Kräften und mit allen ihren Trieben nach Entwicklung ihrer Selbstbildung haschen; es ist nichts anders als das Erwachen des jetzt vollendeten Tiers, das Mensch werden will und Mensch werden soll.

Aller Unterricht des Menschen ist also nichts anderes als die Kunst, diesem Haschen der Natur nach ihrer eigenen Entwicklung Handbietung zu leisten, und diese Kunst ruht wesentlich auf der Verhältnismäßigkeit und Harmonie der dem Kinde einzuprägenden Eindrücke mit dem bestimmten Grad seiner entwickelten Kraft. Es gibt also notwendig in den Eindrücken, die dem Kinde durch den Unterricht beigebracht werden müssen, eine Reihenfolge, deren Anfang und Fortschritt dem Anfange und Fortschritte der zu entwickelnden Kräfte des Kindes genau Schritt halten soll. Ich sah also bald, die Ausforschung dieser Reihenfolgen in der ganzen Umfassung der menschlichen Erkenntnisse und vorzüglich in den Fundamentalpunkten, von denen die Entwicklung des menschlichen Geistes ausgeht, sei der einfache und einzige Weg, jemals zu wahren, unserer Natur und unseren Bedürfnissen genugtuenden Schul- und Unterrichtsbüchern zu gelangen. Ich sah ebenso bald, daß es in der Verfertigung dieser Bücher wesentlich darauf ankommen müsse, die Bestandteile alles Unterrichts nach dem Grad der steigenden Kräfte der Kinder zu sondern und in allen Unterrichtsfächern mit der größten Genauigkeit zu bestimmen, was von diesen Bestandteilen für jedes Alter des Kindes passe, um ihm einerseits nichts von dem vorzuenthalten, wozu es ganz fähig, anderseits es mit nichts zu beladen und mit nichts zu verwirren, wozu es nicht ganz fähig ist.

Das ward mir heiter: das Kind ist zu einem hohen Grad von Anschauungs- und Sprachkenntnissen zu bringen, ehe es vernünftig ist, es lesen oder auch nur buchstabieren zu lehren; und mit diesem Urteil war es in mir entschieden, die Kinder bedürfen in ihrem frühesten Alter eine psychologische Führung zur vernünftigen Anschauung aller Dinge. Da aber eine solche Führung ohne Mitwirkung der Kunst bei den Menschen, wie sie sind, nicht denkbar und nicht zu erwarten ist, so mußte ich notwendig auf das Bedürfnis von Anschauungsbüchern verfallen, die den ABC-Büchern vorausgehn, um den Kindern die Begriffe, die man ihnen durch die Sprache beibringen will, durch wohlgewählte Realgegenstände, die entweder in ihrer Wirklichkeit oder auch durch wohlbearbeitete Modelle und Zeichnungen ihnen vor die Sinne gebracht, durch die Anschauung klar und heiter zu machen. Eine glückliche Erfahrung bestätigte mein diesfälliges, unreifes Urteil bei aller Beschränkung meiner Mittel und bei aller Unrichtigkeit und Einseitigkeit der Ausführung meines Versuchs dennoch auf eine auffallende Weise. Eine gefühlvolle Mutter vertraute ihren kaum dreijährigen Knaben meinem Privatunterrichte. Ich sah ihn eine Weile alle Tage eine Stunde und griff auch mit ihm eine Weile der Methode nur nach dem Puls; ich probierte an Buchstaben, Figuren und allem, was mir an der Hand lag, ihn zu lehren, das heißt: durch alle diese Mittel in ihm bestimmte Begriffe und Äußerungen zu erzielen. Ich machte ihn bestimmt *benennen*, was er an einer jeden Sache kannte, Farbe, Glieder, Stellung, Form und Zahl. Ich mußte auch die erste Qual der Jugend, die elenden Buchstaben, bald liegen lassen, er wollte nur Bilder und Sachen und drückte sich bald über Gegenstände, die in seinem Erkenntniskreise lagen, bestimmt aus. Er fand auf der Gasse, im Garten und in der Stube allgemeine Belege zu seinen Kenntnissen und kam bald dahin, auch die schwierigsten Namen von Pflanzen und Tieren richtig auszusprechen und ihm diesfällige, ganz unbekannte Gegenstände mit ihm bekannten zu vergleichen und eine bestimmte Anschauung davon in sich selber zu erzeugen, und obwohl dieser Versuch wesentlich auf Abwege führte und für das Fremde und Ferne zum Nachteil der Eindrücke des Gegenwärtigen und Nahen hinwirkte, so gab er doch vielseitig über die Mittel, das Kind in seinen Anlagen zu beleben und ihm Reiz für die Selbsttätigkeit in der Erhaltung seiner Kräfte zu geben, vielseitiges Licht, von der andern Seite aber war der Versuch für das, was ich eigentlich suchte, auch darum nicht genugtuend, weil der Knabe schon ganze drei unbenutzte Jahre hinter sich hatte, und ich bin überzeugt, die Natur bringt die Kinder schon bis auf diese Zeit zum bestimmtesten Bewußtsein unermeßlicher Gegenstände. Es braucht nur, daß wir mit psychologischer Kunstsprache an dieses Bewußtsein anketten, um dasselbe ihnen zu einem hohen Grad von Klarheit zu bringen und sie dadurch in den Stand zu setzen, beides, die Fundamente vielseitiger Kunst und vielseitiger Wahrheit an das, was sie die Natur selber gelehrt, anzuketten und hingegen wieder das, was sie die Natur selber gelehrt, als Erläuterungsmittel aller Fundamente der Kunst und der Wahrheit, die man ihnen beibringen will, zu benutzen. Beides, ihre Kraft und ihre Erfahrung, ist in diesem Alter schon groß; aber unsere unpsychologischen Schulen sind wesentlich nichts anders als künstliche Erstickungsmaschinen von allen Folgen der Kraft und der Erfahrung, die die Natur selber bei ihnen zum Leben bringt.

Du weißt es, mein Freund. Aber stelle dir doch einen Augenblick wieder das Entsetzen dieses Mordes vor. Man läßt die Kinder bis ins fünfte Jahr im vollen Genusse der Natur; man läßt jeden Eindruck derselben auf sie wirken; sie fühlen ihre Kraft; sie sind schon weit im sinnlichen Genuß ihrer Zwangslosigkeit und aller ihrer Reize, und der freie Naturgang, den der sinnlich glückliche Wilde in seiner Entwicklung nimmt, hat in ihnen schon seine bestimmteste Richtung genommen. Und nachdem sie also fünf ganzer Jahre diese Seligkeit des sinnlichen Lebens genossen, macht man auf einmal die ganze Natur um sie her vor ihren Augen verschwinden; stellt den reizvollen Gang ihrer Zwanglosigkeit und ihrer Freiheit tyrannisch still; wirft sie wie Schafe in ganze Haufen zusammengedrängt in eine stinkende Stube; kettet sie Stunden, Tage, Wochen, Monate und Jahre unerbittlich an das Anschauen elender, reizloser und einförmiger Buchstaben und an einen mit ihrem vorigen Zustande zum Rasendwerden abstechenden Gang des ganzen Lebens.

Ich höre auf zu beschreiben; ich komme sonst noch an das Bild der großen Mehrheit der Schulmeister, deren Tausende in unseren Tagen bloß von wegen ihrer Unfähigkeit, auf irgendeine andere Weise ein ehrliches Auskommen zu finden, sich der Mühseligkeit dieses Stands unterwerfen, darin sie aber auch in Übereinstimmung mit ihrer Unfähigkeit für etwas Besseres vielseitig auf eine Weise bezahlt werden, die nur wenig weiterführt, als sie vom Hungerssterben zu bewahren. Wie unermeßlich müssen die Kinder unter diesen Umständen leiden oder wenigstens verwahrlost werden!

Freund! Sag' mir: kann der Schwertschlag, der durch den Hals geht und den Verbrecher vom Leben zum Tode bringt, auf seinen Leib eine größere Wirkung machen als ein solcher Übergang von der langgenossenen, schönen Naturführung zum erbärmlichsten Schulgang auf die Seele der Kinder? -

Werden die Menschen ewig blind sein, werden sie ewig nicht zu den ersten Quellen emporsteigen, aus denen die Zerrüttung unsers Geistes, die Zerstörung unserer Unschuld, der Ruin unserer Kraft und alle ihre Folgen entspringen, die uns zu einem unbefriedigten Leben und Tausende von uns zum Sterben in den Spitälern und zum Rasen in Ketten und Banden hinführen? -

Lieber Geßner! Wie wohl wird mir in meinem Grabe sein, wenn ich etwas dazu werde beigetragen haben, diese Quellen erkennen zu machen! Wie wohl wird es mir in meinem Grabe sein, wenn ich es dahin bringe, Natur und Kunst im Volksunterricht so innig zu vereinigen, als sie jetzt gewaltsam in demselben getrennt sind! Ach! Wie empört es mein Innerstes, Natur und Kunst sind in demselben nicht nur getrennt, sie sind in demselben von bösen Menschen bis zum Rasen unter sich selber *entzweit*.

Es ist, wie wenn ein böser Geist es unserem Weltteil und unserem Zeitalter seit Jahrhunderten aufgespart hätte, uns mit der raffiniertesten Kunst dieser höllischen Trennung zu beschenken, um uns im philosophischen Jahrhundert kraftloser und elender zu machen, als je noch Selbstbetrug, Anmaßung und Eigendünkel das Menschengeschlecht in irgendeinem Weltteil und in irgendeinem Zeitalter gemacht hat.

Wie gerne vergesse ich eine Welt, in der es so aussieht, und wie wohl ist mir in dieser Lage der Dinge an der Seite meines lieben, kleinen *Ludwig*, dessen Launen mich selber noch zwingen, immer tiefer in den Geist der Anfangsbücher für die Unmündigen hineinzudringen. Ja, mein Freund, diese sind es, die den eigentlichen Ausschlag gegen den Unterrichtsunsinn unsers Zeitalters geben werden und geben müssen. Ihr Geist wird mir immer klarer. Sie müssen von den einfachsten Bestandteilen der menschlichen Erkenntnisse ausgehen; sie müssen die wesentlichsten Formen aller Dinge den Kindern tief einprägen; sie müssen früh und deutlich das erste Bewußtsein der Zahl- und Maßverhältnisse in ihnen entwickeln; sie müssen ihnen über den ganzen Umfang ihres Bewußtseins und ihrer Erfahrungen Wort und Sprache geben und überall die ersten Stufen der Erkenntnisleiter, an die uns die Natur selber zu aller Kunst und zu aller Kraft führt, umfassend ausfüllen! ...

Aber so wie ich dieses versuchte, entwickelte sich allmählich eine durch sich immer mehrende Erfahrung begründete Überzeugung, daß diese Unterrichtsfächer gar nicht als die Elemente der Kunst und des Unterrichts können angesehen werden, daß sie im Gegenteil weit allgemeinern Ansichten des Gegenstandes untergeordnet werden müssen. Aber das Gefühl dieser für den Unterricht so wichtigen Wahrheit, die sich durch Bearbeitung dieser Fächer in mir entwickelte, erschien mir lange nur in isolierten Gesichtspunkten und immer nur in Verbindung mit dem einzelnen Fache, mit dem jede einzelne Erfahrung zusammenhing.

So fand ich im Lesenlehren die Notwendigkeit seiner Unterordnung unter das Redenkönnen; und in den Anstrengungen für die Mittel, die Kinder reden zu lehren, den Grundsatz: diese Kunst an die Reihenfolgen zu ketten, mit der die Natur vom Schall zum Wort und von diesem nur allmählich zur Sprache emporschreitet.

So fand ich hinwieder in den Bemühungen, schreiben zu lehren, das Bedürfnis der Unterordnung dieser Kunst unter das Zeichnen und in den Bemühungen, Zeichnen zu lehren, die Ankettung und Unterordnung dieser Kunst unter diejenigen des Messens. Sogar das Buchstabieren- lehren entwickelte in mir das Bedürfnis von dem Buche für die erste Kindheit, durch welches ich mir die Real- kenntnis drei- und vierjähriger Kinder weit über die Kennt- nis von sieben- und achtjährigen Schulkindern zu erheben getraue. Aber diese Erfahrungen, die mich freilich prak- tisch zu bestimmten, einzelnen Hilfsmitteln des Unterrichts hinführten, ließen mich doch fühlen, daß ich meinen Gegen- stand noch nicht in seiner wahren Umfassung und innern Tiefe kenne.

Ich suchte lange einen allgemeinen psychologischen Ursprung aller dieser Kunstmittel des Unterrichts, indem ich überzeugt war, daß es nur dadurch möglich sei, die *Form* aufzufinden, worin *die Ausbildung* der Menschheit durch das *Wesen der Natur* selbst bestimmt wird; offenbar war: diese Form ist in der allgemeinen Einrichtung unsers Geistes begründet, vermöge welcher unser Verstand die Eindrücke, welche die Sinnlichkeit von der Natur empfängt, in seiner Vorstellung zur Einheit, d.i. zu einem Begriff auffaßt und diesen Begriff dann allmählich zur Deutlichkeit entwickelt.

Jede Linie, jedes Maß, jedes Wort, sagte ich zu mir selbst, ist ein Resultat des Verstandes, das von gereiften Anschauungen erzeugt wird und als Mittel zur progres- siven Verdeutlichung unserer Begriffe muß angesehen wer- den. Auch ist aller Unterricht in seinem Wesen nichts an- ders als *dieses*; seine Grundsätze müssen deshalb von der unwandelbaren Urform der menschlichen Geistesentwick- lung abstrahiert werden.

Es kommt daher alles auf die genaueste Kenntnis dieser Urform an. Ich faßte deswegen die Anfangspunkte, aus denen diese abstrahiert werden muß, immer und immer wieder von neuem ins Auge.

Die Welt, sagte ich in diesen träumenden Selbstge- sprächen zu mir selber, liegt uns als ein ineinander- fließendes Meer verwirrter Anschauungen vor Augen; die Sache des Unterrichts und der Kunst ist es, wenn durch sie unsere an der Hand der bloßen Natur für uns nicht rasch genug fortrückende Ausbildung wahrhaft und ohne Nachteil für uns vergeschwindert werden soll, daß sie die Verwirrung, die in dieser Anschauung liegt, aufhebe, die Gegenstände unter sich sondere, die ähnlichen und zusammengehörigen in ihrer Vorstellung wieder vereinige, sie alle uns dadurch klarmache und nach vollendeter Klarheit derselben in uns zu deutlichen Begriffen erhebe. Und dieses tut sie, indem sie uns die ineinanderfließenden, verwirrten Anschauungen *einzeln* vergegenwärtigt, dann uns diese vereinzelten Anschauungen in verschiedenen wandelbaren Zuständen vor Augen stellt und endlich dieselben mit dem ganzen Kreis unseres übrigen Wissens in Verbindung bringt.

Also geht unsere Erkenntnis von Verwirrung zur Bestimmtheit, von Bestimmtheit zur Klarheit und von Klarheit zur Deutlichkeit hinüber.

Aber die Natur hält sich in ihrem Fortschritte zu dieser Entwicklung beständig an dem großen Gesetze, das die Klarheit meiner Erkenntnis von der Nähe oder Ferne der Gegenstände, die meine Sinne berühren, abhängig macht. Alles, was dich immer umgibt, kommt deinen Sinnen ceteris paribus in dem Grade verwirrt vor und ist dir in dem Grade schwer, dir selbst klar und deutlich zu machen, als es von deinen Sinnen entfernt ist; im Gegenteil, alles kommt dir in dem Grade bestimmt vor und ist in dem Grade leicht, klar und dir deutlich zu machen, als es deinen fünf Sinnen nahe liegt.

Du bist als physisch-lebendiges Wesen selbst nichts anders als deine fünf Sinne; folglich muß die Klarheit oder Dunkelheit deiner Begriffe absolut und wesentlich von der Nähe oder Ferne herrühren, nach welchen alle äußeren Gegenstände diese fünf Sinne, d.i. dich selber oder den Mittelpunkt, in dem sich deine Vorstellungen in dir selbst vereinigen, berühren.

Dieser Mittelpunkt aller deiner Anschauungen, du selbst, bist dir selbst ein Vorwurf deiner Anschauung; alles, was du selbst bist, ist dir leichter klar und deutlich zu machen als alles, was außer dir ist; alles, was du von dir selbst fühlst, ist an sich selbst eine *bestimmte* Anschauung; nur was außer dir ist, kann eine verwirrte Anschauung für dich sein; folglich ist der Gang deiner Erkenntnisse, sofern er dich selber berührt, eine Stufe kürzer, als insofern er von irgendetwas außer dir ausgeht. Alles, was du von dir selbst bewußt bist, dessen bist du dir bestimmt bewußt; alles, was du selbst kennst, das ist in dir selbst und an sich durch dich selbst bestimmt; folglich öffnet sich der Weg zu deutlichen Begriffen auf dieser Bahn leichter und sicherer als auf irgendeiner andern, und unter allem, was klar ist, kann jetzt klarer nichts sein als die Klarheit des Grundsatzes: die Kenntnis der Wahrheit geht bei dem Menschen von der Kenntnis seiner selbst aus.

Freund! So wirbelten sich die lebendigen, aber dunkeln Ideen von den Elementen des Unterrichts lange in meiner Seele, und so schilderte ich sie in meinem Berichte, ohne daß ich auch damals noch einen lückenlosen Zusammenhang zwischen ihnen und den Gesetzen des physischen Mechanismus entdecken konnte, und ohne daß ich imstande war, die Anfangspunkte mit Sicherheit zu bestimmen, von denen die Reihenfolge unserer Kunstansichten oder vielmehr die Form ausgehen sollte, in welcher es möglich wäre, die Ausbildung der Menschheit durch das Wesen ihrer Natur selber zu bestimmen, bis endlich, und das noch vor kurzem, wie ein Deus ex machina der Gedanke: die Mittel der Verdeutlichung aller unserer Anschauungserkenntnisse gehen von *Zahl, Form* und *Sprache* aus - mir plötzlich über das, was ich suchte, ein neues Licht zu geben schien...

Ich urteilte also: Zahl, Form und Sprache sind gemeinsam die Elementarmittel des Unterrichts, indem sich die ganze Summe aller *äußern* Eigenschaften eines Gegenstandes im Kreise seines Umrisses und im Verhältnis seiner Zahl vereinigen und durch Sprache meinem Bewußtsein eigen gemacht werden. Die Kunst muß es also zum unwandelbaren Gesetz ihrer Bildung machen, von diesem dreifachen Fundamente auszugehen und dahin zu wirken:

1. Die Kinder zu lehren, jeden Gegenstand, der ihnen zum Bewußtsein gebracht ist, als Einheit, d.i. von denen gesondert, mit denen er verbunden scheint, ins Auge zu fassen.

2. Sie die Form eines jeden Gegenstandes, d.i. sein Maß und sein Verhältnis kennen zu lehren.

3. Sie so früh als möglich mit dem ganzen Umfang der Worte und Namen aller von ihnen erkannten Gegenstände bekannt zu machen.

Und so wie der Kinderunterricht von diesen drei Elementarpunkten ausgehen soll, so ist hinwieder offenbar, daß die ersten Bemühungen der Kunst dahin gerichtet sein müssen, die Grundkräfte des Zählens, Messens und Redens, deren gute Beschaffenheit der richtigen Erkenntnis aller Anschauungsgegenstände zum Grunde liegen, mit der höchsten psychologischen Kunst zu bilden, zu stärken und kraftvoll zu machen und folglich die Mittel der Entfaltung und Bildung dieser drei Kräfte zur höchsten Einfachheit, zur höchsten Konsequenz und zur höchsten Übereinstimmung unter sich selbst zu bringen...

Und nun ging ich weiter und fand, daß unsere ganze *Erkenntnis* aus drei Elementarkräften entquillt.

1. Aus der *Schallkraft*, aus der die Sprachfähigkeit entspringt;
2. aus der *unbestimmten, bloß sinnlichen Vorstellungskraft*, aus welcher das Bewußtsein aller Formen entspringt;
3. aus der *bestimmten*, nicht mehr bloßsinnlichen *Vorstellungskraft*, aus welcher das Bewußtsein der Einheit und mit ihr die Zählungs- und Rechnungsfähigkeit hergeleitet werden muß.

Ich urteilte also, die Kunstbildung unseres Geschlechts müsse an die ersten und einfachsten *Resultate* dieser drei Grundkräfte, an *Schall, Form* und *Zahl* angekettet werden, und der Unterricht über einzelne Teile könne und werde niemals zu einem unsere Natur in ihrem ganzen Umfange befriedigenden Erfolge hinlenken, wenn diese drei einfachen Resultate unserer Grundkräfte nicht als die gemeinsamen, von der Natur selbst anerkannten Anfangspunkte alles Unterrichts anerkannt und im Gefolg dieser Anerkennung in Formen eingelenkt werden, die allgemein und harmonisch von den ersten Resultaten dieser drei Elementarkräfte unserer Natur ausgehen und wesentlich und sicher dahin wirken, den Fortschritt des Unterrichts bis zu seiner Vollendung in die Schranken einer lückenlosen, diese Elementarkräfte gemeinsam und im Gleichgewichte beschäftigenden Progression zu lenken, als wodurch es wesentlich und allein möglich gemacht wird, uns in allen diesen drei Fächern gleichförmig von *dunkeln* Anschauungen zu *bestimmten*, von bestimmten Anschauungen zu *klaren* Vorstellungen und von klaren Vorstellungen zu *deutlichen* Begriffen zu führen.

Dadurch finde ich denn endlich die Kunst mit der Natur oder vielmehr mit der Urform, womit uns diese die Gegenstände der Welt allgemein verdeutlicht, wesentlich und innigst vereinigt, und hiemit das Problem: *einen allgemeinen Ursprung aller Kunstmittel des Unterrichtes und mit ihm die Form aufzufinden, in welcher die Ausbildung unsers Geschlechts durch das Wesen unserer Natur selber bestimmt werden könnte,* aufgelöst und die Schwierigkeiten gehoben, *die mechanischen Gesetze,* die ich für die Fundamente des menschlichen Unterrichts anerkenne, auf die *Unterrichtsform,* welche die Erfahrung von Jahrtausenden dem Menschengeschlechte zur Entwicklung seiner selbst an die Hand gegeben, auf Schreiben, Rechnen, Lesen usw. anzuwenden...

Freund! Wenn ich jetzt zurücksehe und mich frage: Was habe ich denn eigentlich für das Wesen des menschlichen Unterrichts geleistet? - so finde ich: ich habe den höchsten, obersten Grundsatz des Unterrichts in der Anerkennung der *Anschauung als dem absoluten Fundament aller Erkenntnis* festgesetzt und mit Beseitigung aller *einzelnen Lehren* das Wesen *der Lehre selbst* und die *Urform* aufzufinden gesucht, durch welche die Ausbildung unsers Geschlechts durch die Natur selber bestimmt werden muß. Ich finde, daß ich das Ganze alles Unterrichts auf drei Elementarmittel zurückgeführt und die speziellen Mittel ausgeforscht habe, durch die es möglich gemacht werden konnte, die Resultate alles Unterrichts in diesen drei Fächern zur bestimmtesten Notwendigkeit zu erheben.

Ich finde endlich, daß ich diese drei Elementarmittel unter sich selbst in Harmonie gebracht und den Unterricht dadurch nicht nur vielseitiger und in allen drei Fächern mit sich selbst, sondern auch mit der menschlichen Natur übereinstimmend gemacht und dem Gange der Natur in der Entwicklung des Menschengeschlechtes an sich selbst näher gebracht.

Indem ich aber dieses tat, habe ich, ich konnte nicht anders, zugleich gefunden, daß das Unterrichtswesen unsers Weltteils, wie es jetzt *öffentlich, allgemein für das Volk* betrieben wird, die Anschauung ganz und gar nicht als den obersten Grundsatz des Unterrichts anerkennt, daß dasselbe von der Urform, inner welcher die Ausbildung unsers Geschlechts durch das Wesen unsrer Natur selber bestimmt wird, durchaus nicht die nötige Kunde nimmt; daß es vielmehr *das Wesen aller Lehre* dem Wirrwarr *isolierter, einzelner Lehren* aufopfert und mit Auftischung aller Arten von *Brockenwahrheiten* den Geist der Wahrheit selber tötet und die Kraft der Selbständigkeit, die auf ihr ruht, im

Menschengeschlecht auslöscht. Ich habe gefunden, und es lag mir offen am Tage, daß dieses Unterrichtswesen seine einzelne Mittel weder auf Elementargrundsätze noch auf Elementarformen zurückführt, daß es vielmehr durch Vernachlässigung der Anschauung als des absoluten Fundaments aller Erkenntnis sich selber außerstand setzt, durch irgendeines seiner Brockenmittel weder den Zweck des Unterrichts, deutliche Begriffe zu erzielen, noch auch die beschränkteren Resultate, die es selber bezweckt, zur unbedingten Notwendigkeit zu erheben.

Dieser bestimmte Zustand, in welchem unterrichtshalber in Europa wenigstens zehn Menschen gegen einen sich befinden, sowie der bestimmte Zustand des Unterrichts selber, den sie genießen, scheint beim ersten Anblick des Gegenstandes unglaublich; er ist aber nicht bloß historisch richtig, er ist auch psychologisch notwendig; es konnte nicht anders kommen, Europa mußte seines Volksunterrichts wegen in den Irrtum oder vielmehr in den Wahnsinn sinken, dem es wirklich unterlag. Es erhob sich auf der einen Seite zu einer riesenmäßigen Höhe einzelner Kenntnisse und Künste und verlor auf der andern Seite alle Fundamente der Naturführung für sein ganzes Geschlecht. So hoch stand auf der einen Seite noch kein Weltteil, aber auch so tief ist auf der andern Seite noch keiner versunken; er grenzt mit dem goldenen Haupt seiner *einzelnen Kenntnisse und Künste* wie das Bild des Propheten bis an die Wolken; aber der Volksunterricht, der das Fundament dieses *goldenen Kopfes* sein sollte, ist dagegen allenthalben, wie die Füße dieses gigantischen Bildes, *der elendeste, zerbrechlichste, nichtswürdigste Kot...*

Es konnte nicht anders kommen; da wir uns so lange durch eine so tief angelegte Kunst und durch noch tiefer angelegte Unterstützungsmittel unsrer Verirrungen dahin organisierten, unsern Erkenntnis- und Unterrichtsmitteln allgemein alle Anschauung und uns selbst alle Anschauungskraft zu rauben, so konnte der vergoldete Schwindelkopf unsrer Kultur unmöglich auf andere Füße zu stehen kommen, als diejenigen sind, auf denen er wirklich steht; es war anders unmöglich. Die angetriebenen Brockenmittel unsrer Kultur konnten in keinem ihrer Fächer den eigentlichen Zweck des öffentlichen Unterrichts, *deutliche* Begriffe *und vollendete Fertigkeiten* in dem, was dem Volk in allen diesen Fächern zu kennen und zu wissen wesentlich notwendig ist, erzielen. Auch die besten dieser Mittel, der Überfluß an arithmetischen, mathematischen und grammatikalischen Hilfsmitteln mußten unter diesen Umständen ihre Kraft verlieren, indem sie gänzlich ohne ähnliche Kunstmittel für das Fundament alles Unterrichts, *die Anschauung*, gelassen wurden; und so mußten auch diese, dem allgemeinen Fundament unsrer Erkenntnis, der Anschauung, nicht genug untergeordneten Unterrichtsmittel in Wort, Zahl und Form unser Zeitgeschlecht notwendig dahin verleiten, bloß oberflächlich, zwecklos und umgeben mit Abgründen des Irrtums und der Täuschung, in diesen Unterrichtsmitteln einseitig zu künsteln und uns durch diese Verkünstlung in unsern innersten Kräften zu schwächen, als diese Kräfte in uns selber zu stärken und zu bilden; wir wurden dadurch notwendig und vermöge eben der Kräfte und eben des Organismus, durch den uns die Kunst an der Hand der Natur zur *Wahrheit* und *Weisheit* erheben kann, zu *Lügen* und zur *Torheit* erniedriget und zu elenden, kraft- und anschauungslosen Wort- und Maulmenschen gestempelt...

Das lieber Freund! ist die Skizze meiner Ansicht der neuesten Begebenheiten. So erkläre ich mir beides, die Robespierre'schen und die Pitt'schen Maßregeln; *so* das Benehmen der Räte und *so* das Benehmen des Volks. Und bei jeder einzelnen Ansicht komme ich auf die Behauptung zurück: daß die Lücken des europäischen Unterrichts oder vielmehr das künstliche Auf-den-Kopf-Stellen aller natürlichen Ansicht desselben diesen Weltteil dahin gebracht hat, *wo er jetzt liegt*, und daß kein Mittel gegen unsre schon geschehene und noch zu erwartende bürgerliche, sittliche und religiöse Überwälzungen möglich sei als die Rücklenkung von der Oberflächlichkeit, Lückenhaftigkeit und Schwindelköpferei unseres Volksunterrichtes zur Anerkennung, daß *die Anschauung das absolute Fundament aller Erkenntnis sei*, mit andern Worten, *daß jede Erkenntnis von der Anschauung ausgehen und auf sie müsse zurückgeführt werden können*...

Aber nun sehe ich, daß ich in der ganzen Reihe meiner Briefe an dich nur den ersten Gesichtspunkt des Gegenstandes, die Führung des Kindes zu *Einsichten* und *Kenntnissen*, keineswegs aber seine Führung zu *Fertigkeiten*, insofern diese nicht eigentlich Fertigkeiten der Unterrichtsfächer von Kenntnissen und Wissenschaften selbst sind, ins Auge gefaßt habe, und doch sind die Fertigkeiten, deren der Mensch bedarf, um durch ihren Besitz zur innern Zufriedenheit mit sich selbst zu gelangen, ganz und gar nicht auf die wenigen Fächer eingeschränkt, die mich die Natur des Unterrichtswesens zu berühren nötigte.

Ich darf diese Lücke nicht unberührt lassen; es ist vielleicht das schrecklichste Geschenk, das ein feindlicher Genius dem Zeitalter machte: *Kenntnisse ohne die Fertigkeiten und Einsichten ohne die Anstrengungs- und Überwindungskräfte*, welche die Übereinstimmung unsers wirklichen Seins und Lebens erleichtern und möglich machen.

Sinnenmensch! Du vielbedürfendes und allbegehrendes Wesen, du mußt um deines Begehrens und deines Bedürfens willen *wissen* und *denken*, aber um eben dieses Bedürfens und Begehrens willen mußt du auch *können* und *handeln*, und das erste steht mit dem letzten wie das letzte mit dem ersten in einem so innigen Zusammenhange, daß durch das Aufhören des einen das andere auch aufhören muß und umgekehrt; das aber kann nie geschehen, wenn die *Fertigkeiten*, ohne welche die Befriedigung deiner Bedürfnisse und deiner Begierden unmöglich ist, nicht mit eben der Kunst in dir gebildet und nicht zu eben der Kraft erhoben werden, welche deine Einsichten über die Gegenstände deiner Bedürfnisse und deiner Begierden auszeichnen. Die Bildung zu solchen Fertigkeiten ruhet aber dann auf den nämlichen organischen Gesetzen, die bei der Bildung unsrer Kenntnisse zugrunde gelegt werden.

Der Organismus der Natur ist in der lebenden Pflanze, im bloß sinnlichen Tier und im ebenso sinnlichen, aber willensfähigen Menschen einer und eben derselbe; er ist in den *dreifachen* Resultaten, die er in mir hervorzubringen imstande ist, immer sich selbst gleich. Seine Gesetze wirken entweder bloß *physisch* und insoweit auf die nämliche Weise wie auf die allgemeine tierische Natur, auf mein physisches Wesen. Sie wirken zweitens auf mich, *insofern sie die sinnlichen Ursachen meines Urteils und meines Willens* bestimmen; in dieser Rücksicht sind sie die sinnlichen Fundamente meiner Einsichten, meiner Neigungen und meiner Entschlüsse. Sie wirken endlich drittens auf mich, *insofern*

sie mich zu den physischen Fertigkeiten tüchtig machen,
deren Bedürfnis ich durch meinen Instinkt *fühle,* durch
meine Einsichten *erkenne* und deren Erlernung ich mir
durch meinen Willen *gebiete;* aber auch in dieser Rücksicht
muß die Kunst der sinnlichen Natur oder vielmehr ihrer
zufälligen Stellung gegen jedes Individuum die Bildung unseres Geschlechts aus der Hand reißen, um sie in die Hand
von Einsichten, Kräften und Maßnahmen zu legen, die sie
uns seit Jahrtausenden zum Vorteil unseres Geschlechts
kennen lehrte...

Die Fertigkeiten, von deren Besitz das Können und Tun
alles dessen, was der gebildete Geist und das veredelte Herz
von einem jeden Menschen fordert, abhängt, geben sich
indessen so wenig von sich selbst als die *Einsichten* und
Kenntnisse, deren der Mensch hierzu bedarf; und wie die
Ausbildung der Kräfte des Geistes und der Kunst einen
der Menschennatur angemessenen, psychologisch geordneten Stufengang der Mittel zu dieser Ausbildung voraussetzt, also ruht auch die Bildung der Kräfte, die *diese Fer-*
tigkeiten voraussetzen, auf dem tiefgreifenden Mechanismus eines ABCs der Kunst, d.i. auf allgemeinen Kunst-
regeln, durch deren Befolgung die Kinder in einer Reihenfolge von Übungen gebildet werden könnten, die von den
höchst einfachen zu den höchst verwickelten Fertigkeiten
allmählich fortschreitend mit physischer Sicherheit dahin
wirken müßten, ihnen eine täglich steigende Leichtigkeit
in allen Fertigkeiten zu gewähren, deren Ausbildung sie
notwendig bedürfen. Aber auch dieses ABC ist nichts
weniger als *erfunden.* Es ist aber auch ganz natürlich,
daß selten etwas erfunden wird, das niemand sucht; aber
wenn man es suchen würde und etwa gar mit einem Ernst,
mit welchem man auch nur ganz kleine Vorteile in der
Plusmacherkunst zu suchen gewohnt ist, so wäre es ganz
leicht zu finden, und wenn es gefunden wäre, so wäre
es ganz gewiß ein großes Geschenk für die Menschheit.
Es mußte von den einfachsten Äußerungen der physischen
Kräfte, welche die Grundlagen auch der kompliziertesten
menschlichen Fertigkeiten enthalten, ausgehen. Schlagen,
Tragen, Werfen, Stoßen, Ziehen, Drehen, Ringen, Schwingen usw. sind die vorzüglichsten einfachen Äußerungen unserer physischen Kräfte. Unter sich selbst wesentlich verschieden, enthalten sie alle gemeinsam und jedes für sich

die Grundlage aller möglichen, auch der kompliziertesten Fertigkeiten, auf denen die menschlichen Berufe beruhen. Daher ist es offenbar, daß das ABC der Fertigkeiten von frühen, aber psychologisch gereiheten Übungen in diesen Fertigkeiten überhaupt und in jeder einzelnen besonders ausgehen muß. Dieses ABC der Gliederübungen müßte denn natürlich mit dem ABC der Sinnenübungen und allen mechanischen Vorübungen des Denkens mit den Übungen der Zahl- und der Formlehre vereinigt und mit ihr in Übereinstimmung gebracht werden...

Der Mechanismus der Fertigkeiten geht vollends mit dem der Erkenntnis den nämlichen Gang, und seine Fundamente sind in Rücksicht auf deine Selbstbildung vielleicht noch weitführender als die Fundamente, von denen deine Erkenntnis ausgeht. Um zu *können*, mußt du in jedem Fall *tun*, um zu wissen, darfst du dich in vielen Fällen nur leidend verhalten, du darfst in vielen Fällen nur sehen und hören. Hingegen bist du in bezug auf deine Fertigkeiten nicht bloß der Mittelpunkt ihrer Ausbildung, du bestimmst in vielen Fällen zugleich noch das Äußere ihrer Anwendung, aber doch immer inner den Schranken, die die Gesetze des physischen Mechanismus für dich festgesetzt haben. Wie im unermeßlichen Meere der toten Natur Lage, Bedürfnis und Verhältnisse das Spezifische jeder Individualansicht bestimmen, also bestimmt im unermeßlichen Meere der lebendigen Natur, die deine Kraftentwicklung erzeugt, Lage, Bedürfnis und Verhältnisse das Spezifische dieser Fertigkeiten, welche du vorzüglich und einzeln bedarfst...

So wie diese psychologische Führung zur Entwicklung unsers Erkenntnisvermögens auf ein ABC der Anschauung gegründet werden und dahin lenken muß, das Kind am Faden dieses Fundaments zur höchsten Reinheit *deutlicher Begriffe* emporzuheben, also muß auch für die Bildung der Fertigkeiten, auf denen die sinnliche Begründung *unserer Tugend* beruht, ein ABC dieser Kraftentwicklung ausgeforscht und am Faden desselben eine sinnliche Ausbildung, eine physische Gewandtheit der Kräfte und Fertigkeiten erzielt werden, welche die Lebenspflichten unsers Geschlechts fordern und die wir soweit als das *Gängelband unsrer Tugendlehrzeit* anerkennen *müssen*, bis unsere in dieser Führung veredelte Sinnlichkeit dieses Gängelbandes nicht mehr bedarf. In diesen Gesichtspunkten entwickelt sich die allgemeine, dem Menschengeschlecht angemessene Bildungsform der äußern Fertigkeiten, deren Ausbildung die Erfüllung unsrer Lebenspflichten voraussetzt. Sie geht *von vollendeten Fertigkeiten zur Anerkennung der Regeln*, wie die Bildungsform der Einsichten *von vollendeten Anschauungen zu deutlichen Begriffen*, und von diesen zu ihrem wörtlichen Ausdruck, zu Definitionen. Daher kommt es auch, daß so wie das Vorherlaufen der *Definitionen vor der Anschauung* die Menschen allgemein zu anmaßlichen Maulbrauchern macht, ebenso das Vorherlaufen der wörtlichen Lehre von der Tugend und vom Glauben vor der Wirklichkeit der lebendigen Anschauungen der Tugend und des Glaubens selber den Menschen der Tugend und des Glaubens halber zu ähnlichen Verirrungen hinführt; und es ist unleugbar, die Anmaßungen auch dieser Verirrungen führen vermöge der innern Unheiligkeit und Unreinigkeit, die allen Anmaßungen zum Grunde liegt, auch den Tugendhaften und Gläubigen selber allmählich zu den gemeinen Lastern der Anmaßung. Ich glaube auch, die Erfahrung redet dieser Ansicht laut das Wort, und es kann nicht anders sein, die Lücken der sinnlichen Anfangsbildung zur Tugend können nicht wohl andere Folgen haben als die Lücken der sinnlichen Anfangsbildung zu Kenntnissen und Wissenschaften...

Freund! Es hätte mich, wie gesagt, für jetzt zu weit geführt, in das Umständliche der Grundsätze und Maßregeln einzutreten, auf denen die Bildung zu den wesentlichsten Fertigkeiten des Lebens beruhet; hingegen will ich meine Briefe doch nicht enden, ohne den Schlußstein meines ganzen Systems, ich meine nämlich, die Frage zu berühren: Wie hängt das Wesen der *Gottesverehrung* mit den Grundsätzen zusammen, die ich in Rücksicht auf die Entwicklung des Menschengeschlechtes im allgemeinen für wahr angenommen habe? -

Ich suche auch hier den Aufschluß meiner Aufgabe in mir selbst und frage mich: Wie entkeimt der Begriff von Gott in meiner Seele? Wie kommt es, daß ich an einen Gott glaube, daß ich mich in seine Arme werfe und mich selig fühle, wenn ich ihn liebe, wenn ich ihm vertraue, wenn ich ihm danke, wenn ich ihm folge? -

Das sehe ich bald, die Gefühle der Liebe, des Vertrauens, des Dankes und die Fertigkeiten des Gehorsams müssen in mir entwickelt sein, ehe ich sie auf Gott anwenden kann. Ich muß Menschen lieben, ich muß Menschen trauen, ich muß Menschen danken, ich muß Menschen gehorsamen, ehe ich mich dahin erheben kann, Gott zu lieben, Gott zu danken, Gott zu vertrauen und Gott zu gehorsamen: "denn wer seinen Bruder nicht liebt, den er sieht, wie will der seinen Vater im Himmel lieben, den er nicht sieht?"

Ich frage mich also: Wie komme ich dahin, Menschen zu lieben, Menschen zu trauen, Menschen zu danken, Menschen zu gehorsamen? - Wie kommen die Gefühle, auf denen Menschenliebe, Menschendank und Menschenvertrauen wesentlich ruhen, und die Fertigkeiten, durch welche sich der menschliche Gehorsam bildet, in meine Natur? - und ich finde, *daß sie hauptsächlich von dem Verhältnis ausgehen, das zwischen dem unmündigen Kinde und seiner Mutter statthat.* - ...

Gehorsam und Liebe, Dank und Vertrauen *vereiniget*, entfalten den ersten Keim *des Gewissens*, den ersten leichten Schatten des Gefühls, daß es *nicht recht sei*, gegen die liebende Mutter zu toben - den ersten leichten Schatten des Gefühls, daß die Mutter nicht *allein um seinetwillen* in der Welt sei; den ersten Schatten des Gefühls, daß nicht *alles um seinetwillen* in der Welt sei; und mit ihm entkeimt noch das zweite Gefühl, daß auch *es selbst* nicht *um seinetwillen allein* in der Welt sei - der erste Schatten der *Pflicht* und des *Rechts* ist an seinem Entkeimen.

Dieses sind die ersten Grundzüge der sittlichen Selbstentwicklung, welche das Naturverhältnis zwischen dem Säugling und seiner Mutter entfaltet. In ihnen liegt aber auch ganz und in seinem ganzen Umfange das Wesen des sinnlichen Keims von derjenigen Gemütsstimmung, welche der menschlichen Anhänglichkeit an den Urheber unsrer Natur eigen ist; das heißt, der Keim aller Gefühle der Anhänglichkeit an Gott durch den Glauben ist in seinem Wesen der nämliche Keim, welcher die Anhänglichkeit des Unmündigen an seine Mutter erzeugte. Auch ist die Art, wie sich diese Gefühle entfalten, auf beiden Wegen eine und ebendieselbe.

Auf beiden Wegen hört das unmündige Kind - glaubt und folget, aber es *weiß* in diesem Zeitpunkt in beiden Rücksichten nicht, *was* es glaubt und *was* es tut. Indessen

213

fangen die *ersten Gründe* seines Glaubens und seines Tuns in diesem Zeitpunkt bald an zu schwinden. Die entkeimende Selbstkraft macht jetzt das Kind die Hand der Mutter verlassen, es fängt an, sich selbst zu fühlen, und es entfaltet sich in seiner Brust ein stilles Ahnen: *ich bedarf der Mutter nicht mehr.* Diese lieset den keimenden Gedanken in seinen Augen, sie drückt ihr Geliebtes fester als je an ihr Herz und sagt ihm mit einer Stimme, die es noch nie hörte: Kind! Es ist ein *Gott*, dessen du bedarfst, wenn du meiner nicht mehr bedarfst, es ist ein Gott, der dich in seine Arme nimmt, wenn ich dich nicht mehr zu schützen vermag; es ist ein Gott, der dir Glück und Freuden bereitet, wenn ich dir nicht mehr Glück und Freuden zu bereiten vermag - dann wallet im Busen des Kindes ein unaussprechliches Etwas, es wallet im Busen des Kindes ein heiliges Wesen, es wallet im Busen des Kindes eine Glaubensneigung, die es über sich selbst erhebt; es freut sich des Namens seines Gottes, sobald die Mutter ihn spricht. Die Gefühle der Liebe, des Dankes, des Vertrauens, die sich an ihrer Brust entfaltet hatten, erweitern sich und umfassen von nun an Gott wie den Vater, Gott wie die Mutter. Die Fertigkeiten des Gehorsams erhalten einen weitern Spielraum; - das Kind, das von nun an an das Auge Gottes glaubt wie an das Auge der Mutter, tut jetzt um *Gottes Willen* recht, wie es bisher um der *Mutter willen* recht tat.

Hier bei diesem ersten Versuche der Mutterunschuld und des Mutterherzens, *das erste Fühlen der Selbstkraft durch die Neigung des Glaubens an Gott mit den eben entwickelten Gefühlen der Sittlichkeit zu vereinigen*, öffnen sich die Fundamentalgesichtspunkte, auf welche Unterricht und Erziehung wesentlich ihr Auge hinwerfen müssen, wenn sie unsre Veredlung mit Sicherheit erzielen wollen.

Gleichwie das *erste Entkeimen* der Liebe, des Dankes, des Vertrauens und des Gehorsams eine bloße Folge des *Zusammentreffens instinktartiger Gefühle* zwischen Mutter und Kind war, so ist jetzt das *weitere Entfalten* dieser entkeimten Gefühle eine hohe *menschliche Kunst*, aber eine *Kunst*, deren *Faden* sich sogleich unter deinen Händen *verliert, wenn du die Anfangspunkte*, von denen ihr feines Gewebe ausgeht, auch nur einen Augenblick aus den Augen verlierst; die Gefahr dieses Verlierens ist für dein Kind groß und kommt frühe; es lallet den Mutternamen, es liebet, es danket, es trauet, es folgt. Es lallet den Namen Gottes, es liebet, es danket, es trauet, es folget. Aber die *Beweggründe* des Dankes, der Liebe, des Vertrauens *schwinden beim ersten Entkeimen - es bedarf der Mutter nicht mehr*; die Welt, die dasselbe jetzt umgibt, *ruft ihm* mit dem ganzen Sinnenreiz ihrer neuen Erscheinung *zu: du bist jetzt mein.*

Das Kind *höret die Stimme der neuen Erscheinung, es muß.* Der Instinkt *des Unmündigen* ist in ihm *erloschen,* der Instinkt der *wachsenden Kräfte nimmt seinen Platz ein,* und der Keim der Sittlichkeit, *insofern er von Gefühlen, die der Unmündigkeit eigen sind, ausgeht,* verödet sich plötzlich, und er muß sich veröden, *wenn in diesem Augenblicke niemand* das erste Schlagen der höhern Gefühle seiner sittlichen Natur wie den Faden des Lebens an die goldne Spindel der Schöpfung ankettet. Mutter, Mutter! Die Welt beginnt jetzt dein Kind von deinem Herzen zu trennen, und wenn in diesem Augenblicke niemand die Gefühle seiner edlern Natur ihm an die neue Erscheinung der Sinnenwelt ankettet, so ist es geschehen, Mutter! Mutter! Dein Kind ist deinem Herzen entrissen; *die neue Welt* wird ihm *Mutter,* die neue Welt wird ihm *Gott. Sinnengenuß* wird ihm *Gott. Eigengewalt* wird ihm *Gott.*

Mutter! Mutter! Es hat *dich,* es hat *Gott,* es hat sich selbst verloren, der Docht der Liebe ist in ihm erloschen; der Keim der *Selbstachtung* ist in ihm erstorben; es geht dem Verderben eines unbedingten Strebens nach Sinnengenuß entgegen...

Menschheit! Deine Kunst sollte alles tun, beim Stillstehen der physischen Ursachen, aus welchen diese Gefühle bei dem unmündigen Kinde entkeimt sind, *neue Belebungsmittel derselben zur Hand zu bringen und die Reize der neuen Erscheinung der Welt deinem wachsenden Kinde nicht anders als in Verbindung mit diesen Gefühlen vor die Sinne kommen zu lassen.*

Es ist hier, wo du es *das erstemal nicht der Natur anvertrauen,* sondern *alles tun mußt,* die Leitung desselben ihrer Blindheit *aus der Hand zu reißen* und in die Hand von Maßregeln und Kräften zu legen, die die Erfahrung von Jahrtausenden angegeben hat. Die Welt, die dem Kinde jetzt vor seinen Augen erscheint, *ist nicht Gottes* erste Schöpfung es ist *eine Welt,* die beides, für die Unschuld seines Sinnengenusses und für die Gefühle seiner innern

Natur, gleich verdorben ist, *eine Welt* voll Krieg für die Mittel der Selbstsucht, voll Widersinnigkeit, voll Gewalt, voll Anmaßung, Lug und Trug.

Nicht Gottes erste Schöpfung, sondern *diese Welt* locket dein Kind zum Wellentanz des wirbelnden Schlundes, in dessen Abgründe Lieblosigkeit und sittlicher Tod hausen. - Nicht Gottes Schöpfung, sondern der Zwang und die Kunst ihres eigenen Verderbens ist das, was *diese* Welt deinem Kinde vor Augen stellt. - ...

Es ist unbegreiflich, daß die Menschheit *diese allgemeine Quelle ihres Verderbens* nicht kennt; unbegreiflich, daß es nicht *die allgemeine Angelegenheit ihrer Kunst ist,* dieselbe zu stopfen und die Erziehung unseres Geschlechtes *Grundsätzen zu unterwerfen, die das Werk Gottes* das die Gefühle der Liebe, des Dankes und des Vertrauens schon im Unmündigen entfaltet, nicht zerstören, sondern dahin wirken mußten, die von Gott selbst in unsere Natur gelegten *Vereinigungsmittel unsrer geistigen und sittlichen Veredlung* in diesem, beide gefährdenden Zeitpunkte *vorzüglich zu pflegen* und Unterricht und Erziehung allge- · mein *einerseits mit den Gesetzen des physischen Mechanismus,* nach welchen sich unser Geist von dunkeln Anschauungen zu deutlichen Begriffen erhebt, *anderseits mit den Gefühlen meiner innern Natur,* durch deren allmähliche Entfaltung mein Geist sich zu Anerkennung und Verehrung des *sittlichen Gesetzes* emporhebt, *in Übereinstimmung zu bringen.* Es ist unbegreiflich, daß die Menschheit sich nicht dahin erhebt, *eine lückenlose Stufenfolge aller Entwicklungsmittel meines Geistes und meiner Gefühle zu eröffnen,* deren wesentlicher Zweck dieser sein müßte, die Vorteile des Unterrichtes und seines Mechanismus auf die Erhaltung der sittlichen Vollkommenheit zu bauen, die Selbstsucht der Vernunft durch die Erhaltung der Reinheit des Herzens vor den Verirrungen ihres einseitigen Verderbens zu bewahren und überall die sinnlichen Eindrücke meiner Überzeugung, meine Begierlichkeit meinem Wohlwollen und mein Wohlwollen meinem berichtigten Willen *unterzuordnen.*

Die Ursachen, die diese Unterordnung erheischen, liegen tief in meiner Natur. So wie meine sinnlichen Kräfte sich *ausbilden,* so muß *ihr Übergewicht* vermöge der wesentlichen Bedürfnisse meiner Veredlung *wieder verschwinden,* das heißt *ihre Unterordnung* unter ein höheres *Gesetz muß eintreten.* Aber ebenso muß auch jede Stufe meiner Entwicklung *vollendet sein, ehe der Fall* ihrer *Unterordnung* unter höhere Zwecke *eintreten kann,* und diese Unterordnung des *Vollendeten* und das zu *Vollendende* fordert ebenso vor allem aus *reine Festhaltung der Anfangspunkte* aller Erkenntnisse und *die bestimmteste Lückenlosigkeit* im allmählichen Fortschritt von diesen *Anfangspunkten* zum letzten *zu vollendenden Zweck.* Das erste Gesetz dieser Lückenlosigkeit aber ist dieses: der *erste* Unterricht des Kindes sei nie die Sache des *Kopfes,* er sei nie die Sache *der Vernunft* - er sei ewig die Sache *der Sinne,* er sei ewig die Sache *des Herzens,* die Sache *der Mutter.*

Das zweite Gesetz, das ihm folgt, ist dieses: der menschliche Unterricht gehe *nur langsam* von der Übung *der Sinne* zur Übung *des Urteils,* er bleibe *lange* die Sache *des Herzens,* ehe er die Sache *der Vernunft,* er bleibe lange die Sache *des Weibes,* ehe er die Sache *des Mannes* zu werden beginnt...

Freund! Ich gehe nun weiter und frage mich: was habe ich getan, um den Übeln, die mich durch mein Leben rührten, auch in religiöser Hinsicht zu wirken? - Freund! Wenn mein Versuch, die Menschenbildung der Hand der blinden Natur, den Ansprüchen ihres sinnlichen Verderbens und der Routinengewalt aller ihrer Abrichtungselendigkeiten zu entreißen und sie in die Hand der veredelten Kräfte unsrer Natur und ihres geheiligten Mittelpunktes, in die Hand des Glaubens und der Liebe zu legen, auch nur einige den Zweck meiner Bestrebungen vorbereitende Folgen haben, wenn es mir nur von ferne gelingen sollte, die Kunst der Erziehung mehr, als gegenwärtig geschieht, von dem Heiligtum der Wohnstube ausgehen zu machen und die Religiosität unsers Geschlechts von dieser zarten Seite unsrer Menschlichkeit wieder mehr zu beleben, wenn es mir nur von ferne gelingen sollte, die abgestorbenen Fundamente der Geistes- und Herzensbildung und einer mit den veredelten Kräften des Geists und des Herzens übereinstimmenden Kunstbildung dem Herzen meiner Zeitgenossen wieder näherzubringen, so würde ich mein Leben segnen und die größten Hoffnungen meiner Bestrebungen erfüllt sehen.

Ich berühre diesen Gesichtspunkt noch einen Augenblick. Der Keim, aus dem die Gefühle, die das Wesen der Gottesverehrung und Sittlichkeit sind, entspringen, ist ebenderselbe, aus welchem sich das Wesen meiner Lehrart emporhebt. Es geht ganz von dem Naturverhältnis aus, das zwischen dem Unmündigen und seiner Mutter statthat, und ruht wesentlich auf der Kunst, von der Wiege an den Unterricht an dieses Naturverhältnis zu ketten und ihn durch fortdauernde Kunst auf eine Gemütsstimmung zu bauen, die mit derjenigen, auf welcher unsre Anhänglichkeit an den Urheber unsers Wesens ruht, die gleiche ist. Sie tut alles, um zu verhüten, daß beim ersten Schwinden des physischen Zusammenhanges zwischen Mutter und Kind der Keim der edlern Gefühle, die aus diesem Zusammenhange entsprossen sind, und sich nicht veröde, und bringt beim ersten Stillestellen ihrer physischen Ursachen neue Belebungsmittel derselben zur Hand; sie wendet in dem wichtigen Zeitpunkt des ersten Voneinanderscheidens der Gefühle des Vertrauens auf die Mutter und Gott und desjenigen auf die Erscheinungen der Welt alle Kraft und alle Kunst an, *die Reize* der neuen Erscheinung der Welt dem Kinde nicht anders als *in Verbindung* mit den edlern Gefühlen seiner Natur *vor die Augen zu bringen*; sie wendet alle Kraft und alle Kunst an, ihm diese Erscheinung als *Gottes erste Schöpfung* und nicht bloß als eine Welt voll Lug und Trug vor die Augen kommen zu lassen; beschränkt das Einseitige und Einseitigreizende der neuen Erscheinung durch Belebung der Anhänglichkeit an Gott und an die Mutter; sie beschränkt den unermeßlichen Spielraum der Selbstsucht, zu welchem die Erscheinung alles Verderbens der Welt meine sinnliche Natur hinreißt, und läßt die Bahn meiner Vernunft sich nicht unbedingt von der Bahn meines Herzens und die Ausbildung meines Geistes sich nicht unbedingt von meiner Glaubensneigung an Gott trennen.

Das Wesen meiner Methode ist, beim Schwinden der physischen Ursachen des Zusammenhanges zwischen Mutter und Kind dem letzten seine Mutter nicht nur wiederzugeben, sondern derselben dann noch eine Reihenfolge von Kunstmitteln an die Hand zu stellen, durch welche sie diesem Zusammenhang ihres Herzens mit ihrem Kinde so lange *Dauer* geben kann, bis die sinnlichen Erleichterungsmittel der Tugend mit den sinnlichen Erleichterungsmitteln der Einsicht vereiniget, die Selbständigkeit des Kindes in allem, was Recht und Pflicht ist, durch Übung zur Reifung zu bringen vermögen. Sie hat es jeder Mutter, die ihr Herz an ihr Kind hängt, leicht gemacht, dasselbe nicht nur in dem mißlichsten Zeitpunkt vor der Gefahr, von Gott und der Liebe abgezogen und in seinem Innersten der schrecklichsten Verödung seiner selbst und einer unausweichlichen Verwilderung preisgegeben zu werden, zu bewahren; sondern noch dasselbe an der Hand ihrer Liebe und mit rein erhaltenen edlern Gefühlen in Gottes bessere Schöpfung hineinzuführen, ehe sein Herz durch allen Lug und Trug dieser Welt für die Eindrücke der Unschuld, der Wahrheit und Liebe gänzlich verdorben ist...

Schulreden

Johann Gottfried Herder

Vom Zweck der eingeführten Schulverbeßerung (1786)

...Ein gleiches ists mit der Auswahl der Wißenschaften für die Jugend; obgleich eben dieser Punkt für den schwersten angegeben zu werden pfleget. Man sagt: was für diesen taugt, taugt nicht für jenen; und es ist wahr, sobald man sich auf die künftige Bestimmung jedes einzelnen Jünglings einläßt. Allein wenn man darauf sehen wollte, sollten statt Einer sieben Schulen und statt sechs oder sieben armer Lehrer dreißig daseyn, wenn man so vornehm und eckel Schulen für Juristen und Kuchenbecker, für Cameralisten und Leinweber haben wollte. Die öffentliche Schule ist ein Institut des Staats, also eine Pflanzschule für junge Leute nicht nur als künftige Bürger des Staats, sondern auch und vorzüglich als Menschen. Menschen sind wir eher, als wir Profeßionisten werden, und wehe uns wenn wir nicht auch in unserm künftigen Beruf Menschen blieben! Von dem was wir als Menschen wissen und als Jünglinge gelernt haben, kommt unsre schönste Bildung und Brauchbarkeit für uns selbst her, noch ohne zu ängstliche Rücksicht was der Staat aus uns machen wolle. Ist das Meßer einmal gewetzt, so kann man allerlei damit schneiden, und nicht jede Haushaltung hält sich eben ein ander Gedeck, das Brot, ein andres das Fleisch aus einander zu legen. So ists auch mit der Schärfe und Politur des Verstandes. Schärfe und polire ihn, woran und wozu du willt; gnug daß er geschärft und polirt werde, und gebrauche ihn nachher nach Herzens Lust und nach deines Standes Bedürfniß. Ob du an Griechen oder an Römern, ob an der Theologie oder der Mathematik denken gelernt d.i. deinen Verstand und dein Urtheil, dein Gedächtniß und deinen Vortrag ausgebildet habest; alles gleich viel, wenn sie nur ausgebildet sind und du mit so hellen scharfen polirten Waffen ins Feld der öffentlichen und deiner besondern Geschäfte eintrittst. Du magst den Wetzstein zurücklegen, oder bei dir behalten, die ersten Gegenstände und Uebungen der Erkenntniß mögen dir unwerth oder werth bleiben, gnug, wenn sie was sie bei dir ausrichten sollten, ausgerichtet haben und du nicht als ein Erdklos sondern als ein Mensch, nicht als ein roher Stamm sondern als eine ausgearbeitete, wenigstens als eine behobelte Bildsäule die Schule verläßt. Das übrige und nähere deiner Kunst werden dir künftig deine Meister und die liebe Meisterin Erfahrung schon selbst sagen. Ich halte es also für sehr thöricht, wenn man bei jedem Schulbuch, bei einem Aesopus und Phädrus, beim Cornelius und Anakreon, oder gar bei einzelnen Theilen einer Arbeit, bei einem Quadrat und Cirkel, bei einem *periodo* der Geschichte oder einer Aufgabe des Styls die Frage anstellte: *cui bono?* Zu keinem andern *bono*, als der Knabe reden und schreiben, seinen Verstand, seine Zunge, seine Feder brauchen lerne; oder daß sein Geschmack gereinigt, sein Urtheil geschärft und er gewahr werde, daß in seiner Brust ein Herz schlage. Nachher mag er Lehrsatz und Fabel, Geschichte und Gedicht vergessen, wenn und wie er will, gnug, er hat an und mit ihnen was er sollte gelernet!

Laßen Sie sich also, m.H., wenn Ihnen künftig, wie ehemals dergleichen ungeschlachte Urtheile vorkommen sollten, von ihrer edeln und rühmlichen Bahn nicht ablocken. Der Jüngling lernt nie zu viel; wenn ers nicht für andre lernt, so lernt ers für sich, zu seinem Nutzen, zu seiner Lehre und Erholung. Wenn nicht für sein Vaterland, so für andre Länder; (denn rings um Weimar ist die Welt nicht aus;) und je tüchtiger ein Mensch ist, desto mehr ist er für mehrere Länder brauchbar. Fürs liebe Studiren soll der Mensch am wenigsten und eigentlich gar nicht lernen, sondern fürs Leben, d.i. für den Gebrauch und die Anwendung in allen Ständen und Profeßionen der Menschen. Was ich als Theolog gelernt habe, suche ich immer mehr zu vergessen, auch zwingt mich mein Amt dazu; und eben dadurch werde ich ein geprüfterer Mensch, ein nützlicherer Bürger. Der Schaum des Getränks ist nicht genießbar; man läßt ihn sich setzen und trinkt alsdann, ob es gleich sehr gut ist, daß manche Getränke schäumen. So ists auch gut, wenn die Jugend viel und vielerlei, und zwar das Viele mit Eifer, mit Liebe und Enthusiasmus lernet; studiren soll sie deßwegen nicht: denn eigentlich soll kein Mensch studiren, damit er studire oder studirt habe. Je freier sie in die Welt hinein sehen, je mehr Blick sie für die Wege der Brauchbarkeit und des Glücks erhalten wird, desto wenigere werden studiren: sie werden fleißig und arbeitsam seyn, um gute tüchtige Menschen zu werden. Die Zeit ist vorbei,

da man einen Theologen seiner schönen Gestus, oder einen
Juristen seiner feinen Kniffe wegen zu seiner künftigen Lebensart bestimmte; der Jurist und der Theolog, der Pose-
mentirer und Tischler sollen, obwohl in ihren verschiedenen
Graden, gescheute Menschen seyn, und so mögen sie werden was sie wollen. Sie werden, was sie werden, gut seyn,
und damit genug. ...

Vom ächten Begriff der schönen Wißenschaften und von ihrem Umfang unter den Schulstudien (März 1788)

...Den Alten, Griechen und Römern, war der Ausdruck
"schöne Wißenschaften", sofern sie den gründlichen oder
gar den nützlichen Wißenschaften entgegengesetzt werden, nicht bekannt; und doch sind sie es, die das Schöne
in jeder Wißenschaft und Kunst des menschlichen Verstandes am scharfsinnigsten erforscht und am glücklich-
sten geübt haben. Die Griechen nannten das, was wir
schöne Wißenschaften heißen, Künste der Musen, und verbanden damit den Begrif, den die Römer nachher durch
das Wort *literae humaniores* oder *studia humanitatis* wie
mich dünkt, sehr glücklich ausdrückten. Sie verstanden
dadurch alles, was den Menschen zum Menschen macht,
was die Gabe der Sprache, der Vernunft, der Geselligkeit, der Theilnehmung an andern, der Wirkung auf andre zum Nutzen der gesammten Menschheit, kurz alles
was uns über das Thier erhebt und die seyn lehrt, die
wir seyn sollen, ausbildet und befördert. Ohne Zweifel
werden wir mit diesem Begriff auf den würdigsten und
nützlichsten Zweck geleitet, der unsrer Natur vorgesteckt
ist, und der sogleich alle die Mißverständniße, alle die
kleinen und schlechten Nebenbegriffe ausschließt, die in
dem Wort schöne Wißenschaften nach dem heutigen Mo-
degebrauch liegen. Denn bei diesen ist man sehr geneigt,
sich entweder blos eine müßige Beschäftigung mit dem was
Schön ist, vielleicht ohne Anwendung und Ausübung zu
denken, oder gar alles Nützliche, Schwere und Gründliche
auszuschließen und mit einem bloßen Wortgepränge, mit
einem Flitterstaat in Bildern, in gezierten Ausdrücken,
in Sylbenmaassen, und romanhaften Einkleidungen davon
zu laufen; dahingegen der Begriff der Alten, nach
welchem n u r d a s s c h ö n e W i ß e n s c h a f t ist, was die
M e n s c h h e i t i n u n s bilden, zieren und veredeln, was

uns für die Gesellschaft brauchbar, tüchtig, und derselben angenehm machen kann, damit uns also auch die edelste Freude, den schönsten Genuß unser selbst gewähret, uns auf ganz andre Wege leitet. Laßen Sie uns sehen, H. V., wie die Alten diesen würdigen Begriff anwandten, und was von dieser Anwendung in den Kreis der Schulstudien gehöre.

Sprache ists, die den Menschen vom stummen Thier unterscheidet; ohne sie fände der Gebrauch der Vernunft nicht statt, und dies herrliche Geschenk des Himmels bliebe eine todte, Nutzlose Gabe, wenn sie nicht durch Worte gleichsam lebendig, brauchbar und nützlich würde. Alles also, was von Kindheit auf unsre Sprache ausbildet, was uns vernünftig, genau und bestimmt, was uns angenehm, leicht, überzeugend oder herzbewegend sprechen lehrt, bildet in uns den Sinn der Menschheit und das edelste Werkzeug aus, mit andern Menschen zusammenzuleben und auf sie zu wirken. Hierinn haben es nun die Griechen und Römer vielleicht allen andern Nationen der Welt zuvorgethan, und ich fürchte, daß sie in der Geschichte immer die Einzigen ihrer Art bleiben werden. Sie hatten ihre Sprache, und mit derselben ihren Geschmack, ihre Vernunft, ihre Beredsamkeit und was sie den Sinn der Menschheit nannten, so ausgebildet, wie wenige oder vielleicht keine neuere Sprache hat ausgebildet werden können, weil jene Anläße öffentlich zu reden und durch den Vortrag auf eine große Menge, ja auf die wichtigsten Glieder des Staats zu wirken bei den neueren Völkern selten oder gar nicht statt gefunden haben; viele andere Ursachen zu geschweigen. Unter solchen Veranlaßungen nun, da in Poesie und Prose der öffentliche Vortrag alles galt, bildeten sich die Sprachen der Griechen und Römer zu einer bestimmten Genauigkeit, zu einer Macht, Harmonie und Schönheit, die auf dem Markt oder auf der Schaubühne, vor den Richterstühlen oder in einem erwählten Kreise von Zuhörern und Kennern jene Wunder wirkten, von denen die alte Geschichte uns erzählet. Man sprach von menschlichen Dingen zu Menschen, zu gegenwärtigen Menschen, die man unterrichten, überzeugen, rühren, erweichen, lenken oder bilden wollte. Nothwendig also setzte man zu diesem Zweck Alles in Bewegung und vernachläßigte eben so wenig das Ohr, als das Herz der Zuhörer, das man erschüttern, die Phantasie, die man erregen, den Verstand, den man überzeugen wollte. Man übte sich, diesen Zweck zu erreichen, von Jugend an, und brachte es in der Fertigkeit, bestimmt, schön, mächtig, reich, fließend, oder mit Nachdruck zu reden, zu einer Höhe, vor welcher uns jetzt schwindelt. Beinah aus dem Stegreife hielt Cicero seine Rede für den Roscius: in wenigen Tagen hielt er seine Katilinarischen und Philippischen Reden schnell auf einander: in weniger als zwei Monaten schrieb er seine drei Bücher von der Natur der Götter, zwei von der Divination, seinen Lälius und Cato: in weniger als drei Jahren alle seine philosophischen und die meisten rhetorischen Werke, nicht nur die wir haben, sondern auch viele, die untergegangen; und das alles nicht in einer trägen Muße, sondern mitten im Strom einer Strudelvollen Republik, unter einer Menge der wichtigsten, selbst Gefahrvoller Geschäfte. Wer das thun will, muß gewiß seine Seele besitzen und sowohl seine Sprache als einen reichen Vorrath von Sachen, Känntnißen und Erfahrungen bereit haben. Eben so erstaunen wir, wenn der Griechische Sophokles einige achtzig Trauerspiele, viele in kurzer Zeit, schreiben konnte, deren Reste wir noch bewundern: wir erstaunen über die Menge Schriften, die von Aristoteles, Plutarch, Polybius, u.a. angeführt werden, und die alle doch das Siegel der Vollkommenheit auf sich tragen; welches nebst vielen andern Ursachen auch daher rühret, daß die Sprachen, in welchen sie dachten, redeten und schrieben, genau- und schöngebildete Sprachen waren und sie im Gebrauch derselben durch unermüdete Uebung eine Fertigkeit erlangt hatten, welche wir nur zu oft versäumen. Wer von uns Schreibern und Skribblern getrauete sich, Bücher zu machen, die in Ansehung der Schreibart, noch mehr aber in Ansehung der Denkart an die Einfalt und Pracht, an die Kürze und Fülle, an die Reinigkeit und Bestimmtheit jener alten Meisterwerke reichten? Wer getrauete sich, es in so kurzer Zeit zu thun, wie jene es gethan haben? Also stehen diese Altväter der menschlichen Geistesbildung, als ewige Muster des richtigen, guten und geübten Geschmacks und der schönsten Fertigkeit im Gebrauch der Sprache vor uns; an ihnen müßen wir unsre Denk- und Schreibart formen, nach ihnen müßen wir, Menschen nützlich zu werden, unsre Vernunft und Sprache bilden. So wie der Künstler, wenn er sich gleich den Apollo und Antinous, die Töchter der Niobe und den Laokoon schwerlich zu erreichen getrauet, dennoch mit unverrücktem Fleiß diese Meisterwerke der alten Kunst nachzeichnet, nachformet und studiret, weil er an ihnen die höchsten Regeln der Kunst wahrnimmt: so sollen auch wir die Muster der alten Denkart, und an ihnen ihre Einfalt und Würde, ihre bestimmte Genauigkeit und Wahrheit, ihren Wohlklang, ihre schöne Ründe und Harmonie, ihre Kürze und ihren Reichthum zum Vorbilde unsrer Gedankenweise und unsres Vortrages, insonderheit in frühen Jahren, unabläßig studiren. Dies thun wir nicht nur um Latein schreiben zu können, wiewohl auch dieses ein rühmlicher, nützlicher und beneidenswerther Zweck ist, sondern nach Art der Alten denken und schreiben zu lernen, gesetzt daß wir auch in der Sprache der Hottentotten schreiben müßten.denn auch in der Hottentottensprache würde man gar bald den erkennen, der aus dem Kastalischen Quell der Griechischen Musen getrunken oder seinen Ausdruck zur Bestimmtheit und Würde der Römischen Schriftsteller gebildet hat. Er möge nachher Briefe oder Acten, Predigten oder Quittungen zu schreiben haben; nie wird er sich undeutsch, und unvernünftig, hinkend, lahm, unverständlich, ohne Zusammenhang oder schielend ausdrücken, nie seine Schreibart mit unnützen Tautologieen durchweben, und wenn er es einer sinnlosen Mode wegen thun muß, genießet er wenigstens des innern Glücks, daß er die unvernünftige Thorheit einsiehet und sie verachtet. Der Sinn der Humanität d.i. der ächten Menschenvernunft, des wahren Menschenverstandes, der reinen menschlichen Empfindung ist ihm aufgeschloßen, und so lernt er Richtigkeit und Wahrheit, Genauigkeit und innere Güte über alles schätzen und lieben: er sucht nach diesen Grazien der menschlichen Denkart und Lebensweise allenthalben und freuet sich über sie, wo er sie finde: er wird sie in seinen Umgang, in seine Geschäfte, von welcher Art diese auch seyn mögen, einzuführen suchen, und ihre Tugenden auch in seinen Sitten ausdrücken lernen: kurz, er wird ein g e b i l d e t e r Mensch seyn und sich als einen solchen im kleinsten und größesten zeigen. So die *humaniora* in alten und neuen Schriftstellern studiren, ist etwas anders, als wie jener es nannte, die *galantiora* nach neuester Art und Kunst treiben; bei welchen *galantioribus* mancher so weit kommt, daß er sogar seine Sprache vergißt, und weder grammatisch noch selbst orthographisch zu schreiben weiß, geschweige, daß in seinen Vorträgen und Aufsätzen an einen gebildeten Menschenverstand oder an eine richtige Menschenvernunft zu gedenken wäre.

Sind meine Grundsätze bisher richtig gewesen, m.H., so ergiebt sich, daß was in den Schriften der Alten und Neuen zu Bildung der Humanität eines Menschen, insonderheit eines Jünglinges dienet, auch zu den *humanioribus* gehöre; es möge solches Beredsamkeit oder Poesie, Philosophie oder Geschichte heißen. Es ist schon gesagt, daß die Alten jene Unterscheidung zwischen schönen und gründlichen Wißenschaften nicht kennen wollten; ihr Schönes muste gründlich und ihr Gründliches schön, d.i. überzeugend, erweckend, rührend gesagt werden, oder es fehlte beiden Stücken ihre zweite Hälfte. Die Reden des Demosthenes, Cicero und andrer großen Griechen und Römer waren keine eiteln Uebungen, ihre Verfaßer als schöne Geister und witzige Köpfe zu zeigen, sondern gerichtliche oder Staatsreden; die schöne Schrift des Cicero über die Pflichten war eine Anweisung für seinen Sohn, und also gleichsam das moralische Testament eines Vaters, wie mehrere seiner philosophischen Schriften nichts als ernste Darstellungen seiner eignen Grundsätze sind, durch welche er sich selbst aufklärte und in guten Gesinnungen stärkte. Eben so ernster Art sind die besten philosophischen Schriften der Griechen, aus der Sokratischen, der Phythagoräischen und Stoischen Schule. Weder Xenophons noch Platons Schriften, weder Pythagoras, noch Epiktets und Mark-Aurels Grundsätze sind zum Zeitvertreib verfaßet worden, um etwa mit schönen Worten und Bildern zu spielen: sie unterrichten den Verstand, sie beßern das Herz, sie sind und gewähren wirklich *studia humanitatis.* Jeder, der einen Sinn für das Wahre und Gute hat, muß es im Innern fühlen, daß es ihren Verfaßern damit ein Ernst gewesen, und daß sie die Früchte der Weisheit, die sie für ihre Seelen gesammlet hatten, dadurch auch andern zur Aufklärung und zur Uebung, zum Trost und zum Nutzen mittheilen wollten. So ist auch die Geschichte der Alten durchaus pragmatisch geschrieben, ob sie gleich diesen Namen nicht brauchte: sie beschrieb Geschäfte und Thaten; sie wollte aber auch Jünglinge und Männer zu Geschäften bilden, daher sie denn Reden, Grundsätze, Charaktere in ihre Erzählung flocht und überhaupt die ganze Gestalt annahm, durch welche die alte Geschichte sich von der Historie der Neuern so sehr unterscheidet. In alle diesem suchte man das Schöne nicht als einen Flitterstaat, sondern als den wesentlichen Theil eines klaren, richtigen, verständigen, bildenden Vortrages. Man sorgte für die Wohlgestalt und für die Gesundheit des Körpers, und verließ sich darauf, daß ein wohlgebaueter, feiner, kräftiger, gesunder Körper schon durch sich selbst schön sei. Um die Wahrheit hievon einzusehen, darf man nur die Schriften der Griechen und Römer sowohl in der Beredsamkeit als Dichtkunst, in der Philosophie und Geschichte mit den Schriften der mittlern, ja zum Theil der neueren Zeiten vergleichen. An Schminke und Putz fehlte es den Mönchen mancher mittleren Jahrhunderte nicht, mit welchen sie ihre Predigten und Gedichte, ihre philosophischen Abhandlungen und Chroniken balsamirten; und dennoch sind ihre Werke Mißgestalten, entweder todte Gerippe, oder Leichname, die einen übeln Kloster- und Mönchsgeruch von sich geben. Warum? Es fehlt ihnen am *sensu humanitatis,* an Gesundheit des Verstandes und Vortrages, an Ebenmaas, Richtigkeit und Wahrheit. Das Kleine und Große ist ihnen gleich wichtig: die Wahrheit und Lüge gleich angenehm, und wenn diese zum Vortheil der Kirche und ihres Standes gereichte, war sie ihnen meistens weit angenehmer, als die verhaßte reine Wahrheit. Sie sahen alles mit Mönchsaugen an; die ganze Menschheit erschien ihnen nur im Gesichtskreise ihres Klosters, daher sie auch durch ihre Schriften nicht Menschen, Bürger, Staatsmänner, sondern höchstens Klostergeistliche ziehen konnten, die wie sie selbst, predigten, beteten, gereimte lateinische Verse und trockne oder erkünstelte Chroniken schrieben. Was würden Griechen und Römer sagen, wenn sie aufstünden und viele unsrer gepriesenen schönen Werke läsen! ja was würden wir selbst dazu sagen, wenn sie, ins Latein oder ins Griechische übersetzt, als alte Handschriften uns in die Hände fielen. Schon die Uebersetzung in diese alten Sprachen ist ein gefährlicher Probierstein, der das falsche Gold unbestimmter Gedanken, ausschweifender Bilder, ungefügter Perioden, leerer Wiederholungen in seinem ganzen Betruge zeiget. Man vergleiche doch die alten Gesetze, die Befehle der Kaiser, die Anmahnungen und Reden der Feldherren und Philosophen, die Erzählungen der Geschichte mit unsern Gesetzen und Edicten, mit unsern Abhandlungen, Predigten und Acten; es müste ein Blödsinniger seyn, der nicht den Unterschied fühlte. Womit wir Seiten füllen, das faßten sie in wenige Worte; worüber wir oft Bücher schreiben, das glaubten sie am besten dadurch zu ehren, daß sie keine Sylbe davon erwähnten. Wiederum bemerken sie sowohl in der Geschichte, als in der Sittenlehre und Poesie Züge des Charakters der Menschen, die uns bei veränderten Sitten meistens verborgen bleiben und lehren uns die menschliche Seele, den Gang der Leidenschaften, die Grundsätze des Betragens ihrer handelnden Personen näher und fruchtbarer kennen, als der größeste Haufe neuerer Autoren. In diesem allen (ich muß den Ausdruck wiederholen) erwecken und bilden sie den Sinn der Menschheit von vielen Seiten, sie lehren das *honestum* und *decens* in öffentlichen und Privatgeschäften kennen und pflanzen die Liebe zu demselben in das Herz des aufmerksamen Lesers, sie unterweisen in der Philosophie des Lebens auf eine klare, gesetzte, angenehme Weise und enthalten also wirklich *humaniora,* d.i. Känntniße und Uebungen zu Ausbildung des edelsten Theils der Menschheit, des Verstandes, des Geschmacks, des Vortrages und sittlichen Lebens. Auch in den neuern Schriftstellern, wenn ihre Werke den Namen schöner Wißenschaften verdienen sollen, können wir doch wahrlich nichts Anderes, wenigstens nichts Edleres und Beßeres als dieses lernen: denn blos zum Vergnügen, zur leeren Unterhaltung der Phantasie oder zum Vorrath eines Geschwätzes von schönen Geistern, Dichtern, Künstlern, Romanschreibern u.f. schöne Wißenschaften treiben, ist eine Geist- und Zeitverderbende Unternehmung. Zur Menschheit und für die Menschheit gebildet soll unser Geist und Herz werden, und was uns dazu bildet, ist *studium humanitatis.* Außer den genannten Wißenschaften möchte ich also auch nicht gern die Mathematik von diesem Kreise bildender Kenntniße ausschließen, da sie es eben ist, die durch sinnliche Figuren nebst dem, was an ihnen bemerkt und erwiesen wird, unsre Aufmerksamkeit mehr als irgend ein anderes Studium auf abstracte Wahrheiten richtet, an ihnen mittelst der vorgezeichneten Figur vesthält, auch sowohl die Hand, als das Auge, noch mehr aber die betrach-

tende Seele zur richtigen Genauigkeit gewöhnet. Da nun
der Mensch für alle Geschäfte des Lebens nichts beßeres
lernen kann, als Aufmerksamkeit, zu sehen was da ist,
woraus es entspringt und was aus ihm folget: so muß billig, wie Pythagoras an seinen Lehrsaal schrieb: "Niemand
komme ohne Geometrie herein", an die Thür der obern
Claßen eines *Gymnasii* geschrieben werden: Niemand gehe
ohne Geometrie heraus; und so wären denn, wenn wir
alles zusammennehmen, Sprachen, Schreibart und Vortrag
in mancherlei Arten, Geschichte, Philosophie und Mathematik, die schönen Wißenschaften, die die Jugend bilden,
also im edlen Sinn der Alten die *humaniora.*
Sie geben unserm Verstande Richtigkeit und Gewißheit,
unsern Sitten Grundsätze, unserm Gedächtniß einen
nützlichen Vorrath von Känntnißen und Erfahrungen; unsrer Einbildungskraft verschaffen sie einen edlen Flug über
den trägen Gang des gemeinen Lebens und geben zugleich
unsrer Sprache Sicherheit und Anstand, eine gefällige Harmonie und Geschicklichkeit, über jeden Gegenstand, über
jedes Geschäft des Lebens zu sagen und zu schreiben, was
für ihn gehöret. Daß zu ihnen auch Orthographie und
Kalligraphie nöthig sei, verstehet sich von selbst: denn
wer uns den schönsten Aufsatz in Schriftzügen darreichte,
wie sie etwa ein wühlender Rüßel in der Erde hervorbringen würde: der rühme sich ja keiner schönen Künste.
Die nothwendigsten, unentbehrlichsten Schulwißenschaften
sind Lesen, Schreiben, Rechnen; wer sie am verständigsten,
fertigsten, schönsten treibt und auf alle Weise in seiner
Gewalt hat, der hat damit den Grund zu tausend nützlichen
Uebungen gelegt, die alle auf sie gebauet werden...

Von Schulen als Uebungsplätzen der Fähigkeiten
der Seele (1799)

Gymnasium heißt das Uebungswort. Körperlichen Uebungen waren die Gebäude oder Stäten, die man *Gym-
nasia* hieß, zuerst gewidmet; mit der Zeit wurden sie
Versammlungsplätze zur Unterredung mit den Jünglingen
über Gegenstände allerlei Art, und so kam, wie bekannt
ist, der Name zu höheren Uebungen hinauf, zu Uebungen in Wißenschaften und feineren Künsten, bis sie zuletzt
die schöne Bezeichnung der Anstalten wurden, die Vor-
Akademieen seyn sollten, und die, wenn sie ihren Zweck

erreichen, dem Staat vielleicht nützlicher, dem Jünglinge angenehmer, bildender, sicherer sind, als Akademieen selbst. Wir lassen den Ursprung des Namens und gehen auf dessen lehrreiche Bedeutung. Uebungs-Anstalten sind Gymnasien, Anstalten zur besten, zur nützlichsten Uebung.

Mit Anlagen kommen wir auf die Welt; ausgebildet werden diese Anlagen nur durch Uebung. Unser ganzes Leben ist für uns Gymnasium; was aus uns werden soll, muß in uns durch Uebung werden. Je edlere Kräfte wir in uns erwecken, je zu einem beßern Zweck, in je beßerer Ordnung, mit je mehrerer Leichtigkeit, Sicherheit und Kunst wir sie zu diesem Zweck üben und ausbilden, desto beßere Menschen sind wir. Dem unentwickelten Keim, dem rohen Edelstein gleicht die unausgebildete Seele; ein ungeübter Mensch ist, worinn es auch sei, ein bäurischer, grober und roher Mensch, ein *brutum.*

Von Kindheit auf strebt die menschliche Natur daß sie geübt werde. Warum gab der Schöpfer der Jugend, der menschlichen Jugend zumal, jene Munterkeit, jene thätige Unruhe, jene Bestrebsamkeit und ihre Schwester, die unersättliche Neugierde? Zu keinem andern Zweck, als daß die Menschheit geübt, in allen Kräften geübt werde. Dazu jene Beweglichkeit der Augen, der Füße, der Hände, der Zunge, der Lippen, der Gesichtszüge in unsrer reichen, vortrefflichen Organisation. Dazu der Gebrauch unsrer Finger, die die Schöpferinnen fast jeder Kunst, und so vieler Bequemlichkeiten des Lebens sind. Unser Körper ist zur Uebung gebauet; zur Uebung sind unsre Seelenkräfte mit solchen und keinen andern kindlichen und jugendlichen Neigungen begleitet. Einem gesunden Kinde und Knaben, einem glücklich gebildeten frohen Jünglinge ist nichts verhaßter, als träge Ruhe; ein Uebungsloses Leben ist ihm Tod; muntre, auch beschwerliche Uebung ist und bringt ihm Freude, Gesundheit.

Vom ersten Moment des Lebens an haben wir uns alles was wir können und wissen, vieles ohne daß wir es gewahr wurden, durch Uebung erworben. Wie unser Fuß gehen, so hat unser Auge sehen, unser Ohr hören, unsre Zunge sprechen gelernt, durch Uebung gelernt; alle unsre Känntniße, Gewohnheiten und Fertigkeiten sind Resultate unsrer Uebung. Wer sich für Arbeit und Uebung fürchtet, ist ein unbeholfner, schwacher, kranker Mensch, halbgebildet, unbildsam; wer sich für keiner Uebung scheuet, wen eben die schönste, schwerste Uebung am meisten weckt, wer darinn sich am besten ausnimmt, wer sie aufs strengste aushält, der Jüngling ist bildsam, er wird ein πολυτροπος, ein vielgewandter, vielgebildeter Mann werden. Ohne mich auf das ungeheure Feld einzulassen, wie jede Wißenschaft und Kunst was sie ist, nur durch Uebung, durch Uebung vorzüglicher, wohlorganisirter Menschen geworden, halte ich mich in den Schranken einer Schulrede und bemerke, daß jede Schule, jede Claße der Schule, von den untersten an, kein Platz zur Muße und Trägheit, zum unthätigen Lernen und Vernehmen (schola), sondern ein Uebungsplatz, γυμνασιον, παιδευτηριον, μελετητηριον seyn müsse, und zwar wenn sie es in den obersten Classen seyn soll, in den untersten Classen zuerst.

Betrachte man doch die junge Brut der untern Classen, wie sie mit Lust und Freude zu jeder Jugendübung daher zeucht. Rennen und Laufen ist ihre Lust; unerträglicher ist ihr fast nichts als das Sitzen; daher sie sich auch die Schule vorzüglich durch das unerträgliche Sitzen bezeichnet. In den Schulen heißt es bekommen sie Sitzfleisch, nicht sowohl der Kopf als auch der *podex* wird durchs Sitzen unangenehm geübt. Um ihnen die Schule nicht ganz widrig zu machen, was ist in unsern engen Gymnasien-Mauern das einzige Hülfsmittel? Das junge Volk, die Schaar von Vögeln, denen nur die Flügel fehlen, werde, so viel es die Classe zuläßt, in mancherlei U e b u n g erhalten, ihre Sinne, ihre Seelenkräfte werden beschäftigt, geübet. Das wollen auch schon die ersten Rudimente, die sie lernen. Buchstabiren, lesen, rechnen, schreiben, enthalten die vielfachsten Uebungen unsrer Seelenkräfte; ein Philosoph hat ausgerechnet, daß unsre Seele, mich dünkt, einige vierzig Uebungen vornimmt, indem sie die große Kunst lernt, zu b u c h s t a b i r e n. Hat nun ein Lehrer Verstand, Geschicklichkeit und Biegsamkeit gnug, beim Buchstabiren, Lesen, Rechnen, Schreiben, wozu ich noch das Sprechen, Erzählen und Zeichnen der Figuren hinzufügen muß, alle die Uebungen anzuwenden, die diese sieben schönen Künste, Buchstabiren, Lesen, Schreiben, Rechnen, Sprechen, Erzählen, Zeichnen der Figuren in sich schliessen, und ihrer Natur nach nothwendig fodern; hat er sie zu ü b e n, Reihenweise in der ganzen Classe zu üben, unabläßige Lust und Neigung: gewiß wird ihm der fröhliche Uebungslustige Sinn seiner Kleinen dazu helfen. Ihm wie ihnen wird die Arbeit ein Spiel, eine Lust-Uebung werden, da im Gegentheil eine Classe armer Pygmeen, die nur das Sitzfleisch üben, für jeden Fremden ein trauriger, trauriger, trauriger Anblick ist. Unsre öffentlichen Schulen sind bekanntermaassen im Kampf mit Privatschulen, und so viele Vortheile jene haben mögen, so ist dennoch vorauszusehen, sie werden von Jahr zu Jahr in diesem Kampf verlieren. Wodurch verlieren sie? wodurch gewinnen jene? Das sagen uns alle Erziehungs-Institute in ihren Verkündigungen: durch Uebung. - Hierinn, darinn sollen die Kinder geübt werden, ruffen sie alle laut; durch Uebung sollen sie lernen. Worinn nun ihre Uebung bestehe? worinn, mit welcher Ordnung und Abwechselung sie getrieben werde, ist hier nicht die Frage. Das Wort Uebung ists, was die Eltern freut, die Kinder bezaubert. Jeder Mühe bequemen sie sich gern, wenn sie nur geübt werden.

Die körperlichen Uebungen sind den öffentlichen Schulen meistens entnommen; sind aber die Arbeiten, die sie zu treiben haben, nicht auch Uebungen? Richtig und angenehm sprechen, geschickt und richtig schreiben, erzählen, sich ausdrücken, rechnen, zeichnen zu lernen; selbst hören und beantworten zu können, was der andre sagt und nicht sagt; beim Himmel, das erfordert Uebung, feine, viele, langfortgesetzte Uebung, die gleichsam der Geist des Lernens, die Seele des Unterrichts ist, und sich durch nichts anders ersetzen läßt. Der Wort-Unterricht, die todte Lehre, Lection-lernen, Nachschreiben u. s. f. sind, so lange nicht Uebung des Geistes, des Willens, der Lust und Liebe und jeder jugendlichen Fähigkeit dazu kommt, todte Wörter und werden den Kindern bald eckelhafte Namen. Lust und Liebe macht alles leicht; Uebung beseelt jedes Werk, indem sie die Anlage in uns zur selbstbewußten Kraft, Fähigkeit zu Fertigkeit erhöhet. Durch Uebung erhielt man den Preis in allen Kampfspielen; durch Uebung lernte Milo den Ochsen tragen und Herkules seine Arbeiten bestehen; durch willige, frohe, unabläßig fortgesetzte Uebung allein wird man seiner Kunst Meister.

Das Hauptwort der Schulen und Gymnasien ist also μελετα; übe dich! nur dadurch erlangt man die Krone;

dieser kategorische Imperativ geht durch alle Classen und Lectionen. Und wie kommt man, worinn besteht diese Uebung? Mich dünkt, in drei Stücken, die uns die Natur der Schularbeiten selbst vorzeichnet.

a) Sinnliche Aufmerksamkeit des Kindes, des Knaben und Jünglings werde erweckt; seine Seele werde aus dem Schlaf gerüttelt oder von fremden Gedanken gereinigt. Sonst träumt er fort, sein Geist, sein Wille, seine Seelenkräfte werden nicht geübet. An Zeichen, die diese Aufmerksamkeit erwecken, fehlt es den Wißenschaften nicht; es ist aber nicht der *baculus in mensa* oder *in tergo*, der dies Wunderwerk thut; sondern es ist der Körper jeder Wißenschaft selbst, die sinnliche Form, ohne welche ihr Geist nicht seyn kann. Wie man ohne Buchstaben nicht lesen, ohne Zahlen nicht rechnen, ohne Stimme und Gebehrden nicht sprechen und erzählen kann: so kann Mathematik z.B. nicht ohne sinnliche Darstellung, Geographie nicht ohne Landcharten, Naturgeschichte nicht ohne Abbildungen, Physik nicht ohne Versuche und Proben, Geschichte nicht ohne einen Leitfaden, der das Ganze verwebt und anschaulich macht, vorgetragen werden. Jede von diesen Darstellungen fodert und weckt Uebung. Wie die Natur alle unsre Begriffe mittelst der Sinne, mittelst ihrer Eindrücke und Uebung aufweckt: so kann es der Diener und Schüler der Natur, der Lehrer einer Wißenschaft nicht anders; je lebhafter, je deutlicher, je angenehmer und sinnlicher er seinen Schülern diesen *typus* vorhält, je bemerklicher er ihnen macht, was in ihm gesehen und nicht gesehen werden kann, was mit der Seele gefaßt werden muß, je mehr er diesen Typus selbst gleichsam zu schaffen, aus seinen Gliedern zu construiren, auf seine Glieder zurückzuführen, und bei seinen Schülern in eine Art Selbstschöpfung, d.i. in Nachbildung zu verwandeln weiß; desto mehr übt er, d.i. er hat selbst und gewährt Uebung. Die Geschichte z.B. (um nur ein Exempel anzuführen) wird nie Uebung des Geistes, wenn sie diesen *typus* entbehret. Lose *facta, arena sine calce,* intereßiren nicht; treten sie aber in eine Reihe, in Glieder, wird allenthalben wie an einer Kette gezeigt, wie dies aus jenem entsprang, wohin dies oder jenes wirkte;

greifen die Glieder dieser Kette so scharf in einander, daß man bei jedem Fortgang sieht und sehen muß: "aus diesem entstand jenes, anders konnte es nicht werden; so war, so ist das Menschliche Geschlecht nach Landstrichen, Zeitaltern, Nationen, Religionen, Sprachen; so artete, so entartete es; bis wir jetzt da sind, wo wir sind"; schlingt sich diese lebende Kette, man nenne sie Tabelle oder Typus, durch die ganze Geschichte und schlägt in jedem merkwürdigen Moment elektrisch an; ein *ignavum pecus* müßte der seyn, dessen Aufmerksamkeit nicht durch einen solchen Vortrag der Geschichte geweckt, dessen Seelenkräfte nicht auf die reichste Art abwechselnd und fortgehend so geübt würden, als ob er jede Begebenheit ansähe und sie selbst erfände.

b) Abwechselnd und fortgehend sei diese Uebung. Hierinn liegt das innerste Geheimniß unsrer Theilnahme mit Lust und Freude, folglich auch unsrer Bildung. Leibnitz hat bemerkt, daß der menschliche Geist nie scharfsinniger oder wie wir sagen, aufgelegter sei, als wenn er spielet; woher dies? manche Spiele sind so schwer, so ermüdend; andre sind so strengen Regeln unterworfen; sie erfodern eine so wachsame Genauigkeit u.s.f. Eben daß sie dies fodern, macht das Spiel für den Liebhaber intereßant; es wird nur dadurch angenehm, daß es Seelen- oder Leibeskräfte fortgehend und wechselnd, wechselnd und fortgehend beschäftigt. Im Fortgange der Beschäftigung liegt ein unnennbares Vergnügen; wir fühlen den glücklichen Fortgang, durch den unsre Kräfte wachsend gestärkt werden; je abwechselnder dies geschieht, desto reicher fühlen wir uns an Kräften; bald diese bald jene thut sich hervor und geht zur Ruhe, ohne Ueberdruß und Erschlaffung, von einer andern nach der Regel des Spiels abgelöset. Leibnitz schlug zu Uebung verschiedner Seelenkräfte mehrere solcher Spiele vor, z.B. das Spiel der Ursache und Wirkung: "wenn dies geschieht, was wird werden?" das Spiel der Hülfsmittel: "wenn dies sich zuträgt, was muß geschehn? wie kann man sich helfen?" das Spiel der Zufälle: "wenn man dies thut, was kann sich zutragen?" das Spiel der Mittel: "wodurch kann dies, das mehr noch bewirkt werden?" u.f. Für sich genommen, ermüden diese Spiele bald; im Fortgange einer Arbeit aber kann und muß sie der Lehrer unvermerkt fast wider seinen Willen, anwenden. Eben dadurch wird nicht nur die Aufmerksamkeit festgehalten, sondern auch die edle, die uns so unentbehrliche Kraft, das Vermögen praktischer Erfindung gestärkt. Es giebt Spiele des Witzes und Scharfsinnes, Aehnlichkeit und Unähnlichkeit zwischen Dingen zu finden; wie oft kann der Lehrer, wenn er nicht blos dociren, d.i. steif und hölzern vortragen, sondern die Seelen der Schüler mit sich arbeiten lassen will, wie oft kann und muß sie der Lehrer, hervorholend, fragend, veranlaßend gebrauchen. Man hat Sprüchwörterspiele; auch diese kann und muß die Schule oft gebrauchen. In den Sprüchwörtern jeder Sprache beruht ihre wahre Kraft und echte Volksweisheit. "Uber manches Sprüchwort läßt sich eine Abhandlung, ein Buch, ein Drama schreiben, ja viele sind daraus geschrieben. Die gescheutesten, weisesten und witzigsten Männer aller Zeiten und Völker haben sich mit Sprüchwörtern beschäftigt und erlustigt, vom weisen Könige Salomo an, bis auf Erasmus, Bako - und wie viel andre mehr! Des großen Erasmus Witz und leichte Schreibart ist aus Sprüchwörtern und gangbaren Redarten geschöpft; Cervantes, Swift, Sterne, Montaigne, Rabelais, unter uns Luther, Leßing, Moser wohnen gleichsam in ihnen; zu rechter Zeit angebracht oder entwickelt üben sie mehr als Eine Seelenkraft, wenn sie sich hier in eine Geschichte oder Fabel, dort in einen Beweis, in ein Gespräch, eine vernünftige Deduction verwandeln. Anläße zu solchen Uebungen bieten fast alle in den Schulen getriebne Schriften dar.

c) Ein drittes Mittel zur Uebung mancherlei Seelenkräfte in Schulen giebt jene edle Nacheiferung, jener löbliche Wettkampf in die Hand, den der alte Hesiod die gute Eris nennet; in Schulen soll und darf diese gute wohltätige Eris wohnen. Da in einem Haufen fähiger Jünglinge mancherlei Fähigkeiten gleichsam vertheilt sind, indem dieser die Gabe des Gedächtnißes, jener des Witzes, ein dritter des Scharfsinnes, ein vierter der Einbildungskraft und schaffenden Dichtung, ein fünfter den Vorzug des einsehend-hellen, ja des erfindenden praktischen Verstandes, ein sechster der bestimmenden und scheidenden V e r n u n f t , ein siebenter endlich das Talent des C a l c u l s und M e c h a - n i s m u s hat - wie sollte nicht eine lebendige Uebung des ganzen Schulkörpers entstehen, wenn dieser A n t a g o n i s - m u s lebender Kräfte gehörig geweckt, aufgefodert und in Thätigkeit gesetzt wird. Ein bekannter Spanischer Arzt J u a n   H u a r t e hat eine eben so bekannte Prüfung der Köpfe zu den Wißenschaften *Examen de los Ingenios para las sciencias* geschrieben, die Leßing übersetzt hat; er theilt darinn die Genies für die Wißenschaft aus und rangirt sie nach den Fächern des Gehirns und dessen Hippokrati- scher Beschaffenheit von Feuchtigkeit und Trockenheit, von Hitze und Kälte. Wie die mancherlei Genies sich in un- serm Gehirn haben und sitzen, mag H u a r t e wissen; wie sie in den Fächern und *lumbis* der Classe sitzen, das kann und muß einem aufmerksamen Lehrer wohl bekannt werden. Er muß es bald inne geworden seyn, wo seine G e d ä c h t - n i ß - und seine V e r s t a n d e s männer, wo seine P h a n - t a s i e - Jünglinge, *item* wo die W i t z -   G r ü t z - und k r i - t i s c h e   S p i t z k ö p f e sitzen und wie sie sich bei dieser und jener Wißenschaft, bei jener und dieser Aufgabe hal- ten und gebehrden. Sie ohne Haß und Zank in lebendige Uebung zu setzen, jedem Talent seinen Werth zu lassen, ohne daß es sich über ein andres erhebe dörfe, ja daß es vielmehr die Nothwendigkeit und Nutzbarkeit dessel- ben auch erkennen lerne, dies ist, dies sei das fortgehende melethma der Schulen. - In diesem Betracht, wie hoch stehen Gymnasien über Universitäten. Im Gymnasium wird jeder Schüler von seinem Lehrer gekannt, geschätzt, geübt, geübt auf die ihm zukommende eigenste Weise; mit guten Lehrern und Schülern besetzte Gymnasien sind ganz und gar eine lebendige U e b u n g . Auf Universitäten kennt der Lehrer seine Zuhörer kaum; er l i e s e t , wie es heißt, und sie h ö r e n ; er ist Profeßor, d.i. Ausredner der Wißenschaft, sie sind Akustiker, die von einem zum andern, von Kephas zu Apollo wandern und hören was er profeßorirt. Wißenschaften die Uebung erfordern, z.B. Sprachen, Mathematik, Geschichte, Schreibart etc. lassen sich daher in öffentlichen Collegien auf der Akademie fast gar nicht lernen. Wer sie von Schulen nicht mitbrachte, muß sich eigne Privatlehrer d.i. Lesebengel halten, oder er lernt sie nie. Der höchste Unverstand eines Jünglings

ists also, wenn er, ehe seine Uebungen Fertigkeiten worden sind, vom Uebungsplatz d.i. vom Gymnasium dahin
eilt, wo einzeln nichts geübt wird, wo im Allgemeinen nur
hörende Ohren und schreibende Finger in Bewegung gesetzt
werden und es jedem Jüngling überlassen bleibt, aus dem
Kohl, den er sich täglich von fünf Wiesen sammlete, sich
selbst ein Gericht zu bereiten. Wehe, wenn er ein ungeübter
Koch ist! In seinem Haupt, wenn das Zusammengetragene
ja dahin gelangt, wird ein böses Geköchs werden.

Aber warum reden wir, wenn wir vom Gymnasium sprechen, von Wißenschaften, von Känntnißen
allein; giebt es nicht andre Fähigkeiten in Jünglingen, die ebenfalls nur durch Uebung zu Fertigkeiten werden können? Soll seine Seele nicht
auch lieben und hassen, anziehen und zurück-
stossen lernen? Soll er nicht auch in Tugenden,
in jeder Gemüthsstärke, in Enthaltsamkeit, -
Anstrengung, Mäßigkeit, Klugheit, Wohlan-
ständigkeit u.f. geübt werden? Ohne Uebung erlangt man diese Vortreflichkeiten nicht; und doch sind
sie die schönsten Vortreflichkeiten, und am leichtesten erlangt man sie in der Jugend. Wäre also jedes Gymnasium ein Pythagoreum, dessen Genossen mit einander eben
so in praktischer Vollkommenheit wetteiferten,
wie in Wißenschaften und Künsten! Wer z.B. gegen seine
Lehrer, gegen Eltern und Vorgesetzte, gegen Verdienstvolle
Männer im Leben oder in der Geschichte die würdigste,
reinste Hochachtung zeige. Wer das Unrecht, das ihm
geschieht, oder geschehen könnte, aufs klügste abwende,
aufs edelste räche, aufs großmüthigste ertrage. Wer
seinen Freund aufs lauterste und innigste, ohne Schmeichelei und Unwahrheit, ohne Eigennutz, Stolz und An-
maaßung liebe. Wer seine Begierden aufs mächtigste
zu bekämpfen wisse, auch erlaubte, nur über ihr Maas
strebende Begierden. Wer seine Zeit am besten einthei-
le. Wer sich dem Körper nach am besten trage, un-
vorbereitet am besten spreche, wer die edelste Einfalt,
die zwangloseste Harmonie in seinen Handlungen zeige.
Wer bei Vorfällen die erzählt werden, am nüchternsten,
am verständigsten denke, bei unvorhergesehnen Zufällen
am klügsten sich benehme; wer bei allem den edelsten
Zweck des Lebens, mit Vorbeigehung alles Gemeinen und

Niedrigen sich auserwählt habe, und wie er diesen Zweck
bei allem ohne Geräusch aufs stillste befolge - hiernach,
meine Freunde, Zuhörer, Lehrer und Schüler, wollen wir
alle streben. Das Leben sei uns *Gymnasium* und da
alle menschliche Vortreflichkeit und Tugend nur in Uebung
bestehet, so sei es unsre augenblickliche tägliche Frage: *in
quo exerceor? quid ago? ...*

Bildungstheorie und Schulplanung

Wilhelm von Humboldt

Theorie der Bildung des Menschen

1. Es wäre ein großes und treffliches Werk zu liefern, wenn jemand die eigentümlichen Fähigkeiten zu schildern unternähme, welche die verschiedenen Fächer der menschlichen Erkenntnis zu ihrer glücklichen Erweiterung voraussetzen; den echten Geist, in dem sie einzeln bearbeitet, und die Verbindung, in die sie alle mit einander gesetzt werden müssen, um die Ausbildung der Menschheit als ein Ganzes zu vollenden. Der Mathematiker, der Naturforscher, der Künstler, ja oft selbst der Philosoph beginnen nicht nur jetzt gewöhnlich ihr Geschäft, ohne seine eigentliche Natur zu kennen und es in seiner Vollständigkeit zu übersehen, sondern auch nur wenige erheben sich selbst späterhin zu diesem höheren Standpunkt und dieser allgemeineren Übersicht. In einer noch schlimmeren Lage aber befindet sich derjenige, welcher, ohne ein einzelnes jener Fächer ausschließend zu wählen, nur aus allen für seine Ausbildung Vorteil ziehen will. In der Verlegenheit der Wahl unter mehreren, und aus Mangel an Fertigkeit, irgend eins, aus den engeren Schranken desselben heraus, zu seinem eignen allgemeineren Endzweck zu benutzen, gelangt er notwendig früher oder später dahin, sich allein dem Zufall zu überlassen und was er etwa ergreift, nur zu untergeordneten Absichten oder bloß als ein zeitverkürzendes Spielwerk zu gebrauchen. Hierin liegt einer der vorzüglichsten Gründe der häufigen und nicht / ungerechten Klagen, daß das Wissen unnütz und die Bearbeitung des Geistes unfruchtbar bleibt, daß zwar vieles um uns her zustande gebracht, aber nur wenig in uns verbessert wird, und daß man über der höheren und nur für wenige tauglichen wissenschaftlichen Ausbildung des Kopfes die allgemeiner und unmittelbarer nützliche der Gesinnungen vernachlässigt.

Im Mittelpunkt aller besonderen Arten der Tätigkeit nämlich steht der Mensch, der ohne alle auf irgend etwas einzelnes gerichtete Absicht nur die Kräfte seiner Natur stärken und erhöhen, seinem Wesen Wert und Dauer verschaffen will. Da jedoch die bloße Kraft einen Gegenstand braucht, an dem sie sich übe, und die bloße Form, der reine Gedanke, einen Stoff, in dem sie, sich darin ausprägend, fortdauern könne, so bedarf auch der Mensch einer Welt außer sich. Daher entspringt sein Streben, den Kreis seiner Erkenntnis und seiner Wirksamkeit zu erweitern, und ohne daß er sich selbst deutlich dessen bewußt ist, liegt es ihm nicht eigentlich an dem, was er von jener erwirbt oder vermöge dieser außer sich hervorbringt, sondern nur an seiner inneren Verbesserung und Veredlung, oder wenigstens an der Befriedigung der innern Unruhe, die ihn verzehrt. Rein und in seiner Endabsicht betrachtet ist sein Denken immer nur ein Versuch seines Geistes, vor sich selbst verständlich, sein Handeln ein Versuch seines Willens, in sich frei und unabhängig zu werden, seine ganze äußere Geschäftigkeit überhaupt aber nur ein Streben, nicht in sich müßig zu bleiben. Bloß weil beides, sein Denken und sein Handeln nicht anders als nur vermöge eines dritten, nur vermöge des Vorstellens und des Bearbeitens von etwas möglich ist, dessen eigentlich unterscheidendes Merkmal es ist, Nicht-Mensch, d.i. Welt zu sein, sucht er soviel Welt als möglich zu ergreifen und so eng, als er nur kann, mit sich zu verbinden.

Die letzte Aufgabe unsres Daseins: dem Begriff der Menschheit in unsrer Person, sowohl während der Zeit unsres Lebens als auch noch über dasselbe hinaus, durch die Spuren des lebendigen Wirkens, die wir zurücklassen, einen so großen Inhalt als möglich zu verschaffen, diese Aufgabe löst sich allein durch die Verknüpfung unsres Ichs mit der Welt zu der allgemeinsten, regesten und freiesten Wechselwirkung. Dies allein ist nun auch der eigentliche Maßstab zur Beurteilung der Bearbeitung jedes Zweiges menschlicher Erkenntnis. Denn nur diejenige Bahn kann in jedem die richtige sein, auf welcher das Auge ein unverrücktes / Fortschreiten bis zu diesem letzten Ziele zu verfolgen im Stande ist, und hier allein darf das Geheimnis gesucht werden, das, was sonst ewig tot und unnütz bleibt, zu beleben und zu befruchten.

Die Verknüpfung unsres Ichs mit der Welt scheint vielleicht auf den ersten Anblick nicht nur ein unverständlicher Ausdruck, sondern auch ein überspannter Gedanke. Bei genauerer Untersuchung aber wird wenigstens der letztere Verdacht verschwinden, und es wird sich zeigen, daß, wenn man einmal das wahre Streben des menschlichen

Geistes (das, worin ebensowohl sein höchster Schwung als sein ohnmächtigster Versuch enthalten ist) aufsucht, man unmöglich bei etwas Geringerem stehen bleiben kann.

Was verlangt man von einer Nation, einem Zeitalter, von dem ganzen Menschengeschlecht, wenn man ihm seine Achtung und seine Bewunderung schenken soll? Man verlangt, daß Bildung, Weisheit und Tugend so mächtig und allgemein verbreitet als möglich unter ihm herrschen, daß es seinen innern Wert so hoch steigern, daß der Begriff der Menschheit, wenn man ihn vom ihm, als dem einzigen Beispiel, abziehen müßte, einen großen und würdigen Gehalt gewönne. Man begnügt sich nicht einmal damit. Man fordert auch, daß der Mensch den Verfassungen, die er bildet, selbst der leblosen Natur, die ihn umgibt, das Gepräge seines Wertes sichtbar aufdrücke, ja daß er seine Tugend und seine Kraft (so mächtig und so allwaltend sollen sie sein ganzes Wesen durchstrahlen) noch der Nachkommenschaft einhauche, die er erzeugt. Denn nur so ist eine Fortdauer der einmal erworbenen Vorzüge möglich, und ohne diese, ohne den beruhigenden Gedanken einer gewissen Folge in der Veredlung und Bildung, wäre das Dasein des Menschen vergänglicher als das Dasein der Pflanze, die, wenn sie hinwelkt, wenigstens gewiß ist, den Keim eines ihr gleichen Geschöpfs zu hinterlassen.

Beschränken sich indes auch alle diese Forderungen nur auf das innere Wesen des Menschen, so dringt ihn doch seine Natur beständig, von sich aus zu den Gegenständen außer ihm überzugehen, und hier kommt es nun darauf an, daß er in dieser Entfremdung nicht sich selbst verliere, sondern vielmehr von allem, was er außer sich vornimmt, immer das erhellende Licht und die wohltätige Wärme in sein Innres zurückstrahle. Zu dieser Absicht aber muß er die Masse der Gegenstände sich selbst näher bringen, diesem Stoff die Gestalt seines Geistes aufdrücken und beide einander ähnlicher machen. In ihm ist vollkommene Ein / heit und durchgängige Wechselwirkung, beide muß er also auch auf die Natur übertragen; in ihm sind mehrere Fähigkeiten, ihm denselben Gegenstand in verschiedenen Gestalten, bald als Begriff des Verstandes, bald als Bild der Einbildungskraft, bald als Anschauung der Sinne vor seine Betrachtung zu führen. Mit allen diesen, wie mit ebensoviel verschiedenen Werkzeugen, muß er die Natur aufzufassen versuchen, nicht sowohl um sie von allen Seiten kennen zu lernen, als vielmehr um durch diese Mannigfaltigkeit der Ansichten die eigene inwohnende Kraft zu stärken, von der sie nur anders und anders gestaltete Wirkungen sind. Gerade aber diese Einheit und Allheit bestimmt den Begriff der Welt. Allein auch außerdem finden sich nun in eben diesem Begriff in vollkommenem Grade die Mannigfaltigkeit, mit welcher die äußeren Gegenstände unsre Sinne rühren, und das eigne selbständige Dasein, wodurch sie auf unsre Empfindung einwirken. Denn nur die Welt umfaßt alle nur denkbare Mannigfaltigkeit, und nur sie besitzt eine so unabhängige Selbständigkeit, daß sie dem Eigensinn unsres Willens die Gesetze der Natur und die Beschlüsse des Schicksals entgegenstellt.

Was also der Mensch notwendig braucht, ist bloß ein Gegenstand, der die Wechselwirkung seiner Empfänglichkeit mit seiner Selbsttätigkeit möglich mache. Allein wenn dieser Gegenstand genügen soll, sein ganzes Wesen in seiner vollen Stärke und seiner Einheit zu beschäftigen, so muß er der Gegenstand schlechthin, die Welt sein, oder doch (denn dies ist eigentlich allein richtig) als solcher betrachtet werden. Nur um der zerstreuenden und verwirrenden Vielheit zu entfliehen, sucht man Allheit; um sich nicht auf eine leere und unfruchtbare Weise ins Unendliche hin zu verlieren, bildet man einen in jedem Punkt leicht übersehbaren Kreis; um an jeden Schritt, den man vorrückt, auch die Vorstellung des letzten Zwecks anzuknüpfen, sucht man das zerstreute Wissen und Handeln in ein geschlossenes, die bloße Gelehrsamkeit in eine gelehrte Bildung, das bloß unruhige Streben in eine weise Tätigkeit zu verwandeln.

2. Dies aber nun würde gerade durch ein Werk wie das obenerwähnte auf die kräftigste Weise befördert werden. Denn bestimmt, die mannigfaltigen Arten menschlicher Tätigkeit in den Richtungen, die sie dem Geiste geben, und den Forderungen, die / sie an ihn machen, zu betrachten und zu vergleichen, führte es geradezu in den Mittelpunkt, zu dem alles, was eigentlich auf uns einwirken soll, notwendig gelangen muß. Von ihm geleitet, flüchtete sich die Betrachtung aus der Unendlichkeit der Gegenstände in den engeren Kreis unsrer Fähigkeiten und ihres mannigfaltigen Zusammenwirkens; das Bild unsrer Tätigkeit, die wir sonst nur stückweise und in ihren äußern

Erfolgen erblicken, zeigte sich uns hier, wie in einem zugleich erhellenden und versammelnden Spiegel, in unmittelbarer Beziehung auf unsre innere Bildung. Den Einfluß, den jedes Geschäft des Lebens auf diese ausüben kann, leicht und faßlich übersehend, fände vorzüglich derjenige seine Belehrung darin, dem es nur um die Erhöhung seiner Kräfte und die Veredlung seiner Persönlichkeit zu tun ist...

Bericht der Sektion des Kultus und Unterrichts

Der Wirkungskreis der Sektion des Kultus und öffentlichen Unterrichts ist von einem ungemein großen Umfang; er umfaßt zugleich die sittliche Bildung der Nation, die Erziehung des Volks, den Unterricht, der zu den verschiedenen Gewerben des Landes geschickt macht, die Verfeinerung, welcher die höheren Stände / bedürfen, den Anbau der Gelehrsamkeit auf Universitäten und Akademien. Ich würde geglaubt haben, die Tätigkeit der Sektion nur auf eine nachteilige Weise zu zerstreuen, wenn ich sie nach und nach auf alle diese Gegenstände einzeln gerichtet und nicht darüber gewacht hatte, immer mit derselben dasjenige im Auge zu behalten, wodurch alle jene einzelne Gegenstände von selbst gedeihen. Mein hauptsächlichstes Streben ist also nur, einfache Grundsätze aufzustellen, streng nach diesen zu handeln nicht auf zu vielerlei Weise, aber bestimmt und kraftvoll zu wirken und das übrige der Natur zu überlassen, die nur eines Anstoßes und einer ersten Richtung bedarf.

Die schwierige Aufgabe ist, die Nation geneigt zu machen und bei der Geneigtheit zu erhalten, den Gesetzen zu gehorchen, dem Landesherrn mit unverbrüchlich treuer Liebe anzuhängen, im Privatleben mäßig, sittlich, religiös, zu Berufsgeschäften tätig zu sein und endlich sich gern, mit Verachtung kleinlicher und frivoler Vergnügungen, ernsthaften Beschäftigungen zu widmen.

Dahin aber gelangt die Nation nur dann, wenn sie auf der einen Seite klare und bestimmte Begriffe über ihre Pflichten hat und diese Begriffe, vorzüglich durch Religiosität, in Gefühl übergegangen sind. Aus dieser Grundlage, die auch dem gemeinsten Volke unentbehrlich ist, entwickelt sich hiernach zugleich das höchste in Wissenschaft und Kunst, das auf einem andern Wege befördert leicht in unfruchtbare Gelehrsamkeit oder schwärmerische Träumerei ausartet.

Das hauptsächlichste Bemühen muß daher dahin gehen, durch die ganze Nation, nur nach Maßgabe der Fassungskraft der verschiedenen Stände, die Empfindung nur auf klaren und bestimmten Begriffen ruhen zu lassen und die Begriffe so tief einzupflanzen, daß sie im Handeln und dem Charakter sichtbar werden, und nie zu vergessen, daß religiöse Gefühle dazu das sicherste und beste Bindungsmittel an die Hand geben.

Die wohltätigen Folgen aufgeklärter Religiosität und gut geordneter Erziehung recht eng zu verbinden, hat die Sektion auch noch eine andre dringende Veranlassung in der Langsamkeit gefunden, in der sonst die Erziehung allein mehr für die künftige als die jetzige Generation wirkt. Es ist durchaus ein Irrtum, wenn man glaubt, auch der beste Unterricht könne auf die Jugend seine wahrhaft heilsamen Folgen ausüben, wenn Moralität und Religiosität der Erwachsenen vernachlässigt bleiben.

/ Soll das Verbesserungsgeschäft der Nation mit Erfolg angegriffen werden, muß man es zugleich von allen Seiten beginnen und nicht glauben, die jüngere Hälfte dem Vorderteil der ältern entreißen zu können. Wie also die Erziehung auf die Jugend, muß der Gottesdienst auf die Erwachsenen wirken, und nur wenn beide sich vollkommen unterstützen, ist der Erfolg erst wahrhaft segensreich. Denn es ist unleugbar, daß jetzt auf dem Lande die geringe Sorgfalt für die Erziehung der Kinder nachteilig auf die Moralität erst der soeben der Schule entgangenen jungen Leute und dann auch der vollkommen Erwachsenen wirkt und daß von wirklich streng und sittlich erzogenen Kindern von selbst eine moralische Scheu erst auf die noch nicht verdorbenen, nur gleichgültigen Eltern und dann auch auf die andern übergehen würde.

Auf diese Weise glaube ich Ew. Königl. Majestät versichern zu können, daß die Sektion zunächst und zuerst auf dasjenige ausgeht, was die Grundfeste aller Staaten ausmacht, und daß sie sich überall der einfachsten und natürlichsten Mittel, mit Übergehung aller künstlichen, bedient, daß sie nirgend einseitig Gelehrsamkeit oder Verfeinerung, sondern die Verbesserung des Charakters und der Gesinnungen, nirgend einzelne Teile der Nation, sondern ihre ganze ungetrennte Masse vor Augen hat...

/ Die Sektion des öffentlichen Unterrichts hat die Grundsätze, die ihr zur Richtschnur bei ihrer Geschäftsführung gedient haben, und die sie mehr praktisch bis jetzt befolgt als nachdrücklich ausgesprochen hat, auf die im Eingange dieses Berichts entwickelten Ideen gegründet.

Sie berechnet ihren allgemeinen Schulplan auf die ganze Masse der Nation und sucht diejenige Entwickelung der menschlichen Kräfte zu befördern, welche allen Ständen gleich notwendig ist und an welche die zu jedem einzelnen Beruf nötigen Fertigkeiten und Kenntnisse leicht angeknüpft werden können. Ihr Bemühen ist daher, den stufenartig verschiedenen Schulen eine solche Einrichtung zu geben, daß jeder Untertan Ew. Königl. Majestät darin zum sittlichen Menschen und guten Bürger gebildet werden könne, wie es ihm seine Verhältnisse erlauben, allein keiner den Unterricht, dem er sich widmet, auf eine Weise empfange, die ihm für sein übriges Leben unfruchtbar und unnötig werde; welches dadurch zu erreichen steht, daß man bei der Methode des Unterrichts nicht sowohl darauf sehe, daß dieses oder jenes gelernt, sondern in dem Lernen das Gedächtnis geübt, der Verstand geschärft, das Urteil berichtigt, das sittliche Gefühl verfeinert werde.

Auf diese Weise ist nun die Sektion zu einem viel einfacheren Plan gelangt, als neuerlich in einigen deutschen Ländern beliebt worden ist. In diesen, namentlich in Bayern und Österreich, hat man fast für jeden einzelnen Stand besonders zu sorgen gesucht. Meiner Überzeugung nach ist dies aber durchaus unrichtig und verfehlt selbst den Endzweck, den man dabei im Auge hat.

Es gibt schlechterdings gewisse Kenntnisse, die allgemein sein müssen, und noch mehr eine gewisse Bildung der Gesinnungen und des Charakters, die keinem fehlen darf. Jeder ist offenbar nur dann ein guter Handwerker, Kaufmann, Soldat und Geschäftsmann, wenn er an sich und ohne Hinsicht auf seinen besondern Beruf ein guter, anständiger, seinem Stande nach aufgeklärter Mensch und Bürger ist. Gibt ihm der Schulunterricht, was hiezu / erforderlich ist, so erwirbt er die besondere Fähigkeit seines Berufs nachher sehr leicht und behält immer die Freiheit, wie im Leben so oft geschiehet, von einem zum andern überzugehen.

Fängt man aber von dem besondern Berufe an, so macht man ihn einseitig, und er erlangt nie die Geschicklichkeit und Freiheit, die notwendig ist, um auch in seinem Berufe allein nicht bloß mechanisch, was andere vor ihm getan, nachzuahmen, sondern selbst Erweiterungen und Verbesserungen vorzunehmen. Der Mensch verliert dadurch an Kraft und Selbständigkeit, und da mehrere Berufe, wie der des Soldaten und Geschäftsmannes, vom Staate abhängen, so ladet sich der Staat, wenn er Menschen ausschließend zu diesen erzieht, die Last auf, diese auch dazu gebrauchen und versorgen zu müssen. Der Geschäftsdienst aber würde viel besser und Ew. Königl. Majestät weit ersprießlicher werden, wenn er gar nicht als eine Versorgung angesehen würde, wenn ihn jeder mehr aus Neigung zu einer wichtigern Tätigkeit als des Unterhalts wegen übernähme und der Staat nicht, wenn er einen Menschen gern von seinem Posten entfernte, immer den leidigen Gedanken haben müßte, ihn um sein Brot zu bringen, sondern sich darauf verlassen könnte, daß ihm bei seinem Abgange ein anderer Erwerbzweig nicht fehlen würde.

Es tritt endlich die Schwierigkeit ein, daß sich der künftige Beruf oft nur sehr spät richtig bei einem Kinde oder jungen Menschen bestimmen läßt und daß sein natürliches Talent, das ihn vielleicht einem andern widmen würde, bald nicht erkannt, bald erstickt wird.

Die Sektion des öffentlichen Unterrichts läßt daher, so weit ihre Wirksamkeit reicht, die Spezialschulen für Handwerker, Kaufleute, Künstler u.s.f. überall dem allgemeinen Unterricht nachfolgen und hütet sich, die Berufsbildung mit der allgemeinen zu vermischen. Die allgemeinen Schulanstalten sieht sie als allein sich anvertraut an, über die Spezialschulen tritt sie mit den sich auf sie beziehenden andern Staatsbehörden in Verbindung.

Dem Plan der Sektion nach soll es daher auch in den Städten nur

Elementar- und gelehrte Schulen

geben. In den Elementarschulen soll nur gelehrt werden, was jeder als Mensch und Bürger notwendig wissen muß; in den gelehrten sollen stufenweise diejenigen Kenntnisse beigebracht / werden, die zu jedem, auch dem höchsten Berufe notwendig sind, und der Grad der Ausbildung, den jeder erlangt, muß nur von der Zeit abhängen, die er in der Schule zubringt, und der Klasse, die er darin erreicht. Da aber nicht alle Schüler einer Stadt gleich sein können noch gleich sein sollen, so wird es Elementarschulen geben, die, weil reichere Leute in derselben ein höheres Schulgeld für ihre Kinder bezahlen, dem Unterricht mehr Ausdehnung und Vollständigkeit geben können. Auf der andern Seite werden kleinere Städte, die nicht große bis zur Universität führende gelehrte Schulen haben können, Anstalten besitzen, auf denen nur ein Teil des Unterrichts der eigentlich gelehrten Schulen erteilt wird.

Auf diese Weise wird es auch an denjenigen Schulen nicht fehlen, die man sonst Mittel- und Bürgerschulen zu nennen pflegt, und keinem Stand wird es an einer zu seiner Ausbildung bestimmten Unterrichtsanstalt mangeln. Nun wird überall Einheit des Planes sein, so daß der Übergang von einer Schule zur andern ohne Lücke geschehen kann.

Die gelehrten Schulen hatten bisher den Fehler, daß die gelehrten Sprachen zu ausschließend auf denselben getrieben und auf eine Weise behandelt wurden, daß, wenn der Unterricht nicht bis zu Ende verfolgt wurde, die darauf gewandte Zeit fast gänzlich verloren war.

Beidem kann und wird die Sektion abhelfen. Sie wird auf jeder gelehrten Schule, und hat hiezu schon den Anfang gemacht, den mathematischen und historischen Unterricht gleich gut mit dem in den alten Sprachen einrichten, so daß jeder Schüler, ohne daß ihm gestattet werde, einen von diesen darin ganz zu vernachlässigen, sich nach seinem Talent einem wird vorzugsweise widmen können.

Bei dem Sprachunterricht aber wird die Sektion diejenige Methode immer allgemeiner machen, welche, wenn man auch die Sprache selbst wieder vergißt, doch ihre angefangene Erlernung, und nicht bloß als Gedächtnisübung, sondern auch zur Schärfung des Verstandes, zur Prüfung des Urteils und zur Gewinnung allgemeiner Ansichten immer und auf die ganze Lebenszeit nützlich und schätzbar macht...

Der Litauische Schulplan

...Der allgemeine Schulunterricht geht auf den Menschen überhaupt, und zwar
als gymnastischer

ästhetischer
didaktischer und in der letzteren Hinsicht wieder
als mathematischer
philosophischer, der in dem Schulunterricht nur durch
die Form der Sprache rein, sonst immer historisch-
philosophisch ist und
historischer
auf die Hauptfunktionen seines Wesens.

/ Dieser gesamte Unterricht kennt daher auch nur ein und dasselbe Fundament. Denn der gemeinste Tagelöhner und der am feinsten Ausgebildete muß in seinem Gemüt ursprünglich gleich gestimmt werden, wenn jener nicht unter der Menschenwürde roh und dieser nicht unter der Menschenkraft sentimental, chimärisch und verschroben werden soll.

Eher könnte es scheinen, daß bei der allmählich fortschreitenden Bildung die Methode insofern verschieden sein müßte, als sich das Ziel derselben durch Unterricht als weit oder nahe gesteckt voraussehen läßt. Allein auch hier scheint mir der Unterschied nicht bedeutend. Bleibt man fest dabei stehen, Zahl und Beschaffenheit der Unterrichtsgegenstände nach der Möglichkeit der allgemeinen Bildung des Gemüts in jeder Epoche zu bestimmen und jeden Gegenstand immer so zu behandeln, wie er am meisten und besten auf das Gemüt zurückwirkt, so muß eine ziemliche Gleichheit herauskommen. Auch Griechisch gelernt zu haben könnte auf diese Weise dem Tischler ebenso wenig unnütz sein, als Tische zu machen dem Gelehrten. Indes läßt kleine Verschiedenheiten allerdings die Wahl des Stoffes, da jede Form nur an einem Stoffe geübt werden kann, zu und auf diese wird in der Folge auch Rücksicht genommen werden. Auch können die grellen Kontraste immer vermieden werden, und es braucht nie dahin zu kommen, daß ein Handwerker Griechisch, kaum Lateinisch gelernt habe.

Die Grenze des Unterrichts, da wo derselbe nicht seinen Endpunkt, die Universität, als die Emanzipation vom eigentlichen Lehren (da der Universitätslehrer nur von fern das eigene Lernen leitet) erreicht, kann nun durch nichts andres bestimmt werden, als durch die zu allem Unterricht nötigen Bedingungen Kraft und Zeit. Soweit der Schüler das eine hergibt und zum andern Mittel hat, soweit kann der Lehrer ihn führen, und soweit muß der Staat dafür sorgen, daß er gebracht werden könne.

Die Pflicht der Schulbehörde bei der Organisation des Schulwesens ist nun, zu verhüten, daß der Schüler einen Weg mache, der ihm unnütz sein würde, wenn er ihn nun nicht auch noch weiter verfolgte. Leider aber ist dies fast immer jetzt bei unsern Schulen der Fall, wenn einer in Tertia oder Secunda stecken bleibt. Es wird aber nie statt haben, wenn man (wie auf den sehr guten Schulen schon jetzt geschieht) beim Unterricht nicht auf das Bedürfnis des Lebens, sondern rein auf ihn selbst, auf die Kenntnis / als Kenntnis, auf die Bildung des Gemüts und im Hintergrunde auf die Wissenschaft sieht. Denn im Gemüt und in der Wissenschaft (die nur sein von allen Seiten vollständig gedachtes Objekt ist) steht jeder einzelne Punkt mit allen vorigen und künftigen in Kontakt, ist kein Anfang und kein Ende, ist alles Mittel und Zweck zugleich, und also jeder Schritt weiter Gewinn, auch wenn unmittelbar dahinter eherne Mauern gezogen würden.

Sind diese Grundsätze richtig und kommt man nun von ihnen auf die verschiedenen Gattungen der Schulen (Spezialschulen immer ganz abgesondert), so ist wieder das erste und wichtigste Prinzip

die Einheit und Kontinuität des Unterrichts in seinen natürlichen Stadien,

da jede Teilung der Anstalt da, wo der Unterricht keine natürliche Teilung kennt, seine Folge zerreißt, Verschiedenheit in der Behandlung und dem Geiste derselben hervorbringt und selbst die Lehrer, die nur bis zu einem willkürlich angenommenen Punkt führen sollen, ungewiß und verwirrt macht.

Als natürliche Stadien aber kann ich nur anerkennen:

den Elementarunterricht

den Schulunterricht

den Universitätsunterricht.

Der Elementarunterricht umfaßt bloß die Bezeichnung der Ideen nach allen Arten und ihre erste und ursprüngliche Klassifikation, kann aber ohne Nachteil in dem Stoff zu dieser Form in Natur- und Erdkenntnis mehr oder minder Gegenstände mit aufnehmen. Er macht es erst möglich, eigentlich Dinge zu lernen und einem Lehrer zu folgen.

Der Schulunterricht führt den Schüler nun in Mathematik, Sprach- und Geschichtskenntnis bis zu dem Punkte, wo es unnütz sein würde, ihn noch ferner an einen Lehrer und eigentlichen Unterricht zu binden; er macht ihn nach und nach vom Lehrer frei, bringt ihm aber alles bei, was ein Lehrer beibringen kann.

Der Universität ist vorbehalten, was nur der Mensch durch und in sich selbst finden kann, die Einsicht in die reine Wissenschaft. Zu diesem SelbstActus im eigentlichsten Verstand ist notwendig Freiheit, und hülfereich Einsamkeit, und aus diesen beiden Punkten fließt zugleich die ganze äußere Organisation der Universitäten. Das Kollegienhören ist nur Nebensache, das wesentliche, daß man in enger Gemeinschaft mit Gleichgestimmten und Gleichaltrigen und dem Bewußtsein, daß es am gleichen / Ort eine Zahl schon vollendet Gebildeter gebe, die sich nur der Erhöhung und Verbreitung der Wissenschaft widmen, eine Reihe von Jahren sich und der Wissenschaft lebe.

Übersieht man diese Laufbahn von den ersten Elementen bis zum Abgang von der Universität, so findet man, daß, von der intellektuellen Seite betrachtet, der höchste Grundsatz der Schulbehörde (den man aber selten aussprechen muß) der ist: die tiefste und reinste Ansicht der Wissenschaft an sich hervorzubringen, indem man die ganze Nation möglichst, mit Beibehaltung aller individuellen Verschiedenheiten, auf den Weg bringt, der, weiter verfolgt, zu ihr führt und zu dem Punkte, wo sie und ihre Resultate nach Verschiedenheit der Talente und Lagen verschieden geahndet, begriffen, angeschaut und geübt werden können, und also den Einzelnen durch die Begeisterung, die durch reine Gesamtstimmung geweckt wird, zu Hülfe kommt...

Gymnasialreden

Georg Wilhelm Friedrich Hegel

Rede zum Schuljahrabschluß
am 29. September 1809

... Indem das sich endigende Studienjahr das erste Jahr und die Geschichte unserer Anstalt in demselben die Geschichte ihrer Entstehung ist, so liegt der Gedanke ihres ganzen Planes und Zweckes zu nahe, als daß wir von ihm ab und schon auf einzelne Begebenheiten derselben unsere Aufmerksamkeit richten möchten. Weil die Sache selbst soeben erst geworden ist, so beschäftigt noch ihre Substanz die Neugierde und die nachsinnendere Überlegung. Das Einzelne aber ist teils aus den öffentlichen Anzeigen bekannt; teils, wie auch das weitere Detail, was und wie und wieviele Schüler dieses Jahr gelehrt worden, ist in dem gedruckt dem Publikum mitzuteilenden Schülerkatalog enthalten. Es sei mir daher erlaubt, in der hohen Gegenwart *Eurer Exzellenz* und dieser hochansehnlichen Versammlung mich an das Prinzip unseres Instituts zu halten und über sein Verhältnis und seine Grundzüge und deren Sinn einige allgemeine Gedanken vorzulegen, soweit die zerstreuende Vielgeschäftigkeit, die mein Amt gerade in diesem Zeitpunkte mit sich brachte, mir zu sammeln erlaubte.

Der Geist und Zweck unserer Anstalt ist die *Vorbereitung zum gelehrten Studium,* und zwar eine Vorbereitung, welche *auf den Grund der Griechen und Römer erbaut ist.* Seit einigen Jahrtausenden ist dies der Boden, auf dem alle Kultur gestanden hat, aus dem sie hervorgesproßt und mit dem sie in beständigem Zusammenhange gewesen ist. Wie die natürlichen Organisationen, Pflanzen und Tiere, sich der Schwere entwinden, aber dieses Element ihres Wesens nicht verlassen können, so ist alle Kunst und Wissenschaft jenem Boden entwachsen; und obgleich auch in sich selbständig geworden, hat sie sich von der Erinnerung jener älteren Bildung nicht befreit. Wie Anteus seine Kräfte durch die Berührung der mütterlichen Erde erneuerte, so hat jeder neue Aufschwung und Bekräftigung der Wissenschaft und Bildung sich aus der Rückkehr zum Altertum ans Licht gehoben.

So wichtig aber die Erhaltung dieses Bodens ist, so wesentlich ist die Abänderung des Verhältnisses, in

251

welchem er ehemals gestanden hat. Wenn die Einsicht in das Ungenügende, Nachteilige alter Grundsätze und Einrichtungen überhaupt und damit der mit ihnen verbundenen vorigen Bildungszwecke und Bildungsmittel eintritt, so ist der Gedanke, der sich zunächst auf der Oberfläche darbietet, die gänzliche Beseitigung und Abschaffung derselben. Aber die Weisheit der Regierung, erhaben über diese leicht scheinende Hilfe, erfüllt auf die wahrhafteste Art das Bedürfnis der Zeit dadurch, daß sie *das Alte in ein neues Verhältnis zu dem Ganzen setzt und dadurch das Wesentliche desselben ebensosehr erhält, als sie es verändert und erneuert.*

Ich brauche nur mit wenigen Worten an die bekannte Stellung zu erinnern, welche das Erlernen der lateinischen Sprache ehemals hatte, daß dasselbe nicht sowohl für einen Moment des gelehrten Studiums galt, sondern den wesentlichsten Teil desselben ausmachte und das einzige höhere Bildungsmittel war, welches demjenigen dargeboten wurde, der nicht bei dem allgemeinen, ganz elementarischen Unterrichte stehenbleiben wollte; daß für die Erwerbung anderer Kenntnisse, welche fürs bürgerliche Leben nützlich oder an und für sich von Wert sind, kaum ausdrückliche Anstalten gemacht waren, sondern es im ganzen der Gelegenheit der Erlernung jener Sprache überlassen war, ob etwas und wieviel dabei von ihnen anflog, - daß jene Kenntnisse zum Teil für eine besondere Kunst, nicht zugleich für ein Bildungsmittel galten und größtenteils in jene Schale gehüllt waren.

Die allgemeine Stimme erhob sich gegen jenes unselig gewordene Lateinlernen; es erhob sich das Gefühl vornehmlich, daß ein Volk nicht als gebildet angesehen werden kann, welches nicht alle Schätze der Wissenschaft in seiner eigenen Sprache ausdrücken und sich in ihr mit jedem Inhalt frei bewegen kann. Diese Innigkeit, mit welcher die eigene Sprache uns angehört, fehlt den Kenntnissen, die wir nur in einer fremden besitzen; sie sind durch eine Scheidewand von uns getrennt, welche sie dem Geiste nicht wahrhaft einheimisch sein läßt.

Dieser Gesichtspunkt, die fehlerhaften, oft zum durchgängigen Mechanismus herabsinkenden Methoden, die verabsäumte Erwerbung vieler wichtiger Sachkenntnisse und geistiger Fertigkeiten hat nach und nach die

Kenntnis der lateinischen Sprache von ihrem Anspruche, als Hauptwissenschaft zu gelten, und von ihrer lange behaupteten Würde, allgemeines und fast ausschließendes Bildungsmittel zu sein, abgesetzt. Sie hat aufgehört, als Zweck betrachtet zu werden, und diese geistige Beschäftigung hat dagegen sogenannte Sachen, und darunter alltägliche, sinnliche Dinge, die keinen Bildungsstoff abzugeben fähig sind, über sich mächtig werden sehen müssen. Ohne in diese Gegensätze und deren weitere Bestimmungen, ihre Übertreibungen oder äußerliche Kollisionen einzugehen, genüge es hier, uns des weisen Verhältnisses zu freuen, das unsere *allerhöchste Regierung* hierin festgesetzt hat.

Erstlich hat dieselbe durch die *Vervollkommnung der deutschen Volksschulen* die allgemeine Bürgerbildung erweitert; es werden dadurch allen die Mittel verschafft, das ihnen als Menschen Wesentliche und für ihren Stand Nützliche zu erlernen; denen, die das Bessere bisher entbehrten, wird dasselbe hierdurch gewährt; denen aber, die, um etwas Besseres als den ungenügenden allgemeinen Unterricht zu erhalten, nur zu dem genannten Bildungsmittel greifen konnten, wird dasselbe entbehrlicher gemacht und durch zweckmäßigere Kenntnisse und Fertigkeiten ersetzt. - Auch die hiesige Stadt sieht der vollständigen Organisation dieser dem größten Teil des übrigen Königreichs bereits erwiesenen Wohltat erwartungsvoll entgegen - einer Wohltat, deren wichtige Folgen für das Ganze kaum zu berechnen sind.

Zweitens hat das Studium der Wissenschaften und die Erwerbung höherer geistiger und nützlicher Fertigkeiten, in ihrer *Unabhängigkeit von der alten Literatur,* in einer eigenen *Schwesteranstalt* ihr vollständiges Mittel bekommen.

Drittens endlich ist das *alte Sprachenstudium erhalten.* Es steht teils nach wie vor als höheres Bildungsmittel jedem offen, teils aber ist es zur gründlichen Basis des gelehrten Studiums befestigt worden. Indem dasselbe nun *neben* jene Bildungsmittel und wissenschaftliche Weisen getreten ist, ist es seiner Ausschließlichkeit verlustig geworden und kann den Haß gegen seine vorherigen Anmaßungen getilgt haben. So auf die Seite getreten, hat es um so mehr das Recht, zu fordern, daß es in seiner Abscheidung frei gewähren dürfe und von fremdartigen, störenden Einmischungen ferner unbehelligt bleibe.

Durch diese Ausscheidung und Einschränkung hat es seine wahrhafte Stellung und die Möglichkeit erhalten, sich um so freier und vollständiger ausbilden zu können. Das echte Kennzeichen der Freiheit und Stärke einer Organisation besteht darin, wenn die unterschiedenen Momente, die sie enthält, sich in sich vertiefen und zu vollständigen Systemen machen, ohne Neid und Furcht nebeneinander ihr Werk treiben und es sich treiben sehen, und daß alle wieder nur Teile eines großen Ganzen sind. Nur was sich abgesondert in seinem Prinzip vollkommen macht, wird ein konsequentes Ganzes, d.h. es wird *etwas*; es gewinnt Tiefe und die kräftige Möglichkeit der Vielseitigkeit. Die Besorgnis und Ängstlichkeit über Einseitigkeit pflegt zu häufig der Schwäche anzugehören, die nur der vielseitigen inkonsequenten Oberflächlichkeit fähig ist.

Wenn nun das Studium der alten Sprachen wie vorher die Grundlage der gelehrten Bildung bleibt, so ist es auch in dieser Einschränkung sehr in Anspruch genommen worden. Es scheint eine gerechte Forderung zu sein, daß die Kultur, Kunst und Wissenschaft eines Volkes auf ihre eigenen Beine zu stehen komme. Dürfen wir von der Bildung der neueren Welt, unserer Aufklärung und den Fortschritten aller Künste und Wissenschaften nicht glauben, daß sie die griechischen und römischen Kinderschuhe vertreten haben, ihrem alten Gängelbande entwachsen auf eigenem Grund und Boden fußen können?. Den Werken der Alten möchte immerhin ihr größer oder geringer angeschlagener Wert bleiben, aber sie hätten in die Reihe von Erinnerungen, gelehrter müßiger Merkwürdigkeiten, unter das bloße Geschichtliche zurückzutreten, das man aufnehmen könnte oder auch nicht, das aber nicht schlechthin für unsere höhere Geistesbildung Grundlage und Anfang ausmachen müßte.

Lassen wir es aber gelten, daß überhaupt vom Vortrefflichen auszugehen ist, so hat für das höhere Studium die Literatur der Griechen vornehmlich, und dann die der Römer, die Grundlage zu sein und zu bleiben. Die Vollendung und Herrlichkeit dieser Meisterwerke muß das geistige Bad, die profane Taufe sein, welche der Seele den ersten und unverlierbaren Ton und Tinktur für Geschmack und Wissenschaft gebe. Und zu dieser Einweihung ist nicht eine allgemeine, äußere Bekanntschaft mit den Alten hinreichend, sondern wir müssen uns ihnen in Kost und Wohnung geben, um ihre Luft, ihre Vorstellungen, ihre Sitten, selbst, wenn man will, ihre Irrtümer und Vorurteile einzusaugen und in dieser Welt einheimisch zu werden, - der schönsten, die gewesen ist. Wenn das erste Paradies das Paradies der *Menschennatur* war, so ist dies das zweite, das höhere, das Paradies des *Menschengeistes,* der in seiner schöneren Natürlichkeit, Freiheit, Tiefe und Heiterkeit wie die Braut aus ihrer Kammer hervortritt. Die erste wilde Pracht seines Aufgangs im Morgenlande ist durch die Herrlichkeit der Form umschrieben und zur Schönheit gemildert; er hat seine Tiefe nicht mehr in der Verworrenheit, Trübseligkeit oder Aufgeblasenheit, sondern sie liegt in unbefangener Klarheit offen; seine Heiterkeit ist nicht ein kindisches Spielen, sondern über die Wehmut hergebreitet, welche die Härte des Schicksals kennt, aber durch sie nicht aus der Freiheit über sie und aus dem Maße getrieben wird. Ich glaube nicht zu viel zu behaupten, wenn ich sage, daß, wer die Werke der Alten nicht gekannt hat, gelebt hat, ohne die Schönheit zu kennen.

In einem solchen Elemente nun, indem wir uns [darin] einhausen, geschieht es nicht nur, daß alle Kräfte der Seele angeregt, entwickelt und geübt werden, sondern dasselbe ist ein *eigentümlicher Stoff,* durch welchen wir uns bereichern und unsere bessere Substanz bereiten.

Es ist gesagt worden, daß die *Geistestätigkeit* an *jedem Stoffe* geübt werden könne, und als zweckmäßigster Stoff erschienen teils äußerlich nützliche, teils die sinnlichen Gegenstände, die dem jugendlichen oder kindlichen Alter am angemessensten seien, indem sie dem Kreise und der Art des Vorstellens angehören, den dies Alter schon an und für sich selbst habe.

Wenn vielleicht, vielleicht auch nicht, das Formelle von der Materie, das Üben selbst von dem gegenständlichen Kreise, an dem es geschehen soll, so trennbar und gleichgültig dagegen sein könnte, so ist es jedoch nicht um das Üben allein zu tun. Wie die Pflanze die Kräfte ihrer Reproduktion an Licht und Luft nicht nur übt, sondern in diesem Prozesse zugleich ihre Nahrung einsaugt, so muß der Stoff, an dem sich der Verstand und das Vermögen der Seele überhaupt entwickelt und übt, zugleich eine Nahrung sein. Nicht jener sogenannte nützliche Stoff, jene sinnliche

Materiatur, wie sie unmittelbar in die Vorstellungsweise des Kindes fällt, nur der geistige Inhalt, welcher Wert und Interesse in und für sich selbst hat, stärkt die Seele und verschafft diesen unabhängigen Halt, diese substantielle Innerlichkeit, welche die Mutter von Fassung, von Besonnenheit, von Gegenwart und Wachen des Geistes ist; er erzeugt die an ihm großgezogene Seele zu einem Kern von selbständigem Werte, von absolutem Zwecke, der erst die Grundlage von Brauchbarkeit zu allem ausmacht und den es wichtig ist, in allen Ständen zu pflanzen. Haben wir nicht in neueren Zeiten sogar Staaten selbst, welche solchen inneren Hintergrund in der Seele ihrer Angehörigen zu erhalten und auszubauen vernachlässigten und verachteten, sie auf die bloße Nützlichkeit und auf das Geistige nur als auf ein Mittel richteten, in Gefahren haltungslos dastehen und in der Mitte ihrer vielen nützlichen Mittel zusammenstürzen sehen?

Den edelsten Nahrungsstoff nun und in der edelsten Form, die goldenen Äpfel in silbernen Schalen, enthalten die Werke der Alten, und unvergleichbar mehr als jede anderen Werke irgendeiner Zeit und Nation. Ich brauche an die Großheit ihrer Gesinnungen, an ihre plastische, von moralischer Zweideutigkeit freie Tugend und Vaterlandsliebe, an den großen Stil ihrer Taten und Charaktere, das Mannigfaltige ihrer Schicksale, ihrer Sitten und Verfassungen nur zu erinnern, um die Behauptung zu rechtfertigen, daß in dem Umfange keiner Bildung soviel Vortreffliches, Bewundernswürdiges, Originelles, Vielseitiges und Lehrreiches vereinigt war.

Dieser Reichtum aber ist an die *Sprache* gebunden, und nur durch und in dieser erreichen wir ihn in seiner ganzen Eigentümlichkeit. Den Inhalt geben uns etwa Übersetzungen, aber nicht die Form, nicht die ätherische Seele desselben. Sie gleichen den nachgemachten Rosen, die an Gestalt, Farbe, etwa auch Wohlgeruch den natürlichen ähnlich sein können; aber die Lieblichkeit, Zartheit und Weichheit des Lebens erreichen jene nicht. Oder die sonstige Zierlichkeit und Feinheit der Kopie gehört nur dieser an, an welcher ein Kontrast zwischen dem Inhalte und der nicht mit ihm erwachsenen Form sich fühlbar macht. Die Sprache ist das musikalische Element, das Element der Innigkeit, das in der Übertragung verschwindet, - der feine

Duft, durch den die Sympathie der Seele sich zu genießen gibt, aber ohne den ein Werk der Alten nur schmeckt wie Rheinwein, der verduftet ist.

Dieser Umstand legt uns die hart scheinende Notwendigkeit auf, die Sprachen der Alten gründlich zu studieren und sie uns geläufig zu machen, um ihre Werke in dem möglichsten Umfang aller ihrer Seiten und Vorzüge genießen zu können. Wenn wir uns über die Mühe, die wir hierzu anwenden müssen, beschweren wollten und es fürchten oder bedauern könnten, die Erwerbung anderer Kenntnisse und Fertigkeiten darüber zurücksetzen zu müssen, so hätten wir das Schicksal anzuklagen, das uns in unserer eigenen Sprache nicht diesen Kreis klassischer Werke hat zuteil werden lassen, die uns die mühevolle Reise zu dem Altertum entbehrlich machten und den Ersatz für dasselbe gewährten.

Nachdem ich von dem *Stoffe* der Bildung gesprochen, führt dieser Wunsch darauf, noch einige Worte über das *Formelle* zu sagen, das in ihrer Natur liegt.

Das Fortschreiten der Bildung ist nämlich nicht als das ruhige Fortsetzen einer Kette anzusehen, an deren frühere Glieder die nachfolgenden zwar mit Rücksicht auf sie gefügt würden, aber aus eigener Materie und ohne daß diese weitere Arbeit gegen die erstere gerichtet wäre. Sondern die Bildung muß einen früheren Stoff und Gegenstand haben, über den sie arbeitet, den sie verändert und neu formiert. Es ist nötig, daß wir uns die Welt des Altertums erwerben, so sehr, um sie zu besitzen, als noch mehr, um etwas zu haben, das wir verarbeiten. - Um aber zum *Gegenstande* zu werden, muß die Substanz der Natur und des Geistes uns gegenübergetreten sein, sie muß die Gestalt von etwas Fremdartigem erhalten haben. - Unglücklich der, dem seine unmittelbare Welt der Gefühle entfremdet wird; denn dies heißt nichts anderes, als daß die individuellen Bande, die das Gemüt und den Gedanken heilig mit dem Leben befreunden, Glauben, Liebe und Vertrauen, ihm zerrissen wird! - Für die Entfremdung, welche Bedingung der theoretischen Bildung ist, fordert diese nicht diesen sittlichen Schmerz, nicht das Leiden des Herzens, sondern den leichteren Schmerz und Anstrengung der Vorstellung, sich mit einem Nicht-Unmittelbaren, einem Fremdartigen, mit etwas der Erinnerung, dem Gedächtnisse und dem

Denken Angehörigen zu beschäftigen. - Diese Forderung der Trennung aber ist so notwendig, daß sie sich als ein allgemeiner und bekannter Trieb in uns äußert. Das Fremdartige, das Ferne führt das anziehende Interesse mit sich, das uns zur Beschäftigung und Bemühung lockt, und das Begehrenswerte steht im umgekehrten Verhältnisse mit der Nähe, in der es steht und gemein mit uns ist. Die Jugend stellt es sich als ein Glück vor, aus dem Einheimischen wegzukommen und mit Robinson eine ferne Insel zu bewohnen. Es ist eine notwendige Täuschung, das Tiefe zuerst in der Gestalt der Entfernung suchen zu müssen; aber die Tiefe und Kraft, die wir erlangen, kann nur durch die Weite gemessen werden, in die wir von dem Mittelpunkte hinwegflohen, in welchen wir uns zuerst versenkt befanden und dem wir wieder zustreben.

Auf diesen Zentrifugaltrieb der Seele gründet sich nun überhaupt die Notwendigkeit, die Scheidung, die sie von ihrem natürlichen Wesen und Zustand sucht, ihr selbst darreichen und eine ferne, fremde Welt in den jungen Geist hineinstellen zu müssen. Die Scheidewand aber, wodurch diese Trennung für die Bildung, wovon hier die Rede ist, bewerkstelligt wird, ist die Welt und Sprache der Alten; aber sie, die uns von uns trennt, enthält zugleich alle Anfangspunkte und Fäden der Rückkehr zu sich selbst, der Befreundung mit ihr und des Wiederfindens seiner selbst, aber seiner nach dem wahrhaften allgemeinen Wesen des Geistes.

Diese allgemeine Notwendigkeit, welche die Welt der Vorstellung so sehr als die Sprache als solche umfaßt, wenn wir sie auf die Erlernung der letzteren anwenden, so erhellt von selbst, daß die mechanische Seite davon mehr als bloß ein notwendiges Übel ist. Denn das Mechanische ist das [dem] Geiste Fremde, für den es Interesse hat, das in ihn hineingelegte Unverdaute zu verdauen, das in ihm noch Leblose zu verständigen und zu seinem Eigentume zu machen.

Mit diesem mechanischen Momente der Spracherlernung verbindet sich ohnehin sogleich das *grammatische Studium,* dessen Wert nicht hoch genug angeschlagen werden kann, denn es macht den Anfang der logischen Bildung aus, - eine Seite, die ich noch zuletzt berühre, weil sie beinahe in Vergessenheit gekommen zu sein scheint. Die

Grammatik hat nämlich die Kategorien, die eigentümlichen Erzeugnisse und Bestimmungen des Verstandes zu ihrem Inhalte; in ihr fängt also der Verstand selbst an, *gelernt* zu werden. Diese geistigsten Wesenheiten, mit denen sie uns zuerst bekannt macht, sind etwas höchst Faßliches für die Jugend, und wohl nichts Geistiges [ist] faßlicher als sie; denn die noch nicht umfassende Kraft dieses Alters vermag das Reiche in seiner Mannigfaltigkeit nicht aufzunehmen; jene Abstraktionen aber sind das ganz Einfache. Sie sind gleichsam die einzelnen Buchstaben, und zwar die Vokale des Geistigen, mit denen wir anfangen, [um] es buchstabieren und dann lesen zu lernen. - Alsdann trägt die Grammatik sie auch auf eine diesem Alter angemessene Art vor, indem sie dieselben durch äußerliche Hilfsmerkmale, welche die Sprache meist selbst enthält, unterscheiden lehrt; um etwas besser, als jedermann rot und blau unterscheiden kann, ohne die Definitionen dieser Farben nach der Newtonschen Hypothese oder einer sonstigen Theorie angeben zu können, reicht jene Kenntnis vorerst hin, und es ist höchst wichtig, auf diese Unterschiede aufmerksam gemacht worden zu sein. Denn wenn die Verstandesbestimmungen, weil wir verständige Wesen sind, *in uns sind* und wir dieselben unmittelbar verstehen, so besteht die erste Bildung darin, sie zu *haben,* d.h. sie zum Gegenstande des Bewußtseins gemacht zu haben und sie durch Merkmale unterscheiden zu können.

Indem wir durch die grammatische Terminologie uns in Abstraktionen bewegen lernen und dies Studium als die elementarische Philosophie anzusehen ist, so wird es wesentlich nicht bloß als Mittel, sondern als Zweck - sowohl bei dem lateinischen als bei dem deutschen Sprachunterricht - betrachtet. Der allgemeine oberflächliche Leichtsinn, den zu vertreiben der ganze Ernst und die Gewalt der Erschütterungen, die wir erlebt, erforderlich war, hatte, wie im Übrigen, so bekanntlich auch hier das Verhältnis von Mittel und Zweck verkehrt und das materielle Wissen einer Sprache höher als ihre verständige Seite geachtet. - Das grammatische Erlernen einer *alten* Sprache hat zugleich den Vorteil, anhaltende und unausgesetzte Vernunfttätigkeit sein zu müssen; indem hier nicht, wie bei der Muttersprache, die unreflektierte Gewohnheit die richtige Wortfügung herbeiführt, sondern es notwendig ist, den durch den Verstand bestimmten Wert der Redeteile vor Augen zu nehmen und die Regel zu ihrer Verbindung zu Hilfe zu rufen. Somit aber findet ein beständiges Subsumieren des Besonderen unter das Allgemeine und Besonderung des Allgemeinen statt, als worin ja die Form der Vernunfttätigkeit besteht. - Das strenge grammatische Studium ergibt sich also als eines der allgemeinsten und edelsten Bildungsmittel.

Dies zusammen, das Studium der Alten in ihrer eigentümlichen Sprache und das grammatische Studium, macht die *Grundzüge des Prinzips* aus, *welches unsere Anstalt charakterisiert.* Dieses *wichtige Gut,* so reich es schon an sich selbst ist, begreift darum nicht den ganzen Umfang der Kenntnisse, in welche unsere vorbereitende Anstalt einführt. Außerdem, daß schon die Lektüre der alten Klassiker so gewählt ist, um einen lehrreichen Inhalt darzubieten, befaßt die Anstalt auch den Unterricht fernerer Kenntnisse, die einen Wert an und für sich haben, von besonderer Nützlichkeit oder auch eine Zierde sind. Ich brauche diese Gegenstände hier nur zu nennen; ihr Umfang, ihre Behandlungsweise, die geordnete Stufenfolge in denselben und in ihren Verhältnissen zu anderen, die Übungen, die an sie angeknüpft werden, ist in der gedruckt auszuteilenden Nachricht näher zu ersehen. Diese Gegenstände sind also im allgemeinen: Religionsunterricht, deutsche Sprache nebst Bekanntmachung mit den vaterländischen Klassikern, Arithmetik, späterhin Algebra, Geometrie, Geographie, Geschichte, Physiographie, welche die Kosmographie, Naturgeschichte und Physik in sich begreift, philosophische Vorbereitungswissenschaften; ferner französische, auch für die künftigen Theologen hebräische Sprache, Zeichnen und Kalligraphie. Wie wenig diese Kenntnisse vernachlässigt werden, ergibt sich aus der einfachen Rechnung, daß, wenn wir die vier letzteren Unterrichtsgegenstände nicht in Anschlag bringen, zwischen jenen zuerst genannten und den alten Sprachen die Zeit des Unterrichts in allen Klassen genau *zur Hälfte* geteilt ist; die erwähnten Gegenstände aber mit eingerechnet, fällt auf das Studium der alten Sprachen nicht die Hälfte, sondern nur zwei Fünfteile des ganzen Unterrichts ...

Über den Vortrag der Philosophie auf Gymnasien (1812)

... A. Im allgemeinen unterscheidet man [ein] philosophisches *System* mit seinen *besonderen Szientien* und das *Philosophieren* selbst. Nach der modernen Sucht, besonders der Pädagogik, soll man nicht sowohl in dem *Inhalt* der Philosophie unterrichtet werden, als daß man *ohne Inhalt philosophieren lernen* soll; das heißt ungefähr: man soll reisen und immer reisen, ohne die Städte, Flüsse, Länder, Menschen usf. kennenzulernen.

Fürs erste, indem man eine Stadt kennenlernt und dann zu einem Flusse, anderen Stadt usf. kommt, lernt man ohnehin bei dieser Gelegenheit reisen, und man lernt es nicht nur, sondern reist schon wirklich. So, indem man den Inhalt der Philosophie kennenlernt, lernt man nicht nur das Philosophieren, sondern philosophiert auch schon wirklich. Auch wäre der Zweck des Reisenlernens selbst nur, jene Städte usf., den *Inhalt* kennenzulernen.

Zweitens enthält die Philosophie die höchsten *vernünftigen Gedanken über die wesentlichen Gegenstände,* enthält das *Allgemeine* und *Wahre* derselben; es ist von großer Wichtigkeit, mit diesem Inhalt bekanntzuwerden und diese *Gedanken in den Kopf zu bekommen.* Das traurige, bloß formelle Verhalten, das perennierende inhaltslose Suchen und Herumtreiben, das unsystematische Räsonieren oder Spekulieren hat das Gehaltleere, das Gedankenleere der Köpfe zur Folge, daß sie *nichts können.* Die Rechtslehre, Moral, Religion ist ein Umfang von wichtigem Inhalt; ebenso ist die Logik eine inhaltsvolle Szienz, die objektive (Kant: transzendentale) enthält die Grundgedanken vom *Sein, Wesen,* Kraft, Substanz, Ursache usf., die andere die *Begriffe, Urteile,* Schlüsse usf., ebenso wichtige Grundbestimmungen, - die Psychologie *Gefühl, Anschauung* usf.; - die philosophische Enzyklopädie endlich überhaupt den ganzen Umfang. Die *Wolffischen Szientien,* Logik, Ontologie, Kosmologie usf., Naturrecht, Moral usf., sind mehr oder minder verschwunden; aber darum ist die Philosophie nicht weniger ein systematischer Komplex *inhaltsvoller Szientien.* - Ferner aber ist die Erkenntnis des *absolut Absoluten* (denn jene Szientien sollen ihren besonderen Inhalt auch in seiner *Wahrheit,* d.h. in seiner Absolutheit kennenlernen) nur allein möglich durch die Erkenntnis der

Totalität in ihren Stufen eines Systems; und jene Szientien sind ihre Stufen. Die Scheu vor einem *System* fordert eine Bildsäule des Gottes, die *keine Gestalt* haben solle. Das unsystematische Philosophieren ist ein zufälliges, fragmentarisches Denken, und gerade die *Konsequenz* ist die formelle Seele zu dem wahren Inhalt.

Drittens. Das Verfahren im Bekanntwerden mit einer inhaltsvollen Philosophie ist nun kein anderes als das *Lernen.* Die Philosophie muß *gelehrt und gelernt werden,* so gut als jede andere Wissenschaft. Der unglückselige Pruritus, zum *Selbstdenken* und *eigenen Produzieren* zu erziehen, hat diese Wahrheit in Schatten gestellt, - als ob, wenn ich, was Substanz, Ursache, oder was es sei, lerne, *ich* nicht *selbst* dächte, als ob *ich* diese Bestimmungen nicht *selbst* in meinem Denken *produzierte,* sondern dieselben als *Steine* in dasselbe geworfen würden, - als ob ferner, indem ich ihre Wahrheit, die Beweise ihrer synthetischen Beziehungen, oder ihr dialektisches Übergehen einsehe, nicht *selbst* diese Einsicht erhielte, nicht selbst von diesen Wahrheiten mich überzeugte, - als ob, wenn ich mit dem pythagoreischen Lehrsatz und seinem Beweise bekannt geworden bin, nicht *ich selbst* diesen Satz wüßte und seine Wahrheit bewiese. Sosehr an und für sich das philosophische Studium Selbsttun ist, ebensosehr ist es ein *Lernen* - das Lernen einer *bereits vorhandenen,* ausgebildeten Wissenschaft. Diese ist ein Schatz von erworbenem, herausbereitetem, gebildetem Inhalt; dieses vorhandene Erbgut soll vom Einzelnen erworben, d.h. *gelernt* werden. Der Lehrer besitzt ihn; er denkt ihn vor, die Schüler denken ihn nach. Die philosophischen Szientien enthalten von ihren Gegenständen die *allgemeinen wahren* Gedanken; sie sind das resultierende Erzeugnis der Arbeit der denkenden Genies aller Zeiten; diese wahren Gedanken übertreffen das, was ein ungebildeter junger Mensch mit *seinem* Denken herausbringt, um ebensoviel, als jene Masse von genialischer Arbeit die Bemühung eines solchen jungen Menschen übertrifft. Das originelle, eigentümliche Vorstellen der Jugend über die wesentlichen Gegenstände ist teils noch ganz dürftig und leer, teils aber in seinem unendlich größeren Teile *Meinung, Wahn, Halbheit, Schiefheit, Unbestimmtheit.* Durch das Lernen tritt an die Stelle von diesem Wähnen die Wahrheit. Wenn einmal der Kopf voll Gedanken ist, dann

erst hat er die Möglichkeit, selbst die Wissenschaft weiter-
zubringen und eine wahrhafte Eigentümlichkeit in ihr zu
gewinnen; darum aber ist es in öffentlichen Unterrichtsanstalten, vollends in Gymnasien nicht zu tun, sondern das
philosophische Studium ist wesentlich auf diesen Gesichtspunkt zu richten, daß dadurch *etwas gelernt,* die *Unwissenheit verjagt,* der *leere Kopf mit Gedanken und Gehalt*
erfüllt und jene *natürliche Eigentümlichkeit des Denkens,*
d.h. die Zufälligkeit, Willkür, Besonderheit des Meinens
vertrieben werde.

B. Der philosophische Inhalt hat in seiner *Methode*
und *Seele* drei Formen; 1. ist er *abstrakt,* 2. *dialek-
tisch,* 3. *spekulativ. Abstrakt,* insofern er im Elemente des
Denkens überhaupt ist; aber bloß abstrakt dem Dialektischen und Spekulativen gegenüber ist er das sogenannte
Verständige, das die Bestimmungen in ihren festen Unterschieden festhält und kennenlernt. Das *Dialektische* ist die
Bewegung und Verwirrung jener festen Bestimmtheiten, -
die *negative* Vernunft. Das *Spekulative* ist das positiv
Vernünftige, das *Geistige,* erst eigentlich Philosophische.

Was den Vortrag der Philosophie auf Gymnasien betrifft, so ist erstens die *abstrakte* Form zunächst die Hauptsache. Der Jugend muß zuerst das Sehen und Hören vergehen, sie muß vom konkreten Vorstellen abgezogen, in die
innere Nacht der Seele zurückgezogen werden, auf diesem
Boden sehen, Bestimmungen festhalten und unterscheiden
lernen.

Ferner, *abstrakt lernt man denken* durch abstraktes
Denken. Man kann nämlich entweder vom Sinnlichen,
Konkreten anfangen wollen und dieses zum Abstrakten
durch Analyse heraus- und hinaufpräparieren, so - wie es
scheint - den *naturgemäßen* Gang nehmen, wie auch so
vom Leichteren zum Schwereren aufsteigen. Oder aber
man kann gleich vom Abstrakten selbst beginnen und dasselbe an und für sich nehmen, lehren und verständlich
machen. *Erstlich,* was die Vergleichung beider Wege betrifft, so ist der erste gewiß *naturgemäßer,* aber darum der
unwissenschaftliche Weg. Obwohl es naturgemäßer ist, daß
eine das Runde ungefähr enthaltende Scheibe aus einem
Baumstamme, durch Abstreifen der ungleichen, herausste-
henden Stückchen nach und nach abgerundet worden sei, so
verfährt doch der Geometer nicht so, sondern er macht mit

dem Zirkel oder der freien Hand *gleich* einen *genauen abstrakten* Kreis. Es ist der *Sache gemäß,* weil das Reine, das Höhere, das Wahrhafte *natura prius* ist, mit ihm in der Wissenschaft auch anzufangen; denn sie ist das Verkehrte des bloß naturgemäßen, d.h. ungeistigen Vorstellens; wahrhaft ist jenes das Erste, und die Wissenschaft soll tun, wie es wahrhaft ist. - *Zweitens* ist es ein völliger *Irrtum,* jenen naturgemäßen, beim *konkreten* Sinnlichen anfangenden und zum Gedanken fortgehenden Weg für den *leichteren* zu halten. Er ist im Gegenteil der schwerere, - wie es leichter ist, die Elemente der Tonsprache, die einzelnen Buchstaben, auszusprechen und zu lesen als ganze Worte. - Weil das Abstrakte das Einfachere ist, ist es leichter aufzufassen. Das konkrete sinnliche Beiwesen ist ohnehin wegzustreifen; es ist daher überflüssig, es vorher dazu zu nehmen, da es wieder weggeschafft werden muß, und es wirkt nur *zerstreuend.* Das Abstrakte ist als solches verständlich genug, so viel nötig ist; der rechte Verstand soll ja überdies erst durch die Philosophie hineinkommen. Es ist darum zu tun, die *Gedanken* von dem Universum in den Kopf zu bekommen; die Gedanken aber sind überhaupt das Abstrakte. Das formelle *gehaltlose* Räsonnement ist freilich auch abstrakt genug. Aber es wird vorausgesetzt, daß man Gehalt und den rechten Inhalt habe; der leere Formalismus, die gehaltlose Abstraktion aber, wäre es auch über das Absolute, wird eben durch das Obige am besten vertrieben, nämlich durch Vortrag eines bestimmten Inhalts.

Hält man sich nun bloß an die abstrakte Form des philosophischen Inhalts, so hat man eine (sogenannte) *verständige Philosophie*; und indem es auf dem Gymnasium um *Einleitung* und *Stoff* zu tun ist, so ist jener verständige Inhalt, jene systematische Masse abstrakter gehaltvoller Begriffe unmittelbar das Philosophische als *Stoff* und ist *Einleitung,* weil der Stoff überhaupt für ein *wirkliches,* erscheinendes Denken das Erste ist. Diese erste Stufe scheint daher das Vorherrschende in der Gymnasialsphäre sein zu müssen.

Die *zweite Stufe der Form* ist das *Dialektische.* Diese ist teils schwerer als das Abstrakte, teils der nach Stoff und Erfüllung begierigen Jugend das am wenigsten Interessante. Die Kantischen Antinomien sind im Normativ angegeben in Rücksicht auf Kosmologie; sie enthalten eine tiefe Grundlage über das Antinomische der Vernunft, aber diese Grundlage liegt zu verborgen und sozusagen gedankenlos und zu wenig in ihrer Wahrheit erkannt in ihnen; andernteils sind sie wirklich ein zu schlechtes Dialektisches - weiter nichts als geschrobene Antithesen: ich habe sie in meiner *Logik,* wie ich glaube, nach Verdienst beleuchtet. Unendlich besser ist die Dialektik der alten Eleatiker und die Beispiele, die uns davon aufbewahrt sind. - Da eigentlich in einem systematischen Ganzen jeder neue Begriff durch die *Dialektik des Vorhergehenden* entsteht, so hat der Lehrer, der diese Natur des Philosophischen kennt, die Freiheit, allenthalben den Versuch mit der Dialektik zu machen, so oft er mag, und, wo sie keinen Eingang findet, ohne sie zum nächsten Begriff überzugehen.

Das *Dritte* ist das eigentlich *Spekulative,* d.h. die Erkenntnis des *Entgegengesetzten in seiner Einheit,* - oder genauer, daß die Entgegengesetzten in ihrer Wahrheit eins sind. Dieses Spekulative ist erst das eigentlich Philosophische. Es ist natürlich das *Schwerste;* es ist die Wahrheit, es selbst ist in gedoppelter Form vorhanden: 1. in gemeiner, dem *Vorstellen,* der *Einbildungskraft,* auch dem *Herzen* näher gebrachter Form, z.B. wenn man von dem allgemeinen, sich selbst bewegenden, und in unendlicher Form gestaltenden Leben der Natur spricht - Pantheismus und dergleichen -, wenn man von der ewigen Liebe Gottes spricht, der darum Schöpfer ist, um zu lieben, um sich selbst in seinem ewigen Sohne und dann in einem der Zeitlichkeit dahingegebenen Sohne, der Welt anzuschauen u. dgl. Das Recht, das Selbstbewußtsein, das Praktische überhaupt enthält schon an und für sich selbst die Prinzipien oder Anfänge davon, und vom *Geiste* und dem *Geistigen* ist eigentlich auch nicht *ein* Wort zu sagen als ein spekulatives, denn er ist die Einheit im Anderssein mit sich; sonst spricht man, wenn man auch die Worte Seele, Geist, Gott braucht, doch nur von Steinen und Kohlen. - Indem man nun vom Geistigen bloß abstrakt oder verständig spricht, so kann der Inhalt doch spekulativ sein, - so gut als der Inhalt der vollkommenen Religion höchst spekulativ ist. Aber dann bringt der Vortrag, er sei begeistert oder, wenn er dies nicht ist, gleichsam erzählend, den Gegenstand nur vor die *Vorstellung,* nicht in den Begriff.

Das *Begriffene,* und dies heißt das aus der Dialektik

hervorgehende Spekulative ist allein das Philosophische in der *Form des Begriffs*. Dies kann nur sparsam im Gymnasialvortrag vorkommen; es wird überhaupt von wenigen gefaßt, und man kann zum Teil auch nicht recht wissen, ob es von ihnen gefaßt wird. - *Spekulativ denken lernen,* was als die Hauptbestimmung des vorbereitenden philosophischen Unterrichts im Normativ angegeben wird, ist daher gewiß als das notwendige Ziel anzusehen; die *Vorbereitung* dazu ist das abstrakte und dann das dialektische Denken, ferner die Erwerbung von *Vorstellungen* spekulativen Inhalts. Da der Gymnasialunterricht wesentlich vorbereitend ist, so wird er darin vornehmlich bestehen können, auf diese Seiten des Philosophierens hinzuarbeiten.

Die Organisation der Erziehungseinrichtungen

Friedrich Ernst Daniel Schleiermacher

DIE EIGENTLICHE VOLKSSCHULE

...Es muß ein gemeinsames Prinzip für den Unterricht rücksichtlich aller einzelnen Gegenstände geben. Sie stehen offenbar alle unter dem gemeinsamen Begriff der Fertigkeit, bei allen tritt außerdem die besondere Beziehung auf die Rezeptivität überwiegend hervor. Von hier aus muß ein allgemeines Prinzip sich entwickeln lassen, bei dem es dann nur darauf ankommen wird, das Spezifische durch die besondere Anwendung des allgemeinen Prinzips auf den besonderen Gegenstand herauszustellen.

Ableitung des allgemeinen Prinzips. Fragen wir: Wo sollen wir dies Prinzip eigentlich hernehmen, so haben wir etwas sehr Allgemeines schon aufgestellt, worauf wir uns hier beziehen müssen. Wir sagten, man müsse in der Erziehung keinen Moment ganz und gar der Zukunft aufopfern, sondern jeder müsse etwas für sich sein. Dies in besonderer Beziehung auf unsere Aufgabe angewendet und analysiert, heißt doch nichts anderes als: Es darf nichts die Zeit an und für sich erfüllen, was lediglich als Mittel zu einem anderen Zweck unternommen wird, jedes muß schon Zweck für sich sein. Darin liegt offenbar das Prinzip, alles den Unterricht betreffende so zu organisieren, daß jede Tätigkeit auch als Zweck an sich angesehen werden könne und auch die Befriedigung in sich selbst trage.

Es ist eine allgemeine Tatsache, daß so, wie die Kontinuität des Bewußtseins sich allmählich entwickelt, so nimmt auch die Beziehung eines jeden Moments auf Vergangenheit und Zukunft nur allmählich zu. Es wird aber in diesem Alter die Beziehung auf die Vergangenheit viel lebendiger sein, weil diese schon dem wirklichen Leben angehört und durch die Kontinuität des Bewußtseins in das Leben aufgenommen ist. Für die Zukunft hat dies Alter noch wenig Sinn, und es kann ihm nur mit wenigem Erfolg die Zumutung gemacht werden, etwas um der Zukunft willen zu tun. Es wird dies für die Jugend immer ein schwaches Motiv sein, und man wird zur Unterstützung desselben fremdartige Mittel gebrauchen müssen, welche wir doch so sehr als möglich vermeiden wollen.

Bestimmtere Fassung des Prinzips. Wir haben schon überall, wo es darauf ankam, uns einen besonderen Abschnitt für das ganze Geschäft der Erziehung zu konstruieren, die Methode angewendet, anzuknüpfen an das, was beendigt war, dann aber zugleich zu sehen auf das, was beendigt werden sollte, auf das Ende des jedesmal vorliegenden Abschnittes. Wollten wir nun die einzelne Tätigkeit allein aus dem letzten Gesichtspunkt konstruieren, so würden wir gegen das aufgestellte Prinzip sehr verstoßen. Wir würden damit der Jugend einen schlechten Dienst erweisen; je weiter vom Ende der Periode entfernt, desto weniger wirkt es, sie auf die Zukunft hinzuführen, für die sie doch einmal verschlossenen Sinnes ist; es ist ganz gegen den Charakter der Jugend, sich Vorstellungen zu machen, was sie in diesem oder jenem zukünftigen Fall würde erlernt haben müssen; es geht nicht aus dem gemeinsamen Leben zwischen Erzieher und den Zöglingen hervor, wie wir dies immer als notwendig voraussetzten. Der Erzieher freilich muß das stets im Auge haben, in welchem Zustand er die Jugend abzuliefern habe, wenn der Abschnitt vollendet ist; für die Jugend aber darf in dieser Periode nichts sein als die natürliche Anknüpfung an das, was vorher dagewesen, und als solches muß jedes seine Befriedigung in sich selbst tragen. Das Bewußtsein des Früheren, einmal recht lebendig erweckt, bleibt in der natürlich fortgesetzten gegenwärtigen Tätigkeit von selbst; die Zukunft ist nur insofern für die Jugend, als sich aus dem jedesmal Vollendeten ein neues entwickelt, dies aber muß stets eine befriedigende Frucht von dem sein, was früher getan ist. Wir können also die Aufgabe in diesen Kanon zusammenfassen: *Die ganze Reihe von Tätigkeiten ist so einzurichten, daß alles, was die Zeit erfüllt und als Aufgabe gestellt wird, seine Befriedigung in sich selbst und in dem Zusammenhange mit dem Vorhergegangenen trage.* Die Kautel ist diese, *daß der Jugend nichts gegeben werde, was bloß für die Zukunft seinen Wert habe.* Verbindet man mit dieser Kautel den positiven Kanon, *die möglich reichhaltigste Entwicklung dessen, was schon vorher dagewesen ist,* so hat man das allgemeine Prinzip für die Methode auf diesem Gebiete, der Gegenstand mag sein, welcher er will. Damit ist eine vollständige Kontinuität in der Stufenfolge der Entwicklung gesetzt.

Begründung des allgemeinen Prinzips. Wir kommen
auf dasselbe Resultat, wenn wir von einem anderen früher
aufgestellten Punkt ausgehen. Durch das Leben der Menschen untereinander muß von selbst nur in einem geringeren Maße, dasselbe zustande kommen, was durch die ab-
sichtliche pädagogische Tätigkeit in einem höheren Grade
erreicht und also beschleunigt wird. Im allgemeinen wird
dies immer gelten. Hiervon ist die unmittelbare Folge,
daß die pädagogische Einwirkung im wesentlichen darin
besteht, dem, was im gewöhnlichen gemeinsamen Leben
von selbst erfolgen würde, durch Ordnung und Zusammenhang eine größere Intensität zu geben. Die Gegenstände,
an denen Ordnung und Zusammenhang geübt wird, müssen
im Leben selbst liegen. Hieraus folgt der Kanon, den wir
schon aufgestellt haben, daß man keinen Lehrstoff nehmen
darf, welcher nachher im Leben selbst seine Geltung verliert; denn ein solcher würde in dem sich selbst überlassenen
Leben nicht vorgekommen sein. Wenn Ordnung das Prinzip
des Lebens ist, dann muß es auch das Prinzip der Methode
sein. Nun ist überall nur da Ordnung und Zusammenhang, wo sich jedes auf ein voriges bezieht und in dieser
Beziehung eine bestimmte Entwicklung ist, und wo unmittelbar eins aus dem anderen hervorgeht. Wir haben hiermit das Prinzip der Fortschreitung.

Wenn wir nun sagen, dies Prinzip solle für eine bestimmte Erziehungsperiode aufgestellt werden, und zwar
für diejenige, welche die unterweisende Tätigkeit für die
Volksschule umfaßt und in sich abgeschlossen und vollendet sein muß - indem hernach die pädagogischen Einwirkungen aufhören -, sich aber anschließt an die erste Periode, in der nur Übung der Sinnestätigkeit und Aneignung
der Sprache der Zweck war, so haben wir auch dasjenige,
wovon die *speziellere Entwicklung des allgemeinen Prinzips*
ausgehen muß. Das Prinzip ist in sich fest begründet in
seiner Anwendung auf die Volksschule, und das Spezielle für
unser Gebiet folgt unmittelbar als Resultat aus dem Allgemeinen. Es kommt nämlich darauf an, daß wir die einzelnen Gegenstände, welche den Zyklus der Volkserziehung
bilden, in einem ununterbrochenen Zusammenhange entwickeln, anknüpfend an das, was durch die erste Periode
soll geleistet sein, aber so, daß wir immer im Auge behalten das festgesetzte Ende der zweiten Periode, das Ziel,

was erreicht werden soll, die Ausübung eines bestimmten Gewerbes.

Zusammenstellung des allgemeinen Prinzips mit den Aberrationen. Alles, was man getan hat, in der Methode Fortschritte zu machen, das hat nur Vorteil gebracht und Erfolg gehabt, wenn es von dieser Ansicht ausging und ihm dieses Prinzip, wenn auch nicht immer klar ausgesprochen, zum Grunde lag. Denn wie wir es gleich im Anfang ausgesprochen haben, die Erziehung ist unter den Begriff der Kunst zu stellen, sie ist eine Sache der Kunst; und da gibt es auf diesem Gebiete Künstler, die nach einem sehr richtigen Instinkt verfuhren, ohne die Klarheit der wissenschaftlichen Erkenntnis zu haben, ohne sich des bildenden Prinzips bewußt zu sein. Alles dagegen, was von einem anderen Prinzip hervorging, ist immer auch nur Verkehrtes gewesen. - Wir erinnern nur an diese Verirrungen. Wir haben den Kanon aufgestellt, daß, sobald ein größeres gemeinsames Leben beginnt, welches wie die Schule das Erziehen zur besonderen Aufgabe sich macht, der Gegensatz von Ernst und Spiel auch bestimmter sich gestalten müsse. Nun hat man gemeint, daß der Grund, weshalb das notwendig zu Fordernde so wenig von der Schule geleistet werde, in den Schülern liege; die Jugend habe zu wenig Interesse an der ernsten, strengen Behandlung der Gegenstände, man müsse das Spiel auch in den Unterricht der Schule wieder einführen. Dies ist verkehrt, auch schon vom ethischen Prinzip aus verkehrt: Es ist Schmeichelei der Jugend, und man hat dadurch nur einer Neigung gefrönt, welche über die Ordnung des Lebens hinausgeht. Daher haben sich auch alle diese Bestrebungen sehr bald wieder verloren. - Auf der anderen Seite hat man gesagt, der Fehler liege mehr in den Lehrern und ihrem mechanischen Verfahren als in den Schülern. Es ist freilich leicht, daß sich diejenigen, die ein bestimmtes Geschäft immer mit einer gewissen Assiduität treiben, an einen Mechanismus gewöhnen, der, wie er nicht lebendig ist, auch nicht anregend sein kann. Man hat deshalb die Forderung aufgestellt, es müsse mehr Geist in den Unterricht gebracht werden. Den Geist aber hat man in jenem entgegengesetzten Extrem gesucht, in dem scheinbar Zufälligen der inneren Produktion, nämlich in dem, was wir, im Gegensatz gegen eine nach bestimmtem Typus geordnete Gedankenreihe, Einfälle nennen; und man hat gemeint, je mehr solcher einzelnen hervorspringenden Punkte, mögen sie in der Ordnung der Sache liegen oder nicht, wenn sie nur Aufmerksamkeit und Staunen erregen, im Unterricht wären, desto mehr würde das Interesse immer von neuem belebt werden und der Mechanismus verhütet. Das aber ist offenbar falsch. Das Interesse, das auf diesem Wege erregt wird, ist nicht ein Interesse an der Sache, sondern an der Individualität dessen, der sie vorträgt.

Diese Aberrationen von dem richtigen Prinzip haben jene Nachteile nicht beseitigen können, es waren erkünstelte Methoden. Läßt sich nun erwarten, daß, wenn wir nach dem aufgestellten Prinzip verfahren, die Strenge der Methode nicht die Freudigkeit und Frische der Jugend zerstören und die Kraft lähmen, die Anknüpfung an das Leben und die Beziehung auf den Moment nicht dem Ernst Eintrag tun werde, daß also jene Nachteile nicht eintreten werden?

Das läßt sich vollständig dartun. Sehen wir darauf, wie in diesem Lebensstadium des Knabenalters die Welt und das menschliche Leben immer mehr anfängt, sich aufzuschließen, so muß auch aus dem Leben *die Überzeugung* entstehen, *daß nur in der Ordnung und Regel die Kraft des Menschen liege, und daß es nur soviel Sicherheit in der Anwendung der Kräfte gibt, als es Ordnung und Regel gibt.* Wenn nun der Unterricht nicht so gestaltet ist, daß wie aus dem Leben so auch aus der Schule diese Wahrnehmung hervorgeht, so kann sie in den Kindern nicht recht lebendig werden; sie geht allmählich auch in Beziehung auf das Leben selbst verloren, und der Mensch erblickt dann überall nichts als die Willkür und Regellosigkeit; das Reich der Ordnung und Gesetzmäßigkeit ist ihm verschlossen. Je mehr das Leben in der Schule den Ernst zeigt und je mehr im Unterricht das künftige Leben sich darstellt, so daß die Zöglinge zu dem Bewußtsein kommen, daß sie ihre Kräfte können geltend machen, desto kräftiger werden sie sich entwickeln und desto freudiger werden sie sein. Ohne Ausübung gibt es kein wahres Bewußtsein der Kraft; in diesem aber liegt das größte Wohlbefinden. *Wohlbefinden ist doch nichts anderes als das Bewußtsein der Kraftanstrengung und des Gelingens. Jede Tätigkeit, in der dies beides am meisten zur Erfahrung kommt, bietet auch das meiste Wohlbefinden. Gelingen ohne Kraftanstrengung* gibt das Fade; *Kraftanstrengung ohne*

Gelingen, weil ermattend, erregt den Mißmut. Das Interesse der Jugend an allen Unterrichtsgegenständen wächst, je mehr auf der einen Seite die Kräfte angestrengt werden, auf der anderen Seite die Kraftanstrengung des Gelingens sicher ist.

Es ist überall in der menschlichen Kraftäußerung das Ineinandersein von Selbsttätigkeit und Empfänglichkeit, der Prozeß von innen nach außen und umgekehrt. Beide Prozesse müssen verbunden sein. Je mehr der *Mechanismus* dominiert, desto mehr ist bloß der Prozeß von außen nach innen in Tätigkeit, das Isoliertsein des Prozesses der Rezeptivität; je mehr die *Willkür* regiert, desto mehr ist der Prozeß von innen nach außen isoliert.

Anwendung des allgemeinen Prinzips auf die einzelnen Momente des Unterrichtes. Wenn wir daher sagen, der ganze Prozeß, der in dieser Periode vollendet werden soll, müsse als eine ununterbrochene Fortschreitung sich entwickeln, so wird es darauf ankommen, daß in allen einzelnen Momenten, in welche der Prozeß sich zerlegt, das allgemeine Prinzip bedingend sei und daß alle Unterrichtsgegenstände in solche *Elemente* nur aufgelöst werden, in denen das Lebensprinzip noch ist, nicht in solche, die dann bloß als Mechanisches fortwirken können. Von diesen wirklich lebendigen Elementen aus ist sodann dem Gesetz der Kontinuität freier Spielraum zu lassen, damit alles aus dem Vorhergehenden sich unmittelbar Entwickelnde sich fortführe...

DIE BÜRGERSCHULE

...*Das Gesamtgebiet des Unterrichts in der Bürgerschule* betrachten wir *zuerst* in seinem Verhältnis zur Volksschule und zu den wissenschaftlichen Schulen, *zweitens* in seiner Beziehung auf die Bestimmung, auf das Ziel, das wir uns für die mittlere Klasse vorgezeichnet haben, und *drittens* geben wir eine Charakteristik der einzelnen Unterrichtsgegenstände in Beziehung auf den durch das Verhältnis zu den anderen Bildungsanstalten und die eigentümliche Bestimmung der Bürgerschule bedingten Umfang und Verlauf.

Das Gesamtgebiet des Unterrichts in der Bürgerschule in seinem Verhältnis zu den anderen Bildungsanstalten im allgemeinen betrachtet. Wenn ein bestimmter Unterschied zwischen dieser

Klasse und der höheren wissenschaftlichen sein soll, so muß der Unterricht mehr an die Art, wie er in der Volksschule behandelt wird, angeknüpft werden, weniger auf die ersten Prinzipien der Wissenschaft zurückgehen. Wir unterscheiden die beiden Hauptgebiete des Unterrichtes, das formale und das materiale.

Das Gebiet der formalen Unterrichtsgegenstände.

Der Sprachunterricht. In der Sprache sind die allgemeinen Prinzipien die logischen; alle Sprachdifferenzen entwickeln sich aus den Verknüpfungsprinzipien, vermöge derer die Gedanken entstehen. Das Zurückgehen auf diese ist noch nicht ein Zurückgehen auf die ersten Prinzipien, wie es der wissenschaftlichen Bildung geziemt, bei der das eigne Denken selbst auf den höheren metaphysischen Zusammenhang zurückgeführt und dadurch begreiflich gemacht werden soll. Dies eigentlich Wissenschaftliche bleibt auch im Sprachunterricht ausgeschlossen; aber den genauen Zusammenhang des Grammatischen und Logischen müssen wir freilich immer im Auge behalten, wie wir dies schon für die Volksschule postulierten. Es würde in der Bürgerschule nur auf eine Erweiterung des Sprachunterrichts in der Volksschule ankommen.

Der mathematische Unterricht. Die Geometrie und die Arithmetik haben wir schon in der Volksschule vindiziert als Formenlehre und Zahlenlehre. Die Bürgerschule würde diese Gegenstände aufzunehmen und zu erweitern haben, ohne sich in die Konstruktion der rein wissenschaftlichen Prinzipien einzulassen. - Die *Geometrie* ist als Raumlehre zur Sinnes- und Verstandesbildung vorzüglich geeignet. In der eigentlich wissenschaftlichen Mathematik erscheint sie als ein unendlich Kleines und ist aus ganz anderen Gesichtspunkten aufzufassen. Die höhere Mathematik hat es zu tun mit dem Unendlichen der Welt, mit den Weltlinien, mit dem Krummen in allen seinen Modifikationen, dies kann nur aus dem Gesetz der Bewegung begriffen werden, das Linearische und Dynamische fällt hier in Eines zusammen, das Geradlinige erscheint nur als Hilfslinie. Die Wissenschaft in ihrer höheren Bedeutung eignet auch in Beziehung auf Mathematik nicht der Bürgerschule, wenngleich auch in ihr wie in den höheren Schulen das Geometrische in wissenschaftlicher Form gelehrt werden kann. Dies läßt sich leisten, wenn man auch nur an den Anschauungsunterricht in der Volksschule anknüpfend die Raumanschauungen klassifiziert und auf ihre Elemente zurückführt. - Die *Arithmetik* betreffend, wenn wir das Verfahren mit der Zahl mit der Buchstabenrechnung vergleichen, so erscheint diese als Abkürzung und faßt eine Menge von konkreten Fällen unter eine allgemeine Formel zusammen; das ist aber etwas ganz anderes als von der diskreten Größe ausgehen und die Verallgemeinerung bis zum Absoluten steigern: so gestaltet sich die Behandlung rein wissenschaftlich als Analysis. Ohne bis zu diesem wissenschaftlichen Standpunkt im Unterricht hinaufzusteigen, was auch einen ganz anderen Gang voraussetzen würde, kann man doch die Abkürzung und Verallgemeinerung der Rechnung mit Zahlen in einem solchen Umfange auf der mittleren Bildungsstufe einüben, daß jeder in der Praxis vorkommende Fall auf diesem Wege gelöst werden kann. Von dem Standpunkt der Volksschule aus wird schon diese Unterrichtsweise als eine wissenschaftliche erscheinen, nicht aber vom Standpunkt der höheren Mathematik...

Das Gebiet der materialen Unterrichtsgegenstände.

Geschichte und Geographie, nur auf fragmentarische Weise infolge der beschränkteren Bestimmung in der Volksschule gelehrt, sind auf der mittleren Bildungsstufe in dem Grade zu erweitern, daß die Zöglinge in ihrem späteren Leben imstande sind, die politischen Verhältnisse zu verstehen.

Naturkunde würde besonders in einem umfassenderen Umfange zu lehren sein, und zwar nicht nur in Beziehung auf das sogenannte naturhistorische und physikalische Gebiet, sondern es wäre auch das Gebiet der Chemie mit aufzunehmen. *Physik* und *Chemie* sind für diese Stufe von besonderer Bedeutung. Aber auch diese Gegenstände sind nicht vom spekulativen Standpunkt aus zu treiben, sondern mit überwiegend empirischem Charakter, wenn auch in einem bedeutend höheren Grade der Ausdehnung als in der Volksschule, deren fragmentarischer Charakter auch von diesen Gegenständen nur Fragmentarisches aufzunehmen gestattet. Es gibt auch auf der mittleren Stufe einen natürlichen Anknüpfungspunkt für Physik und Chemie, wie für die Naturgeschichte. Der erweiterte geographische Unterricht wird Veranlassung geben, auf die Verschiedenheit des Klimas Rücksicht zu nehmen, auf die Atmosphäre,

Wirkung des Lichtes, der Wärme; mit einem Worte, um das Bild der Erde aufzufassen, wird ein Hineingehen in die Naturprozesse notwendig gesetzt; der Charakter der Bürgerschule aber verlangt, daß man dabei nicht von der Spekulation ausgehe, sondern sich bestimmen lasse durch die Beziehung dieser Gegenstände auf das Geschäftsleben.

Als ein neuer Gegenstand würden in diesen Zyklus *die fremden lebenden Sprachen* aufzunehmen sein, natürlich nur der Nationen, welche im unmittelbaren Verkehr mit der erziehenden Generation stehen. In Beziehung auf den Umfang, in welchem die Kenntnis fremder Sprachen mitzuteilen ist, kann man zwei Maximen aufstellen: die Maxime der Sparsamkeit, die Maxime der Verbreitung. Man kann sich nämlich an eine bestehende Form haltend eine Hauptsprache lehren, von der man glaubt, daß sie im Geschäftsleben die allgemein verbreitetste ist; oder man hält es für zweckmäßiger, mit jedem Volke in seiner eigenen Sprache Verkehr möglich zu machen. Es kommt alles auf die Methode an, in der die einzelnen Gegenstände getrieben werden. Es läßt sich ein Verfahren denken, das zwar nicht rein wissenschaftlich ist, aber doch sehr nahe an der Wissenschaft vorbeistreift, Zeit ersparend und schnell zum Ziele führend. Wir können die lebenden Sprachen einteilen in germanische und romanische; zu den ersteren gehören, unsere Muttersprache mit eingeschlossen, die nordischen Sprachen, die dänische, schwedische; zu den letzteren die französische, spanische, italienische, portugiesische; die englische Sprache müssen wir freilich den germanischen beizählen, aber diese Sprache steht auch in besonderer Verwandtschaft mit den romanischen, sie ist die gemischteste. Wenn wir nun einen ausführlichen Unterricht in der Muttersprache zum Grunde legen, so werden von ihr aus die nordischen Sprachen, die überwiegend germanischen, auf komparative Weise zu erlernen sein; die romanischen, nach einer komparativen Grammatik zu lehren, schließen sich dann an. Unstreitig würde es ein großer Vorzug sein, wenn man dahin es bringen könnte, die Maxime der Verbreitung zu wählen; auch vom politischen Standpunkt aus ist dies sehr wünschenswert, weil der allgemeine Gebrauch einer Sprache ihr ein zu großes Übergewicht gibt.

Nachdem wir so die Grundlage gelegt haben, lassen Sie uns den Endpunkt ins Auge fassen und das Gesamtgebiet des

Unterrichts in der Bürgerschule in seiner Beziehung auf das Ziel betrachten.

Wir sahen, daß auf der mittleren Bildungsstufe diejenigen stehen, welche Handel, Fabrikation, Gewerbe im größeren Umfange betreiben. Männer dieses Standes haben schon dadurch, daß eine größere Zahl von Menschen ihnen untergeben ist, ein bedeutendes Gewicht in den Kommunen; wo irgendeine Repräsentation in der Verfassung, wenn auch nur eine engere in Beziehung auf Beratungen über die Angelegenheiten einer Kommune, sich ausbildet, wird ihnen das Vertrauen der Bürger sich zuwenden, sie werden sich also eines politischen Einflusses zu erfreuen haben. Sehen wir auf die Staatsverwaltung, so sind in vielen Zweigen gerade dieselben Kenntnisse erfordert, die diese Fabrikherren und Kaufleute haben. Es gibt eine große Anzahl von administrativen Tätigkeiten, bei denen gar nicht die Notwendigkeit einer streng wissenschaftlichen Laufbahn einzusehen ist. Sie können denen anvertraut werden, die schon infolge ihres Gewerbes im Besitz der notwendigen Kenntnisse sind. Die immer noch überwiegend geltende Maxime, daß alle, die in die Staatsverwaltung eintreten, die wissenschaftliche Laufbahn durchgemacht haben sollen, hat dadurch Befestigung bekommen, daß andere Bildungsanstalten, zweckmäßiger organisiert, fehlten. Wenn die Bildungsanstalten für diese unsere mittlere Stufe zu einer glücklicheren Organisation gelangen und ihnen ihr Recht widerfährt, so wird der Staat mit großem Vorteil einen großen Teil seiner administrativen Beamten aus diesem Bildungskreise nehmen können.

Desto notwendiger aber ist auch die Aufgabe, die Methode unbeschadet der Gründlichkeit abzukürzen. Die Grundlage bleiben immer die auf der ersten Bildungsstufe gegebenen Elemente; die Entwicklung ist ein stufenmäßiges Fortschreiten von der unmittelbaren Anschauung aus. Alle Erweiterungen, welche die Unterrichtsgegenstände der Volksschule in der Bürgerschule erlangen, sind darauf zu begründen...

Charakteristik der Unterrichtsgegenstände der Bürgerschule in Beziehung auf ihren Umfang und Verlauf.

Alle Unterrichtsgegenstände der mittleren Bildungsstufe sollen sich extensiv gar nicht, intensiv nur dadurch von der Wissenschaft unterscheiden, daß es ihnen an der wissenschaftlichen Begründung und Behandlung fehlt. Die mittlere Stufe soll das Fundament aller Bildung sein, die nicht auf dem höheren, streng wissenschaftlichen Charakter beruht; sie ist nicht nur für den eigentlich sogenannten Mittelstand bestimmt, sondern erweitert sich und greift hinein in die sogenannten höheren Stände. Nämlich in einem Staate, wo es zwar noch einen angeerbten Unterschied gibt, aber dieser allein doch nicht entscheidend ist und nicht an sich schon in jeder Beziehung berechtigt, an der Regierung teilzunehmen, werden bei weitem nicht alle, die durch ihre Geburt schon den höheren Ständen angehören, wenn sie nicht teil an der Regierung nehmen wollen, wozu eine höhere wissenschaftliche Bildung unerläßlich ist, sich diese höhere Kenntnis aneignen; sie werden also aus der mittleren Sphäre ihre Bildung entnehmen...

DIE GELEHRTENSCHULE

Die Bestimmung der wissenschaftlichen Bildungsstufe.
Wir schließen uns an das Frühere an, daß aus dieser Bildungsstufe diejenigen hervorgehen sollen, die dazu geeignet und bestimmt sind, in der Generation, der sie angehören, als Leitende aufzutreten, und zwar in den verschiedenen Lebensbeziehungen, im bürgerlichen Leben, in der Wissenschaft und der Tradition der Kenntnisse, und in der Kirche. Es muß sich nun ermitteln lassen, was hierzu gehört. Wir haben zu dem Ende an den Anfangs- und Endpunkt anzuknüpfen, und füllen den Raum dann aus.

Es ist schwierig, den Punkt mit Bestimmtheit zu bezeichnen, auf welchen zurückgegangen werden muß, um die wissenschaftliche Bildung, anknüpfend an Früheres, *anzufangen.* Wir haben diese Stufe die dritte, die wissenschaftliche genannt, insofern die Wissenschaft der Komplex der Prinzipien, die dritte Stufe aber der Ort ist, wo man die Prinzipien auffinden und anwenden lernen soll. Hätten wir gesagt, der Ort, wo die Prinzipien mitgeteilt werden, so konnte daran ein Mißverständnis sich knüpfen. Es gibt hier keine Mitteilung; Mitteilung der Prinzipien beruht nur auf Autorität, diese hat in der Wissenschaft keine Geltung, nur eigene Überzeugung. Diese kann nur von innen heraus kommen, also die Prinzipien müssen eigentlich selbst gefunden werden.

Auf die Frage, wo wir nun anknüpfen sollen, gibt es

keine einfache Antwort. Die Antwort beruht auf den verschiedenen Ansichten von den zu Bildenden überhaupt; sie muß daher verschieden ausfallen. Nimmt man an, daß ein angestammter Unterschied sei zwischen denen, welche die leitenden Prinzipien erzeugen und anwenden, und den Geleiteten, so würde der Anfangspunkt der pädagogischen Tätigkeit überhaupt auch der Anfangspunkt einer verschiedenen Behandlung sein müssen. Wenn man aber von der Voraussetzung ausgeht, daß die Differenz sich erst allmählich entwickelt, und daß die Wahl des Berufs nur infolge der Übereinstimmung und der Überzeugung der Erzieher und der Zöglinge erfolgen kann, so tritt der Anfangspunkt der verschiedenen pädagogischen Tätigkeit erst später ein. Die erstere Ansicht findet in dem geschichtlichen Gebiet, auf welches wir Rücksicht nehmen, keine Geltung mehr; die geschichtliche Entwicklung spricht für die zweite Ansicht. Es ist jetzt nur noch von einer angestammten Ungleichheit in Beziehung auf die Leitung des Staates die Rede; unsere Gesamtaufgabe kann dadurch nicht alteriert werden, und nur zum großen Nachteil wird es gereichen, wenn für die Leitenden die Notwendigkeit, im Besitz der leitenden Prinzipien der Erkenntnis zu sein, geleugnet wird.

Nehmen wir also an, daß nicht vom ersten Anfangspunkt der pädagogischen Tätigkeit an diejenigen unterschieden werden können, die einen solchen Beruf in sich haben, sondern daß die Unterscheidung erst allmählich sich ergeben kann, so entsteht die Frage, wann ergibt sie sich? Wenn es sich ausführen ließe, daß die Jugend, außer denen, die schon früher aus der Volksschule und der niederen Bürgerschule in die mechanische Gewerbstätigkeit übergehen, gemeinschaftlich in der höheren Bürgerschule unterrichtet, und daß nach Vollendung dieses Zyklus entschieden würde, welche in die Geschäftätigkeit übergehen könnten, und welche für die wissenschaftliche Ausbildung Fähigkeit und Neigung hätten: so wäre das das Sicherste, und es würde dann das neue, höhere Bildungsreis auf die vorhergegangene reale Bildung gepfropft. Je länger das Zusammenleben dauert, desto gründlicher kann Beobachtung angestellt werden; je länger das gemeinschaftliche Fortschreiten genährt wird, zu desto sicherer Selbsterkenntnis kommt die Jugend; desto fester würde also auch die Überzeugung und die Übereinstimmung sein, desto seltener würde die Notwendigkeit eintreten, daß Individuen die wissenschaftliche Bahn infolge ihrer Untüchtigkeit nach großem Zeitverlust verlassen.

Aber ist dies nun auch ausführbar? Um diese Frage zu beantworten, müssen wir wie bisher den Anfangspunkt, so nun den *Endpunkt* der wissenschaftlichen Bildungsstufe ins Auge fassen. Läßt sich innerhalb des Zeitraumes vom Endpunkt der realen Bildung bis zum Endpunkte der pädagogischen Einwirkung überhaupt, wo eine vollständige Selbständigkeit eintritt, die ganze Aufgabe lösen?

Wir können a priori keine entscheidende Antwort geben, sondern müssen auf den gegebenen Zustand zurückgehen. Mancherlei Beschränkungen ergeben sich daraus. Nach vollendeter Erziehung beginnt die eigene Tätigkeit im öffentlichen gemeinsamen Leben, im Staatsdienst, in der Wissenschaft und ihrer Mitteilung, im Dienst der Kirche. Die selbständige Tätigkeit erfordert aber wiederum, wenn man von den Prinzipien hergekommen ist, in Beziehung auf das Positive, die individuellen, bestimmten Zustände, eine Vorübung, der man auch Raum gönnen muß. Wenn nun die Rücksicht auf die Bildung eines eigenen Hausstandes und auf Vermögensverhältnisse wünschenswert macht, daß auch die Vorübung auf den Berufszweig innerhalb des angegebenen Zeitraumes vollendet werde, so muß entweder die allgemeine Bildungszeit oder die Vorübungszeit auf den speziellen Beruf abgekürzt werden...

Können wir nun von unserm Standpunkt aus hierüber entscheiden? Wir haben zweierlei, woran wir anknüpfen. Wir sagten erstens, es müsse immer ein Gleichgewicht sein zwischen Rezeptivität und Produktivität. Die Produktivität ist nun aber immer Praxis schon; je mehr jenes Gleichgewicht da ist, desto mehr wird der Gegensatz zwischen Theorie und Praxis schwinden. Zweitens, die Jugend müsse so erzogen in das Leben eintreten, daß sie die Aufgabe des Lebens erkenne und löse, und daß in ihr, wenn auch in verschiedenem Grade, die Fähigkeit liegen müsse, den gegebenen Zustand zu verbessern. Die Theorie hat also ihren bestimmten Ort auch im ganzen Leben vorzugsweise da, wo eine leitende Tätigkeit stattfindet.

Wenn nun in der Erziehungszeit die Theorie und Praxis

in dem Grade verbunden werden, in welchem Produktivität mit Rezeptivität verbunden ist, und wenn eine auf das Theoretische und das Erkennen gerichtete Produktivität nicht im Gegensatz steht mit einer an bestimmte Bedingungen gebundenen Praxis, so würde von unserm Standpunkt aus die Zeit für die allgemeine Bildung in keiner Weise zu beschränken sein, aber es würde auch die notwendige Zeit für die spezielle Vorbereitung in Beziehung auf den Beruf zu gewähren sein, und nur auf ihr notwendiges Maß gebracht, je mehr die allgemeine Bildung selber ihren Zweck erreicht hätte. Eine Abkürzung der Bildungszeit zu fordern mit Rücksicht auf das verschiedene Maß der äußeren Güter - das ist ein beschränkendes Prinzip; und wir müssen sagen, wenn wir auf unsere vorliegende Aufgabe, die leitenden Prinzipien in eine ganze Generation hineinzubringen und ihnen Kraft durch ihre Organe zu verschaffen, sehen, es sei ein unwürdiger Zustand der Gesellschaft, der dies beschränkende Prinzip festhält...

Auf diese Weise wird es möglich sein, für die allgemeine Bildung und die Vorbereitung auf den Beruf die notwendige Zeit zu gewinnen; und die allgemeine Formel, welche wir in Beziehung auf den Anfangs- und Endpunkt aufstellen, ist dann diese: *Die wissenschaftliche Bildungsstufe beginne, sobald sich die Befähigung der Individuen sicher manifestiert hat; ihre Dauer sei nicht beschränkt, ihr Endpunkt nicht bedingt durch äußere Umstände.*

Wir würden nun die wissenschaftliche Bildungsstufe konstruierend sagen, sie setze die reale Bildung voraus; ihr erstes Stadium sei die allgemeine wissenschaftliche Bildung, und zwar als ein Ganzes für sich, ihr zweites Stadium als ein Besonderes umfasse die zum Teil schon über die Erziehung hinausgehende Vorbereitung für das Berufsleben...

Das Gesamtgebiet der Unterrichtsgegenstände der wissenschaftlichen Bildungsstufe innerhalb der zweiten Periode.

Wir haben zunächst diejenigen Elemente der Untersuchungsgegenstände, welche zu den auch in der Bürgerschule zu behandelnden und auf der wissenschaftlichen Bildungsstufe notwendig mitzuteilenden oder doch vorauszusetzenden hinzukommen müssen, zu bezeichnen.

Zwei Gesichtspunkte werden uns dabei leiten. Nämlich erstens: Der Anteil an der Leitung der öffentlichen Angelegenheiten setzt ein tieferes geschichtliches Leben voraus. Denn um in einem höheren Sinne die Zukunft aus der Gegenwart zu konstruieren, muß man die Gegenwart aus der Vergangenheit konstruiert haben. Zweitens: Der Anteil an der Leitung der öffentlichen Angelegenheiten setzt eine tiefere spekulative Bildung voraus. Denn um die Zukunft aus der Gegenwart zu konstruieren und diese aus der Vergangenheit, muß man die richtige Idee des Guten und Wahren an und für sich haben; dies ist die spekulative Seite.

Bei der vorigen Bildungsform gingen wir von der Ansicht aus, Hauptrichtung sei auf den allgemeinen Verkehr, Geschichts- und Sprachkenntnis sei nötig, aber mehr in Beziehung auf das, was unmittelbar die Gegenwart betrifft. Auf der wissenschaftlichen Bildungsstufe sind die neuen Elemente Ergänzung dessen, was auf der vorigen Stufe bloß relativ gegeben war zu seinem ganzen Umfang; also Studium der Geschichte an und für sich, ohne einseitige Relativität auf die Gegenwart, jedoch ohne das Verständnis der spekulativen Prinzipien vorauszusetzen; ebenso Erweiterung der Sprachkunde. *(Historie und Philologie.)*

Der Sprachunterricht. Umfang der Sprachstudien. Die Praxis hat die Erweiterung der Sprachkunde auf die alten klassischen Sprachen beschränkt, und zwar weil diese das historische Fundament unserer Bildung sind. Sprachkunde an sich, abgesehen von dieser historischen Beziehung, zur Vorübung auf das Verständnis der spekulativen Prinzipien, so daß also die Erweiterung des Sprachunterrichts eine ganz allgemeine wird und so umfassend, daß die Differenz der Formation der Sprachen überhaupt in den Kreis des Unterrichts gezogen wird, ist in der Praxis ohne Anerkennung geblieben...

Sieht man allein auf das, was wir als den ersten Gesichtspunkt, von dem aus das Gesamtgebiet der Unterrichtsgegenstände für die wissenschaftliche Bildung konstruiert werden muß, aufgestellt haben, so wird die Kenntnis der Sprachen, welche die Wurzel unserer ganzen Bildung geworden sind, hinreichen; faßt man aber auch den anderen Gesichtspunkt in das Auge, von der Voraussetzung ausgehend, daß es auf die spekulative Bildung ankommt, so würde das Sprachstudium die von uns angedeutete Ausdehnung gewinnen müssen. Spezielle Kenntnis des Materials der Sprachen in ihrem ganzen Umfange würde dazu nicht erforderlich sein, sondern es käme nur auf das Studium der Form und der Konstruktion der Sprachen der Hauptgebiete an.

Man hat oft gefragt, ob nicht unsere eigene ältere Sprache uns näher liege als die fremden, und ob nicht also die altdeutsche Sprache ein wesentliches Element der Bildung sei. Indessen, wenn wir die Sache unparteiisch betrachten, ist nicht zu verkennen, daß in Beziehung auf das gegenwärtige öffentliche Leben die alte Literatur unseres Volkes viel weniger von Bedeutung ist als die römische und griechische. Eine solche Allgemeingültigkeit wie diese wird das Studium des Altdeutschen schwerlich erringen, sondern immer mehr in das Gebiet des Speziellen fallen und mehr der eigentlichen Philologie vorbehalten bleiben.

Ebenso ist auch schon hier und da der Versuch gemacht, neben den klassischen Sprachen die hebräische Sprache als allgemeinen Unterrichtsgegenstand zu behandeln. Viel Heilsames läßt sich hieraus aber nicht erwarten, da es ja selbst bei den Theologen mit dieser Sprachkenntnis eigentlich immer noch nicht so recht gehen will. Die hebräische Sprache als spezieller Gegenstand des Unterrichtes gehört nicht in den Kreis der allgemeinen Bildung, sondern in ein technisches Gebiet; wohl aber gehört sie ihrem Typus nach den Sprachgebieten an, deren Studium im allgemeinen und großen wir zum Objekt der Gymnasialbildung gemacht haben.

Methode des Sprachunterrichts. Alles Tote und alle Fortschreitung der Art, daß eine Menge materieller Kenntnisse abgesehen von einem eigentlichen Gebrauch mitgeteilt wird, muß vermieden werden. Beim Studium der alten Sprachen darf kein anderer Weg eingeschlagen werden als der, den wir mit Beziehung auf die Muttersprache und die neueren Sprachen überhaupt vorgezeichnet haben.

Die genaue Berücksichtigung dieser Regel wird von wesentlichem Einfluß auf die Entscheidung der Frage sein, wann der Unterricht in den alten Sprachen beginnen könne. Wir haben den *Anfangspunkt* sehr spät gesetzt, gehen aber dabei von der Voraussetzung aus, daß der methodische Unterricht in den alten Sprachen, wenn allen Anforderungen in betreff der Organisation der verschiedenen Bildungsstufen genügt werden solle, nicht früher beginnen könne, daß aber eine Vorbereitung auch auf diesen Unterricht füglich in eine frühere Zeit zu verlegen sei. Nämlich das bloß Mechanische wird sich bedeutend leichter erlernen lassen in den Jahren der Jugend, wo Spiel und Ernst noch nicht auseinandertreten. Eine Beschäftigung mit solchen Einzelheiten, fast ganz den Charakter des Spieles noch an sich tragend, wird in dieser frühen Lebenszeit ganz an ihrer Stelle sein. Darin liegt aber noch kein Grund, die alten Sprachen in die Volksschule aufzunehmen; es wird nur in den besonderen Fällen, wo eine wissenschaftliche Laufbahn schon früh angedeutet ist und die nächsten Verhältnisse eine solche Vorübung gestatten, diese mehr spielende Einübung des Mechanischen eintreten können. Wenn man glaubt, das wirkliche Studium der alten Sprachen sehr früh anfangen zu müssen, so hängt dies mit einer verwerflichen Methode zusammen. - Wenn nun in so später Zeit, wo der Unterricht in der Muttersprache schon vorausgegangen und das Verständnis der Sprache und eigene Produktivität in der Sprache bis zu einem gewissen Grade der Vollkommenheit entwickelt ist, das Studium der alten Sprachen beginnt, dann ist dadurch schon viel gewonnen für diese Sprachen, und die Methode wird eine wahrhaft lebendige, gründliche und doch abgekürzte sein. Haupt- und Zeitwort kann man zwar tabellarisch, aber weil immer gleich mit der Anwendung verbunden, lebendig mitteilen und zum unmittelbaren Gebrauch; das mehr Rezeptive, die Analysis der Sätze, und das mehr Produktive, die Komposition derselben nach den vorliegenden Sprachformen, ist zu verbinden...

Wo man über die Schwäche des Gedächtnisses klagt, da sollte man dies als einen Charakterfehler anerkennen; schwache Menschen, zerstreute, die nie bei der Sache sind, wie sie nicht mit Bewußtsein auffassen, so können sie auch nicht festhalten. - Wenn es nun auch in Beziehung auf die toten Sprachen unumgänglich notwendig ist, daß das Auffassen so bald als möglich in ein Festhalten übergeht, zumal da dieser Unterrichtsgegenstand mehr nur in den Lehrstunden vorkommt und weniger in dem gemeinsamen Leben außer der Schule, so wird doch dies am besten und sichersten durch eine zweckmäßige Methode des Sprachunterrichtes überhaupt sich erreichen lassen. Gehen wir von dem Kanon aus, daß nur mit einem lebendigen Element der Unterricht anfangen dürfe, in der Sprache mit dem Satz; und daß von dem Einfachsten allmählich bis zu dem

Komplizierten nur fortzuschreiten sei; daß das Studium der alten Sprachen, das komparative Studium des gesamten Sprachgebietes im allgemeinen und der Muttersprache und einiger neueren Sprachen im besonderen voraussetzend, durch gegenseitige Beziehung erleichtert werde; daß, wie in der Volksschule schon als notwendig aufgestellt wurde, in den Pausen zwischen kleineren und größeren Abschnitten Wiederholungen und Zusammenfassung ihre Stelle finden; daß endlich die Verbindung der Analysis mit der Komposition, die Rezeptivität mit der Produktivität gleichmäßig fortschreiten müsse: so wird sich von dem Auffassen aus schon von selbst das Festhalten ergeben, besondere Gedächtnisübungen werden nicht nötig sein. Mechanische Gedächtnisübungen stehen in Analogie mit den Strafen. So wie man sich zum Ziel setzen muß, die Strafe überflüssig zu machen, so sind auch diese mechanischen Gedächtnisübungen hinwegzuschaffen.

Die Methode wird sich uns noch klarer ergeben, wenn wir auf das *Ziel* des Studiums der alten Sprachen hinsehen. Abgesehen von der Behandlung des gesamten Sprachstudiums in Beziehung auf das Spekulative, also einfach auf das unmittelbar Praktische geachtet: Wie weit soll das Studium der alten Sprachen getrieben werden? Es könnte der Kanon, daß Rezeptivität und Produktivität in Gleichgewicht stehen müssen, Veranlassung zu der irrigen Meinung geben, daß jeder ebensogut müsse griechisch und lateinisch schreiben können wie verstehen. Wir haben demnach über das Verhältnis zwischen Produktivität und Rezeptivität auf diesem Gebiete noch eine nähere Erläuterung zu geben. Im Anfang muß die Produktivität mit der Rezeptivität vollkommen im Gleichgewicht stehen; von dem Punkte an, wo man sich mit der Literatur eines fremden Volkes beschäftigt und dieselbe sich anzueignen bestrebt, wird die eigene Produktivität zurückgedrängt; sie wird allerdings fortgesetzt, aber nur als Ergänzung, Wiederholung und als ein Mittel, um das Festhalten des Individuellen in jedem Sprachgebiete zu erleichtern. Wir tadeln keineswegs die Übungen im Schreiben des Griechischen und Lateinischen, setzen ihnen aber eine Grenze. Sie dauern so lange fort, als das Auffassen der Sprache in ihrer Eigentümlichkeit noch währt. Aber sobald dies soweit schon vollendet ist, daß man imstande ist, eigene Observationen über die Eigentümlichkeit der einzelnen Schriftsteller zu machen, dann ist dasjenige erreicht, was die eigene Produktion leisten sollte. Aber eben deshalb hören die besonderen Übungen dann auch auf. Was im besonderen den Gebrauch der lateinischen Sprache im Kreise der Gelehrten betrifft, so werden wir darüber später das Nötige sagen; die Übungen, die zu diesem Behuf angestellt werden und bei denen die Absicht zum Grunde liegt, die Produktion in das Große zu treiben, können nicht eine solche Allgemeingültigkeit haben wie die Übungen, welche notwendig sind, um die Sprache zu verstehen. Es läßt sich gar kein lebendiges Auffassen der Sprache denken ohne eigene Produktion, aber eben eine solche, die ihr bestimmtes Maß hat, über welches hinaus sie ihren Zweck verfehlen und zum Nachteil der Rezeptivität gereichen würde. - So sind auch metrische Übungen anzustellen in fremden Sprachen, wie wir dies für die Bürgerschule in Beziehung auf die Muttersprache postulierten; aber nur als vorübergehende Posten sind diese anzusehen, die gar nicht mit in die Schlußrechnung zu bringen sind. Es kann nicht die Absicht sein, lateinische und griechische Dichter zu bilden; deshalb ist kein zu großer Wert auf dergleichen Übungen zu legen, dies wäre nur ein pedantisches Mißverstehen dessen, worauf es eigentlich ankommt. - Dagegen bringen wir es lange nicht weit genug im Auffassen der Sprache im großen. Entgegengesetzte Maximen haben in dieser Beziehung geherrscht, und zwar nur zum Nachteil des wirklichen Verständnisses der Sprache. So wurde während eines längeren Zeitraums als das höchste Ziel das Ciceronianische und das Attische betrachtet, darüber alles andere vernachlässigt. Es ist dies nur eine Einseitigkeit, denn auf diese Weise fesselt man an eine einzelne Periode der Sprache, und man kann nicht sagen, daß man die Sprache im ganzen aufgefaßt habe, wenn man nur eine Stufe der Entwicklung derselben erstiegen hat. Und doch liegen in dieser Periode, die man so überaus bevorzugt hat, nicht alle für die Geschichte und Literatur bedeutenden Werke. Späterhin hat man den historischen Gang zu betreten versucht, meinend, die Jugend müsse den ganzen historischen Zyklus durchmachen; man hat sogar bedauert, daß nicht mehr vorhomerische Schriften vorhanden seien. Man verrückte sich dadurch das Ziel und umfaßte doch nicht das ganze Gebiet der Literatur, indem für einzelne Schriftsteller unverhältnismäßig mehr Zeit aufgewendet wurde als für andere, wie man denn z.B. nie in das byzantinische Zeitalter hineinging. Die Aufgabe ist allerdings nicht anders als so zu stellen, sich der Sprache in ihrem ganzen Lebenskreise, soweit er vor uns liegt, zu bemächtigen. Dies zu erreichen, kann bei richtigem Verfahren so gar schwierig nicht sein.

Wenn aber der ganze Umfang der alten Sprachen zu durchmessen ist, so muß eine *Auswahl* der Schriftsteller und Schriftstücke gemacht werden; es fragt sich, auf welche Weise diese zu bewerkstelligen sei. Es gibt uns dies Gelegenheit, das chrestomathische Verfahren mit dem Lesen ganzer Schriftsteller zu vergleichen. Lange Zeit waren Cicero und Virgil, Xenophon und Homer die einzigen Repräsentanten der Prosa und Poesie. Nun kommt es aber darauf an, die verschiedenen Gattungen und Zeitalter zu repräsentieren. Eine Vervollständigung der Repräsentation bis zur Umfassung des ganzen Sprachgebietes setzt ein chrestomathisches Verfahren voraus; denn ganze Werke und ganze Schriftsteller zu lesen ist dann nicht möglich. Leicht kann man aber bei der Auswahl das rechte Maß verfehlen. Man kann sich zu sehr beschränken, man kann zu wenig geben, zu viel abkürzen. Der Ausdruck wird doch bedingt durch den Gedanken, dieser durch den Zusammenhang. Wie soll man da aus einem Ganzen einen Ausschnitt machen? Wo es einen vollständig abgeschlossenen Zusammenhang gibt, da wäre es untunlich, einzelnes herauszugreifen; ein Fragment aus einer Rede z.B. wäre völlig unzureichend. Das Logische und Musikalische ist hier wie die einzelnen Teile und das Ganze durch einander bedingt; die Sprache der einzelnen Teile läßt sich nicht außer dem Zusammenhange mit dem Ganzen verstehen. Wo ein solcher Zusammenhang weniger stattfindet, da ist auch weniger notwendig, vollständige Schriftstücke vorzulegen. Man braucht aus Pausanias und Strabo nur einige Seiten zu lesen, um den ganzen Schriftsteller in seiner Eigentümlichkeit hinsichtlich der Sprache kennenzulernen, sowie man auch den homerischen Typus aus weniger als einem Gesange auffassen kann. Wenn man nun die Auswahl nach Grundsätzen, die in der Natur der Sache liegen, macht, und dabei ohne Liebhaberei zu Werke geht, so wird man Bedeutendes leisten können in der Zeit, die gewöhnlich auf Schulen den alten Sprachen gewidmet wird. Viel wird aber gewonnen werden, wenn die Zeit außer der Schule zweckmäßig verwendet und die Selbstbeschäftigung für die Fortschreitung benutzt wird. In der allgemeinen Volksschule war darauf gar nicht zu rechnen; in der höheren Bürgerschule sahen wir, daß solche eigene Tätigkeit die Kompensation sei, wenn in den eigentlichen Unterrichtsstunden die Produktivität nicht stark genug hervortritt, und daß sie stattfinden müsse als Vorbereitung auf die Geschäftsführung. In einem noch höheren Grade gilt dies für die Stufe, mit der wir es jetzt zu tun haben. Wenn in den Schulstunden der Typus für die Selbstbeschäftigung gegeben wird und der Lehrer sich von dem lebendigen Auffassen überzeugt hat, so kann das Fortlesen dem Privatfleiße überlassen werden. Nur würde der Vorteil aufgehoben werden, wenn ein bedeutender Teil der Unterrichtsstunden zur Korrektur und Kritik der häuslichen Arbeiten verwendet würde. Je weiter die Selbsttätigkeit sich entwickelt, desto mehr soll sie in Anspruch genommen werden; folgt man diesem Kanon, dann würde zweckmäßiger sein, weniger Unterrichtsstunden, mehr Arbeitsstunden festzusetzen, unter geregelter Beaufsichtigung und Leitung. Die Differenz der Einzelnen entwickelt sich dann auf viel bestimmtere Weise und tritt klarer hervor, die quantitative Differenz der Fortschritte, die eigentümliche Richtung, die individuelle Differenz des Geschmackes usw.: und dies ist doch von großem Einfluß in Beziehung auf die Bestimmung des Berufs.

Die spekulative Seite des Sprachstudiums, die ausführlichere eigentlich gelehrte Behandlung der einzelnen Sprachen, bleibt der höheren wissenschaftlichen Bildungsstufe vorbehalten, den Universitätsstudien; der Gymnasial-Bildung eignet nur Leichtigkeit im Gebrauche der Schriftsteller und das allgemeine Verständnis derselben, soweit dies auf empirische, aber allerdings pragmatische Weise erlangt werden kann.

Der Geschichtsunterricht. Wir haben schon zwei Stufen desselben unterschieden, nämlich einmal die beschränktere an die Gegenwart unmittelbar gebundene rein fragmentarische Behandlung in der Volksschule, und dann die weitere Ausführung auf der Stufe der realen Bildung, wobei jedoch ein Übergewicht und ein Vorzug der neueren

Geschichte anzunehmen war. Die dritte Stufe würde auch
noch etwas auszuschließen haben, nämlich die spekulative Behandlung der Geschichte, welche der Universität zu
überlassen ist. Was aber in den Gymnasien hinzukommt,
das ist nicht bloß die gleiche Berechtigung beider Teile, der
alten und neuen Geschichte, also eine ausführliche Kenntnis der alten Geschichte im Zusammenhange mit den alten Sprachen (denn Kenntnis der alten Geschichte ohne
Kenntnis der alten Sprachen ist eine durch ein fremdes
Medium gegebene Anschauung): sondern sowie durch
das Hinzukommen der alten Sprachen die komparative
Sprachkenntnis nun einen größeren Maßstab gewinnt und
der Charakter der alten und der neuen Sprachen in seiner
Grundverschiedenheit hervortritt, so wird sich auch eine
komparative Geschichtskunde ergeben. Es ist ein großer
Unterschied im Charakter der alten und neuen Zeit und in
der ganzen Formation und Entwicklungsweise der alten und
neuen Staaten; dies hervorzuheben und zum Bewußtsein
zu bringen, freilich nur so, daß eine mehr sinnliche Anschauung entsteht ohne die Klarheit der spekulativen, ist
die Aufgabe. Die Geschichte des Menschengeschlechtes in
ihrem Verlauf als ein Ganzes soll zusammengeschaut werden; ein allgemeines lebendiges Bild der Völkergeschichte
muß gegeben werden; so jedoch, daß die individuellen
Verschiedenheiten noch klarer durch die komparative Behandlung hervortretend aufgefaßt werden können, wobei
allerdings das nur Einzelne und Besondere mehr in den
Hintergrund tritt, damit nicht durch überwiegendes Her-
vordrängen der Einzelheiten die Gesamtanschauung verloren gehe. Der Charakter des früheren Unterrichtes wird
sich also verwandeln; es wird auf dieser Stufe das Einzelne
mehr zurücktreten, dem Ganzen untergeordnet werden.
Ein Übergang zu der eigentlich philosophischen Behandlung der Geschichte von der bloß empirischen Auffassung
der einzelnen Hauptsachen ist in diesem synthetischen
Pragmatismus, in diesem komparativen Zusammenschauen
gegeben. So kann auch der Geschichtsunterricht dazu dienen, zu erforschen, wieviel Anlage zur wissenschaftlichen
Betrachtungsweise in den einzelnen Zöglingen sei.

Das Geographische muß sich schon hier auch enger mit dem Physiologischen verbinden, indem bei der
Betrachtung des Erdbildes im großen beides aufeinan-

der bezogen wird. Je mehr der ursprüngliche Charakter des geographischen Unterrichtes zurücktritt, nämlich die beiden Extreme: Kenntnis dessen, was unmittelbar in das Leben eingreift, und das Erdbild in seinen allgemeinsten Grundzügen, wie dies der Volksschule eignet, desto mehr wird dieser Unterricht dem geschichtlichen in seinem größeren Umfange korrespondieren. Wesentlich ist ein zusammenhängendes, nicht nur allgemeines oder nur überwiegend zum Verständnis der neuen Zeit zusammengestelltes Erdbild, welches die verschiedenen geschichtlichen Zeiten repräsentiert, ein fortlaufendes Erdbild, und zwar nicht bloß in Beziehung auf die politische Geographie, also nur die politischen Veränderungen umfassend, sondern auch in Beziehung auf den Einfluß der Kultur, der Erfindungen usw. auf die einzelnen Länder und Ländergruppen, wobei wir freilich nur bis auf einen gewissen Punkt einzelne Teile hervorheben können. Hierdurch entsteht zugleich eine geschichtliche Ansicht der Kenntnisse, es wird anschaulich, wie und durch welche Mittel man aus der Kenntnis der Gegenwart zur Kenntnis der Vergangenheit gelangte. In dieser geschichtlichen Geographie schließt sich an die rein natürliche und atmosphärische Bildung und Entwicklung der Erdoberfläche dasjenige, was auf derselben durch den Menschen geschehen ist; das letztere erscheint als Fortsetzung des ersteren. Es erscheint eine neue Kraft, die Intelligenz, welche den Naturkräften eine andere Richtung gibt. Auf diese Weise bietet das Erdbild ein Supplement zu der eigentlich geschichtlichen Anschauung, indem diejenigen einzelnen Teile hervortreten, wo in gewissen Zeiten ein solcher Einfluß der Menschen stattgefunden hat, wo die Intelligenz ihre die Erde bildende Kraft zeigte, und wo sie dazu nicht gelangt war und gelangt ist. In diesem Ineinandergreifen von Geschichte und physischer, ethnographischer und politischer Geographie liegt die Betrachtungsweise, die den Übergang zu dem eigentlich Spekulativen bildet. Die Kenntnis des Einzelnen in seinem Zusammenhange ist eine geordnete geworden; leicht schließt sich dann daran an das Verständnis der spekulativen Prinzipien.

Das Naturstudium. Auf der Vorstufe der wissenschaftlichen Bildung kann in Beziehung auf die Naturkunde eigentlich nichts Neues zu dem, was wir der Realschule zugeschrieben haben, hinzukommen. Wir hatten schon für die mittlere Bildungsstufe das Maximum der Naturkunde, soweit sie nicht in die spekulative Betrachtungsweise eingeht, aufgestellt. Entweder ist das, was die Kenntnis der Natur darbietet, schon in die Praxis übergegangen, oder es greift noch ein in das Leben; beides muß aber derjenige, der dem Geschäftsleben sich widmet, aufnehmen, da auch das klar in der Natur Erkannte, aber noch nicht im gewerblichen Leben Angewendete seine Beziehung zur Praxis wohl finden wird. Eine höhere Stufe der Erkenntnis der Natur kann nun in den Gymnasien auch nicht erstiegen werden. Es ist dies somit ein Gegenstand, der in den Realschulen und den Gymnasien scheint einer gleichen Behandlung unterworfen werden zu müssen, denn die spekulative Betrachtung müssen wir gleichmäßig aus dem Kreise der Realschulen und Gymnasien ausschließen. Es ist hier ein Punkt gegeben, von dem aus wir die eigentliche Differenz dieser Anstalten noch schärfer ins Auge fassen können. Nehmen wir die Frage auf von dem Nebeneinanderbestehen beider Bildungsstufen oder dem Aufeinanderfolgen, so leuchtet ein, daß im letzteren Fall hier ein Gegenstand ganz ruhen würde, eben die Naturkunde, denn sie wäre schon auf der früheren Stufe absolviert. Wenn wir dagegen von der Voraussetzung des Parallelismus ausgehen, so würden wir sagen, für das praktische Leben in industrieller Hinsicht würde eine größere Rücksichtnahme auf das Naturgebiet und eine größere Fülle von Einzelheiten aus diesem Gebiete nötig sein; in den Gymnasien aber würde die Physik in kürzerer Weise gelehrt werden können, um Raum für die Philologie zu gewinnen. Aus diesem Grunde möchte der Parallelismus beider Anstalten wohl dem Aufeinanderfolgen vorzuziehen sein, nur müßte der Übergang aus der einen in die andere erleichtert sein. Der Typus der verschiedenen Bildungsweisen würde dieser sein: auf der einen Seite ein größeres Übergewicht des Philologischen, also Logischen, und die Beziehung auf die spekulative Bildung; und in der Bürgerschule ein Übergewicht des Physikalischen, also Faktischen und Praktischen, und die Beziehung auf das höhere Gewerbsleben. Demnach wäre bei dem Nebeneinanderlaufen der Realschulen und Gymnasien die Aufgabe diese, daß beim Übergang aus dem einen Bildungskreis in den anderen das Physikalische oder das

Philologische leicht nachgeholt werden könnte. Mit einem Wort, es ist zwischen der einen und anderen Form dieser Bildungsanstalten kein bedeutender Unterschied; es kommt nur darauf an, daß zunächst neben den richtig organisierten Gymnasien zweckmäßig eingerichtete Realschulen in hinreichender Anzahl begründet werden; das Verhältnis der Anstalten beider Art wird sich dann immer mehr von selbst ausgleichen und die eine die andere fördern.

Was die *mathematische Seite des Unterrichtes* betrifft, so gilt von dieser dasselbe wie von der Naturwissenschaft. Es ist in Beziehung auf die Mathematik für die Realschule ein solcher Umfang gegeben, daß wir für die wissenschaftliche Vorbereitung nichts hinzuzusetzen haben. Denn was außer dem gegebenen Umkreise noch liegt, das ist auf der einen Seite die spekulative Behandlung des Gegenstandes, auf der anderen Seite das Eingehen in die einzelnen Wissenschaften des mathematischen Gebietes: beides ist nur für diejenigen, die sich ex professo mit der Mathematik beschäftigen, und gehört der dritten Periode der Erziehung an.

Über die Anleitung zum eigenen Gebrauch der Sprache, namentlich der *Muttersprache,* haben wir noch einiges hinzuzufügen. Der eigene Gebrauch der Sprache hat eigentlich seinen nächsten Grund darin, die eigenen Gedanken auszudrücken. In Beziehung auf die fremden, namentlich alten Sprachen haben wir den eigenen Gebrauch gewissermaßen beschränkt, indem wir darauf hinwiesen, daß die Produktivität in diesen Sprachen überwiegend die Auffassung des individuellen Sprachtypus, wie er gerade vorliegt, erleichtere und der Ausdruck sein solle, wie weit es wirklich gelungen sei, einen fremden Schriftsteller zu verstehen. Verständnis fremder Gedanken und Fertigkeit, die eigenen Gedanken auszusprechen, dies haben wir von Anfang an bei Behandlung der Muttersprache ins Auge gefaßt und eng verbunden. Welche Richtung nun soll dieser in der Tat sehr bedeutende Unterrichtszweig bekommen, sowohl in Beziehung auf das praktische Leben, in welches die Jugend eintreten wird, als auch in Beziehung auf die wissenschaftlichen Prinzipien, zu deren Verständnis die Gymnasialbildung die Vorstufe ist?

Wir werden uns überwiegend an die erste Beziehung halten. Im höheren praktischen Leben und im Gebiete der

Wissenschaft ist eine große Leichtigkeit im Gebrauch der Sprache durchaus erforderlich. Es gibt keinen Zweig in dem höheren Staatsleben, in dem nicht diese Forderung gestellt wäre, nur daß es bald mehr auf mündliche, bald mehr auf schriftliche Sprachfertigkeit ankommt. Die Pädagogik hat sich nicht allein an das in der Gegenwart Bestehende zu halten, sondern auch darauf Rücksicht zu nehmen, daß in der heranwachsenden Generation die Prinzipien der Verbesserung, das Korrektiv, niedergelegt werden. Wir müssen es daher als einen großen Fehler und Mangel bezeichnen, wenn man auf diesem Unterrichtsgebiete durchaus nur auf die schriftliche Übung, nicht aber gleichmäßig auf die Fertigkeit in der mündlichen Behandlung der Sprache Wert legt. Die Übungen, welche man im mündlichen Vortrage gewöhnlich anstellt, die Deklamationen, sind nicht genügend, und Rezitation und Vortrag eigener Gedanken in freier Rede sind sehr verschieden voneinander. Die Einseitigkeit, zwar gut schreiben aber nicht sprechen zu können, ist schon unter den Verhältnissen der Gegenwart in Beziehung auf das einmal nun Bestehende etwas sehr Verderbliches. Es gibt sehr viele Lagen, in denen nur durch das unmittelbare persönliche Auftreten etwas erreicht werden kann. Wenn die Ansicht dann auch noch so vollkommen ist, aber die Fertigkeit fehlt, sie auszusprechen, so geht alle Wirkung auch der trefflichsten Einsicht verloren. Und auch abgesehen hiervon, schon ohne alle Hinsicht auf die Erreichung eines bestimmten Zweckes, die Sache an und für sich betrachtet: es ist Mangel an Bildung, wenn einer nicht imstande ist, gleich unmittelbar seine Gedanken über irgendeinen Gegenstand gehörig mitzuteilen. In jeder Rücksicht ist wünschenswert, daß man auf der Stelle seine Gedanken klar und geordnet aussprechen könne. Je mehr bei uns überall die schriftliche Behandlung der öffentlichen Angelegenheiten ein solches Maximum erreicht hat, daß man hoffen darf, es könne nicht höher steigen, sondern es müsse eine Änderung eintreten; je näher wir diesem Wendepunkt sind, und je mehr schon auch im Umkreise der deutschen Staaten die Verbesserung Eingang gefunden hat, desto deutlicher zeigt schon das Bestehende, die Gegenwart, darauf hin, daß mündliche Übungen in der Muttersprache durchaus in der Schule angestellt werden müssen.

Beide Übungen, die mündlichen und schriftlichen, gleichmäßig betreffend: sie haben angefangen mit der rein logischen Seite der Sprache, Verbindung des Denkens und Sprechens. Auch in der Volksschule sollte darauf Rücksicht genommen werden. In der Realschule dehnten wir dies aus; es kam schon mehr auf eine eigentlich philologische Behandlung der Schriftsteller an; es wurde auch eine größere Fertigkeit im eigenen Gebrauch der Sprache postuliert, insofern die in der Realschule Gebildeten schon einen leitenden Einfluß gewinnen können. Übungen in künstlerischer Komposition hatten nur den Zweck, das Verständnis der künstlerischen Produktionen der deutschen Literatur zu erleichtern. Das richtige Auffassen des Künstlerischen war auf dieser Stufe auf der einen Seite die Hauptsache; auf der anderen Seite eigene Produktion überwiegend in Beziehung auf das Gewerbsleben und die Geschäftstätigkeit. *Künstlerische Mitteilung der Gedanken* gehört in den Kreis der höchsten Bildung, von wo aus ein Einfluß auf die Menge ausgehen kann, eine Wirkung des Einzelnen durch seinen Geist auf die Masse. Was also auf der wissenschaftlichen Bildungsstufe zu den auf den vorigen Stufen vorangegangenen Übungen hinzukommen muß, das ist die Rücksicht auf die Ausschmückung der wesentlichen Gedankenreihen und auf den Wohlklang der Sprache im Vortrage...

Allgemeine Pädagogik aus dem Zweck der Erziehung abgeleitet

Johann Friedrich Herbart

...Aus der Natur der Sache kann sich unmöglich Einheit des pädagogischen Zwecks ergeben; ebendarum, weil alles von dem *einen* Gedanken ausgehen muß: *Der Erzieher vertritt den künftigen Mann beim Knaben. Folglich, welche Zwecke der Zögling künftig als Erwachsener sich selbst setzen wird, diese muß der Erzieher seinen Bemühungen jetzt setzen; ihnen muß er die* INNERE LEICHTIGKEIT *im voraus bereiten.* Er darf die Tätigkeit des künftigen Mannes nicht verkümmern, folglich sie nicht jetzt an einzelnen Punkten festheften und ebensowenig sie durch Zerstreuung schwächen. Er darf weder an der Intension noch an der Extension etwas verlorengeben, das nachher von ihm wiedergefordert werden könnte. Wie groß oder wie klein nun diese Schwierigkeit sein möge, so viel ist klar: *Weil menschliches Streben vielfach ist, so müssen die Sorgen der Erziehung vielfach sein.*

Damit aber ist nicht gesagt, daß nicht das Viele der Erziehung sich leicht einem oder wenigen *formalen* Hauptbegriffen *unterordnen* lasse. Vielmehr sondert sich uns sogleich das Reich der künftigen Zwecke des Zöglings in die Provinz der *bloß möglichen Zwecke,* die er *vielleicht* einmal ergreifen und in beliebiger Ausdehnung verfolgen möchte, und in die davon abgetrennte Provinz der *notwendigen* Zwecke, welche außer acht gelassen zu haben, er sich nie verzeihen könnte. Mit einem Wort: Der Zweck der Erziehung zerfällt nach den Zwecken der *Willkür* (nicht des Erziehers, noch des Knaben, sondern des künftigen Mannes) und den Zwecken der *Sittlichkeit.* Diese beiden Hauptrubriken liegen einem jeden sogleich vor, der sich nur an die bekanntesten Grundgedanken der Sittenlehre erinnert.

Vielseitigkeit des Interesses: Charakterstärke der Sittlichkeit

1. Wie kann der Erzieher sich die *bloß möglichen* künftigen Zwecke des Zöglings im voraus zueignen?

Das Objektive dieser Zwecke als Sache der bloßen Willkür hat für den Erzieher gar kein Interesse. Nur das *Wollen* des künftigen Mannes selbst und folglich die Summe der Ansprüche, die er *in* und *mit* diesem Wollen an sich selbst machen wird, ist dem Erzieher Gegenstand seines *Wohlwollens,* und die Kraft, die ursprüngliche Lust, die Aktivität, wodurch *jener* seinen eignen Ansprüchen wird Zahlung zu leisten haben, ist für *diesen* Gegenstand der Beurteilung nach der Idee der *Vollkommenheit.* Also schwebt uns hier nicht eine gewisse Anzahl einzelner Zwecke (die wir überhaupt nicht vorher wissen können), sondern die *Aktivität* des heranwachsenden Menschen überhaupt vor, das Quantum seiner innern unmittelbaren Belebung und Regsamkeit. Je größer dies Quantum, je *voller, ausgedehnter* und *in sich zusammenstimmender,* desto vollkommner und desto mehr Sicherheit unserm Wohlwollen.

Nur darf die Blume ihren Kelch nicht sprengen, die Fülle nicht Schwäche werden durch zu weit *fortgesetzte* Zerstreuung in Vielerlei. Die menschliche Gesellschaft hat längst Teilung der Arbeit nötig gefunden, damit jeder das, was er *fertigt,* rechtmachen könne. Aber je eingeschränkter, je verteilter das Fertigen, desto vielfältiger das *Empfangen* eines jeden Einzelnen von allen übrigen. *Da nun die geistige Empfänglichkeit auf Geistesverwandtschaft und diese auf ähnlichen Geistesübungen beruht,* so versteht sich, daß im höhern Reiche der eigentlichen Menschheit die Arbeiten nicht bis zur gegenseitigen Unkunde vereinzelt werden dürfen. Alle müssen Liebhaber für alles, jeder muß Virtuose in *einem* Fache sein. Aber die einzelne Virtuosität ist Sache der Willkür, hingegen die mannigfaltige Empfänglichkeit, welche nur aus mannigfaltigen *Anfängen* des eignen Strebens entstehen kann, ist Sache der Erziehung. Daher nennen wir als ersten Teil des pädagogischen Zwecks *"Vielseitigkeit des Interesses",* welche von ihrer Übertreibung, der *Vielgeschäftigkeit,* unterschieden werden muß. Und weil die *Gegenstände* des Wollens, die einzelnen Richtungen selbst, uns keine mehr als die andre interessieren, so setzen wir, damit nicht Schwäche neben der Stärke mißfalle, noch das Prädikat hinzu: *"Gleichschwebende* Vielseitigkeit". Dadurch wird der Sinn des gewöhnlichen Ausdrucks *"harmonische Ausbildung aller Kräfte"* erreicht sein, bei welchem zu fragen wäre, was man sich bei einer *Vielheit* von Seelenkräften denke und was *Harmonie verschiedenartiger* Kräfte be-

295

deuten solle.

2. Wie soll der Erzieher sich den *notwendigen* Zweck des Zöglings zueigenen?

Da die Sittlichkeit einzig und allein in dem eignen Wollen nach richtiger Einsicht ihren Sitz hat, so versteht sich zuvörderst von selbst, die sittliche Erziehung habe nicht etwa eine gewisse Äußerlichkeit der Handlungen, sondern die Einsicht samt dem ihr angemessenen Wollen im Gemüte des Zöglings hervorzubringen.

Die metaphysischen Schwierigkeiten, welche an dem *Hervorbringen* haften, lasse ich beiseite. Wer zu erziehen versteht, vergißt sie; wer nicht darüber hinauskann, der bedarf *vor* der Pädagogik einer Metaphysik, und der Ausgang seiner Spekulationen wird ihm zeigen, ob Erziehung für ihn ein möglicher Gedanke sein darf oder nicht.

Ich blicke ins Leben und finde sehr viele, denen die Sittlichkeit etwas Beschränkendes, sehr wenige, denen sie ein Prinzip des Lebens selbst ist. Die meisten haben einen Charakter *außer* der Güte und einen Lebensplan nur für ihre Willkür. Das Gute tun sie gelegentlich, und sie vermeiden gern das Schlechte, wenn das Bessere zum nämlichen Ziel führt. Moralische Grundsätze sind ihnen langweilig, weil daraus für sie nichts folgt als hie und da eine Hemmung des Gedankenflusses, ja, was gegen diese Hemmung anstößt, ist ihnen willkommen. Der junge Wildfang hat ihre Teilnahme, wenn er mit einiger Kraft fehlt, und sie verzeihen im Grunde ihres Herzens alles, was nicht lächerlich und tückisch ist. In *ihren* Rang den Zögling hineinzuführen, wenn *das* die Aufgabe der sittlichen Erziehung ist, so haben wir leichte Arbeit! Wir dürfen nur dafür sorgen, daß er ungeneckt, unbeleidigt im Gefühl seiner Kraft heranwachse und gewisse Prinzipien von *Ehre* bekomme, die sich leicht einprägen, weil sie von der Ehre nicht als von einem mühsamen Erwerbe, sondern als von einem Besitze reden, mit dem man von der Natur begabt sei und der nur bei gewissen Gelegenheiten nach konventionellen Formeln müsse gehütet und geltend gemacht werden. Aber wer steht uns dafür, daß nicht der *künftige* Mann das Gute selbst *aufsuchen,* es zum Gegenstand seines Willens, zum Ziel seines Lebens, zum Richtmaß seiner Selbstkritik machen werde? Wer schützt uns gegen die Strenge, die dann auf uns herübergleiten wird? Wie, wenn er uns zur Rede stellte darüber, daß wir uns unterfingen, dem Zufall vorzugreifen, der doch *vielleicht* bessere Gelegenheiten der innigen Geisteserhebung und *gewiß* nicht die Einbildung, *man sei erzogen*, herbeigeführt hätte? Man hat Beispiele der Art! Und es ist niemals sicher, sich zum Geschäftsführer eines andern aufzuwerfen, wenn man nicht Lust hat, die Sache rechtzumachen. Einem Manne vollends von streng sittlichen Begriffen gegenüber möchte wohl niemand einer so schweren Verurteilung unterliegen, als wer sich einen Einfluß über ihn anmaßte, der ihn hätte *schlechter* machen können.

Also, daß die Ideen des Rechten und Guten in aller ihrer Schärfe und Reinheit die eigentlichen Gegenstände des Willens werden, daß ihnen gemäß sich der innerste reelle Gehalt des Charakters, der tiefe Kern der Persönlichkeit bestimme mit Hintansetzung aller andern Willkür, das und nichts minderes ist das Ziel der sittlichen Bildung. Und wiewohl man mich nicht vollkommen versteht, wenn ich die Ideen des Rechten und Guten kurzweg nenne, so ist doch zu unserm Heil die Sittenlehre endlich der Halbheiten entwöhnt, zu welchen sie sich unter der Form der Genußlehre früherhin zuweilen herabließ. Mein Hauptgedanke also ist im klaren...

Vorblick auf die Maßregeln der eigentlichen Erziehung

Das Interesse geht aus von interessanten *Gegenständen* und *Beschäftigungen*. Durch den *Reichtum* derselben entsteht das *vielseitige* Interesse. Ihn herbeizuschaffen und gehörig darzubringen, ist die Sache des UNTERRICHTS, welcher die Vorarbeit, die von *Erfahrung* und *Umgang* herrührt, fortsetzt und ergänzt.

Damit der Charakter die sittliche Richtung nehme, muß die Individualität wie in einem flüssigen Elemente, das nach den Umständen ihr widersteht oder sie begünstigt, meistens aber ihr nur kaum fühlbar ist, eingetaucht erhalten werden. Dies Element ist die ZUCHT, welche hauptsächlich der *Willkür*, zum Teil auch der *Einsicht* sich wirksam beweist.

Von der Zucht ist schon oben bei Gelegenheit der Regierung, vom Unterricht in der Einleitung manches gesagt worden. Sollte daraus noch nicht hinreichend hervorgehen, warum dem Unterricht die erste, der Zucht die zweite Stelle im geordneten Durchdenken der Erziehungsmaßregeln gebühre, so könnte dies hier nur von neuem die Bitte veranlassen, auf das Verhältnis zwischen dem vielseitigen Interesse und dem sittlichen Charakter im Verfolg der Abhandlung genau zu achten. Hat die Sittlichkeit *keine* Wurzeln in der Vielseitigkeit, dann freilich kann man füglich die Zucht unabhängig vom Unterricht betrachten. Dann muß der Erzieher unmittelbar das Individuum so fassen, so reizen und drängen, daß sich das Gute mit Kraft hebe, das Schlimme sich senke und biege. Die Erzieher mögen sich fragen, ob eine so künstliche und so nachdrückliche *bloße* Zucht bisher als möglich erkannt ist. Wo nicht, so haben sie alle Ursache zu vermuten, man werde *erst die Individualität durch das erweiterte Interesse verändern und einer allgemeinen Form annähern müssen, ehe man daran denken dürfe, sie für die allgemeingültigen Sittengesetze geschmeidig zu finden,* und man werde das, was sich übernehmen lasse, bei früher verwahrlosten Subjekten außer der Rücksicht auf die vorhandene Individualität hauptsächlich nach ihrer Empfänglichkeit und Gelegenheit für die Aufnahme eines neuen und bessern Gedankenkreises abzumessen haben, so daß, wo diese Schätzung ein widriges Resultat geben sollte, weniger eigentliche Erziehung als vielmehr eine wachsame und beständige Regierung erforderlich sei, die irgendeinmal dem Staat oder andern wirksamen äußerlichen Verhältnissen müsse übertragen werden.

Begriff der Vielseitigkeit

Dem Worte *Vielseitigkeit* hat vielleicht der Sprachgebrauch noch kein hinreichend scharfes Gepräge gegeben, und so könnte leicht der Verdacht entstehen, als verstecke sich dahinter ein schwankender Begriff, der, wenn er gehörig bestimmt würde, wohl auch ein andres Zeichen finden möchte.

Jemand meinte den Ausdruck zu verbessern, wenn er *Allseitigkeit* vorschlüge. In der Tat! *wieviele* Seiten hat die Vielseitigkeit? Ist sie ein *Ganzes* - und so wurde sie vorhin im Gegensatz mit der Individualität angesehen -, so werden *alle* Teile zum Ganzen gehören, und man wird nicht von einer bloßen *Menge* der Teile reden müssen, gleich als stünde man in Verwunderung über die *große Menge* befangen.

Es wird uns vielleicht in der Folge gelingen, alle Hauptseiten der Vielseitigkeit vollständig aufzuzählen. Wenn aber die Teilungsglieder nicht geradezu als ausfüllend einen Hauptbegriff und, um ihn auszufüllen, hervortreten, wenn wir darauf rechnen, dieselben nicht beisammen, sondern einzeln und in allerlei Kombinationen zerstreut im Gemüte zu finden - endlich, *weil* wir ursprünglich das mannigfaltige Wollen nur als *Reichtum* des innern Lebens *ohne bestimmte Zahl* in den pädagogischen Zweck aufgenommen haben (Buch 1, Kap. 2, II), so ist *Vielseitigkeit* gerade dadurch der bezeichnendste Ausdruck, daß er uns warnt, irgendeins von dem Vielen so, als ob ihm das übrige notwendig hinzugedacht werden müßte, dem ganzen *Aggregate* beizuzählen.

Wiewohl nun die vielerlei Richtungen des Interesses ebenso bunt auseinanderfahren sollen, als ihre Gegenstände uns bunt und mannigfaltig erscheinen, so sollen sie doch sämtlich von *einem* Punkte her sich verbreiten. Oder, die vielen Seiten sollen wie verschiedene Flächen eines Körpers Seiten der nämlichen Person darstellen. In ihr müssen alle Interessen *einem* Bewußtsein zugehören; diese Einheit dürfen wir nie verlieren.

Es ist leicht zu sehen, daß wir hier das Subjektive vom Objektiven der Vielseitigkeit unterschieden haben. Da wir zunächst den bloßen formalen Begriff derselben entwickeln wollen ohne Rücksicht auf die Materialien der vielseitigen Bildung, so haben wir im Objektiven noch weiter nichts zu unterscheiden. Hingegen das Subjektive gibt uns zu denken. Werden wir, um nicht einseitig zu sein, uns in den *Flattersinn* stürzen? Jeden Augenblick ist der Flattersinnige ein andrer, wenigstens anders gefärbt; denn er für sich ist eigentlich gar nichts. Er, der sich den Eindrücken und Phantasien wegwarf, hat nie weder sich noch seine Gegenstände besessen. Die vielen Seiten sind nicht da; denn die Person fehlt, deren Seiten sie sein könnten.

Jetzt ist die Entwicklung vorbereitet.

Vertiefung und Besinnung

Wer jemals sich irgendeinem Gegenstand menschlicher Kunst mit Liebe hingab, der weiß, was *Vertiefung* heißt. Denn welches Geschäft und welche Art des Wissens ist so schlecht, welcher Gewinn auf dem Wege der Bildung läßt sich so ganz ohne Verweilung erhaschen, daß man nicht nötig hätte, eine Zeitlang von allem andern die Gedanken abzuziehen, um sich hier einzusenken! Wie jedem Gemälde seine Beleuchtung gehört, wie die Richter des Geschmacks für jedes Kunstwerk eine eigne Stimmung des Betrachtenden fordern, *so gehört allem,* was würdig ist, bemerkt, gedacht, empfunden zu werden, eine eigne Sorgfalt, um es richtig und ganz zu fassen, um sich *hineinzuversetzen.*

Das Individuum faßt richtig, was ihm gemäß ist; aber je mehr es sich dafür bildete, desto gewisser *verfälscht* es durch seine habituelle Stimmung *jeden andern Eindruck.* Das soll der Vielseitige nicht. Ihm sind viele Vertiefungen angemutet. Er soll jedes mit reinlicher Hand fassen, er soll jedem sich ganz geben. Denn nicht allerlei verworrene Spuren sollen ihm eingeritzt sein; das Gemüt soll nach vielen Seiten deutlich auseinandertreten.

Es fragt sich, wie dabei die Persönlichkeit gerettet werden könne. Persönlichkeit beruht auf der Einheit des Bewußtseins, auf der Sammlung, auf der *Besinnung.* Die Vertiefungen schließen einander - sie schließen ebendadurch die Besinnung aus, in welcher sie vereinigt sein müßten. Gleichzeitig kann das, was wir fordern, nicht sein; es muß also aufeinanderfolgen. Erst *eine* Vertiefung, dann eine *andre,* dann ihr Zusammentreffen in der Besinnung. Wieviele zahllose *Übergänge* dieser Art wird das Gemüt machen müssen, ehe die Person im Besitz einer reichen Besinnung und der höchsten Leichtigkeit der Rückkehr in jede Vertiefung sich vielseitig nennen darf!

Aber es kommt noch darauf an, was die Vertiefungen ergeben werden, wenn sie zusammentreffen. Nimmermehr eine reine Besinnung, folglich keine wahre Vielseitigkeit, wofern sie etwas *Widersprechendes* zusammenbringen. Sie kommen alsdann entweder gar nicht zusammen, sie bleiben nebeneinander liegen, und der Mensch ist *zerstreut,* oder sie reiben einander auf, quälen das Gemüt durch Zweifel und unmögliche Wünsche, und die gute Natur mag sehen, ob sie die Krankheit überwinden kann.

Auch wenn sie nichts Widersprechendes enthalten (dergleichen doch die modische Kultur nicht wenig bereitet), ist noch ein großer Unterschied, wie und wie genau sie einander durchringen. Je vollkommner sie einswerden, desto mehr gewinn die Person. Bei schwacher Durchdringung wird der Vielseitige das, was man zuweilen mit einer übeln Nebenbedeutung einen *Gelehrten* nennt, so wie aus einer einzelnen Art von Vertiefung bei schlecht besorgter Besinnung der launenhafte Virtuose hervorgeht. Uns ist nicht gestattet, im Namen der Vielseitigkeit mehr als die Notwendigkeit der Besinnung überhaupt zu entwickeln. *Wie* sie aus solchen und andern Vertiefungen sich jedesmal zusammensetzen werde, dies vorher zu *wissen,* wäre Sache der Psychologie, es *vorzuempfinden* ist das Wesentliche des pädagogischen Takts, des höchsten Kleinods für die pädagogische Kunst. Nur soviel dürfen wir hierbei bemerken, daß zwischen den Extremen konzentrierter Vertiefung und allumfassender Besinnung die gewöhnlichen Zustände des Bewußtseins liegen, welche, wie man will, als partielle Vertiefungen von *einer* Seite, als partielle Besinnungen von einer andern angesehen werden können. Da nun vollendete Vielseitigkeit unerreichbar ist, da man sich statt der höchstumfassenden mit irgendeiner vielleicht reichen, doch immer nur noch partiellen Besinnung wird begnügen müssen, so würde gefragt werden können, welchen Umriß man ihr geben, *welchen Teil* man aus dem Ganzen vorzugsweise herausheben solle, wenn hier nicht sogleich die Antwort bereitläge: Es ist die Individualität und der durch die Gelegenheit bestimmte Horizont des Individuums, der die ersten Vertiefungen schafft und dadurch, wo nicht Mittelpunkte, doch Anfangspunkte der fortschreitenden Bildung festsetzt, die man zwar nicht ängstlich respektieren, aber auch nicht so sehr vernachlässigen soll, daß die Gaben der Erziehung und die Gaben der Umstände nicht leicht in eins zusammenfließen könnten. Der Unterricht knüpfe gern an das Nächste an. Aber man erschrecke auch nicht, wenn das, was er daran knüpft, durch weite Räume und Zeiten von uns getrennt liegt. Die Gedanken reisen schnell, und der Besinnung liegt nur das weit entfernt, was durch viele Mittelbegriffe oder durch viele Modifikationen der Sinnesart getrennt ist.

Klarheit Assoziation
System Methode

Das Gemüt ist stets in Bewegung. Zuweilen ist die Bewegung sehr rasch, zuweilen kaum merklich. An ganzen

Gruppen zugleich gegenwärtiger Vorstellungen ändert sich eine Zeitlang vielleicht nur wenig; das übrige beharrt, in Rücksicht seiner ist das Gemüt in Ruhe. Die Art des Fortschritts selbst ist vom Geheimnis bedeckt. Gleichwohl werden uns diese Vorbetrachtungen einen Teilungsgrund verschaffen, dessen wir häufig bedürfen, um die zu allgemeinen Begriffe in die Sphäre der Anwendbarkeit herabzuziehen.

Die Vertiefungen sollen wechseln; sie sollen ineinander und in die Besinnung übergehen, die Besinnung wiederum in neue Vertiefung. Aber jede für sich ist ruhend.

Die ruhende Vertiefung, wenn sie nur reinlich ist und lauter, *sieht* das Einzelne *klar*. Denn alsdann nur ist sie lauter, wenn alles, was im Vorstellen eine trübe Mischung macht, fernbleibt oder, durch die Sorge des Erziehers *entmischt*, mehreren und verschiedenen Vertiefungen einzeln dargeboten wird.

Der Fortschritt einer Vertiefung zur andern *assoziiert* die Vorstellungen. Mitten unter der Menge der Assoziationen schwebt die Phantasie; sie kostet jede Mischung und verschmäht nichts als das Geschmacklose. Aber die ganze Masse ist geschmacklos, sobald alles ineinanderfließen kann; und es kann es, wenn nicht die klaren Gegensätze des Einzelnen es verhüten.

Ruhende Besinnung sieht das Verhältnis der Mehrern; sie sieht jedes Einzelne als Glied des Verhältnisses an seinem rechten Ort. Die reiche Ordnung einer reichen Besinnung heißt *System*. Aber kein System, keine Ordnung, kein Verhältnis ohne Klarheit des Einzelnen. Denn Verhältnis ist nicht in der Mischung; es besteht nur unter getrennten und wieder verbundenen Gliedern.

Der Fortschritt der Besinnung ist *Methode*. Sie durchläuft das System, produziert neue Glieder desselben und wacht über die Konsequenz in seiner Anwendung. Viele brauchen das *Wort*, die von der Sache nichts wissen. Das schwere Geschäft, zur Methode zu bilden, erließe man im großen wohl dem Erzieher, wie unerläßlich es sei, das *eigne pädagogische* Denken methodisch zu beherrschen. Wenn das die gegenwärtige Schrift nicht fühlbar macht, so gewinnt sie nichts über den Leser...

Das vielfache persönliche Leben beschränkten wir von
Vielgeschäftigkeit auf vielfaches Interesse, damit die Vertiefungen sich nie zu weit verlieren möchten von der eini-
genden Besinnung. Denn eben weil die Kraft menschlicher
Vertiefung zu schwach ist, um, in eilenden Übergängen sich
umherschwingend, Vieles an vielen Orten zu *vollenden* (wir
messen hier mit dem *Ganzen* der menschlichen Tätigkeit,
neben welchem auch die Tätigsten verschwinden), so
müssen wir den unordentlichen Verweilungen wehren, die
bald hier, bald dort etwas schaffen möchten, aber anstatt
der Gesellschaft nützlich zu werden, vielmehr durch den
mangelhaften Erfolg die eigne Lust verleiden und durch
Zerstreuung die Persönlichkeit verdunkeln.

Es entstand uns also der Begriff des Interesses, indem wir gleichsam etwas abbrachen von den Sprossen
der menschlichen Regsamkeit, indem wir der innern
Lebendigkeit zwar keineswegs ihr mannigfaltiges Hervortreten, aber wohl ihre letzten Äußerungen versagten.
Was ist nun das Abgebrochene oder das Versagte? Es ist
die *Tat* und was unmittelbar dazu treibt, die *Begehrung*.
So muß Begehrung, mit dem Interesse zusammengenommen, das Ganze einer hervortretenden menschlichen Re-
gung darstellen. Es konnte übrigens nicht die Meinung
sein, *allen* Regungen den Ausgang in äußere Tätigkeit zu
versperren; vielmehr, nachdem wir erst die mehrern Regungen an ihren Gegenständen unterschieden haben werden, muß es sich zeigen, welche von der Art seien, daß ihnen vorzugsweise ein gewisses Vordringen bis zur letzten
Äußerung gebühre...

Gegenstände des vielseitigen Interesses

Die bisher behandelten formalen Begriffe würden leer
sein, wenn das, was sie voraussetzen, nicht vorhanden wäre.
Das Interessante ist es, was die Vertiefungen verfolgen und
die Besinnungen sammeln sollen. Dem Bemerkten, dem
Erwarteten gebührt die Klarheit und die Verknüpfung, das
System und die Methode.

Die Sphäre des Interessanten haben wir nun zu durch-
wandern. Aber werden wir es unternehmen, die Summe der
interessanten Dinge aufzuzählen? Werden wir uns in die

Objekte verlieren, um in dem Katalog der nützlichen Lektionen keinen wissenswürdigen Gegenstand zu vergessen? Hier dunstet uns die schwüle Atmosphäre der Verlegenheit entgegen, in welcher der Eifer der Lehrer und Schüler so oft erstickt, die da nicht glauben vielseitige Bildung zu erreichen, wenn sie nicht vielen Apparat aufhäufen und so viele Arbeiten übernehmen, als der Tag Stunden hat. - Die Unmäßigen! Der Himmel schenkte jeder Art des Interesses tausendfache Gelegenheiten; sie laufen allen Gelegenheiten nach und erreichen nichts als Ermüdung.

Ein kleiner Fehler der Ansicht ist zu verbessern. Man vergesse nicht über dem Interessanten das Interesse, man klassifiziere nicht Gegenstände, sondern *Gemütszustände*.

Erkenntnis und Teilnahme

Die Erkenntnis ahmt, was vorliegt, nach im Bilde; die Teilnahme versetzt sich in andrer Empfindung.

Bei der Erkenntnis findet ein Gegensatz statt zwischen der Sache und dem Bilde, Teilnahme hingegen vervielfältigt *dieselbe* Empfindung.

Die Gegenstände der Erkenntnis pflegen zu ruhen, und das Gemüt geht *von* einem *zum* andern. Empfindungen pflegen in Bewegung zu sein, und das nachempfindende Gemüt *begleitet* ihren Gang.

Der Umkreis der Gegenstände für die Erkenntnis umfaßt Natur und Menschheit. Nur einige Äußerungen der Menschheit gehören der Teilnahme.

Kann das Wissen je enden? Es ist immer beim Anfang. Hier ziemt gleiche Empfänglichkeit dem Mann wie dem Knaben.

Kann die Teilnahme je zu lebhaft werden? Der Egoismus ist immer nahe genug. Seine Kraft kann nie zu starke Gegengewichte vorfinden; aber ohne Vernunft, ohne theoretische Bildung verfällt auch eine schwache Teilnahme von Torheit auf Torheit.

Glieder der Erkenntnis und der Teilnahme

Hier tritt das *Viele* auseinander, was zur Vielseitigkeit gehört. Weil es nur *Vielseitigkeit* sein soll, bemühen wir uns nicht um Teilungsgründe, bloß um reinen Gegensatz der Glieder. Man versuche, ob man ihrer mehr finden kann:

Erkenntnis	Teilnahme
des Mannigfaltigen,	an Menschheit,
seiner Gesetzmäßigkeit,	Gesellschaft
seiner ästhetischen	und dem Verhältnis beider
Verhältnisse.	zum höchsten Wesen.

1. Spezifische Verschiedenheit unter den Gliedern der Erkenntnis

Wie reich und groß die Natur auch sei, solange der Geist sie nimmt, wie sie sich gibt, wird er bloß mehr und mehr voll von dem Wirklichen, und die Vielheit in ihm ist bloß die der Erscheinungen, sowie die Einheit in ihm bloß die ihrer Ähnlichkeit und Zusammenstellung. Sein Interesse hängt an ihrer Stärke, Buntheit, Neuheit, wechselnden Folge.

Aber in dem Gesetzmäßigen wird *Notwendigkeit* erkannt oder doch vorausgesetzt; die Unmöglichkeit des Gegenteils also ist gefunden oder angenommen. Das Gegebene ist zerfällt in Materie und Form und die Form zum Versuch umgeformt, nur so konnte der Zusammenhang als gegeben und dann weiter als notwendig hervortreten. Das Interesse hängt an Begriffen, an ihren Gegensätzen und Verschlingungen, an ihrer Weise, die Anschauungen zu umfassen, ohne sich damit zu vermengen.

Nicht einen Gegensatz, aber einen Zusatz zur Anschauung gibt der Geschmack. Sein Urteil folgt allenthalben leise oder laut nach jedem vollendeten Vorstellen, wenn dasselbe nicht sogleich im Wechsel verschwand. Es liegt nicht im bloßen Wahrnehmen; Beifall, Mißfallen, dies ist ein Ausspruch *über,* nicht ein Versinken *in* den Gegenstand. Das Interesse hängt am Bilde, nicht am Sein, an den Verhältnissen, nicht an der Menge und Masse.

2. Spezifische Verschiedenheit unter den Gliedern der Teilnahme

Nimmt die Teilnahme ganz einfach die Regungen auf, die sie in menschlichen Gemütern findet, folgt sie dem Laufe derselben, läßt sie sich ein in deren Verschiedenheiten, Kollisionen, Widersprüche, so ist sie bloß sympathetisch. So würde die Teilnahme des Dichters sein, wäre er nicht als Künstler seines Stoffes Schöpfer und Herr.

Aber sie kann auch die mannigfaltigen Regungen vieler Menschen von den Individuen absondern, deren Widersprüche auszugleichen suchen und sich für Wohlsein im Ganzen interessieren, das sie dann wieder in Gedanken unter die Individuen verteilt. Das ist die Teilnahme für die Gesellschaft. Sie disponiert über das Einzelne, um sich ans Allgemeine zu hängen. Sie verlangt Tausch und Aufopferung, widerstrebt den wirklichen Regungen und denkt mögliche bessere an deren Stelle. So der Politiker.

Endlich kann sie aus der bloßen Sympathie übergehen in Furcht und Hoffnung für jene Regungen, indem sie die *Lage* der Menschen gegen die Umstände betrachtet. Diese Besorgnis, gegen welche alle Klugheit und Tätigkeit am Ende schwach erscheint, führt zum religiösen *Bedürfnis,* einem moralischen wie einem eudämonistischen Bedürfnis. Der Glaube quillt aus dem Bedürfnis.

Will man sich hüten vor Übertreibung und peinlicher Durchführung, so ist uns hier eine erläuternde Parallele gestattet. Beide, Erkenntnis und Teilnahme, nehmen ursprünglich das, was sie finden, so wie es liegt; die eine scheint in Empirie, die andre in Sympathie versunken. Aber beide arbeiten sich empor, angetrieben durch die Natur der Dinge. Die Rätsel der Welt treiben aus der Empirie Spekulation, die kreuzenden Forderungen der Menschen aus der Sympathie den geselligen Ordnungsgeist hervor. Der letztre *gibt* Gesetze, die Spekulation *erkennt* Gesetze. Unterdessen hat das Gemüt sich befreit vom Druck der Masse und, nicht mehr versinkend ins Einzelne, wird es jetzt von den *Verhältnissen* angezogen: die ruhige Betrachtung von den ästhetischen Verhältnissen, das Mitgefühl vom Verhältnis der Wünsche und Kräfte der Menschen zu ihrer Unterwürfigkeit unter den Gang der Dinge. So erhebt sich jene zum Geschmack, diese zur Religion.

Unterricht

Den Menschen der Natur überlassen oder gar derselben zuführen und anbilden zu wollen, ist töricht; denn *was* ist die Natur des Menschen? Sie war den Stoikern wie den Epikureern der gleich bequeme Anhängepunkt ihres Systems. Die menschliche Anlage, welche auf die verschiedensten Zustände berechnet scheint, schwebt in solcher Allgemeinheit, daß die nähere Bestimmung, die Ausarbeitung durchaus der Gattung überlassen bleibt. Das Schiff, dessen Bau mit höchster Kunst darauf eingerichtet ist, daß es durch alle Schwebungen den Wellen und Winden nachgeben könne, erwartet nun den Steuermann, der ihm sein Ziel anweisen und seine Fahrt nach den Umständen lenken wird. Wir wissen unsern Zweck. Die Natur tut manches, was uns helfen kann, und die Menschheit hat auf dem Wege, den sie schon zurücklegte, vieles gesammelt; wir haben das eine zum andern zu fügen.

Unterricht als Ergänzung von Erfahrung und Umgang

Von Natur kommt der Mensch zur Erkenntnis durch Erfahrung und zur Teilnahme durch Umgang. Die Erfahrung, wiewohl unsre Lehrerin durchs ganze Leben, gibt dennoch nur ein äußerst kleines Bruchstück eines großen Ganzen; unendliche Zeiten und Räume verhüllen uns eine unendlich größere *mögliche* Erfahrung. Vielleicht minder arm ist verhältnismäßig der Umgang; denn die Empfindungen unsrer Bekannten gleichen im allgemeinen den Empfindungen aller Menschen. Aber der Teilnahme ist an den feinsten Unterschieden gelegen, und Einseitigkeit der Teilnahme ist viel schlimmer als Einseitigkeit der Kenntnis. Die Mängel also, welche in der kleinen Sphäre des Gefühls der Umgang und in dem größern Kreise des Wissens die Erfahrung übriglassen, sind für uns ungefähr gleich groß, und hier wie dort muß die Ergänzung durch Unterricht gleich willkommen sein.

Allein es ist nichts Kleines um das Geschäft, so wichtige Mängel zu decken, und bevor wir es dem Unterricht auftragen, mögen wir wohl zusehen, was er vermöge, was nicht! - Der Unterricht spinnt einen langen, dünnen, weichen Faden, den der Glockenschlag zerreißt und wieder knüpft, der in jedem Augenblick die eigne Geistesbewegung des Lehrlings bindet und, indem er *sich* nach *seinem* Zeitmaß abwickelt, *ihr* Tempo verwirrt, ihren Sprüngen nicht folgt und ihrem Ausruhen nicht Zeit läßt. Wie anders die Anschauung! Sie legt eine breite, weite Fläche auf einmal hin. Der Blick, vom ersten Staunen zurückgekommen, teilt, verbindet, läuft hin und wieder, verweilt, ruht, erhebt sich von neuem; es kommt die Betastung, es kommen die übrigen Sinne hinzu, es sammeln sich die *Gedanken,* die *Versuche* beginnen. Daraus gehen neue Gestalten hervor und wecken neue Gedanken; überall ist freies und volles Leben, überall *Genuß der dargebotenen Fülle!* Diese Fülle und dies Darbieten ohne Anspruch und Zwang, wie will es der Unterricht erreichen! Wie vollends wird er mit dem Umgange wetteifern, der beständig zur Äußerung der eignen Kraft auffordert, der als ein durchaus bewegliches und bildsames Element sich ebenso empfänglich hingibt, wie er tätig und kräftig in die Tiefen des Gemüts hineingreift, um alle Arten von Empfindungen darin umzutreiben und zu mischen; der nicht nur die Teilnahme mit den Gefühlen der andern bereichert, sondern auch das eigne Gefühl in andern Herzen vervielfältigt, um es verstärkt und gereinigt uns selbst zurückzugeben! Wenn der letzte Vorzug der persönlichen Gegenwart eigen, beim Umgang durch *Briefe* hingegen schon schwächer ist, so muß er endlich sich ganz verlieren bei der bloßen *Darstellung* fremder Gefühle unbekannter Personen aus entfernten Ländern und Zeiten, wodurch doch allein der Unterricht imstande wäre, den Umgangskreis zu erweitern.

In der Tat, wer möchte Erfahrung und Umgang bei der Erziehung entbehren! Es ist, als ob man des *Tages* entbehren und sich mit *Kerzenlicht* begnügen sollte. Fülle, Stärke, individuelle Bestimmtheit für alle unsre Vorstellungen, Übung im *Anwenden* des Allgemeinen, Anschließen ans Wirkliche, an das Land, an die Zeit, Geduld mit den Menschen, wie sie sind: - dies alles muß aus jenen Urquellen des geistigen Lebens geschöpft werden.

Nur schade, die Erziehung hat Erfahrung und Umgang nicht in der Gewalt! Man vergleiche das Lokal auf den Gütern eines industriösen Ökonomen und das in dem Palaste einer Weltdame, die in der Stadt lebt! Dort wird man den Zögling allenthalben hinführen können, hier allenthalben zurückhalten müssen. Er sei, wer er sei: die Bauern, Hirten, Jäger, die Arbeiter aller Art und ihre Knaben werden ihm in frühern Jahren der trefflichste Umgang sein; wohin sie ihn mitnehmen, wird er von ihnen lernen und gewinnen. Hingegen unter den Stadtkindern der vornehmen Familien, unter dem Stadtgesinde, wieviele Bedenklichkeiten!

Das alles leidet viele nähere Bestimmungen, es leidet Ausnahmen. Aber am Ende, wenn wir uns wieder an unsern Zweck, an Vielseitigkeit des Interesses erinnern, so fällt es leicht auf, wie beschränkt *die* Gelegenheiten sind, die an der Scholle kleben, wie weit der wahrhaft ausgebildete Geist darüber hinausgeht. Auch das vorteilhafteste Lokal hat so enge Grenzen, wie man sie der Bildung eines jungen Menschen, den nicht die *Not* einengt, zu stecken nimmermehr verantworten könnte. Hat er Muße und einen Lehrer, so dispensiert nichts den Lehrer, sich im Raume durch Beschreibungen auszudehnen, aus der Zeit das Licht der Vergangenheit zu holen und den Begriffen das unsinnliche Reich zu eröffnen...

Also: der eigentliche Kern unseres geistigen Daseins kann durch Erfahrung und Umgang nicht mit sicherm Erfolge gebildet werden. Tiefer in die Werkstätte der Gesinnungen dringt gewiß der Unterricht. Man denke an die Gewalt jeder Religionslehre! Man denke an die Herrschaft, welche ein philosophischer Vortrag über einen aufmerksamen Zuhörer so leicht, ja fast unversehens erlangt! Man nehme die furchtbare Kraft der Romanenlektüre hinzu; denn das alles gehört zum Unterricht, zum schlechten oder zum guten!

Freilich, der *jetzige* Unterricht ist gebannt an den *bisherigen* (doch nicht bloß jetzigen, sondern auch vergangenen) Zustand der Wissenschaften, der Künste, der Literatur. Es kommt hier auf möglichste Benutzung des Vorhandenen an, die sich noch unabsehlich vervollkommnen läßt. Dennoch stößt man während der Erziehung an tausend Wünsche, welche über die Pädagogik hinausgehen oder vielmehr welche fühlbar machen, *daß das pädagogische Interesse nichts Abgesondertes ist* und daß es am wenigsten in solchen Gemütern gedeihen kann, die nur darum, weil alles andre ihnen zu hoch und zu ernst war, und um doch irgendwo die Ersten zu sein, sich das Erziehungsgeschäft und die Gesellschaft der Kinder gefallen lassen.

Das pädagogische Interesse ist nur *eine* Äußerung unsers ganzen Interesses für Welt und Menschen, und der Unterricht konzentriert alle Gegenstände dieses Interesses da, wohin sich unsre gescheuchten Hoffnungen endlich retten, in den Schoß der Jugend, welcher der Schoß der Zukunft ist. Außer dem ist der Unterricht sicherlich leer und ohne Bedeutung. Sage niemand, er erziehe mit ganzer Seele! Das ist eine hohle Phrase. Entweder er hat *nichts* zu vollbringen durch die Erziehung, oder die *größere Hälfte seiner Be-*

sinnung gehört dem, was er dem Knaben mitteilt, *was* er ihm zugänglich macht, gehört seiner Erwartung von dem, was jenseits aller bisherigen Phänomene unsrer Gattung die sorgfältiger gepflegte Menschheit werde leisten können. Dann aber strömt aus *voller Seele eine Fülle* des Unterrichts, welche der Fülle der Erfahrung sich vergleichen darf. Dann gibt das bewegte Gemüt auch dem Hörer freie Bewegung, und in dem weiten, faltenreichen Gewande solcher Lehrart ist Raum genug für tausend Nebengedanken, ohne daß das Wesentliche an seiner reinen Form verlöre. Der Erzieher selbst wird dem Zögling ein ebenso reicher als unmittelbarer Gegenstand der Erfahrung; ja sie sind mitten in der Lehrstunde einander ein Umgang, in welchem die Ahnung wenigstens enthalten ist von dem Umgange mit den großen Männern der Vorwelt oder mit den rein gezeichneten Charakteren der Dichter. Abwesende historische, poetische Personen müssen Leben erhalten von dem Leben des Lehrers. Er fange nur an; bald wird auch der Jüngling, ja der Knabe mit seiner Einbildung beitragen, und oft werden beide miteinander in großer und gewählter Gesellschaft sein, ohne dazu irgend eines Dritten zu bedürfen.

Der Unterricht endlich allein kann Anspruch darauf machen, umfassende Vielseitigkeit gleichschwebend zu bilden. Man denke sich einen Entwurf des Unterrichts zunächst bloß nach den Gliedern der Erkenntnis und Teilnahme eingeteilt, mit völliger Nichtachtung aller Klassifikationen der *Materialien* unsrer Wissenschaften; denn diese kommen, da sie nicht *Seiten der Persönlichkeit* unterscheiden, für gleichschwebende Vielseitigkeit *gar nicht* in *Betracht.* Durch Vergleichung mit einem solchen Entwurfe sieht man leicht, welche Stellen desselben sich der Beiträge der Erfahrung und des Umgangs bei einem bestimmten Subjekt und unter gegebenen Umständen vorzugsweise zu erfreuen haben, welche - ohne Zweifel viel größere - Partien hingegen leer ausgehen. Man findet z.B., daß der Zögling durch seine Umgebung mehr auf das gesellschaftliche, etwa patriotische Interesse als auf Sympathie mit Einzelnen hingeleitet oder daß er mehr auf Dinge des Geschmacks als der Spekulation zu achten veranlaßt ist oder umgekehrt, wo der Fehler gleich groß ist. Darin liegt dann eine zwiefache Andeutung: Erstlich soll man auf der Seite, wo das Übergewicht ist, die Massen zerlegen, ergänzen, ordnen. Zweitens soll man, teils an jenes anknüpfend, teils unmittelbar durch den Unterricht das Gleichgewicht herbeiführen. Keineswegs aber darf in einem Alter der Bildsamkeit die zufällige Hervorragung als ein Wink angesehen werden, dahin noch mehr durch die Erziehung zu wirken. Diese Regel, welche die Unform in Schutz nimmt, ist von der Liebe zur Willkür ersonnen und vom Ungeschmack empfohlen. Freilich, wer Buntes und Karikaturen liebt, den würde es wohl sehr ergötzen, wenn er statt vieler wohl- und gleichgewachsener Menschen, die in Reih und Glied sich zu bewegen taugen, einen Haufen von Buckligen und Krüppeln aller Gattung sich wild durcheinandertummeln sähe, wie es da geschieht, wo die Gesellschaft aus Menschen von getrennter Sinnesart, deren jeder mit *seiner* Individualität großtut und keiner den andern versteht, zusammengesetzt ist.

Stufen des Unterrichts

τι πρωτσν, τι δεπειτα, τι δ ϑστατισν χαταλεξω.

Was nacheinander und eins *durch* das andre, was hingegen *zugleich* und jedes mit *eigner* und ursprünglicher Kraft geschehen müsse, diese Fragen gelten allen Geschäften, allen Plänen, worin eine große Mannigfaltigkeit verflochtener Maßregeln enthalten sein soll. Denn immer wird man von mehreren Seiten zugleich anfangen, immer auch vieles durch das Vorhergehende bereiten müssen. Dies sind gleichsam die zwei Dimensionen, nach welchen man sich zu orientieren hat...

Überhaupt soll Vertiefung der Besinnung vorangehen. Aber wie weit voran, das bleibt im allgemeinen unbestimmt. Gewiß müssen sie so nahe als möglich beisammengehalten werden; denn zum Nachteil der persönlichen Einheit, die durch Besinnung erhalten wird, werden wir keine Vertiefungen wünschen, deren lange und unabgebrochene Folge eine Spannung erzeugen würde, womit der gesunde Geist im gesunden Körper nicht bestehen könnte. Um also das Gemüt stets beisammenzuhalten, schreiben wir vor allen Dingen dem Unterricht die Regel vor, in jeder kleinsten Gruppe seiner Gegenstände der Vertiefung und Besinnung gleiches Recht zu geben, also Klarheit jedes Einzelnen, Assoziation des Vielen, Zusammenordnung des Assoziierten und eine gewisse Übung im Fortschreiten durch diese Ordnung nacheinander gleichmäßig zu besorgen. Darauf beruht die *Sauberkeit,* welche in allem, was gelehrt wird, herrschen muß. Das Schwerste vielleicht ist hier dem Lehrer, das *völlig Einzelne zu finden,* sich selbst seine Gedanken elementarisch zu zerlegen. Lehrbücher könnten hier zum Teil vorarbeiten.

Wenn nun der Unterricht auf diese Weise jede kleine Gruppe von Gegenständen behandelt, so entstehen der Gruppen *viele* im Gemüt, und jede derselben ist so lange in einer *relativen* Vertiefung gefaßt worden, bis sie alle in eine höhere Besinnung sich vereinigen. Aber die Vereinigung der Gruppen setzt vollkommne Einheit jeder Gruppe voraus. Solange nun das letzte Einzelne der Bestandteile jeder Gruppe noch auseinanderfallen möchte, ist an die höhere Besinnung nicht zu denken. Es gibt aber über der höhern Besinnung noch höhere und so fort unbestimmt aufwärts bis zur allumfassenden höchsten, die wir durch das System der Systeme suchen, aber nicht erreichen. Auf alles dies muß die frühere Jugend Verzicht tun. Sie ist immer in einem Mittelzustande zwischen Vertiefung und Zerstreuung. Der frühere Unterricht bescheide sich, das, was man im höhern Sinn System nennt, nicht geben zu können. Er schaffe dagegen desto mehr *Klarheit jeder Gruppe, er assoziiere die Gruppen* desto fleißiger und mannigfaltiger und sorge, daß die *Annäherung zur umfassenden Besinnung von allen Seiten gleichmäßig geschehe.*

Hierauf beruht die Artikulation des Unterrichts. Die größern Glieder setzen sich aus kleinern zusammen, wie die kleinern aus den kleinsten. In jedem kleinsten Gliede sind vier Stufen des Unterrichts zu unterscheiden; denn er hat für Klarheit, Assoziation, Anordnung und Durchlaufen dieser Ordnung zu sorgen. Was nun hier schnell nacheinander geschieht, das folgt einander langsamer da, wo aus den kleinsten Gliedern sich die nächst größern zusammensetzen und mit immer größern Entfernungen in der Zeit je höhere Besinnungsstufen erstiegen werden sollen...

Das Leben und die Schule

Non scholae, sed vitae discendum. Dieser weise Spruch
würde etwas klarer sein, wenn man erst wüßte, was er
Schule und was er *Leben* nennt.
Vielleicht erläutert ihn die kurze Übersetzung: *Nicht
dem Prunk, sondern dem Gebrauch!* So ist er eine kluge
ökonomische Regel, beim Einkauf der Möbel wie der Kenntnisse gleich passend.
Aber das Leben besteht nicht bloß aus dem Brauchen
von mancherlei Mitteln zu verschiedenen Zwecken. Ein
solches Leben würde in Verdacht kommen, unter einigen *Begehrungen* das mannigfaltige *Interesse* erstickt zu
haben. Ein solches ist gewiß nicht das Resultat des uns
vorschwebenden Unterrichts. Und sowenig wir dem Leben
das bloße Brauchen, ebensowenig werden wir der Schule das
Prunken zuschreiben. *Unsre Übersetzung* also von jenem
Spruche ist *nicht zu brauchen.* Ohne uns nun auf weitläufige
Verbesserungen der Exegese einzulassen, versuchen wir
lieber selbst, uns das Verhältnis zwischen Schule und Leben
auseinanderzusetzen, unbekümmert, ob wir dabei gerade
auf den *Gegensatz "non scholae, sed vitae"* wieder treffen
werden.

Das Leben fassen wir gewiß am leichtesten, wenn wir
uns fragen, *wie wohl die bekannten Glieder des Interesses
im Verlauf der Jahre mit uns fortleben werden.*

Die eigentliche Empirie, die bloße Beobachtung findet
kein Ende, wie sie keins sucht; sie liebt die Neuigkeiten,
und jeder Tag bringt ihr die seinen. *Was* der Tag bringt,
davon gehört etwas immer auch der Teilnahme; denn
Menschenwohl und Staatenwohl sind immer in Bewegung.
So sind Beobachtung und Teilnahme die Regungen, *wodurch
wir uns jeden Moment der Zeit zueignen,* durch die wir
eigentlich *leben.* Wenn ihr Pulsschlag ermattet, so wird den
Menschen die Weile lang; die Dreisteren öffnen die Pforten
der Zeit und suchen das Ewige.

Spekulation und Geschmack sind für den *Fluß* des
Lebens, für den Wechsel nicht gemacht. Nicht für die
Systeme bloß ist der Wechsel beschämend; auch jeder
Einzelne, nachdem *seine* Ansicht und *sein* Geschmack
einmal bestimmt ist, läßt davon nicht gern und *kann* nicht
rein davon lassen. Unsre Grundsätze sind zu sehr ein Werk

der Anstrengung und der Jahre, als daß sie, schon gebildet, sich füglich wieder umbilden könnten.

Sie sind die Anker der Besinnung und der *Persönlichkeit;* dagegen überläßt sich die Beobachtung und mit ihr die Teilnahme stets neuen *Vertiefungen...*

Übersetzen wir jetzt treuer als vorhin! *"Schule"* - geben wir dem edeln Worte seine echte Bedeutung! *Schule* heißt *Muße,* und die Muße ist das Gemeingut für Spekulation, Geschmack und Religion. Leben ist die Hingebung des teilnehmenden Beobachters an den Wechsel des äußern Tuns und Leidens. Der harte Spruch, welcher den Wechsel zum *Zweck* der Muße, die *Besinnung* zum *Mittel* für die *Vertiefungen* zu machen scheint, wird sich erbitten lassen und uns gestatten, *uns von einem zum andern hin und her zu bewegen* und den *Übergang* vom Tun und Leiden zur Muße und *wieder* von der Muße zur Tat und zum Leiden für das *Atmen* des menschlichen Geistes zu halten, für das Bedürfnis und das Kennzeichen der Gesundheit.

Soviel über die Art der Gemütslage, welche der vielseitige Unterricht, sofern das Wissen der Zeit es möglich macht, zu bereiten trachtet. In ihr ist *Lebenslust* vereint mit *der Hoheit der Seele, welche weiß vom Leben zu scheiden.*

Blicke auf das Ende der Jugendlehrzeit

...So groß wird das Übel nicht werden. Und ein wohlbegründetes, wahrhaft vielseitiges Interesse, erzogen durch einen anhaltenden und kräftigen Unterricht, wird sich der Einengung widersetzen. Es wird *selbst* zu dem Lebensplan seine Stimme geben, selbst Mittel und Wege wählen und verwerfen, Aussichten eröffnen, Freunde gewinnen, Neider beschämen. Es wird *handelnd auftreten,* schon durch die bloße Darstellung einer gediegenen Persönlichkeit und überdies durch den Reichtum so vieler Übungen, die bald, wenn es nötig ist, Fertigkeiten sein können. Und die rohe Willkür wird dadurch in Schranken zurückgewiesen werden, die sie nicht mehr durchbrechen kann.

Von der Wendung, die diese Entwicklung nimmt, hängt es ab, *wer* der künftige Mann sein werde. Hier sondert sich, was der Mensch *will* und was er *nicht* will, und es spricht sich aus, *was er von sich halte.* Es bestimmt sich die *innere Ehre.* Es begrenzt sich der Umgang, und mit der festen Anschließung an Personen, deren Achtung erworben sein will, ist eine Art von Verbindlichkeit eingegangen, sie zu verdienen. Hier kommt alles in Anschlag. Was immer der Jüngling bisher lernte, dachte, übte, das trägt bei, ihm den Platz anzuweisen unter Menschen und in sich selber, und darum eben durchdringt es sich jetzt und wird zu *einem*. Was er wünscht, liebt, einräumt, verschmäht, das ordnet sich in allen Abstufungen unter- und übereinander, indem es zusammen die Ansicht und den Plan des Lebens festsetzt. Davon laufen in späterer Zeit die Konsequenzen meistens gerade fort. Wer sich in die öffentliche Tätigkeit *hineinschieben* ließ, bringt schwerlich je viel eignen Sinn in seine Geschäfte; es trennt sich die Liebhaberei von der Schuldigkeit zum Nachteil beider. Wem der Egoismus die Bahn brach, der merkt forthin auf Menschen und Sachen in umgekehrtem Verhältnis der Entfernung von ihm selber. Wieviel aber der Teilnahme eingeräumt ist bei der Wahl der künftigen Bestimmung und wieviel Rücksicht der Sorge für eigne Fortbildung gegönnt ward, das ist beiden gesichert, zwar nicht in der Ausführung, aber in dem Willen, in der Persönlichkeit, wenn anders der Jüngling gelernt hat, *dem Wankelmut zu widerstehen.*

Wir sehen hier das Resultat des Unterrichts anstoßen an das Resultat der *Charakterbildung.* Es wird ziemlich klar sein, daß mit dem Gedeihen des wahrhaft vielseitigen Unterrichts auch für die *Richtigkeit* des Charakters schon gesorgt ist; etwas anderes aber ist die *Festigkeit,* die *Härte und Unverwundbarkeit* desselben...

Die allgemeine Unterrichtsmethodik

Tuiskon Ziller

SPEZIELLE UNTERRICHTSZIELE MIT ANALYSE UND SYNTHESE.

... So ist das Viele, was in jedem einzelnen Unterrichtsfache gelehrt und bearbeitet werden muss, beschaffen, sowohl nach der Seite der culturgeschichtlichen Entwikkelung, als mit Rücksicht auf die Fachwissenschaften. Es fragt sich nur noch, ehe wir zu seiner Bearbeitung übergehen, *wie viel* von dem culturgeschichtlichen und dem dazu gehörigen heimathlichen, zu Individualisirung, Verstärkung, Ergänzung dienenden Stoffe durch jedes Ziel umspannt werden soll, und ebenso wie weit der Theil des fachwissenschaftlichen Begriffssystems, der durch seine Vermittelung anzueignen ist, reichen soll. Auf diese Frage ist die Antwort sehr einfach: hier gibt es nur ein individuelles Mass für den einzelnen Fall. Ein Theil des fachwissenschaftlichen Begriffssystems soll allerdings in einer jeden Disciplin mit Hilfe des ihm zu Grunde liegenden Stoffes immer erreicht werden. Ob des einen und des anderen aber mehr oder weniger sein kann, ob es sich weiter ausdehnen darf, ob es mehr beschränkt werden muss bei dem einzelnen Schritte des Unterrichts, bei dem einzelnen Unterrichtsziele, das bestimmt sich nach dem Gesichtskreis des Individuums oder der Classe. Eine je höhere Stufe der Unterricht bereits erreicht hat, ein desto grösserer Kreis kann natürlich auf einmal umspannt und bearbeitet werden, weil die geistige Kraft gewachsen ist. Es darf nur das begriffliche oder das ihm zu Grunde liegende Material niemals massenweise, ungeordnet, in zu langen, zu verwikkelten, zu heterogenen Reihen auftreten. Immer muss es *abschnittsweise durchlaufen* werden, und jedes specielle Unterrichtsziel muss sich auf einen einzelnen solchen genau abgegrenzten Abschnitt oder auf mehrere zusammengehörige Abschnitte beziehen, die Abgrenzung selbst aber muss sich wieder, wie man es auch ausdrückt, nach der Enge oder Weite des Bewusstseins bei dem Schüler richten und nach der von ihm bis dahin erworbenen Apperceptionsfähigkeit. Denn alles Lernen und Weiterlernen ist ein Appercipiren, d.i. eine Assimilirung des Aufzunehmenden an das bereits bei ihm Vorhandene.

Nach dem Vorhergehenden enthält nun der für ihn durch das specielle Unterrichtsziel ausgewählte *Kreis* zunächst blos *Einzelvorstellungen,* in eigenthümlichen Verbindungen stehende Einzelvorstellungen, so gewiss sie nicht unmittelbar aus dem wissenschaftlichen Begriffssystem hervorgegangen sind. Aber sie beziehen sich auf concrete Verhältnisse, die dem Ziele nach für den Zögling *neu und unbekannt,* wenigstens der Form nach neu und unbekannt sind, und daraus sollen überdies noch bestimmte Begriffe und Begriffsverbindungen abgeleitet werden, die in jenen concreten Verhältnissen mehr oder weniger deutlich angedeutet sind. Das alles muss dem Zögling angeeignet, es muss von ihm appercipirt werden, und es fragt sich deshalb, wie dieses Appercipiren von Statten geht.

Das Ziel, wovon der Unterricht ausgeht, weist den Zögling auf Neues, Unbekanntes hin, und so falsch der Grundsatz war, dass im Unterricht vom Einfachen zum Zusammengesetzten fortzuschreiten sei, ebenso falsch ist der andere vulgäre Grundsatz, dass vom Bekannten zum Unbekannten fortgeschritten werden müsse. Wahr ist daran nur so viel: das Neue des durch das Ziel abgegrenzten Abschnittes lässt sich dem Zögling nur mit *Hilfe des Alten und Bekannten,* das er bereits besitzt, aneignen. Er eignet es sich an, indem es in seinen älteren Gedankenvorrath aufgenommen, darin eingeordnet, daran angeschlossen wird. In dem Aelteren liegen die Bedingungen, ohne welche das Erfassen des Neuen als des von jenem Abhängigen nicht möglich ist. Allerdings wird der ältere Gedankenkreis vielleicht auch wesentlich neu gebildet durch die Verbindung mit dem Neuen, weil es nur so mit jenem zusammenpasst. Die Verbindung selbst aber ist nur deshalb möglich, weil das Alte in der That auch in das Neue herüberreicht, und umgekehrt der neue Gedankencomplex dem Inhalte nach schon mit dem älteren zusammenhängt. Die erste Arbeit, die auf das durch ein Ziel in Aussicht gestellte, freilich nicht durchweg wirklich Neue verwendet werden muss, kann daher nur darin bestehen: *die beiden Gruppen,* die des in Wahrheit Alten und Bekannten, das mit dem wahrhaft Neuen verschmolzen ist, und die Gruppe dieses wahrhaft Neuen selbst, müssen durch einen logischen Process geschieden werden, den der Lehrer für sich allein vorzunehmen hat. Er muss vor allem Unterricht wissen, was der Zögling in Bezug auf den Gegenstand des Zieles schon kennt, was bei ihm in Bezug darauf als bekannt vorausgesetzt werden darf. Darüber muss sich der Lehrer vor allem Unterricht eine vollständige und genaue Rechenschaft geben, und daran muss sich dann unmittelbar die zweite Arbeit anschließen, die hier nothwendig ist: die ausgesonderte Gruppe des Alten und Bekannten muss nunmehr im *Gedankenkreise des Zöglings selbst aufgesucht* und so bearbeitet werden, dass es mit dem Gleichartigen in dem Gegenstand des Zieles eine innige Verbindung eingeht, und die Verbindung muss so innig werden, dass mit Hilfe derselben dann auch das wahrhaft Neue von dem Zögling angeeignet werden kann. Es ist folglich eine Vergleichung des älteren Gedankenkreises des Zöglings, der sich auf den Gegenstand des Zieles bezieht, mit diesem Gegenstand nothwendig, und diese zweite Arbeit hat der Lehrer nicht mit sich allein abzumachen, er hat sie mit dem Zögling gemeinsam vorzunehmen, ja sie muss diesem, wie wir wissen, eine Schule für seinen Willen werden. Der Lehrer darf daher nicht blos an manches erinnern, was der Schüler schon weiss und was früher mit demselben durchgearbeitet worden ist. Er darf es auch nicht deshalb thun, weil er einsieht, dass es bei der Bearbeitung des Neuen wieder vorkommen und folglich dem Schüler für die Fortsetzung des Unterrichts von Nutzen sein wird. Es darf vielmehr im Allgemeinen nichts besprochen und zusammengestellt werden, ohne dass zugleich dem Schüler die Beziehung einleuchtet, um derentwillen er jetzt damit beschäftigt wird. Höchstens darf von dem Lehrer Einzelnes der Art eingemischt werden, das sich aus dem Ziele nicht ableiten lässt und wovon er doch einsieht, dass es für das Verständnis und die Würdigung des Neuen nothwendig ist. Der Schüler muss nur nach dem gewohnten Lehrgang, den der Lehrer beobachtet, voraussetzen, dass es auch zu dem Neuen in Beziehung stehen werde. Die Hauptmasse der Gedanken muss aber immer von dem Zögling selbst herbeigeholt werden, nachdem er gefragt worden ist, ob ihm nicht manches auf das Ziel Bezügliche schon bekannt ist. Es fällt ihm dann sogleich auf: was ihm in der Form des Zieles als neu hingestellt wird, ist für ihn doch nicht völlig neu, sondern mit bekannten Elementen verschmolzen, und das ist der *Anfang der sogenannten Analyse,* mit der jeder neue Abschnitt des

Unterrichts beginnen muss. Sie muss sonach immer von dem Gegenstand des Zieles ausgehen, sie darf also nicht mit Gedanken und Betrachtungen beginnen, die der Zögling mit dem Gegenstand des Zieles nicht in ausdrückliche Verbindung zu bringen weiss. Denn es handelt sich gerade um eine Vergleichung jenes Gegenstandes mit seinen älteren Gedankenmassen. Diese sollen ihm im Verhältniss zu jenem Gegenstand deutlich zum Bewusstsein kommen, damit er die Apperception des wirklich Neuen sicher und rasch vollbringen könne. Daher handelt es sich bei der Analyse um eine ganz specielle Beziehung auf das ihm schon Bekannte, das in dem Gegenstand des Zieles liegt, also durchaus nicht blos um eine Repetition von früher durchgearbeitetem Gedankenstoff. Der Inhalt der älteren Vorstellungsmassen befindet sich keineswegs immer schon von selbst in dem zur Apperception gerade geeigneten Zustande. Die Vorstellungen sind zwar vielleicht im Bewusstsein unmittelbar vorhanden, sie müssen jedoch zuvörderst in der rechten Weise zusammengestellt und zusammengeordnet werden. Oder sie sind, wenn sie auch der Zögling besitzt, doch nicht gerade jetzt, wo das Neue ihm dargeboten wird, in seinem Bewusstsein. Er ist mit etwas ganz anderem beschäftigt, und er muss deshalb zuvörderst in den Vorstellungskreis des Unterrichts versetzt, d.i. die den bekannten Bestandtheilen des neuen Zieles corespondirenden Vorstellungen müssen bei ihm gehoben und in die Mitte seines Bewusstseins hingestellt werden, damit sie die appercipirende Kraft ausüben können. Die Vorstellungen können aber auch sehr schwach und unvollkommen ausgebildet sein, und sie bedürfen dann, wenn sie auf das Neue recht wirken sollen, gar sehr der Verstärkung und der inneren Durchbildung. Vor allem können es blos rohe Gesammtvorstellungen sein, wie wir sie schon kennen, und diese müssen dann in der gleichfalls schon bekannten Weise in Anschauungen verwandelt werden. Das geschieht in dem sogenannten *Anschauungsunterricht,* und er ist durch das ganze Vorstellungsgebiet des Zöglings hin nothwendig, so gewiss sich der Geist nur ganz allmählig auf seinen verschiedenen Gebieten von rohen Gesammtvorstellungen befreit. Eben deshalb kann der Anschauungsunterricht nicht auf bestimmte Stufen und Jahre beschränkt sein, wenn auch sein Gebiet sich allmählig verengert, und ein besonderes Lehrfach kann er ebenso wenig bilden, weil er nicht gleich anderen Lehrfächern einer besonderen Classe von Vorstellungen entspricht, sondern bei Vorstellungen aller Art nothwendig ist. Er ist immer ein Theil der Analyse und schreitet an der Hand des Neuen fort, und so folglich auch der eine Zweig des Anschauungsunterrichts, der sich auf die äusseren Erfahrungsobjecte bezieht, die *Heimathskunde*. Indess noch weit darüber hinaus müssen bei der Analyse die ältern Vorstellungen im Einzelnen verdeutlicht, muss Falsches, was sich in sie eingeschlichen hat, berichtigt, muss Fehlendes ergänzt, Schwankendes festgestellt, Unsicheres befestigt werden. Oft genug muss man deshalb die alten Wege, auf denen die Vorstellungen entstanden sind, zuvörderst wieder aufsuchen und noch einmal durchlaufen, damit die Erfahrungen und Beobachtungen wiederholt, und die Vorstellungen verbessert oder verstärkt werden. Hierdurch erhalten z.B. Excursionen ihre bestimmten Ziele, ohne dass die Betrachtung bei ihrer Ausführung auf die ins Auge gefassten Puncte beschränkt wäre. Oft genug müssen auch *neue Wege* der Erfahrung und Beobachtung eröffnet werden, z.B. wiederum durch Excursionen oder durch Reisen. So muss ganz gewöhnlich der naturkundliche, technologische, mathematische, geographische und Zeichenunterricht vorbereitet werden, zumal nach dem Früheren zu der rechten Art der Erfahrungserkenntniss an der äusseren Natur der Grund nicht in den Schulclassen, bei dem Unterricht selbst gelegt werden kann. Aehnliche Veranstaltungen sind aber auch für die Gesinnungsfächer nothwendig. Der Zögling muss nicht blos mehr sehen, mehr beobachten, er muss auch im Umgang mehr erleben. Es müssen die Thätigkeiten der verschiedenen Berufskreise, es muss die Theilung und das Ineinandergreifen der gesellschaftlichen Arbeit, es müssen Dialect, Tracht, Bauart, Lebensweise aufmerksam betrachtet und in ihrer Bedeutung nach ihren historischen Beziehungen überlegt, es müssen die schon früher erwähnten Mittelpuncte von Gesinnungsverhältnissen durchdacht, es müssen die Berührungen mit den Einzelwesen, selbst in der Thierwelt vermehrt, ihren Zuständen muss eine lebendige Theilnahme gewidmet, durch Hereinziehung der Pflanzenwelt mittels der Phantasie müssen die beseelten Kreise erweitert werden. Der ideale Umgang, d.i. der Umgang in gedachten Lebensverhältnissen und mit gedachten Persönlichkeiten wird besonders dann auf Excursionen und Reisen angeregt, wenn man an Burgen und Schlössern, an ehrwürdigen Denkmälern der Cultur vorüberzieht, wenn man über Schauplätze der Geschichte oder an Denksteinen, die der Erinnerung an ein bedeutsames geschichtliches Ereignis oder einem ausgezeichneten Mann gewidmet sind, vorbeikommt, wenn man mitten in einem regen Verkehr und Geschäftsbetrieb hineingestellt wird u.s.w., da lässt sich den Gedanken, den Thaten, den Absichten und Bestrebungen anderer Menschen, an die jene Stätten erinnern, auch derer in vergangenen Zeiten, gut nachgehen, und gemeinsames Anschauen, gemeinsames Erleben und Ueberlegen hat ohnehin eine sympathetische Wirkung, die selbst den stumpfsinnigsten Kopf öffnet und das theilnahmloseste Gemüth aufschliesst. An die Resultate solcher Erfahrungen und Erlebnisse muss die *Analyse* oft erinnern, sie hat überhaupt viele *immanente Wiederholungen* nöthig, d.i. solche, die durch den Fortschritt des Unterrichts bedingt sind, in sofern das Neue, was dargeboten werden soll, gar nicht in rechter Weise von dem Zögling aufgefasst werden kann, wenn nicht bestimmte Vorstellungen bei ihm lebendig sind und die nöthige Stärke haben. Die Vorstellungen des Zöglings können allerdings auch dem Unterricht *ganz von selbst entgegenkommen,* sie können auf der Stufe der Erwartung stehen. Der Zögling kennt dann schon die Regel des Fortschritts, er setzt sich wenigstens den Fortgang der Erzählung, der Erklärung schon im Voraus zusammen, bald mehr phantasirend, bald mehr denkend mit Hilfe von Begriffen, und die Analyse muss ihm dazu durch Nachfragen Gelegenheit geben, sie muss den Gedankenprocess bei ihm befördern, er muß durch Bestätigung des Erwarteten das Wohlgefühl der befriedigten Erwartung erhalten oder umgekehrt, das Erwartete muss ausdrücklich als zweifelhaft bezeichnet werden, auch der Zweifel ist der Apperception günstig.

Das alles ist analytische Gedankenarbeit, wodurch man die Darbietung des wahrhaft Neuen vorbereitet, indem man im Voraus die hemmenden Vorstellungen verdrängt, und die unterstützenden ins Bewusstsein bringt, wofür freilich auch weiterhin stets zu sorgen ist. Es ist analytische Gedankenarbeit, die zu dem Zweck mit dem Zögling vorgenommen wird, dass sich im Voraus die Gewissheit ergibt: was auch der Unterricht darbieten mag, und sei es als solches dem Individuum noch so fremd, ja sei es das räumlich und zeitlich Allerfernste, es steht ihm wenigstens psychologisch, den Gedanken nach nahe, d.h. es lässt sich aus den bei ihm schon vorhandenen Vorstellungsreihen zusammensetzen; denn psychologisch ferne Liegendes, d.i. solches, zu dessen Zusammensetzung dem Zögling wesentliche Elemente fehlen würden, muss ihm immer ferne bleiben, dazu darf man auch nicht vom Nahen aus übergehen. Selbst der directe Gegensatz kann ihm näher sein, als ein solcher Gegensatz des Uebergangs.

Bei der Analyse müssen *ganz ausführliche Betrachtungen* angestellt werden; wenn der Unterricht von der rechten Art ist, gibt sich auch der Schüler an sie um so mehr mit Liebe hin, weil sie sich zu einem grossen Theile in seinem Individualitätskreise bewegen. Allerdings sind sie nicht darauf beschränkt; sie greifen namentlich auch in die Vorstellungskreise ein, die durch den bis dahin abgelaufenen Unterricht ausgebildet worden sind. Den ausführlichen Betrachtungen darf der Schüler auch gar *manches Nebensächliche* beimischen, dem er einen subjectiven Werth beilegt, und das durch das Neue nicht unmittelbar gefordert wird. Es muss freilich als untergeordnet behandelt werden. Aber seine freien Gedankenbewegungen darf man nicht zurückdrängen, man darf nicht künstlich abtrennen, was im Geiste des Zöglings verbunden ist, man darf nicht schlechthin zurückweisen, was der Zögling noch nicht als unwesentlich oder zu weitläufig erkennt, und an die Stelle von Betrachtungen, die die *Form der Unterhaltung* an sich tragen, dürfen nicht Examinationsfragen, darf nicht ein Unterricht im Examinationston treten, wobei nicht alles in Betracht zu Ziehende, geschweige alles nahe Liegende einzeln durchgenommen, sondern aus der Menge des Vorliegenden blos dieses und jenes herausgehoben wird, wobei man voraussetzt, wenn es vorhanden sei, so beweise es zugleich das Dasein des übrigen. Bei der Analyse kommt es ferner nicht blos darauf an, dass das Material durchgesprochen wird. Man darf nicht wähnen, das genüge, weil es doch bekanntes Material sei. Das sorgfältige *Einprägen und Ordnen des Materials* darf vielmehr auch hier nicht unterlassen werden, wenn die Apperception hinreichend unterstützt werden soll. Bis diese abgeschlossen ist, müssen also mindestens die Vorstellungen die durch die Analyse empfangene Form bewahren. Wo die Betrachtungen sich weiter ausdehnen, muss es daher sogar ebenso, wie späterhin das Neue, von Abtheilung zu Abtheilung zusammengefasst und gesammelt werden, bis das Ganze zu Stande gekommen ist, und dieses muss der Schüler, wiederum eben so gut, wie späterhin das Neue, immer auf einmal überschauen und im Zusammenhang angeben können. So erlangen erst die älteren Vorstellungen die nöthige Form und Stärke, die sie zur Aneignung des wahrhaft Neuen bedürfen. Das Neue selbst darf dagegen nicht in die Analyse mit hereingezogen werden, man darf nicht Einzelnes davon im Voraus geben oder auch nur andeuten, der späteren Erkenntniss und Gedankenarbeit darf nichts vorweg genommen werden. Am wenigsten darf nichts vorweg genommen werden. Am wenigsten darf man das für die rechte Analyse halten, wenn man das gesammte neue Material zerlegend durchgeht und aus den einzelnen Stücken zusammensetzt, oder wenn man von Real- und Erkenntnissfolgen zu Real- und Erkenntnissgründen aufsteigt. Das letztere ist die logisch-fachwissenschaftliche, das erstere die logisch-empirische Analyse, und beide Arten dürfen nicht mit der psychologisch-methodischen des Unterrichts verwechselt werden. Zu dem Fehler der logisch-empirischen Analyse wird man allerdings leicht verleitet, weil die Analyse nicht blos einzelne Puncte des Neuen beleuchten darf (diese würden dann auch allein sicher appercipirt), sondern sich durch *das ganze Material des Neuen* hindurch erstrecken, ja weil sie sogar, um dem Charakter der besonderen Unterrichtsart treu zu bleiben, *die Stimmung und den Ton des späteren Unterrichts* über das Neue besitzen muss. Die Analyse z.B. für den Gesinnungsunterricht muss nicht blos in seinem Gedankenmaterial sich bewegen, sondern schon durchaus die diesem gebührende Wärme und Innigkeit der Betrachtung zeigen und darf sich nicht auf die Darlegung von Aeusserlich-Thatsächlichem beschränken. Aber trotzdem muss *die Abtrennung der Analyse von der Bearbeitung des wahrhaft Neuen* streng durchgeführt werden, weil davon die rechte Aneignung des Neuen abhängt, und der Lehrer darf sich daher nicht hinreissen lassen, in die Bearbeitung des dem Schüler schon

Bekannten, das mit dem wahrhaft Neuen verschmolzen ist, dieses selbst mit hereinzuziehen. Es muss durchaus für die zweite Abtheilung der Bearbeitung des Vielen, für die Synthese, welche auf die Analyse folgt, vorbehalten bleiben...

Nunmehr trete aber wirklich die Apperception und Bearbeitung des Neuen auf der *Stufe der Synthese* ein, und wenn beides so leicht, rasch und sicher von Statten geht, als ob es gar kein künstliches Lernen wäre, wenn so unmerklich gelernt wird, wie es im Leben durch Erfahrung und Umgang geschieht, wenn das Neue tief eindringt und sich mit der rechten Werthschätzung, dem rechten Gefühl dafür verbindet, so bewährt sich darin zunächst eine vorangegangene gründliche und angemessene Analyse. Freilich muss die synthetische Arbeit selbst nach dem *Gesetz der successiven Klarheit* und dem Gesetz eines Wechsels zwischen Vertiefung und Besinnung vor sich gehen. Das Gesetz der successiven Klarheit, an das Ratich zuerst dachte, fordert, dass dem Zögling der Stoff nicht massenweise dargeboten, sondern eines nach dem andern ihm förmlich zugezählt wird. Lehrer und Schüler müssen sich das Mehrere, das aufgefasst und dargestellt werden soll, geradezu an den Fingern aufzählen, und in jedes ganz distinct und präcis hingestellte Einzelne muss sich der Schüler für sich mit Ausschluss alles Fremdartigen vertiefen, damit es zu voller Klarheit erhoben und von dem Mehreren ein jedes in ein richtiges Verhältniss zu dem übrigen gebracht werde. Das Einzelne, das unklar, aus Mangel an scharfer Begrenzung unbestimmt, verworren bleibt, und das Mehrere, das nicht in seiner gegenseitigen Abhängigkeit, in seinen Beziehungen auf einander erkannt wird, ist schon nicht objectiv wahr und erzeugt folglich keine Einsicht; es erregt ausserdem, weil es unwahr ist, nicht zuverlässig und dauernd Lust, Wohlgefallen, Zustimmung und überhaupt eine solche gemüthliche Disposition, wie sie das Interesse verlangt. Die einzelnen Theile müssen dann aber auch mit einander verschmolzen oder doch zu rascher Aufeinanderfolge gebracht und in eine Einheit des Bewusstseins zusammengefasst werden. Herbart nennt den zweiten Process Besinnung, und der *Wechsel von Vertiefung und Besinnung* muss ebenso stattfinden, wie die Aufeinanderfolge von Einathmen und Ausathmen im physischen Leben, es ist der geistige Respirationsprocess. Bei allem Unterricht, vor allem aber bei der Synthese sind daher Abtheilungen, sind Halt- und Ruhepuncte nothwendig. Wie gross jede Abtheilung sein darf, wie spät ein Halt- und Ruhepunct eintreten darf, entscheidet sich, wie wir wissen, nach der Weite des Bewusstseins bei dem Zögling und der durchschnittlichen Weite des Bewusstseins bei der ganzen Classe. Aber immer müssen die genau angebbaren Momente einer jeden Abtheilung einzeln für sich ausgebildet und befestigt werden, nachdem sie der Vertiefung dargeboten worden sind; darauf darf erst die Zusammenfassung der mehreren Glieder in der Besinnung folgen und daran darf sich erst das Spätere anschliessen, das wiederum mit der Vertiefung in das Einzelne zu beginnen hat. Von der einzelnen Abtheilung aus darf kein Zurückgreifen, kein Vorgreifen stattfinden, in sie darf überhaupt nichts Fremdartiges eingemischt werden; ist es doch geschehen, so muss sie vor allem entmischt, d.i. von jenem Fremdartigen wieder befreit werden...

Nunmehr sei die Aneignung des Neuen in allen Lehrfächern vollbracht. Aber damit ist seine Bearbeitung noch keineswegs abgeschlossen, weil es sich gar nicht ausschliesslich um seinen Inhalt handelt, sondern vor allem auch um die begrifflichen und systematischen Gedanken der Fachwissenschaft, die dabei zu Grunde liegen. Diese sind *das Allgemeingiltige und Nothwendige*, wozu der Zögling gleichfalls erhoben werden muss, und das ist wohl in dem Neuen enthalten oder doch angedeutet, aber es tritt darin nicht so deutlich hervor, wie es bei seiner Isolirung der Fall sein würde, es ist noch durch zufällige Bestimmungen oder Beziehungen, durch unwesentliche Elemente und durch Verbindungen von solchen Elementen umhüllt, weil es an einem concreten Stoff haftet. Das Zufällige und Unwesentliche muss folglich abgeschieden, das Allgemeingiltige und Nothwendige muss für sich hingestellt werden. Zuvor aber muss es vielfach wiederholt werden, es muss in verschiedenen Reihen als dasselbe sich erwiesen haben, ehe es Sicherheit und Festigkeit, und eine bestimmte nothwendige Stellung zu dem übrigen Begrifflichen gewinnen, ehe es als das Wesentliche hervortreten kann. Alles das lässt sich freilich nicht durch einen einzigen Schritt in rechter Weise erreichen, und wenn auch das Allgemeingiltige und Nothwendige für sich von dem Schüler erkannt wird, so genügt das noch nicht; denn er muss es ja auch gebrauchen lernen, sonst gewinnt es keinen Einfluss auf seinen Willen, und bei der Fortsetzung des Unterrichts muss zugleich eine ebenso grosse Sorgfalt auf das Vermeiden und Austilgen von Fehlern verwendet werden, wie vorher. Wir werden sehen, die Weiterbearbeitung des Neuen macht ausser der Analyse und Synthese, die mit einem Ausdruck von Herbart als die Stufe der Klarheit zusammengefasst werden können, noch *drei andere Stufen* nothwendig, und weil sich alle vier Stufen auf dasselbe Neue beziehen und darin zusammenhängen, so werden sie unter dem Namen einer methodischen Einheit zusammengefasst. Im Fortschritt des Unterrichts, bei seinem Uebergang zu anderem und anderem Neuen muss sich immer *eine methodische Einheit an die andere* anschliessen. So versinkt der Unterricht nicht in blosse Darbietung einzelner Notizen, in blosses Einüben einzelner Kenntnisse und Fertigkeiten, in ein Anhäufen von encyklopädischen Massen, sondern es wiederholt sich bei dem Einzelnen in einem geordneten Fortschritt der Allgemeingewinn menschlicher Bildung, der ihm angeeignet werden soll. Es werden die unterstützenden Vorstellungen ins Bewusstsein gebracht und die hemmenden daraus verdrängt. Bei jedem Hauptbestandtheil der Bildung wird der Zögling so lange festgehalten, und eine nach allen Seiten hin darüber sich verbreitende Betrachtung kehrt dazu so oft zurück, dass die Vorstellungen die volle Stärke erlangen. Es wird ausserdem eine Continuität der Geistesbildung erreicht, wie sie die Idee der Vollkommenheit verlangt. Was früher erworben worden ist, geht nicht wieder verloren, das Spätere baut darauf fort, und dessen Voraussetzungen sind in dem Frühern vollständig gegeben, ja sie werden stets in irgend einer Form recapitulirt, ehe das Neue auftritt. Es hört endlich die Willkür in der Behandlung des Stoffes auf, die gewiss nicht in der rechten Weise Willen bildend auf den Zögling wirkt. Nur darf man nicht daran denken, die Stufen nach Jahrescursen oder überhaupt in weiten Distanzen vertheilen zu wollen. Das widerspricht der Natur der Abstraction, wie der Natur der analytischen Vorbereitung; dort muss das zu Abstrahirende an das, wovon abstrahirt werden soll, hier das Vorbereitende an das, worauf vorzubereiten ist, sich eng anschliessen, sonst treten die Gedankenprocesse entweder gar nicht ein, oder sie fallen nicht zuverlässig innerhalb des Unterrichts. Die vier Stufen sind aber *formale Stufen*; denn sie kommen bei allem Stoff des pädagogischen Unterrichts ohne Unterschied seines Inhalts vor. Nur wird vorausgesetzt, dass es culturgeschichtlicher oder dazu in Beziehung stehender theoretischer Stoff ist. Die Gliederung nach den vier formalen Stufen ist folglich *ausgeschlossen,* wo es sich blos um ein einzelnes durch den Unterricht uns aufgenöthigtes Bedürfniss handelt, wie bei Correcturen und Repetitionen, oder wo der Stoff schon in einen begrifflichen Zusammenhang gebracht ist, also bei der Durcharbeitung eines encyklopädischen Lesestücks, eines fachwissenschaftlichen Lehrbuchs, sei es eine Grammatik, ein Katechismus, eine Geschichtstabelle oder ein ähnliches fachwissenschaftliches Lehrmittel, ja schon bei Lesestücken der biblischen Geschichte mit vorwiegend lehrhafter Tendenz, wie es die Gleichnisse, die Bergpredigt oder die Geschichten von der Schöpfung, dem Sündenfall sind. Encyklopädisches ist vom Unterricht überhaupt fern zu halten, und der Inhalt der Lehrbücher ist zuvöderst aus der Gliederung selbst abzuleiten, ehe sie im Zusammenhang studirt werden dürfen. Gleichnisse und Bergpredigt aber werden blos in erklärender und paranetischer Weise durchgenommen. Die Gliederung fällt ferner da weg, wo es sich blos um physiologische Zwecke handelt, wie beim Turnen, oder bei der Einübung einzelner technischer Kunstgriffe und Handgeschicklichkeiten (in so weit auch bei technischen Fertigkeiten), bei der blossen Gewöhnung an zweckmässige körperliche Thätigkeit. Es muss immer ein Mannigfaltiges der culturgeschichtlichen Entwickelung oder des dazu gehörigen Stoffes vorliegen, von dem aus sich der Zögling zu einem Theil des Allgemeingiltigen und Begrifflich-Nothwendigen erheben soll. Nur da kann eine Gliederung nach den vier formalen Stufen stattfinden, und selbst dasjenige Geschichtliche, Naturkundliche, Geographische, das der sogenannte darstellende Unterricht darbietet, muss jener Gliederung entbehren; weil es dem Material der individuellen Erfahrung, des individuellen Umgangs, die neben allem Unterricht fortgehen, gleich steht. Wie dieses, wird es wohl bei dem weiteren Unterricht auf das sorgfältigste verwendet, aber ebenso wenig selbständig im Unterricht bearbeitet, als z.B. die Beobachtungen und Erlebnisse einer Excursion das Ziel einer methodischen Einheit sein dürfen. Dem darstellenden Unterricht bleiben namentlich auch die biblischen Geschichten von der Schöpfung und dem Sündenfall, der Fluth, dem Brudermord und dem Thurmbau vorbehalten. Natürlich entbehrt endlich der Unterrichtsstoff der Nebenclassen, der einem rein individuellen Bedürfniss dient, der methodischen Gliederung nach den Formalstufen, soweit er nicht doch, wie wahrscheinlich das Französische der höheren Schulen wegen seiner Unterordnung unter das Lateinische, in die Concentrationsreihe selbst aufgenommen werden kann, und zwar sowohl bei der übersichtlichen Durcharbeitung der früheren Concentrationsstoffe, als von Charles XII. an, dem Werke Voltaire's, nach Göthe des höchsten unter den Franzosen denkbaren und des der Nation gemässesten Schriftstellers, der überdies nach Strauss für die classische Periode der französischen Literatur, wie für die Aufklärungsperiode bis herab zur französischen Revolution charakteristisch ist.

Die vier Stufen sind die Formen, die durch die Concentrations- und die dazu gehörigen Stoffe mit *concretem Inhalte* erfüllt werden müssen. Die Frage nach Auswahl, Aufeinanderfolge und Zusammenhang der Lehrstoffe kann daher nur von der allgemeinen Methodik, welche von jenem Inhalt absieht, abgesondert werden, aber nicht von der Methodik überhaupt. Sie lässt sich da nicht übergehen, wo der psychologisch, also auch nach der Concentrationsidee, dem Ausgangspunct für die specielle Methodik, richtig abgemessene, durch bestimmte Stoffe und eine bestimmte Verbindung unter ihnen hindurchführende Weg zum Gesammtziel theoretisch oder praktisch dargestellt werden soll. Die Methode als völlig ausserhalb der vier Stufen liegend zu betrachten, ist ein noch grösserer Irrthum, als die so eben erwähnte Beschränkung der Methode. Sie darf auch nicht auf einzelne Theile beschränkt werden, und die Analyse darf nicht, wie selbst bei Herbart, den vorhandenen Gedankenkreis des Zöglings für sich, ohne einen engeren Zusammenhang mit dem synthetischen Stoff, in seine Bestandtheile zum Behufe weiterer Bearbeitung zerlegen; die Trennung schadet der Einheit des Bewusstseins, und führt bei der Analyse dahin, dass es unbestimmt bleibt und zuletzt in das Belieben gestellt wird, wo sie anzufangen, wie sie sich fortzusetzen, wo sie zu enden hat - ganz im Widerspruch mit der durch die Ziele zu Stande zu brin-

genden genauen Abgrenzung des Stoffes, die auch das un-
befriedigende, mit dem Interesse unverträgliche Gefühl des
Schwankens, der Grenzenlosigkeit ausschliesst -, und bei
der Synthese wirkt dann die Analyse nicht kräftig genug,
weil das Neue nicht in hinreichend bestimmte und deutliche
Beziehungen zu dem Aelteren getreten ist. Am allerwenigsten darf die Methode blos nach den Aeusserlichkeiten des
Vortrags, des Fragens, Zeigens u.s.w. unterschieden werden, die selbst erst nach tiefer liegenden, in dem Wesen
der Totalauffassung, der Disputationsmethode u.s.w. enthaltenen Gründen zu bestimmen sind, und unter Technik
darf nichts anderes verstanden werden, als eine individuell
modificirte Methode, eine Manier des Unterrichts in diesem
Sinne, wenn nicht das Belieben oder die Routine im Unterricht herrschen soll.

Die drei Stufen der methodischen Einheit, die über die
Klarheitsstufe hinausliegen, können rasch durchlaufen werden, wenn der bisherige Verlauf des Unterrichts von der
rechten Art war. Indess dürfen sie sich doch *nicht unmittelbar anschliessen,* weil sonst für den Zögling der Schein
entsteht, als ob der Unterricht stille stehe, und ein solcher
Schein immer vermieden werden muss. Es entsteht sonst
auch immer eine Verlangsamung des Unterrichts, weil das
Interesse erlahmt. Dazu kommt noch ein anderer Grund:
die weitere Entwickelung führt vielfach blos Repetitionen des früheren Stoffes herbei, die allerdings zu höheren
Standpuncten erheben sollen. Sollen sie aber zugleich zu
grösserer Festigkeit des Wissens und Könnens dienen, so
stehen sie der ersten Aneignung zu nahe. Es wird dann
repetirt, was kaum gelernt worden ist, und doch bleibt
dafür das Interesse matt. Daher muss zuvörderst nach
Absolvirung der Klarheitsstufe in der ersten methodischen
Einheit ein neues Ziel für die zweite aufgestellt werden, und
die Bearbeitung desselben muss auch sogleich beginnen.
Während sie bis an das Ende der Synthese fortgesetzt wird
in dem einen Theil der Lehrstunde, kann in dem zweiten
Theil derselben die Bearbeitung der ersten methodischen
Einheit zu Ende geführt werden, und jedenfalls muss das
geschehen sein, ehe die zweite Einheit über die Synthese
hinaus fortgeführt wird. Sonst treten die Theile derselben Einheit zu weit aus einander, und überdies entsteht
die Gefahr, dass sich die verschiedenen Gedankenentwicke-

lungen verwirren...

STUFEN DER ASSOCIATION, DES SYSTEMS UND DER METHODE.

Wir wissen schon: der Unterricht bezweckt nicht blos, dass der Zögling den besonderen Inhalt des Neuen kennen lerne und sich aneigne. Das soll vielmehr nur den Uebergang dazu vermitteln, dass er zu dem Allgemeingiltigen und Nothwendigen gelange, das in jenem Inhalt verborgen ist und die Fachwissenschaften systematisch geordnet haben. Es lässt sich aber auch nicht sogleich isolirt für sich hinstellen, wie es diese thun, und wie es auch bei dem Zögling durch Lernen nach dem Lehrbuche erreicht werden könnte. So würden die Kenntnisse nur zu leicht todte, leblose Massen bleiben, weil sie einen für sich stehenden Gedankenkreis bilden und mit den Einzelvorstellungen nicht mehr zusammenhängen, aus denen sie ursprünglich hervorgegangen sind, oder doch jetzt hervorgebildet werden können. Solche Massen sind dann unfähig, neue Combinationen zu bilden, sie können nicht auf einen untergeordneten Gedankenstoff so angewendet werden, dass neue werthvolle Resultate entstehen und vielleicht auch solche, die einen anderweitigen allgemeingiltigen und nothwendigen Inhalt haben, wie er in den fachwissenschaftlichen Systemen niedergelegt ist. Solche Massen lassen sich dem Willen nicht dienstbar machen und in ihnen selbst erwacht kein Wille, der sich in ihrem Umkreise ein Ziel setzte; das ist aber doch der erste Gesichtspunct alles erziehenden Unterrichts: das Wissen und Können, das der Unterricht erzeugt, muss in den Dienst des Willens treten und aus ihm muss Wollen hervorwachsen. Daraus folgt: das Allgemeingiltige und Nothwendige muss aus dem concreten Inhalt der Synthese, vielleicht verbunden mit dem concreten Inhalt früherer Synthesen und dem concreten Inhalt von Erfahrungen und Gesinnungen des Zöglings, *so ausgesondert* werden, dass es doch fort und fort mit ihm zusammenhängt, so, dass es auf die Einzelvorstellungen jenes Inhalts immer wieder einwirken und damit Verbindungen eingehen kann, und umgekehrt so, dass die Einzelvorstellungen und die Verbindungen unter ihnen jeder Zeit sich zu ihm erheben lassen und dadurch Bestimmungen von einem allgemeingiltigen und nothwendigen Werthe annehmen können. Offenbar kommt erst dann Leben und Bewegung in die Begriffe eines Systems, erst dann unterstützen sie den Willen, erst dann wecken sie den Willen. Daher geschieht die rechte Aussonderung nur durch einen echten Abstractionsprocess, bei dem für das Ausgesonderte doch zugleich der Zusammenhang mit dem, woraus es hervorgehoben ist, bewahrt wird (weshalb es auch in logischer Hinsicht als Zusammenfassung des vergleichbar Verschiedenen und des mannigfaltigen Concreten und als sein Correlat zu betrachten ist), und die erste Aufgabe der Unterrichtsstufe, die auf die Synthese folgt, d.i. die *Association,* besteht folglich darin, diesen Abstractionsprocess bei dem synthetisch Neuen der vorigen Stufe und dem in älteren Gedankenkreisen Enthaltenen, das damit in Verbindung steht, zu Stande zu bringen...

Jetzt sei die Stufe der Association vollständig in Besitz genommen und es folge die dritte Formalstufe des Unterrichts, *das System.* Hier muss das Begriffliche und Gesetzliche in der Gestalt, die es im Geiste des Zöglings angenommen hat, für sich fixirt und annähernd so geordnet und mit anderem schon bekannten Begrifflichen so zusammengeordnet werden, wie es in den Systemen der Fachwissenschaft geordnet ist. Bei der Association traten neben das Begriffliche immer noch die Einzelvorstellungen, aus denen es herausgelöst werden sollte. Jetzt werde es (obwohl in der Seele, streng genommen, doch nicht eigentlich geschieden, sondern nur unterschieden vom Concreten) auch äusserlich isolirt, nur dass *ein beliebiges Beispiel* hinzuzufügen gestattet wird. Das Beispiel gehört indess nicht zu dem zufälligen Material, aus dem das Begriffliche, wie bei der Association, erst herausgehoben werden soll. Es hat hier blos die Bedeutung, dass es eine Stütze für das Begriffliche sein soll. Im Uebrigen trete das Begriffliche in der knappen Form des wissenschaftlichen Systems auf und auch so weit als möglich in der Ordnung desselben, also nicht wie die Klarheitsstufe vom Zusammengesetzten, sondern vom Elemente aus. So geht das System der Würfelbetrachtung im vierten Schuljahre (Leipziger Seminarbuch) von der Kante aus, während die Klarheitsstufe die Fläche vorangestellt hat. Die Fachwissenschaft strebt freilich immer nach logischen Begriffen, während der Schulwissenschaft in Angemessenheit zu den Vorstellungsreihen, die das Kind wirklich erlangt hat, *psychische Begriffe* genügen, wo sich jene noch nicht erreichen lassen. Die Schulwissenschaft lässt wenigstens immer die psychischen Begriffe, die auf den verschiedenen Stufen sehr verschiedene Grade der Reife haben, den logischen ausdrücklich vorangehen. Beim ersten Lateinlernen erhebt sie sich z.B. nicht überall zu dem reinen fachwissenschaftlichen Begriff des Stammes; für das Bedürfniss der Unterscheidung von Wechselndem und Constantem bei der Flexion genügt der psychische Begriff. Die Volksschule geht vielleicht nirgends über psychische Begriffe hinaus...

Dem deductiven Gang der Wissenschaft von Grundsätzen aus, die als giltig angesehen werden, widerstreitet das freilich. Daran bindet sich aber auch sonst die Schulwissenschaft nicht. Sie bildet namentlich von Anfang an Gruppen von Vorstellungen in ganz verschiedenen Theilen des fachwissenschaftlichen Systems aus, während dieses ein bestimmtes Nacheinander einhält, in welchem jedes an seinem unveränderlichen Platze steht. Das Material der Gruppen wird sehr langsam angesammelt, ergänzt, weiter geführt, ehe es zu einem Abschluss gelangt, wie ihn die Fachwissenschaft kennt. Jede Gruppe wird nur mehr und mehr nach fachwissenschaftlichen Gesichtspuncten durchgebildet, die mehreren Gruppen werden auch bei einer Zusammenstellung schon von Anfang an in eine solche Ordnung gebracht, wie sie die Fachwissenschaft auf einander folgen lässt. Ja die Schulwissenschaft strebt wirklich dahin, sich immer mehr dem lückenlosen Fortschritt anzunähern, den die Fachwissenschaft einhält und den Pestalozzi allem Unterricht voreilig als Gesetz vorschreibt. In der griechischen Grammatik kommt der Gruppenbildung der Schulwissenschaft die fachwissenschaftliche Einsicht fördernd entgegen, dass nicht jedes Verbum vom Präsens an durch alle Tempora hin zu bilden ist, sondern dass es z.B. ebenso gut selbständige Aoriststämme gibt, wie selbständige Präsensstämme. Der Aorist mag daher immerhin vorausgehen, er setzt nicht die Kenntniss des Präsens mit Nothwendigkeit voraus.

Das System der Schulwissenschaft kann natürlich nicht bei der mündlichen Darstellung der Begriffe und ihres Zusammenhangs stehen bleiben. So würde es viel zu wenig auf die dem Schüler nothwendige Wiederholung berechnet sein. Er muss vielmehr jeden Theil des Systems, der in einer methodischen Einheit gewonnen ist, mindestens mit einem *fachwissenschaftlichen Lehrbuch* vergleichen...

Nirgends darf eine Einprägung von Begriffen ohne *Herausbildung aus den Einzelvorstellungen und ihren Verbindungen* stattfinden ausser in den schon erwähnten Fällen, wo es zweckmäßig und vielleicht nothwendig ist, etwas ohne Ableitung unmittelbar zu geben. Wo darüber hinaus Begriffe nicht abgeleitet, sondern blos eingeprägt werden, wo sie auch nur voreilig verallgemeinert, oder wo sie ausgebildet werden, ohne dass eine bestimmte Nöthigung dazu empfunden worden ist (wie in dem Fall, wo ein Begriff dem anderen coordinirt werden soll und sich doch nicht coordiniren lässt), da schweben sie immer in der Luft und da werden sie gar leicht unzureichend verstanden. So hat sich wohl der Sohn von Göthe's Götz den Satz eingeprägt: Jaxthausen ist ein Dorf und Schloss an der Jaxt, gehört seit 200 Jahren dem Herrn von Berlichingen erb- und eigenthümlich zu. Er weiss aber nicht, dass sein Vater ein Herr von Berlichingen ist, und dieser stellt mit Recht die bessere Methode, die er selbst in seiner Jugend beobachtet hat, mit den Worten gegenüber: Ich kannt' alle Pfade, Wege und Fuhrten, eh' ich wusste, wie Fluss, Dorf und Burg hiess. Hier erscheint erst das Abstracte als das, was es in logischer Hinsicht wirklich ist, als die Folge von dem Umfang der ganzen Reihe des zugehörigen Concreten, der freilich zugleich unerschöpflich ist; denn das Begriffliche bleibt ja ein Ideal, dem man sich nur annähern kann. Daher kann auch das Verständniss des Begrifflichen und seiner Bedeutung für das Wissen bei dem Knaben immer nur allmählig wachsen. Wo der concrete Inhalt als Grundlage für das Abstracte fehlt, da entstehen Irrthümer und Missverständnisse, die vermieden worden wären, wenn dem Zögling das concrete Material vorschwebte. Da entsteht namentlich auch das Missverständniss, das Abstracte sei selbst eine Sache. Der wirkliche Gegenstand, der zu zeigen ist, soll dann z.B. aus Linien oder geometrischen Figuren bestehen, die Buchstaben zu geometrischen Figuren scheinen unveränderlich zu sein, oder es kommt zu einer solchen Unterredung, wie sie schon Rousseau kannte: Qu'est ce que le monde? Un globe de carton. Selbst in der Wissenschaft sind oft genug Worte, Namen mit Sachen verwechselt worden. Ohne eine

Methode, wie sie Götz lehrt, wird das Gelernte wenigstens
nicht sicher behalten, geschweige dass es jeder Zeit, auch
wenn es vergessen wäre, sich wieder neu erzeugen liesse.
Ohne sie erzeugen sich aber auch die abstracten Vorstellungen gar nicht wirklich, es bilden sich dafür blos Worte und
Redensarten aus. Dadurch entsteht jedoch trotzdem der
Schein und vermöge einer Selbsttäuschung auch die Einbildung, man wisse wirklich um die Dinge; daraus entspringt
dann Wissensdünkel, Absprechen und Aburtheilen, und
der Zögling geräth in einen durchaus unwahren Zustand
hinein. Es ermattet ferner gar leicht die Empfänglichkeit
selbst für den allerwerthvollsten Stoff, und das Gefühl wird
dadurch nicht lebendig angeregt. Es haftet ohnehin das
Wohlgefühl nur am Concreten und überträgt sich erst auf
das Abstracte. Für sich allein kann dieses das Gemüth
nicht erwärmen, nicht erheben. Für sich allein wirkt es
nicht begeisternd, weckt es kein Verlangen, regt es keine
Thätigkeit an, sondern lässt es kalt und gleichgiltig. Einem
apathischen, nicht von Wohlgefühl durchdrungenen Geistesleben bleibt aber Interesse und Tugend fremd. Es ver-
armt auch der Geist und es kann sich ein beschränkter
Kopf ausbilden, weil die angeeigneten reinen Begriffe, die
leeren Schemata keinen Hintergrund haben und noch obendrein das im Bewusstsein vorhandene Vorstellungsmate-
rial durch ihr Gewicht verdrängen, so dass der Kopf leer
bleibt. Um so mehr steigert sich die Gedankenlosigkeit
und Gedankenarmuth, während die Beschäftigung mit einer
Menge einzelner Erscheinungen und das Aufsteigen von da
aus zu Begriffen und Gesetzen den Geist reicher macht.
Ueberdies vermindert sich die Beweglichkeit des Geistes,
wie wir wissen, wenn die Begriffe nicht im Zusammenhang
mit einem Reichthum von concretem Vorstellen und Wissen stehen. Dann entwickelt sich auch kein Phantasieleben
in ihrem Umkreise, die höheren Geistesthätigkeiten bilden
sich darin nicht aus, und die Möglichkeit eines Gebrauchs
der Begriffe vermindert sich, ja selbst bei dem, wozu man
sie im Denken und Thun gebraucht, fehlt die Freudigkeit,
Gewandtheit und Sicherheit, fehlt die muthvolle Zuver-
sicht, die dem Willen und Interesse nicht fehlen darf. Und
durch die Nöthigung zur Aneignung von Begriffen, die
bei rechter Behandlung ganz von selbst aus Einzelvorstellungen hervorwachsen würden, wird immer ein grosser

unnöthiger Druck auf den Geist hervorgebracht, es entsteht
ein mühsamer, schwerfälliger Unterricht, der dem Interesse schon als solchem fremd ist, ja es entsteht eine Verlangsamung im Fortschritt des Unterrichts und in der Erreichung von Resultaten - alles aus dem Grunde, weil sich
der Geist des Schülers, wenn er den Anstrengungen nicht
erliegt, zunächst mit den nothdürftigsten Anknüpfungen
begnügen muss und doch nachträglich auf Umwegen, durch
unnatürlich erzwungene Verwendung, für die grammatischen Begriffe z.b. durch fortgesetzte Lectüre und Uebungen im Schreiben, sich die Grundlage noch verschaffen
muss, deren der Geist nicht entbehren kann; die Begriffe
lassen sich einmal ohne ihre Basis nicht wirklich lernen.
Und obendrein kommt die Grundlage dann vielleicht in
rein empirischer Weise zu Stande, wo eine speculative
Erörterung der Bildung günstiger gewesen wäre. Darum
kein Fortschreiten des Unterrichts nach Lehrbüchern irgend welcher Art, auch nicht nach Katechismus, Grammatik, Geschichtstabelle, geschichtlichem, geographischem
oder naturkundlichem Lehrbuch. Die Lehrbücher müssen
auf der Stufe des Systems durch die eigene Geistesarbeit
des Schülers entstehen. Auch die Geometrie muss überall
auf sinnlichen Vorstellungen, die in gehöriger Stärke ausgebildet sind, ruhen, sie muss bei ihrem Aufbau von einer
Aufgabe, einer Frage, einem Problem, die als Forderungen an den Schüler herantreten, im Geist der entwik-
kelnden Methode ausgehen, so dass die Erkenntniss durch
eigene Beobachtung, durch die ernste Arbeit des Suchens
und Findens, durch Schlussfolgerungen erworben werden
kann, und die logisch-euklidische, die sog. synthetische
Form muss sich auf der Stufe des Systems als Resultat ergeben. In ganz ähnlicher Weise muss es bei der
Arithmetik sein. Das begreifen freilich dort diejenigen
nicht, welche ein für allemal den Raum als eine Form
der Sinnlichkeit betrachten, die auf gleiche Weise in allen
menschlichen Köpfen liege, und hier sowenig, wie irgendwo
sonst, blos Mittheilung und Einübung einer Theorie, auch
nicht mit Hilfe einer Erläuterung derselben durch Beispiele,
die jetzt erst bekannt werden oder jetzt erst dazu in
Beziehung treten, oder durch specielle Betrachtungen, bei
denen es ebenso ist, und mit darauf folgender Benutzung
von Uebungs- und Aufgabenbüchern, wie es Rechenbücher,

Bücher zum Uebersetzen in eine fremde Sprache sind, alle mit einem planlos zusammen gewürfelten Material! Wo aber von einem culturgeschichtlichen, heimathkundlichen Stoff, an einer bestimmten Stelle seiner Bearbeitung ein bedeutsamer Begriff erworben ist, da darf der Zusammenhang dem Bewusstsein des Schülers nicht wieder verloren gehen. Nirgends auch nur ein voreiliges Unterscheiden der äusseren, zufälligen Vorstellungsverbindungen, wie sie die Associationen und Phantasieen des Unterrichts und des individuellen Bewusstseins mit sich bringen, von den wesentlichen und nothwendigen Verbindungen, die durch den Inhalt der Vorstellungen selbst bedingt sind. Auf den letzteren beruht freilich alle Wissenschaft, alle Objectivität und Wahrheit des Denkens, ihrer Nothwendigkeit soll der Zögling zuverlässig unterworfen werden, und in der Unterwerfung unter sie soll er sich befreien von Stimmungen, Gefühlen, Neigungen, subjectiven Vorstellungsweisen, denen jeder zuneigt, diese Freiheit des Denkens ist sogar eine der Bedingungen für die sittliche Freiheit. Aber zu einer solchen Stufe der Intelligenz, zu einer Einsicht, die so frei von allem Fremdartigen ist, muss der Zögling durch Abstreifung des Fremdartigen, durch genauere Abgrenzung u.s.w. in bestimmten Uebergängen übergeführt werden, die sich ihm als eine Nothwendigkeit aufdrängen. Vollends eine wissenschaftliche Theorie nach ihrer rein begrifflichen und systematischen Seite kennen zu lernen, hat erst dann einen Werth, wenn man die Hauptbestandtheile derselben schon auf dem psychologischen Wege der Entwikkelung und Ableitung, auf dem Wege eigener Erfahrung und eigenen Nachdenkens gefunden hat, erst dann, wenn man die Voraussetzungen der Theorie aus sich selbst schöpfen kann, und eine jede Schule sollte noch für das unmittelbare Erfassen eines mehr oder weniger genau ausgebildeten theoretischen Materials, namentlich zur Vorbereitung auf die allgemeinen Vorträge, die das Leben, die Fachschule darbietet, besondere Anleitung geben; auf religiösem Gebiete kann es z.B. schon bei den Gleichnissen, der Bergpredigt, in Bezug auf Philosophie und systematische Fachsysteme durch die philosophische Propädeutik geschehen. Das Richtige haben hier im Allgemeinen schon die ersten Methodiker, Ratich und Comenius, erkannt. Am gefährlichsten wirken aber todte, aufgedrängte Lehrsätze,

eingelernte Worte ohne Begriff und Gefühl im Gesinnungsunterricht, weil dieser unmittelbar auf einen vom eigenen
Urtheil und Wollen abhängigen Charakter hinwirken soll;
das Gelernte wird dann blos von einer höheren Autorität getragen, es wird Furcht oder ein anderes eigennütziges Motiv
eingeprägt und es ist keine sichere Bürgschaft gegeben, die
Legalität möchte sich später in Gewissenhaftigkeit verwandeln. Es droht vielmehr die Gefahr, dass zuletzt das Gelernte mit dem darin enthaltenen absolut Werthvollen und
Nothwendigen so aufgegeben wird, wie man sonst Ueber-
flüssiges bei Seite legt.

Jetzt sei das Begriffliche einer methodischen Einheit
fixirt und geordnet. Dann bleibt nur noch der letzte
Schritt bei der Bearbeitung des Vielen auf der Stufe *der
Methode* übrig. Die Methode besteht in der Anknüpfung
solcher neuer Begriffe an das gefundene Begriffliche, welche
wesentlich zu ihm gehören. Der Schüler muss hier den Beweis liefern, dass sein Interesse das angeeignete begriffliche Material, vielleicht in Verbindung mit älterem, im Gebrauch wirklich beherrscht. Erst dann wird es dem Willen
wirklich dienstbar. Den Gebrauch hat nun schon die Association vorbereitet durch die allseitigen Verknüpfungen
des Begrifflichen mit bekanntem Stoff, zunächst innerhalb
abgegrenzter Gebiete, z.B. der Sachgebiete des Rechnens,
innerhalb durchgearbeiteter Lesestücke, dann aber auch
durch die phantasierende Thätigkeit, welche den Stoff verschiedener Gebiete vermischt. Die Methode bereitet aber
den Gebrauch in einer Beziehung selbst noch vor. Denn
ihre erste Form besteht darin: sie bleibt zunächst bei dem
theoretischen Material des Systems stehen, in dem jeder
Begriff eine bestimmte Stelle unter den übrigen Begriffen
einnimmt, durchläuft es aber *in anderer Ordnung*, als sie
im System ausgebildet ist. Dieses abgeänderte Durchlaufen
ist für den späteren Gebrauch ebenso nothwendig, wie die
Verbindung mit dem mannigfachsten concreten Gedankenstoff. Denn man muss geübt sein, die systematischen
Begriffe und Begriffsreihen in beliebiger Weise zu com-
biniren, sonst erreicht man nicht die nöthige Leichtigkeit
und Gewandtheit in ihrer Anwendung. Daraus können sich
aber auch *neue begriffliche Resultate* ergeben, die es verdienen, in das System selbst aufgenommen zu werden, und
man nimmt sie wirklich darin auf, indem man das System

nochmals, wenn auch nur zum Theil, in der ursprünglichen
Ordnung durchläuft und die neuen Resultate an der ihnen angemessenen Stelle einordnet. Das ist, so gut wie der
Associationsprocess selbst, wahre Heuristik, die ohne allen
Zwang zu wirklich und nicht blos scheinbar Selbstgefunde-
nem hinführt. Und sie reicht noch weiter. Denn wenn einmal die begrifflichen Elemente und Fundamentalwahrheiten
in rechter Weise gewonnen sind, so schliessen sich nicht blos
neue Combinationen, es schliessen sich auch Deductionen,
Schlüsse und Beweise, überhaupt alle Arten des Denkens
auf dem Boden jener Begriffe zum Behuf der Erkenntniss neuer Wahrheiten ganz von selbst an, und das System erweitert sich durch wirkliche Production. Die zweite
Form der Methode besteht daher darin, dass grössere oder
kleinere Complexe des systematischen Materials *auf einen
bekannten Stoff übertragen* werden, der noch nicht darnach
durchgearbeitet ist, und bei dem der Zögling vielleicht weit
entfernt ist, daran zu denken, dass er sich nach den erworbenen Begriffen gestalten lassen möchte. Er wird nunmehr
gleichfalls auf eine giltige Weise bestimmt und so behandelt, wie es die Wissenschaft verlangt. Hier soll das Wissen in *ein formales Wirken* übergehen, und hier soll sich
auf jedem Gebiet der Tact des Urtheils und Thuns bilden,
und dazu gehört, wie wir vom Erziehungstacte her wissen, dass die Begriffe, die zur Anwendung kommen, ganz
deutlich gedacht und durch ihre Hilfe die Resultate mit
vollkommen klarem Bewusstsein über die dabei wirkende
Gesetzmässigkeit und in möglichst streng logischer Form
erreicht werden, während auf der Stufe der Association
hingegen z.B. im sprachlichen Gebrauch noch überwiegend
das Sprachgefühl leitet. Hier sollen auf jedem Gebiete
die zweckmässigen und nothwendigen Gedankenoperatio-
nen und Methoden für einen sicheren, gewohnheitsmässigen
Gebrauch eingeübt werden, durch deren Ausbildung und
Ueberlieferung der Fortschritt der Cultur so sehr beschleunigt wird. Hier können sich *wiederum neue wahrhaft heuri-
stische Bestandtheile* ganz ungesucht ergeben. Hier lassen
sich auch die Uebungsbücher zum Uebersetzen in fremde
Sprachen und die Aufgabenbücher benutzen, so weit das
Material nach allen Seiten, sowohl sachlich als sprachlich, für den Schüler hinreichend vorbereitet ist, so weit
die Arbeit z.B. auf sprachlichem Gebiete nicht erst durch

mühseliges Nachschlagen in Lexikon und Grammatik, sondern höchstens durch eine zweckmässige Repetition ad hoc unterstützt zu werden braucht. Auf dem Gebiete der Geschichte können hier selbständige *biographische Darstellungen* nach der Durcharbeitung des culturgeschichtlichen Stoffes, in den die betreffenden Persönlichkeiten verflochten sind, durch den Zögling selbst entworfen werden. Zu den Uebungen der Methode gehört auch das nochmalige *Durcharbeiten früherer Pensa,* womit aber nunmehr derjenige systematische Stoff in Verbindung gesetzt wird, der in den späteren methodischen Einheiten herausgearbeitet worden ist. Es wird dadurch ein reiferes Verständniss des Früheren, ein tieferes Eindringen in dasselbe erreicht...

Didaktische Präludien

Hugo Gaudig

Die Formalstufen. Die Formalstufenzeit der deutschen
Volksschule ist kein Ruhmesblatt ihrer Geschichte. Daß
sich das Denken ungezählter Lehrer in diese Fesseln hat
schlagen lassen, daß dies Schema die schaffende Formkraft
bei vielen gelähmt hat, ist eine traurige Wahrheit. Und sind
wir hinaus über die Tyrannei der Formalstufen? Solange
man auf Seminaren die Vorbereitung auf die Lektionen nach
den Formalstufen anlegen läßt, solange noch tagaus, tagein
die verwünschten Präparationen mit den Bezifferungen I -
V oder doch I - IV erscheinen, solange werden die Formalstufen eine mehr als "paganische" Daseinsweise führen.
- Also die "Formlosigkeit", die auf den höheren Schulen
herrscht? Das naive Vertrauen auf die bildende Kraft der
Stoffe, auf eine nicht planmäßig entwickelte und beauf-
sichtigte Selbsttätigkeit des Schülers? Nein! Ich halte
es für didaktische Gewissenlosigkeit, wenn der Lehrer an
höheren Schulen nicht genau das "Ziel" erwägt, auf das
sich seine Schüler in jeder Stunde hinbewegen sollen, wenn
er nicht die apperzeptive Energie abschätzt, mit der seine
Schüler das Neue ergreifen werden, wenn er nicht das Was
und das Wie der "Darbietung" genau durchdenkt, wenn
er nicht die Beziehung des Neuen zu dem bereits vorhandenen Vorstellungskreis seiner Schüler erforscht, wenn er
nicht das Neugewonnene auf seine Verwertung für systematische Zusammenschlüsse betrachtet, wenn er endlich
nicht die Übung und Anwendung (das weitere Arbeiten
mit dem Neuerworbenen) ins Auge faßt. Lehrern, die, der
Führung des Stoffs vertrauend, sich nicht um die Vorgänge
in der Seele des Schülers kümmern, können die Formalstufen "das böse Gewissen" werden. So sah die Sache
seiner Zeit Otto Frick an. Indes, vielleicht gibt es solche
Lehrer nicht mehr, die nichts tun als dem Stoffe folgen.
Vielleicht. Jedenfalls bedeutet es anderseits eine schwere
Schädigung der Kunstkraft, wenn man aus jenen fünf Richtungen der didaktischen Überlegung die fünfstufige Normalform als das Schema, das der Schülergeist bei jeder
Unterrichtseinheit durchlaufen muß, herauskonstruiert hat.
- Zielsetzung? Um jeden Preis? In allen Fächern, in
jedem Falle? Oft beeinträchtigt die "Zielsetzung" die

Überraschung, die natürliche, dem Stoff innewohnende Kraft zu überraschen; so bei den üblichen Zielsetzungen im geschichtlichen Unterricht, in der biblischen Geschichte. Wie die Überraschung, so auch die natürliche Spannung, und wie Überraschung und Spannung so auch die Gefühle der mitleidenden Furcht, der mitleidenden Angst usw. Die Eindrucksgewalt der Gefühlsbetonung aber preisgeben ist ein Unrecht an der lernenden Jugend und ein Unrecht an dem zu lehrenden Stoff. Die Gleichgültigkeit gegen das Gefühls- und Affektleben des Schülers muß als eine der schwersten Sünden unserer intellektualistischen Didaktik gelten. Selbst auf die Gefahr hin, daß die Überraschung den Denkvorgang zunächst stört, indem sie Verwirrung verursacht, würde ich nicht durch "Zielsetzung" die Wirkung des überraschenden Geschehens auf die Seele des Schülers verringern. Aber auch die Gedankenbewegung kann durch die Zielsetzung ernstlich geschädigt werden. Bleibt das Ziel im Bewußtsein des Kindes stehn, so dringen (wieder bei der Erzählung oder bei der Lektüre von Geschehendem) die Gedanken der Schüler auf das Ziel hin, und so geht die Ruhe der Aufnahme verloren. Außerdem konstruiert der denktätige Schüler möglicherweise falsche Beziehungen zwischen dem Ziel und diesen einzelnen Momenten des Geschehens. - Durch die Natur der Dinge ist die Zielsetzung nur da gefordert, wo das Ziel eine Denkbewegung des Schülers auf einen bestimmten Punkt hervorruft, oder wo der die Denkbewegung leitende Lehrer die Zielangabe benutzt, dem Schüler die Bewegungsrichtung verständlich zu machen. Das klassische Gebiet solcher berechtigten Zielsetzung ist die Mathematik. Wo es sich dagegen um Geschehendes handelt, ist die Zielangabe meist gegen die Natur. Ja - aber die erregende Wirkung der Zielsetzung? Die Zielangabe sammelt den zerstreuten Sinn, macht apperzipierende Vorstellungsmassen mobil usw. Mir sind die Kunstmittel, geistige Spannung zu erregen, ein Greuel. Wenn wir eine Schülerschaft haben, die gewöhnt ist, daß wir ihr z.B. in der Geschichte Interessantes darbieten, dann genügt es, denke ich, wenn wir beginnen: "Es war im Jahre"... Der Stoff wird sich dann der Geister bemächtigen, und die geistige Energie wird sich den wechselnden Forderungen des Stoffes von selbst anpassen. Folgen wir doch auch hier der "Naturführung", die bei der

Auffassung von Geschehenem im Anfang die geistige Energie meist mit mäßiger Stärke einsetzen läßt und nicht mit einer Zielsetzung eine ruckhafte, momentane, aus der Form des Stoffs sich nicht ergebende Spannung erreichen will. - Wer setzt übrigens das Ziel? Doch hoffentlich nicht nur der Lehrer; sondern doch wohl in jeder Klasse auch die Schüler. Würde der Schüler nicht zur Zielsetzung aus eigener Intelligenz und eigenem Willen kommen, so fehlte seiner Ausbildung zum geistigen Arbeiter ein ganz wesentliches Stück. So gewiß alle, namentlich aber die höheren Schulen die Aufgabe haben, den Schüler zur größtmöglichen Herrschaft über den gesamten Arbeitsvorgang zu bringen, so gewiß muß in ihnen die Fähigkeit der Zielsetzung gepflegt und planmäßig entwickelt werden. Die Zielsetzung durch den Schüler aber ist möglich, weil sich - dies gilt besonders von rationellen, systematisch aufgebauten Stoffganzen - im Verlauf der Arbeit immer wieder neue Perspektiven öffnen, die zur Zielsetzung führen; man denke an Rechnen und Mathematik. In anderen Gebieten, z.B. in der Naturgeschichte, der Geographie, aber auch bei der Behandlung von Gedichten, ergibt sich die Zielsetzung aus den typischen Richtungen, in denen sich hier die Arbeit bewegt.

Vorbereitung. Die Vorbereitung soll den Geist in die Verfassung bringen, in der er zur Aneignung des Neuen disponiert ist; sie soll die apperzipierenden Vorstellungen mobil machen, anderseits auch Stimmung erwecken. Wenn man vorbereitet, so traut man dem Neuen nicht die Kraft zu, die apperzipierenden Vorstellungen zu erwecken, oder man vertraut der Denkenergie der Schüler nicht genug, um ihrer Selbständigkeit die Apperzeption zu überlassen. Jedenfalls ist das Verfahren der Vorbereitung ein künstliches Verfahren, ein Schulverfahren, wie es das Leben gemeinhin nicht kennt, denn das Leben zwingt uns, ohne Vorbereitung zu apperzipieren, sei es, daß wir hören oder lesen oder sonstwie aufnehmen müssen. Von der Kraft der eigentätigen Apperzeption hängt es ab, ob wir als denkende Köpfe gelten dürfen oder nicht. Verweichlicht die Schule also durch irgendein entbehrliches Vorbereiten ihre Schüler, stählt sie ihre geistige Energie nicht zielbewußt und planmäßig daraufhin, daß sie schnell und scharf apperzipieren, so erzieht sie nicht für das Leben, d.h. sie verzichtet auf ihren Zweck. Die Neigung zum Vorbereiten kann sich auf der Basis einer Psychologie entwickeln, der die Seele ein "von dem Mechanismus des Vorstellungsprozesses beherrschtes Naturwesen" ist. Der Bruch mit dieser Anschauung und die Hinwendung zur voluntaristischen Psychologie muß zur grundsätzlichen Einschränkung des Vorbereitens führen. Sind in einem Lehrgang wirklich öfter Vorbereitungen nötig, d.h. kann öfter das Neue in seinen wesentlichen Bestandteilen nur nach besonderen Vorbereitungen erfaßt werden, so ist dieser Lehrgang schlecht aufgebaut. Daß einzelnes nicht verstanden oder wenigstens nicht sogleich verstanden wird, kann nur schulmeisterliche Pedanterie stören. Oft braucht sehr viel weniger verstanden zu werden, als unser Rationalismus denkt; was nützt z.B. oft die genauere geschichtliche Kenntnis einer in einem Gedicht erwähnten historischen Persönlichkeit oder die genauere geographische Kenntnis des Schauplatzes innerer Vorgänge? Wird aber einzelnes Wichtige zunächst nicht verstanden, und es gelingt dem angespannten Geiste des Schülers, dies einzelne später, vielleicht aus irgendeiner Beziehung zu anderem einzelnen oder aus der Beziehung zum Ganzen zu verstehn, so ist dies die wünschenswerteste Vorschulung für das Verstehen außerhalb der Schule und ohne Beihilfe des Lehrers. - Viele von den Vorbereitungen in den Kommentaren und sonstigen Hilfsbüchern sind aber nicht nur dadurch schädlich, daß sie den Schüler nicht in der eigentätigen Aufnahme des Neuen üben, sondern auch dadurch, daß sie der Aufnahme des Neuen an sich entgegenwirken. Nehmen wir an, die Schüler schaffen selbst in möglichst freier Bewegung das zum Verständnis des Neuen Notwendige herbei; es ist klar, daß dabei außer dem Brauchbaren auch vielerlei Unbrauchbares ins Bewußtsein gehoben wird, das der Aufnahme des Neuen durchaus nicht förderlich ist. Das Zurückweisen des Unbrauchbaren durch den Lehrer hat bekanntlich oft den gegenteiligen Erfolg. Läßt man dem Assoziationsspiel freien Lauf, so hat man damit sich der Gefahr ausgesetzt, daß infolge des so heraufbeschworenen Zufallsspiels viel in der Seele aufgequirlt wird, was einer ruhigen Aneignung des Neuen geradezu schadet. Zudem; Die Vorbereitung verbindet oft den Stoff, der zur Apperzeption nützen soll;

die Verbindung aber entspricht naturgemäß nicht immer der Abfolge und dem Zusammenhang, in dem die einzelnen Stoffelemente bei der Apperzeption gebraucht werden. Vielen Vorbereitungen gegenüber gelten auch die Bedenken, die oben gegen die Zielsetzungen erhoben wurden: sie hindern die Überraschung, den durch den Stoff selbst bedingten Stimmungsverlauf. Und dann: Ist denn überhaupt der Zustand der alarmierten geistigen Tätigkeit der immer erwünschte? Ist nicht oft gerade der Zustand erwünscht, den Wackernagel einmal "die heilige Stille", die "Sabbatstille" der Seele nennt? Was aber endlich die s t i m m u n g s e r w e c k e n d e n Vorbereitungen angeht, so sind d i e nun zumeist vollends von Übel. Man lasse endlich doch das schulmeisterliche Präludieren und Präambulieren! Was schadet's denn, wenn die Stimmung nicht gleich im Anfang genau angepaßt ist, wenn hier Stimmungsüberreste von der Pause oder von der vorigen Stunde oder dem voraufgehenden Stundenteil erst verdrängt werden müssen? Hat nur der Lehrer die Stimmung der Klasse soweit in der Gewalt, daß er z.B. im Deutschen durch die Ankündigung eines neuen Gedichts die Stimmung der Freude auf etwas Schönes erregt, so werden unsere Dichter sich schon die besonderen Stimmungen zu verschaffen wissen. Die Jugend ist ja so leicht zu haben. Und verlangt denn nicht auch hier wieder das L e b e n , daß wir uns auch ohne Vorbereitung durch die Dichter stimmen lassen? Ja, liegt nicht eben in dem Abklingen der fremden Stimmungen, in dem Weichen der fremden Vorstellungen einer der Werte, die der Vertiefung in eine Dichtung oder ein anderes Kunstwerk eigen sind? Beweist nicht gerade die Energie, mit der uns ein Kunstwerk durch seine Eigenkraft aus unserer Vorstellungswelt heraushebt, sowohl die Kunstkraft der Dichtung wie unsere Empfänglichkeit? Wir können gar nicht früh genug und gar nicht tatkräftig genug dafür sorgen, daß sich zwischen unseren Dichtern und den Seelen der Kinder ein unmittelbares, unvermitteltes Verhältnis bildet. Wir müssen uns gewöhnen, unsere Jugend den Dichtern und Denkern zu unreguliertem Verkehr zu überlassen. -

Darbietung und Bearbeitung. "Darbietung" eine gefährliche Bezeichnung! Sie fordert vom Lehrer die Aktivität des Gebens, vom Schüler nichts als - die Aktivität des Nehmens. Mindestens ist die Bezeichnung sehr mißverständlich. Die Frage, wie das Neue dem Geiste des Schülers nahezubringen ist, das ist die Kernfrage unserer didaktischen Arbeit. Allgemeine Grundsätze muß die Didaktik als Unterrichtslehre geben; aber, wenn sie sich nicht in eine zersplitternde Kasuistik einlassen will, so muß sie die Entscheidung im einzelnen Falle dem persönlichen didaktischen Gewissen des einzelnen Lehrers überlassen. Je gewissenhafter der Lehrer ist, um so schwerer wird ihm oft die Entscheidung fallen, um so eher wird er in den didaktischen Gewissenskonflikt geraten. Der allgemeine Leitsatz wird lauten müssen: Soviel Selbsttätigkeit als möglich. Aber nicht immer wird das Maximum der Selbsttätigkeit das didaktische Optimum sein. Es handle sich z.B. um die Vermittlung geschichtlichen Stoffs. Daß diese Vermittlung von Sexta bis Prima durch die Erzählung geschehen soll, ist - bei Licht besehen - eine unerträgliche Behauptung. Wie der mündliche Bericht nur in den Anfängen der Geschichte die ausschließliche Form der Überlieferung ist, je länger, je mehr aber der schriftliche Bericht Quelle der Überlieferung wird, so muß auch im Unterricht die geschichtliche Erkenntnis je länger, je mehr aus schriftlichen Darstellungen (abgeleiteten oder Quellen) gewonnen werden. Und so gewiß wir unsere Schüler und Schülerinnen dazu befähigen wollen, nach ihrer Schulzeit geschichtliche Einsicht durch freitätige Lektüre zu gewinnen, so gewiß muß die Einschulung auf verständnisvolles, möglichst selbständiges Lesen als Pflicht des geschichtlichen Unterrichts gelten. Die Übereignung des geschichtlichen Wissens von Person zu Person als Hauptform geschichtlichen Unterrichts verstößt gegen die Forderungen des Lebens. Indes wird man doch namentlich in der Zeit, in der man von der Darbietung in der Form der Erzählung zu der Darbietung in der Form der schriftlichen Darstellung übergeht, oft schwanken, welche Form man wählen soll. Und auch in den abschließenden Klassen, in denen sich m.E. die Schüler die geschichtlichen Kenntnisse und Erkenntnisse durch Lektüre erarbeiten sollen, wird gelegentlich der Lehrer, etwa um durch die Kunst seiner Rede den Stoff besonders eindringlich darzubieten, die Form der Erzählung (des Vortrags) vorziehen. Oder ein Beispiel aus dem Gebiet des erklärenden Unterrichts. Soll der Schüler die Kunst des

Lesens lernen - und die muß er lernen, weil sie für sein
L e b e n eine Grundkunst ist - so ist er methodisch auf die
eigentätige Auslegung einzuschulen; d.h. er muß planmäßig
dazu angeleitet werden, sich in den Gehalt seiner Lektüre
auch ohne den Impuls, den der Lehrer durch Frage und
Aufforderung gibt, zu vertiefen und mit der Vertiefung
dann die Besinnung wechseln zu lassen. Aber auch hier
kann der Lehrer - namentlich wiederum in den ausge-
sprochenen Übergangszeiten schwanken, ob er die Auslegung der Freitätigkeit der Schüler überlassen oder selbst
fragend vorgehn soll. Rücksicht auf die zur Verfügung stehende Zeit, auf die Zartheit des Objekts u.ä. kann ihn
bestimmen, die Frageform zu wählen. Soll endlich das
Neue durch E n t w i c k l u n g gewonnen werden, so liegen
die Grade der Selbsttätigkeit des Schülers zwischen 0 und
1. Der Lehrer kann "vor dem Schüler" entwickeln, so daß
der Schüler nur der Entwicklung zu folgen hat - dann ist
der Initiative des Schülers nichts überlassen. Die polar
entgegengesetzte Unterrichtslage ist dann gegeben, wenn
der Schüler vor dem Lehrer entwickelt, so daß diesem nur
die Kontrolle zufällt, der Schüler aber selbst den Zielpunkt
der Entwicklung und den Weg der Entwicklung bestimmt.
Die Befähigung zu selbsttätigem Entwickeln ist eine der
höchsten und schwierigsten Aufgaben des Unterrichts. Hier
ein Maximum zu erreichen, muß namentlich die höhere
Schule sich zur Aufgabe setzen. Aber auch hier wird der
Lehrer nicht in jedem Falle seine Mitarbeit auf das allenfalls
mögliche Mindestmaß herabsetzen; er wird z.B. bei mathematischen Aufgaben und bei Beweisen von Lehrsätzen
mit der deprimierenden Wirkung eines allzulangen Suchens
rechnen.

D a r b i e t u n g und B e a r b e i t u n g. In dem
"u n d" steckt eine Fülle didaktischer Probleme. Denken
wir besonders an den erklärenden Unterricht. Die Darbietung besteht dann in dem Bekanntmachen mit dem Text;
der Bearbeitung fällt z.B. die Vertiefung in Form und Inhalt, die Aufdeckung innerer Beziehungen, die Erkenntnis des Aufbaus zu. Willmann weist der Bearbeitung bei
fremdsprachlicher Lektüre u.a. die Realerklärung, die Hervorhebung der ethischen Momente, die Erklärung nach der
sprachtechnischen Seite zu. Die Trennung des ersten Lesens
und der späteren Arbeit am Gelesenen entspricht dem Ver-

fahren, das wir im Leben einschlagen, wenn wir der ersten Lektüre, bei der wir mehr unmittelbar aufnehmen, die Reflexion über das Gelesene folgen lassen. Dieses Nacheinander bringt aber eine schwere Gefahr mit sich: der erste Eindruck kann zu leer werden; und doch muß es Ziel des Unterrichts sein, den ersten Eindruck möglichst gehaltvoll zu machen, ihn tunlichst zu sättigen, natürlich, ohne seine Wirkung durch Belastung mit Kleinem und Kleinlichem zu hemmen. Gerade die Praxis der fünf Formalstufen macht gegen die hervorragende Bedeutung des ersten Eindrucks, der ersten Lesung gleichgültig. Das Leben aber, namentlich das in so lebhaftem Tempo verrauschende moderne Leben, fordert, wenn es nicht zu oberflächlichem Auf- und Hinnehmen kommen soll, daß der erste Eindruck in die Tiefe wirke, daß er Geist und Gemüt soviel als möglich errege. So muß es denn das Ziel des erklärenden Unterrichts sein, daß die erste Lesung sich immer mehr sättige, daß der nachfolgenden Erklärung immer weniger zu tun bleibe. Dies Ziel ist bei Stoffen, die das Eingreifen der Reflexion während des Lesens dulden, nicht schwer zu erreichen; es gilt nur, planmäßig dahin zu wirken, daß die Schüler die im Stoffe selbst liegenden Reize zur Reflexion selbsttätig erkennen und wirksam werden lassen. Ungleich schwieriger ist der Prozeß da, wo die Unmittelbarkeit des Aufnehmens durch Reflexion nicht gestört werden darf; ich denke an das Lesen oder Hören von Dichtungen. Hierzu vgl. m e i n e n Aufsatz über "Miterleben" im Säemann, Jahrgang 1907.

Assoziation. Daß der Unterricht die Aufgabe hat, das Neue mit dem bereits vorhandenen Geistesbesitz zu verknüpfen, die neuen Vorstellungen in verschiedene Verbindungen zu bringen, versteht sich von selbst. Was sich aber gar nicht von selbst versteht, ist das Recht, das sich viele Didaktiker herausnehmen, bei jeder Gelegenheit zu assoziieren. Dem Drängen auf Verknüpfung steht das Recht auf Besonderheit gegenüber. Das viele Herüberschauen von einer Scienz in die andere führt obenein schließlich zum Schielen. "Das Recht auf Besonderheit": Soll ein Eindruck stark und eigenartig wirken, so muß er sich scharf und bestimmt in klaren Konturen abheben. Alles Originelle zeigt seine Natur am besten isoliert. Die Assoziation zerstört leicht die Wirkung des Eigenartigen, sie ebnet ein. Auch dringt die Assoziation gern in geschlossene Zusammenhänge ein, seien es Gedankenzusammenhänge oder Gefühls- und Stimmungsverläufe. Läßt man den Geist der Schüler assoziativ frei spielen, so kann man mit einiger Sicherheit auf schiefe Beziehungen, auf Nebensächliches, auf Stimmungstörendes und dgl. rechnen; man gibt sein planmäßig geschaffenes Werk dem Zufallsspiel anheim. Ehe man die Assoziation einleitet, lasse man sich die Eindrücke des Neuen einprägen, lasse man die Gedankenzusammenhänge in diesem Neuen sich verfestigen, lasse man die Stimmungen rein ausklingen. Am besten, man isoliere die assoziative Tätigkeit gegen die Tätigkeit der Aufnahme und Verarbeitung des Neuen, indem man im allgemeinen die assoziative Arbeit nicht bei jeder Unterrichtseinheit, sondern nur in größeren Zeitabständen an geeigneten didaktischen Orten eintreten läßt. Dann aber prüfe man die Ergebnisse der Assoziation auf Richtigkeit und Wichtigkeit und - was noch wichtiger - halte die Schüler zur Selbstkontrolle an; vor allem mache man dann aus dem Zufallsspiel der Assoziation ein planmäßiges Arbeiten in festen Gedankenbahnen, in sachgemäßen Denkrichtungen.

System. Wiederum wird niemand bestreiten, daß systematisch geordnetes Wissen eines der vornehmsten Ziele des Unterrichts ist. Im System findet der Drang zur Zusammenordnung, Über- und Unterordnung des einzelnen, der den tüchtigen Kopf beherrscht, seine Befriedigung. An die Systematisierung knüpft sich vielgestaltige intellektuelle Freude; z.B. die Freude an der Vereinigung der vielmals erdrückenden Fülle des einzelnen unter zusammenfassenden Begriffen, die Freude an der Einordnung der zunächst unsicher im Geist schwebenden einzelnen Vorstellungen, die Freude an der Fülle der Bewegungsmöglichkeiten innerhalb des Systems, das seitliche Bewegung und Bewegung nach oben und unten, Bewegung von Glied zu Glied oder auch sprungweise Bewegung ermöglicht usw. Diese Systemfreude zu erwecken und zu stärken, sie zur Freude an Systemen immer höherer Ordnung emporzubilden, z.B. zur Freude an einem System der grammatischen Ausdrucksmittel der deutschen Sprache, an einem natürlichen System der Pflanzen und Tiere, an einem System der Logik, an einer Glaubens- und Sittenlehre, - zuhöchst an einer Welt- und Lebensanschauung ist ein Ziel, dem ungleich größere Aufmerksamkeit gebührt, als ihm durchweg gewidmet wird. Und es kann auch nicht genügen, wenn der Lehrer "vor dem Schüler" ein System entwikkelt, der Schüler muß s e l b s t t ä t i g systematisieren lernen, in einer planmäßigen Folge von Übungen. Aber man vergesse anderseits nicht, daß die systematisierende Arbeit etwas Erkältendes hat, daß der Begriff - mit einem Hegelschen Ausdruck zu reden - die Wirklichkeit aussaugt. Man unterlasse also da das Systematisieren, wo man den Eindruck lebendiger Frische erhalten will, wo das einzelne zunächst als einzelnes, nicht als Fall einer Regel, nicht als Vertreter einer Art oder Gattung wirken soll. Das klassische Gebiet der Systemfreude ist natürlich die Mathematik; hier ist die einzelne Figur nichts als der anschaulich gewordene Begriff; hier nimmt man dem einzelnen nichts, wenn man es einordnet; hier liegt im Aufbau des Systems ein Hauptreiz des Unterrichts, hier ist auch die Überschau über die systematischen Zusammenhänge der Lehrsätze, die freie Bewegung innerhalb des Systems eine Vorbedingung für erfolgreiches Arbeiten am einzelnen, z.B. an der einzelnen Aufgabe. Da aber, wo man das Leben selbst in den Händen hat, da halte man mit dem Systematisieren zurück und konzentriere die systematisierende Arbeit auf besondere Stunden, die dann einen ganz ausgeprägten Charakter erhalten und so jedenfalls der Einschulung im systematisierenden Denken besser dienen als die über alle Unterrichtseinheiten verzettelten Übungen, die obendrein oft verfrüht sind, weil es an einem breiteren Stoffe fehlt, der sich systematisch bearbeiten ließe.

Anwendung. Ein Sammelsurium von Tätigkeiten wird oft unter diesem oder einem anderen der üblichen Namen zusammengefaßt. Organisch ist aber nur eine Grundform von Tätigkeit: die der Arbeit mit dem verstandenen und eingeordneten Neuen. Die Arbeiten an ihm sind abgeschlossen. So gehört z.B. das Memorieren nicht hierher. Beim Memorieren wird das Neue, sowie es sich bei der Darbietung und Bearbeitung dem Geiste dargeboten hat, eingeprägt. Das Memorieren verstärkt also nun die Kraft der Einprägung, die der Darbietung des Stoffs an sich und der Arbeit an ihm innewohnt. Wie das Memorieren ausgeschlossen ist, so andere Mittel der Einprägung. Auch alles Ü b e n gehört akzidentiell zu der Tätigkeit der Aufnahme des Neuen, so z.B. das kunstgemäße Lesen, das

Einüben einer Regel an Beispielen. Ebenso gehören nicht an den Abschluß der Gesamtarbeit alle möglichen Operationen innerhalb des Systems, sondern eben nur die, bei denen der neue Stoff in seiner systematischen Beziehung in Frage kommt. Wenn man von dieser Beziehung absieht, so erhält man die rein systematischen Lektionen. Will man der fünften Stufe einen gleichartigen Inhalt geben, so würden ihr alle die Arbeiten zuzuweisen sein, in denen mittelst der eben gewonnenen Erkenntnis wieder neue Erkenntnis erworben wird. Dann würde die gewonnene Erkenntnis ihre Fruchtbarkeit zeigen, indem sie weitere Erkenntnisse erschließt. Das Neue sei z.B. eine Tatsachenfolge; diese neue Erkenntnis kann rückwärts zur tieferen Deutung früherer Tatsachen oder vorwärts zu vermutungsweisem Erschließen zukünftigen Geschehens verwandt werden. Oder das Neue sei eine Rechenweise; in der Verwertung wird diese Rechenweise benutzt, um irgendwelche Sachverhältnisse durchsichtig zu machen; ebenso werden physikalische Tatsachen nach einem physikalischen Gesetz begriffen. Wenn ein sittlicher Maßstab, überhaupt ein Wertmaß gewonnen wurde, dann können bis dahin nicht bewertete Verhältnisse des Lebens beurteilt werden. Ist das Neue eine Darstellungsform, so kann sie in Nachbildungen als Norm verwertet werden usw. -

Nicht selten gewinnt man bei der Darstellung und Handhabung der Formalstufen den Eindruck, als sei die V. Stufe in einer gewissen Ausschließlichkeit die Stufe, auf der der Denkwille gebildet werden müsse; so, wenn sie die Stufe des Könnens im Gegensatz zum Kennen, des Tuns im Gegensatz zum Wissen heißt. Nichts verhängnisvoller als dies! Die "Aufgabe" ist nicht nur die Signatur der Stufe der Verwendung. Für die Didaktik der Selbsttätigkeit muß auch der Erwerb des Neuen und die Einordnung des Neuen soviel als möglich - Aufgabe, und zwar selbsttätig zu lösende Aufgabe sein. Je mehr Erkenntnisgewinn und Erkenntnisverwertung der Eigentätigkeit überlassen werden kann, um so mehr hat die Schule zunächst für ihre Erkenntnisgebiete, dann aber doch auch für die Gestaltung des Intellekts im allgemeinen die Aufgabe gelöst, deren Lösung das Leben fordert...

Mehr Persönlichkeiten - weniger Persönlichkeit! Persönlichkeit ist die große Sehnsucht der Zeit; Persönlichkeit gilt vielen als das Allheilmittel für die Schäden der Zeit. Dithyramben auf die Persönlichkeit sind nichts Seltenes in der Literatur. Was Wunder, daß auch für die Schulschäden die Heilung in der Mehrung der Persönlichkeiten, in einer Steigerung des persönlichen Lebens gesucht wird! Auch mir ist Persönlichkeit ein Lösungs- und Losungswort. Aber eins vorweg: Die Schule ist nicht dazu da, daß der Lehrer seine Persönlichkeit in aller Stärke auswirke, sondern daß die Entwicklung der Schüler zu Persönlichkeiten mit aller Kraft gefördert werde. Eine schwere Gefahr für die Persönlichkeit des Schülers ist aber - die Persönlichkeit des Lehrers. Der Persönlichkeit ist der Drang eigen, sich auszuwirken, den Objekten ihrer Tätigkeit ihren Stempel aufzuprägen; Kraftgefühl des schöpferischen Bildens, Selbstgefühl aus der freien Verfügung über Menschen und Dinge, Machtgefühl besonders aus der Herrschaft über das kindliche Seelenleben, der Reiz der Überlegenheit - das sind Gefahren, denen die starke Persönlichkeit ausgesetzt ist; das sind vor allem Gefahren für die Entwicklung des Personenlebens der Schüler. Die Arbeit an den werdenden Persönlichkeiten fordert Entsagung und Zurückhaltung; persönliches Leben ist in den Seelen heranwachsender Menschen zart und will mit Zartheit behandelt sein. Der Lehrer, der die Seelen formen will, wie der Töpfer den Ton formt, vielleicht im Sinne des Prometheischen "Hier sitz' ich, forme Menschen", wird sicher nicht Persönlichkeiten entwickeln. Die werdende Persönlichkeit fordert die Energie der Zurückhaltung; ich möchte sagen: Je stärker der Lehrer wirkt, um so mehr muß er die Askese des Verzichts auf starke Wirkungen üben. Die Persönlichkeit hat ihre Grenze an der fremden Persönlichkeit. Dem Grundrecht auf Persönlichkeit, das eine Person für sich in Anspruch nimmt, entspricht das Grundrecht auf Persönlichkeit, das sie dem andern zuerkennt.

Nichts als Mittler! Es widerstrebt dem Selbstgefühl der meisten Lehrer, nichts als Mittler sein zu sollen. Aber eine Didaktik, deren A und O Selbsttätigkeit ist, muß darauf dringen, daß der Lehrer nicht mehr sein will. Seine Mission ist keine andere als die, ein unmittelbares Verhältnis zwischen dem Schülergeist und den Unterrichtsstoffen, in denen die Kräfte des Geistes latent sind und der Auslösung harren, herzustellen. Je unvermittelter, je unmittelbarer schließlich dies Verhältnis wird, um so wertvoller; um so sicherer ist auch der Fortbestand des Verhältnisses über die Schulzeit hinaus. Je länger der Lehrer dazu helfen muß, daß die Kräfte der Unterrichtsstoffe wirksam werden, je mehr er einerseits diese Kräfte aus dem Zustande des Latentseins auslösen und anderseits die Kraft der Schüler anspornen muß, um so weiter ist der Zustand vom Ideal entfernt. Der Lehrer darf um des Himmels willen nicht dem Dolmetsch gleichen, der zwischen zwei Menschen vermittelt, die sich ohne ihn nicht verstehn. Die Bescheidenheit, die sich freut, sich zurückziehen zu können, ist eines der wichtigsten sittlichen Merkmale des Lehrers der Zukunft. In einer alten Bibel stand einst als Antwort auf die Frage: "Wo sind aber die neun?" "Bei den Pastores". Eine sehr ernste Kritik des evangelischen Predigtamts, dem gerade auch in der Gegenwart die Lebensfrage vorgelegt wird, wie es Entstehung eines unmittelbaren Verhältnisses der Laien zu Gottes Wort zu fördern hat, wie es dahin wirken kann, daß die evangelische Laienschaft aus ihrer verschuldeten Unmündigkeit in der Verwertung der hl. Schrift hervorgeht und so ihr erzprotestantisches Recht an einem unvermittelten, durchaus persönlichen Verkehr mit dem Evangelium, d.h. "der Kraft Gottes", ausüben kann. Auch das Schulmeisteramt muß sich davor hüten, daß die Schüler am Lehrer hängen bleiben. Der Lehrer, der seinen Schülern unentbehrlich ist, bildet eine große Gefahr für den werdenden Geist; sich entbehrlich, sich überflüssig zu machen, muß das ernsteste Ziel des Lehrers sein,, der selbsttätige Köpfe bilden will. Also - gehört die Zukunft den Lehrern, die möglichst wenig Geist haben? Nein, aber jenen feinen Geistern, die Geist genug haben, den lebenwirkenden Kontakt zwischen dem Schülergeist und dem in den Stoffen lebenden und webenden Geist Gottes und der Menschheit herzustellen. Das ist eine Kunst, der zwar der Glanz und der Schimmer imponierender Selbstdarstellung abgeht, die aber eine der schwersten und segensvollsten Künste ist. Ziel dieser Kunst ist, dem Schüler die Kraft zu geben, daß er die in den Stoffen verborgenen Kräfte selbst für sich wirksam macht. Die Kräfte sind in beseligender Fülle da: sie liegen in Gottes Wort, in den Literaturwerken der großen Kulturvölker, in der Natur, in den geometrischen Gebilden; aber die Kraftquellen sind nur dem für immer wertvoll, der von sich aus den Reiz empfindet, sich die Kräfte zu erschließen, und das "Sesam, tu dich auf" in seiner Gewalt hat, der, ohne Begeisterung gesprochen, die Denkwege kennt, auf denen er zu den Denk- und Gefühlswerten vordringt. Wer diese Kunst der "Wegführung" üben will, muß vorab eine vollkommene Erkenntnis der in den Stoffen liegenden Kräfte besitzen, nicht minder eine sichere Kenntnis der Kräfte, der Funktionen, der menschlichen Seele; die Kunstübung aber besteht in der Psychologie, durch die der Schüler befähigt wird, sich freitätig seines Stoffes zu bemächtigen.

Der Lehrer als "Künstler". Dem Typus des gelehrten Lehrers, dessen Stärke die wissenschaftliche Stoffbeherrschung war, der aber des öftern vor lauter Gelehrsamkeit nicht zu lehren verstand, tritt in unserer stilsuchenden Zeit oft der Typus des Lehrkünstlers gegenüber. Sprechen und Lesen, Erzählen und Beschreiben, Erläutern und Übersetzen, Experimentieren und Entwickeln - alles soll zur Kunst entwickelt werden. Stoffauswahl, Stoffgestaltung, Stoffdarbietung werden unter künstlerische Gesichtspunkte gebracht. Seelische und äußere Haltung sollen sich künstlerisch formen. Leicht verbindet sich mit diesem Künstlertum eine gewisse Gleichgültigkeit gegen den Unterrichtsstoff; er wird leichter das Spiel einer Künstlersouveränität. Bei dem gelehrten Lehrer die Gefahr eines einseitigen Vorherrschens des Stofftriebs, bei dem Lehrkünstler die Gefahr eines einseitigen Wirkens des Formtriebs. Bei beiden Typen aber die Gefahr einer Nichtbeachtung der Schülerseele. Ein dritter Typus legt den Nachdruck seines Wirkens auf die Gestaltung der Schülerseele, ihm ist der psychische Mechanismus "vertrautes Herrschaftsgebiet". Wird aber an der Seele wie an einem Mechanismus gearbeitet, so kann allerdings ein Lustgefühl des künstlerischen Schaffens entstehn, da es auf diesem Wege zu Gestaltungen des geistigen Lebens kommen kann. Freilich nur zu künstlichen, unlebendigen, unpersönlichen Formen, in denen die lebendigen Kräfte der individuellen Seele nicht wirken. Die Seele ist nicht ein formbarer Stoff, sondern ein Inbegriff von Kräften. Die Entwicklung dieser Kräfte zu einer individuellen Gestalt des Geisteslebens ist die Aufgabe eines wahrhaft künstlerischen Schaffens. Ziele der Entwicklung sind eben jene Künste des Sprechens, Lesens, Erzählens usw., die wir als die vom Lehrer geforderten Künste bezeichneten. Die Gefahr dieser Auffassung der Unterrichtsarbeit besteht in der einseitigen Betonung der Energieentfaltung, der Kraftbildung und in einer Geringschätzung des Unterrichtsstoffes, der als Mittel für den Erwerb der geistigen Kraft, günstigen Falls noch als Betätigungsgebiet der geistigen Kraft, aber nicht als ein an sich wertvoller Besitz geschätzt wird, dem die Fähigkeit, die Kräfte des Verstandes, Gemüts und Willens zu erregen, eigen ist. Der Typus, dem, wenn ich nicht irre, die Zukunft gehört, stellt eine Synthese der Elemente dar, die in den genannten Typen einseitig hervortreten: Der Lehrer dieses Typus beherrscht die Unterrichtsstoffe mit wissenschaftlicher Gründlichkeit und kennt die in den Stoffen enthaltenen Bildungskräfte. Er ist im Sprechen und Lesen, im Erzählen und Beschreiben, im Erläutern und Übersetzen, im Experimentieren und im Entwickeln ein Künstler. Sein Ziel aber ist nicht, diese Tätigkeiten vor den Schülern unter ihrer mehr oder minder großen Mitarbeit zu üben, sondern die Schüler durch sein Beispiel und die anderen Hilfsmittel der Kunstübertragung zu einer möglichst hohen Stufe jener Kunstübungen zu entwickeln. Und über diese einzelnen Tätigkeiten hinaus schafft er nach einem Leitbild an der individuellen Gestaltung des gesamten Geisteslebens seiner Schüler. Seine höchste Virtuosität sucht er nicht darin, mit "Menschen- und Engelszungen" zu reden und sonstwie sich künstlerisch auszuwirken, sondern seine Kunst ist ihm nur ein Mittel, eine Geistesgestaltung bei seinen Schülern zu schaffen, in der einerseits die an wertvollem Stoff entwickelten geistigen Kräfte in wertvollem Stoff das Mittel der Betätigung, Selbsterhaltung und Steigerung besitzen und anderseits der Wissensstoff die lebendigen Kräfte des Geistes zu bewegen und so sich zu erhalten und zu mehren vermag...

Der Schwerpunkt der Arbeit des Lehrers. Je mehr das Ziel des Unterrichts die Erweckung der Eigentätigkeit des Schülers ist, umso mehr verlegt sich der Schwerpunkt der Tätigkeit des Lehrers aus der Arbeit in der Klasse heraus. Dafür verlangt die Vorbereitung ungleich mehr Zeit als bisher. Trotzdem die Kunsttätigkeit des Lehrers eingeschränkt wird? Ja, denn wenn er auch selbst mit seinem Sprechen, Erzählen, Musterübersetzen, Entwickeln usw. sparsam sein soll, er bedarf der Vorbereitung auf diese Kunsttätigkeiten doch, einmal, damit er, wenn es nötig ist, sie vorbildlich "vormachen" kann, dann auch, damit er sich das Musterbild, an dem er die Schülerleistung mißt, gegenwärtig hält. - Ferner fordert die Einrichtung des Prozesses der Selbsttätigkeit und die Gewährung der Hilfen eine sehr sorgfältig vorgängige Erwägung des Stoffes und der geistigen Disposition des Schülers. Dazu sind dann zu erwägen die Möglichkeiten der Eigenbewegung der Schülergeister zu den Zielen, die erreicht werden müssen; vor allem ist nötig die weitgehende Stoffbeherrschung, ohne die ein Entlassen der Schüler zu freier Bewegung eine ernste Gefahr für das Ansehn des Lehrers namentlich der oberen Klassen höherer Schulen wird. Mehr Zeit als bisher verlangt auch die Stoffauswahl, die mit genauer Rücksicht auf die Entfaltung der geistigen Energie erfolgen muß. Besonders erschwert wird die Stoffauswahl dann, wenn man im Interesse der individuellen Differenzen der Schüler, der größeren Mannigfaltigkeit und des größeren Reichtums des Unterrichts sowie der Entwicklung der Selbständigkeit das Prinzip der Arbeitsteilung und Arbeitsvereinigung durchführt.

Und doch Persönlichkeit! Soll die Persönlichkeit des Schülers gedeihn, so muß, das wurde gesagt, die Persönlichkeit des Lehrers sich zurückhalten. Daß aber der Lehrer Persönlichkeit ist, das ist doch unbedingte Forderung. Nur der Mensch, der selbst Persönlichkeit ist, der das Glück und die Pein des Personwerdens an sich selbst erfahren hat, besitzt das Wertgefühl und das Wertbewußtsein für die werdende Persönlichkeit. Und so wenig die Lehrerpersönlichkeit auf die Entwicklung der Schüler drücken soll, so wertvoll ist doch für die Schüler der Umgang mit einem Menschen, der die in ihm vorhandenen lebendigen Kräfte zu einer individuellen Einheit zusammengefaßt hat, der sich selbst aus der Totalität seines Wesens heraus bestimmt, der sich selbst behauptet und fortentwickelt. Die törichte Schwärmerei, wie der Lehrer zu sein, unterdrücke man, aber das Streben, wie der Lehrer einem "Ich der Sehnsucht" nachzuleben, das lasse man sich entfalten, so stark, wie es sich von selbst entwickeln mag. Als Persönlichkeit bewähre sich der Lehrer vor allem in seinem Beruf, in seiner erzieherischen und unterrichtlichen Tätigkeit. Um seiner selbst willen und um der Jugend willen setze er sich durch, soweit sein Gewissen ihm dazu das Recht gibt. Es gehört hoffentlich zu den Sagen, daß es Lehrerkollegien gibt, deren Mitglieder alle dieselbe Methode haben, etwa die der fünf Formalstufen, und zwar darum, weil der Anstaltsleiter Herbartianer ist. Wie ein rechter Schulmeister seine Freude an einer Klasse hat, in der sich die Eigenartigkeit der Individualität bei möglichst vielen Schülern herausmodelliert hat, so wird ein Direktor seine Freude an einem Kollegium haben, in dem eine möglichst große Zahl der Arbeitsgenossen ihre Natur zu persönlicher Eigenart entwickelt hat. Gewiß laufen dabei Unzweckmäßigkeiten unter, die zu allerhand Durchkreuzungen und wechselseitigen Hemmungen führen. Ein solches Kollegium hat nicht die Präzision eines mit geringsten Kosten und größtem Nutzeffekt arbeitenden Mechanismus; aber wenn nur "im Notwendigen Einheit" herrscht, dann wird die Freiheit, die man im übrigen gewährt, sich dadurch lohnen, daß sie die Quellen der schaffenden Kraft in der Tiefe der Eigennatur des Lehrers erschließt. Die Eigenart bewähre sich besonders in der Methode; jeder Lehrer hat das Recht auf seine Methode, so gewiß die Lehrerpersönlichkeit neben der Natur des Unterrichtsgegenstandes und der Natur des Schülers der dritte das Unterrichtsverfahren bestimmende Faktor ist...

Der Umgang mit der werdenden Persönlichkeit verpflichtet die gewordene Persönlichkeit zur Selbsterhaltung und Selbstentfaltung im persönlichen Sein. Ebenso wirken auch die Unterrichtswerte, mittelst deren man auf den Schülergeist wirkt, auf die Persönlichkeit des Lehrenden ein. Und dann ein drittes: Der Beruf des Lehrers hat auch den großen Vorzug, daß sich zwischen dem Gebiet des persönlichen Lebens, das der Beruf darstellt, und den übrigen Lebensgebieten der Persönlichkeit die wirksamsten Wechselbeziehungen bilden können, so zu dem Lebensgebiet der allgemeinen Geistespflege (der Bildung), so zu dem Gebiet des Gemeinschaftslebens in allen seinen Formen (Familie, Gemeinde- und Staatsleben, Leben der Gesellschaft), so zu dem Leben in Gott. Die Schule soll bei der Ausbildung von Vollpersönlichkeiten bedeutsam mitwirken; wie aber wäre das möglich, wenn bei dem Lehrer eines der großen Lebensgebiete der Persönlichkeit ganz ausfiele oder stark verkümmert wäre? Solche Verkürzungen des persönlichen Lebens entstehen dann, wenn etwa die fachmäßige Fortbildung alles Bildungsinteresse absorbiert und der Fachmann in peinlichem Banausentum nicht einmal den Interessenzügen allgemeiner Bildung nachgeht, die in dem Bildungsideal der Schule bestimmend sind. Es ist ein Hohn auf die Anstalten mit dem Ideal der Allgemeinbildung, wenn der Lehrer nur fachgebildet ist und die Enge seines persönlichen Geisteslebens durch Geringschätzung der anderen Wissensgebiete, die die Schule anbaut, bekundet. Eine nicht minder gefährliche Verkürzung ist der Nur-Lehrer, d.h. der Lehrer, der "in der Schule aufgeht". Wenn endlich, endlich Ernst damit gemacht werden soll, daß die Schule zum Staatsbürger erziehen soll, dann muß zunächst der Lehrer Staatsbürger sein und seine staatsbürgerliche Gesinnung in den Formen betätigen, die seiner Eigenart entsprechen, und nicht nur die Interessen des Staates verlangen seine Betätigung; auch die allgemeinen Kulturinteressen, die großen Fragen des wirtschaftlichen, des sozialen, des sittlichen Lebens, fordern Teilnahme, eigene Urteilsbildung, persönliche Betätigung. Und endlich - die Welt- und Gottesanschauung. Gibt es in unserer Zeit nicht Lehrer, bei denen dies königliche Gebiet ganz oder doch zum größten Teil aus dem Umkreis ihres persönlichen Lebens ausfällt, bei denen eine Menge Negationen und als Positives einige Residua alten Glaubens das Etwas darstellen, was keine Gottes- und Weltanschauung, am allerwenigsten eine persönliche, von den Lebenskräften der Persönlichkeit getragene, auf persönlichen Entscheidungen beruhende Gottes- und Weltanschauung ist. Nur wenn der Lehrer Vollpersönlichkeit ist oder zur Vollpersönlichkeit hinstrebt, kann er seiner Kulturstellung entsprechen und auf das Ziel der Vollpersönlichkeit hin erziehen. Dann wird er auch die Schule und die Schulfragen im Kulturzusammenhang erfassen; dann wird auch die unvermeidliche Reform des Unterrichts vor allem durch die Lehrer herbeigeführt werden. Jetzt hat man bei dem Hin und Her zwischen den Gegnern, die im Namen der Kultur Reformen fordern, und den Lehrern, die im Namen der Schule das Bestehende verteidigen, vielfach den Eindruck, daß die Kulturfreunde nicht genug von der Schule und die Lehrer nicht genug von der modernen Kultur verstehen...

Schauen wir rückwärts: Der sich auf den Unterricht vorbereitende Lehrer muß sich, so wurde gesagt, die geistige Gesamtlage seiner Schüler, seiner Klasse gegenwärtig halten. Zu diesem Zwecke hat er zunächst über den Wissens- und Kraftstand (mit einem Wort den Bildungsstand) der einzelnen und der Gesamtheit klar zu sein. Das Gebiet der Bildung aber ist nur eines der Gebiete, auf denen sich persönliches Leben betätigt. Auf den Zusammenhang dieses Gebietes mit den anderen Gebieten des Lebens sind wir mannigfach aufmerksam geworden: so weist der Bildungsstoff auf die übrigen Gebiete hinüber, z.B. das Leben in den Gemeinschaften, da eine der wesentlichen Aufgaben höherer Bildung die Entwicklung des Verständnisses für das Gemeinschaftsleben ist; ebenso sahen wir, wie die Motive und Interessen, durch die das Bildungsstreben erregt und erhalten wird, in dem gesamten Personenleben wurzeln können. Soll der Schüler, der Bildung erwirbt, nicht ein intellektualistisches Abstraktum sein, so muß auch seine Eigenart auf den anderen Gebieten persönlichen Lebens in den Kreis individualisierender Beobachtung gezogen werden. Beobachtungsgebiete sind natürlich zunächst wieder die Schularbeit selbst; sodann das übrige Schulleben; darüber hinaus das Leben der Schüler außerhalb der Schule. Wohl wird man bei der tatsächlichen Lage der Verhältnisse resignierend sich gestehn müssen, daß man vom Leben der Schüler außerhalb der Schule oft nur Teil- und Zufallsansichten gewinnen wird, und daß sich uns die tiefsten Gründe des werdenden Personenlebens oft verschleiern; immerhin wird einerseits dem auf die Ausnutzung des gesamten Beobachtungsmaterials eingestellten, modern geschulten Beobachter sehr viel mehr als bisher offenbar werden, und anderseits wird das Gefühl, daß wir zu dem irgendwie erreichbaren Maße von Seelenkenntnis unseren Schülern gegenüber verpflichtet sind, uns das Motiv zu einem intensiveren Verkehr mit dem Elternhause und vor allem mit dem einzelnen Schüler selbst werden.

Jedenfalls müssen auch bei diesen Beobachtungen die Beziehungen zwischen den verschiedenen Betätigungsweisen persönlichen Lebens aufgesucht und das gesamte Leben des Schülers in seiner eigentümlichen Charaktergestalt als eine Einheit gefaßt werden. Dabei ist besonderer Nachdruck auf die Herausstellung des Individuellen und darüber hinaus des Persönlichen zu legen.

Hat so der Lehrer eine Einsicht in die "gesamte Geisteslage" der Schüler gewonnen, gleichsam den *status quo* bestimmt, so muß er das Auge dem idealen Ziele der Schularbeit zuwenden, das der Schule und zwar im besonderen seiner Schulgattung gesteckt ist. Nach meiner Auffassung kann dies Ziel nur eine Entwicklungsphase der werdenden Persönlichkeit sein. Auch hier, wo es sich um den *status ad quem* handelt, sind dann wieder die verschiedenen Lebensgebiete im Auge zu halten, auf denen überhaupt die Persönlichkeit sich auswirkt; allen voran naturgemäß das Gebiet der Bildung im allgemeinen Sinne. Dem Lehrer, der die Entwicklung seiner Schüler planmäßig beeinflussen will, muß der gesamte Bildungsstand, der Kenntnis- und der Kraftstand, der bei normaler Sachlage von den Schülern erreicht werden soll, vor Augen stehn, nicht nur etwa das Ziel seines Fachs oder allenfalls seiner Fachgruppe. Das Ziel des eignen Fachs muß natürlich in besonderer Klarheit und Bestimmtheit sein Tun regeln, doch aber immer so, daß ihm die Leistung des eigenen Fachs eben nur ein Beitrag zur Gesamtleistung der Schule ist. Demgemäß wird er sich die Lehrplanstellung seines Fachs gegenwärtig halten, besonders aber den Wechselbeziehungen seines Fachs und anderer Fächer im Sinne der Konzentrationsidee nachgehn. Aber nicht nur die letzten Ziele, die am Abschluß zu erreichen sind, müssen regulierende Kraft gewinnen, sondern auch die Teilziele, wie sie für die großen Entwicklungsphasen und dann wieder für die einzelnen Schuljahre lehrplan- und lehrgangmäßig festgesetzt sind. Seine tägliche Beobachtung zeigt ihm, wo die Klasse und in ihr die einzelnen Schüler stehn; zwischen dem, was die Klasse und die einzelnen sind, und dem, was sie werden sollen, muß der Blick hin und her gehn, damit die geistige Bewegung, die der Lehrer zu organisieren hat, zielstrebig wird...

Alle unterrichtliche Arbeit, so sagten wir, muß als das Mittel angesehen werden, in der Entwicklung des Schülers eine Bewegung von seinem derzeitigen Zustande zu einem idealen Zustande hin hervorzurufen. So ist denn nun die erste Aufgabe, die der Lehrer an einem Unterrichtsstoff zu lösen hat, die Ermittlung der Bedeutung, die die von ihm geleitete Arbeit des Schülers an einem sich ihm darbietenden Einzelstoff für die Aufwärtsbewegung des Schülers haben wird. Nach dem Ergebnis dieser Prüfung wählt oder verwirft er den Stoff. Die Stoffauswahl darf nicht Sache kurzsichtiger Erwägungen sein; sie fordert, daß die letzten Bildungsziele stetig in Sicht bleiben als die leuchtenden Zielpunkte.

Im Wissensganzen, das die Schule erstrebt, in dem allgemeinen geistigen Habitus, den sie erreichen will, zuhöchst in dem Ideal der Persönlichkeit liegen die regelnden Gesichtspunkte für die Stoffauswahl.

Und nun die **Arbeitsweise des Schülers.** Wie wird sie normiert? Ehe wir antworten, sei noch einmal auf die Fragestellung hingewiesen. Bei der Didaktik handelt es sich für uns grundsätzlich nicht um eine Normierung des Lehrerhandelns, sondern um eine Normierung der Arbeitsweise des Schülers, der das Tun des Lehrers zu dienen hat. Wohl soll der Lehrer wissen, wie er sprechen, lesen, rezitieren, erzählen, beschreiben, schildern, erläutern, übersetzen, entwickeln, experimentieren, korrigieren muß (s.o.). Worauf es aber eigentlich ankommt, ist, daß der Lehrer die Kunst, den Schüler zu allen diesen Künsten zu erziehen, besitzt. Entweder nimmt die Didaktik prinzipiell ihren Standpunkt im Schüler und nicht wie bisher im Lehrer, oder wir kommen in unserer Lehrkunst nicht weiter. Denn m.E. besteht die Lehrkunst in der Kunst die *ars discendi* zu lehren. Wie aber wird die Arbeitsweise des Schülers zu normieren sein? Ziel bei der Wahl einer Arbeitsweise wird sein müssen, daß der Schüler aus seiner Arbeit das Bestmaß (Optimum) an Bildung gewinnt. Soll diese Arbeitsweise gefunden werden, so kann wiederum nur vom Ideal ausgegangen werden. Für jede Schule sind Idealformen der Arbeitsweise aufzustellen. Auf ein Arbeiten in diesen Idealformen ist die Entwicklung, die der Schüler durchlaufen soll, anzulegen; in jeder Entwicklungsphase, bei jeder Lektionsgruppe, ja, bei jeder einzelnen Lektion ist die möglichst große Annäherung an jene Idealformen anzustreben. Für das Maß der Annäherung bestimmend ist vor allem die geistige Lage des Schülers, der auch die verfügbare Zeit und das Maß, in dem die Erkenntnismittel vorhanden sind. Wie aber sind jene idealen Arbeitsweisen zu bestimmen? Wiederum aus dem Bildungsideal: die Arbeitsweisen sind dann ideal, wenn durch sie ein Optimum an Bildung gewonnen wird. "Idealformen der Arbeitsweise" sagen wir, denn es versteht sich von selbst, daß es nicht etwa nur e i n e Normalform gibt, die auf alle Stoffe anzuwenden wäre. Die Differenzierung erfolgt nach der Natur der Stoffgebiete. Eine Ballade z.b. gewährt dann das höchste Ausmaß bildender Wirkung, wenn sie zunächst "miterlebt", sodann ästhetisch "genossen" wird. Der volle Wert des "Miterlebens" und des ästhetischen "Genießens" aber entfaltet sich, wenn das Miterleben und Genießen spontan erfolgt, also ohne Antrieb durch die Frage des Lehrers. Die Arbeitsweise ist also bei der Ballade ideal, wenn der Schüler, dem Text hingegeben, spontan sich so in Situation, Handlung und Personen versetzt, als wäre er teilnehmender Zeuge der wirklichen Vorgänge, und wenn er dann sinnend das ästhetisch Wertvolle freitätig aufspürt. Oder ein anderes Beispiel: Ein Optimum an Bildungswert wird dann von der Arbeit in der Geschichte gewährt, wenn der Schüler fähig ist, sich eine in abgeleiteter Darstellung gebotene Skizze durch Quellenlektüre auszukolorieren. Demgemäß muß die Arbeitsform ideal heißen, bei der eben dieses Auskolorieren selbständig geübt wird. Inwieweit nun die idealen Arbeitsformen in gegebener Lage angewandt werden können und sollen, hängt zumeist von dem Zustand der geistigen Entwicklung des Schülers ab. So wird man z.B., ehe man dem Schüler das Miterleben einer Ballade ansinnt, folgende Hauptfrage erwägen: Ist der Schüler bereits gewöhnt, selbsttätig auf die im Stoff liegenden Reize zu psychischer Tätigkeit zu reagieren? Veranlaßt ihn die Erzählung des Dichters, die Handlung in ihren einzelnen Stadien zu verfolgen, entwirft seine Phantasie Bilder, wenn der Dichter schildert, reagiert sein Gefühl, wenn der Dichter das Gefühl anspricht usw.? Oder in unserem zweiten Falle: Nur dann kann ich das freiwirkende Auskolorieren fordern, wenn die Schüler gewöhnt sind, an der Hand der Quellen sich in den Geist der Zeiten zu versetzen. - Genaue Überlegungen sind auch am Platze, wenn ich das arbeitsteilige Verfahren bei der Dramenlektion einschlagen will. Nur dann habe ich ein Recht dazu, wenn die Schüler fähig sind, sich in ein ihnen fremdes Drama hineinzufragen, hineinzusinnen, hineinzuleben. Und noch ein elementares Beispiel: Wer soll eine lyrische Dichtung "darbieten"? Soll der Lehrer lesen oder der Schüler? Die ideale Zielsetzung fordert, daß der Schüler lese, denn im Lesen hat der ehemalige Schüler doch nicht mehr den Lehrer als Dolmetsch. Ob aber der Lehrer den Schüler lesen läßt, hängt davon ab, ob der Schüler bereits in der Lesekunst weit genug ist, um nach der Durchnahme der zunächst nur still gelesenen Dichtung gut "vorzutragen", oder ob er bereits nach bloßem stillen Durchlesen in angemessener Weise vorzulesen vermag, oder ob er gar *prima vista* gut vorlesen kann. Die Kardinalfrage, die der Lehrer bei der Wahl der Arbeitsweise erwägen muß, wird dahin gehn, wieweit der Schüler freitätig arbeiten kann, wieweit er der Hilfe und der Hilfen bedarf; die Erwägungen laufen also auf eine Auseinandersetzung zwischen Lehrer und Schüler hinaus. In den Fällen aber, in denen der Lehrer noch tätig sein muß, wird er nicht nur sparsam mit seiner Tätigkeit sein, sondern auch überlegen, wie er die Hilfe so gestaltet, daß sie nach und nach entbehrlich wird. Dazu aber bedarf er einmal eine gründliche Kenntnis der psychologischen Eigenart seiner Schüler, sodann die Fähigkeit, den Unterrichtsstoff daraufhin zu analysieren, welche psychischen Tätigkeiten seine Bewältigung erfordert...

Arbeitsschulidee und pädagogischer Begriff der Arbeit

Georg Kerschensteiner

Die Schule der Zukunft eine Arbeitsschule (1908)

Ein Jahrhundert ist vergangen, seit Pestalozzis ruhelos forschende Sehnsucht der Volksschule jene Grundlagen der Unterrichtsmethoden geschenkt hat, die sie für alle Zeiten beherrschen werden. Er suchte "die Gesetze aufzufinden, denen die menschliche Geistesentwicklung vermöge ihrer Natur selber unterworfen werden muß"; er wußte, "daß sie mit denjenigen der physisch-sinnlichen Natur die nämlichen sein mußten", und war überzeugt, "in ihnen den Faden sicher zu finden, aus dem sich eine allgemeine psychologische Unterrichtsmethode herausspinnen läßt" (4. Brief an Geßner, Ziffer 14). Er fand "das absolute Fundament aller Erkenntnis in der Anerkennung der Anschauung" (9. Brief an Geßner, Ziffer 1). Das war seine Tat.

Und nun kamen die Menschen und bauten auf diesem Fundament. Sie bauten mit den Steinen vergangener Zeiten nach der Methode Pestalozzis. Die Lernschule des Mittelalters wurde zur Lernschule der Neuzeit. Aber inzwischen ist die *Seele des Kindes* immer mehr Gegenstand liebevoller Forschung geworden. Inzwischen haben wir immer deutlicher und allgemeiner erkannt, daß die Methoden der passiven Anschauung nicht entfernt dem Seelenleben des Kindes gerecht werden. Inzwischen sind wir uns auch in weiteren Kreisen lebendiger als jemals bewußt geworden, daß bauende, schaffende Kräfte von einer bisweilen staunenswerten Größe im Kinde stecken. Das echt Pestalozzische Prinzip der Selbsttätigkeit wurde zum Schlagwort. Der stolze Name der "Erziehungsschule" wurde erfunden, und jene, die sie nach Zillers Theorie vom Gesinnungsunterricht zu gestalten vermeinten, nannten sich selbst "die wissenschaftlichen Pädagogen". Und doch, wenn Sie die Räume betreten, wo sie arbeiten, die Pädagogen der Selbsttätigkeit, die Pädagogen des Gesinnungsunterrichtes, so finden Sie im wesentlichen den gleichen Betrieb, wie bei den Pädagogen der passiven Anschauung. Sie finden überall die alte Lern- oder, wie man es vielleicht besser nennen könnte, die alte Buchschule. Nun werden Sie vielleicht einwenden: "Das ist eben die Aufgabe der Schule, daß sie die Kinder vertraut machen soll mit gewissen Lehrstoffen, daß sie dem Kinde helfen soll, sein Wissen zu vermehren, zu ordnen und zu ergänzen und es selbständig zu gebrauchen; sie muß eine Lernschule sein, oder sie ist keine Schule." Gewiß, sie muß eine Lernschule sein, aber doch eine, die dem gesamten Seelenleben des Kindes entgegenkommt, eine Lernschule, die nicht nur seiner Rezeptivität, sondern auch seiner Produktivität, die nicht nur seiner passiven, sondern auch seiner aktiven Natur angepaßt ist, eine Lernschule, die nicht bloß seinen intellektuellen, sondern besonders auch seinen sozialen Trieben gerecht wird. Sie muß eine Lernschule sein, in welcher man nicht nur durch Worte und Bücher, sondern vielmehr noch durch praktische Erfahrung lernt.

Wenn wir aber von diesen Gesichtspunkten aus unsere heutigen Schulen prüfen, so werden wir sehen, daß sie die *produktiven Kräfte* unserer Kinder eher verkümmern lassen als entwickeln, daß sie vielfach Kräfte, namentlich intellektuelle, zu gestalten versuchen, zu einer Zeit, wo sie noch gar nicht gestaltungsfähig sind, daß sie das Lernen mit Dingen verbinden, für welche erst künstlich das Interesse durch eine raffinierte Methode wachgerufen werden muß, während sie den Erfahrungskreis, den das Kind in die Schule mitbringt, nur gelegentlich zu Unterrichtszwecken ausnützen, und daß sie der sozialen Natur des Kindes wenigstens plan- und unterrichtsmäßig so gut wie keine Nahrung zuführen...

Der Schüler aber ist in den Jahren seiner Volksschulzeit, wie in seiner vorausgehenden Kindheit, durchaus nicht bloß aufs Hören und eine nur passive Aufnahme von fremdem Wissen eingerichtet. Im Gegenteil! Die Jahre der Kindheit bis zur Pubertät sind in der Regel durch lebendige Aktivität gekennzeichnet. Das Wesen des Menschen um diese Zeit ist Arbeiten, Schaffen, Wirken, Probieren, Erfahren, Erleben, um ohne Unterlaß im Medium der Wirklichkeit zu lernen. Das ganze rastlose Spielleben des Kindes ist eine direkt von der Natur gewollte Einrichtung, daß die geistigen und körperlichen Kräfte wachsen unter dem Einfluß von lebendigen Erfahrungen aller Art. Namentlich da, wo gesunde Kinder nicht in die Grabesmauern der Großstädte eingepfercht sind, sind sie ganz Initiative. Sie entdecken stets neue Gebiete ihrer Beschäftigungslust und

pflegen sie bis zur Weltvergessenheit. Niemand hat das
schöner geschildert, als ihr hochgeschätzter, auch bei uns in
Deutschland hochverehrter Landsmann Gottfried Keller in
seinem "grünen Heinrich". 90 Prozent aller Knaben und
Mädchen ziehen trotz unserer Bucherziehung jede praktische Beschäftigung bei weitem dem stillen abstrakten
Denken und Reflektieren vor. Bei ihnen hat das Sprichwort: "Probieren geht über Studieren" noch seinen vollen
Wert. Erst da, wo das fremde Wissen ihnen zum Gelingen ihres Probierens verhilft, da spitzen sie die Ohren zum
Hören, da verschlingen sie auch Bücher und nicht bloß
Geschichtenbücher. In Werkstatt und Küche, im Garten
und auf dem Felde, im Stall und am Fischerboote sind sie
stets zur Arbeit bereit. Hier ist ihr ausgiebigstes Lern-
feld. Hier sind die tausend Dinge, die der wachsende Verstand lebhaft ergreift, hier entwickeln sich hunderte von
Fertigkeiten, die der unbewußte Muskelsinn erfaßt, hier lernen sie vor allem den Pulsschlag des sozialen Lebens in
ihren eigenen Taten fühlen. Hier lernen sie die Beziehungen
empfinden, die das gemeinsame Leben von Person zu Person schafft, die Abhängigkeit des Kleinen vom Großen, aber
auch des Großen vom Kleinen, hier lernen sie den Eigenen
wie den Fremden helfen und entgegenkommen, den Trauri-
gen trösten, den Hungrigen speisen, den Müden aufrichten,
dem Mutlosen Vertrauen einflößen und, genau wie in ihren
Spielen, gemeinsam streben, gemeinsam organisieren, sich
freiwillig unterordnen.

Und nun öffnet die Schule ihre Tore. Weg ist alle
Beschäftigung, die das ganze Kind erfaßte, weg alle Rea-
lität des Hauses, der Werkstatt, der Küche, des Stalles,
des Gartens, des Feldes. Weg ist alles Graben, Bauen,
Fabrizieren, alles produktive Schaffen. Weg ist die ganze
Welt des Kindes. Eine neue, fremde Welt mit hundert
Rätseln und unfaßbaren Forderungen und Zwecken steht
vor ihnen. Statt dem Sandhaufen, dem Baukasten, der
Schere, dem Hammer, der Peitsche - Tafel, Griffel, Fibel,
Lineal; statt dem lustigen Schwatzen und Fabulieren -
Schweigen und Zuhören; statt dem Umherschweifen der
Gedanken in der Welt des Scheines - Aufmerken und den
Geist in gerader Richtung führen; statt dem Entdecken,
Versuchen, Probieren, Produzieren - Nachahmen; statt dem
lustigen Tummeln auf Straßen und Gassen - Stillsitzen

und Festhalten; statt gemeinsamer Unternehmungen unter einem freigewählten Führer - einsame, vorgeschriebene Beschäftigung; statt dem schwachen Freund nebenan zu helfen - sich abschließen, daß er nicht abschreibe. Ist es da ein Wunder, wenn die Kleinen zuerst erschrocken stehen und den Kopf verlieren, wenn sie sich in sich kehren, statt *aus* sich herauszugehen, wenn ihre Gedanken hinausschweifen über die vier Wände des Schulraumes, trotz allem guten Willen, aller Mahnungen und Strafen.

Zum Glück neigt sich meist ein mildes Lehrerherz über sie und fängt die scheuen Vögel mit Liebe und Güte, nimmt ihnen die großen Steine aus dem Wege, die sie hindern, vorwärts zu schreiten auf dem neuen und ungewohnten Pfade des Wissens. Und die Mühlsteine der systematischen Methodik zermahlen die harten Körner des fremdartigen, innerlich nicht begehrten Wissens zu Mehl und Brei, damit auch der Schwächste die neue Nahrung aufnehmen könne. Allmählich gewöhnen sich die meisten Kinder an die neue Insel der Erkenntnis, zu der sie täglich zweimal vom Festlande ihres sonstigen Erfahrungskreises hinüberrudern, zu der sie aber keine Brücke zu schlagen wissen. Ja noch mehr. Sie gewöhnen sich an ihre Arbeitsmethoden und gewinnen sie lieb. Anstatt mit wirklichen Dingen umzugehen, lernen sie mit ihren Schatten zu verkehren; an die Stelle der Erfahrungswelt steigt das Buchwissen mit den Ehrenkränzen, die ihm die Schule windet, in ihrer Wertschätzung, an die Stelle der einstigen kühnen Unternehmungslust auf ungebahnten Entdeckerpfaden tritt das wackere Arbeiten auf eingeübten und eingefahrenen Geleisen, an Stelle des Beobachtens, Forschens und Zweifelns das Schwören auf die Worte des Meisters.

Ich würde ungerecht sein, würde ich die Vorteile verkennen, die gleichwohl die heutige Schule der Erziehung bietet, die sich aus der Gewöhnung an ursprünglich unbegehrte Arbeit entwickeln, aus dem festen Gefüge des Schullebens mit seiner peinlichen Ordnung und seinem unnachsichtlichen Ernste. Gewiß können sich hier die Kinder wertvolle Grundeigenschaften aneignen, die wir durchaus nicht missen wollen: Pünktlichkeit, Gewissenhaftigkeit, Sorgfalt, Ausdauer, Ordnung, Regelmäßigkeit, Selbstüberwindung. Ja man muß gestehen, daß gerade diese sittlichen Werte gerne da gedeihen, wo die Schule nicht ausschließlich den

Neigungen des Schülers nachgeht, vorausgesetzt, daß der Stern eines freundlichen Lehrerherzens, die Sonne einer verständigen Güte leuchtet.

Was aber unsere heutige Schule dem Kinde, wenn es ins Leben hinübertritt, nicht mitgibt, was sie weit mehr verkümmern läßt, als fördert, das sind gewisse aktive Charakterzüge, die die meisten Kinder im Keime schon hatten, als sie in die Schule eintraten, den Mut der Selbständigkeit, den Mut der Selbstbehauptung und der Unternehmungslust, den Mut, Neues und Ungewohntes anzugreifen, die Lust, zu beobachten und zu prüfen und vor allem, aber nicht nur um seiner selbst willen, zu arbeiten, nicht bloß, um selbst zu wachsen, um die anderen zu überflügeln, um Sieger zu werden im wilden Kampf des Lebens, sondern auch um die eigenen, reichen Kräfte hilfsbereit allen zur Verfügung stellen zu können, allen, die ihrer bedürfen.

Und so erhebt sich die Frage: Ist es nicht möglich, unsere heutige Schule so umzugestalten, daß sie ihre guten Eigenschaften nicht verliert, gleichwohl aber dem Wesen des Kindes mehr gerecht wird, und daß sie in ihm auch jene aktive Seelenverfassung entwickelt, die sie heute vernachlässigt, ja verkümmern läßt? Wenn das möglich sein soll, so kann es nur geschehen, daß wir vom Beginn allen Unterrichtes an uns mehr als bisher an die schaffenden Kräfte des Kindes wenden, und zwar tunlichst in dem gleichen Wirkungskreis, an den es vor und während der Schule durch seine persönlichen Anlagen und wirtschaftliche Umgebung gebunden ist. Wie dem kleinen Kinde der *Spielraum des Hauses* die Werkstätte seines Geistes ist, wo die tausend Eindrücke und Anregungen aus seiner Umgebung zu einer Welt des Scheines verarbeitet werden, so muß im größeren Kinde der *Arbeitsraum der Schule* die Zentralwerkstätte seiner Aktivität sein, aus dem es gerne in die Lernräume der Schule hinüber steuert, um mit neuen, *selbstverlangten* Schätzen befrachtet immer wieder in die Arbeitsräume zurückzukehren.

Aus unserer Lernschule muß eine Arbeitsschule werden, die sich an die Spielschule der ersten Kindheit anschließt.

Nun ist es gar nicht an dem, daß unsere heutige Schule nicht auch schon Arbeit vom Kinde verlangt. Gut lesen, schön schreiben, sicher rechnen *ist Arbeit,* und zwar eine

Arbeit, die stark erzieherisch auf die Gemüts- und Willensanlagen des Kindes wirken kann, genau wie sorgfältiges Staubwischen auch, dessen richtig verstandenen Segen F.W. Förster in seiner "Jugendlehre" so schön geschildert hat. - Ja, diese Tätigkeiten können sogar den Wert *produktiver* Arbeit annehmen, wenn wir den Abrichtmechanismus unseres heutigen Schulbetriebes aufgeben, wenn wir endlich einmal verstehen lernen, daß auch das kleine Schulkind lieber aus sich heraus arbeitet, als in sich hineinarbeiten läßt. Gelesenes erfassen und das klar Erfaßte mit der ganzen Tiefe des Gemütes und dem Umfang der eigenen Gestaltungskraft wiedergeben, Selbsterlebtes mit eigenen Mitteln für andere zum greifbaren Bild gestalten, den Erscheinungen in Raum und Zeit, den Beobachtungen an der Arbeitsstätte der Schule oder des täglichen wirtschaftlichen Lebens rechnerisch nachzugehen, das ist gewiß produktives Schaffen, das allen Segen der Arbeit entfalten kann.

Aber einmal ist diese Arbeit in der Hauptsache *geistige* Arbeit und setzt, soferne sie das Kind wirksam soll ergreifen, nicht unbeträchtliche *intellektuelle* Begabungen voraus. Zweitens hat diese Arbeit, wenigstens während des Schullebens, nicht immer genügend Zusammenhang mit dem gleichzeitigen übrigen Leben des Kindes, und drittens fördert sie nur das eigene Wachstum, befriedigt nur die eigene Lust, das eigene Streben nach vorwärts ohne Rücksicht auf den Nebenmenschen.

Was die neue Arbeitsschule braucht, ist ein reiches Feld für *manuelle* Arbeit, das nach Maßgabe der Befähigung des Schülers auch zum *geistigen* Arbeitsfeld werden kann. In der manuellen Arbeit liegt zunächst das fruchtbare Feld der Entwicklung für die weitaus größere Zahl aller Menschen. Was sie ferner braucht, sind Arbeitsgebiete, die womöglich irgendwie mit den wirtschaftlichen oder häuslichen Arbeitskreisen der Eltern zusammenhängen, damit die Fäden, die die Schule spinnt, nicht täglich abreißen, wenn das Kind die Schultasche vom Rücken nimmt. "Wo ein Kind mehr wissen und lernen muß, als sein Vater kann", meint Pestalozzi im Schwanengesang, "muß der Lehrer sein Nebenwerk in des Vaters Arbeit so hineinflechten, wie ein Weber seine Blume in ein ganzes Stück Zeug hineinwebt." Was die Arbeitsschule drittens nötig hat, das ist Arbeit im Dienste der Mitschüler, die vom ersten Tage an immer und immer wieder den Satz predigt: *Der Sinn des Lebens ist nicht herrschen, sondern dienen.* Erst wenn die Schularbeit dieses Adelswappen trägt, kann sie Grundlage der staatsbürgerlichen Erziehung werden, einer Erziehung, die alle Volksgenossen zuerst und vor allem von der Schule fordern müssen, und die wir bisher, wie vieles andere auch, dem bloßen Worte zugemutet haben. Erst aus der gemeinsamen Arbeit wächst das Gefühl gemeinsamer Aufgaben, das Gefühl der Notwendigkeit der Unterordnung unter gemeinsame Zwecke. Mit ihr greift die Kette des sozialen Lebens in die Schule hinein, in die das Webeschiffchen des Unterrichtes dieselben Tausende von Fäden einschlägt und nach der gleichen Bindung, wie das wohlgeordnete häusliche Leben des Kindes mit seiner Hilfsbereitschaft, seiner Unterordnung, seiner Hingebung, seiner uneigennützigen Liebe...

Nicht um der Fertigkeiten willen allein brauchen wir die Arbeitsräume, nicht damit unsere Volksgenossen sich nicht praktischer Arbeit entwöhnen, nicht damit die Kinder gut hobeln, sägen, feilen, bohren, nähen, weben, kochen lernen, nicht damit sie die Arbeit ihrer Hände lieb behalten, nein, wir brauchen sie vor allem, um Menschen zu erziehen, die den Zweck und Segen des Staatsverbandes an der Wurzel erfassen lernen und ihm in Dankbarkeit ihre Dienste widmen. Wir brauchen sie, weil nicht das Buch der Träger der Kultur ist, sondern die Arbeit, die hingebende, sich selbst aufopfernde Arbeit im Dienste der Mitmenschen oder einer großen Wahrheit.

Wir brauchen sie auch um der so verschiedenartigen Begabungen der Kinder willen. Denn nur, wo wir diese treffen, wird unsere Erziehungs- und Unterrichtätigkeit von Erfolg begleitet sein, wo wir sie nicht treffen, können wir nur mühsam dressieren. Das Mannheimer System der Schulorganisation ist in vollem Umfange nur zweckmäßig für die Lernschule und den mit ihr verbundenen und verbindbaren Massenohrenbetrieb. In der Werkstatt, im Laboratorium, in der Schulküche, im Schulgarten, im Zeichensaal, im Musikzimmer findet jedes Kind die Arbeit, die es bewältigen kann. Hier arbeitet der Schwache neben dem Starken und findet Hilfe bei ihm, oder kann und soll sie finden. Hier können nebeneinander die kleine Kraft an der kleinen, die große Kraft an der großen Arbeit die Freude und den Segen des Gelingens empfinden. Hier brauchen sie nicht alle in Reih und Glied zu marschieren. Denn hier, wo die reine Gedächtnisleistung ausgeschaltet ist, kommt es weit weniger auf den Wert des Arbeitsproduktes als auf den Wert der Arbeitsmethode an. Hier ist "Individualisieren des Unterrichts", sonst das verlogenste Schlagwort in unserem Massenohrenbetrieb, keine Sorge des Lehrers mehr. Hier stellt sie sich von selbst ein.

Alle diese Erwägungen und Gründe haben mich seit zwölf Jahren unablässig getrieben, Mittel und Wege ausfindig zu machen, der kommenden Arbeitsschule die Wege zu ebnen. Das konnte nur Schritt um Schritt geschehen und wird so lange noch eine beständig neue und mühsame Unternehmung sein, als nicht die Lehrerbildung selbst von dem völlig neuen Geist der Arbeitsschule durchtränkt ist. Zuerst, im Jahre 1896, gelang es mir, den Schulküchenunterricht in wöchentlich vier Stunden obligatorisch mit allen achten Mädchenklassen zu verbinden und aus ihm heraus den Erfahrungskreis für den chemischen, physikalischen und physiologischen Unterricht, sowie für den Rechenunterricht der Mädchen zu gewinnen. Einige Jahre darauf wurden in allen Schulen, deren Schulhöfe es gestatteten, Schulgärten eingerichtet, von denen insbesondere die Schulküchengärten den Mädchen der achten Klassen zur Pflege übergeben waren. Ungefähr um die gleiche Zeit hielten die Aquarien, Terrarien, Volieren und Raupenkästen ihren Einzug in die Schulen, sowie die Blumenpflege in den dritten und vierten Klassen, an welche jährlich über 10000 Blumenzwiebeln zur Kultur verteilt werden. Im Jahre 1900 gelang es dann, mit allen achten Knabenklassen Holz- und Metallverarbeitungswerkstätten mit einem wöchentlich sechsstündigen Unterricht obligatorisch zu verbinden. Er lieferte zunächst den Erfahrungskreis für Zeichnen, für den Unterricht in Mechanik, Geometrie und Rechnen. 1903 begann die Reform des Zeichenunterrichts, der gleich von Anfang an in den Dienst der dekorativen Kunst und damit der Produktivität des Kindes gestellt wurde, ein Wagnis, zu dem ich durch meine ausgedehnten Untersuchungen über die Entwicklung der zeichnerischen Begabung des Kindes mehr und mehr den Mut fand. Im Vorjahre endlich gelang es nach heißen Kämpfen, auch für Physik und Chemie in wöchentlich vier Stunden

Laboratoriumsunterricht mit den achten Klassen obligatorisch zu verbinden, der zweifellos trotz der heftigen Anfechtung, die ihm heute noch zuteil wird, nicht nur nicht wieder verschwinden, sondern früher oder später auch in die siebenten und sechsten Klassen hinuntersteigen wird. Das wird vor allem davon abhängen, welcher Geist den Unterricht durchwehen wird, wie die Lehrer sich in ihn einleben werden, für welche ein derartiger Betrieb einen völlig neuen Unterrichtsweg bedeutet. Gelingt der große Versuch, worauf ich bestimmt hoffe, so werden die nächsten Jahre die weitere Frage aufrollen, ob sich nicht auch der Werkstattunterricht noch in den Dienst des Laboratoriumsunterrichtes stellen läßt, ganz ähnlich, wie sich heute schon die Sandbaukästen im Dienste des heimatkundlichen und geographischen Unterrichtes bewähren. So wird Schritt um Schritt dem alten Buchbetrieb der Boden abgegraben, und ich hoffe, daß der unbesiegbare Idealismus unserer Lehrer und die sieghafte Kraft des alten und doch immer noch neuen Gedankens die Spannungsgröße für die Transformation des alten Schulstromes ständig erhöhen wird...

Der pädagogische Begriff der Arbeit (1923)

Die Idee der Arbeitsschule, die ich am Ausgange des 19. Jahrhunderts in den mir unterstellten Schulen zu verwirklichen begann, hat seit meinem Vortrage in der Peterskirche zu Zürich im Januar 1908 immer mehr Anhänger und immer mehr Verwirklichung gefunden. Aber ich kann nicht sagen, daß diese Verwirklichungen durchwegs dem entsprechen, was ich unter einer Arbeitsschule als einer wirklichen Bildungsanstalt verstehe. Dies hängt zum erheblichen Teile auch damit zusammen, daß der pädagogische Begriff der Arbeit nirgends mit der nötigen Klarheit festgelegt ist. Wer aus einer in ihm selbst lebendig gewordenen Idee, aus seinem eigenen dunklen Drange heraus schafft, bedarf einer solchen objektiven begrifflichen Auseinandersetzung nicht. Das rein Begriffliche formt sich von selbst im Schaffen. Anders liegt es bei denjenigen, die eine fremde Idee übernehmen, die als Idee mehr mit einem Schlagwort als mit einem eindeutigen begrifflichen Inhalt gezeichnet ist. Wir wollen daher im nachstehenden versuchen, den *pädagogischen* Begriff der Arbeit uns selbst zu „erarbeiten"...

Indem wir nun die echte geistige Arbeit zunächst studieren, eröffnen wir zugleich den Weg zum Begriff der Arbeit im pädagogischen Sinne. Denn mag eine Arbeit mit noch so viel körperlicher Betätigung verbunden sein und mag sie in endlosen Übungen noch so viel formende Kraft ausüben - Arbeit im pädagogischen Sinne kann sie erst dann werden, wenn sie der Ausfluß geistiger Vorarbeit ist. Rein mechanisch isolierte, vom übrigen geistigen Leben ablaufende Betätigung hat keinen Bildungswert, d.h. ist nicht Arbeit im pädagogischen Sinne. Irgendwie muß diese Arbeit in das intellektuelle und emotionale Gesamtleben der Seele eingeschmolzen sein.

Ich wähle nun zunächst zur Analyse des geistigen Arbeitsprozesses eine Arbeit, die einem moralischen Willensentschlusse vorausgeht...

Wir studieren einen zweiten praktischen Fall. Ein Lehrling soll aus einem Brett von gegebener Länge und Breite mit geringstem Holzabfall ein möglichst geräumiges Starenhaus herstellen, dessen Dachplatte zur Bodenplatte im Verhältnis 1:2 geneigt ist und etwa 8 Zentimeter über die Vorderseite des Hauses hinausragt. Die Arbeit soll selbstverständlich unter geringstem Aufwand an Zeit und Arbeitskraft durchgeführt werden. (Aufgaben dieser Art gibt es bei den gegenwärtigen Materialpreisen für Holz, Metall, Papier, Leder, Seide, Wolle, Baumwolle, Tuchstoffen usw. in Überfülle. Ihre gewissenhafte Durchführung macht derartige Aufgaben in hervorragendem Sinne zu pädagogischen Aufgaben. Denn in der ökonomischen Forderung liegt schon von vornherein ein sittliches Moment.) Das Brett ist 160 Zentimeter lang und 20 Zentimeter breit. Der Lehrling überlegt: Von allen Kästen mit gegebener Oberfläche hat der würfelförmige den größten Rauminhalt. Mache ich den Kasten also würfelförmig, indem ich nur den Deckel in der geforderten Neigung um eine Kante drehe und öffne, so wird das Starenhaus den größten Rauminhalt bekommen. Er überlegt weiter: Wähle ich als Bodenkante des Würfels die ganze Breite des 20 Zentimeter breiten Brettes, so bekomme ich keine Holzabfälle und habe eine sehr einfache Arbeit. Er frägt sich jetzt: Wie hoch kann das Starenhaus gemacht werden? Zur Beantwortung der Frage macht er sich eine Seitenansicht von dem Starenhaus (Figur 1) und trennt durch die punktierte Linie den oberen Keil

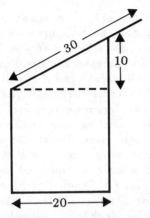

vom unteren Kasten. Da die Deckfläche zur Bodenfläche eine Neigung hat von 1:2, so ist, nachdem die Grundkante 20 Zentimeter beträgt, die Keilhöhe 10 Zentimeter. Daraus folgt, wie der Lehrling sich durch Abmessen von der Zeichnung überzeugt, für die geneigte Deckfläche eine Kantenlänge von 22,4 Zentimeter. Der Lehrling weiß also jetzt: Für die Bodenfläche braucht er 20 Zentimeter der Brettlänge, für die Keilhöhe 10 Zentimeter, für die Dachfläche 22,4 Zentimeter, zusammen 52,4 Zentimeter. Da die Dachfläche etwa 8 Zentimeter über die Vorderseite hinausragen soll, gibt er 7,6 Zentimeter zu und hat also von seinem Brett damit 60 Zentimeter verbraucht. Es bleiben ihm noch 100 Zentimeter für die Rück- und Vorderwand des unter dem Keil liegenden würfelförmigen Körpers und dessen beide trapezförmige Seitenflächen.

Er überlegt nun weiter, ehe er das Brett zu zerschneiden beginnt: Mache ich den Körper unter dem Keil tatsächlich würfelförmig, so brauche ich 4 x 20 Zentimeter Brettlänge für ihn, dann bleiben noch 20 Zentimeter Brettlänge für die beiden dreieckigen Seitenflächen des Keiles. Aber diese beiden Dreiecke erfordern nur, wie die Zeichnung zeigt, zusammen 10 Zentimeter Brettlänge. Es würden sich dann 10 Zentimeter Brettabfall ergeben; das soll vermieden werden. Da bemerkt er, dank dem Werkzeichnungsentwurf, den er sich gemacht hat, daß die beiden trapezförmigen Seitenflächen zusammen genau so groß sind, wie Vorder- und Rückwand zusammen. Mit dieser Beobachtung erkennt er, daß er für jedes Seitenpaar die Hälfte des Brettstückes ausnützen kann, welches nach Abzug der Boden- und Deckfläche übrig bleibt. Aber wie soll er nun diese Hälften von 55 Zentimetern ohne Holzabfälle teilen? Er betrachtet wieder seinen Entwurf und sieht, daß ja das Vorderbrett nur um 10 Zentimeter länger ist, als das Rückbrett, d.h. bis auf 10 Zentimeter sind beide Seitenkanten gleich lang. Wenn er also die 10 Zentimeter Überschuß in Gedanken von der Resthälfte abzieht, so braucht er nur die 45 Zentimeter, die übrig bleiben, zu halbieren und hat damit die Höhe der Rückwand. So erkennt er die Kantenhöhe der Rückwand mit $22\frac{1}{2}$ Zentimeter, die der Vorderwand mit $32\frac{1}{2}$ Zentimeter. Er schneidet also die eine der restierenden Bretterhälfte von 55 Zentimetern im Abstand von $22\frac{1}{2}$ Zentimeter senkrecht zur Längskante durch und erhält Vorder- und Rückwand. Die andere restierende Bretterhälfte schneidet er dagegen vom Punkt $22\frac{1}{2}$ Zentimeter der vorderen Längskante zum Punkt $32\frac{1}{2}$ Zentimeter der hinteren Längskante schräg durch und erhält so die beiden trapezförmigen Seitenflächen. Er macht noch die Probe und addiert seine Stücke: Bodenfläche 20, Deckfläche 30, Rückfläche $22\frac{1}{2}$, Vorderfläche $32\frac{1}{2}$, die beiden Seitenflächen zusammen 55, gibt eine Brettlänge von 160 Zentimeter. Das ganze Brett ist bis auf die abfallenden Sägespäne verwendet und das Starenhaus hat einen möglichst großen Rauminhalt. (Eine rein mathematische Behandlung der Aufgabe würde einen noch größeren Rauminhalt zulassen, aber die praktische Ausführung wäre mit einem ungeheueren Zeitaufwand verbunden, dem ein sehr mäßiger Gewinn an Rauminhalt gegenüberstände. Dieser Gewinn stünde in keinem Verhältnis zu den Arbeitskosten.) Die praktische Arbeit, die diese Überlegung begleitet oder ihr nachfolgt, ist ganz untergeordneter Natur. Es handelt sich lediglich um Sägeschnitte mit darauffolgender Nagelung der Brettchen. Sägeschnitte reinlich auszuführen, Brettchen von bestimmter Dicke durch Nagelung sauber ohne Aussprengungen zu einem Kästchen zusammenzufügen, fordert neben erworbenen Fertigkeiten natürlich neue kleine Überlegungen verschiedener Art , auf die ich aber hier nicht weiter eingehen will.

Hat diese geistig-körperliche Arbeit Bildungswert? Daß sie geistige Arbeit ist, steht wohl außer allem Zweifel; aber ist sie auch Arbeit im pädagogische Sinne? Wir verschieben die Antwort abermals und fassen nun noch ein drittes Beispiel ins Auge, die rein theoretische Arbeit einer Übersetzung...

Die Frage aber bleibt auch hier bestehen: Ist diese geistige Arbeit auch Arbeit im pädagogischen Sinne? Hat sie Bildungswert? Wenn sie einen solchen haben soll, dann muß sie das Wesen eines Menschen dem Wesen eines "gebildeten Menschen" näherbringen.

Worin besteht aber das Wesen des "gebildeten Menschen"? Wir können die erste Frage gar nicht beantworten, wenn wir nicht zugleich Antwort auf die zweite Frage zu geben imstande sind. Wie nützlich auch die drei Arbeiten, die wir betrachtet haben, erscheinen mögen, nicht bloß in Hinsicht auf den Zweck, der jedesmal zu erreichen war, sondern auch mit Rücksicht auf die Wirkung, welche sie in der Seele der Person hinterließen, die sie ausgeführt hat; - die Frage ist noch nicht entschieden, ob diese Wirkung eine *Bildungs*wirkung war. Gewiß, die bis zum Entschluß durchgeführten Neigungskämpfe hinterlassen in der Seele ein "Engramm", eine Einschrift, eine Disposition, eine Spur; diese Spur wird in allen zukünftigen Fällen ähnlicher Art wieder wirksam sein. Die mit der technischen Arbeit wie mit der Übersetzungsarbeit verbundenen Überlegungen tun das gleiche. Jeder ernstlich durchgefochtene Willenskampf macht uns tüchtiger für das Bestehen anderer Kämpfe, jede sorgfältig überdachte Arbeitsleistung fähiger zu ähnlichen Arbeiten, jede logische Übung im Übersetzen trägt etwas bei, noch geschickter zu übersetzen. Aber ist größere Tüchtigkeit, größere Leistungsfähigkeit, größere Sicherheit im logischen Denken schon das sichere Zeichen eines "gebildeten Menschen"? Läßt sich nicht jede Tüchtigkeit, Leistungsfähigkeit, Logik für Zwecke mißbrauchen, die nur ein ganz oder gar "ungebildeter" Mensch sich setzen kann?

Sind wir uns klar darüber, daß größere Fertigkeiten irgendwelcher geistiger oder manueller Art kein Kennzeichen eines Gebildeten sein müssen, daß jemand, der verschiedene Sprachen sprechen, der lesen und das Gelesene fehlerlos übersetzen kann, der schwierige technische Probleme zu lösen und im Notfalle rasche Entschlüsse zu fassen vermag, gleichwohl allen Kulturgütern gegenüber stumpf, ja roh sich verhalten kann, daß ihm Vaterland, Mitmenschen, Künste, Wissenschaften, Gott, Gewissenhaftigkeit, Wahrhaftigkeit, Treue usw. völlig gleichgültige höhere Werte sein können, so dürfen wir den erwähnten drei geistigen bzw. geistig-körperlichen Arbeiten noch nicht ohne weiters den Preis von "Arbeiten im pädagogischen Sinne" zuerteilen.

Gewiß die landläufige Anschauung nennt jede Arbeit bereits pädagogisch wertvoll, die irgendwelche Fertigkeiten

fördert, oder, wie man auch zu sagen pflegt, die irgendwelche Funktionen der menschlichen Seele "formal" zu
bilden vermag. Diese Beurteilung ist aber in ihrer Bedin-
gungslosigkeit grundfalsch. Formale Bildung hat nur dann
geltenden Bildungswert, wenn die durch diese formale Bildung erzeugten Fertigkeiten und Eigenschaften im Dienste *geltender Werte* stehen. Aber sie werden nur in diesem
Dienste stehen, wenn sie auch in ihrem Dienste erworben wurden. Wir können eine große Menge Fertigkeiten
und Eigenschaften erwerben lediglich im Dienste unseres
niedrigsten Ich. Man kann es im Stehlen zu einer fabel-
haften Geschicklichkeit bringen, man kann lernen, um des
eigenen Vorteils willen trotz Nässe und Kälte und Un-
wohlbefinden jede Unbehaglichkeit auf sich zu nehmen,
jederzeit nachts aus dem Bette zu springen. Man kann
sich angewöhnen, bis zum Betrug sparsam mit dem Ar-
beitsmaterial umzugehen, man kann staunenswerte fremd-
sprachliche Kenntnisse sich aneignen zwecks möglichster
Übervorteilung fremder Völker zum eigenen Nutzen. Wissenschaft und Künste, Gott und Vaterland, Wahrhaftigkeit
und Treue, das seelische Wohl des Nachbarn wie der
ganzen Volksgemeinschaft, der innere Wert der eigenen
Persönlichkeit, das vollendete *Werk* als *vollendetes* Werk,
kurz alles, was man sonst mit "Kulturgut" oder "höherer
Wert" bezeichnet, können dabei völlig außer acht bleiben.

*Ist aber nicht die positive Stellungnahme des Men-
schen zu den Kulturgütern, zu den geltenden Werten das
Grundmerkmal jeder Bildung?* Wer jemals über den Begriff "Bildung", d.i. über den zusammenfassenden Begriff
von Erziehung und Unterricht nachgedacht hat, wird diese
Frage unbedingt bejahen müssen: Denn man kann den Begriff "Bildung" fassen wie man will, die nachfolgenden fünf
Merkmale sind untrügliche Merkmale wirklicher Bildung.

a) Eine gewisse *Weite und Mannigfaltigkeit des geistigen
Horizontes* in bezug auf die *Werthaftigkeit, Wertbedeutung*
und *Wertbeziehungen der Dinge,* im Gegensatz zum Kirch-
turmpolitiker, Banausen, Ideologen.

b) Eine gewisse *Lebendigkeit, Aufgeschlossenheit, Zu-
gänglichkeit für die Erfassung neuer Werte* (Ideen, Güter)
und Wertverwirklichungen im Gegensatz zum Philister und
"Spieß".

c) Ein *Bedürfnis nach seelichem Wertwachstum* und

stetige Betätigung dieses Bedürfnisses im Gestalten, sei es des inneren Wesens der eigenen Seele, sei es der äußeren Welt. Der Gebildete weiß sich nie fertig. Bildungsstreben ist das beste Kennzeichen der Bildung. In diesem Sinne steht der Gebildete im Gegensatz zum Eingebildeten, zum Bildungspatentbesitzer, zum Bildungssatten.

d) Eine *bewegliche Verbundenheit des Wertbewußtseins* im Gegensatz zur rigorosen Starrheit und Pedanterie des Bürokraten, "Schulmeisters", "Gamaschenknopfes", Zeloten.

e) Eine *wachsende seelische Zentralität* infolge der Organisation der Wertschätzungen aus einem bestimmten geltenden Werte heraus, die sich im ganzen Denken, Fühlen und Handeln auswirkt im Gegensatz zu den Alles-Könnern, Alles-Wissern, zu den innerlich Zerrissenen, Überall-Geschäftigen, auf allen Gebieten Dilettierenden.

In diesem Sinne habe ich einmal den Begriff des "Gebildeten" und der "Bildung" durch eine kurze Definition festzulegen versucht. Ich will sie hier kurz in die Worte zusammenfassen: Bildung ist der durch die Kulturgüter geweckte, individuell organisierte Wertsinn.

Hierbei ist das größte Gewicht darauf zu legen, daß dieser Wertsinn durch die Kulturgüter erzeugt sein muß. Denn an den Kulturgütern und nur an ihnen, an den Wissenschaften, Künsten, Religionssystemen, Sitten, sittlichen Persönlichkeiten, Kulturvölkern usw. haften die geltenden Werte. Indem wir sie erfassen; uns in sie hineinarbeiten, erleben wir diese Werte und *werden selbst zu Trägern solcher Werte,* d.h. zu einem objektiv geltenden Kulturgut. Das aber ist der letzte Sinn alles Unterrichtes, aller Erziehung, kurz der letzte Sinn aller Bildung.

Jetzt sind wir dem pädagogischen Begriff der Arbeit schon sehr viel näher gerückt. Nur jene Arbeit dürfen wir als pädagogisch wertvoll bezeichnen, die sich in den Dienst eines geltenden Wertes stellt, der unsere Seele erfüllt. Unser ganzes Leben rollt ab in Verfolgung von Zwecken, die uns unsere subjektiven oder objektiven Werthaltungen stellen. Wir nennen einen Menschen einen egozentrischen, der in der Hauptsache nur von subjektiven Werten erfüllt ist, aus ihnen heraus seine Zwecke bestimmt und nach diesen Zwecken sein Handeln gestaltet. Daß ein solcher in Verfolgung *seiner* Zwecke eine Fülle von "Kultiviertheiten" seiner geistigen und körperlichen Funktionen erlangen kann, steht außer allem Zweifel. Aber zur "Bildung" in dem von uns festgelegten Sinne gelangt er auf diesem Wege nicht.

Wir nennen einen Menschen einen heterozentrischen, der in der Hauptsache ohne alle Rücksicht auf sich auch auf objektive Werte eingestellt ist, und zwar einen altruistischen oder sozialen oder sachlichen Menschen, je nachdem der objektive Wert, dem er dient, an einem einzelnen Mitmenschen oder einer Gemeinschaft haftet, der er selbst nicht angehört, oder aber an einer Gemeinschaft, deren *Sozius* er selbst ist, oder endlich an einer Sache, deren Erfassung oder Darstellung ihm ausschließlich um der Sache selbst willen am Herzen liegt.

Nennen wir jede Einstellung auf Werte, die objektive Geltung haben, kurz und deutsch "Sachlichkeit", so hat jede Arbeit pädagogischen Wert, in der der Arbeitende rein sachlich sich verhält. Wer aber sachlich eingestellt ist, für den gibt es nur *ein* Grundmotiv des Handelns, *den Wert der Sache so gut als möglich zu verwirklichen.* Der auf Übersetzung sachlich eingestellte Schüler denkt gar nicht mehr an sich und seine Vorteile bei der Lösung seiner Aufgabe. Er will den *vollen und vollendeten Sinn* der fraglichen Stelle so gut als möglich wiedergeben, bloß um des Sinnes willen. Der sachlich eingestellte Schreinerlehrling wird alles daransetzen, ohne irgendwelche Unterschleife nach Möglichkeit mit der größten Materialersparnis den verlangten Starenkobel mit den geforderten Eigenschaften herzustellen. Der auf Sachlichkeit eingestellte Mensch wird den Willensentschluß fassen, der nach reiflicher Überlegung ohne Rücksicht auf sein Behagen oder Unbehagen als der objektiv geltende erscheint.

Letzten Endes ist alle Sachlichkeit auch Sittlichkeit. Denn was heißt Sittlichkeit anderes, als den objektiv geltenden Wert immer über den subjektiv geltenden Wert setzen und was meint Sachlichkeit anderes, als einen Zweck ohne Rücksicht auf subjektive Neigungen, Begierden, Wünsche im Interesse eines objektiv geltenden Wertes zur *vollendeten Verwirklichung* bringen? Sachlichkeit ist reiner Impersonalismus, Sachlichkeit ist Entpersönlichung.

Arbeit im pädagogischen Sinne hat also dafür zu sorgen, daß die Zielvorstellungen des Handelns eine sachliche

Reaktion auslösen, eine Reaktion auf objektiv geltende oder zeitlose Werte, einen Wahrheitswert, Sittlichkeitswert, Schönheitswert, Erlösungswert, kurz einen Wert der seelischen Ordnung und Einheitlichkeit um der seelischen Ordnung und Einheitlichkeit willen. Und sie ist nur da vorhanden, wo die Arbeit eine solche Auslösung nach sich zieht...

Eines der Mittel der vollendeten Erledigung ist immer vorausgehende und mitschreitende sorgfältige Überlegung jedes einzelnen Beginnens. Das sachliche Denken, d.h. also das logische Denken, ist immer ein Begleiter aller Arbeit im pädagogischen Sinne, mag sie nun eine rein theoretische, eine technisch-praktische oder eine sozial-praktische sein. Hat die sachliche Überlegung zu einem Ergebnis geführt, *dessen Vollendung vom Arbeitenden selbst geprüft und eingesehen werden kann,* so wächst im allgemeinen der Wille zu immer vollendeterer Verwirklichung des durch die Überlegung erreichten Wahrheitswertes mit *jeder* vollzogenen Vollendung und mit dem damit verbundenen Bewußtsein steigender Leistungsfähigkeit.

Das Erlebnis der tatsächlichen Vollendung eines von mir selbst gewollten Werkes, dessen vollendete Tatsache ich selbst in allen ihren Teilen prüfen kann, ist immer zugleich ein Werterlebnis der Wahrhaftigkeit gegen mich selbst.

Natürlich stellt sich nun in allem willensgemäßen Handeln oft greifbar genug dem *sachlichen* Interesse das *egozentrische* gegenüber. Der egozentrische Trieb des Menschen ist zu mächtig, als daß er sich nicht immer wieder einstellen würde und nicht immer von neuem gegen ihn angekämpft werden müßte. Aber er kann nur überwunden werden durch irgendeine "seelische Arbeit" von der Art, wie wir sie in den oben erwähnten drei Beispielen klargelegt haben. Diese seelische Arbeit besteht im Festhalten der Sachlichkeit, der Wahrhaftigkeit und Treue gegen die geltenden Werte, welche die Erfahrungen des Lebens in unserer Seele aufgerichtet hat. *Wir bezeichnen dieses Festhalten der Wertvorstellungen, dieses Ankämpfen gegen die subjektiven Wertungen und damit das Gestalten unseres Wertbewußtseins als "geistige Anstrengung" oder als "geistige Arbeit".* Aber es ist eine besondere Form der geistigen Arbeit, eine Form, die zu dem führt, was wir Bildung nennen. Im allgemeinen ist geistige Arbeit jede Betätigung, die ihren Zweck in der Gestaltung von Bewußtseinsinhalten hat. Aber nicht jede geistige Arbeit ist Arbeit im pädagogischen Sinne, so wenig es jede manuelle Arbeit ist. Erst wenn die geistige Arbeit, sei es in ihrer reinen Form, sei es in Verbindung mit manuellen Betätigungen als Zweck die Herbeiführung einer immer vollendeteren sachlichen Einstellung hat, erst dann können wir von einer Arbeit im pädagogischen Sinne sprechen.

Wir wollen zusammenfassen: Jede Betätigung, die bloß um ihrer selbst willen betrieben wird, bezeichnen wir als Spiel. Aus dem Spiel entwickeln sich drei andere Formen der Betätigung: der Sport, die Beschäftigung, die Arbeit. Wir nennen eine Betätigung Sport, wenn die vollendete Leistungsfähigkeit der *Betätigung* Zweck der Betätigung ist. Das reine Kinderspiel und der reine Sport kennen keinen Zweck außerhalb der Betätigung selbst. Anders steht es dagegen mit der Beschäftigung und Arbeit. Beide sind Betätigungen, die nicht um ihrer selbst willen oder um der vollendeten Leistungsfähigkeit dieser Betätigung willen unternommen werden, sondern aus einem dieser Betätigung vom Willen gesetzten *fremden* Zwecke. Dabei unterscheidet sich Beschäftigung von Arbeit nur gradweise, indem bei der Beschäftigung das Moment der Anstrengung und Ermüdung, das beim Arbeitsbegriff eine ausschlaggebende Rolle spielt, entweder ganz in Wegfall kommt, oder doch stark in den Hintergrund tritt.

Im *Begriff der Arbeit* als zweckgerichteter Betätigung haben wir sodann drei Bedeutungen zu unterscheiden.

a) Arbeit im *körperlichen Sinne* (der vulgäre Arbeitsbegriff) ist eine Betätigung, die ihren Zweck in der Gestaltung der stofflichen Umwelt hat und die infolge eines erheblichen Aufwandes von Muskelenergie mit körperlicher Anstrengung und Ermüdung verbunden ist.

b) Arbeit im *geistigen Sinne* ist eine Betätigung, die ihren Zweck in der Gestaltung von Bewußtseinsinhalten hat und wie die körperliche Arbeit mit Anstrengung und Ermüdung geistiger und schließlich auch körperlicher Kräfte verbunden ist.

c) Arbeit im *pädagogischen Sinne ist eine geistige oder geistig-körperliche Betätigung, die ihren Zweck in der Herbeiführung und Durchführung einer immer vollendeteren sachlichen, d.h. objektiven seelischen Einstellung hat, sei es in der Gestaltung der Bewußtseinsinhalte an sich, sei es in der Verwirklichung des gestalteten Bewußtseins in der Außenwelt.*

Arbeit im pädagogischen Sinne wird überall da geleistet, wo im Individuum auf Grund seiner eigenen geistigen Betätigung die sachlichen oder, allgemeiner gesagt, die heterozentrischen Interessen gegenüber den egozentrischen Interessen siegen. Sie zeigt sich am deutlichsten da, wo der Betätigung echte Willensentscheide vorausgehen, aber auch da, wo in der Durchführung des sachlichen Entschlusses die Überlegung nach den geeigneten Mitteln, welche eine einwandfreie Vollendung des Gewollten möglich machen, eine ausschlaggebende Rolle spielt. Alle sachliche Einstellung zwingt zum Denken, zu sorgfältiger Analyse und Scheidung der Begriffe und zu einer ebenso sorgfältigen Synthesis derselben. *Erziehung zur Sachlichkeit und zum Denkenwollen ist ein und dasselbe.* Sind wir erst einmal gewohnt, auf einem Gebiete sachlich zu handeln, was immer zugleich auch heißt, mit sorgfältiger Überlegung aller Wertverhältnisse handeln, so strahlt diese Gewohnheit leicht auf andere Gebiete aus. Wie selbstverständlich dann auch in gewöhnlichen Fällen das sachliche Handeln, das ursprünglich mit so viel Anstrengung verbunden war, ohne irgendwelche weitere Denkprozesse ablaufen mag, - diese Denkprozesse stellen sich, weil mit der Sachlichkeit das Denkenwollen zugleich gewohnt wurde, sofort ein, sobald irgendwelche geistige Hindernisse der sachlichen Einstellung in den Weg treten.

Nun liegt der Ursprung alles Denkenwollens im praktischen Tun. Im praktischen Tun stellt sich auch zuerst die Möglichkeit der Selbstkontrolle unserer sachlichen Einstellung ein und damit zuerst das Erlebnis der Treue gegen uns selbst. Mit dem Erlebnis der durch mich verwirklichten Wahrheit, eben der Treue gegen mich selbst, verbindet sich die Befriedigung, die innere seelische Heiterkeit, die alle Erfüllung oder Verwirklichung eines objektiven Wertes begleitet, eben weil sie als geltende Werte die Forderung an uns stellen, *durch uns* verwirklicht zu werden. Der Wert der Sachlichkeit erwacht nun in uns und überträgt sich auf alle Mittel, die dieser Sachlichkeit dienen, auf die sorgfältige methodische Überlegung der Arbeit, auf den rechten Gebrauch der Werkzeuge, auf die rechte Verwendung der Materialien usw. Was wir im pädagogischen Sinne *Arbeits-*

freude nennen können, ist nichts anderes als die Freude, selbst Ursache der Verwirklichung des Wertes der Sachlichkeit zu sein...

Wir sagten, daß unsere Antwort auf die Frage, *welche pädagogische Wirkung an der Arbeit im pädagogischen Sinne haftet*, von grundlegender Bedeutung für die Idee der Arbeitsschule ist. Denn mit dieser Antwort ist zugleich eine wesentliche, vielfach gänzlich übersehene Forderung an die Arbeitsschule gestellt. Damit nämlich "Sachlichkeit" das Ergebnis der Arbeit im pädagogischen Sinne ist, muß, wie wir gesehen haben, jede Arbeit, die wir dem Schüler stellen, der Selbstprüfung des Arbeitsproduktes, seiner Übereinstimmung mit den sachlichen Forderungen zugänglich sein.

In dieser inneren Nötigung zur Selbstprüfung und in der Möglichkeit dieser Selbstprüfung im erzeugten Gute, mag dieses Gut nun eine innere Gedankenverbindung oder eine sittliche Willenshandlung oder ein äußeres technisches Gut sein, haben wir das Grundmerkmal der rechten Arbeitsschule. Nicht daß wir Gedankendinge selbst neu erzeugen, nicht daß wir manuelle Arbeitsprodukte ausführen lassen, die vielleicht sogar einen wirtschaftlichen Wert haben, nicht daß wir Kenntnisse "erarbeiten" lassen, ist das letzte Kennzeichen einer guten Arbeitsschule, sondern daß wir den Schülern in der Selbstprüfung erleben lassen, wie groß ihre Selbsttreue, ihre Sachlichkeit in der Selbsttätigkeit ihrer Arbeit war, darin liegt der wahre Geist der Arbeitsschule. Es genügt daher keineswegs, wenn man die "Arbeitsschule" als Schule der Selbsttätigkeit bezeichnet. Aber selbst die sehr viel höhere Auffassung, daß Arbeitsschule eine Schule ist, in welcher der Schüler "aus seinem Selbst heraus", d.h. ohne äußeren Zwang, aus seiner Spontaneität heraus, tätig ist, muß jetzt nach unseren Überlegungen als unzulänglich bezeichnet werden. Man kann sich eine Schule denken, in der jeder Schüler aus eigensten, innersten Interessen heraus sich Kenntnisse, Fertigkeiten, Eigenschaften "erarbeitet" und doch kann die Schule keine Schule sein im Sinne des pädagogischen Begriffes der Arbeit.

Nur eines kann die Schule zur Arbeitsschule in meinem Sinne stempeln: *die auf der Möglichkeit der Selbstprüfung ruhende, immer mehr ausreifende sachliche Einstellung der Schüler.* Jeder Zögling muß imstande sein und sich innerlich dazu genötigt fühlen, seine Arbeit, mag sie theoretischer oder praktischer Natur sein, bei jedem Schritt ihrer Durchführung auf ihre Übereinstimmung mit den Forderungen zu prüfen. Alles was wir sonst an Betätigungen in der Schule treiben, mag es Spiel oder Beschäftigung sein, kann für die Ausbildung gewisser geistiger oder körperlicher Funktionen nützlich sein, wie jeder gutgeleitete Kindergarten und jede gutgeführte Beschäftigungsanstalt für Kinder. Aber eine Arbeitsschule werden sie dadurch *allein* noch nicht.

In der Arbeitsschule muß alles Werk des Schülers der eigenen Selbstprüfung unterworfen werden können und alle Erziehung darauf bedacht sein, daß jeder Schüler diese Notwendigkeit als inneres Bedürfnis empfindet. Diesem Zwecke stehen zwei Wege zur Verfügung: a) der Weg der empirischen Selbstprüfung (die Außenschau), b) der Weg der rationalen Selbstprüfung (die Innenschau). Es braucht wohl kaum darauf hingewiesen zu werden, daß die selbstprüfende Außenschau, vor allem jene, die sich durch die Mittel von Maß, Zahl und Gewicht vollzieht, wie bei den meisten handwerklichen Arbeiten, in der Entwicklung des menschlichen Handelns der selbstprüfenden Innenschau vorausgeht, wie das Handwerk der Kunst. Diese Außenschau muß also den Grund zu den Gewohnheiten der Selbstprüfung legen. Und weil geistig-*manuelle* Arbeit diese Außenschau so leicht ermöglicht - und *so weit sie sie ermöglicht* - darum ist sie auch ein so wertvolles Unterrichtsmittel in der zur Arbeitsschule auszugestaltenden Volksschule. Diese Außenschau ist auch dem möglich, dem die *logische* Selbstprüfung, die bloß rationale Verifikation, die letzten Akte alles logischen Denkens, schwer fallen.

Aber die Außenschau frägt nur: Was habe ich getan und wie habe ich es getan? Die Innenschau frägt noch dazu: Warum habe ich es getan? Die wertvolle Arbeitsschule sorgt dafür, daß der Schüler in dem, was er tut, auch in der Lage ist zu prüfen, ob das, was er getan hat, mit der Vorstellung von dem "Wie" des Gedachten und dem "Warum" des Gedachten übereinstimmt. In dieser Grundforderung liegen allerdings auch die Grenzen der Arbeitsschule. "Erarbeiten" lassen sich nur rationale Einsichten und "Selbstprüfen" lassen sich nur Arbeiten, die entweder einer mit Maß und Zahl und Gewicht arbeitenden Außenschau oder der logisch durchführbaren Innenschau zugänglich sind. Andere Werte lassen sich nur "erleben". Man darf aber "Erleben" und rationelles "Erarbeiten" nicht in einen Topf werfen, wenn nicht die ganze Idee der Arbeitsschule durch eine falsche Anwendung der Arbeitsschulidee auf die irrationalen Werte in Mißkredit gebracht werden will.

Gesamtunterricht

Berthold Otto

Meine Damen und Herren! Die Frage des Gesamtunterrichts ist jetzt gerade für unser Groß-Berlin aktuell geworden. Das Wort Gesamtunterricht anzuwenden hat die amtliche Stelle, hat das Ministerium, haben die übrigen Behörden noch vor einigen Jahren Scheu getragen. Es war damals schon eine Anregung gegeben worden, etwas Ähnliches in unseren öffentlichen Schulen einzuführen, wie wir es an dieser Schule ungefähr 8 Jahre hindurch machen. Aber damals hatte man dafür noch einen anderen Namen gewählt; man nannte es Plauderstunde. Der Ausdruck mag dem, der es zum ersten Male anhört, zutreffend erscheinen, wenn er bisher nichts Weiteres vom Unterricht kennt als die allgemein in öffentlichen Schulen üblich gewordene Unterrichtsweise. Ich sage: üblich gewordene; denn ich meine immer, es muß schon früher einmal Unterrichtsweisen gegeben haben, die der unsrigen ähnlicher sind als die jetzt allgemein übliche. Aber der Gesamtunterricht ganz und gar in der Weise, wie ich ihn erstrebe und wie ich ihn wirklich für die Unterrichtsweise der Zukunft halte, wird doch wohl hauptsächlich hier in diesen Räumen erteilt, in denen wir augenblicklich versammelt sind. Vor ungefähr 8 Jahren, als ich damit begann, als ich zum ersten Male die Sache aus der Theorie und aus den häuslichen Verhältnissen in die Praxis der Schule einführte, da war für alle Pädagogen dem Anschein nach etwas absolut Neues geschaffen worden. Das Wort sogar wurde niemals verstanden. Es wurde in der Regel durch das klangähnliche Wort "Gesangunterricht" ersetzt, und man wunderte sich, eine Schule zu finden, in der einmal täglich Gesangunterricht gegeben wurde. Es kamen Seminaristen zu mir, die die Sache hier zum ersten Mal mitanhörten. Sie kamen an ihr Seminar zurück und sprachen mit ihren Seminarlehrern darüber. Keiner hatte eine Ahnung davon, was damit erstrebt wurde und was damit allenfalls geleistet werden konnte. Es war also dem Anschein nach tatsächlich etwas absolut Neues, was wir damit in den allgemeinen Unterricht einführten.

Und doch, meine Damen und Herren, eigentlich ist es etwas Uraltes, etwas, was Ihnen allen von Jugend auf bekannt ist, etwas, was jeder von uns von seiner ersten

Lebenszeit an erlebt hat. Es ist ja nichts anderes als die Art und Weise, wie Kinder mit Erwachsenen natürlich verkehren; und alles, was man an theoretischer Pädagogik in die häusliche Erziehung hineingebracht hat, und wodurch man tatsächlich das natürliche Verhältnis der Kinder zu den Eltern und der Eltern zu den Kindern hier und da einmal recht erheblich, nicht zum Besseren abgeändert hat, hat es nicht ermöglicht, das natürliche Verhältnis der Eltern zu den Kindern und der Kinder zu den Eltern vollständig abzuändern. Das natürliche Verhältnis besteht darin, daß die Kinder sich in der Welt zurecht zu finden suchen und daß sie das zunächst mit Hilfe ihrer eigenen Sinne tun, daß sie durch ihren eigenen Forschertrieb sich überall hinführen und hinleiten lassen und kombinieren, was vor ihnen liegt, daß sie aber überall dann, wenn ihre eigene Kombinationsfähigkeit sie im Stich läßt, wenn ihnen etwas durch die Sinne kommt, was sie sich nicht erklären können, sich fragend an die Eltern wenden und dann von Eltern oder älteren Geschwistern oder von anderen Verwandten bereitwillig Auskunft erhalten. Die Bereitwilligkeit geht natürlich nur bis zu einem gewissen Grade; denn die Fragelust der Kinder ist erfahrungsmäßig immer stärker als die Antwortlust, auch der wohlwollendsten Eltern und Verwandten. Aber im Grunde verläuft das geistige Wachstum der Kinder in der Weise, wie ich es eben geschildert habe. Das ist die natürliche Art und Weise, wie das geistige Wachstum der Kinder sich entwikkelt, und kommt immer wieder, soviel man es auch theoretisch bei Seite schieben mag. Die natürlichen Verhältnisse, die Liebe der Eltern zu den Kindern, bringen es in der Praxis immer wieder dahin, auch wenn Theorie derartige Sachen noch so sehr verbieten will. Denn die Theorie sagt z.B. in unserer jetzigen Zeit den Eltern: du darfst nicht dulden, daß die Kinder sich mit Sachen beschäftigen, die in der Schule noch nicht dran sind. Dadurch wird die Entwicklung des Kindes zerrissen, in ungünstige Bahnen gelenkt; das Kind muß angehalten werden, seinen Geist zu disziplinieren, sich nicht für Sachen zu interessieren, die nach dem Pensum noch nicht dran sind, sondern zunächst einmal sich an das halten, was die Schule von dem Kinde verlangt, und das, was die Schule von dem Kinde verlangt, ist von Autoritäten auf das Sorgfältigste nach allen Richtungen

hin durchgearbeitet, es haben die sorgfältigsten philosophischen, historischen und andere Forschungen stattgefunden um ganz genau festzustellen, was dem Kinde in jedem
Lebensjahre, in jedem Lebensmonat, in jeder Lebenswoche
und schließlich in jeder Unterrichtsstunde notwendig ist,
und alles, was darüber ist, ist vom Übel. Allerdings auch
alles, was darunter ist. Wenn das Kind sich für das, was in
einer Unterrichtsstunde dran ist, nicht interessiert, so rechnet man das dem Kinde als moralischen Defekt an.

Alle diese Dinge versuchen immer wieder von der Schule
auch ins Haus überzuspringen, und Tausende, Hundert-
tausende von Eltern nehmen sich in der Überzeugung,
daß sie mit der Schule zusammenarbeiten müßten, immer wieder einmal vor: wir wollen uns jetzt aber nicht
durch die Bitten und Fragen der Kinder dahindrängen
lassen, das Kind mit Dingen zu beschäftigen oder zu behelligen, wie man auch sagt, die dem kindlichen Alter im
Augenblick noch nicht gemäß sind. Wir haben uns hier
schon öfters darüber unterhalten, daß dazu in der Zeit,
wo ich zuerst öffentlich für meine Bestrebungen eintrat,
ganz besonders das Gebiet gehörte, was heute in den allgemeinen Bereich des für notwendig Anerkannten einbezogen ist: das Gebiet der staatsbürgerlichen Erziehung. Man
machte es mir zum Vorwurf, daß ich mit Kindern über
Politik spräche und daß ich sogar die Ergebnisse dieser
Gespräche im "Hauslehrer" abdruckte. Man meinte, das
wäre nichts für Kinder, dadurch würde das Idyll der Kindheit zerstört. Ich habe immer darauf hingewiesen, daß mir
für meine Person gar nicht einfiele, das Idyll der Kindheit durch Politik zu stören, daß es mir nie in den Sinn
käme, die Kinder mit Politik zu behelligen, daß ich von
den Kindern mit Politik behelligt würde und daß ich mit
Kindern über Politik genau so weit, nicht um Haaresbreite
weiter spräche, als die Kinder es selber von mir verlangten.
Aber eben dieses Verlangen der Kinder ist für mich das
Zeichen, daß die Kinder derartige Erkenntnis, derartige
Antworten brauchen. Ich bin durchaus nicht der Meinung, daß der kindliche Geist in seiner natürlichen Entwicklung sich ausschließlich auf Allotria richtet, auf Sachen
richtet, die dem Kinde zu erfahren nicht gut sind, sondern
ich bin der Überzeugung, daß, wie jedes organische Wesen aus der Welt, die es umgibt, sich das aussucht, was

ihm gerade förderlich ist, und das natürlich und instinktiv zurückweist, was ihm schädlich ist, so auch der Kindergeist aus der ihn umgebenden Welt, also aus der Kulturwelt, in die es hineinwächst, sich immer gerade das wahrscheinlicher Weise heraussuchen wird, was immer diesem einzelnen Kinde zum Wachstum, zum geistigen Wachstum am besten förderlich sein wird. Das war meine theoretische Grundüberzeugung, die ich mir allerdings erst im Laufe pädagogischer Versuche und auf Grund sorgfältiger psychologischer Beobachtungen angeeignet habe. Sie ist in mir dadurch neu entstanden, für mich; für die Welt ist sie nicht neu. Denn auch in der pädagogischen Welt ist sie schon Jahrhunderte, ja Jahrtausende vor unserer Zeit immer wieder aufs neue ausgesprochen worden. Vielleicht aber sind wir in unserem jetzigen Unterrichtswesen von dieser natürlichen Art des Unterrichtes und der Erziehung weiter abgewichen, als das jemals vorher der Fall gewesen ist. Um die Sache nicht so ganz paradox erscheinen zu lassen, wie es vielleicht im ersten Augenblick geklungen hat, erwähne ich, daß verschiedene pädagogische Reformer schon denselben Ausspruch getan haben, u.a. einer, der jetzt von den Anhängern des Bestehenden für sich in Anspruch genommen wird, Friedrich Paulsen. - Paulsen schließt seine "Geschichte des gelehrten Unterrichts" mit den Worten: "Wenn das Wort Goethes richtig ist, daß der Unterricht den Zweck hat, Probleme in Postulate zu verwandeln, so war der gelehrte Unterricht niemals weiter von seiner Bestimmung entfernt als jetzt." Daß wir uns von den natürlichen Anforderungen, die an Erziehungs- und Unterrichtswesen gestellt werden, in neuerer Zeit etwas entfernt haben, das wird also allgemeinhin zugestanden, und die große Ausdehnung aller Reformbestrebungen, der starke Beifall, den die Reformbestrebungen verschiedenster Art finden, beweist auch, daß die Sache so liegt.

Noch etwas anderes möchte ich dafür anführen. Es wird schon seit Jahrzehnten geklagt über die Zersplitterung des menschlichen Geistes durch die Wissenschaften. Der Menschengeist wird auseinandergezogen nach den verschiedensten Richtungen hin. Es bildet sich, wie man klagt, ein Spezialistentum immer mehr aus. Jeder, der im Leben eine Zeitlang an der Arbeit der Wissenschaft mitgewirkt hat, ist auf ein ganz geringes Spezialgebiet beschränkt, in dem er allerdings dann vorzüglich zu Hause ist: ein Historiker in irgendeinem Jahrzehnt des vergangenen Jahrhunderts, ein Naturwissenschaftler in irgendeinem ganz gesonderten Spezialgebiet seiner Naturwissenschaften. Aber es wird auch darüber geklagt, daß der Zusammenhang der Wissenschaften und der Menschen, die diese Wissenschaften lebendig machen, uns immer mehr verloren geht. Das ist es, was wir von Kindheit an durch den Gesamtunterricht beseitigt haben möchten; denn wir glauben, daß diese Zersplitterung der menschlichen Geister in die verschiedenen Fächer seinen Ursprung in dem Stundenplan von Anfang des schulmäßigen Unterrichtes an hat. Das Kind in der Kinderstube weiß nichts von Fächern, weiß nichts von den verschiedenen Wissensgebieten. Dem ist die Welt eine einzige große Gesamtheit, und es sucht sich in der ganzen Welt zurecht zu finden, einerlei ob das, wofür es sich gerade interessiert, in die Naturwissenschaft oder in sonst eine Wissenschaft hineingehört.

Das Kind arbeitet - das kann man bei strenger psychologischer Beobachtung auf das Entschiedenste feststellen - mit einer instinktiven Sicherheit, die der Planmäßigkeit eigentlich überlegen ist, auf die Ausgestaltung eines Weltbildes hin. Wenn es nun in die Schule kommt, dann wird es von dieser natürlichen instinktiv ausgeübten Tätigkeit abgelenkt, dann wird es auf so und so viele Gebiete hingedrängt, zu denen es durch inneren Drang niemals gekommen wäre. Und, was schlimmer ist, es wird von so und so vielen Dingen abgelenkt, zu denen es sich seinem innersten Trieb nach wirklich hingezogen fühlt. Das ist die "weise" Hand des historisch und philosophisch gebildeten Erziehers, der ganz genau weiß, wie ein Kind sich entwickeln muß, und der sich nun verpflichtet fühlt, jedes normale Kind nach Möglichkeit zu einem Idealkinde umzugestalten. Solange man an der Überzeugung festhält, daß man als Erwachsener, als Vertreter der Wissenschaft, als historischer Forscher, als Philosoph, das Weltganze so in sich aufnehmen und so vollkommen beherrschen kann, daß man für die Menschheit insgesamt und für die Kinder insbesondere die Welt in usum delphini bearbeiten kann, daß man also ein verkleinertes Abbild der Welt in jedem Kinde auf eigene Hand sich wieder hervorzubringen getraut, ist mit unseren Forderungen nichts zu machen. Denen, die so gesinnt sind, stehen wir mit unseren Forderungen fremd gegenüber, und wir sind uns dessen bewußt, daß sie uns auch immer fremd gegenüberstehen werden. Wer also ein fertiges Weltbild will, wer dessen sicher ist, daß dieses Weltbild sich durch alle Fortschritte der Wissenschaft nicht verändern kann, der mag in der früheren Weise auf die Kinder einwirken, die Kinder zwingen, nun dieses Weltbild aufzunehmen. Denn wenn es das richtige Weltbild ist, und ein Kind sich dagegen sträubt, dieses richtige Weltbild aufzunehmen, dann hat natürlich das Kind unrecht und der "weise" Erzieher hat recht.

Nun, meine Damen und Herren, wir, die wir in unserer Weise den Unterricht und die Erziehung in die Hand nehmen wollen, haben ein solches abgeschlossenes Weltbild nicht. Nicht etwa, daß wir es heute nicht hätten, und keine Hoffnung hätten, es morgen zu gewinnen, sondern wir sind überzeugt, daß wir es niemals haben werden; wir sind überzeugt, daß das Erkennen der Menschen immer weiter fortschreiten wird, weit über alle Grenzen hinaus, die wir jetzt irgendwie voraussehen oder ahnen können. Also ein derartiges abgeschlossenes Weltbild, in das wir einen jungen Geist hineinzwängen könnten, uns und den Kindern zu erschaffen, das geben wir von vornherein auf.

Also stünden wir dem Kinde, der Welt und der Erziehung ratlos gegenüber? Nein, ganz und gar nicht, sondern gerade erst diese Erkenntnis, daß wir von diesem allgemein gültigen Weltbild immer gleich weit entfernt bleiben werden, stellt die Uhr für uns richtig. Jetzt wissen wir: wir sind also wie die Kinder in der Welt immer Forschende, Suchende. Wir wissen endgültig eigentlich niemals etwas. Ich erinnere immer wieder an die außerordentliche Umgestaltung, die die Naturwissenschaften zu unseren - der Älteren unter uns - Lebzeiten durchgemacht haben, wie vor Kurzem die Entdeckung des Radiums eigentlich alles über den Haufen warf, was man bisher über Naturwissenschaft gedacht hatte, wie wenige Jahrzehnte früher das Gesetz von der Erhaltung der Kraft zuerst von allen Naturwissenschaftlern stark angezweifelt, jetzt allgemein als unveränderliches Denkgesetz gilt. Also derartige Erschütterungen haben wir entweder schon selbst erlebt, oder wir wissen davon aus der nächsten Zeit vor unseren eigenen Lebzeiten. Ich meine, schon daraus ergibt sich nicht nur die Wahrscheinlichkeit, sondern die Gewißheit, daß unsere Kinder und Enkel wieder neue Umgestaltungen des gesamten Denkens erleben werden. Wenn wir nun die Kinder nach einem Weltbilde, das wir willkürlich nach dem gegenwärtigen Stande der Forschung feststellen, modeln wollen, wenn wir sie zwingen wollen, ihr ganzes geistiges Denken so einzurichten, wie der jeweilige Stand der Wissenschaft es erfordert, ja dann ist doch die Möglichkeit gegeben, daß wir manchen Keim zur Weiterentwicklung in dem Kinde unmittelbar zerstören. Wenn das Kind selbst schon auf dem Wege war, etwas weiter zu denken, als die wissenschaftliche Menschheit jetzt denkt, und wenn ihm dieses Weiterdenken untersagt wird, nicht nur als etwas, was dem Lehrplan im Augenblick nicht entspräche, sondern sogar als etwas, womit das Kind sittliche Pflichten verletzt, wenn man also das Kind zwingen will, gegen seine eigene Überzeugung die Überzeugung des Lehrers anzunehmen, - zum Glück mißlingt es in den meisten Fällen - aber wenn es gelänge, dann ist in diesem Kinde der Keim zu einer höheren Entwicklung, die die Menschheit nehmen könnte, vorläufig wenigstens zerstört. Und, meine Damen und Herren, man darf nicht gering von dem geringsten Kinde denken, das man vor sich hat. Es wird von einem Professor der Jurisprudenz erzählt, daß er einmal seine Vorlesung mit den Worten begonnen habe: meine Herren Staatsminister, Reichsgerichtsräte, Oberlandesgerichtsräte usw., denn man kann nie wissen, was aus den Herren noch werden wird; es muß diese Beamten später geben und irgendwelche von Ihnen werden sicher in diese Stellungen einrücken. Es wird das immer als Scherz erzählt, ich meine, es liegt darin eine ernste Mahnung für alle Erzieher. Man kann es keinem Kinde vorher ansehen, wie weit es dereinst an dem weiteren Fortschreiten der Menschheit mitwirken wird; denn all die Leute, die am meisten an diesem Fortschreiten mitgewirkt haben, sind auch einmal unbeachtete oder wenig auffallende Kinder gewesen, und wenn man bei einem solchen Kinde damals vorausgesagt hätte: es wird der und der berühmte Mann werden -, so würde man ebenso ausgelacht worden sein, wie man jetzt ausgelacht wird, wenn man von diesem oder jenem jetzt lebenden Kinde voraussagt, es könnte noch einmal etwas Großes werden. Ich meine, wir Erzieher, wir Lehrer müssen in jedem Kinde die Möglichkeit der höchsten geistigen Entwicklung als vorhanden anerkennen. Wir müssen uns so benehmen, als ob wir mit jedem ungeschickten Eingriff die Menschheit eines großen Geistes berauben könnten; denn wir können in keinem einzelnen Falle wissen, ob das nicht wirklich so ist.

Und nun, meine Damen und Herren, die einzige Art und Weise, diese Forderung in die Praxis umzusetzen, ist eben das, was wir Gesamtunterricht nennen, d.h. also die Übertragung des Ihnen allen aus der Familie bekannten Verfahrens auf die Schule. Die Möglichkeit dieser Übertragung ist allgemein geleugnet worden. So oft ich es theoretisch verfochten habe, ist mir immer entgegengehalten worden: das geht nicht an, und wenn Sie behaupten, daß das anginge, so beweisen Sie dadurch nur, daß Sie keine pädagogische praktische Erfahrung haben. Ich konnte damals dagegen nicht recht etwas erwidern, weil ich tatsächlich niemals vor einer Klasse unterrichtet hatte und meine pädagogischen Erfahrungen sich immer nur auf Einzelunterricht beschränkt hatten. Ich muß sagen: ich selber bin mit einiger Zaghaftigkeit an die Ausführung der Sache herangegangen. Ich habe vor zehn Jahren ein Buch herausgebracht: "Beiträge zur Psychologie des Unterrichts". Da habe ich über die Möglichkeit, diesen Gesamtunterricht einzuführen, mich recht zaghaft geäußert. Ich habe nicht geglaubt, daß man mit mehr als 15 Kindern die Sache in der Praxis machen könnte; denn all das, was mir immer entgegengehalten worden ist: wenn man die Kinder ganz und gar ihrem eigenen Interesse folgen lassen will, so werden diese Interessen so auseinandergehen, daß überhaupt weder ein Gespräch noch irgendein Ergebnis herauskommt -, alle diese Befürchtungen teilte ich für eine größere Anzahl von Schülern auch. Es hat sich hier erst in meiner Schule so gemacht - wir fingen damals mit 17 Schülern an -, daß die Zahl ganz allmählich stieg und wir nun schon Gesamtunterricht bis zu 60 Schülern hinauf erteilt haben. Wir haben aber damit noch nicht den Rekord erreicht; denn ein Rektor, der übrigens vor kurzem hier auch hospitiert hat, hat den Gesamtunterricht schon mit 83 Kindern in der Praxis durchgeführt und die Ergebnisse ganz vortrefflich gefunden.

Ich weiß nicht, ob allen Damen und Herren der Gesamtunterricht in der Praxis schon bekannt ist, oder mit anderen

Worten: ob Sie schon einmal hier in der Hauslehrerschule
hospitiert haben. Ich will daher zunächst kurz schildern,
wie der Gesamtunterricht vor sich geht. Ich sitze hier
an dieser Stelle, wo ich heute stehe, und wo Sie jetzt
sitzen, da sitzen ringsherum die Schüler. Dann meldet
sich einer mit irgendeinem Thema. Es ist gänzlich gleichgültig, was das für ein Thema ist. Es kommen die einfachsten Erlebnisse, Tageserlebnisse, es kommen die tiefsten philosophischen Fragen, und öfters kommt es vor, daß
diese beiden verschiedenen Arten sich unmittelbar gegenseitig ablösen. Wenn nun ein solches Thema angeregt
ist, dann wird darüber solange diskutiert, wie das Interesse der Gesamtheit dafür rege bleibt. Das zu bemerken
und zu beurteilen ist Sache des Leiters. Ich will über
diese pädagogische oder verwaltungstechnische Seite der
Sache nachher noch einige Worte sagen. Die Frage, die ein
Schüler stellt, wird nach Möglichkeit von Schülern beantwortet. Es ergibt sich das auch ganz von selbst, gerade so
wie es am Familientisch allgemein bekannt ist. Wenn ein
jüngeres Kind bei Tisch etwas fragt, dann wird zunächst
irgendeines der älteren Geschwister beflissen sein, etwas
zu sagen; und erst wenn diese versagen, werden die Eltern eingreifen. Genau dasselbe geschieht hier. Die älteren
Schüler antworten den jüngeren Schülern und meistens
sehr geschickt. Wenn aber die Kenntnisse der Schüler
nicht ausreichen, so bemühen wir Lehrer uns zu antworten,
soweit unsere Kenntnisse ausreichen, was auch nicht immer vollständig der Fall ist. Das schadet aber in unserem
Fall hier gar nichts. Denn wir, die wir nicht vorgeben, ein
vollständiges Bild der Welt zu haben, haben auch nicht
nötig, vor den Kindern die Allwissenheit zu heucheln, die
Lehrer älteren Stils noch mitunter heucheln zu müssen
glauben. "Mitunter" sage ich, denn in den meisten Fällen
ist es auch dort schon aufgegeben. Aber wir haben das
ganz und gar nicht nötig, und wir alle verstehen die Kunst,
die manche jüngeren Lehrer allerdings sonst erst lernen
müssen, den Kindern auf ihre Fragen zu sagen: das weiß
ich auch nicht. Wir fügen dann allerdings immer hinzu:
ich will mich aber erkundigen. Und wenn das Interesse der
Kinder dann stark genug ist, dann wird das nächste Mal
wieder gefragt: Sie wollten uns doch noch sagen, wie das
und das wäre; und dann wird beim nächsten Male diese

Auskunft erteilt. So werden also in jeder Unterrichtsstunde im Durchschnitt 3 - 4 Themata angeschnitten. Es kommen Tage vor, wo wir bis 8 bis 9 Themata gekommen sind. Es ist auch nicht gerade allzu selten, daß wir bei einem einzigen Thema uns die ganze Stunde festhalten.

Der Gesamtunterricht, den ich eben geschildert habe, bezieht sich auf das Zusammensein der ganzen Schule, wo 6jährige bis 17jährige zusammen sind. Gerade daran liegt mir so außerordentlich viel, an der geistigen Gemeinschaft verschiedener Lebensalter. Es ist das auch, wodurch die Familie in der geistigen Ausbildung der Kinder den bisherigen Schulen entschieden überlegen ist. Ich möchte an jeden einzelnen der Anwesenden appellieren, an seine Jugendzeit zurückzudenken, ob er nicht sehr vieles von den wichtigsten Erkenntnissen, von dem wirklichen Verstehen der Welt mindestens ebenso sehr, vielleicht mehr, den Gesprächen am häuslichen Tisch, am Elterntisch verdankt, als auch sehr geschickten Bemühungen der Lehrer in der Schule. Jedenfalls muß ich von mir sagen, daß es so ist, und von vielen, mit denen ich ausführlicher darüber gesprochen habe, habe ich die Sache bestätigt gehört. Das liegt eben daran, daß ganz verschiedene geistige Entwicklungsstadien dort sich aneinander anpassen. Man muß am Familientisch so sprechen, daß die Kinder es schließlich alle verstehen, und ebenso müssen wir hier, wenn wir uns vom 6jährigen bis 17jährigen hinauf verständigen wollen, die Verständigungsmittel in der Sprache und in der ganzen Darstellungsweise dessen, was wir gesehen, gedacht und erlebt haben, so einrichten, daß wir zu einer gegenseitigen Verständigung gelangen. Wir haben dadurch mehr, als es bei einer rein gleichaltrigen Klasse der Fall sein kann, ein Abbild der Art und Weise, wie die Menschen selbst bei der Erforschung der Welt geistig miteinander verkehren; denn die verschiedenen Menschen, die auf den verschiedenen Gebieten tätig sind, stehen selbstverständlich auf recht verschiedenen Standpunkten, und die gegenseitige Verständigung fällt mitunter recht schwer. Gerade darauf bereitet unsere Art des Gesamtunterrichtes, der Gesamtschule von vornherein vor. Sie bereitet auch darauf vor, daß die Menschen verschiedene Interessen haben und daß eine gewisse Toleranz, eine gegenseitige Achtung und Duldung geübt und, wo sie nicht vorhanden sein sollte, gelernt wird. Darin erziehen die Kinder sich hier in der Gesamtunterrichtsstunde gegenseitig. Natürlich hilft der Leiter bei dieser Erziehung gelegentlich ein wenig nach, so wie es jeder Versammlungsleiter in einer größeren Versammlung tun müßte.

Neben diesen Gesamtunterrichtsstunden der ganzen Schule, die ja in den öffentlichen Schulen ohne weiteres nur in der einklassigen Dorfschule nachgemacht werden kann, steht auch bei uns der Gesamtunterricht auf einzelnen Stufen, wo alle Schüler einer Altersstufe zusammen sind, die dann ihre geistigen Erlebnisse miteinander austauschen. Wir haben im Oberkursus zweimal, in anderen Kursen wohl noch öfters in der Woche ebenfalls diese Gesamtunterrichtsstunden. Diese beiden Verfahren ergänzen einander, daß die gleichaltrigen, die also nur in den Interessen verschieden sind, sich untereinander verständigen und daß auch Menschen von verschiedenen geistigen Entwicklungsstufen, also von verschiedenen Altersstufen, sich untereinander verständigen.

Ich wollte noch ein Wort aus den Geheimnissen der Praxis über die Leitung des Gesamtunterrichtes sagen, die allerdings nicht ganz so leicht ist, wie sie aussieht. Es gehört vor allen Dingen dazu, daß man in seelischer Berührung oder - das Fremdwort ist ja geläufiger - in psychischem Kontakt mit der Gesamtheit bleibt, die man vor sich hat, daß man es merkt, wenn die Schüler seelisch unruhig werden, d.h., wenn ihre Aufmerksamkeit für dieses Gebiet anfängt nachzulassen. Man darf als Leiter des Gesamtunterrichtes nicht davon überrascht werden, daß auf einmal das Interesse daran abflaut. Das muß man schon vorher bemerkt haben. Man merkt es auch, wenn man seine Schüler kennt, aus den Mienen ohne weiteres. Man muß auch im allgemeinen schon wissen, welche Interessen und welche Art und Weise, die Interessen vorzutragen, auf längere Zeit der Geduld rechnen können und bei welchen man vorsorgen muß, daß frühzeitiger abgebrochen wird; denn darauf muß man wieder Bedacht nehmen: man darf einen Schüler, der ein für ihn wichtiges Thema angeschnitten hat, nicht in die Verlegenheit setzen, daß er nach kurzer Zeit merkt, daß das, was er vorgebracht hat, bei seinen Mitschülern gar kein Interesse findet, sondern muß dann mit irgendeiner Wendung darüber hinweggehen, so daß es für den augenblicklichen Fall als zufällig erscheint. Am besten geschieht das immer in der Weise, daß man irgend einen Grund auffindet, der es rätlich erscheinen läßt, diese Sache später einmal behandeln zu lassen. Entweder, daß man über ähnliche Themata schon oft gesprochen hätte, oder daß jetzt gerade ein anderes Interesse vorläge. Auf alle solche Sachen muß man als Leiter des Gesamtunterrichtes sorgfältig achten. Man muß aber vor allen Dingen sich selber vollständig in der Gewalt haben. Man darf sich nicht über irgendwelche Eigenheiten, die ein Schüler an sich haben sollte, über irgendeine Kundgebung des Mißfallens, über eine Kundgebung, daß diesem einen Schüler dieses oder das gerade nicht gefällt, in eine unangenehme Stimmung bringen lassen. Ich habe darunter mitunter sehr stark gelitten, wenn ich sehr nervös war, und habe deswegen manche Gesamtunterrichtsstunde in früheren Jahren - jetzt passiert es ja viel seltener - einfach abgesagt, weil ich mich dieser Art der Anforderungen, die an mich gestellt wurden, nicht gewachsen fühlte; denn die Erfahrung macht jeder, der Gesamtunterricht gibt: wenn er selber mißgestimmt ist, sich nicht vollständig in der Gewalt hat, dann wird aus der Gesamtunterrichtsstunde nichts, dann kommt eine seelische Gemeinschaft für diese Stunde nicht zustande, und es können allerlei Mißhelligkeiten entstehen. Ich möchte also darauf, da wir jetzt ja immer mehr in die Praxis auch anderer Schulen hineinkommen, von vornherein aufmerksam machen. Eine mißglückte Gesamtunterrichtsstunde ist in 99% aller Fälle darauf zu schieben, daß der Lehrer in diesem Augenblick der Aufgabe nicht gewachsen war. Es fürchten sich ja überhaupt sehr viele Lehrer vor dieser Gesamtunterrichtsstunde. Das nun allerdings mit Unrecht! Denn wer gesunde und starke Nerven hat und dann nur den besten Willen hat, die Kinder nicht seelisch zu mißhandeln, sondern ihnen nur als älterer Freund und Leiter entgegenzukommen, ihnen wirklich zu helfen, in dem, was sie erkennen, erforschen und aussprechen wollen, der wird es immer leicht finden, sich mit den Kindern zu verständigen; denn die nötige Vorübung bringt ja doch jeder mit. Jeder hat doch im Hause entweder als Vater oder gelegentlich als Onkel oder sonstiger Bekannter mit Kindern verkehrt, und es handelt sich nur darum, das, was man im kleinen Kreise geübt hat, nun auf diesen größeren Kreis zu übertragen.

Das wäre das, was ich heute von der Praxis der Gesamtunterrichtsleitung sagen möchte. Es ist damit ja keine brauchbare Anweisung gegeben, das ist aber auch nicht notwendig, da, wie gesagt, jeder sich von selbst hineinfinden wird, der die Sache unternimmt. Es soll nur den trösten, der einmal einen Mißerfolg gehabt hat; denn man braucht dann eben nur die Anlässe zu vermeiden, die derartige Mißstimmungen hervorrufen, und im schlimmsten Fall soll man die Gesamtunterrichtsstunde dann lieber ausfallen lassen oder sich durch einen andern vertreten lassen, ehe man sich derartigen Unannehmlichkeiten aussetzt.

Noch etwas ganz Äußerliches, was aber doch die Sache charakterisiert, möchte ich mitteilen. Es ist im Gesamtunterricht, wenn man die Schüler der ganzen Schule als Verschiedenaltrige vor sich hat, durchaus unzulässig, daß man, wie man es beim Vortrag immer tut, und wie man es in einer Klasse von Gleichaltrigen auch unbedenklich tun kann, gelegentlich als Leiter eine Pause des Nachdenkens eintreten läßt. Das geht niemals; denn in einem derartigen gleichmäßigen Stadium des Nachdenkens sind 6- bis 17jährige Kinder niemals; in dem Augenblick, wo man das versucht, hat man sofort eine Unruhe in der Klasse, der geistige Kontakt ist gestört, und es ist dann sehr schwer, ihn wieder hineinzubringen. Das sind aber nur Sachen, die praktische Pädagogen, solche, die den Unterricht selber erteilen wollen, interessieren können. Aber um die ganze Sache klar zu stellen, mußten sie doch mit erwähnt werden. Es läßt sich also der Gesamtunterricht auch in der pädagogischen Theorie sehr gut durcharbeiten, und läßt sich schon aus den jetzigen Erfahrungen, die wir gesammelt haben, wenn es verlangt werden sollte, auch ein mehrbändiges Werk zusammenstellen. Wir können mit einzelnen Beobachtungen genug aufwarten. Aber wir werden es freiwillig nicht tun; denn wir sind der Überzeugung, daß man gerade die Unterrichtsweise, wie sie der Gesamtunterricht fordert, aus Aktenbüchern, auch aus unseren, niemals erlernen kann, sondern immer nur aus der Praxis, in die der Lehrer hineingehen muß nur mit der festen Überzeugung, daß die Sache auf diese Weise zu machen ist, und mit dem festen Willen, alles, was in seinen Kräften steht, zu tun, um es glücklich durchzuführen. In dieser Weise kann man den Gesamtunterricht, wie ich es hier an

der Schule mache, tatsächlich zum Rückgrat alles Unterrichts machen. Ich habe es schon, ehe ich die Schule begann, den Eltern so dargestellt, wie es tatsächlich nachher gekommen ist. Im Gesamtunterricht arbeiten sich die besonderen Interessen, die die Kinder haben, stark heraus, es zeigt sich; einzelne Kinder haben für diese oder für jene Sachen mehr Interesse, als die anderen dafür aufbringen können. Dann ist der psychologische Moment gegeben, für diese Kinder einen Sonderkursus auf diesem Gebiete einzurichten. Auf diese Weise sind ursprünglich alle unsere Fachunterrichtsstunden entstanden. Wir haben im Anfang sehr wenig, dann von Semester zu Semester mehr von diesen Fachunterrichtsstunden gehabt, und es werden jetzt so viel von uns verlangt, daß wir sie unmöglich alle geben können, da der Tag einfach dazu nicht genug Stunden aufweist. Ich las eben noch zu Hause einen Stundenplan durch, den mir ein Schüler eingereicht hatte. Da waren sämtliche 30 Stunden besetzt. Dann waren noch Wünsche für 6 verschiedene Unterrichtsfächer, die er außerdem noch wollte. Der Plan ist mir vor etwa einem Jahre eingereicht worden. Er geriet mir zufällig in die Hände. Der Gesamtunterricht lenkt also nicht etwa von dem Interesse für einzelne Fächer ab, sondern im Gegenteil, er bringt dieses Interesse hervor, oder er stärkt es jedenfalls da, wo es vorhanden war, und er stellt sich dann zu den Fächern nur so, daß er jedem einzelnen seinen Platz innerhalb der großen Gesamtheit der Erkenntnis, innerhalb des ganzen Weltbildes anweist. Er bringt es mit sich, daß keiner auf den Gedanken kommen kann, dieses Fach sei das einzig richtige, das einzige, dessen Erlernung die Bildung verbürge, wie wir in unserer Jugend doch alle der Meinung gewesen sind, daß die wahre und richtige Bildung einzig und allein in der Erlernung des Lateinischen und Griechischen stecke. Ich bin Gymnasialschüler und war der festen Überzeugung, daß alle anderen Sachen, wenn auch gut und nützlich zu lernen, doch diesem gegenüber nur als Allotria aufzufassen wären. Ebenso, scheint mir, gibt es neuere Schulen, in denen Physik und Chemie oder Französisch und Englisch eine etwas ähnliche Stellung einnehmen. Aus dieser beherrschenden Sonderstellung möchte ich aus den Gründen, die ich im Anfang Ihnen vorgetragen habe, jedes einzelne Fach verdrängen. Wir möchten
- und wir erreichen es im Gesamtunterricht - die Men-

schen von Jugend auf dahin bringen, daß sie die große Notwendigkeit jeder Art der Erkenntnis zur Gestaltung des gesamten Weltbildes nicht nur des einzelnen Menschen, sondern des ganzen Volkes und schließlich der ganzen Menschheit, nicht nur anerkennen, sondern eigentlich tagtäglich von neuem erleben. Das erstreben wir im Gesamtunterricht, und ich denke, das leistet der Gesamtunterricht.

Die Neuordnung des preußischen höheren Schulwesens

Hans Richert

I

Die Schwierigkeiten, die sich einer Neuordnung des preußischen höheren Schulwesens heute entgegenstellen, sind in den leidenschaftlichen Schulkämpfen des letzten Jahrzehnts klar erkannt worden. Die Unterrichtsverwaltung steht in der Tat vor einem Chaos von Ansichten, Richtungen, Fragen und Ideen, die alle bei der Reform Berücksichtigung verlangen. Ist es doch ein allgemeines Gesetz, daß jede Überzeugung, die sich als unbedingt wahr empfindet, sofort Geltung in der Schule fordert und von ihrem Standpunkt aus fordern muß. Solcher Überzeugungen aber haben wir in unserer zerrissenen, uneinheitlichen und zerklüfteten Kultur so unübersehbar viele, daß der Kampf um das Bildungsideal der höheren Schule mit der Leidenschaft und Inbrunst eines Religionskrieges geführt wird, daß in ihm die Weltanschauungsgegensätze unseres Zeitalters stürmisch aufeinanderstoßen. Darum sind wir heute in einer ganz anderen Lage als nach dem Zusammenbruch nach 1806, wo wir in einer Gemeinsamkeit des Glaubens, in einer großen Kultureinheit deutschen Bildungswillens, in einem Bildungsideal innerlich einig waren.

Die Schwierigkeiten werden gesteigert durch die Seelenlage der Jugend selbst, die in der Jugendbewegung sich ihrer von innen her bedrohten Lage in unserer Kulturkrisis bewußt geworden ist und mit starkem Lebenswillen und zukunftsfreudiger Idealbildung ihre Forderungen an die Schule stellt.

Die Reform der höheren Schule erhält aber zugleich ihr inneres Gesetz aus der Stellung der höheren Schule innerhalb des Systems der Einheitsschule. Ihre organische Verbindung mit der Volksschule und der Hochschule verlangt ihre Einordnung in die Gesamtbewegung des deutschen Bildungswesens. Diese Einordnung darf nicht bloß organisatorischer Art sein, sie bedeutet vielmehr einen Ideenzusammenhang, eine innerliche Annäherung auch an die Volksschule, was schon in der einen Tatsache bedeutsam hervortritt, daß der künftige Volksschullehrer auf der höheren Schule seine Bildung erhalten wird.

Die preußische Unterrichtsverwaltung, bei der alle Strömungen dieses vielgestaltigen Bildungswillens zusammenlaufen, muß sich darüber klar sein, daß die Schule von sich aus Aufgaben nicht lösen kann, die das Leben und die Kulturlage selbst noch nicht gelöst haben. Kleine Bildungsbezirke mit einer besonderen Struktur der Bevölkerung mögen ohne Schaden ihr Bildungswesen auf besondere Bildungstheorien einstellen. Ein Staat wie Preußen muß sich der Realitäten seiner geschichtlichen Lage, des Gleichgewichts der in ihm vorhandenen Spannungen, Gegensätze und Verschiedenheiten bewußt sein. Er muß die großen ruhenden Kräfte seiner Landschaften und Kulturschichtungen wohl in Rechnung stellen, wenn der laute Ruf der Reformer tiefgreifende Bildungsbewegungen vortäuscht, die doch, aufs ganze gesehen, oft nur die Oberfläche kräuseln.

Darum kann die preußische Schulreform nur in der geschichtlichen Kontinuität ihrer bisherigen Entwicklung erfolgen. Die Schulverwaltung wird weitherzig und offenen Blickes auch fernerhin pädagogische Versuchsstellen schaffen, in denen sich neue Methoden, neue Ideale und eigenartige Persönlichkeiten voll auswirken sollen. Nur in der Arbeit der Schule selbst werden ja die großen Reformgedanken geboren, werden kommende Schulreformen vorbereitet.

Aber das höhere Schulwesen als Ganzes hat seine Eigengesetzlichkeit organischen Wachstums und innerer Umbildung, an der der Reformwille der Schulbehörde nichts ändern kann. Damit sind jeder Reform in Preußen ganz bestimmte, unüberschreitbare Grenzen gezogen...

Die preußische Unterrichtsverwaltung bleibt bei ihrer Unterrichtsreform, so tiefgreifend und einschneidend sie auch sein wird, in der Tat im geschichtlichen Zusammenhange der bisherigen Entwicklung. Denn schon im Laufe des 19.Jahrhunderts, besonders aber bei den Reformen von 1892 und 1901, haben die nunmehr zur Durchführung gelangenden Bildungsgrundsätze stets die Billigung einsichtiger Schulmänner, Pädagogen und Schulbehörden gefunden. Stets aber ist ihre volle Durchführung daran gescheitert, daß die Zeitströmungen stärker waren als der Wille der Schulreformer, die darum nach jeder Reform haben resignierend zugeben müssen, daß ihre eigentlichen Absichten unerfüllt geblieben seien. Der Hauptkampf der Schulreformer hat immer dem von Schulze dem preußischen Bildungswesen aufgezwungenen Ideal einer allseitigen Bildung, der Allgemeinbildung, gegolten. Schon bei der Durchführung dieses Grundsatzes haben die in der Überlieferung des alten Gymnasiums stehenden "großen Rektoren" Treffendes und noch heute Gültiges gegen diesen Erziehungsgrundsatz gesagt. Daß sie damals mit ihren Gegengründen nicht durchdrangen, hatte seinen tiefsten Grund in der Kulturlage des damaligen Deutschlands, in der Alleinherrschaft der Hegelschen Philosophie im deutschen Geistesleben und in der neuen humanistischen Bildungsidee, die doch schließlich die Gymnasien zu Bildungsanstalten machte, die von einer großen, ihre Gesamtarbeit organisierenden Idee erfüllt waren, so daß die schädlichen Folgen des Bildungsgrundsatzes von der Allgemeinbildung nicht so sichtbar in die Erscheinung traten. Mit der Überwindung der Hegelschen Philosophie, mit dem Aufkommen der neuen realistischen Strömungen, mit der Differenzierung der Kulturinteressen, mit der Spezialisierung der Wissenschaften, mit der ungeheuren Erweiterung des wissenschaftlichen Horizontes und der veränderten politischen und wirtschaftlichen Lage Deutschlands entstand naturgemäß ein ganz anderer Begriff der Allgemeinbildung, als er Schulze einst vorgeschwebt hatte. Die Zwangsläufigkeit der Kulturentwicklung, die Simmel mit Recht zugleich eine Kulturtragödie nennt, ist von allen Kulturkritikern des Zeitalters ziemlich gleichmäßig geschildert und zugleich häufig in ihrer Auswirkung auf unser Kultur- und Bildungsbewußtsein dargestellt worden. Lagardes, Nietzsches und des Rembrandt-Deutschen Schriften haben für weite Kreise und schließlich auch für die Jugend selbst die Unhaltbarkeit unserer Bildungslage nachgewiesen. Die führenden Geister Deutschlands haben anerkannt, daß eine einheitliche Zusammenfassung des gesamten Kulturgehalts in einem Bewußtsein nicht mehr möglich und deshalb erst recht eine inhaltliche Gleichheit der Bildung in allen Individuen durch unsere gegenwärtigen Zustände ausgeschlossen sei. Die Kulturtragik aber lag nach Simmel darin, daß sich die Kulturmittel nach der ihnen innewohnenden Gesetzmäßigkeit rücksichtslos entfalten mußten, ein selbständiges, rein sachlichen Normen gehorsames Wachstum erfuhren und dadurch nicht nur eine

tiefe Fremdheit gegen die subjektive Kultur erwarben, sondern auch ein von dieser gar nicht einzuholendes Tempo
des Vorschreitens. Alle diese verselbständigten Kulturge-
biete stellten mit einer vertieften Psychologie ihres Wert-
gebietes zugleich ihre Forderung an die Bildung der Jugend und erweiterten dadurch den Begriff der Allgemeinbildung ins Grenzenlose und Verstiegene, ohne daß man doch,
die Forderung der Allgemeinbildung einmal zugegeben,
mit irgendwelchem sachlichen Recht ein Kulturgebiet von
der Schule ausschließen konnte. Es kam hinzu, daß von
seiten der verschiedenen Berufe, wiederum mit Berufung
auf die Allgemeinbildung, immer erneute Forderungen an
die Schule gestellt wurden, sie müsse gerade diese Berufs-
forderungen um des objektiven Wertes des betreffenden
Berufes willen mit in ihre Arbeit aufnehmen. Ja es bildeten sich einflußreiche Berufsorganisationen nur zu dem
Zwecke, diese Forderungen mit allen Mitteln der Schulpoli-
tik durchzusetzen. Daß die Schule hier immer wieder nach-
gab, war die traurige Folge des Kampfes um die Berechti-
gungen, bei dem man möglichst allen alles versprach, um
Freunde und Bundesgenossen zu gewinnen.

So waren denn in der Tat alle Versuche, in Schulreformen diese allseitig anerkannten Übelstände abzustellen,
zum Scheitern verurteilt. Die führenden Schulmänner
haben die hierdurch geschaffene Notlage unserer höheren
Bildung nie verkannt. In immer erneuten Ansätzen haben
sie versucht, den wahren Bildungsinteressen der Jugend
Raum zu schaffen, der stillosen Überfülle unausgeglichener
Fachinteressen und der Buntheit unserer höheren Bildung
durch die klare Herausarbeitung bestimmter Bildungsziele
für die einzelnen Schulformen entgegenzuwirken, Verflachung, Oberflächlichkeit und Dilettantismus durch Vertiefung, Beschränkung und Vereinfachung zu überwinden.
Sie haben dann immer wieder unter dem Druck der
Zeitströmungen Kompromisse schließen müssen und meist
selbst resignierend anerkannt, daß die von ihnen geplanten
Schulreformen ihre letzten Ziele nicht erreicht hätten.

Es muß daher mit großem Ernst die Frage aufgeworfen werden, ob wirklich heute mit mehr Aussicht auf Erfolg eine Schulreform diese Übelstände bekämpfen kann.
Keineswegs ist ja die Lage der deutschen Geisteskul-
tur eine grundsätzlich andere geworden; ja man kann

zugeben, daß in der Zeit der Umwälzung alle Gegensätze noch stärker hervorgetreten und bewußter geworden sind. Auch sind die Forderungen an die Berufsvorbereitung der Schüler durch die wirtschaftliche Notlage unseres Volkes, die Schwierigkeit der Berufswahl nur noch stürmischer und dringender geworden. Es scheinen tatsächlich die Kräfte, die früher eine Schulreform im Sinne der inneren Konzentration und Vertiefung so schwierig gemacht haben, heute noch stärker zu sein als früher.

Wenn die preußische Unterrichtsverwaltung trotzdem mit allem Nachdruck nunmehr den Bildungsgrundsatz der allgemeinen Bildung im Sinne Schulzes aufgibt und entschlossen ist, bei der Herausarbeitung der für die einzelnen Schulformen richtunggebenden Bildungsaufgaben in bewußter Arbeitsteilung nur in der Zusammenarbeit aller Schulen die Gesamtbildung zu berücksichtigen, so glaubt sie hierzu aus starken Gegenwartsbewegungen die Kraft gewinnen zu können. Sie glaubt, hierbei auf die Bundesgenossenschaft aller großen Strömungen in der pädagogischen Bewegung rechnen zu können, so sehr diese auch sonst verschieden gerichtet sein mögen. Allen gemeinsam ist doch die Ablehnung des intellektualistischen Charakters unserer höheren Bildung, der durch die Kulturbewegung der Gegenwart, durch die Psychologie der Wertgebiete, durch die Ziele der Jugendbewegung, durch das neue Persönlichkeitsideal überwunden ist, das alle Anlagen im Menschen, auch seinen Körper, den Willen, das Gefühl, das Irrationale im Leben zu einer Harmonie der Gesamtpersönlichkeit ausgestalten will.

Aber auch die Aufgaben der Gemeinschaftserziehung sind von der Gegenwart in ganz anderer Tiefe erfaßt, als es noch in der Vorkriegszeit vorauszusehen war. Damit treten an die Schule als Gemeinschaftsform Erziehungsforderungen heran, die zu einer Neuordnung und Umformung des Unterrichts und der Lebensform der Schule zwingen und bis in den Unterrichtsbetrieb der Einzelstunde richtunggebend sein müssen. Sowohl das Ideal einer harmonischen Persönlichkeitsbildung als auch das einer neuen Gemeinschaftserziehung, die gewiß theoretisch nicht immer leicht in Einklang zu bringen sind, fordern doch praktisch gleicherweise einen Arbeitsunterricht, der nur bei einer grundsätzlich veränderten Zielsetzung der einzelnen Bildungsanstalten durchführbar ist. Mag bei der Frage des Arbeitsunterrichts noch vieles ungeklärt sein, so ist doch das eine bereits allgemein zugestanden, daß damit ein neues Prinzip in die Gesamtarbeit der Schule eingeführt wird, das ebensosehr die Form des Unterrichts wie auch die der häuslichen Arbeit beeinflussen muß. Dem Werkunterricht und der Kunsterziehung wird dabei eine ganz andere Stellung eingeräumt werden müssen, was schließlich zu einer veränderten Rangordnung der Unterrichtsstoffe überhaupt führen muß.

Gemeinsam ist ferner allen modernen Strömungen die Forderung der staatsbürgerlichen Erziehung, die sich ebenfalls als ein neues Unterrichtsprinzip für alle Fächer und für die gesamte Lebensform der Schule auswirken muß.

Das Wichtigste aber bleibt doch die Einordnung der höheren Schule in die Einheitsschule. Damit ist die stärkere Betonung der spezifisch nationalen Bildungsstoffe für alle Schularten gegeben. Nicht mehr in der Fremdheit ihrer Bildung gegenüber der Volksbildung wird die höhere Schule den Wert ihrer besonderen Bildungsarbeit sehen dürfen, sondern in dem organischen Zusammenhange mit der Bildungsarbeit und den Bildungsstoffen der Volksschule. Sie wird ihre Hauptaufgabe darin erblicken, die besonderen Bildungsbezirke, deren Pflege ihr übertragen ist, nicht mehr um dieser selbst willen, sondern wegen ihrer Zusammenhänge mit dem deutschen Bildungsleben zu betreiben.

II

Der Königliche Erlaß vom 26. November 1900 sprach es aus, daß die grundsätzliche Anerkennung der Gleichwertigkeit der höheren Lehranstalten die Möglichkeit biete, die Eigenart einer jeden kräftig zu betonen. Dabei sollten die Direktoren, eingedenk der Mahnung *multum, non multa*, in verstärktem Maße darauf achten, daß nicht für alle Unterrichtsfächer gleich hohe Arbeitsforderungen gestellt, sondern die wichtigsten unter ihnen nach der Eigenart der verschiedenen Anstalten in den Vordergrund gerückt und vertieft würden. Felix Klein sprach es damals aus, daß somit erst die Gesamtheit der nebeneinanderstehenden Anstalten sozusagen für die ganze Vielseitigkeit der Wissenschaften aufzukommen habe. In dieser Arbeitsteilung sahen mit ihm einsichtige Männer der Wissenschaft die Möglichkeit, das Süvernsche Programm in einer den modernen Verhältnissen angepaßten Form doch noch durchzuführen. Die tatsächliche Entwicklung aber ist diesen Weg nicht gegangen. Vielmehr haben starke Strömungen der Gegenwart eine Auflösung der festen Schultypen zugunsten der sogenannten "elastischen Einheitsschule" gefordert. Eine kaum mehr übersehbare Fülle von verschieden organisierten Schulformen, die Bewegungsfreiheit in Prima, freie Kurse und Arbeitsgemeinschaften, immer wachsende Freiheit in der Wahl der fremden Sprachen, Einführung immer neuer Unterrichtsfächer: alles schien den Beweis erbracht zu haben, daß die alten festen Schulformen sich überlebt hätten. Die Bildungseinheit der Gebildeten sollte, so forderte man, durch sogenannte Kernfächer sichergestellt werden, die völlige Bewegungsfreiheit aber der individuellen Begabungen und der praktischen Bedürfnisse der Berufsvorbereitung sollte in einer reichen Zahl von Wahlfächern jedem möglichst die ihm gemäße Schulform gewährleisten. Man kritisierte die sogenannte Gabelung als unzureichend, da in der Tat die Begabungen sich nicht in sprachliche und mathematische Begabungen aufteilen lassen. Die Gabelung vergewaltige daher die anders Begabten, mache die Wahlfreiheit zur Qual des Wahlzwanges und stelle den Durchschnittsschüler, wenn der normale Lehrgang nicht fortgeführt würde, ungünstiger als die alten Schulformen, da er jetzt mit einseitig Begabten einer Sonderklasse Schritt halten solle. Die elastische Einheitsschule scheint in der Tat die Mannigfaltigkeit in der Einheit geradezu in idealer Form hergestellt zu haben. Es gibt kein Bedürfnis einer besonderen Begabung und einer besonderen Berufsvorbildung, das hier nicht befriedigt werden könnte...

Es ist zweifellos ein schwerer Mangel der elastischen Einheitsschule, daß die Kernfächer bei der bunten Mannigfaltigkeit der sie überwuchernden Wahlfächer ohne innere Beziehung und ohne innere Konzentration bleiben, daß der Kernunterricht sich daher auf eine im Innersten zersplitterte und zerstreute Schülerschaft einstellen muß, daß die Vielseitigkeit der Interessen die Vertiefung ausschließt. Die Bildungsschäden, die oben aus der Unübersichtlichkeit und der Buntheit unserer Kultur hergeleitet wurden, werden hier kaum ernstlich bekämpft. Schon Lagarde hat hervorgehoben, daß nur in Schulen unterrichtet werden kann, die sich auf ideell zusammenhängende Materien beschränken. "Das Gegengewicht gegen Einseitigkeit liegt nicht in der Allseitigkeit des Wissens, nicht in einer horizontalen Ausbreitung, welche stets Verflachung wird und werden muß, sondern in der dem Ewigen zustrebenden Richtung des Willens, welche den Menschen befähigt, von oben her die Landkarte zu übersehen." In seinem bekannten Entwurf hat Süvern, dieser glänzende Vertreter der klassischen Epoche des Individualismus, doch das ernste Wort gesprochen: "Unharmonische Ausbildung und zu rasches Voreilen in einem oder mehreren Lieblingsfächern des Schülers ist zu verhindern." Ähnlich haben sich viele andere geäußert, die die feinste Empfindung für das Persönlichkeitsleben und seine Bildungsgesetze hatten, nicht zuletzt Nietzsche, der die strenge Zucht des Geistes als eine Vorbedingung für die Bildung der freien Persönlichkeit wiederholt aufs ernsthafteste gefordert hat. Es ist auch kein Zufall, daß Deutschland gerade zur Zeit der unbedingten Herrschaft des alten Gymnasiums eine Überfülle starker und ausgeprägter Individualitäten hervorgebracht hat. Denn das alte Gymnasium ließ dem jungen Menschen Zeit und Kraft, sich auf eigenem Wege den Zugang zu besonderen Bildungsgütern zu bahnen, und es ist ein tiefes Wort Goethes, daß die auf eigenem Wege Irregehenden oft wertvoller sind als die auf fremdem Wege recht Wandernden. Umwege und Abwege auf selbst gebahnter Bahn sind bildender als die kürzeren und gebahnten Wege unter fremder Führung. Darum ist es keineswegs sicher, daß die Einbeziehung aller Interessen und Kulturwerte in die Schule, wie sie von der elastischen Einheitsschule erstrebt wird, diesen Interessen und Werten wirklich immer nützlich ist. Gewährleistet etwa ein "Kursus" in Kunstbetrachtung und Kunstgeschichte einem künstlerisch eigenartig Begabten wirklich schon die Vollendung seiner künstlerischen Anlagen? Liegen in einem solchen Schulunterricht nicht auch gerade für ihn besondere Hemmnisse und Gefahren? Man glaube nur nicht, daß die Aufnahme aller Lebensinteressen in einen Stundenplan wirklich eine Persönlichkeitsbildung sicherstellt. Auch kann doch der Schüler aus der reichen Speisekarte der Kurse nur ganz wenige Gerichte wählen, alles übrige bleibt auch für ihn ein Schaugericht. Eine Verkürzung des Schulunterrichts in einem zur Einheit und Harmonie abgestimmten Bildungsgange, der dem Schüler Lust, Kraft und Muße zum eigenen freien Bildungsstreben läßt, dürfte der Persönlichkeitsbildung meist zuträglicher sein als die Überfülle von Anregungen in "Kern und Kursen"...

IV

Die Schulreform geht von gewissen Voraussetzungen aus, die an dieser Stelle nur ausgesprochen werden können. Die erste Voraussetzung ist die Gleichwertigkeit und die Gleichberechtigung der vier geschichtlich gewordenen Schularten. Die zweite Voraussetzung ist, daß jeder Schulart ein Kulturbezirk zur besonderen Pflege überwiesen wird, so daß erst in der Zusammenarbeit aller vier Schulformen die Gesamtheit der unserer höheren Bildung gestellten Aufgaben erfüllt wird. Die dritte Voraussetzung ist, daß die methodische Arbeit auf jedem dieser Sondergebiete zugleich eine wissenschaftliche Leistungsfähigkeit des Schülers erreicht, die ihm den Zutritt zu allen Hochschulen und höheren Berufen möglich macht. Damit ist ausgesprochen, daß keine dieser Schulen eine Vorschule für besondere Berufe oder Studienfächer ist, daß sie sich daher auch ihr inneres Gesetz weder von der Universität, noch von der Technischen Hochschule, noch von einer Berufsgruppe vorschreiben lassen darf. Es muß den von ihr gebildeten Schülern überlassen bleiben, die besonderen Vorbedingungen und Vorkenntnisse für den gewählten Beruf sich nun mit gereifter Kraft und geistiger Schulung selbst zu beschaffen. Daß endlich bei dieser Arbeitsteilung die Bildungseinheit gewahrt bleiben muß, ist eine Hauptforderung der ganzen Schulreform. Die Bildungseinheit aber wird gewahrt einmal durch die Gruppe der kulturkundlichen Fächer, die für alle Schularten im Mittelpunkt der Schularbeit stehen wird. Zweitens dadurch, daß selbstverständlich keine Schulart auf ein nationales Bildungsgut und die geschichtlichen Voraussetzungen unserer deutschen Kultur ganz verzichtet; und drittens dadurch, daß die Verbindungslinien von der für die Schulart charakteristischen Fächergruppe zur deutschen Kultur dem Lehrplan der betreffenden Schulart sein besonderes Gepräge geben werden. In diesem Sinne werden alle höheren Schulen deutsche Schulen sein. Wenn wir aber trotzdem in jeder Menschen besonderer Prägung erziehen wollen, so hat das darin seinen Grund, daß wir in jedem der höheren Berufe Männer und Frauen brauchen, die die verschiedenen Geistesmächte unserer Vergangenheit in der Tiefe durchlebt haben und die darum fähig sind, uns wieder zu einem Quellbezirk deutschen Lebens zu führen. Dies ist der tiefste Grund für die Differenzierung unserer Bildungsanstalten nach solchen Quellbezirken, in die auch die Menschen der deutschen Zukunft ganz tief eingepflanzt sein müssen, wenn uns der ganze Reichtum unseres geschichtlichen Lebens erhalten bleiben soll.

Eine tiefe Einwurzelung aber in einen besonderen Bezirk unseres Kulturlebens läßt sich nur durch den Gesamtunterricht einer Schulart erreichen. Es wird daher für jede Schulart und für alle ihre Fächer ein auf diese Sonderaufgabe eingestellter Lehrplan notwendig sein. Hierin liegt etwas wesentlich Neues für die preußische Schulgeschichte, in der bisher die Lehrpläne gerade in den kulturkundlichen Fächern für alle Anstaltsarten die gleichen waren und noch dazu ausgesprochenermaßen nach dem Gesichtspunkte der Sonderfächer aufgestellt wurden. Hierbei blieb in der Tat der immer wieder verkündete Grundsatz der inneren Konzentration eine schöne Redewendung.

Durch diesen Organisationsgedanken glaubt die preußische Unterrichtsverwaltung das Hauptübel unseres Schulwesens an der Wurzel zu fassen: die qualitative Überbürdung unserer Schüler. Man braucht ja nur den Stunden- und Arbeitsplan einer unserer höheren Klassen kritisch zu durchmustern, um zu der Einsicht zu kommen, daß dem jugendlichen Geist hier Unmögliches zugemutet wird. Die Bildungskritiker haben, ohne zu karikieren, die Ungeheuerlichkeit solcher seelischen Überbürdung wiederholt drastisch dargestellt. Nach Paulsens klassischen Ausführungen über die qualitative Überbürdung bedarf es hier keiner weiteren Schilderung. Es will demgegenüber wenig besagen, wenn gerade Schulmänner immer wieder die Überbürdung bestreiten. In der Tat, die tatsächliche Arbeitsleistung der Schüler ist sicher geringer geworden. Aber daß der Schularbeit gegenüber die Schüler überall gleichmäßig mit einer recht anfechtbaren, aber durchaus allgemein anerkannten Schülermoral sich Schutzvorrichtungen gegen dieses Übermaß unlustvoller Arbeit geschaffen haben, sollte jedem ernsthaften Erzieher die Überzeugung nahelegen, daß hier ein Grundfehler im System liegt. "Wenn Hesiod *die* Arbeit sähe, wie sie vielfach in unseren Schulen verläuft, so würde er es sich verbitten, daß auf diese Arbeit sein Spruch angewandt wird; denn vor diese Arbeit haben die Götter keinen Schweiß gesetzt, sondern die bösen Geister der Unredlichkeit und der Täuschung treiben bei ihr leider vielfach ihr Wesen. Man sollte deshalb niemals über das Preisen der Arbeit in der Schule die charakterverderbende Praxis des Täuschens und Lügens vergessen; man sollte es nicht vergessen, wieviel Unfreiheit der Unwahrhaftigkeit mit dieser Arbeit verbunden ist, wieviel Strebertum schon in der Jugend durch überreiztes Ehrgefühl großgezogen wird, wie sehr die ethische Entwicklung unter dem Wissenszwange leidet und wie hier, wie so oft im Leben, hochentwickelte Intelligenz mit moralischem Defizit abschließt." (Matthias.)

Die Herabsetzung der Wochenstunden im Zusammenhange mit der Vereinfachung und Vereinheitlichung des Lehrplanes bliebe nur eine halbe Maßregel, wenn nicht zugleich eine Reform der häuslichen Arbeit damit Hand in Hand ginge. Es muß gesagt werden, daß eine rein mechanische Verkürzung der Arbeitszeit die Arbeit ihrer erzieherischen Kraft und ihres Ernstes entkleidet. Das Problem der häuslichen Arbeit ist eben gleichfalls nicht ein quantitatives, sondern ein qualitatives Problem. Die wissenschaftlichen Untersuchungen über diesen Fragenkomplex lassen in der Tat eine grundsätzlich neue Ordnung der Hausarbeit zu, die die geplante Schulreform erst abrundet und wirksam macht. Die wichtigsten Gesichtspunkte hierfür sind folgende: Einübung, Wiederholung, Befestigung werden in höherem Maße dem Unterricht zufallen, da hier die Gesamtarbeit der Klasse günstiger wirkt als die isolierte Hausarbeit des Schülers. Alle Arbeiten, die nicht ein organischer Bestandteil der Klassenarbeit sind und ihr wieder dienstbar gemacht werden, sind wertlos. Hausarbeiten gar, die nicht nachgesehen werden, sind vom Übel. Hausarbeiten, deren Kontrolle die Arbeitszeit des Unterrichts stark vermindert, sind schädlich. Der Wert der Hausarbeit steigt mit ihrem individuellen Gepräge, steigt, je mehr Vertiefung und Entfaltung der Phantasie, je mehr Kombinationsgabe und eindringendes Nachdenken sie erfordert. Arbeiten, die aus dem Arbeitsunterricht herauswachsen, die sich auf die Selbsttätigkeit des Schülers gründen und dem Arbeitsunterricht der Schule wieder dienstbar gemacht werden, sind die wertvollsten Hausarbeiten. Nur durch solche Hausarbeiten können auch die beklagenswerten unmoralischen Nebenerscheinungen überwunden werden.

Es wird vor allem in den oberen Klassen Raum geschaffen werden müssen für die Muße, aus der allein Lust und Kraft zu größeren selbständigen Arbeiten wächst, in denen die Weisheit früherer Geschlechter den eigentlichen Wertmaßstab für die wissenschaftliche Reife eines jungen Menschen erkannte. In der Tat, wenn der Arbeitsunterricht an jenem Achtel, von dem Lagarde sprach, zugleich die Arbeitsmethode dem Schüler zueignet, ist der Nachweis, daß er diese Arbeitsmethode auf frei gewählten Stoff anwenden kann, ein Beweis wissenschaftlicher Reife, der auch für die Reifeprüfung entscheidend ins Gewicht fallen sollte. Das mit diesen Arbeiten verbundene Wertgefühl wird unseren Schülern wieder die Freude an der Arbeit und die Achtung vor ihr schenken, aus der allein die Überwindung der unehrlichen Arbeitspraktiken folgen wird.

Bei der rechten Art des Klassenunterrichts wird man in vielen Fächern die Hausarbeit ganz entbehren können. Damit werden auch die jetzt in den Klassen aushängenden Minutenanzeiger für Hausarbeit als charakteristische Dokumente einer verfehlten Schulpraxis verschwinden...

V

Die Grundsätze für die Stundenverteilung auf die einzelnen Unterrichtsfächer bedürfen um so mehr einer Darstellung, als die dem Ministerium in großer Zahl eingereichten Stundentafeln fast alle zahlenmäßig möglichen Variationen darbieten. Nur in einem Punkte scheint unbedingtes Einverständnis zu bestehen, nämlich daß die kulturkundlichen Fächer, die das deutsche Bildungsgut überliefern, als die Kernfächer jeder deutschen höheren Schule etwa ein Drittel der Stunden für sich beanspruchen dürfen. In ihnen liegt ja die Bildungseinheit unserer höheren Schulen; sie stellen zugleich den Zusammenhang mit der Volksbildung dar; sie sind der Hauptträger der Nationalbildung. Es bedarf keiner Worte, was das in unserer geschichtlichen Lage bedeutet.

Die Verstärkung der kulturkundlichen Fächer ist aber noch aus einem anderen Grunde notwendig. Bisher fiel die Aufgabe, das eigentümliche Bildungsideal jeder Schulform dem Schüler nahe zu bringen, wesentlich dem betreffenden Fachunterricht zu, etwa am Gymnasium der altsprachlichen Fächergruppe. Die anderen Fächer aber lebten sich meist nach rein fachlichen Gesichtspunkten aus, ja sie standen nicht selten zum Bildungsideal der Hauptfächer in einer gewissen Abwehrstellung, suchten eifersüchtig das Sonderrecht der Einzelfächer zu wahren und die Seele des Schülers für ihr Fachinteresse zu gewinnen. Hiermit entstand nicht nur die ungeheure Fremdheit der Fächer untereinander, jenes Nebeneinander unverbundener, in Vereinzelung beharrender Einzelinteressen, sondern die notwendige Folge war zugleich die Schwächung des Sonderideals der betreffenden Schulform: darum gelang es der einzelnen Schule nicht mehr, die Seele des Schülers für dieses Sonderideal zu gewinnen. Die führenden Fächer waren zudem selbst mit so viel Sonderaufgaben rein formaler Art überlastet, daß sie im Alltagsbetriebe die eigentlich idealbildenden Ziele ihres Faches nicht selten aus dem Auge verlieren mußten.

Wenn es nun das ausgesprochene Ziel der Reform ist, die Eigenart der betreffenden Schulform stark herauszuarbeiten, so fällt eine Hauptaufgabe dabei den kulturkundlichen Fächern zu. Sie werden sich nach den Richtlinien der neuen Lehrpläne ganz bewußt auf das betreffende Bildungsideal einstellen, sie werden in Stoffauswahl, in Arbeitsmethode und innerer Zielsetzung für jede Schulart sich anders einstellen und sich dem eigentümlichen Bildungsgedanken dienend einordnen. Das ist keine Entfremdung von ihrer fachlichen Sonderaufgabe, da jedes der Sonderideale der einzelnen Schulformen ja nur dadurch ein Daseinsrecht an der höheren Schule hat, daß es zur deutschen Kultur- und Geistesgeschichte in innerster Beziehung steht, daß es einen Weg in den Mittelpunkt des deutschen Lebens bedeutet.

Durch diese Bildungsaufgabe werden die kulturkundlichen Fächer nicht nur mit den führenden Fächern zu einer Einheit zusammengeschlossen; sie erhalten auch untereinander solchen Zusammenschluß, daß man in gewissem Sinne von einem kulturkundlichen Gesamtunterricht sprechen kann, der in Arbeitsteilung und Arbeitsgemeinschaft die großen Bildungsaufgaben löst.

Über die Bedeutung des Deutschen und des Geschichtsunterrichts braucht kaum noch etwas gesagt zu werden. Daß die Verstärkung des deutschen Sprachunterrichts neben aller nationalerzieherischen Bedeutung nun
überall die ihm an den Reformschulen bereits gestellte Aufgabe übernehmen wird, für allen fremdsprachlichen Unterricht die Kategorien des Sprachverständnisses zu gewinnen,
wird, wenn alle fremdsprachlichen Grammatiken sich nach
diesen Kategorien richten, nicht nur eine Vereinheitlichung
und Vereinfachung des fremdsprachlichen Unterrichts bedeuten, sondern sich in einer sprachpsychologischen Methode auswirken, die eine Vertiefung des Sprachunterrichts
darstellt.

Die Vermehrung des Geschichtsunterrichts auf der Mittelstufe kann nur dem unnötig erscheinen, der dabei den
traditionellen Geschichtsunterricht vor Augen hat. Gewiß
ist und bleibt es Aufgabe der Mittelstufe, ein festes
Tatsachenmaterial einzuprägen, da sonst der problemge-
schichtlich eingestellte Unterricht der Oberstufe zerflat-
tert. Aber man bedenke doch, daß die geschichtliche Bildung wertvollster Berufe auf der Mittelstufe ihren Abschluß erhält. Man bedenke ferner, daß in unserem
wesentlich geschichtsphilosophisch gerichteten Zeitalter das
geschichtliche Stoffgebiet sich sehr stark erweitert hat,
daß mit gleich starken Ansprüchen neben die politische
Geschichte getreten sind: die Wirtschaftsgeschichte, die
Kulturgeschichte, die Geschichte der Gesellschaft und ihrer
Lebensformen, daß vor allem aber die Staatsbürgerkunde,
so gewiß sie ein Bildungsprinzip ist, das alle Fächer
durchdringen soll, ihrer stofflichen Seite nach wesentlich
dem Geschichtsunterricht zufällt. Wenn man der
Geschichte schließlich die Aufgabe stellen muß, in vor-
bildliches deutsches Personenleben unter starker Benutzung
geeigneter Quellen einzuführen, so wird die Vermehrung des
Geschichtsunterrichts auf der Mittelstufe als unbedingte
Notwendigkeit erscheinen.

Da manche dieser Aufgaben auch von der Erdkunde
erfüllt werden können, ist eine Verschiebung der Stunden
beider Fächer je nach dem Arbeitsplane der betreffenden
Anstalt möglich.

Die Durchführung der Erdkunde in allen Schulformen

bis Prima könnte zunächst als ein Widerspruch zur erstrebten Vereinfachung der Schulformen erscheinen. Aber in jenem Gesamtunterricht, der die Arbeit der Fachgruppen zur Einheit zusammenfaßt, ist die Erdkunde ganz unentbehrlich. Die mehr geistesgeschichtlich eingestellten Schularten bedürfen dringend als Gegengewicht gegen die Gefahr einer Ideologie klarer Einsicht in die lebensgesetzlichen Zusammenhänge und in die naturgesetzlichen Bedingtheiten aller Kultur. Gerade der historisch gebildete Mensch muß sich seiner Verwurzelung in der Natur und Naturwissenschaft bewußt sein. Ohne die in der Naturwissenschaft und in der Erdkunde zu legende Grundlage der Natur- und Lebensgesetzlichkeit für das Personenleben, die Soziologie, die Geschichte entbehren die Kulturwissenschaften des festen Wirklichkeitsgrundes, in dem sie wurzeln müssen. Denn auch die Kulturleistung eines Volkes liegt innerhalb der Grenzen des Naturlebens. Das Doppelgesicht der Erdkunde ist für die einen Schulformen der Natur zugewandt, für die mathematisch-naturwissenschaftliche Schule schaut es nach dem geschichtlich-kulturellen Leben hin und bewahrt hier den jugendlichen Geist vor der Gefahr mechanischer Einstellung in geschichtlichen und kulturellen Fragen.

Das gleiche gilt noch im höheren Sinne von der Philosopie, der in jeder Prima eine Stunde eingeräumt ist. Dieser Unterricht soll keine Zersplitterung, sondern innerlichste Konzentration bringen. Er soll nicht Fachunterricht im engeren Sinne sein, am wenigsten eine Wiederbelebung des alten Unterrichts in Logik und Psychologie, keineswegs ein Unterricht in der Geschichte der Philosophie, der nur verwirrend wirken müßte. Schließlich soll auch der Lehrer nicht etwa ein System der Philosophie vortragen, womöglich eigener Schöpfung. Der Philosophie-Unterricht will auch nicht den Einzelfächern die Aufgabe abnehmen, von sich aus zur Philosophie sich zu erheben. Er setzt solche Bemühungen vielmehr voraus. Er will, daß in Verbindung mit dem einen oder dem anderen Unterrichtsfach je nach der Schulart der Schüler philosophische Schriften lese, in denen die großen Philosophen als Deuter ihres Zeitalters die Lebensäußerungen einer Epoche oft klarer zum Ausdruck bringen als die Dichter und Künstler. Der junge Mensch muß sich innerhalb der Eigenart seiner

Schule mit philosophischen Problemen berühren, und zwar mit wichtigen und charakteristischen Ausschnitten aus den Werken der großen Denker selbst. Die Auswahl wird für jede Schulart eine andere sein, sie wird sich von der griechischen Philosophie bis in die Gegenwart erstrecken, sie wird sich innerhalb der einzelnen Schulart wechselnd gestalten, je nach dem Fachlehrer, der sie erteilt. Hier liegen unendlich viele Möglichkeiten, die lehrplanmäßig weder erfaßt werden können noch sollen. Für jede Schülergeneration mag ein neues Auswahlprinzip Platz greifen. Nur die eine Grenze sei gezogen, daß diese philosophische Lektüre im Dienste der Eigenart der Schule stehe und daß sie ein Weg zur deutschen Ideenwelt sei.

Aus innersten Gründen wird die Religion zu dieser Fachgruppe zu rechnen sein. Durch seine Einordnung in die Gesamtaufgabe der betreffenden Schulform wird der Religionsunterricht endlich und grundsätzlich aus der Isolierung befreit, die ihn nach Ludwig Mieses berechtigter Klage trotz aller großen Worte über seinen Wert zu einem Fremdling unter den anderen Fächern machte. Nur aus der Abseitsstellung dieses Faches erklärt es sich, daß so viele den Religionsunterricht bei der 30-Stundenwoche ganz streichen oder doch wesentlich verkürzen wollen. Im Gegensatz hierzu ist die preußische Unterrichtsverwaltung der Ansicht, daß der Religionsunterricht innerhalb der Sonderaufgabe jeder Schulart eine ganz unentbehrliche Funktion zu erfüllen habe, daß nicht nur jede humane Bildung die Pflege des religiösen Lebens notwendig fordere, daß auch das Verständnis jeder Kulturepoche nur mit voller Einsicht in die Zusammenhänge aller tieferen Geistesbewegungen mit der Religion möglich sei. Welche Bedeutung dieses Fach gerade für unsere Gegenwart, gerade für die besonderen Bedürfnisse unserer Jugend hat, braucht hier nicht erst ausgeführt zu werden. Der Lehrplan der Oberschule in evangelischer und katholischer Religion hat bereits gezeigt, wie der Religionsunterricht organisch mit dem Gesamtunterricht zu verbinden ist. Daß er gleichzeitig das Überzeitliche, das Ewige, das Absolute in der Gesamtbildung zu sichern habe, sei nur gesagt, weil hier und da aus seiner Einordnung in die Lehrplanzusammenhänge die Befürchtung entstanden ist, er könne zu sehr in den Relativismus kulturgeschichtlicher Betrachtungsweise verstrickt werden. Dem Religionsunter-

415

richt verbleiben überall zwei Stunden. Daß er in Sexta
ebenfalls nur mit zwei Stunden angesetzt ist und damit eine
seit Jahrzehnten befürwortete Verkürzung erfährt, ist einmal darin begründet, daß alle Fächer ohne Ausnahme im
Interesse der Reform haben Opfer bringen müssen, ferner
darin, daß der Sextaner jetzt bereits vier Jahre Religionsunterricht auf der Grundschule erhalten hat. Man hat
erst 1856 dreistündigen Religionsunterricht in VI und V
eingeführt, ihn für V 1882 wieder aufgegeben. Es ist nicht
zu befürchten, daß seine, tatsächlich nur scheinbare, Verkürzung nun auch in VI irgendeine Schädigung der religiösen Erziehung bedeute.

Im engen Zusammenhange mit den kulturkundlichen
Fächern stehen die Kunstfächer, die man nicht als "technische" Fächer ansprechen sollte. Diejenigen Gutachter, die
Zeichnen und Musik ganz wesentlich die Kosten der Reform
tragen lassen wollten, haben den Sinn der Reform verfehlt.
Denn nicht das Technische der Ausbildung steht zur Frage,
sondern das Kunsterzieherische, die Überwindung der rein
intellektuellen Bildung durch die Einbeziehung der Kunst
in die humane Persönlichkeitsbildung, aber auch das ver-
tiefte Kulturverständnis der großen Epochen der Mensch-
heitsgeschichte, das durch das Nacherleben der Kunst oft
tiefer erfaßt wird als durch literarische Quellen oder die
Darstellungen des Geschichtsunterrichts. Es hieße eine
große und erfolgreiche Gegenwartsbewegung übersehen,
wollte man diesen Fächern weiterhin die alte Winkelstel-
lung zuweisen. Und das in einer Zeit, in der die Kunst-
pflege im gebildeten Elternhause daniederliegt und in der
doch die stärksten Impulse für den geistigen Aufbau von
den schöpferischen Kräften der Kunst wesentlich mit ausgehen werden.

Nur am Gymnasium freilich hat dem Zeichenunterricht
eine größere Stundenzahl zugewiesen werden können, da
kein Grund einzusehen ist, warum gerade dieser Schulart
die Kunstübung versagt werden sollte, die zum Verständnis
der antiken Kunst von entscheidender Bedeutung ist.
Auch bleibt ein Kunstunterricht in den kulturkundlichen
Fächern, der einer solchen Grundlage entbehrt, erfahrungs-
gemäß ohne innere Anschauung. Dem Zeichenunterricht
an den anderen Anstalten hat eine wesentliche Mitwirkung
im Linearzeichenunterricht auferlegt werden müssen. Trotz

dieser vermehrten Aufgaben wird der Zeichenunterricht im Sinne seiner bisherigen Entwicklung sich weiter entfalten und die großen Mängel unserer ästhetischen Kultur überwinden helfen.

Das gilt in gleichem Maße von der Musik. Nur in bescheidenem Umfange ist ihr eine über das bisherige Maß hinausgehende Ausbreitung ermöglicht, damit sie doch auch die Schüler erfasse, die vom Chor ausgeschlossen sind. Die Unterrichtsverwaltung hofft, daß die Freiheit und Muße der Schüler mehr als bisher für die Pflege der Kunst fruchtbar werden wird, daß damit auch der Instrumentalunterricht unseren höheren Schulen erhalten bleibt und sich weiter in ihnen entfalte.

Über die für die einzelnen Schularten führenden Fächer wird bei diesen Näheres zu sagen sein.

Hier wird nur noch die Frage zu beantworten sein, ob nicht die dann noch verbleibenden Fächer, etwa die sprachlichen an der mathematisch-naturwissenschaftlichen Schule und die mathematisch-naturwissenschaftlichen Fächer an den sprachlichen Schulen zu leiden haben werden. Es ist in der Tat unvermeidlich, daß hier jede Fachgruppe je nach der Schulart Opfer bringen muß. Es ist ebenso notwendig, daß die Stundenzahl für keine Fachgruppe unter ein gewisses Mindestmaß hinabsinke. Einem rein fachlich eingestellten Menschen wird es freilich niemals klar zu machen sein, daß auch sein Fach sich bescheiden muß. Bei allem Lobpreis der Kürzung der Wochenstunden meinen viele Fachleute immer nur die Stunden der anderen.

Die Unterrichtsverwaltung muß mit kritischen Einwänden von den verschiedensten Fachgruppen rechnen, nicht zuletzt, wie es den Anschein hat, von der mathematisch-naturwissenschaftlichen Gruppe. Die preußische Unterrichtsverwaltung steht dem mathematisch-naturwissenschaftlichen Unterricht gegenüber nicht auf dem Standpunkt, dem die französische Unterrichtsverwaltung bei ihrer letzten Schulreform Ausdruck gegeben hat. Sie wünscht vielmehr, daß an *einer* höheren Schule diese Fachgruppe die in ihr liegenden Kräfte zur vollsten Entfaltung bringe. Aber sie ist gleichzeitig der Ansicht, daß an den anderen Schularten das innere Bildungsgesetz der Schulform auch diesen Fächern ihre Stellung anweist. Hier muß mit allem Ernst übertriebenen Forderungen der mathematisch-naturwissenschaftlichen Fachvertreter gewehrt werden.

Es muß das um so mehr geschehen, als sehr ernst zu nehmende Vertreter dieser Fächer der Meinung sind, daß das wahrhaft Bildende und Erzieherische dieser Fächer in einer geringeren Stundenzahl sich voll auswirken könne. Kerschensteiner, dessen Sachkunde niemand anzweifeln wird, hat das mit stärksten Worten gesagt. Gerade für diese Fächer wird der Verzicht auf Vollständigkeit des Systems von ausschlaggebender Bedeutung sein. Das Wort Virchows aus dem Jahre 1892 hat noch immer Geltung, es sei nicht der materielle Inhalt der naturwissenschaftlichen Disziplinen, der in erziehlicher Bedeutung interessiere, sondern es sei die *Methode*. Nicht darauf komme es an, daß der Schüler ein botanisches System lerne, sondern daß er Kenntnis der Methode gewinne, wie Naturobjekte ohne künstliche Konstruktion zu betrachten seien. Darum erklärte Virchow damals den Streit über die Stundenzahl für eine äußerliche Frage. Es sei wiederholt, daß Felix Klein nach der Schulreform von 1901 es begrüßte, daß nun jede Schulart sich nach ihrer Eigenart entwickeln könne und daß also der mathematische Unterricht im Zusammenhange mit dem allgemeinen Bildungsziel der Anstalt bald mehr die eine, bald mehr die andere Seite hervorkehren könne. Eben dies ist nun die Aufgabe der Lehrpläne für diese Fächer. Und es wird sich dabei zeigen, daß das Wertvolle dieser Fächer dabei voll zur Entfaltung kommen kann.

Bezüglich der sprachlichen Fächer hat man um der Vereinfachung willen gefordert, daß niemals mehr als zwei fremde Sprachen gleichzeitig getrieben werden sollen. Bei der Darstellung der einzelnen Schulformen wird die Undurchführbarkeit dieser Forderung für das Gymnasium und Realgymnasium sich ergeben.

Schmerzlich und nur aus der Not des Staates erklärbar, also in der Tat eine Sparmaßnahme, ist der Verzicht auf wahlfreien Unterricht aus Staatsmitteln. Der verarmte Staat ist nicht in der Lage, über den geschlossenen Unterricht hinaus weitergehende Ansprüche zu erfüllen, die im Interesse besonderer Berufsvorbereitung gestellt werden. Es muß hier bei bestehendem Bedürfnis so verfahren werden, wie es schon lange beim Lateinunterricht an der Oberrealschule geschieht. Die betreffenden Schüler müssen von sich aus die Kosten dieses Unterrichtes aufbringen. Es ist in der Tat nicht einzusehen, weshalb hier an verschiedenen Anstalten verschieden verfahren werden sollte, weshalb der künftige Theologe am Gymnasium bezüglich des Hebräischen besser gestellt sein sollte als der künftige Arzt an der Oberrealschule. Wer von der Staatsschule noch besondere Leistungen fordert, muß diese bezahlen. Es brauchen dies nicht in jedem Falle die Eltern zu tun; es können Körperschaften, Interessengruppen, Kirchen, die Industrie, der Handel, die Landwirtschaft, Berufsgenossenschaften usw. hierfür gewonnen werden, wie denn überhaupt die höhere Schule in mannigfacher Weise andere als die staatlichen Kräfte sich wird dienstbar machen müssen, wofür schon erfreuliche Ansätze vorhanden sind. Es sind von solcher Schulhilfe auch ideelle Werte zu erhoffen. Es kann doch nicht geleugnet werden, daß die alleinige Fürsorge des Staates und der Gemeinden für alle höheren Bildungsbedürfnisse nicht nur Vorteile gebracht hat.

Eine wertvolle Gabe des verarmten Staates an die höheren Schulen ist es, daß er ihnen für die Prima sechs Stunden zur freien Verfügung stellt für Ersatzunterricht, für freie Arbeitsgemeinschaften und Kurse. Damit ist ein Anreiz gegeben, die Schüler nach ihren besonderen Begabungen zu fördern und auch solche Interessen stärker zu berücksichtigen, die in der betreffenden Schulform sonst zurücktreten.

VI

Die wichtigste Aufgabe aber der Schulreform ist es nun, jeder der vier Schularten von ihrem besonderen Bildungsziel aus die innere Struktur zu geben. Die Reform von 1901 rief zwar die einzelnen Schularten auf, sich nach ihrer Eigenart zu entwickeln; sie sagte aber nicht klar und eindeutig, was die Eigenart jeder Schulform tatsächlich sei. Die Reform von 1924 stellt jeder Schulart eine festumrissene Bildungsaufgabe und faßt die Gesamtkräfte jeder Schulart zu einer zielstrebigen Arbeit zusammen. Was das für jede Schule tatsächlich bedeutet, wird mit voller Klarheit erst aus den Lehrplänen zu ersehen sein. Für die Deutsche Oberschule liegen die Lehrpläne, ganz nach den Ideen der Reform gestaltet, bereits vor.

Die Struktur der anderen Schulformen bedarf hier einer kurzen Erörterung, damit die Stundentafeln richtig verstanden werden können...

Der Kleine Jena-Plan

Peter Petersen

Das Gemeinschaftsleben der Gruppe
a) Die Gruppe

Statt von Klassen reden wir von Gruppen. Das ist mehr als ein neues Wort. Es darf hier als genügend bekannt vorausgesetzt werden, was überlieferungsmäßig unter Schulklasse verstanden und in der herkömmlichen Literatur als ihre Idealform betrachtet wird. Die Unterschiede zwischen Klasse und Gruppe liegen ebendort, wo die zwischen Gesellschaft und Gemeinschaft liegen...

Die Stammgruppen

Mit Bestimmtheit müssen wir erklären, daß das Beste die Mischung der Schüler nach verschiedenen Jahrgängen, selbstverständlich mit beiden Geschlechtern (mit gewissen Einschränkungen für die Pubertätszeit...) sowie allen Ständen und Begabungen ist. In Jena ist lange Zeit hindurch ausgeprobt worden, welche Alter am besten zusammenpassen und wie groß die Altersspannen sein sollten. In allen Schulen, auch in ein- und zweiklassigen Schulen, sollte die Stammgruppenbildung folgendermaßen erfolgen:

Die *Untergruppe* vereine die Kinder des 1.-3. Schuljahres. Auf keinen Fall sollte man die Kinder des 4. Schuljahres mit hineinnehmen, auch nicht um der rein schulpolitischen, unpädagogischen vierjährigen "Grundschule" ein Opfer zu bringen. Aber ebenso bedenklich ist es, Kinder des 3. Schuljahres zu zeitig in die nächste Gruppe hinüberzunehmen. Nötigen große Schülerzahlen dazu, dann nicht vor Oktober.

Die *Mittelgruppe* besteht aus Schülern des 4.-6. Schuljahres,

die *Obergruppe* aus Schülern des 6./7. bis 8. Schuljahres,

die *Jugendlichengruppe* aus solchen des 8./9. bis 10. Schuljahres.

Die neuere pädagogische Psychologie bestätigt, daß in den angegebenen Lebensjahren, in denen die Stammgruppen sich gegeneinander abgliedern, auch die entscheidenden Einschnitte der seelisch-körperlichen Entwicklung liegen.

Wer diese beachtet, gewinnt pädagogisch wie didaktisch die größten Vorteile. Diese verliert die überlieferte Schule vor allem für die Lebensalter 9-11/12, unsere Mittelgruppe, weil sie diese Klassen durch die Sitzenbleiber altersmäßig ruiniert...

Übergänge

Kein Kind bleibt jemals "sitzen", sondern *alle* rücken nach dreijähriger Arbeit in einer Gruppe in die nächste auf. Doch *können* in der Mittel- und Obergruppe einige aus dem 6. Schuljahr in die Obergruppe, aus dem 8. in die Jugendlichengruppe hinübergenommen werden. Aber für diese "Versetzung" wird nicht der Intelligenzgrad das schlechthin Entscheidende sein. Was ein Kind auf Grund seiner Intelligenz lernen kann, das vermag es ja weitgehend in jeder Gruppe, sowie durch Teilnahme an Kursen u. dgl. zu lernen. Deswegen ist uns stets das Entscheidende die "allgemeine Reife", die menschliche Haltung, die Frage, wie wird dieser Junge, dieses Mädchen als ganze kleine Persönlichkeit sich in der anderen Gruppe fühlen und durchsetzen, also wie es in seinem persönlichen Wesen wachsen wird. Die so von dem Lehrkörper monatelang für eine Verschiebung in eine andere Gruppe Beobachteten behalten dabei stets das Recht, sich zu weigern, in die andere Gruppe überzugehen. Auch damit haben wir nur gute Erfahrungen gemacht und gesehen, wie die Kinder durchaus zu einer Selbstbeurteilung fähig sind. Das Kind, welches von uns für den Übergang als geeignet bezeichnet wird, behält auch nach seiner Weigerung das Recht zum Übergang während des ganzen auf den Termin (Ostern) folgenden Jahres. Ein Kind, das sich unsrer Meinung entgegen selber für den Übergang geeignet hält, kann u.U. das Recht zum Versuch erhalten, aber als widerruflich. Auch im letzteren Falle haben wir erfahren müssen, daß Kinder sich richtig beurteilt hatten. Verkrampfungen sind nur dort aufgetreten, wo - uns im voraus bekannt - das Elternhaus den Übergang als Versetzung im Sinne der überlieferten Schule auffaßte, mithin ein Verbleiben in der Gruppe als "Sitzenbleiben", als Degradierung ihres Kindes. Sobald die Elternschaft in längerer Mitarbeit den Sinn dessen verstehen lernte, was wir beabsichtigen, verschwanden die falschen Rückwirkungen.

Definition einer Stammgruppe

Die Stammgruppe ist eine Sozialform, die sich unter Führung eines erwachsenen Erziehers planvoll gestaltet, absichtlich Mittel der geistigen Gemeinschaft sein will und unabhängig daran arbeitet, ihre Organisationseinheit als *bloßes* Mittel zu erhalten, sie niemals Selbstzweck werden zu lassen (auch für jede Gruppe liegt ja schon der höchste Zweck in der übergeordneten, sie alle umfangenden Idee der Schulgemeinde). Durch solche ernsteste Arbeit an sich selbst als Gesamtheit erreicht sie die weitgehendste Sinnerfüllung. Dabei ist es aber von entscheidender Bedeutung, daß die jede Gemeinschaft bezeichnende freie Dynamik der inneren Struktur gewährleistet ist.

Das freie innere Kräftespiel der Stammgruppe

Die in solcher Gruppe vereinigten Kinder sind in keinem Stück zum gemeinsamen Fortschreiten vom Lehrer gezwungen, sondern arbeiten frei, selbsttätig und weitgehend selbständig vom ersten Schultage an im Vollbesitz ihrer Bewegungsfreiheit unter jenem Gesetz, das weiter unten als das "Gesetz der Gruppe" noch aufgezeigt wird. Dabei bilden sich alsbald frei zusammentretende *Tischgruppen* auf Grund von Freundschaften, persönlicher Zuneigung, aber ebenso oft auf Grund gemeinsamen Interesses oder auch, weil sie vom Gruppenführer zusammengeführt, d.h. auf die Gemeinsamkeit ihrer Arbeit aufmerksam gemacht sind, und weil sie den Vorteil gemeinsamer Arbeit eingesehen haben. Zwangsweises Gruppieren wäre wertlos; nur wo die innere Zustimmung gewonnen wird, hat solche Beihilfe Wert. Dabei zeigen sich wiederum von Anfang an starke Überschneidungen: im Rechnen setzen sich andere Kinder zusammen als bei Papp- und Papierarbeiten oder Lesen; auch die Alter überschneiden sich, ebenso die Begabungen und so auch die Führer. Der Junge, der im Papparbeiten in der Dreiergruppe führt, anleitet und auf die Durchführung der Arbeiten sieht, ist dagegen in der Rechengruppe, der er zugehört, nur ein aktives Glied, in seiner erdkundlichen ein passives. Ferner wandeln sich die Tischgruppen wiederholt während des Jahres, und zwar in der Zusammensetzung wie nach dem innern Kräfteverhältnis, weil eben die Glieder ganz verschieden innerlich wachsen.

Organisatorische Vorteile für alle Schulen

Eine wichtige Folge hat dieses aufgeteilte Arbeitsleben auch insofern, als es nichts ausmacht, wenn ein Kind oder mehrere im Laufe des Jahres eintreten. Sie werden nach kurzer Eingewöhnungsfrist sich ohne alle Schwierigkeiten angliedern, wie wir an genug Beispielen beobachten konnten. Es wird daher bei dieser Organisation des Arbeitslebens nicht nötig, sich starr an die staatlichen Einschulungstermine zu halten, die ja nicht anders als mehr oder minder gewaltsam, rein bürokratisch abgesteckte Termine sein können, um der äußeren Ordnung willen. Durch die Lebensform der "Untergruppe" ist ferner das ernste Problem der "Schulreife" einfach gelöst. Ebenso bereitet das "Springen" wirklich hochbegabter und reifer Schüler im Gruppensystem keinerlei Schwierigkeit...

b) Umgang und Sitte

Vom ersten Tag an muß ferner daran gegangen werden, *das Zusammenleben innerhalb* der *Gruppe* zu formen, mit eben den menschlichen Kräften und Werten, deren Träger die Kinder dieser gegebenen Gruppe sind. Gehen wir analysierend einmal vom Äußerlichen zum Inneren über:

Räumliche Einordnung

Da ist zunächst die Auseinandersetzung mit dem Gruppenraume und mit dem Schulhause, so wie sie sind; die räumliche Einordnung. Das bedeutet schon Einordnung in die realen Pflichtverhältnisse und die Verkehrsformen der Schule. Wichtig ist es, damit am allerersten Tage zu beginnen und nicht, wie es vielfach mit Schulanfängern geschieht, diesen *erst* einige Tage lang ein lustiges, z.T. ausgelassenes Leben vorzumachen, das zum verlangten Schulleben im Widerspruch steht, aber auch überhaupt zum Sinn der Schule und zu dem, was schon ein Kind von ihr erwartet.

Gleich vom ersten Tage an sind die Kinder an alle guten Sitten des Umgangs zu gewöhnen. Die Formen des Grußes beim Betreten und Verlassen des Raumes, beim Sich-Begegnen im Raume usf., usf. werden im Sinne schlichter Selbstverständlichkeiten geübt und von jedem verlangt. Besonders wichtig sind das Leisegehen, Flüsterübungen, gegenseitige Rücksichtnahme im Vorbeilassen und Aushelfen.

Das Gruppengesetz

Der Raum selbst wird ihnen in "Freiheit" überlassen, aber es ist "Schein der Freiheit", wenn man darunter Willkürgebrauch verstehen wollte. Sie findet ihre Begrenzung im "Gesetz der Gruppe", und dieses lautet: im Raume darf nur geschehen, was alle gemeinsam wollen und was das Zusammenleben und die Schularbeit in Ordnung, Sitte und Schönheit allen in diesem Raume gewährleistet. Dabei werde nicht, wie es Oberflächliche noch oft meinen, vergessen, daß zu diesen allen auch der Lehrer gehört. Mithin sind *Grenzen der Freiheit:* a) die gleichen Rechte und Pflichten aller Kameraden, b) die Bindungen, welche durch die räumliche Enge gegeben sind und die zu Rücksichtnahme mannigfaltigster Art nötigen, und c) die Beschränktheit mancher Arbeitsmittel; es können z.b. nicht alle gleichzeitig an den Wandflächen tätig sein, dieselben Lernmittel benutzen, gewisse Bücher, das Mikroskop beanspruchen usf. ...

Beweglichkeit

Ebenso ist die Beweglichkeit gegenüber dem veralteten, Gesundheit fressenden Systeme der Bankreihen von allgemeinerer Bedeutung. Die Kinder lieben es außerordentlich, an "ihrem" Raume gestaltend tätig zu sein. Nun wird dieser Betätigungstrieb dem Schulzweck eingeordnet: es gilt in der Regel täglich mehrmals, sicher immer 2-3mal den Raum anders zu ordnen: für den "Lesekreis", zur Schulspeisung, zum Gruppenunterricht, für gewisse Tischgruppenarbeiten usf. Auch dabei beobachten wir typische Verhaltensweisen: die Untergruppe hält mehr auf die starrere Ordnung, daß "immer wieder alles genau so" gemacht wird, wie üblich, die anderen stehen freier zur Raumordnung, die Mittelgruppe ist dabei am meisten erfinderisch und auch mehr für ganz etwas Neues, periodenmäßig.

Das Einhalten der äußeren Ordnung wird halb spielend, halb sportmäßig geübt, dann mit der Uhr in der Hand. Sobald sich kleinere Unregelmäßigkeiten einstellen, nehme man *sofort* eine neue kurze Einübung vor. Sie stößt nie auf Widerstand, im Gegenteil, sie bereitet Freude und Spaß, wenn sie nur in dem rechten fröhlichen Ton bei aller Bestimmtheit gefordert wird. Immer wieder tritt uns ja nichts anderes entgegen als die genugsam bekannte und biopsychisch begründete Tatsache, daß der Kinder Aufmerksamkeit und Gedächtnis kurz sind. Was wegen dieser größeren Vergeßlichkeit unterbleibt, das ist aber keineswegs aus bösem Willen und deswegen geschehen, weil ein "wildes Ungestüm" in den Kindern triebe. Es bedarf lediglich der kurzen erneuerten Übung und der liebevoll, aber unbeugsam ernst an die Gruppe gerichteten Erinnerung.

Schulwohnstube

Der Raum werde zu einer "Schulwohnstube". Darum gehört in ihn keine Hobelbank, kein Sandkasten u. dgl. Und zwar nicht nur wegen der hygienischen Bedenken und störenden Arbeitsgeräusche, sondern weil das *Ethos* in einer Werkstatt ein anderes ist als das einer Wohnstube, auch, als das einer Schulwohnstube sein soll. Es ist dies ein Unterschied wie zwischen einer zusammenarbeitenden Gesellschaft und einer zusammenlebenden Gemeinschaft. Mag die Werkstatt soziale Gesinnung in einem bescheidenen Maße mitbewirken, ihr Anteil an persönlichkeitsbildender Kraft ist gering. Den Charakter einer Wohnstube aber verleihen dem Raume ganz besonders der singende Vogel, die tickende Uhr, der Blumenschmuck, der Wandschmuck, den die Kinder selber herstellten. Es bindet Kinder vor allen Dingen innerlich stark an ihn alles, was sie an Eigenem aus ihrem Besitz, an ihnen wertvollen kleinen und großen Schätzen dort aufstellen dürfen, sei es auch nur vorübergehend.

Pflege und Ordnung der menschlichen Beziehungen

Über alles Äußere hinaus wichtig ist nun, was sich an rein menschlichen Beziehungen anbahnt, d.h. die Einordnung in die Wertewelt einer Schule, die sich unter die Idee der Gemeinschaft und der Bruderschaft stellt. Erst damit öffnet sich der Umkreis sittlicher und persönlicher Erziehung. Die Hauptmittel dafür sind:

a) die *Aussprache;* die Offenheit aller Verhältnisse; das Geöffnetsein füreinander; alles darf zur Aussprache kommen;

b) das Recht eines jeden Kindes, gehört zu werden, seine Meinung frei zu äußern; *die Anerkennung gleichen Rechtes für alle,* und dieses Recht lediglich beschränkt durch die Rechte der andern, eine Bindung von stärkster Wirkung;

c) die Behandlung restlos aller "Fälle" durch die Gruppe, in letzter, aber von den Gruppen ungern angegangener Instanz, von der ganzen Schulgemeinde. Dabei bedarf es der Führung durch den Lehrer mit größtem Takte, gleichfalls ist hier eine der besten Gelegenheiten zur Erziehung zur taktvollen Behandlung des Mitmenschen; und ich erlebte den ungeheuren Unterschied zwischen der Behandlung solcher Fälle hier in einer Gemeinschaft, die jedem Gliede das Gefühl ließ, ein Freier zu sein, und früher im Rahmen der Klasse, wo im besten Falle Freigelassene Recht schöpften;

d) die Warnung; oder *die Mahnung*. Das Äußerliche der Mahnung sei wiederum alles andere als starr. Jedes verabredete Zeichen hat ja die Tendenz zur Abnutzung, zur Entwertung; so wechseln auch die vereinbarten Formen ständig. Den Finger auf den Mund legen, das Hochheben einer Hand, das Hinstellen eines bestimmten Merkzeichens, der leichte Schlag an einen Gong mit wohltuend dumpfem Schlage sind solche erprobten und abwechselnd beliebten Mittel.

Nur eines werde soweit wie nur irgend möglich vermieden: das *Wort* selber! Alles Eingreifen mit Worten ist zu mehr als 90% schlecht und verfehlt seinen Zweck; denn das menschliche Wort weckt den Reiz zum Gegenwort, zur Antwort, sei es zur Rechtfertigung, zur Entschuldigung, zum Trotz oder was sonst es sein mag. Immer ist das stille, wortlose Sich-Verstehen hundertmal besser als das Reden über das, was abzustellen ist. Gar das anklagende, verweisende Wort sei sehr sparsam gebraucht, nach Kräften vermieden; der Führer gehe darin voran. Jedes Tun, jedes Zurechtstellen des Falschen, auch wenn man es selber nicht tat, ist sittlich wertvoller als die nach einem Wortwechsel auch kürzester Art erfolgende Handlung. Immer ist die "Besprechung" das Oberflächlichere, das Gehaltlosere. Dazu hat die berichtigende *Tat*, immer durch den, der es zuerst bemerkte, den Vorteil, daß hundert kleine, jedoch das Gemeinschaftsleben so leicht trübende und verwirrende Dinge schneller, reibungsloser, besser und wirkungsvoller für den Geist der Gruppe erledigt werden. Sie bewirkt weit seltener den Streit, hinterläßt am wenigsten Unruhe, Ärger,

Gereiztheit, Verstimmung, alles Gefühle, von denen die Luft freigehalten sein muß. Jeder Lehrer merke sich's und unermüdlich lehre er es, vor allem im eigenen Tun, seine Schüler, das 99 von 100 Vorkommnissen und Fällen es nicht verdienen, auch nur schwach unterstrichen zu werden. Des alten Thales Wort stehe u.a. als Leitwort über dem ganzen Zusammenleben: "Ertrage Kleines von deinem Nächsten!" Nur hüte sich der Lehrer, die Lehrerin davor, die Kinder unnötig zu bedienen und in eine mit Recht lächerlich wirkende Höflichkeit zu verfallen, die bei gesund empfindenden Kindern genau so unangenehme Reaktion veranlaßt, wie solches Verhalten von Erwachsenen als unfein, geziert, verstiegen u. dgl. verurteilt wird. Ebenso beachte er die allgemeinen psychologischen Gesetze bei Massenbildungen! Dort hilft nur kurz und bündiges Eingreifen mit festem Wort und klarer Tat.

e) *Die Pflege der Innerlichkeit.* Dahin gehört die Feier aller Geburtstage durch die Kinder; die Vorbereitungen von allerhand Festen; Behaglichkeit des Schulraumes; die schlichte, menschliche Wärme im Umgang miteinander und mit dem erwachsenen Lehrer; der Verkehr lieber Menschen in "unserm" Raume. Wie wichtig ist es, wenn die Mutter dann und wann neben ihrem Kinde in diesem Raume sitzen kann, wenn der Vater, der seinen Urlaub hat, mit im Werkraum arbeitet, die freie Zeit benutzt, um die neue Rechenmethode kennenzulernen u. dgl. mehr. Hier besitzt jede Schule diese einfachen und doch so bedeutsamen Mittel, sich die Herzen der Kinder und der Eltern leicht zu erobern.

Schule des Schweigens und der Stille

Jena-Plan-Schulen pflegen das schweigende Denken (W. Dilthey, Werke V, 149f.) und das schweigende Handeln. Sie sind insofern "Schulen des Schweigens und der Stille". Sie wenden sich gegen die Überschätzung des Wortes und Pflege des "Geredes". Hatte doch Hegel recht: Das Geschwätz zurückhalten ist eine wesentliche Bedingung für jede Bildung und jedes Lernen. Deswegen muß nun an erster Stelle auch Wort und Rede des *Lehrers* eingeschränkt und ganz neu - und damit wieder wertvoll, wirksamer - dem Schulleben eingefügt werden.

Die Pädagogik des Jena-Planes ist deswegen der Gegensatz zu jeder expressionistischen wie zur (im Grunde individualistischen) Persönlichkeitspädagogik. Sie fordert klare, möglichst eindeutige und flächige "pädagogische Situationen", deren Sinn und deren Führung einfach und damit straff gefaßt werden können, wie Kurs, Kreis, Gruppenarbeit usf.; darum auch Blockstunden und für einen Tag oder einige Tage stofflich verbundene Arbeitszeiten, um wirklich arbeiten und rechtes Schaffen zu ermöglichen (s. den Wochenarbeitsplan).

c) Die Eingewöhnung in die Besonderheiten des "Schul"lebens und der "Schul"arbeit

...Lehrgespräch

Um *ein* Beispiel eingehender zu behandeln, so erlangt das Gespräch, die Unterhaltung, zu großen Teilen, ja fast überwiegend innerhalb des Gruppenraumes eine besondere schulische Note. Zu verlangen ist ganz allgemein für das Schulgespräch die Form höflicher Unterhaltung. Dennoch ist es nie Unterhaltung um der Unterhaltung willen, sondern dies immer in einem besonderen Sinne, nämlich *bildende*. Man unterhält sich nicht aus Langeweile, aus Freude an der geistigen Erholung, der Dialektik oder an dem Menschen, mit dem man sich unterhält, sondern von vornherein besteht doch hier ein besonderer Sinn. Alles drängt hin auf erhöhte Aufmerksamkeit, zur Konzentration auf das, was man tut und wie man es tut, ganz anders als vielleicht im Spiele der Unterhaltung im Rahmen einer Geselligkeit. Stets geht durch alles Reden die leise, aber bestimmte Mahnung hindurch: "Hat das, was du sagst oder tust oder fragst, jetzt und hier einen Sinn?" - "Gehört es hierher?" Und: was man sich vorgenommen hat, das soll auch zu einem sinnvollen Ende kommen, mindestens zu dem relativ besten Abschluß heute.

So zielt alles hin auf sinnvolle Beziehungen, auf klare, deutliche, in Worten bestimmt ausgedrückte Erkenntnisse, allgemein auf Verständnis, noch weiter gesteigert: es geht um begründetes Wissen, begründete Erfahrung. Wegen dieser Anforderungen an das Gespräch muß auch die *Form* sorgsam und stetig kultiviert werden. Nicht im Sinne irgendeiner "Einschulung" oder einer Belehrung. Vielmehr ordnet sich hier der Erwachsene ein mit der ganzen Wucht seines Vorbildes und gewinnt sich unfehlbar die starke

Mehrheit seiner Gruppe als stille, bald als rührige Helfer. Ist doch, wie jedermann weiß, die Beherrschung schöner Form von stärkster Macht über die Mitmenschen und ordnet sie sich willig ein und unter. Nur dort, wo in einem Menschenkinde das Böse treibt, sucht es sich über sie hinwegzustürzen, es wird aber in recht zusammenlebenden Gruppen sofort an den Widerstand der Mehrheit stoßen und in seine Schranken alsbald zurückverwiesen werden. Es genügt, wenn sich der Lehrer fest und bestimmt in diesen Schranken hält und lediglich als dieser Mensch, der er ist, da ist. Die Tatsache seiner wirksamen Einordnung in das Gruppenleben ist Macht genug...

Gesprächsleitung

Bei dieser großen Bedeutung der Frage ergibt sich für die Leitung des Gesprächs, daß sie in der Unterstufe in der Hand des Lehrers liegen muß. Nur ganz vereinzelt, und stets nur in höheren Lebensaltern, wird diese Leitung auch einmal einem Kinde anvertraut werden können. In der Mittelstufe haben wir in der Regel schon gute Erfahrungen gemacht. Die Meisterung der rechten Gesprächsleitung wird aber doch immer Sache einzelner Kinder sein; unbedingt muß die Gruppe mitbestimmen, ihr Urteil ist meist sehr treffend und instinktsicher. Der Lehrer hüte sich nur vor Spielerei. Die Korrektur, das Eindämmen, ja das Verhindern ungeduldigen, nervösen, gelegentlich unbeherrschten Verhaltens ist ebensowenig Kindersache wie die Kunst, vorgebrachte Gedanken aufzunehmen, fortzuführen, zu einem Abschluß zu runden, sei es zu einem sogenannten Ergebnis, sei es zu einem weiteren, offenstehenden, aber als solches klar herausgestellten Problem oder zu einer Aufgabe.

Lehrerfrage

Allein ein wesentlicher Unterschied kennzeichnet auch an diesem Orte das neue Leben: der Wandel in Art und Sinn der eigenen, der *Lehrerfrage*. Der Lehrer muß sich ganz und gar als Gesprächsleiter fühlen, darum nun seine Frage den im Schülerkreise frei aufsteigenden Gedankenzusammenhängen eingliedern. Sie stelle in Zweifel, blicke voraus auf eine, vielleicht *die* Lösung und reagiere dabei auf die Einwürfe, Fragen und Behauptungen der Kinder.

Aber - immer geht sie nun *den* Weg, den die *Kinder* gewählt haben. So wird auch an dieser Stelle ganz Ernst mit der Anerkennung der Selbsttätigkeit der Schüler gemacht. Diese bekundet sich schon in dem Wege, den ein Kind oder die Gruppe eingeschlagen hat, und eben diesen Weg begleitet der Lehrer mit seinen Fragen. So ist es der Kinder Weg zur Lösung. Das Recht der Pädagogik aber bleibt es, frei darüber zu entscheiden, ob nicht unter Umständen vom Lehrer selbst auf eine Frage die Lösung gegeben werden soll oder wann sie und in welcher Form die Ablösung vom Gespräche erfolgen soll. Jene vollkommene, auch stimmungsmäßige Einordnung des Lehrers verbürgt, daß sein Vorgehen nicht den Charakter des Gewaltmäßigen, sondern stets den eines Menschen behält, der "in Funktion" handelt. Bei dem allen steht das Gespräch kraftvoll in die Selbstbildung der Kinder aufgenommen da...

d) Zehn Vorteile der Gruppe. Zusammenfassung

1. Die Altersunterschiede sind zugleich verstärkte Bildungsunterschiede, ohne daß wiederum die Spannung zu groß wird. Das bedeutet vermehrte geistige und allgemein menschliche Anregung und Förderung für die ganze Gruppe. Es sind im reicheren Maße pädagogische wie unterrichtliche Führer unter den Kindern selber vorhanden. Dadurch entsteht jenes fruchtbare "Bildungsgefälle". Eine bislang nur in der Untergruppe durchgeführte statistisch genaue Untersuchung zeigte z.B., daß das 2. Schuljahr die Einführung des neu eintretenden ersten Schuljahres übernimmt, besonders die Einführung in den Gebrauch der "Arbeitsmittel", den es selber als Schulanfänger vor einem Jahr erst lernte und nun als "Ältere" weitergeben kann, während die Schüler des 3. Schuljahres mehr erziehliche Einflüsse ausüben.

2. Die drei Jahrgänge verhalten sich zueinander wie Lehrlinge, Gesellen und Meister; auf jeden Fall entsteht eine solche Innengliederung *jeder* Gruppe, daß jener Vergleich zu Recht besteht.

3. Die wirklich (intellektuell) Begabten, die in der Jahresklasse sonst die Rolle der stets "Guten" und der "Ersten" spielen und dadurch so oft und leicht die bekannten unangenehmen Züge von Überheblichkeit und falscher Selbstbeurteilung zeigen, müssen in der zehnjährigen Volks-

schule mit vier Gruppen sich also dreimal neu ein- und unterordnen und sich mit Begabteren messen.

4. Gleiches gilt für die Entwicklung der echten "Führer". Auch solche Schüler müssen sich dreimal durchsetzen und zeigen, was es denn für sittliche und andere Eigenschaften sind, mit denen sie ihren Führeranspruch erhalten und jedesmal wieder durchsetzen können. Jahr für Jahr sehen wir, wie zu Ostern Scheinführer entlarvt werden, ebenso wie jene unangenehm Überlegenen und Besserwissenden in ihre Schranken gewiesen werden und wie heilsam diese Erziehung in der Gruppe ist!

5. Es ist besser, daß jährlich ein Drittel wechselt als die Hälfte. Denn sonst könnte leicht die neue Hälfte der stärkere Teil sein und das Gleichgewicht wäre gestört, auf die falsche Seite verlegt. Dagegen gewährleisten zwei verbleibende Drittel mit größter Sicherheit das Fortleben der guten "Überlieferung" und damit deren großen bildenden und erziehenden Wert.

6. Gerade in neuen Erziehungsschulen wurde sehr oft festgestellt, daß sich die Schüler im Jahresverband zu stark einspielen untereinander wie mit dem Lehrer, vor allem, wenn der letztere, was aus erzieherischen Gründen gern gefordert wird, die Klasse, "seine" Klasse durchführt. In der Gruppe wird dagegen alljährlich ein Drittel abgegeben; mit dem neuen Drittel kommen neue Anregungen hinzu, neue Aufgaben und neue Pflichten für Lehrer und Gruppenverband. Die Veränderung bringt jedesmal eine uns deutlich sichtbar werdende Kräfteverschiebung und -anspannung; im besten Sinne kommt "neues Blut" hinzu.

7. Keine Untergruppe wird bis zu 40 oder gar mehr Schulanfänger besitzen, sondern jede höchstens ein Drittel solcher Zahl, d.h. nur 12-15 Schulneulinge je Untergruppe. Das bedeutet eine sehr große Erleichterung vor allem aber eine echte, lebenswahre Einführung der Schulanfänger in das Schullernen und Schulleben. Dabei wird zugleich der Zusammenhang mit den Lernformen vor der Schulzeit auf natürliche Weise erhalten und kann vom Lehrer leichter ausgenutzt werden. Vgl. Punkt 1.

8. Der Lehrer muß sich umstellen, freier werden; er kann nicht mehr Lehrer im alten Sinne bleiben. Von selber wird er ein anderer, wird Pädagoge, Führer seiner Schüler.

9. Die richtige Sozialbildung wird erleichtert. Gerade sie wird aber nicht nur durch zu große Klassen erschwert, sondern auch durch das System der *Jahres*klassen. "Die Gruppenteilung der Kinder rein nach dem Lebensalter ist das sichtbarste Zeichen dafür, daß unsere Schule nur den *Schüler* sieht, nicht das Kind: man denkt nur daran, einen möglichst homogenen 'Lernkörper' zu schaffen. ...Das Leben in der natürlichen Nachbarschaft, die Schule des Spiels, teilt ganz anders: die verschiedenaltrigen Geschwister wie die regelmäßig aus mindestens drei bis vier Jahrgängen gemischten Spielgruppen der Nachbarschaften zeigen uns ein anderes System der Verbandsbildung, der gegenseitigen Führung, Lenkung und Beeinflussung. Gerade der große Erfolg *dieser* Schule und der oft - gerade erzieherisch, sozialbildend - so beschämend geringe unserer offiziell so genannten Schulen war es, der veranlaßte, an der Universitätsschule in Jena die Jahresklassen aufzugeben zugunsten der je drei Jahrgänge umfassenden Gruppen, die wirkliche Spiel-, Lebens- und somit auch Lerngemeinschaften zu bilden vermögen".

10. Die Gruppe sichert also den Primat der Erziehungsidee, der Erziehungs- und Lebensschule vor der Unterrichtsanstalt und einseitigen Lernschule...

Planlegung und Probleme des Unterrichts

Lernformen des Unterrichts

Der Unterricht ist in die Schulgemeinde als eine sich selbst erziehende Gemeinschaft einzuordnen und hat sich stets als das Zweite zu betrachten. Deswegen nenne ich Unterricht im pädagogischen Sinne jene Summe von absichtsvollen und sinnhaften Veranstaltungen, die mit Ehrfurcht vor dem Leben und unter der Idee der Erziehung zu Fertigkeiten, Kenntnissen und Bewußtsein *führt*. Damit ist bereits angedeutet, daß der Ausgangspunkt aller unterrichtlichen Arbeit das natürliche Lernen, der freie Bildungserwerb ist, daß sich alles Kunstlernen oder Aufgabelernen soweit wie irgend möglich an das natürliche Lernen anzuschließen, dessen Formen und Situationen nachzubilden hat. So muß auf jedes zwangsmäßig gleichmäßige Fortschreiten der Schüler in den Fächern verzichtet werden. Es wird gelernt einzeln oder in kleinen Lerngruppen (s. oben); unter verschiedenen, den Lebensaltern sich anpassenden, Formen des "Gruppenunterrichts", d.h. verbindlich für die Stammgruppe, in Kursen zum rein fachlichen Lernen, verbindlich für Niveaugruppen, oder in "Wahlkursen", zu denen sich Schüler verschiedener Gruppen frei melden, verbindlich für die vorgesehene Zeit; diese letzteren werden nach Lehrstoff und Zeitdauer bekanntgegeben, worauf zur Meldung aufgefordert wird usw. (s. unten den Wochenarbeitsplan).

"Elementargrammatik"

Überall tritt derselbe erste Grundsatz hinsichtlich der methodischen Führung im Unterricht hervor: den Kindern wird für jedes Fach, jede Technik die "Elementargrammatik" übermittelt, durch deren Beherrschung sich ein Kind, jeder Mensch, den Zugang zu dem betreffenden Stoffgebiet erarbeiten kann, weitgehend - freilich nach den Begabungen verschieden schnell, weit und tief - allein. Sonst tritt das Kind mit der Forderung nach Hilfe durch Belehrung an den Lehrer oder einen Mitschüler heran, wird aber ebensogut von dem, jedes in seinem individuellen Fortschreiten beobachtenden und sorgfältig verfolgenden Lehrer in dem als richtig erkannten (nach all unsern Erfahrungen!), sehr vorsichtig zu wählenden Augenblick von sich aus angeleitet. Ist uns doch das Problem der "Führung im Unterricht", der wirklich auf der echten Selbständigkeit und Selbstverantwortlichkeit des Kindes ruhen soll, ein stetes Problem erster Ordnung, an dem unsere Beobachtungen und Erwägungen kaum je zum vollen Ende kommen dürften; denn hier offenbaren sich pädagogischer Takt und von ihm beherrschte didaktische Kunst in ihrer Bezogenheit auf die Individualitäten Lehrer und Schüler, und die Mannigfaltigkeit dieser Beziehungen wird niemals auf eine Formel, ja kaum je auf mehr als grobe Typen zu bringen sein.

Freies Fortschreiten

Sobald die Elementargrammatik beherrscht wird, darf das Kind frei arbeiten, und immer in eben dem Umfange, wie es sich die grundlegenden Kenntnisse und Geschicklichkeiten erworben hat, steht ihm der Zugang zu allem Material und allen Werkzeugen, Maschinen, Lernmitteln usw. frei. Da kein Kind von irgend etwas ausgeschlossen ist, anders als auf Grund seiner mangelnden Interessen und Kenntnisse zur Erarbeitung des betreffenden Gebietes, da jedes weiß, sobald ich will, wirklich ernstlich will und auch kann, darf ich mich an einen der Lehrer der Schule wenden und er wird mich einführen, so erlebten wir keinerlei Mißbrauch. Ein Kind kommt nicht auf den Gedanken, mit Werkzeugen, Maschinen dumm zu spielen, wenn es deren Ernst und Bedeutung kennengelernt hat und zugleich weiß, daß es sofort bei starkem Drang und Eignung deren rechten Gebrauch erlernen und sich damit Quellen echter Freude und die Fähigkeit, Wertvolles und Zweckmäßiges zu schaffen, erschließen wird. Es kann dem normalen Kinde beträchtlich mehr Einsicht zugemutet und ihm unendlich mehr Vertrauen geschenkt werden, als es die alte Pädagogik immer noch wahr haben will...

Das gruppenunterrichtliche Verfahren

Die Jenaer Versuche gingen 1924 auf unterrichtlichem Gebiete aus von den sog. arbeitsschulischen Methoden und von dem, was unter dem vieldeutigen Namen "Gesamtunterricht" geht. Es war jedoch von Anfang an klar, daß diese alle nicht mehr Methoden in der Hand des *Lehrers* bleiben konnten, sobald sich innerhalb der Stammgruppen das Arbeiten in den *frei* sich bildenden *Tischgruppen* entwickelte. Jeder, der sinnvoll nach der Schulgesinnung des Jena-Planes arbeitete, mußte danach streben, dieses methodische Gut irgendwie in die Hände der Schüler selbst hinüberzubringen, damit sie das zweckmäßigste Arbeiten an den verschiedenen Stoffen erlernen könnten. Das Bestreben mußte also sein, die Schüler beste Lernmethoden für die Einzel-, Gruppen- und Gesamtarbeit der ganzen Gruppe zu lehren, damit sie von *diesen* gehandhabt würden. So begann überall das individuelle sowie das gemeinsame Fortschreiten in den frei sich bildenden Tischgruppen innerhalb der Schulwohnstube.

In der Untergruppe sind dem Gruppenunterricht, der sich in einer 100 Minuten lang dauernden Blockstunde vollzieht, vor allen Dingen das Lesen, Schreiben und Rechnen überwiesen, derart, daß in jeder der Blockstunden mindestens einmal gewechselt werden sollte. Alles, was gemeinsam getrieben werden muß, wird dem "Kreis" zugewiesen, der zweckmäßig zu Beginn der ersten oder der zweiten

Blockstunde eines Vormittags liegt, weil das den Übergang vom Kreis zum Gruppenunterricht, das Umstellen der Tische und Stühle erleichtert.

In den anderen Gruppen werden die von der Kultur- bzw. von der Naturwirklichkeit her bestimmten Gebiete sowie die "Gestaltungslehre" nach dem "gruppenunterrichtlichen Verfahren" bearbeitet. Nach gemeinsamer Besprechung des neuen Arbeitsgebietes werden die Arbeitsmittel und Arbeitswege einzeln oder mit den Tischgruppen besprochen, und es setzt über Monate hin ein vielgestaltiges Schaffen am Stoff ein. Sobald die ersten Ausarbeitungen fertiggestellt sind, beginnen Berichte mit anschließenden Aussprachen zur Erweiterung und Vertiefung, aber auch zur Befestigung des für alle Wissenswerten aus dem abgehandelten Teilgebiet, und dies wiederholt sich so lange, bis eine (natürlich immer nur sehr relative) Erschöpfung des Themas erreicht ist und sich das Verlangen oder das wohlempfundene Bedürfnis nach einem neuen Gebiete einstellt oder der Lehrer aus seiner immer ja übergeordneten Einsicht heraus den Übergang für geboten hält.

Gegenseitige Hilfe im Unterricht

Ebenfalls äußert sich hier die gegenseitige Hilfe spontan. Ein Kind der führenden Gruppe für das betreffende Stoffgebiet nimmt sich eines oder zweier der passiv eingestellten Kameraden an. Dabei offenbaren sich wiederum echte Wesenszüge der Kinder, sowohl in der Art und Weise, wie ein Kind sich der anderen annimmt, als darin, welcher Kinder es sich annimmt, nach welchen instinktiven oder bewußten Neigungen es die Wahl seines kleinen "Gefolges" trifft. Zugleich zeigt sich der Vorteil einer Vereinigung verschiedener Lebensalter für solches gegenseitige Helfen innerhalb der Gruppe. Besonders überraschende Erfolge erzielte z.B. ein fünfwöchiger Schriftkursus von wöchentlich zweimal reichlich $1\frac{1}{2}$ Stunden, zu dem sich die Unter- und Mittelgruppe auf eigenen Wunsch verbanden. Die Kinder paarten sich zu gemeinsamem Üben ganz nach Belieben in den beiden Gruppenräumen. Dabei förderte das reifere Kind das jüngere, und unter dem Einfluß des Gefühls gegenseitiger Verantwortlichkeit, des wohltuenden Zusammenarbeitens und Zusammensitzens mit seinem Freunde, seiner Freundin, des

Arbeitens im "anderen" Raume, das ja immer eine Fülle schwer zu bestimmender Gefühle auslöst, sahen wir eine intensive, beste Ergebnisse fördernde, von keinen Störungen irgendwie gehemmte Kursarbeit, die Lehrer wie Kinder gleicherweise beglückte. Bis dahin kannten wir nur die Wirkungen der Mitarbeit der Großen bei den Kleinen oder der Arbeit eines Kleinen neben seinem Paten, also am Tische und im Raume der Großen...

Individuelle Entwicklung im allgemeinen

Auf die individuelle Entwicklung eines einzelnen Kindes gesehen steht es so, daß es im ersten Schuljahre und bis in das vierte hinein, gebunden an die Tischgruppe und die Gruppengemeinschaft, wesentlich individuell weiterschreitet und daß sein freies Lernen umrahmt wird von einem "Kreis", dessen Inhalt auch von den Kindern aus bestimmt werden kann. Im dritten Schuljahre setzt in der Regel ein erster heimatkundlicher Kursus ein, und mit dem 4./5. Schuljahre mehren sich die Kurse, sie werden dann auch zunehmend von den Kindern selber verlangt. Es setzt sich eben jetzt die Sonderheit der Begabung stärker durch und verlangt nach technischer Belehrung und fachlicher Nahrung. Mit dem 8./9. Schuljahre sind dann die beruflichen Interessen bereits so stark, daß zu ihrer Befriedigung für reichlichere Kurs- und Eigenarbeit gesorgt werden muß. So unterscheide ich im Blick auf die Volksschulzeit von 10 Jahren die drei Perioden: Zeit der allseitigen harmonischen Ausbildung, die Vorlehrzeit ("pré-apprentissage" nach Ad. Ferrière), eigentliche Lehrzeit, Zeiten, die für das einzelne Kind ganz verschieden früh einsetzen.

Arbeitspläne

Die Arbeitspläne der Gruppen schwingen in einem dreifachen Rhythmus: dem des Tages, der Woche und des Trimesters bzw. des Jahres, anschließend an die bekannten, in vielen Lehrbüchern der Psychologie wie der Didaktik mitgeteilten Arbeitskurven. Allein, soweit ich bis heute beobachten kann, stimmt für unsere Schularbeit lediglich die Wochenarbeitskurve, keineswegs die Tages- oder die Jahreskurve. Es zeigt sich eben auch hier, daß die psychologische Forschung in der Schulstube nachlaufende Arbeit ist und daß sich ihre "Ergebnisse" ändern müssen, sobald der Pädagoge die Arbeitsformen und die Arbeitswelt der Schule ändert.

Der Wochenarbeitsplan

Weniggegliederte Schulen können am leichtesten den Plan rein durchführen. Es sei nur dabei bemerkt, daß natürlich kein Zwang bestehen kann, die sog. kulturkundlichen, naturkundlichen und gestaltenden Gebiete gerade in dieser Reihenfolge anzuordnen; mir scheint allerdings hier eine innere Ordnung zu bestehen, die der vorgeschlagenen Reihenfolge einen Vorzug gibt.

Nur einige Begriffe bedürfen noch der Erläuterung. Nach Bedarf werden in den letzten Unterrichtsstunden der ersten drei bis vier Wochentage sog. "Einschulungskurse" oder reine "Übungskurse" eingeschoben. Es kann sich z.B. ergeben, daß ein Teil der neu in die Mittelgruppe eintretenden Kinder, oder auch alle, in den Gebrauch des Atlasses eingeführt werden muß oder in irgendeine Arbeitstechnik; alsdann wird man alle diese Schüler zu einem Kurs zusammenfassen und mit ihnen systematisch das Fehlende aufarbeiten, während die übrigen Kinder weiterarbeiten oder nach Hause geschickt werden. Auch in solchen Kursen wird nicht in gleicher Front schematisch gearbeitet, sondern es bleibt jedem Kinde freigestellt, ob es nicht auf eigene Faust daheim oder im Laufe der Woche von sich aus selbständig oder mit Freundeshilfe den Anschluß finden will. Sorgt nun der Lehrer ernstlich, daß immer dieser Grundsatz in Kraft bleibt, dann wird auch er es erleben, wie schnell solche Einschulungskurse gleichsam zusammenschmelzen und die unterrichtlichen Fähigkeiten älterer Kinder ihm viel Arbeit abnehmen.

Zu "Übungskursen" wird ebenfalls ganz nach Bedarf ein Teil oder die ganze Gruppe zusammengefaßt werden können, etwa wenn sich innerhalb des Gruppenthemas besondere rechnerische Aufgaben ergeben, die reichlichere, an alle sich wendende Erklärungen durch den Lehrer oder doch jedenfalls seine planmäßig fortgesetzte Überwachung während der gemeinsamen Erörterung erfordern. Es ist dann natürlich, nicht brüsk, unorganisch, die Gruppenarbeit zu unterbrechen; man wird in der Gruppe alsdann für diese Dinge einige Wochen hindurch diese oder jene letzte

Schularbeit und Schulleben in ihrem Wochenrhythmus

Sonntag   Montag   Dienstag   Mittwoch   Donnerstag   Freitag   Sonnabend   Sonntag

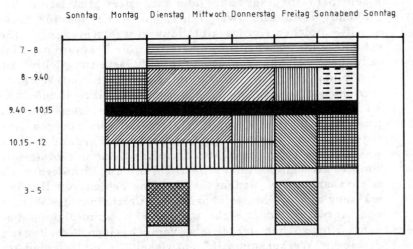

7 - 8

8 - 9.40

9.40 - 10.15

10.15 - 12

3 - 5

Erklärung:

Kurse

Von der Kulturwelt her bestimmte Gruppenarbeit

Von der Natur her bestimmte Gruppenarbeit

Gestaltungslehre

Einschulungs- und Übungskurse (nach Bedarf)

Wahlkurse (nach Bedarf)

Gemeinschaftsformen
{ Religion, Feier
Freies Arbeiten
Kreis

Sporttag

Freizeit innerhalb der Schule
{ Pause
10-Minuten-Turnen

Freizeit außerhalb der Schule
{ Familienleben
Spielwelt
Ausflüge
Schulweg

Stunde ansetzen. Ebenfalls, sobald sich eine Verschlechterung der Handschrift zeigt, setzen wir stets einmal wöchentlich für ein Vierteljahr oder ein ganzes Trimester einen Schreibkursus an, oder auf der Mittelstufe beginnend, etwa alle zwei Jahre, einen Kursus für Zierschrift. Solcher Kursus gibt dann starke Anregungen für schmückende Beschriftung in Heften, für Programme, Einladungen, Zeichnungen usw. Unter "Gestaltungslehre" ist zusammengefaßt, was sonst unter Zeichnen und Werkunterricht verstanden wird. Sie ist heute überall möglich, auch dort, wo man keine eigenen Werkstätten besitzt. Besonders für Herbst und Winter sind alle neueren Anregungen zur "Gestaltungslehre" aufzugreifen und bei etwas eigener Erfindungsgabe nach der Seite des Materials wie des Gestaltens selber von Lehrern und Schülern noch reich auszubauen. Jedenfalls darf das Fehlen von Handwerkszeug und von Material nach dem Erscheinen des Werkes von *Alfred Ehrhardt* nicht mehr als Entschuldigung dienen. Ebenso hat der Jenaer Versuch einen Arbeitsgang der sog. "Werkgrammatik" entwickelt, so einfach und im Materialgebrauch so bescheiden, daß sich überall genug Abfälle aller Art finden lassen werden, um diese Einschulung vorzunehmen. An anderen Orten wird guter Ton gefunden, und damit eines der wichtigsten Gestaltungsmittel für jede Schule.

Alle 4-6 obligatorischen Kursstunden für Rechnen und Sprachlehre müssen zur gleichen Zeit liegen und währen 55 Minuten; ohne eigentliche Pause geht es hinüber zum Gruppenunterricht, in dem die Kinder sich frei bewegen und gruppieren.

Von großem pädagogischen Werte ist es, daß die Lehrer einer mehrgruppigen Schule außer der eigenen Gruppe in einigen Stunden die Führung einer der anderen Gruppen übernehmen. Denn niemals wird ein Lehrer imstande sein, auch nur annähernd allen Kindern seiner Gruppe zu sein, was er ihnen sein möchte und sollte. Deswegen sollte man aus pädagogischen Gründen, und nicht aus Fachgesichtspunkten, an einem Tage in der Woche auswechseln und dabei jeden Kollegen gerade das in der anderen Gruppe übernehmen lassen, für das er selber ein besonderes Interesse oder besondere Begabung besitzt. Wir wählten seit 1925 den Freitag zum Austausch der Lehrkräfte.

Ein- und zweiklassige Schulen sollten alles aufbieten, um die wundervolle Idee der "Landschulengemeinschaft" zu verwirklichen, wiederum um der eigenen Schule neue anregende und belebende Kräfte zuzuführen und ferner ganz einfach um den Ausgleich und Austausch der Führereigenschaften zu bewirken, der für alle Beteiligten gleich heilsam ist. Heute bilden Entfernungen nur selten einen ernsthaften Hinderungsgrund. Selbstverständlich, daß solche Landschulengemeinden auch dann und wann (zum Sommerfest, bei der Weihnachtsfeier) sich als Gemeinschaft öffentlich darstellen und somit ein wertvollstes Mittel werden zur Pflege volkhafter Kultur und Gesinnung...

Bewertung der Leistungen

Noten und Zeugnisse werden nicht erteilt. Damit ist aber nur das Problem verschoben: Wann bedarf das Kind der Bewertung seiner Leistung? Wir sind dieser Frage so nachgegangen und gehen ihr auch ferner so nach, daß wir herauszufinden suchen, wann ein Kind *von sich aus* nach der Bewertung verlangt und danach verlangen muß, weil es eine Sicherheit im eigenen Wachstum und Fortschreiten braucht, einen Maßstab für sich selbst und sein Tun, den es sich nicht selber beschaffen kann oder nicht in sich empfindet.

Eigen- und Fremdbewertung

Dies Verlangen tritt überall dort auf, wo sich in der Schulwelt keine Hilfen zur Selbstbewertung befinden, die einem Kinde verständlich, deutlich, anschaulich, sichtbar, hörbar usw. sind. Wir stellten nie ein frei vom Kinde her aufsteigendes Verlangen nach Fremdbewertung im Schreiben fest; denn das Kind kann seine Schrift mit denen der Kameraden, mit der des Lehrers, vor allem mit den gedruckten Musterschriften vergleichen, und es "weiß um" den Wert seiner Schrift auch ohne Zensur. Im Rechnen gibt das Rechenheft den deutlichen Maßstab für den erreichten Stand und für die Richtigkeit der Aufgaben der "Schlüssel", der in mehreren Stücken für alle Rechenhefte und Algebrabücher zur freien Benutzung der Schüler aufgelegt ist, also kein Lehrergeheimnis bildet, sondern ein wertvolles Hilfsmittel für die Schüler. Dagegen bedarf das Kind der

Fremdbewertung für seine Fähigkeit im Kopfrechnen, Einmaleins, kurz in allem Mechanisch-Gedächtnismäßigen, für dessen Übung häufig die Uhr, Spiele und sportmäßiges Üben verwandt werden. In allem Technisch- Künstlerischen genügt die gemeinsame Kontrolle, d.h. alle "Werke" werden ausgestellt und von den Schülern gegenseitig, aber auch von den Lehrern, Eltern, Besuchern gelegentlich, still, seltener planvoll bewertet. Sie bilden bereits, aufgereiht auf den Borten, eine sehr beredte Bewertung der individuellen Leistungen, auch ohne besondere Zensierung, auch ohne viele Worte. Dazu kommt das stets vor den Augen der Kinder befindliche Werk älterer, befähigterer Mitschüler und der Sonderbegabten, und von besonderen Anlässen zur Selbstprüfung weise ich wieder auf die halbjährlichen Gruppenausstellungen hin. Im Lesen wird die Bewertung durch den Lehrer bis ins vierte Schuljahr hinein immer wieder verlangt, und das ist auch psychologisch völlig berechtigt; denn es ist den Kindern dieses Alters weder allein noch in einer Gruppenbesprechung möglich, Lesen "gerecht" zu beurteilen. Gelegentliche Erfolge der Gruppenbeurteilung zeigten zuletzt immer von neuem zuviel Einfluß des Lehrerurteils oder eine Gruppenbewertung, die sich als massenpsychologisch, in letzter Quelle als doch vom Lehrer abhängig erwies. Im Lesen kommt auch vom Kinde selbst am häufigsten die Frage: "War es heute besser?" als spontane, innerlich notwendige Frage. Es ist ja klar, daß Kinder jener Jahre nicht den Anteil des Rhythmischen, des Ausdrucksvollen, geschweige denn die bisweilen doch unausbleibliche kleine kindliche Tragik in den Ursachen, die zu einem Versagen führten, weder das "zu schwer" oder "zu leicht" des gewählten Lesestoffes in seiner rechten Beziehung auf den lesenden Kameraden beurteilen können. Erst in den älteren Jahrgängen genügt die stille Eigen- und Gruppenkritik auch für das Lesen. Ähnlich liegt es auf anderen Gebieten.

Gefahr der Zensur

Die Gefahr der Zensur durch den Lehrer kann als nicht groß genug bezeichnet werden. Sofort befördert sie die Einstellung des Lernens auf den Lehrer und verdirbt die eigene Arbeitslinie des Kindes und verstört das eigene sittliche Urteil, die Sicherheit der eigenen Stimme im Kinde. Verschiedene Erlebnisse lehrten das in der krassesten Form.

Objektiver und subjektiver Bericht

Am Schlusse jedes Jahres wird eine *Charakteristik* eines jeden Kindes angefertigt. Ich unterscheide dabei zwischen dem objektiven und dem subjektiven Bericht. Für die objektive Charakteristik tragen alle Lehrer, die mit dem Kinde zu tun hatten, ihre Beobachtungen und Urteile über das Kind ein und stellen sie den Eltern zur Einsicht, zur kritischen Stellungnahme und zur schriftlichen Gegenäußerung frei. Den Eltern wird eingeschärft, zu bedenken, daß alles, was dort niedergelegt sei, für sie und *nicht* für ihre Kinder bestimmt sei. Der objektive Bericht soll dazu dienen, die Eigenart des Kindes, seine Begabungen, seine guten und schlechten Neigungen so vielseitig wie nur möglich im rechten Lichte erkennen zu lassen, damit die beste gemeinsame Erziehungsarbeit an ihm daheim und in der Schule in gleicher Front und nach gleichen Grundsätzen einsetzen kann.

Auf der Grundlage des objektiven verfaßt jeder Gruppenführer den subjektiven Bericht, dazu bestimmt, dem *Kinde* in die Hand gegeben und von jedermann gelesen zu werden, dem Eltern und Kinder ihn geben wollen. Es bildet die Aufgabe des Lehrers, nur das dem Schüler zu sagen, was nach seiner besten Überzeugung für dieses Kind das Beste ist, was die reinste erzieherische Wirkung auszuüben imstande sein mag. So muß manches verschwiegen, anderes milder oder stärker gesagt werden als im objektiven Berichte. Übrigens wissen wohl die meisten Schüler um die objektiven Berichte, ohne daß die Eltern ihnen - von uns gebeten und belehrt - daraus erzählen sollen. Sie wissen ja auch, daß mündlich viel zwischen Eltern und Lehrer über sie gesprochen wird, ohne daß es das Vertrauensverhältnis zerstörte.

Die erste Charakteristik wird am Ende des 3.Schuljahres ausgestellt; auch das dient mit dazu, in den so entscheidungsvollen ersten Schuljahren eine ruhige Entwicklung des Kindes zu gewährleisten...

Zum Begriff des exemplarischen Lehrens

Martin Wagenschein

Der in der "Tübinger Resolution" enthaltene Vorschlag, der Stoffülle durch exemplarisches Lehren zu begegnen, hat in den letzten Jahren einen so hörbaren Anklang gefunden, daß wir verpflichtet sind, uns über diesen Begriff möglichst klar zu werden. Denn einerseits spüren wir die Sorge, das hoffnungsvolle aber noch nicht fertiggebaute Schiff könne, voreilig ins Wasser gesetzt und belastet, verloren gehen. Andererseits wissen wir, daß es gar nicht zu Lande, am grünen Tisch des Landes gebaut, daß sein Bauplan nur aus der Erfahrung vieler Probefahrten auf dem Meere der Unterrichts-Praxis geklärt werden kann...

Die folgenden Bemerkungen versuchen, Ansätze - nicht mehr - zu einer begrifflichen Klärung anzubieten. Dabei denke ich zuerst immer an das mir vertraute Feld der Physik, versuche aber darüber hinauszukommen; mit aller Zurückhaltung, aber auch ohne übertriebene Besorgnis um Zuständigkeit: der Pädagoge kann nicht anders, als die Grenzen des Faches, auf dem er zu Hause ist, überschreiten. Tut er es nicht, so verliert er seine bildende Aufgabe aus den Augen. (Und wohin das führt, nämlich zu nichts Neuem, zeigt uns der heiße oder kalte Krieg der Fachverbände um Stundentafeln.) Überschreitet er sie, so kann er dilettantisch werden. Aber um das auszugleichen, berichtigen und ergänzen wir ja einer den anderen.

Ich versuche zuerst, das exemplarische Lehren von anderen, fremden und verwandten Formen des Lehrganges abzugrenzen, um dann, in einem zweiten Teil der Arbeit, zu fragen: In welchem Sinn können wir, wenn wir bilden wollen, innerhalb eines Faches einen Gegenstand, ein Thema, ein Problem als "exemplarisch" ansehen und wofür?

I.

1. *Das System als Lehr-Gang*

Beginnen wir mit dem, wovon wir uns entfernen müssen, wenn wir die Schule nicht im Stoff ersticken und als "Erledigungsmaschinerie" umkommen lassen wollen. Je älter und gefestigter ein "Fach", je strenger sein Aufbau

- ich denke an Mathematik, im Gegensatz etwa zu der jungen "Gemeinschaftskunde" -, desto bereitwilliger erliegen wir der Versuchung, es vom Anfang bis zum Ende zu durchlaufen, vom Einfachen zum Verwickelten hin, ohne eine Stufe auszulassen, in dem sogenannten systematischen Lehrgang. Man beginnt etwa in der Mathematik in der Nähe der Axiome, in der Physik mit Grundfertigkeiten wie dem Messen, mit Grundbegriffen und der Mechanik als ihrer Geburtsstätte. Man durchläuft die Tierwelt linear vom Einzeller bis zum Menschen (oder auch umgekehrt), die Geschichte von einst bis jetzt, Schritt für Schritt. Als wesentlich erscheint dieses: Das jeweilig aktuelle Einzelne ist vorsorgliche kleine Stufe für ein - dem Lernenden noch unbekanntes - kommendes, komplizierteres Schwieriges.

Die Begründungen sind einleuchtend: eines baut sich aufs andere, sei es logisch oder chronologisch: Ordnung muß sein; Lücken rächen sich; man kann nie wissen, wozu man das Einzelne brauchen wird. Diese Begründungen "sind logisch", aber auch nur das. Sie sind nicht pädagogisch. Sie sehen das fertige Fach und im Grund nicht das Kind sondern den fertigen Menschen, den Erwachsenen vor sich, nur im Kleinformat, nur quantitativ noch "beschränkt in der Auffassungsgabe". Aber Lehrer sein heißt: Sinn haben für den werdenden, den erwachenden Geist. Und Fachlehrer sein heißt: zugleich Sinn haben für das gewordene und werdende Fach.

Der Grundsatz "Erst das Einfache, dann das Kompliziertere" hat natürlich sein Recht. Er darf aber nicht allein herrschen. Sein Fehler liegt auf der Hand: Sehr oft ist das "Einfache" entweder gar nicht einfach, oder es ist trivial. Das Beharrungsgesetz ist jedem Anfänger um so unglaubhafter, je mehr er nachdenkt. Es bedurfte einiger Forscherleben, um es freizulegen, und es jammert einen, wenn es auf Seite 3 des Anfängerlehrbuches mit einer dürftigen Begründung aufgetischt wird. *Einstein* schreibt über das Beharrungsgesetz: "Das ist gewöhnlich das erste von der Physik, was wir in der Schule auswendig lernen, und der eine oder andere erinnert sich noch daran". - Daß gewisse "Winkel an Parallelen" einander gleich sind, das zwar ist glaubhaft, aber allzusehr, es ist langweilig und "führt zu nichts", es "dient" nur zu etwas.-

Ein solcher Lehrgang hat also für den Lernenden keinen

Antrieb auf längere Zeit hin. Er enthält nur den sorgenvollen Aufblick auf kommende unbekannte aber schon lastende Stockwerke (für den Lehrer bekannte, doch deshalb nicht weniger lastende). Der Schüler denkt: was wird der Lehrer wohl heute vorhaben? Der Lehrer beginnt: Heute wollen wir mal folgendes machen!

Ein solcher systematischer Lehrgang verführt zur Vollständigkeit, (denn er will bereitstellen), damit zur Hast und also zur Ungründlichkeit. So baut er einen imposanten Schotterhaufen. Gerade, indem er sich an die Systematik klammert, begräbt er sie, und verstopft den Durchblick. Er verwechselt Systematik des Stoffes mit Systematik des Denkens.

Bildung ist kein addierender Prozeß. Wo additive Verfilzung falsch ist, kann deshalb subtraktive Auskämmung auch nicht richtig sein. Der Stoff wird dann fadenscheinig und substanzlos. Es entsteht ein verdünnter systematischer Lehrgang. Niemand wird diese Wenigwisserei für eine Rettung halten vor der Vielwisserei. Aber manche Empfehlung, den Stoff "in großen Zügen" "im Überblick" zu bieten, liegt nicht weit davon ab.

2. Errichtung von Plattformen

Es bedarf also der Auswahlprinzipien, der Beschränkung auf das "Wesentliche". Was dies sein könnte, wird später (Teil II) zu überlegen sein. Es wird empfohlen, den "Mut zur Lücke" zu haben, das heißt: den Mut zur Gründlichkeit und bei begrenzten Ausschnitten intensiv zu verweilen.

Anstelle also des gleichmäßig oberflächlichen Durchlaufens des Kenntiskataloges, Schritt für Schritt: die Erlaubnis, ja die Pflicht, sich hier und dort festzusetzen, einzugraben, Wurzel zu schlagen, einzunisten. "Inseln" zu bilden, hört man auch sagen, wobei dann freilich ein verbindender untermeerischer Gebirgszug hinzuzudenken ist, denn nicht Zerfall, sondern Kontinuität ist gewollt, aber in Ballungen, Verdichtungen, wie W. Flitner es für die Geschichte nennt, innerhalb des Kontinuums. Zwischen den gutgegründeten Brückenpfeilern leiten dann luftigere Bögen schneller fort. Je ernster die Verdichtung, desto gleitender die Verbindung zwischen den Nestern der Gründlichkeit. Streckenweise so zu gleiten, ist dann nicht ungründlich; es ist gegründet auf eben diese Pfeiler. Noch andere Bilder bieten sich an: Ablegerpflänzchen, die die Ranke setzt und fortsetzt (wie bei Erdbeeren); - ein Flug, der seine Kraft zieht aus dem Heimatgefühl, das er auf dem vorigen Nist- und Ruheplatz mitgenommen hat und aus der Gewißheit, daß er bald wieder gründlich werden darf; - in der Sprache des Segelfliegers: im Aufwind über *einem* Ort Niveau gewinnen, das dann den schnell fortführenden Gleitflug erst erlaubt - bis zum nächsten stillen Steigen. - Ich wähle, um den Stufencharakter festzuhalten, das Bild *"Plattform"* (innerhalb eines Turmes vorzustellen: ein Ort, an dem man sich in Ruhe aufhalten kann. - Wer mißversteht, wird meinen, man solle sich "ausruhen" können, um sich der "straffen Führung" des systematischen Lehrganges zu "entziehen".) Das Bild ist mangelhaft insofern, als Platt- formen unwirtlich und zugig zu sein pflegen. Was gemeint ist, der Ort der "Verdichtung", hat ja im Gegenteil, et- was Wohnliches. - Wesentlich ist dies: Das Einzelne, in dem die Verdichtung stattfindet, hat noch immer Stufen- charakter, aber es ist Plattform geworden. (Man könnte auch Staustufe sagen.) Noch wird das Ganze durchlaufen von Plattform zu Plattform, dazwischen liegen spärlicher gesetzte Verbindungstritte.

Vielfach bezeichnet man schon dieses Verfahren als "exemplarisch". Ich halte es für ein sehr brauchbares Verfahren, würde aber den Begriff "exemplarisch" lieber enger und reiner fassen, nämlich so:

3. Das exemplarische Verfahren

Das Bild der Stufe oder auch der Plattform müssen wir ganz verlassen, wenn wir nun das Exemplarische aufsuchen. Um es gleich vorauszunehmen: Das Einzelne, in das man sich hier versenkt, ist nicht Stufe, es ist *Spiegel* des Ganzen.

Zur Begründung: die Worte, die immer wieder auf- tauchen, wenn das Gespräch um das Exemplarische kreist: stellvertretend, abbildend, repräsentativ, prägnant, Mo- dellfall, mustergültig, beispielhaft, paradigmatisch. - Die Beziehung, die das Einzelne hier zum Ganzen hat, ist nicht die des Teiles, der Stufe, der Vorstufe, sondern sie ist von der Art des Schwerpunktes, der zwar *einer* ist, in dem aber das Ganze getragen wird. Dieses Einzelne häuft nicht, es trägt, es erhellt; es leitet nicht fort,sondern es strahlt an.

Es erregt das Fernere, doch Verwandte, durch Resonanz.

Dies meint *Ernst Mach,* wenn er sagt, er (der Physiker) "wäre zufrieden, wenn jeder Jüngling" (die Mädchen vergißt er) "einige wenige mathematische oder naturwissenschaftliche Entdeckungen sozusagen miterlebt und ihre weiteren Konsequenzen verfolgt hätte", vielleicht auch *Lichtenberg:* "Was man sich selbst erfinden muß, läßt im Verstand die Bahn zurück, die auch bei *anderer Gelegenheit* gebraucht werden kann" - und wohl gewiß *Konfuzius,* der gesagt haben soll, er werde *den* Schüler wegschicken, der nicht verstehe, in den drei anderen Ecken anzuwenden, was er in einer gelernt habe. - Am deutlichsten wird es in der "Tübinger Resolution:" "*Ursprüngliche* Phänomene der geistigen Welt können am *Beispiel* eines *einzelnen,* vom Schüler *wirklich erfaßten* Gegenstandes *sichtbar* werden". - Dazu Erläuterungen von zwei Teilnehmern des Tübinger Gesprächs: *Hermann Heimpel:* "Daß im Einzelnen das Allgemeine enthalten und auffindbar sei: "Mundus in gutta", und daß es möglich sei, "im Rahmen eines allgemeinen Überblickes, an *einzelnen* Stellen eine echte Begegnung mit der geschichtlichen Welt zu haben, und...auf andere Gebiete anzuwenden". - *Wilhelm Weischedel* spricht von der "Anwesenheit des Ganzen im Einzelnen" und daß "im einzelnen Ereignis etwas vom Wesen der Geschichte *überhaupt zum Aufleuchten* kommt".

Das exemplarische Betrachten ist das Gegenteil des Spezialistentums. Es will nicht vereinzeln; es sucht im Einzelnen das Ganze. ("Unmöglich -" sagt, wer nur addieren kann.)

Da es hier zunächst auf begriffliche Zuspitzung ankommen soll: Ein radikal exemplarischer Mathematikunterricht könnte sich etwa auf die Betrachtung des einen antiken Beweises für das Nicht-Abbrechen der Primzahlreihe beschränken und daran einiges (nicht alles) sichtbar machen von dem, was für Mathematik kennzeichnend ist. Das Beispiel ist absichtlich übertrieben und bedeutet keinen Vorschlag. Doch bin ich überzeugt, daß ein Blick schon in diesen Spiegel allein, wenn er nur tief genug wäre, mehr Mathematisches enthüllen könnte, als mancher "mitgekriegt" hat, der die Reifeprüfung in "Mathe" ungeschoren passierte. - Für die Biologie hat *Richard Goldschmidt* vor dreißig Jahren vorgeführt, wie man allein am Pferdespulwurm das wesentlich Biologische klären kann. - Und *Ker-schensteiner* schreibt: "Vor vierzig Jahren hat Prof. Götte in Straßburg...ein ausgezeichnetes Büchlein geschrieben, in welchem an fünf bis zehn Tieren alle wesentlichen Erscheinungen, Begriffe und Gesetze auf dem Gebiet der Zoologie studiert und in einen Zusammenhang gebracht werden".

4. *Spontaneität*

Dies alles wurde bis jetzt absichtlich etwas einseitig von der Objektseite her betrachtet. Auch ein autoritärer und rein dozierender Lehrer könnte dem seine Zustimmung geben. Er selbst wäre dann der Bereiter der Plattformen und der das Ganze sammelnde Spiegel. Es bedarf aber der Einsicht, daß die andere Seite, das Kind, in seiner Ganzheit und Spontaneität ebenso stark einbezogen sein muß. Deshalb heißt es ja in der Tübinger Resolution: "wirklich erfaßt" und deshalb spricht Heimpel von "einer echten Begegnung". Daher ja der Wunsch nach der Verdichtung.

Wir müssen also Kind und Sache gleichermaßen im Blick haben, das heißt:

Die Ballungen *Plattformen,* müssen auch auf der Subjektseite Ballungen der Aktivität des Kindes sein. Sie müssen eindringlich und inständig sein, in die Sache hinein und in den Seelengrund des Lernenden hinein.

Die *Spiegelung* muß nicht nur das Ganze des Faches, - im günstigsten Fall das Ganze der geistigen Welt -, sie muß auch das Ganze des Lernenden (nicht nur z.B. seine Intelligenz) erhellen.

5. *"Einstieg"*

"Einstieg" bedeutet schon bei dem von Plattform zu Plattform schubweis (noch dem System entlang) vordringenden Lehrgang, daß man nicht unbedingt von ganz "unten", vom "Einfachen" her in den Turm des Faches hineingeht, bis zur ersten Plattform kommt, sich dort ausbreitet, dann schnell zur zweiten steigt, sich dort niederläßt, u.s.f. Es bedeutet, daß man bei einem *Problem,* das der ersten Plattform entspricht, ohne "bereitgestellte" Vorkenntnisse "einsteigt" - (man verzeihe das belastete Wort; es erinnert an Einbrecher, macht aber deutlich, daß man nicht unten zur Türe hineingeht) -, sofort also eine relativ komplexe, und damit die Spontaneität des Kindes heraus*fordernde* Frage sich vornimmt.

Statt also z.B. die Optik auf der üblichen Linie zu durchlaufen (selbstleuchtende und beleuchtete Körper, Schatten, gradlinige Ausbreitung, Finsternisse,...), könnte man sie beginnen mit dem Problem, das Kepler sich in seiner Optik von 1604 stellt, nämlich mit der Frage, woher die "Sonnentaler" kommen: "Daß der Sonnenstrahl, der durch irgend eine Spalte dringt, in Form eines Kreises auf die gegenüberliegende Fläche auffällt, ist eine allen geläufige Tatsache. Dies erblickt man unter rissigen Dächern, in Kirchen mit durchlöcherten Fensterscheiben und ebenso unter jedem Baume. Von der wunderbaren Erscheinung dieser Sache angezogen, haben sich die Alten um die Erforschung der Ursachen Mühe gegeben. Aber ich habe bis heute noch keinen gefunden, der eine richtige Erklärung geliefert hätte".

Ein zweiter Einstieg wiederholt dann dieses Verfahren etwas "höher", etwa an dem Phänomen, das *Goethe* beschreibt: ein weißes Steinchen, im klaren Wasser vor dunklem Hintergrund, erscheint nicht nur gehoben, sondern auch farbig gerandet, und dies um so mehr, je tiefer es sinkt -, um daraus den Komplex Brechung - Dispersion auseinanderzufalten und abwärts zu der damit verquickten Reflexion, aufwärts zum Spektrum vorzudringen.

Wir steigen also beim "Einstieg" von dem Problem aus hinab ins Elementare, wir suchen das, wonach es zu seiner Erklärung verlangt. Eine Auswahl ist damit gegeben: wir häufen nicht mehr auf Vorrat, sondern suchen, was wir brauchen, wir verfahren also wie in der ursprünglichen Forschung. *Das Seltsame fordert uns heraus, und wir fordern ihm das Einfache ab.*

Ein erprobter Einstieg in die Mechanik ist die harmlos aussehende Frage: "Wohin fällt ein Stein, der aus dem Fenster eines Turmes gehalten und losgelassen wird?" Anfangs trivial erscheinend, verwirrt sie sich sofort in einer höchst fesselnden Weise, wenn einem dabei Erdkrümmung und Rotation einfallen, und entwirrt sich im Nachdenken wieder und legt frei: das Trägheitsgesetz, das Unabhängigkeitsprinzip, einen Beweis für die Erdrotation und vor allem - die Denkweise des Physikers.

Das Kunststück wird sein: das Ausgangs-Problem nicht

zu sehr und nicht zu wenig komplex zu wählen und das
ganze Verfahren nicht zu fanatisieren. Eingedenk zu sein,
daß daneben der Grundsatz "vom Einfachen zum Komplizierten" ebenfalls seine - begrenzte - Gültigkeit hat.

6. Das exemplarische Lernen als ein Widerfahren

Ich komme noch einmal auf den Abschnitt 4 zurück:
Für den Einstieg genügt es vielleicht, wenn das Problem
"interessiert". Für das exemplarische Thema, das - allein
- das Ganze spiegeln soll, verlangen wir eine stärkere
Spontaneität, ein noch viel tieferes "ergriffenes Ergreifen"
für den Lernenden. Es würde den höchsten Gegensatz
bedeuten zu jener "Erledigungsmaschinerie", zu der auch
die Schule heute zu werden droht. - Der Begriff der
"Aufmerksamkeit" bedarf einer neuen Besinnung.

Ich zitiere *Max Picard:* "Das charakterisiert den Menschen von heute: Es findet keine Begegnung mehr statt
zwischen ihm und dem Objekt, es ist kein Geschehnis mehr,
ein Objekt vor sich zu haben, man hat es schon, ehe man
danach gelangt hat, und es verläßt einen, ehe man es von
sich entläßt. - Man kommt zu den Objekten nur auf Umwegen, indirekt, provisorisch, approximativ, unverbindlich,
das heißt, man kommt gar nicht zu den Objekten, sondern...sie werden einem geliefert. Es ist alles, wie schon
vor-geschehen...Alle Objekte scheinen zu einer ungeheuren
Erledigungsmaschinerie zu gehören, der Mensch ist ein Teil
von ihr: die Stelle, an der das Erledigte abgeliefert wird.
- Der Sinn einer Begegnung aber ist, dem Objekt, das vor
einem ist, Zeit, und das heißt Liebe, zu geben". Dies alles
scheint mir Wort für Wort auf die Schule zuzutreffen.

Man spricht hier gern von "Begegnung".- *O.F.Bollnow*
hat gute Gründe angeführt dafür, diesen Begriff den hohen
Wandlungen (Saulus - Paulus) vorzubehalten, die im Unterricht sehr selten sein müssen. Sprechen wir also lieber von
"Erlebnis" oder "Erfahrung"; in den Naturwissenschaften,
um die ihnen eigentümliche Härte zu kennzeichnen, von
einem "Widerfahren". (Wenn es das Wort gäbe, möchte
man von einer "Widerfährnis" sprechen, um zugleich das
Ungesicherte des Unternehmens anklingen zu lassen.)

Eine rein organisatorische Folgerung ergibt sich sofort:
ein exemplarischer Unterricht ist mit dem Hackwerk der
45-Minuten- Portionen ganz unverträglich, er strebt nach

dem Epochen- Unterricht. Tag für Tag mindestens zwei Stunden dasselbe Thema: das gräbt sich ein in die Herzen der Schüler und Lehrer und arbeitet dort, Tag und Nacht.

7. Das Verhältnis des Exemplarischen zum Einstieg

Der Einstieg hat den Stufenbau im Sinne, von Plattform zu Plattform. Das exemplarische Verfahren - in seiner reinen Form - hat das nicht, es kann auf ein einziges ausstrahlendes Problem sich beschränken. Es hat nicht Stufencharakter, aber auch bei ihm wird in das Problem ohne Vorbereitung hineingesprungen. Wohl aber kann ein Einstieg (obwohl er den Stufenbau im Sinne hat) *zugleich* exemplarisch sein. (So wie ein Ofen gleichzeitig nicht nur durch den Transport der Luft, sondern auch durch Strahlung in die Weite wirkt.)

8. Das Verhältnis des Exemplarischen zum Kanon

Bei *Heimpel* hieß es: "im Rahmen eines allgemeinen Überblickes", und *W. Flitner* hat betont, daß Geschichte erst einmal erzählt werden müsse. Entsprechendes gilt für die Naturwissenschaften (wenn es auch hier nicht nötig ist und nicht gut wäre, sie zu erzählen; sie wollen getan sein). Gewisse Dinge muß man heute wirklich wissen. Nicht wie ein Radioapparat im Einzelnen funktioniert, oder das "Weltalter" der modernen Kosmogonie, sondern etwa, was es auf sich hat mit dem Auffrieren der Wasserleitungen; auch daß man nicht, wenn es nach Gas riecht, den elektrischen Schalter benutzt, und einiges andere, gar nicht so sehr viel. Und nicht nur Nützliches. Zum Beispiel: "Woher es kommt", daß der schräg aus dem Wasser wachsende Pflanzenstengel geknickt aussieht, ohne es zu sein. Man sollte auch wissen, wie diese Dinge zusammenhängen. Nicht nur, um sie dann besser auf einen Gedächtnisfaden reihen zu können, sondern weil es eine Weltvertrauen erweckende und damit bildende Erfahrung ist, daß, wie der Physiker *Tyndall* einmal sagt, die Dinge "in der physischen Welt wie in der moralischen nie vereinzelt dastehen".

Für die Oberstufe der Höheren Schule und die letzten Jahre der Volksschule ist also ein solcher Kanon die Voraussetzung für exemplarische Tiefenbohrungen, die hinein führen in diese zuvor gelegte Grundlandschaft.

Damit soll aber nicht gesagt sein, daß bei der Ausbreitung dieser Grundlandschaft nun alles beim alten Schrittchen-Trott bleiben müsse, und damit die Gefahr der Stoffüberschüttung nur dorthin abgedrängt sei. Denn:

a) Dieser Kanon muß gar nicht so überfüllt sein, wie wir zunächst glauben. In der Physik z.b. wie in der Biologie würde eine Beschränkung auf Erscheinungen (Phänomene) und der Verzicht auf verfrühte und immer wiederholte Mathematisierung und Theoretisierung ungeheure Erleichterungen schaffen. Es ist nur nötig, daß die mehr fachlich als geistesgeschichtlich und pädagogisch ausgebildeten naturwissenschaftlichen Gymnasiallehrer das Vertrauen fassen, zu erkennen, daß dies *auch* schon Physik und auch schon Biologie ist. Auch der Weg zu den astronomischen Grundkenntnissen läßt sich ohne Verzicht auf Strenge und Einsicht sehr vereinfachen.

b) Auch bei der Gewinnung dieses grundlegenden Kanons gibt es schon den Einstieg und sogar Exemplarisches. Auch die Volksschule und die Mittelstufe der Höheren Schule haben die Möglichkeit, Plattformen zu bilden, und auch hier schon solche, von denen eine exemplarische Erhellung möglich ist. Das kann natürlich nur durch ausführliche Erfahrungsberichte glaubhaft gemacht werden.

II.

1. Nach diesem Versuch, das Exemplarische gegen andere Lehr-Gang-Arten abzugrenzen, wende ich mich jetzt ihm ausschließlich zu und frage: Welches sind denn in einem Fach "exemplarische Themen" und wofür sind sie es? Was heißt das, dieses *Erleuchten des Ganzen?*

So fragen heißt zugleich schon abwehren: Die Antwort sollte nicht einen allgemeingültigen "Katalog exemplarischer Stoffe" nach sich ziehen. Das wäre der Tod des Verfahrens. Gewiß wird es von der Seite der Sache her nicht gleichgültig sein, welches Thema man sich wählt. Aber auch beim Lehrer ist Ergriffensein notwendig, und das ist immer individuell. Ja, es gehört, worauf besonders *K. Barthel* kürzlich hinwies, auch auf seiner Seite das Wagnis, die Ungesichertheit wesentlich dazu. Lehrer *und* Schüler müssen durch ein Problem, wenn es exemplarisch sein soll, nicht nur zum Tun, sie müssen aus ihrer Sicherheit herausgefordert werden. Nicht bedarf es eines knappen Kataloges exemplarischer Themen, sondern breiter individueller Tätigkeitsberichte, nicht zum Nachmachen, sondern zum Anstecken. Wir Lehrer müssen als Individuen aufeinander hören, nicht als Funktionäre einem Schema gehorchen. Auch wird es vielleicht gar nicht gelingen, Themen zu finden, die *nur* exemplarisch (strahlend) und solche, die *nur* plattformhaft (ballend) wären. Aber es ist nicht überflüssig, zu wissen, was man an einem Thema schätzt.

2. Ich beginne wieder mit *Physik*. Wir besitzen von *Spranger* eine kleine Arbeit "Die Fruchtbarkeit des *Elementaren*." Das Wort "fruchtbar" weist in der Richtung unseres Suchens. Dort ist die Rede von dem "reinen Fall", d.h. dem "aus seinem Aufbaugesetz unmittelbar verständlichen Fall,...der dann für die Fülle wirklich vorkommender Erscheinungen das Grundschema abgibt". Und aus der Physik sind genannt: die gradlinige Bewegung als die einfachste, und der Satz vom Parallelogramm der Kräfte. Ich füge hinzu: Die Newtonschen Axiome der Mechanik überhaupt, insbesondere "Kraft = Masse mal Beschleunigung", den Energiesatz, vielleicht das Relativitätsprinzip u.s.f. Dasselbe meint *Kepler* in seinem Vorwort an Rudolph den Zweiten, wenn er berichtet, er habe "einige optische Lehrsätze in Angriff nehmen können, die zwar anscheinend unbedeutend, doch den Keim für die höchsten Dinge in sich tragen".

Danach ist das in diesem Sinne Elementare immer auf der Seite des schon fachlich erschlossenen Objektes zu suchen, hier also nicht mehr in der Natur, sondern in der physikalisch schon reduzierten Natur; herausgeholtes allgemeines Ergebnis, das die Vielzahl der Einzelfälle beherrscht. Wer "Kraft = Masse mal Beschleunigung" beherrscht, kann durch Integration die mechanischen Situationen grundsätzlich bewältigen.

Das Elementare ist also ein wichtiges Ziel des Physik-Unterrichtes. Es ist jenes Einfache, das "nicht so einfach" ist, und mit dem die Schule deshalb nicht beginnen kann. Für den fertigen Könner das erste, was er "ansetzt", für den forschenden Neuling das Letzte, das aus der komplexen seltsamen Erscheinung Auszugrabende. "Der sogenannte reine Fall wird nur durch vorangehende sorgfältige Analyse des in der Erfahrung Gegebenen und durch nachfolgende gedankliche Konstruktion erfaßt. Diese Leistung steht nun keineswegs am Anfang des Erkennens, sondern sie ist Resultat der vollen Sachbeherrschung und des reifsten Denkens". *(Spranger)* Der Unterricht *kann nicht mit dem Elementaren beginnen,* er muß darauf zusteuern. Vom Einstieg aus muß er zum Elementaren hinabsteigen und es freilegen. Sind dann die elementaren Sätze angeeignet, so bedeuten sie beherrschende Schlüsselstellungen.

So notwendig nun bei der Wahl eines Problems darauf zu achten ist, daß seine Lösung Elementares freilegt, so ist das doch noch nicht hinreichend, wenn wir bilden wollen. Denn man kann sich einen vorzüglich ausgebildeten Physiker und auch schon einen Primaner vorstellen, der "Kraft = Masse mal Beschleunigung" souverän anzuwenden versteht, und der doch nicht gebildet genannt werden dürfte.

Versteht man nämlich den Bildungsprozeß so, daß ein ergriffenes Ergreifen dazu gehört, das zwischen dem ganzen Subjekt und dem ganzen Objekt die Auseinander-Setzung herbeiführt; bedenkt man, daß wir Physik heute nicht mehr verstehen als die Lehre davon, wie die Natur "eigentlich ist", sondern als eine Verstehens-Weise und einen aus ihr sich ergebenden Aspekt, der auf einem ganz bestimmten Verhörs-Reglement, einer Methode beruht, mit der die Natur uns erlaubt, sie auszufragen, erkennt man - mit *Litt* - an, daß diese Methode Subjekt und Objekt erst *erzeugt,* indem sie den Menschen zu dem auf Logik versteiften "Beobachter", Natur auf das grundsätzlich Meßbare verengt, erkennt man dies alles an, so kann man keinen Unterschied bildend nennen, der nicht diese *"Trias"* Subjekt-Methode-Objekt immer vor sich sieht, ja, mit zum *Gegenstand* des Unterrichts macht. Er ist dann kein rein physikalischer Unterricht mehr, und tatsächlich darf er das nicht allein sein, wenn er bilden will. Kein von seinem Fach benommener Lehrer, kein philosophisch nicht angerührter Lehrer ist imstande, Physik allgemeinbildend zu unterrichten.

3. Wir finden bei *Heisenberg* eine biographische Anmerkung zu seinen Schulerfahrungen, die geeignet ist, genau zu zeigen, was gemeint ist. - Es heißt dort "...daß die Mathematik in irgend einer Weise auf die Gebilde unserer Erfahrung paßt, empfand ich als außerordentlich merkwürdig und aufregend. ...Gewöhnlich läßt der Schul-

unterricht die verschiedenen Landschaften der geistigen Welt...vorbeiziehen, ohne daß wir in ihnen recht heimisch werden. Er beleuchtet sie...je nach den Fähigkeiten des Lehrers mit einem mehr oder weniger hellen Licht, und die Bilder haften längere oder kürzere Zeit in unserer Erinnerung. Aber in einigen seltenen Fällen fängt ein Gegenstand, der so ins Blickfeld getreten ist, plötzlich an, im eigenen Lichte zu leuchten...und schließlich füllt das von ihm ausgestrahlte Licht einen immer größeren Raum in unserem Denken, greift auf andere Gegenstände über und wird schließlich zu einem wichtigen Teil unseres eigenen Lebens. - So ging es mir damals mit der Erkenntnis, daß die Mathematik auf die Dinge unserer Erfahrung paßt..."

In diesen Sätzen glaube ich deutlich alle Merkmale des Exemplarischen zu erkennen: Wofür hier irgend welche Stoffe, die nicht genannt werden, exemplarisch wurden, das ist nicht das nebenbei und selbstverständlich sich ergebende Elementare (etwa: $K = m \cdot b$), es ist die *Mathematisierbarkeit* gewisser natürlicher Abläufe. Vielleicht dürfen wir so etwas, zum Unterschied gegen das "Elementare", *"fundamental"* nennen.

Es ist nicht das, was, wie das "Elementare" in der Physik, den "Beobachter" ermächtigt, viele Einzelaufgaben zu lösen, sondern es ist - eine Schicht tiefer - etwas, was den Menschen und sein Fundament *und* die Sache und ihr Fundament - und beides ist untrennbar - erzittern macht. Es zeigt in neuem Licht den Menschen als einen, dem es - unter gewissen einschränkenden Bedingungen - gegeben ist, mathematische Naturgesetze zu finden, und die Natur, die sich diesen Gesetzen "ergibt" - unter denselben Bedingungen, dem Zeremoniell des Experimentes, außerhalb deren sie aber mit rätselvollem Lächeln unberührt bleibt. - Wahrlich eine "aufregende" Erfahrung: Die Erfahrung Pythagoras' und Keplers.

"Aufregend " ist diese Erfahrung, nicht nur interessant; und doch muß nicht jeder das bemerken, der die Newtonschen Axiome anwenden kann; - *"heimisch "* werden muß man in einer Sache, bis sie sich so offenbart; - *"leuchtend "* wird diese Erfahrung dann, im Gegensatz zu der Beleuchtung, die der Lehrer im Schnellverfahren geben muß; - sie erhellt, und zwar *"plötzlich "* wie jedes entscheidende geistige Geschehen, sofern ihm die Geduld voraus-

ging; ganz wie es bei Platon steht: "aus lange Zeit fortgesetztem, dem Gegenstand gewidmetem, wissenschaftlichem
Verkehr...tritt es plötzlich in der Seele hervor wie ein durch
einen abspringenden Funken entzündetes Licht und nährt
sich dann durch sich selbst." Es füllt einen größeren Raum,
nicht des Faches, sondern *"in unserem Denken"*, ja, im
Raume *"unseres Lebens"*.

Wir haben hier also den seltenen und schon übergeordneten Fall, daß das Ganze der geistigen Welt und das Ganze
der Person von einer solchen fundamentalen Erfahrung
ergriffen wurde. Das ist die Auslösung eines "Bildungs"-
Prozesses.

Aus diesem Beispiel darf man folgenden allgemeinen
Satz ziehen: Ein gewisser Stoff, oder wesentlich richtiger:
ein gewisses *Problem* (sagen wir: die Frage Galileis: Wie
rollt die Kugel das schräge Brett hinunter?) kann *exemplarisch* werden für eine *fundamentale* Erfahrung (hier die
Mathematisierbarkeit gewisser natürlicher Abläufe). Fundamental sind solche Erfahrungen, welche die gemeinsame Basis des Menschen und der Sache (mit der er sich
auseinander-setzt) erzittern lassen. Nur dann können wir
von einer bildenden Erfahrung sprechen. - *"Elementare "*
Einsichten liefert sie notwendig und unvermeinlich nebenbei. Hier bei Galileis Versuch etwa: das Beharrungsgesetz,
(indem er nämlich ein zweites Brett, das die Kugel wieder
hinaufläuft, allmählich in die Horizontale bringt, auf die ja
sein Beharrungsgesetz dann auch beschränkt bleibt.)
Es gibt noch andere solche fundamentale Erfahrungen
des Faches Physik. Sie alle sind *"Funktionsziele"* des
Unterrichts im Gegensatz zu stofflichen Zielen, die sich
dann aber notwendig nebenbei ergeben: Fachliche Schulung
ist immer ein Nebenergebnis des Bildungsvorganges, nicht
notwendig umgekehrt.
Innerhalb der "Trias" Subjekt-Methode-Objekt, nicht
von ihr abzulösen, sehe ich auf der Seite des Objektes,
neben

a) der erwähnten *Mathematisierbarkeit*
b) die Erfahrung, daß schon vorher, (vor dem Messen,
   Mathematisieren, Theoretisieren) die reinen *"Phänomene "* Ordnung und *Zusammenhang* erkennen lassen
   (z. B. lassen sich Verdunsten, Sieden im Vakuum, Dif-
   fusion aller Aggregatzustände. Eigendruck der Gase

zusammenfassen als ein aktives Auflösungsbestreben alles Stofflichen - *vor* der kinetischen Theorie der Materie) und schließlich,

c) daß das Ausdenken von mehr oder weniger anschaulichen Gleichnissen (Modellen, Bildern) wie Wellen, Feldern, Atommodellen, zu einer wesentlichen Verbesserung dieses Zusammenhanges führt. Man könnte von einer "*Modellbereitschaft*" der physikalisch betrachtbaren Natur sprechen. -

Fundamental erscheinen weiter die Einsichten,

a) daß die Methode des Experimentes nicht voraussetzungslos ist (abgeschlossenes System, Wiederholbarkeit, Unabhängigkeit von der Person des Beobachters...), nicht *die* Methode ist, sondern *eine,*

b) daß der Physiker sich auf ein zuerst zerlegendes, dann summierendes Verfahren beschränkt und auf quantifizierbare Begriffe,

c) daß also, sieht man die ganze "Trias" an, Physik als eine besondere Verstehensweise nur einen *Aspekt* der Natur eröffnet, über dessen Möglichkeit wir überdies nur staunen können.

Physik sagt nicht, wie Natur ist, sie sagt nur, wie Natur antwortet. Sie antwortet entgegenkommend. Und diese Begreifbarkeit der Natur ist, wie Einstein einmal sagt, das Unbegreifliche an ihr.

Auf solche Einsichten scheint es mir im Physikunterricht anzukommen, wenn er ein bildender Unterricht sein soll, und ich sehe keinen anderen Weg als den exemplarischen, um dahin zu kommen. Nicht, weil wir "leider keine Zeit mehr" hätten, alles "durchzunehmen", was sich zunehmend an Wissen anhäuft, sondern weil wir *viel* Zeit haben, und weil es in jedem Fall sinnlos wäre, erfolglos, weder schulend noch bildend, diese Zeit mit Stoffanhäufung zu vertun. Das exemplarische Lehren ist kein aus Resignation eröffneter neuer Notausgang, es ist die Zurückbesinnung auf das, was das Lehren schon immer nur sein konnte.

Die bisher genannten fundamentalen Erfahrungen sind reine "Funktionsziele", sie enthalten keine bestimmten Einzel-Ergebnisse. Ich möchte aber glauben, daß auch gewisse End-*Ergebnisse* nahezu fundamental genannt werden können, insofern sie die Stellung des Menschen in der

Welt in einem neuen Licht zeigen. Ich denke hierbei nicht daran, daß wir so unausgereifte und schwer begreifbare Theorien wie die eines geschlossenen und seit 10 Jahren expandierenden Weltmodells als Trophäen schleunigst in die Schulen schleppen sollten; ich denke an Einfacheres, noch lange nicht innerlich Bewältigtes: die Unendlichkeit des Weltraumes und das kopernikanische System. Es wird bis heute in den Schulen mit einer solchen Oberflächlichkeit "erledigt", daß kaum ein Abiturient zu sagen weiß, warum er eigentlich Kopernikaner zu sein glaubt. Die lehrhafte Versicherung, was wir täglich sehen, sei "nur Schein", ist einer der Beiträge, die ein ungründlicher Naturlehreunterricht dazu liefert, das Gefühl der Geborgenheit des Menschen in der Welt zu zerstören. Das sind die wichtigen Ergebnisse der Naturwissenschaft, die, in der Schule oberflächlich und eilig "gebracht", unser Heimatgefühl in der Welt in Gefahr bringen können. Dazu gehört auch die Einsicht, die bei der kinetischen Theorie der Wärme anfängt und bei der Atombombe endet, und die uns sagt, daß die so verläßlich und ruhig wirkende Materie eine aggressive Tendenz wesenhaft in sich trägt. Die Aggregatzustände enthüllen sich als Stufen zunehmender Entfesselung. Und die Experimente der Kernspaltung zeigen, daß der Mensch, wenn er es verantworten will, noch mehr entfesseln kann.

Seit der Mensch das moderne naturwissenschaftliche Denken entdeckte, hat er viel Geborgenheit verloren. Er hat aber auch daran gewonnen: Die Mathematisierbarkeit erweckt Vertrauen. Beides richtig einzuschätzen, nämlich als nur im Lichte einer bestimmten beschränkenden Methode als Aspekt sich zeigend, ist das Ziel eines bildenden Physikunterrichtes. Ich wüßte nicht, wie wir diesem Ziel anders als durch gründliche exemplarische Betrachtung einiger geeigneter Probleme näher kommen könnten.

4. Ich wende mich jetzt kurz zur *Geschichte,* weil es dort wesentlich anders aussieht, um dann zur Naturwissenschaft zurückzukehren, und zwar zur Biologie, die in gewisser Weise zwischen Geschichte und Physik steht. - *O.F. Bollnow* und *W. Flitner* haben die Möglichkeit und das Ausmaß des exemplarischen Unterrichtens für die Geschichte als stark eingeschränkt beurteilt. In der Tat ist es klar, daß es sein eigentliches Feld dort findet, wo es

Regel und Gesetz zu entdecken gibt: Wiederkehr, Wiederholbarkeit, Gewißheit des Nachmachen- Könnens. Wer die *Methode* der Physik aus *einem* Exempel wahrhaft versteht und abstandnehmend mit dem Blick auf jene "Trias" durchschaut, kann - grundsätzlich - sich den "Rest" selber erwerben, da ja die Quelle, die Natur, immer für jeden von uns da ist; er kann auch leicht einem ausbildenden Lehrgang folgen. Er kann sogar "in Bildung geraten", indem er das Wichtigste weiß: was der Mensch, sobald er sich zur physikalischen Sicht verengt, eigentlich *tut,* der Natur und sich selber.

In der Geschichte ist es anders. Nicht nur sind die Quellen verschüttet, sie sind auch manchmal, was die Naturwissenschaft nicht kennt, entstellt, durch Irrtum und Lüge. Vor allem aber sind die menschlichen Geschicke in ihrem Ablauf weder durch Kausalität noch durch Logik bestimmt. Geschichte forscht nach dem, was einmal *war,* und was *ein* mal war, was immer anders kommt, wenn auch Verwandtes, Ähnliches wiederkehren kann (Burckhardt, Spengler, Toynbee). -Trotzdem scheint an den exemplarischen Möglichkeiten des Geschichtsunterrichtes etwas daran zu sein, sonst würden nicht Historiker wie Heimpel davon sprechen und erfahrene Lehrer gerade in letzter Zeit ihm nachgehen.

Ohne dieser Forschungsaufgabe, vor die sich der Geschichtslehrer und Forscher gestellt sieht, vorgreifen zu wollen, darf ich einen Satz Diltheys erwähnen, der dem Laien bedeutsam erscheint. Man erfährt bekanntlich garnichts über sich selber, wenn man darüber nachdenkt, was für einer man eigentlich sein könnte, sondern dadurch, daß man sich in Situationen hineinwagt, die einen zum Handeln zwingen. Dann erfährt man Wesentliches und meist ganz Unerwartetes über sich, und nachträglich kann man es bedenken und für die Zukunft brauchen. *Dilthey* spricht nun von der entsprechenden Erfahrung nicht des Einzelnen, sondern der menschlichen Art überhaupt. Er sagt: "Der Mensch versteht sich selber durch keine Art von Grübelei über sich selbst,...allein in dem Verständnis der geschichtlichen Wirklichkeit, die er hervorbringt, gelangt der Mensch zum Bewußtsein seines Vermögens im Guten wie im Schlimmen".

So wissen wir heute sehr viel mehr über uns als

1913, oder schon als 1932; und wer längere Zeiten, als er persönlich überdauern kann, geschichtlich nacherlebt, wird weniger überrascht sein vom Kommenden, als wer "in den Tag hineinlebt". Der Mensch ist in gewissen Grundzügen seines Wesens ebenso beharrlich, wie er wechselnd ist in der Hervorkehrung und eben darüber wieder vergeßlich. Ein bei aller Offenkundigkeit so verborgenes Wesen wie er kann also zweifellos aus der Geschichte beharrlich ihn anwandelnde Wesenszüge ahnend entziffern, sammeln und und so seiner säkularen Vergeßlichkeit vorbeugen. Ist das nicht ein fundamentales Ziel des Geschichtsunterrichtes, und gibt es nicht Stoffe, die dafür exemplarisch sein können? Man braucht gar nicht gleich an geschichtsphilosophische Höhen zu denken. Ein schlichtes und aktuelles Beispiel: Der Geschichtsunterricht aller Nationen sollte dafür sorgen, daß, was in Konzentrationslagern geschehen ist, nicht vergessen wird; nicht als Anreiz zur Rache, sondern als Warnung vor Möglichkeiten, die in uns allen liegen.

Wie wenig dieses Funktionsziel des Geschichtsunterrichts mit der physikalischen Kausalität zu tun hat, wird erst dadurch deutlich, daß es durch Hinzufügung eines zweiten (das ihm, wäre es kausal gemeint, widersprechen würde) in Wahrheit erst seinen Sinn und seine Grenze erhält: Genau so, wie es im Leben des Einzelnen trotz der unaufhörlichen Kette der Rückfälle in das immer gleiche Reagieren eine sinnvolle Linienführung, eine Art Heilsgeschichte geben kann, so fragen wir ja auch in der Geschichte, nicht nur, wie der Mensch immer wieder derselbe ist, sondern auch: wo es mit ihm hinauswill. - Vielleicht sagt der Historiker, dies sei nicht seine Sache, das sei nicht wissenschaftlich, genau wie der Physiker einwenden mag, manches, was ich "fundamental" nannte, gehe nicht ihn an, sondern den Philosophen. Aber der Fachlehrer darf nicht nur Fachmann sein, wenn er Lehrer sein will; ein Physikunterricht, der nur physikalisch, überhaupt ein Fachunterricht, der nur fachwissenschaftlich bleibt, kann zwar schulen aber nicht bilden (*Lichtenberg:* Wer nur Chemie versteht, versteht auch die nicht recht. - *Pascal:* Ich will nicht Mathematiker genannt werden).

5. Die *Biologie:* Wir sind gewohnt, sie der Physik und der Chemie anzureihen, so wie die Mathematik der Physik. Beides ist nicht zwingend. Mathematik gehört auch zur

Musik, und Biologie hat auch geschichtliche Züge. Das wird deutlich aus einem Satz des Biochemikers *F. Knoop,* den kürzlich *Butenandt* anführte: Leben sei gekennzeichnet "durch eine Kontinuität chemischer Bewegung, die mit der ersten belebten Zelle ihren Anfang nahm und sich durch die Jahrtausende ununterbrochen bis zu den heute lebenden Einzelindividuen erhalten hat". Dieser sich entfaltende und differenzierende Strom der lebendigen Gestalten ist, wie der geschichtliche der Menschen, einmalig, und nicht in kausalen, sondern in morphologischen Kategorien faßbar. Die Fülle der heutigen Gestalten bildet nur einen Querschnitt durch diesen Strom. Für ihr Verständnis ist das Begriffssystem der heutigen Physik und Chemie (so scheint es wenigstens dem Laien, besonders, wenn er Physiker ist) nicht zu brauchen. (Und ebensowenig können "die Vorgänge der menschlichen Geschichte" als "die natürliche Fortsetzung der organischen Formevolution" verstanden werden).

Der erwähnte Aufsatz von Butenandt führt denn auch einen sehr bescheidenen Titel: "Was bedeutet Leben *unter dem Gesichtspunkt* der biologischen Chemie?" und enthält den Satz: "Seien wir uns bewußt, daß wir mit diesem Vorgehen nicht die ganze Wirklichkeit des Lebens zu erfassen vermögen. Das liegt von vornherein an der Wahl der Methodik und gilt für eine jede. Verwenden wir die Methodik der Chemie, so wird die Antwort nur aus dem Bereich der chemischen Vorgänge zu erwarten sein."

Hiernach ist es für den Laien überzeugend, wenn *Portmann* schreibt, daß es zwei Fronten der biologischen Forschung gebe. Die ins Ultramikroskopische vorstoßende genetische und physiologische Arbeit, die Bau und Leistung der lebenden Substanz untersucht, und zweitens die, von Portmann selber geförderte, neue Morphologie, die sich an die mit freiem Auge angeschaute Erscheinung hält, und Form, Gestalt, Gebaren als "Kundgabe von Innerlichkeit in der Erscheinung" versteht.

Was hat dies mit dem Exemplarischen, mit den fundamentalen Erkenntnissen des biologischen Unterrichtes zu tun? Ich möchte fragen, ob es nicht Folgendes bedeutet: Es wäre wichtig,

1. daß ein jeder von uns durch eine konkrete exemplarische Untersuchung physiologischer Art diesen Satz Bute-

nandts erfahre (daß, wer chemisch fragt, auch chemische Antworten bekommt) und

2. daß er aus einem Beispiel aus der zweiten Front erfahre, daß das Lebendige zu seiner adäquaten Erfassung ein anderes Begriffssystem, vermutlich das morphologische, braucht. Sowohl für die heutige Gestaltenwelt wie für ihre Entwicklung in der Zeit. (Die "organismische" Auffassung des Lebendigen bei *Bertalanffy* und die Verhaltensforschung von *Konrad Lorenz* liegen, wenigstens für den Laien, in derselben Richtung.) - Das wären fundamentale Funktionsziele, weil sie die Trias Subjekt-Methode- Objekt im Sinne haben.

Dabei ist es nun für den Lehrer sehr wichtig, daß die zweite Front, die jetzt wieder vordringt, nachdem sie seit Goethes Zeiten geruht hat, daß diese zweite, *morphologische, Betrachtung pädagogisch die erste ist.* Denn in ihr ist das Kind zu Hause, und in ihr sind die intensiven und innigen Erfahrungen möglich, die zum Exemplarischen gehören. Wir zerstören sie in der Schule nicht selten dadurch, daß wir zu früh die Pflanzen oder Tiere auf physikalische Weise behandeln, als sei das ihnen angemessen. Ich erinnere mich deutlich meines Befremdens, als der Lehrer eine weiße Blume in Tinte stellte, die dann in ihr hochstieg, und sie damit (wie ich es heute ausdrücken würde) schändete. Der Biologie-Lehrer merkt so etwas meistens nicht, da ihm angewöhnt ist, solche Einwendungen als "unsachlich" zu unterdrücken, was nichts anderes heißt als dies: er verhält sich so, als wären die physikalischen Kategorien die dem Lebendigen adäquaten. Dies glaubt kein Kind (ohne es anders als durch Abneigung sagen zu können), und ich bin geneigt, mich darin den Kindern anzuschließen.

Mit physikalischen und chemischen Untersuchungen sollten wir also länger als üblich warten und lange jene Gestaltlehre pflegen, denn (nach *Portmann*): "Die Plasmaforschung, die ins Unsichtbare vorstößt, muß zwangsläufig die vertraute Welt unserer Sinne, den Alltag unseres Erlebens hinter sich lassen. Ihr Feld ist nicht die eigentliche Erlebnissphäre des Menschen, in der sich unser Gefühlsleben, das Wirken unserer Phantasie am Reichtum der Naturformen nährt. Die Forschung, die ins Submikroskopische, ins Strukturgefüge der Moleküle vorstößt, zieht aus der Heimat des Menschen aus".

Das Funktionsziel nun, das in dieser noch heimatlichen Sphäre des biologischen Unterrichtes gewonnen werden kann, scheint mir dies zu sein: "Jede lebendige Gestalt überschreitet das zur Erhaltung Notwendige", womit gesagt sein soll, daß Akelei, Pfauenrad und Vogelsang niemals nur als Zweckformen verstehbar sind, sondern als das, was Portmann "Selbstdarstellung der Lebewesen" nennt und was *Stifter* meint, wenn er sagt: "Der Künstler macht sein Werk, wie die Blume blüht, wenn sie auch in der Wüste ist, und nie ein Auge auf sie fällt."

Sollte nicht auf diesem reinen Feld der Unterricht einsetzen, lange verweilen und seine exemplarischen Erfahrungen machen lassen? Und nicht, was heute noch möglich ist, in Sexta damit, daß im Winter "der Mensch" drankommt, und zwar zuerst in Gestalt des "Knochenjohann", der aus dem Schrank geholt wird. Man kann das Lebendige nicht toter anfangen. Und so geht es dann häufig weiter an all den Skeletten und Bälgen entlang durch das System hindurch. Als Gegenstück zitiere ich einen pädagogisch gerichteten Satz Portmanns aus seinem Aufsatz über die Blattgestalten: "Jede liebevolle hingebende Betrachtung der Naturgestalten, auch eine schlichte Sammlung von Blättern, regt Heilkräfte der Seele an". Wie sehr hier pädagogische, in der heutigen Schule fast vergessene Saiten angeschlagen werden, zeigen die Worte "Heilkräfte der Seele". Der Unterricht, wenigstens der Gymnasien, hat nur selten im Sinn, daß die Betrachtung des Gegenstandes heilend auf den Lernenden zurückwirke; er ist fast ausschließlich darauf gerichtet, den Gegenstand denkend zu zergliedern und diese Kunst zu üben. Sie behält aber nur dann ihre hohe bildende Kraft, wenn sie von dem tieferen Seelengrund nicht durch einen Riß abgetrennt wird.

Das könnte so mißverstanden werden, als wünschte ich die exakte, die analytische Erforschung der lebendigen Substanz aus der Welt oder doch der Schule hinaus. Ich glaube im Gegenteil, daß auch sie Fundamentales eröffnen kann. Einfach dadurch, daß sie lehrt, genauer zu sehen und das Gesehene eindringlich zu bedenken. Das Mikroskop, über das *Kierkegaard* so treffend spottete - "Hätte Christus das mit dem Mikroskop gewußt, so hätte er zuerst die Apostel untersucht" (1846) - kann zwar nichts Wesenhaftes offenbaren, aber es kann unsere Ahnungen, die wir haben über raumzeitliche Abläufe, zur Gewißheit machen. Die wichtigste scheint mir die folgende zu sein: Wir sind ja im Grunde alle überzeugt, wenn wir uns auf den Schenkel schlagen, es sei immer derselbe alte Adam, den wir da seit je bewohnen. Aber wir wissen heute durch den Einbau isotoper Atome, wie Butenandt in der genannten Arbeit berichtet, daß alle Strukturen der lebenden Organismen, auch Knochen und Zähne, sich ständig ab- und wieder aufbauen, daß also dieses "Fließgleichgewicht" mit einer "Maschine" nicht verglichen werden kann.

Der "Körper" eines Organismus ist also nicht das, was der Physiker einen "Körper" nennt, er ist ein Prozeß, der nur schneller abzulaufen brauchte, um uns die Täuschung erkennen zu lassen. Will man ihn überhaupt mit Physikalischem vergleichen, so darf man nicht an einen Stein oder eine Statue denken, sondern - und auch dies wäre noch nicht erschöpfend - an einen Wirbelwind, der den Staub in seinen Prozeß einsaugt und wieder fallen läßt, eine Kumuluswolke, eine Fontäne, eine Flamme, einen Fluß.

Derartiges ist fundamental, weil es auch für den "Menschen" gilt, das heißt hier: für seinen "Leib". Wie anders sehen wir, wenn wir das eindringlich erfassen, Jugend und Alter, Gesunde und Kranke, den Andern und uns selber im Spiegel. Wie anders auch die Leiche: eine verlassene Spur im Sand. Daß unser leibhaftes Dauern in Raum und Zeit ein nicht-statisches ist, "nur" die Idee eines alle seine Materie immer neu einbeziehenden und auswerfenden Formprozesses. "Daß die gewaltigen Spannungen, welche durch die neuen Pole entstehen, Forderungen an die Umgestaltung des biologischen Unterrichtes auf allen Stufen des Lehrens stellen, das wird heute kaum gesehen und wird doch schwere Aufgaben in naher Zukunft stellen". (*Portmann*) - Wertvolle Hinweise für die Gymnasien hat *Walther Klumpp* gegeben.

6. Man kann auch die fundamentalen, nur exemplarisch zu gewinnenden, Erfahrungen eines Faches danach einteilen, ob sie unsere Geborgenheit erschüttern oder stärken. Die Naturwissenschaften vermögen beides: die rationale Verstehbarkeit gewisser natürlicher Abläufe erweckt Vertrauen, die damit verbundene Entzauberung erschüttert es wieder. Wir können vieles, was nur dem Mißverstehenden eine Verlorenheit zu sein scheint, retten durch 1. schar-

fes Zusehen, 2. ständige wissenschaftstheoretische Wachsamkeit. Es zeigt sich dann, daß mancher Verlust, manche Verödung und Beängstigung nur vorgetäuscht wird dadurch, daß wir einen Aspekt für *»die Wirklichkeit»* nehmen, und dann die verschiedenen (einander auch noch widersprechenden) Ergebnisse addieren, statt sie als verschiedene Sichten ein und desselben zu erkennen. Wir sind dann davor gesichert, das Lebendige nur physikalisch-chemisch und das Geschichtliche nur biologisch zu sehen.

7. Vielleicht gibt es im Biologischen, und auch sogar im Physikalischen noch eine andere, fast magisch zu nennende Art des Zugangs, der ebenfalls an *einer* Sache sich öffnet, um dann für alle Sachen dieses Faches offen zu bleiben. Er hat aber mit der Methode des Faches nichts zu tun, und er ist auch noch kein Ergebnis. Er geschieht einmalig, gebunden an die *Gunst* einer Stunde, eines Namens, einer Stimmung, eines Lehrers; kaum zu planen, und damit der *»*Begegnung*»* im eigentlichen Sinne sich nähernd. Es handelt sich vielfach um die Freilegung der rechten Sicht, um das Wegfallen von Mißverständnissen und Vorurteilen, zum Teil solchen, die die Schule gelegt hat.

Aus der Biologie weiß ich den Fall eines Mädchens, das seinen vorher verschlossenen Zugang zum Biologischen in dem Augenblick plötzlich aufgetan sah, als ein Lehrer es bei der Hand nahm und ihm allein die Blume *»*Jungfer im Grün*»* im Garten zeigte. Name und Form sagten ihr mit einem Male nicht nur, was diese Blume ist: sie wurde ihr *»*Schlüssel*»*-Blume für alle anderen.

Aus der Physik weiß ich, daß der farbige Blitz eines einzigen, ersten Tautropfens im Gras eine Einsicht zünden kann in das, was Physik ist; daß nämlich alles Apparative sekundär, Mittel, Abgeleitetes ist. Diese Einsicht, in der rechten Stimmung aufgetan, kann ganze Berge finsterster Mißverständnisse in Nichts auflösen.

Solche Erfahrungen grenzen wohl schon an die - der Untersuchung bedürftige - Frage, ob es im Deutschunterricht, in der Erfahrung der Dichtung und des Kunstwerks überhaupt, etwas dem Exemplarischen Vergleichbares gibt? Auch hier mag es um die Eröffnung einer ursprünglichen Sicht gehen, veranlaßt durch den Blitz des Einzelnen, das nun aber nicht Spiegel, nicht übertragbares Vorbild sondern *Auslöser* in einem noch zu klärenden Sinne ist. Vielleicht darf man von einer "Bezauberung" sprechen.

8. Was ist nun das Exemplarische? Ist es vielleicht der Durchbruch des Prinzips der Selbsttätigkeit und des Arbeitsunterrichtes zu tieferen, fast existentiellen Schichten? Hinwendung des Blickes auf das Fundamentale des fachlichen Sehens und Absehens? Nüchternheit, das zu sehen, was an den Eröffnungen der Physik, der Biologie, der Geschichte uns aus unserer Geborgenheit reißen will, um diese Geborgenheit zu retten durch eine Aufklärungsarbeit darüber, was wir eigentlich in diesem Fache tun und was es uns antut? Und, was nicht zu retten ist, ins Auge zu fassen?

Das würde eine sehr andere Zielsetzung sein (obwohl sie zeitweise an denselben Stoffen geschähe), als die fachliche Benommenheit, gegen die wir immer wieder in uns selber ankämpfen müssen, und die Zwangshandlung des Stoffhäufens.

Niemand weiß, ob wir in fünfzig oder hundert Jahren in unseren Breiten überhaupt noch kopfschütteln oder lächeln werden. Wenn ja, dann gewiß auch über eine Schule, die glaubte, durch Anhäufung halbverstandener und verabsolutierter Wissensergebnisse irgend etwas retten zu können. "Mut zur Lücke" sagten wir anfangs, leicht mißverständlich. Wir meinten: Mut zur Gründlichkeit, Mut zum Ursprünglichen.

An die Stelle des Idols der breiten und statischen Vollständigkeit, die uns ängstlich Vorratskammern füllen läßt, suchen wir offenbar etwas Neues, einen entschlossenen Durchbruch zu den Quellen. Nicht Vollständigkeit der letzten Ergebnisse, sondern die *Unerschöpflichkeit des Ursprünglichen.*

Quellenhinweise

Bemerkungen zu Autoren und Texten

Platon (427 – 347 v. Chr.)

Das Denken Platons kreist wie bei kaum einem anderen Philosophen um das Problem der Erziehung und hat eine Theorie der Bildung des Menschen zum Kern. Deshalb ist es keineswegs überraschend, daß er als der bedeutendste Schüler des Sokrates bei der Universalität seiner Gedankenentwicklung notwendig auch das Lernen in den Umkreis seiner Betrachtungen zieht. Es ist das besondere Thema des Dialoges "Menon". Er wird mit einer dreifachen Frage eröffnet: Ist die Tugend lehrbar? Ist sie durch Gewöhnung einzuüben? Oder trifft keins von beiden zu, sondern wird sie dem Menschen von der Natur oder sonst irgendwie zugeteilt? Der Dialog beantwortet alle drei Fragen zusammen und schließt mit der Gegenüberstellung von lediglich einfallsreichen Männern, die Staaten verwalten, und solchen mit sicherem und umfassendem Wissen. Der letzte Satz gilt dem Anytos, der zu den Anklägern des Sokrates gehört und Menons Gastfreund ist; Menon soll ihm zur Sanftmut und Nachsicht raten, dann wird er den Athenern nützen.

Während Platon hier die Frage nach dem Wissen und seinem Ursprung bewußt in den Mittelpunkt stellt und an dem didaktischen Beispiel des mathematisch "unwissenden" Sklaven zeigt, daß das Lernen kein passiver Vorgang ist, sondern daß es sich um einen aktiven geistigen Prozeß handelt, der seinen Ursprung "in der Seele" hat, so findet sich im "Theaitetos" in stark geraffter und verdichteter Form eine Darlegung der sokratischen Maieutik. In einem farbenreichen und ungezwungenen Gespräch wird das Wesen von Wissenschaft erörtert. Aber sowohl die Aufzählung von Einzelwissenschaften als auch eine Reihe von näheren Bestimmungen erweisen sich letztlich als unzulänglich für die Klärung der Frage, was Wissenschaft überhaupt ist. Am Schluß kann Sokrates nur hoffen, daß es ihm mittels seiner "Hebammenkunst" gelungen ist, bei Theaitetos über die erste Ankündigung persönlicher Wissensfähigkeit hinaus die "Geburt" des Wissens einzuleiten.

Aristoteles (384 – 322 v. Chr.)

Während Platons Denken sich durch metaphysische Tiefe auszeichnet und das pädagogische Wollen in die Philosophie hineinwirkt, sind für seinen großen Schüler Aristoteles gerade nüchterner Wirklichkeitssinn und spröde Wissenschaftlichkeit charakteristisch. Ihm liegt vor allem an der logischen wissenschaftlichen Durchdringung der Welt. Aristoteles begründet die wissenschaftliche Forschung, stellt das vorhandene Wissen in einer großen Zahl von Abhandlungen lehrhaft dar, begründet eine ganze Reihe von Einzelwissenschaften und äußert sich auch wie sein Lehrer Platon zu pädagogischen Fragen.

In den beiden letzten Büchern seiner staatsphilosophischen Schrift "Politik" finden sich die ausführlichsten Erörterungen über Erziehung. Auch wenn sie keineswegs ein systematisch durchgeführtes und vollständiges Erziehungsprogramm enthalten, so gewährt Aristoteles dennoch dem Leser einen Überblick über Funktion, Abfolge und Bedeutung der Erziehung innerhalb des von ihm entwickelten vollkommenen Staates. Anhand eines erziehungsphilosophisch gegründeten Dreischrittmodells, das den Staatsbürger über Gewöhnung und Belehrung zu selbständigem Denken und Handeln aus der Verantwortung des eigenen Logos heraus hinführen soll, stellt sich für "den Lehrer aller Philosophen", wie Hegel Aristoteles bezeichnet, Erziehungspraxis als Politikum dar, insofern sein Staat immer als Träger von Erziehung zu fungieren hat. Bei der genaueren Bestimmung des aller Erziehung zugrunde liegenden Lehr- und Lerngeschehens gilt es Aristoteles, das Lehrgut (vorgegebene Inhalte), das Lernen seitens des Schülers (Aktivierung der Seelenkräfte) und die dem Lehrer obliegende Aufgabe des Lehrens (Vermittlung des Allgemeinen und Notwendigen) ins rechte Verhältnis zueinander zu setzen. Insgesamt skizzieren die im vorliegenden Text behandelten Fragestellungen das von Aristoteles in seiner Grundstruktur erkannte "Didaktische Dreieck".

Marcus Fabius Quintilianus (ca. 35 – 90)

Der bedeutendste römische Theoretiker der Pädagogik in der Kaiserzeit ist Quintilianus. Seine jahrzehntelange Tätigkeit als Lehrer der Rhetorik in Rom ermöglicht ihm im Alter die Erarbeitung einer Bildungstheorie. Bei ihrer Darstellung wird er von Ciceros Schrift "De oratore" entscheidend beeinflußt. Neben der Notwendigkeit von Sachkenntnissen als unabdingbarer Voraussetzung jedes Bildungsstrebens stellen Redekunst und Tugendhaftigkeit die tragenden Elemente der Pädagogik Quintilianus' dar. Bildungsziel ist der vollkommene Redner (orator perfectus) und sittlich gute Mensch (vir bonus). Die "beste Seele" und die "höchste Redegabe" sollen sich unter Einbeziehung gediegener Sachkenntnisse vereinen. Daher betont er, daß vom Lehrer die Anlagen des Kindes und seine Entwicklung zu berücksichtigen sind, auf seine Individualität einzugehen ist, seine Fähigkeiten zu üben sind und daß der Mensch zur Selbständigkeit zu erziehen ist.

Die Rhetorik, das Kernstück im "Trivium" der sieben "freien Künste" (artes liberales), bildet den Mittelpunkt seiner didaktischen Überlegungen. Es zeigt sich jedoch, daß die formal-rhetorische Ausbildung keineswegs Selbstzweck, sondern vielmehr Grundlage der Persönlichkeitsbildung und Charaktererziehung ist. Dieses Verständnis von Rhetorik als Bildungsmacht wird im Humanismus den Weg für eine fruchtbare Auseinandersetzung mit quintilianischem Gedankengut ebnen. In seinem Hauptwerk "Institutio oratoria" (Erziehung des Redners) beschreibt Quintilianus eine Vielzahl organisatorischer, inhaltlicher und methodischer Aspekte der Rednerausbildung von ihren Anfängen bis zur Vollendung. Die vorgestellten Auszüge vermitteln sein großes Verständnis für humane Kindererziehung und altersgemäßen Unterricht.

Aurelius Augustinus (354 – 430)

Für das augustinische Schrifttum ist charakteristisch, daß fast sämtliche Texte aus dem persönlichen Leben und Erleben des Verfassers hervorgehen. Dies trifft auch für die Schrift "Der Lehrer" (De magistro liber unus) zu, in der Augustinus aus dem Zusammensein mit seinem sechzehnjährigen Sohn Adeodatus das Problem der Belehrung und des Lernens in pädagogischer Sicht durchdenkt und literarisch formuliert.

Die äußere Form dieser Schrift deutet in hohem Maß auf die platonischen Dialoge hin. Aber das Ziel der dialektischen Methode besteht hier nicht darin, ein logisches Gedankengebäude zu errichten, sondern mit ihrer Hilfe wird die Übung des Verstandes angestrebt. Dabei ist das Gespräch zwischen Augustinus und Adeodatus von (gewollten didaktischen) Mißverständnissen geprägt und verläuft häufig verwickelt; der Sohn folgt nicht als der gläubige Aufnahmebereite dem Vater als dem sachlich immer Überlegenen, vielmehr ist er ein wirklicher Widerpart zum Vater und widerspricht, wo immer ein berechtigter Einwand möglich zu sein scheint.

Dieses Vorgehen erinnert an Sokrates, der mit Hilfe des maieutischen Verfahrens aus dem Menschen zu fördern sucht, was in diesem an Wissen vorhanden ist. Auch Augustinus ist der Meinung, daß Lernen im letzten nichts anderes ist als ein Sich-Erinnern. Allerdings geht seine Deutung des "Erinnerns" über Platon hinaus. Sie bezieht einerseits das Sich-Erinnern auch auf die von "außen kommende Wahrheit", auf die wahrnehmbaren Dinge der sichtbaren Welt. Hier ist es Aufgabe der Belehrung, an die von außen aufgenommene Wahrheit zu erinnern, sie zum Bewußtsein zu bringen. Ebenso gibt es andererseits eine von "innen her kommende Wahrheit", die jedem Menschen innewohnt und in die Verstandes- und Vernunfttiefe menschlichen Lebens reicht. Belehren meint dann nichts anderes, als an die vorgegebene innere Wahrheit, an geistige Strukturen der denkbaren Welt zu erinnern, sie ins Bewußtsein zu rücken.

Die Begründung für die vorgegebene innere Wahrheit sucht Augustinus nicht in der platonischen Anamnesislehre. Für ihn gibt es etwas "Übersinnliches", das den Menschen instand setzt, in sich selbst hineinzuschauen und durch diese Schau hindurch zur "Helligkeit" der Erkenntnis zu

gelangen. Es ist Christus selber, dem Augustinus die
Fähigkeit zuspricht, im Menschen das Wissen um die
"Gesamtheit der Dinge" zu bewirken. Somit werden in
diesem Text Ansätze einer Theorie christlicher Erziehung
sichtbar und zeichnen sich Konturen für den pädagogischen
Begriff der "Anschauung" ab.

Desiderius Erasmus (1467 oder 1469 – 1536)

Erasmus (von Rotterdam) gilt als der führende
Vertreter des deutschen Humanismus. Neben kritischen
Textausgaben antiker Autoren gelingt ihm der Zugang zu
christlichen Quellenschriften. Sein Versuch der Erneue-
rung des Christentums aus seinen Quellen auf der Ba-
sis einer Auseinandersetzung mit antikem Schrift- und
Gedankengut ist als christlicher Humanismus zu werten.
"Christianitas" und "eruditio" sind die Eckpfeiler seines
Denkens. Die Verbindung von Theologie und Bildung im
Sinne einer Verknüpfung des Weltlich-Diesseitigen mit dem
Christlich-Transzendenten ist bezeichnend für den "König
der Humanisten". So wird sein Bildungsziel mit der
Formel "sapiens et eloquens pietas" wiedergegeben. Diese
Trias aus Weisheit, Wortmächtigkeit und Frömmigkeit
veranschaulicht sein stetes Bemühen um eine Verflech-
tung intellektueller und religiöser Dimensionen im Hinblick auf eine angemessene Verwirklichung der menschlichen Seinswürde. In letzter Konsequenz versteht Erasmus den Bildungsprozeß als Menschwerdung. Religion und
Wissen sind nur mehr Mittel zum Zweck. In diesem Sinne
zeugt seine Pädagogik von anthropozentrischem Denken.
Der ausgewählte Text beschreibt - ausgehend von dem Postulat guter Sprachkenntnisse als Voraussetzung späterer
Sachkenntnisse ("verba ante res") - die Erziehung zur Elo-
quenz durch ein Studium der lateinischen und griechischen Sprache und Literatur. Als Wissenschaftslehre haben
diese Erörterungen in entscheidender Weise zur Reform des
deutschen gelehrten Schulwesens beigetragen.

Martin Luther (1483 – 1546)

Als Reformator des christlichen Glaubens nimmt Luther, der mit der erasmischen Haltung darin übereinstimmt, daß eine neue Auslegung des Wortes vorrangig ist, entscheidenden Einfluß auf die Erziehungs- und Bildungsgeschichte seiner Zeit. Die Rechtfertigung für das Eingreifen des Theologen in Bildungs- und Erziehungsfragen gründet in seinem theozentrischen Denken, das die Gotteskindschaft zum Bildungsziel erhebt. Vor dem Hintergrund seiner These vom subjektiven Erlebnisglauben und allgemeinen Priestertum der Christen ergeben sich für Luther Veränderungen für das Bildungswesen: Sein wichtigstes Anliegen ist die Gestaltung der Reformation als einer Aufgabe für jedermann und die Einführung der Schulpflicht. Er fordert nachdrücklich eine religiöse Unterweisung für Jungen und Mädchen des "niederen Standes", um auch ihnen Teilhabe und Teilnahme an der Heilswahrheit zu ermöglichen. Die Bedeutung der persönlichen Lektüre und Auslegung des Evangeliums und die Sorge um Erhaltung seiner Quellen erklären Luthers Wertschätzung der lateinischen, griechischen und hebräischen Sprache sowie die Notwendigkeit ihrer Pflege in den Gymnasien. Die vorstehenden Textauszüge, die der pädagogisch bedeutendsten Flugschrift entnommen sind, orientieren über Luthers Forderung nach einer ausreichenden schulischen Vorbereitung junger Menschen für geistliche und weltliche Berufe und verdeutlichen den Geist eines pragmatischen Humanismus in seinen Neuerungen für Schule und Unterricht.

Philipp Melanchthon (1497 – 1560)

Beeinflußt durch - aber im Gegensatz zu Luther ist der Humanist Melanchthon um eine Versöhnung von antiker Literatur und evangelischer Lehre bemüht. Er verbindet die aristotelische Tradition des Mittelalters wie auch die humanistische Bildungswelt mit der Reformation und konsolidiert sie mit wissenschaftlicher Exaktheit und geistiger Klarheit. Dieses Ringen um eine Synthese von Humanismus und Reformation schlägt sich in seiner Erziehungslehre nieder. Als Pädagoge kommt Melanchthon das Verdienst zu, Lehr- und Schulbücher in großer Zahl auf einem erstaunlich weiten Gebiet der Wissenschaften (Psychologie,

Geschichte, Physik, Ethik) verfaßt und eine Didaktik des Sprachunterrichts entworfen zu haben. Außerdem baut er durch Reorganisation und Neugründungen das protestantische Bildungswesen (Universitäten und Gelehrtenschulen) aus. Er wird im besten und tiefsten Sinne zum "praeceptor Germaniae". Die Textauswahl zeigt seine Vorstellungen von Schulorganisation und Unterrichtsinhalten. Unter Wahrung religiös-theologischer Zielsetzungen erfährt das protestantische höhere Schulwesen aufgrund der völligen Ausschaltung der deutschen Sprache und weitgehender Vernachlässigung der Realien zugunsten intensiver Studien der klassischen Sprachen und Literatur eine Ausrichtung auf die humanistische Bildungstradition.

Johann Amos Comenius (1592 – 1670)

Comenius gilt als der Hauptvertreter der barocken Reformpädagogik. Leben und Werk des Priesters und Erziehers werden in entscheidender Weise von den Ereignissen der Epoche geprägt: Die Wirren des Dreißigjährigen Krieges führen ihm zunächst die Antinomie von Realität und Idealität vor Augen. Stets auf der Suche nach der verlorenen Einheit in Wissenschaft, Politik und Religion wird die "restitutio" zur Triebfeder seines Schaffens. Die Auffassung vom Ursprung alles Seins in Gott läßt ihn an die Möglichkeit der Verbesserung glauben. Mit der Reform des Schul- und Bildungswesens kann er schließlich den Grundstein für die Erneuerung des menschlichen Daseins legen. Comenius versteht das Leben als Pilgerschaft. Die Welt ist ihm nicht Heimat. Aus dieser Grundhaltung erwächst sein Erziehungsziel: Verchristlichung des Lebens im Sinne einer Vorbereitung des Menschen auf das Jenseits. Wissen/Verstand, Sittlichkeit/Tugend, Gottesfurcht/Frömmigkeit werden zu Hauptanliegen der Erziehung. Nur im Zusammenwirken von Erkennen, Handeln und Glauben gelangt der Mensch zur Verwirklichung seiner christlichen Lebensbestimmung. Comenius vermag in seinem Bildungsverständnis die einander scheinbar widersprechenden Konzeptionen "Formung" und "Entfaltung" zu vereinen. Der menschliche Geist ist ihm zugleich "tabula rasa" als auch "Samenkorn". Setzt Erkenntnis als Produkt sinnenhafter Anschauung und abstrahierenden

Denkens Lehre voraus, so ist sie dennoch lediglich Vorstufe zur Sittlichkeit und Frömmigkeit, "virtus" und "pietas", die sich der Unterweisung entziehen.

Die Werke Comenius' veranschaulichen seine praktischen Anliegen sowie deren theoretische Fundamente. Neben den Lehrbüchern "Janua linguarum reserata", "Orbis pictus" und der pädagogischen Schrift "Pampaedia" ist seine Unterrichtslehre "Didactica Magna" als erster Versuch einer systematischen Darstellung zeitgenössischer Anschauungen über Erziehung und Unterricht von zentraler Bedeutung. Ausgehend von kritischen Einblicken in das Bildungswesen seiner Zeit entwirft Comenius hier Verbesserungsvorschläge unterrichtsmethodischer und schulorganisatorischer Art. Im Rahmen seiner Beschreibung einer natürlichen Didaktik formuliert er eine Reihe von Grundsätzen zu erfolgreichem, leichtem, dauerhaftem und schnellem Lehren und Lernen - Sachkenntnis vor Sprachkenntnis, Beispiele vor Regeln, vom Allgemeinen zum Besonderen, vom Leichten zum Schweren, um nur einige zu nennen -, die bis heute ihre Gültigkeit bewahrt haben.

Jean-Jacques Rousseau (1712 – 1778)

Die tiefgreifende Wirkung rousseauschen Gedankengutes erfaßt sowohl die Politik, die Literatur, die Philosophie als auch die Pädagogik. Kulturpessimismus und Weltverbesserung sind die Eckpfeiler seines Denkens. Unter Hinzunahme eines angenommenen Naturzustandes grenzenloser Freiheit und uneingeschränkter Brüderlichkeit konstatiert Rousseau zunächst die verderblichen Folgen des Vergesellschaftungsprozesses auf die Menschen. In der Erneuerung der Erziehung sieht er sodann eine Möglichkeit zur Überwindung der Denaturierung. Seine Vorstellungen gründen auf dem Postulat der unzerstörbaren Güte menschlicher Natur. Die Chancen einer Verbesserung des Menschengeschlechts schätzt er um so höher ein, als mit jedem Kind die natürliche Güte neugeboren wird. Es gilt letztlich, die angeborenen guten Anlagen des Kindes vor verderblichen Einflüssen zu schützen und zur natürlichen Entfaltung zu bringen. "Natur" wird somit zur Norm der Erziehung. In seinem Erziehungsroman veranschaulicht

Rousseau das Konzept einer naturgemäßen Erziehung am Beispiel des Bildungsganges Emils. Die Beschreibungen einer Reihe von Lehrinhalten und Lehrmethoden für das Kindes- und Knabenalter betonen die Notwendigkeit ihrer Anpassung an die Eigenart des Zöglings und seiner Entwicklungsphasen.

Ernst Christian Trapp (1745 - 1818)

Auf Ernst Christian Trapp geht die Etablierung der Pädagogik als selbständiges Pflichtfach in der Lehrerausbildung zurück. Als erster Universitätsprofessor für Pädagogik in Halle und Leiter des dortigen pädagogischen Seminars gelingt es ihm, die Pädagogik auf empirisch-psychologische Fakten zu gründen und somit ihre endgültige Loslösung von der Theologie zu verwirklichen. Neben Campe, Salzmann, Basedow, Rochow u.a. gehört Trapp zu den Vertretern des Philanthropinismus ('Menschenfreundlichkeit'), einer Bewegung, die um Auswertung der Ideen des Naturalismus und der Aufklärung für das Erziehungs- und Unterrichtswesen bemüht ist. Frühromantisches Naturgefühl und aufklärerischer Intellektualismus führen zu einer Pädagogik, die einerseits die Notwendigkeit einer Erziehung des natürlichen Menschen unterstreicht und andererseits die Konzeption der Schule als Lernschule propagiert. Individuelles Glück und popularisierte Wissenschaft bilden den Mittelpunkt des pädagogischen Interesses der Philanthropen. Beide Aspekte stehen jedoch im Dienste der Heranbildung lebenstüchtiger Bürger. In diesem Sinne kommt der Erziehung eine soziale und staatsbürgerliche Bedeutung zu. Als besondere Leistung Trapps ist der Versuch einer Schulreform im Geiste des Philanthropinismus hervorzuheben. In der Schrift "Vom Unterricht überhaupt" illustriert er seine Vorstellungen vom Unterricht als Teil einer vernünftig-natürlichen Erziehung. Die hier vorgestellten Textauszüge aus dieser allgemeinen Unterrichtslehre Trapps zeigen sein Bemühen um Ausrichtung der Unterrichtsgegenstände auf die späteren Anforderungen im gesellschaftlichen und beruflichen Leben sowie sein Streben nach Anpassung der Unterrichtsweisen an die individuellen Eigenarten und natürlichen Entwicklungsstadien der

Schüler. Die strikte Trennung zwischen Inhalt und Methode des Unterrichts ist richtungweisend für die moderne Pädagogik.

Friedrich Immanuel Niethammer (1766 – 1848)

Aufgrund familiärer Tradition und gemäß seines Bildungsganges eigentlich theologischer Provenienz, schlägt Niethammer ab 1807 - mit seiner Ernennung zum Zentralschulrat der protestantischen Konfession in Bayern - eine pädagogische Laufbahn ein, deren Höhepunkte durch das Erscheinen seiner Hauptschrift "Der Streit des Philanthropinismus und Humanismus in der Theorie des Erziehungsunterrichts unsrer Zeit" und des "Allgemeinen Normativs der Einrichtung der öffentlichen Unterrichtsanstalten in dem Königreiche" markiert werden. Sie sind das Resultat der Auseinandersetzung Niethammers mit den philosophischen und pädagogischen Strömungen seiner Zeit, die letztlich die Neugestaltung des höheren Schulwesens in Bayern initiiert und vollendet.

Niethammer geht bei seiner kritischen Beurteilung der beiden zu prüfenden pädagogischen Positionen, die sich auf eine grundsätzliche Differenz in der Idee des Menschen und seiner Bestimmung zurückführen lassen, von einem anthropologischen Ansatz aus, in dem die Unterscheidung von Vernunft und Verstand (erkenntnistheoretische Festlegung Kants) zusammenfällt mit der von Geistigkeit und Animalität. Beide existieren jedoch im Menschen nicht nebeneinander, sondern als einander durchdringende Einheit. Es besteht aber die Möglichkeit zu Fehlentwicklungen, durch Preisgabe der Moralität oder durch den Verzicht einer Anwendung der Vernunft auf die Sinnlichkeit. Der Fehler der Aufklärungspädagogik (Philanthropinismus) liegt nun darin, daß der Zweck zum bloßen Mittel herabgewürdigt wird, wogegen bei dem von der Aufklärung in Bedrängnis gebrachten Schulhumanismus der Zweck ohne Verwirklichung verbleibt.

Die ausgewählten Textpassagen seiner Streitschrift legen die Hauptdifferenz zwischen den beiden Unterrichtssystemen sowohl unter didaktischen als auch methodischen Gesichtspunkten offen. Insgesamt gesehen birgt Niethammers Bildungskonzeption den Versuch in sich, eine Vermittlung zwischen Philanthropinismus und (Neu-)Humanismus herbeizuführen.

Johann Heinrich Pestalozzi (1746 – 1827)

Die Schrift "Wie Gertrud ihre Kinder lehrt" nimmt in Pestalozzis literarischer Produktion zum Problem der Elementarmethode eine besondere Stellung ein. Sie bringt ihn auf diesem Gebiet in den Mittelpunkt des öffentlichen Interesses und legt den Grund für seine großen äußeren Erfolge und sein extensives Wirken. Zudem enthält die Schrift Hinweise auf die Entwicklung seiner schulpraktischen Versuche sowie auf sein Schicksal und sein Menschentum, so daß sie auch einen Zugang zu anderen Fragestellungen Pestalozzis eröffnet.

Die (insgesamt 14) Briefe, in denen Pestalozzi die Grundsätze einer methodischen Erziehungsarbeit darlegt, sind an den Verleger Geßner gerichtet und unter dem - vom Empfänger selbst gewählten - Titel "Wie Gertrud ihre Kinder lehrt" 1801 erschienen. In den folgenden Jahren beginnt Pestalozzi dann mehrfach mit einer Umarbeitung der Schrift. Auf diese Entwürfe greift er aber für eine Neuausgabe nicht zurück, sondern fügt der ursprünglichen Fassung nur eine Vorrede hinzu, nimmt an einigen Textstellen geringfügige sprachliche Umformungen vor und präzisiert hin und wieder seine methodischen Überlegungen aufgrund der inzwischen gewonnenen praktischen Erfahrungen durch erläuternde Anmerkungen. Deshalb ist die Ausgabe von 1820, der die abgedruckten Auszüge entnommen sind, besonders aufschlußreich und erhellend.

Pestalozzis Gedanken zur Elementarmethode entwickeln sich im Laufe seines Lebens und machen manche Wandlungen durch. Er muß bei ihrer Ausgestaltung und Durchführung mannigfaltige Rückschläge und harte Kritik der Öffentlichkeit hinnehmen. Aber je lebhafter die Diskussion um die Elementarmethode wird und je mehr er selbst Unzulänglichkeiten eingestehen muß, um so stärker und beharrlicher ringt er um ihre begriffliche Klärung und angemessene Verwirklichung. Der Durchbruch zu den für ihn entscheidenden und von ihm dann festgehaltenen Prinzipien erfolgt bereits in der vorliegenden Schrift.

Johann Gottfried Herder (1744 – 1803)

Herders "Schulreden", die von ihm während seiner mehr als fünfundzwanzigjährigen Tätigkeit als Leiter des Schulwesens in Weimar gehalten wurden, spiegeln in eindrucksvoller Weise die Gedanken seiner der Humanität verpflichteten Epoche und ein mit dieser Idee aufs engste verbundenes Schulverständnis wider.

Die hier zugrunde gelegte Textauswahl zentriert sich um den neuhumanistisch durchgliederten Begriff der formalen Bildung, wie ihn Herder - ganz im Sinne der Denktradition seiner Zeit - aus dem Verhältnis von Menschenbildung und Standesbildung entwickelt und bestimmt. Das Streben der menschlichen, in ihrem Ausgangspunkt unfertigen, geradezu hilflosen Natur nach Emporbildung ihrer Formen bedarf stetiger Übung, die es sowohl didaktischerals auch methodischerseits zu organisieren gilt. Für Herder ist es das "studium humanitatis", das - in erster Linie über die Beschäftigung mit den kulturellen Schätzen und Werten der antiken Geisteswelt, aber auch durch die Auseinandersetzung mit der Mathematik - einer Bildung "zur Menschheit und für die Menschheit" den Weg ebnet. Hierbei übernehmen die Schulen die Funktion des "Übungsplatzes", sie tragen Sorge für Abwechslung und Fortgang bei der Ausbildung der humanen Anlagen, sie sind der Ort der Ermöglichung einer Menschenbildung, an dem sich der menschliche Drang nach Kultivierung seiner Natur durch planvolle und zielgerichtete Entwicklung verwirklichen kann.

Wilhelm von Humboldt (1767 – 1835)

Die Mitte der bildungstheoretischen Überlegungen bei Humboldt bildet der Schnittpunkt des wechselseitigen Verwiesen- und Angewiesen-Seins von Individuum und Welt. Gerade die gegenseitige Verpflichtung beider Polaritäten rückt unter Beachtung der Seins- und Sollens-Bestimmung des Menschen die Ebene didaktischer Überlegungen in das Zentrum des Bildungsprozesses. Insofern die harmonisch-proportionierliche Ausbildung der Kräfte des einzelnen eines Stoffes, der Welt bedarf, kommt für Humboldt besondere Bedeutung der Frage nach der Auswahl solcher Weltbezüge zu, die möglichst vollständig

'Welt' repräsentieren, gleichzeitig aber auch den Menschen in seiner Ganzheit ansprechen und dadurch die harmonisch-proportionierliche Ausbildung aller Kräfte fördern und sie zur (Selbst-)Gestaltung motivieren. Die Vermittlung zwischen den beiden hinlänglich bekannten Begriffen "Universalität" und "Totalität", die ihren Zielpunkt in der "Individualität" erreicht, bedarf der präzisen, der historischen Entwicklung folgenden Bestimmung des Materials der Bildung.

Das aber bedeutet, daß das bestehende Bildungswesen völlig umgestaltet werden muß. Humboldt erarbeitet ein Schulkonzept, in dem die organisatorischen Fragen mit den inhaltlichen und methodischen in einem unaufhebbaren Zusammenhang stehen. Nach seiner Konzeption folgt der einheitlichen Elementarstufe, welche die Voraussetzungen und Bedingungen einer rein menschlichen Bildung überhaupt erst schafft und eine abgeschlossene Vorbereitung auf die heterogenen Lebenssituationen ermöglicht, eine weitere, als Gymnasium zu kennzeichnende Stufe. In ihr kann sich dann Bildung entfalten und bis zu jenem Punkt führen, der es dem jungen Menschen ermöglicht, sich selbst darzustellen und in Freiheit zu handeln.

Georg Wilhelm Friedrich Hegel (1770 – 1831)

In die Gymnasialreden der Jahre 1809 bis 1815 hat Hegel sein Konzept über das Selbstverständnis des Gymnasiums seiner Zeit sowie über Grundlage und Ziel des gymnasialen Unterrichts eingebettet. Hierbei werden insbesondere Hegels Reformvorstellungen zu Niethammers "Allgemeinem Normativ" zum Ausdruck gebracht, nach dem Hegel in seiner Funktion als Rektor des Nürnberger Ägidien-Gymnasiums in der Schulpraxis verfahren sollte.

Die insgesamt sechs von Hegel gehaltenen Vorträge dienen der Darstellung seiner Rektoratsführung sowie der Preisverteilung an die Schülerschaft. In ihnen spricht Hegel für die neu entstandene Institution des Gymnasiums bedeutsame Problemkreise an: den gymnasialen Sprachunterricht als Grundlage höherer Bildung, eine philosophische Theorie des Lernens sowie das Bedingungsgefüge von Schule und Unterricht einerseits und sittlicher Bildung andererseits.

In dem abgedruckten Auszug aus der zweiten Gymnasialrede begründet Hegel die Bedeutung des gymnasialen Sprachunterrichts, indem er - nach dem didaktischen Prinzip des "Vortrefflichen" verfahrend - insbesondere die klassische griechische Literatur in das Zentrum des Unterrichts rückt. Neben diesem materialen Aspekt kann der (formale) Bildungswert des grammatischen Studiums für Hegel nicht überschätzt werden, insofern die Beschäftigung mit der Grammatik für den Schüler zugleich den Anfang der logischen Bildung darstellt. Der gymnasiale Sprachunterricht, hier besonders der klassische, dient schlechthin der Denkschulung und führt den Schüler - bildungstheoretisch gesehen - von der Stufe des unreflektierten Bewußtseins hin zu steter Verstandestätigkeit.

Friedrich Ernst Daniel Schleiermacher (1768 - 1834)

Einer in theologischer Hinsicht traditionsreichen Familie entstammend, gelangt Schleiermacher nach einem sehr wechselvollen Leben - u.a. bedingt durch die napoleonischen Kriege - an die Theologische Fakultät der Universität Berlin, der er dann mehrfach als Dekan vorsteht. Bis zum Jahre 1815 ist sein Lebenslauf durch so unterschiedliche Tätigkeiten wie die eines Hauslehrers in Ostpreußen, als Prediger an der Berliner Charité, Hofprediger in Pommern und Professor der Theologie an der Universität Halle gekennzeichnet. Der literarische Ruhm Schleiermachers gründet sich auf seine "Plato-Übersetzung", die das Platonbild im 19. Jahrhundert weitestgehend geprägt hat.

Bildungspolitische Bedeutung und eine breite Wirkung im bildungsorganisatorischen Bereich erlangt er aufgrund seiner Berufung in die Gründungskommission der Universität Berlin durch W. v. Humboldt (1810), als Staatsrat und Mitglied der Sektion des Kultus und öffentlichen Unterrichts im Ministerium des Inneren sowie als Direktor der wissenschaftlichen Deputation für den öffentlichen Unterricht.

Obwohl Schleiermacher die Pädagogik während seiner akademischen Lehrtätigkeit nicht schwerpunktmäßig betreibt, gilt er - neben J.F. Herbart - als Begründer einer wissenschaftlichen Pädagogik am Ausgangspunkt des 19.

Jahrhunderts. Seine Erziehungsgedanken gehen auf seine Vorlesungen im Jahre 1826 zurück, die allerdings erst 1849 anhand seines handschriftlichen Nachlasses und Aufzeichnungen seiner Hörer zusammengestellt und veröffentlicht werden.

Neben dem hier ausgewählten Textauszug über öffentliche Erziehung, die es für Schleiermacher in der Dreigliederung von Volks-, Bürger- und Gelehrtenschule zu institutionalisieren und organisieren gilt, handelt er in seinen Vorlesungen für die Pädagogik so bedeutsame Fragen wie die nach den Möglichkeiten und Grenzen ihrer Theoriebildung und ihres Stellenwertes innerhalb des gesamten Wissenschaftsgefüges ab. Desweiteren spricht er von den Erziehungsvoraussetzungen des Zöglings, den pädagogischen Zielen, Aufgaben und den sich hieraus ergebenden grundlegenden Phänomenen, die sich aus der Polarität von "Unterstützung" und "Gegenwirkung" entfalten. Im Gesamtzusammenhang des Schleiermachschen Systems wird der öffentlichen Erziehung die Funktion einer pädagogischen Zwischenwelt zugewiesen, die - der häuslichen Erziehung nachgängig - dem Leben in einer politischen Gesellschaft perspektivisch verpflichtet ist.

Johann Friedrich Herbart (1776 – 1841)

Herbarts 1806 verfaßte "Allgemeine Pädagogik aus dem Zweck der Erziehung abgeleitet" ist der systematische Versuch, den vom Autor selbst erhobenen Anspruch einzulösen, einen Gesamthorizont für die pädagogische Praxis als Experiment zur Vervollkommnung der Menschheit unter dem Aspekt wissenschaftlicher Rationalität zu entwerfen. Dazu setzt der Verfasser sich zunächst kritisch mit einigen Ansätzen zur Begründung der Pädagogik (u.a. mit Rousseaus Programm einer natürlichen Erziehung und Lockes Konzeption einer konventionellen Erziehung) auseinander. Dann stellt er seine Forderung auf, daß die Pädagogik sich auf ihre "einheimischen Begriffe" besinnen und ein "selbständiges Denken" entwickeln und pflegen müsse, um zum "Mittelpunkt eines Forschungskreises" zu werden. Schließlich skizziert er als pädagogisches Programm zur Realisierung seiner Forderung den Gedanken einer "Erziehung durch Unterricht".

Auf der Grundlage der Praktischen Philosophie sowie der Psychologie entwickelt Herbart sein System der Pädagogik, wobei erstere das Ziel der Erziehung, die "Charakterstärke der Sittlichkeit" und die "Vielseitigkeit des Interesses", beschreibt, während die zweite Disziplin die Mittel der Erziehung, ihre Wege und möglichen Hemmnisse aufweist. Dem späteren Nachfolger Kants in Königsberg geht es vor allem um die begriffliche Klärung und Ordnung der dem Unterrichts- und Erziehungsgeschehen einwohnenden Mechanismen nach Voraussetzung und Folge. Die von ihm im ausgewählten Text verwandten Termini Vielseitigkeit des Interesses, Vertiefung und Besinnung, Erkenntnis und Teilnahme, Erfahrung und Umgang - um nur einige zu nennen - haben wesentlich zur wissenschaftlichen Konstituierung der Didaktik und Methodenforschung beigetragen. So ist etwa Herbarts Formalstufentheorie (Klarheit, Assoziation, System und Methode) für die Artikulation von Unterricht bis auf den heutigen Tag erkenntnisleitend.

Tuiskon Ziller (1817 - 1882)

Als 'Herbartianer' geht es Ziller um die Umsetzung des pädagogischen Gedankengutes Herbarts in der Lehrerausbildung und in der Schulpraxis. Er gründet einen "Verein für wissenschaftliche Pädagogik" (1868), um dem Herbartschen System im Schulbetrieb allgemeine Anerkennung zu verschaffen, und trägt dazu bei, in der Lehrerschaft das Nachdenken über didaktische Grundsätze und methodische Fragen zu vertiefen. Zum Zwecke einer Systematisierung des Unterrichts steht die Schulpädagogik im Mittelpunkt seines Interesses. "Kulturstufentheorie", "Konzentrationsgedanke" und "Formalstufentheorie" sind Hauptanliegen Zillers. Zunächst leistet er eine Auswertung des "biogenetischen Grundsatzes" für den Schulunterricht. Vor dem Hintergrund einer Parallelisierung der Entwicklungsstadien des Kindes mit den Kulturstufen der Menschheit legt Ziller für die einzelnen Schuljahre allgemeine Unterrichtsstoffe - im Hinblick auf den sittlich-religiösen Erziehungszweck spricht er von Gesinnungsstoffen - als Spiegel je einer Kulturstufe fest. Die gleichzeitige Behandlung eines Themas in mehreren Fächern dient aufgrund des Konzentrationseffekts der leichteren Apperzeption. Von besonderer

Bedeutung ist die in Anlehnung an Herbart erarbeitete Lernmethodik Zillers. Er teilt die erste der vier Unterrichtsstufen Herbarts auf und sieht in der Abfolge der fünf Formalstufen "Analyse", "Synthese", "Assoziation", "System", "Methode" ein bei jedem Unterrichtsgegenstand und in jeder Unterrichtsstunde anwendbares Schema zur Erleichterung des Lehrens und Lernens. Die abgedruckten Ausführungen Zillers veranschaulichen sowohl das Wesen jeder einzelnen der fünf Stufen als auch den Mechanismus ihres Zusammenwirkens.

Hugo Gaudig (1860 - 1923)

Vor dem Hintergrund einer Auseinandersetzung sowohl mit dem 'Herbartianismus' als auch mit Kerschensteinerschem Gedankengut entsteht Gaudigs Konzeption der "Arbeitsschule" als "Schule der Selbsttätigkeit". Als Gegner der Überbetonung sozialethischer Motive setzt Gaudig sich klar von Kerschensteiner ab, "Persönlichkeit" heißt das Schlagwort seiner Pädagogik. In diesem Begriff findet er alles ausgesagt, was über den Sinn und das Ziel der Erziehung und Bildung des heranwachsenden jungen Menschen zum Ausdruck zu bringen ist. Für Gaudig ist "Persönlickeit" ein allgemeingültiges Ideal, dem er sein gesamtes Schulprogramm unterordnet. Als Kritiker der Formalstufen erhebt Gaudig das Postulat der Selbsttätigkeit als Erziehungsweg. So sollen im Unterricht Zielsetzung, Wahl der Arbeitsmittel, Ordnen und Durchführen des Arbeitsganges, Kontrolle, Korrektur und Beurteilung der Ergebnisse dem Schüler obliegen. Der Vermittlung von Arbeitstechniken und Methodenbewußtsein als Voraussetzungen jeder selbständigen Erschließung neuer Unterrichtsgehalte seitens des Schülers gilt das Hauptaugenmerk des Lehrers. Letztlich zielt Gaudig auf eine Umwandlung der "Lernschule" in eine "Arbeitsschule", deren methodisches Leitwort "freie geistige Schularbeit" lautet. Die Einführung dieses Prinzips - auch mit "freier geistiger Selbsttätigkeit" oder "freier geistiger Tätigkeit" bezeichnet - in den Unterricht der Schule bedeutet für ihn einen "kopernikanischen Wandel der pädagogischen Weltanschauung", weil es den jungen Menschen als werdende Persönlichkeit in den Mittelpunkt der gesamten pädagogischen Arbeit stellt. Im vorliegenden Text charakterisiert Gaudig das Wesen seiner "Arbeitsschule" unter besonderer Hervorhebung der in dieser Konzeption notwendigen Veränderungen des Lehrer- und Schülerverhaltens.

Georg Kerschensteiner (1854 – 1932)

Als Initiator zahlreicher Veränderungen in der pädagogischen Praxis zur Zeit der Jahrhundertwende gilt Kerschensteiner heute als überragender Repräsentant der damaligen Reformbewegung. Sein Hauptaugenmerk gilt der Neuordnung des Fortbildungsschulwesens, die ihn in aller Welt bekannt macht und bis in die Gegenwart fortwirkt; der Revision der Lehrpläne für die Volksschule, womit er sich in scharfen Gegensatz zu den methodischen Strömungen seiner Zeit, besonders den Anhängern der Rein-Zillerschen Schule und der Herbart-Zillerschen Konzentrationsbestrebungen, setzt, sowie der Einführung einer staatsbürgerlichen Erziehung, die seit dem letzten Jahrzehnt des vorigen Jahrhunderts immer mehr in den Mittelpunkt des öffentlichen Interesses rückt. Mensch und Staat bilden die Ausgangspunkte seiner Überlegungen. Im Hinblick auf eine Verschmelzung von Individual- und Sozialpädagogik zeigen seine Reformansätze das stete Bemühen um Orientierung an Schülerpsyche einerseits und Staatszweck andererseits. Die Heranbildung brauchbarer Staatsbürger im Sinne einer Anleitung der jungen Menschen zu selbständigem und verantwortungsbewußtem Leben und Handeln in der Wirklichkeit des Alltags, der Gemeinschaft, der Gesellschaft erklärt Kerschensteiner zum obersten Erziehungsziel. Als Mittel zum Zweck nennt er die Berufsbildung. Die Vorstellung der Bildung durch Arbeit führt ihn schließlich zur Entwicklung einer "Arbeitsschule". Er organisiert zunächst die Oberstufe der Volksschule, indem er Arbeitsunterricht als Fach und als Prinzip einführt und überträgt dann sein Konzept auch auf den Unterrichtsbetrieb der höheren Schule. Die ausgewählten Texte veranschaulichen zum einen die Kerschensteinersche Schulkonzeption als Gegensatz zur früheren "Buchschule" und zum anderen die Bestimmung des pädagogischen Begriffs der Arbeit.

Berthold Otto (1859-1933)

Als Lehrer und Erzieher leistet Berthold Otto mit seinen didaktischen Prinzipien des Gesamtunterrichts und des Unterrichtsgesprächs einen wesentlichen Beitrag zur inneren Reform der Schule. Seine pädagogischen Überlegungen gründen auf anthropologischen, soziologischen und sprachwissenschaftlichen Erkenntnissen: Ausgehend von seiner Kritik an den Zwängen schulischer Lehrpläne fordert Otto Freiräume für eine natürliche Entwicklung des menschlichen Geistes. Er zeigt Vertrauen in den angeborenen kindlichen Erkenntnistrieb, der aufgrund der automatischen Auslese alles guten bei gleichzeitiger Zurückweisung alles schlechten die Basis des natürlichen Lernprozesses darstellt. Angesichts der Einbettung des Kindes in Familie, Heimat und Volkstum bedeutet Geisteswachstum stets Gemeinschaftsleben. Lernen vollzieht sich nicht nur in der selbständigen Auseinandersetzung mit der Welt, sondern auch und besonders im täglichen Gespräch mit Eltern, Geschwistern und Freunden. Der Sprache als Medium des Wissens kommt besondere Bedeutung zu. Otto unterstreicht in diesem Zusammenhang die Notwendigkeit der Altersmundart als Entsprechung von Ausdrucksweise und geistigem Entwicklungsstand des Kindes. Anthropologie, Soziologie und Sprachwissenschaft führen Otto zu einer neuen Form schulischer Unterweisung. Seine Konzeption lautet: Gesamtunterricht im Sinne eines Gesprächs der Schüler mit ihren Lehrern über interessierende Fragen mit dem Ziel der Wissensaneignung. Otto versteht seinen Gesamtunterricht als eine Möglichkeit zur Anwendung des unmethodisierten, natürlichen Lernverfahrens auf die Schule.

Hans Richert (1869 – 1940)

Der vorliegende Text von Richert über "Die Neuordnung des preußischen höheren Schulwesens" aus dem Jahre 1924 ist das Resultat einer kritischen Aufarbeitung der historisch-kulturellen Gesamtsituation und der damit eng verbundenen Gymnasialentwicklung einerseits sowie der Einsicht in die Notwendigkeit andererseits, neue pädagogische Ideen und Denkanstöße, wie sie von der reformpädagogischen Bewegung initiiert wurden, für die Praxis des gymnasialen Unterrichts fruchtbar zu machen. Richerts Anliegen, das ein Jahr später die "Richtlinien für die Lehrpläne der höheren Schulen Preußens" maßgeblich mitbestimmt, zielt nicht auf eine radikale Veränderung der Organisationsform der Gymnasien, sondern wird vielmehr von dem Gedanken einer inneren Reform im Sinne einer Lehrplanerneuerung getragen. Um der Gefährdung der gymnasialen Bildungseinheit durch die Auseinanderentwicklung verschiedener Schultypen wirksam begegnen zu können, muß eine gemeinsame Grundlage für alle höheren Schulen, denen nach ihrem jeweiligen Selbstverständnis ein eigener Kulturbezirk zugeordnet ist, gefunden werden. Dieses zwischen den einzelnen Institutionen (Gymnasium, Realgymnasium, Oberrealschule, Deutsche Oberschule) verbindungsstiftende Element sieht Richert durch das "kulturkundliche Prinzip" gewährleistet, insofern allen vier Gymnasialtypen der (deutsch-)kulturkundliche Fächerkreis gemein ist.

Peter Petersen (1881 – 1952)

Als maßgebender Anreger der "inneren Schulreform" beschreibt Petersen in seinem "Jena-Plan" die Schulpädagogik, die im Dienste der inneren Schulreform die Schule zu einer "Lebensgemeinschaftsschule" gestalten soll. Innerhalb einer "erzieherischen Schulgemeinde" soll der Unterricht eine dienende Funktion für die Entfaltung des menschlichen Wesens in einer geordneten Gemeinschaft finden. Weil Gemeinschaft als dynamische Realität ständig "Kräfteverschiebungen wie im lebendigen Organismus" kennt, kann der Einzelmensch niemals Mittel zu einem Zweck, sondern stets nur Selbstzweck sein.

Aus dem Begriff der Gemeinschaft, des Lebens, des Geistes und der Positivität der sozialen Gesittung entwickelt Petersen sein schulpädagogisches System der Gruppe. An die Stelle der Schulklasse tritt nun die Erziehungs-"Gruppe" und die freie Gruppenarbeit. Der hier angewandte erziehende Unterricht, basierend auf einer Sozialethik und Sozialphilosophie der kleinen und großen Gruppe, hat nach Petersen unter dem Gesetz der "Ehrfurcht" vor dem Leben und somit allein "unter der

Idee der Erziehung zu Bewußtheiten, Kenntnissen und Fertigkeiten" zu stehen, so daß in der schulischen Lebensgemeinschaft die "Urformen des Lernens und Sich-Bildens" (Gespräch, Spiel, Arbeit und Feier) dadurch eine hohe Lebendigkeit bekommen, weil sie sozial-erzieherisch wirken und individuell-bildend Wissen und Charakter des einzelnen und damit auch der Gemeinschaft formen.

Martin Wagenschein (1896)

Die Tübinger Resolution (1951) verdeutlicht, daß das deutsche Bildungswesen in Gefahr ist, das geistige Leben durch die Fülle des Stoffes zu ersticken. Hörbaren Anklang fand der Vorschlag, der Stoffülle durch "exemplarisches Lehren" zu begegnen, mit dessen Begriffsdefinition Martin Wagenschein sich im vorliegenden Text auseinandersetzt. Um der gegebenen Gefährdung der flüchtig angesammelten Vielwisserei und des Spezialistentums zu begegnen, muß das Einzelne, in das man sich im exemplarischen Verfahren versenkt, "Spiegel des Ganzen" sein. Hierbei darf die Spiegelung nicht allein das Ganze des Fachs oder der geistigen Welt erhellen, sie muß auch das Ganze des Lernenden erhellen. Durch den Einstieg von außen gewährleistet, soll die Gedankenarbeit sowohl zu den Elementen hinunter als auch zu komplizierten Fragen hinauf dringen. Exemplarisches Arbeiten ist somit Mut zur Gründlichkeit, zielt sie nicht auf Vollständigkeit der letzten Ergebnisse, sondern auf die Unerschöpflichkeit des Ursprünglichen hin.

Insgesamt macht Martin Wagenschein, das ihm vertraute Feld der Physik überschreitend, die Weite des zur Rede stehenden Problems des "exemplarischen Prinzips" deutlich. Dieses ist ja nicht ausschließlich eine Fachfrage, sondern eine allgemein didaktische. So wird häufig die Frage nach dem Exemplarischen innerhalb eines bestimmten Fachs gestellt, wobei gleichzeitig die grundsätzliche Frage nach dem Wesen des Exemplarischen aufgegriffen wird, so daß exemplarisches Arbeiten in einem bestimmten Fach als Spezifikation oder Modifikation eines allgemein exemplarischen Prinzips erscheint.

Quellennachweis der abgedruckten Abhandlungen

1. Platon:
Menon. - In: Sämtliche Werke 2. In der Übersetzung v. F. Schleiermacher mit der Stephanus-Numerierung hrsg. v. W.F. Otto u.a. Rowohlts Klassiker 14. Hamburg 1957. S. 21-28.
Theaitetos. - In: Sämtliche Werke 4. Rowohlts Klassiker 39. Hamburg 1958. S. 115 f.

2. Aristoteles:
Politik. Eingeleitet, übersetzt und kommentiert v. O. Gigon. Die Bibliothek der alten Welt. Begründet v. K. Hoenn. Hrsg. v. C. Andresen u.a. Griechische Reihe. 2. Aufl. Zürich, Stuttgart 1971. S. 307 f., 320-328, 330 f., 333 f.

3. Quintilianus, Marcus Fabius:
Ausbildung des Redners. Zwölf Bücher. Hrsg. und übersetzt v. H. Rahn. Erster Teil. Buch I-IV. Darmstadt 1972. S. 37-49, 119 ff., 127-131, 147-151, 157 ff., 163 ff., 175-179, 203-209, 247 ff., 269 ff. (mit Ausnahme des lateinischen Originaltextes)

4. Augustinus, Aurelius:
Der Lehrer - De magistro liber unus. Besorgt und ins Deutsche übertragen v. C.J. Perl. Schöninghs Sammlung pädagogischer Schriften. Quellen zur Geschichte der Pädagogik. Hrsg. v. Th. Rutt. 2. Aufl. Paderborn 1964. S. 5 f., 40-53.

5. Erasmus, Desiderius:
Über die Methode des Studiums (1511). - In: Ausgewählte pädagogische Schriften des Desiderius Erasmus. Allgemeine Einleitung, Biographie, Übersetzung und Erläuterungen v. D. Reichling. Bibliothek der katholischen Pädagogik. Begründet unter Mitwirkung v. L. Kellner u.a. und hrsg. v. F.X. Kunz. VIII. Freiburg 1896. S. 102-114, 116-119.

6. Luther, Martin:
An die Bürgermeister und Ratsherrn aller Städte in deutschen Landen, daß sie christliche Schulen aufrichten

und halten sollen (1524). - In: Martin Luther. Pädagogische Schriften. Besorgt v. H. Lorenzen. Schöninghs Sammlung pädagogischer Schriften. Quellen zur Geschichte der Pädagogik. Hrsg. v. Th. Rutt. Paderborn 1957. S. 65 f., 71 ff., 77-80.

7. Melanchthon, Philipp:
Unterricht der Visitatoren an die Pfarrherrn im Kurfürstentum Sachsen (1528). - In: Die evangelischen Kirchenordnungen des 16. Jahrhunderts. Hrsg. v. E. Schling. 1. Abt. 1. Hälfte. Leipzig 1902. S. 171 ff. In der sprachlichen Modernisierung von A. Reble (Hrsg.): Geschichte der Pädagogik. Dokumentationsband I. Stuttgart 1971. S. 88-93.

8. Comenius, Johann Amos:
Große Didaktik. Übersetzt und hrsg. v. A. Flitner. Pädagogische Texte. Hrsg. v. W. Flitner. 2. Aufl. Düsseldorf, München 1960. S. 33 ff., 38-41, 45 ff., 49, 52-60, 86 ff., 90-98, 107 f., 119-122.

9. Rousseau, Jean-Jacques:
Emil oder Über die Erziehung. Vollständige Ausgabe. In neuer deutscher Fassung besorgt v. L. Schmidts. Paderborn 1972. S. 90 ff., 94 f., 100 f., 157-165, 170-177, 179, 208 f.

10. Trapp, [Ernst Christian]:
Vom Unterricht überhaupt. Zweck und Gegenstände desselben für verschiedene Stände. Ob und wie fern man ihn zu erleichtern und angenehm zu machen suchen dürfe? Allgemeine Methoden und Grundsätze. - In: Allgemeine Revision des gesamten Schul- und Erziehungswesens von einer Gesellschaft praktischer Erzieher. Achter Theil. Hrsg. v. J.H. Campe. Wien, Wolfenbüttel 1787. S. 3 f., 6-16, 46 f., 53 f., 64-69, 75 f., 88-93, 104-108, 141-147, 149 f., 159, 163 f., 166-169, 173-176, 180 ff., 186 f., 189 ff., 203 ff., 208 f.

11. Niethammer, Friedrich Immanuel:
Der Streit des Philanthropinismus und Humanismus in der Theorie des Erziehungs-Unterrichts unsrer Zeit. Jena 1808. S. 163-180, 239 f., 242-249.

12. Pestalozzi, Johann Heinrich:
Wie Gertrud ihre Kinder lehrt. Ein Versuch den Müttern
Anleitung zu geben, ihre Kinder selbst zu unterrichten, in
Briefen. Hrsg. v. A. Reble. Klinkhardts pädagogische
Quellentexte. Hrsg. v. Th. Dietrich u.a. 3. Aufl. Bad
Heilbrunn/Obb. 1974. S. 21-24, 61-65, 100 f., 103 f., 124
f., 127-138.

13. Herder, Johann Gottfried:
Schulreden. - In: Sämtliche Werke XXX. Hrsg. v.
B. Suphan. Poetische Werke. Hrsg. v. C. Redlich.
6. Reprographischer Nachdruck der Ausgabe Berlin 1899.
Hildesheim 1968. S. 120, 123 ff., 142-151, 253-262.

14. Humboldt, Wilhelm von:
Bildungstheorie und Schulplanung. - In: Schriften zur
Anthropologie und Bildungslehre. Hrsg. v. A. Flitner.
Pädagogische Texte. Hrsg. v. W. Flitner. 2. Aufl.
Düsseldorf, München 1964. S. 27-30, 76-79, 120-123.

15. Hegel, Georg Friedrich Wilhelm:
Gymnasialreden. - In: Werke 4. Nürnberger und Heidel-
berger Schriften (1808-1817). Neu edierte Ausgabe v. E.
Moldenhauer und K.M. Michel. Frankfurt/M. 1970. S. 312-
324, 410-416.

16. Schleiermacher, Friedrich Ernst Daniel:
Die Organisation der Erziehungseinrichtungen. - In:
Pädagogische Schriften. Unter Mitwirkung v. Th. Schulze
hrsg. v. E. Weniger. 1. Bd. Die Vorlesungen aus dem
Jahre 1826. Pädagogische Texte. Hrsg. v. W. Flitner. 2.
Aufl. Düsseldorf, München 1966. S. 267-271, 292-296, 299,
313-317, 319 ff., 323-330.

17. Herbart, Johann Friedrich:
Allgemeine Pädagogik aus dem Zweck der Erziehung
abgeleitet (1806). - In: Pädagogische Schriften. Hrsg.
v. W. Asmus. 2. Bd. Pädagogische Grundschriften.
Pädagogische Texte. Hrsg. v. W. Flitner. Düsseldorf,
München 1965. S. 41 ff., 49-61, 63 f., 98 f., 101 f.

18. Ziller, Tuiskon:
Die allgemeine Unterrichtsmethodik. - In: Vorlesungen
über Allgemeine Pädagogik. Leipzig 1876. S. 215-222, 226
f., 238-244, 254 f., 257-265.

19. Gaudig, Hugo:
Didaktische Präludien. 2. Aufl. Leipzig, Berlin 1921. S.
1-13, 173-177, 180-184, 230 f., 233-236.

20. Kerschensteiner, Georg:
Arbeitsschulidee und pädagogischer Begriff der Arbeit. -
In: Georg Kerschensteiner. Texte zum pädagogischen
Begriff der Arbeit und zur Arbeitsschule. Ausgewählte
pädagogische Schriften. Bd II. Besorgt v. G. Wehle.
Schöninghs Sammlung pädagogischer Schriften. Quellen
zur Geschichte der Pädagogik. Hrsg. v. Th. Rutt.
Paderborn 1968. S. 26-33, 46, 48-51, 53-59, 61f.

21. Otto, Berthold:
Gesamtunterricht. - In: Gesamtunterricht - Der Begriff
des natürlichen Unterrichts. Pädagogische Quellentexte 2.
Hrsg. v. H. Wetterling. Oldenburg o. J. S. 1-10.

22. [Richert, Hans]:
Die Neuordnung des preußischen höheren Schulwesens.
Denkschrift des Preußischen Ministeriums für Wissenschaft, Kunst und Volksbildung. Berlin 1924. S. 3 f.,
6-15, 20-24, 27-36.

23. Petersen, Peter:
Der Kleine Jena-Plan. 30./31. Aufl. Braunschweig 1961.
S. 25-38, 43 f., 46-51, 61ff.

24. Wagenschein, Martin:
Zum Begriff des exemplarischen Lehrens. - In: Verstehen
lehren, Genetisch-Sokratisch-Exemplarisch. 4. Aufl. Weinheim, Basel 1973. S. 7-33.

Ergänzende Literatur

Platon

Hager, Fritz-Peter: Plato Paedagogus. Aufsätze zur Geschichte und Aktualität des pädagogischen Platonismus. Bern, Stuttgart 1981.

Lichtenstein, Ernst: Paideia. Die Grundlagen des europäischen Bildungsdenkens im griechisch-römischen Altertum. Bd a: Der Ursprung der Pädagogik im griechischen Denken. Hannover 1970.

Marrou, Henri-Irénée: Geschichte der Erziehung im klassischen Altertum. 6. Aufl. München 1977.

Stenzel, Julius: Platon der Erzieher. Mit einer Einführung von Konrad Gaiser. Hamburg 1961.

Aristoteles

Jaeger, Werner: Paideia. Die Formung des griechischen Menschen. Ungekürzter photomechanischer Nachdruck in einem Band. 4. Aufl. Berlin, New York 1973.

Lichtenstein, Ernst: Paideia. Die Grundlagen des europäischen Bildungsdenkens im griechisch-römischen Altertum. Bd a: Der Ursprung der Pädagogik im griechischen Denken. Hannover 1970.

Willmann, Otto: Aristoteles als Pädagog und Didaktiker. Berlin 1909.

Quintilianus

Appel, Benedikt: Das Bildungs- und Erziehungsideal Quintilianus nach der Institutio oratoria. München 1914.

Messer, August: Quintilian als Didaktiker und sein Einfluß auf die didaktisch-pädagogische Theorie des Humanismus. Leipzig 1897.

Augustinus

Maerz, Fritz: Studien zur personorientierten Pädagogik. Wuppertal 1971.

Marrou, Henri-Irénée: Augustinus und das Ende der antiken Bildung. Paderborn 1982.

Mollenhauer, Klaus: Vergessene Zusammenhänge: Über Kultur und Erziehung. Weinheim 1985.

Erasmus

Bainton, Roland H.: Erasmus - Reformer zwischen den Fronten. Göttingen 1972.

Huizinga, Johan: Europäischer Humanismus: Erasmus. Hamburg 1958.

Padberg, Rudolf: Personaler Humanismus. Das Bildungsverständnis des Erasmus von Rotterdam und seine Bedeutung für die Gegenwart. Ein Beitrag zur Revision des Humboldtschen Bildungsideals. Paderborn 1964.

Stupperich, Robert: Erasmus von Rotterdam und seine Welt. Berlin 1977.

Luther

Erlinghagen, Karl: Katholische Bildung im Barock. Berlin 1972.

Friedenthal, Richard: Luther. Sein Leben und seine Zeit. München 1967.

Liedtke, Helmut: Theologie und Pädagogik der Deutschen Evangelischen Schule im 16. Jahrhundert. Wuppertal 1970.

Petzold, Klaus: Die Grundfragen der Erziehungslehre im Spätmittelalter und bei Luther. Heidelberg 1969.

Melanchthon

Hartfelder, Karl: Philipp Melanchthon als Praeceptor Germaniae. (Neudruck) Nieuwkoop 1964.

Mertz, Georg: Das Schulwesen der deutschen Reformation im 16. Jahrhundert. Heidelberg 1902.

Stupperich, Robert: Melanchthon. Berlin 1960.

Comenius

Michel, Gerhard: Die Welt als Schule. Ratke, Comenius und die didaktische Bewegung. Hannover 1978.

Schaller, Klaus: Comenius. Darmstadt 1973.

Schaller, Klaus: Die Pädagogik des Johann Amos Comenius und die Anfänge des pädagogischen Realismus im 17. Jahrhundert. 2. Aufl. Heidelberg 1967.

Rousseau

Inversini, Martin: Erziehung durch die Sache, Sachlichkeit in der Erziehung. Ein Beitrag zur pädagogischen Rousseau-Interpretation. Bern u.a. 1977.

Rang, Martin: Rousseaus Lehre vom Menschen. 2. Aufl. Göttingen 1965.

Röhrs, Hermann: Jean-Jacques Rousseau. Vision und Wirklichkeit. 2. Aufl. Heidelberg 1966.

Schepp, Heinz Hermann: Die Krise in der Erziehung und der Prozeß der Demokratisierung. Zum Verhältnis von Politik und Pädagogik bei Jean-Jacques Rousseau. Kronberg/Ts. 1978.

Trapp

Fritzsch, Theodor: Ernst Christian Trapp. Sein Leben und seine Lehre. Dresden 1900.

Merkle, Siegbert Ernst: Die historische Dimension des Prinzips der Anschauung. Historische Fundierung und Klärung terminologischer Tendenzen des didaktischen Prinzips der Anschauung von Aristoteles bis Pestalozzi. Frankfurt/M. 1983.

Sünkel, Wolfgang: Zur Entstehung der Pädagogik in Deutschland - Studien über die philanthropische Erziehungsrevision. Münster 1970.

Niethammer

Hojer, Ernst: Die Bildungslehre F.I. Niethammers. Ein Beitrag zur Geschichte des Neuhumanismus. Frankfurt/M. u.a. 1965.

Schwarzmaier, Michael: Friedrich Immanuel Niethammer, ein bayerischer Schulreformator. Diss. München 1937.

Pestalozzi

Klafki, Wolfgang: Das pädagogische Problem des Elementaren und die Theorie der kategorialen Bildung. Weinheim 1959.

Silber, Käte: Pestalozzi. Der Mensch und sein Werk. Heidelberg 1957.

Spranger, Eduard: Pestalozzis Denkformen. Heidelberg 1959.

Herder

Cillien, Ursula: Johann Gottfried Herder - Christlicher Humanismus. Ratingen 1972.

Litt, Theodor: Kant und Herder als Denker der geistigen Welt. Heidelberg 1948.

Humboldt

Jeismann, Karl-Ernst: Das preußische Gymnasium in Staat und Gesellschaft. Die Entstehung des Gymnasiums als Schule des Staates und der Gebildeten 1787-1817. Stuttgart 1974.

Kawohl, Irmgard: Wilhelm von Humboldt in der Kritik des 20. Jahrhunderts. Ratingen 1969.

Menze, Clemens: Die Bildungsreform Wilhelm von Humboldts. Hannover 1975.

Menze, Clemens: Wilhelm von Humboldts Lehre und Bild vom Menschen. Ratingen 1965.

Müllges, Udo: Selbst und Sache in der Erziehung. Strukturen der Bildungsvermittlung bei Basedow, Humboldt, Herbart und Hegel. Wiesbaden 1968.

Hegel

Furck, Carl-Ludwig: Der Bildungsbegriff des jungen Hegel. Weinheim 1952.

Müllges, Udo: Selbst und Sache in der Erziehung. Strukturen der Bildungsvermittlung bei Basedow, Humboldt, Herbart und Hegel. Wiesbaden 1968.

Nicolin, Friedhelm: Hegels Bildungstheorie. Grundlinien geisteswissenschaftlicher Pädagogik in seiner Philosophie. Bonn 1955.

Schmidt, Gerhart: Hegel in Nürnberg. Untersuchungen zum Problem der philosophischen Propädeutik. Tübingen 1960.

Schleiermacher

Krautkrämer, Ursula: Staat und Erziehung. Begründung öffentlicher Erziehung bei Humboldt, Kant, Fichte, Hegel und Schleiermacher. München 1979.

Lange, Dietz (Hrsg.): Friedrich Schleiermacher 1768-1834. Theologe, Philosoph, Pädagoge. Göttingen 1985.

Lohmann, Ingrid: Lehrplan und Allgemeinbildung in Preußen. Eine Fallstudie zur Lehrplantheorie F.E.D. Schleiermachers. Frankfurt/M. 1984.

Schurr, Johannes: Schleiermachers Theorie der Erziehung. Interpretationen zur Pädagogikvorlesung von 1826. Düsseldorf 1975.

Herbart

Asmus, Walter: Johann Friedrich Herbart. Eine pädagogische Biographie. 2 Bde. Heidelberg 1968 u. 1970.

Benner, Dietrich (Hrsg.): Johann Friedrich Herbart: Systematische Pädagogik. Stuttgart 1986.

Blaß, Josef Leonhard: Herbarts pädagogische Denkformen oder Allgemeine Pädagogik und Topik. Wuppertal 1969.

Blaß, Josef Leonhard: Pädagogische Theoriebildung bei Johann Friedrich Herbart. Meisenheim 1982.

Geißler, Erich: Herbarts Lehre vom erziehenden Unterricht. Heidelberg 1970.

Ziller

Didaktik in der Unterrichtspraxis. Grundlegung und Auswirkungen der Theorie der Formalstufen in Erziehung und Unterricht. Hrsg. v. Bijan Adl-Admini, Jürgen Oelkers u. Dieter Neumann. Bern, Stuttgart 1979.

Exner, Elfriede: Tuiskon Zillers Grundlegung zur Lehre vom erziehenden Unterricht. Donauwörth 1951.

Schaller, Heribert: Zillers Formalstufentheorie und der Vorwurf des unterrichtsmethodischen Schematismus. Kastellaun 1977.

Gaudig

Kaiser, Franz-Josef: Arbeitslehre. Materialien zu einer didaktischen Theorie der vorberuflichen Erziehung. 2. Aufl. Bad Heilbrunn 1971.

Scheibner, Otto: Arbeitsschule in Idee und Gestaltung. Gesammelte Abhandlungen. 5. Aufl. Heidelberg 1962.

Schindler, Georg: Bildungslehre eines natürlichen Unterrichts. Düsseldorf 1952.

Seiler, Karl: Die Arbeitsschule. Ihre psychologische Begründung. Nürnberg 1948.

Kerschensteiner

Wehle, Gerhard (Hrsg.): Kerschensteiner. Darmstadt 1979.

Wehle, Gerhard: Praxis und Theorie im Lebenswerk Georg Kerschensteiners. 2. Aufl. Weinheim 1964.

Wilhelm, Theodor: Die Pädagogik Kerschensteiners. Vermächtnis und Verhängnis. Stuttgart 1957.

Wilimzig, Götz: Lernen und Selbsttätigkeit. Entdeckendes und exemplarisches Lernen in der Arbeitsschulkonzeption Kerschensteiners. Frankfurt/M. 1984.

Otto

Linde, Gerhard: Untersuchungen zum Konzept der Ganzheit in der deutschen Schulpädagogik. Frankfurt/M. 1984.
Scheibe, Wolfgang: Berthold Otto, Gesamtunterricht. Eine Interpretation. Weinheim 1969.

Richert

Margies, Dieter: Das höhere Schulwesen zwischen Reform und Restauration. Die Biographie Hans Richerts als Beitrag zur Bildungspolitik in der Weimarer Republik. Neuweier/Karlsruhe 1972.
Schmoldt, Benno: Zur Theorie und Praxis des Gymnasialunterrichts (1900-1930). Eine Studie zum Verhältnis von Bildungstheorie und Unterrichtspraxis zwischen Paulsen und Richert. Weinheim 1980.

Petersen

Dietrich, Theo: Die Pädagogik Peter Petersens - eine Herausforderung an die Gegenwart. München 1973.
Doepp-Vorwald, Heinrich: Die Erziehungslehre Peter Petersens. Ratingen 1962.
Krick, Wilhelm: Die humane Schule als Lebensraum. Peter Petersens Jenaplan als Antwort auf die heutige Schulsituation. Ein Studienbuch für Erzieher und Bildungspolitiker. Oberursel 1981.
Popp, Walter: Erziehungswissenschaft und Schule bei Peter Petersen. Wuppertal 1971.

Wagenschein

Derbolav, Josef: Das "Exemplarische" im Bildungsraum des Gymnasiums. Versuch einer pädagogischen Ortsbestimmung des exemplarischen Lernens. Düsseldorf 1957.
Maendl, Margit: Erziehung durch Unterricht. Periodenunterricht und exemplarisches Lehren in sinngemäßer Anwendung. Bad Heilbrunn/Obb. 1963.
Tippelt, Rudolf: Projektstudium. Exemplarisches und handlungsorientiertes Lernen an der Hochschule. München 1979.

Enzyklopädie Philosophie und Wissenschaftstheorie I–III

Das große philosophische Lexikon in 3 Bänden

Herausgegeben von Jürgen Mittelstraß.
Rund 4000 Stichwörter auf etwa 2400 Seiten. Mit Abbildungen. Format 16 x 24 cm.

Im deutschsprachigen Raum fehlt seit langem ein Nachschlagewerk, das nicht nur den klassischen Bestand des philosophischen Wissens, sondern auch die neuere Entwicklung der Philosophie dokumentiert, in der Logik und Wissenschaftstheorie dominieren. Die speziellen Lexika sind entweder rein historisch oder systematisch orientiert, oder aber sie beschränken sich auf Teilgebiete der Philosophie. Die „Enzyklopädie Philosophie und Wissenschaftstheorie" dient demgegenüber erstmals wieder dem Ziel, umfassend und detailliert das wiederzugeben, was die Philosophie – vor allem auch wissenschaftsbezogen – weiß.

Die „Enzyklopädie Philosophie und Wissenschaftstheorie" enthält sowohl Sachartikel als auch Personenartikel. Der Orientierung an modernen philosophischen Entwicklungen entsprechen die Schwerpunkte: (formale) Logik, Theorie der Wissenschaftssprache (im weiteren Rahmen einer analytischen und normativen Philosophie der Sprache), allgemeine und spezielle Wissenschaftstheorie. Im Rahmen einer allgemeinen Wissenschaftstheorie diskutiert die Philosophie heute wissenschaftsbezogen Fragen, die sie früher als Erkenntnistheorie behandelt hat. In der speziellen Wissenschaftstheorie werden Grundlagenprobleme der Fachwissenschaften erörtert. Hinsichtlich ihres historischen und systematischen Bezugs zur Philosophie finden hier insbesondere Begriffe und Namen der Physik, Mathematik, Astronomie und Biologie Berücksichtigung.

Die „Enzyklopädie Philosophie und Wissenschaftstheorie" wird nach Erscheinen des dritten Bandes das größte allgemeine philosophische Lexikon in deutscher Sprache sein.

Herausgeber:
Prof. Dr. Jürgen Mittelstraß,
Universität Konstanz

Unter den Autoren:
Dr. Siegfried Blasche, Erlangen
Dipl. Bibl. Peter Borchardt M.A., Konstanz
Priv. Doz. Dr. Gottfried Gabriel, Konstanz
Prof. Dr. Herbert R. Ganslandt, Erlangen
Prof. Dr. Matthias Gatzemeier, Aachen
Prof. Dr. Carl F. Gethmann, Essen
Dr. Gerrit Haas, Aachen
Prof. Dr. Peter Janich, Marburg
Prof. Dr. Friedrich Kambartel, Konstanz
Priv. Doz. Dr. Franz Koppe, Konstanz
Prof. Dr. Kuno Lorenz, Saarbrücken
Priv. Doz. Dr. Klaus Mainzer, Münster
Prof. Dr. Jürgen Mittelstraß, Konstanz
Prof. Dr. Heinz-Ludwig Nastansky, New York

Bibliographisches Institut
Mannheim/Wien/Zürich

Inhetveen, R.
Konstruktive Geometrie.
Eine formentheoretische Begründung der euklidischen Geometrie
183 Seiten. 1983. (Wv)
Die erste vollständig durchgeführte Geometrie innerhalb der konstruktivistischen Protophysik. Dr. Rüdiger Inhetveen, Interdisziplinäres Institut f. Wissenschaftstheorie und Wissenschaftsgeschichte der Univ. Erlangen-Nürnberg.

Leinfellner, W.
Einführung in die Erkenntnis- und Wissenschaftstheorie
227 Seiten. 3. Aufl. 1980.
B.I.-Hochschultaschenbuch 41
Die Repräsentation empirischer durch sprachlich mathematische Strukturen und ihre philosophischen Voraussetzungen, Methoden und Kriterien.
Prof. Dr. Werner Leinfellner, University of Nebraska.

Lorenzen, P.
Metamathematik
175 Seiten. 2. Aufl. 1980. (Wv)
Eine konstruktive Darstellung der wichtigsten metamathematischen Ergebnisse (Widerspruchsfreiheit, Vollständigkeit, Entscheidbarkeit).
Prof. Dr. Paul Lorenzen, Universität Erlangen.

Mittelstaedt, P.
Philosophische Probleme der modernen Physik
227 Seiten. 6., überarbeitete Aufl. 1981.
B.I.-Hochschultaschenbuch 50
Die im Zusammenhang mit der Relativitätstheorie und der Quantentheorie auftretenden philosophischen Probleme.

Mittelstaedt, P.
Der Zeitbegriff in der Physik
Reihe Grundlagen der exakten Naturwissenschaften Band 3
188 Seiten. 2., verbesserte und erweiterte Aufl. 1980. (Wv)
Philosophische Konsequenzen aus der modernen physikalischen Definition des Zeitbegriffs; Einfluß alternativer Zeitdefinitionen auf physikalische Theorien.
Prof. Dr. Peter Mittelstaedt, Universität Köln.

Strohmeyer, I.
Transzendentalphilosophische und physikalische Raum-Zeit-Lehre
Reihe Grundlagen der exakten Naturwissenschaften Band 2
184 Seiten. 1980. (Wv)
Es wird gezeigt, daß die objektive Unbestimmtheit gleichzeitiger Ereignisse in enger Beziehung zur Konventionalität der Relativitätstheorie steht.
Dr. Ingeborg Strohmeyer, Universität Köln.

Bibliographisches Institut
Mannheim/Wien/Zürich